Helmut Pottmann, Andreas Asperl, Michael Hofer, Axel Kilian

Architekturgeometrie

SpringerWienNewYork

Bentley Institute Press

Prof. Dr. Helmut Pottmann
Technische Universität Wien, Österreich,
und King Abdullah University of Science and Technology, Saudi Arabien

Dr. Andreas Asperl
Technische Universität Wien, Österreich

Dr. Michael Hofer
Technische Universität Wien, Österreich,
und Wiener Wissenschafts-, Forschungs- und Technologiefonds (WWTF),
Wien, Österreich

Dipl.-Ing. Axel Kilian, PhD (MIT)
Design Informatics, Technische Universität Delft, Niederlande

Die deutsche Ausgabe basiert auf der im englischen erschienenen Publikation „Architectural Geometry" (Bentley Institute Press, 2007). Sie wurde von den Autoren hinsichtlich der Verwendung als Lehrbuch überarbeitet.

Diese Ausgabe ist nur in den Ländern Deutschland, Österreich, Schweiz und Luxemburg erhältlich. Außerhalb dieser Länder kann das Buch bei Bentley Institute Press bestellt werden: ISBN 978-1-934493-05-2.

Printed in the USA

SpringerWienNewYork ist ein Unternehmen von
Springer Science + Business Media
springer.at

Lektorat: Erich Laß
Layout: Elisabeth Kaziz-Hitz, Eva Riemer

Gedruckt auf säurefreiem, chlorfrei gebleichtem Papier
SPIN 12666737

Mit zahlreichen farbigen Abbildungen

Bibliografische Information der Deutschen Nationalbibliothek
Die Deutsche Nationalbibliothek verzeichnet diese Publikation in der Deutschen Nationalbibliografie;
detaillierte bibliografische Daten sind im Internet über http://dnb.d-nb.de abrufbar.

ISBN 978-3-211-99765-9 SpringerWienNewYork

Vorwort

Die Geometrie spielte in der Architektur stets eine wichtige Rolle, sowohl in der Ausbildung der Studierenden als auch in der Praxis. Beide Bereiche wurden durch die Verfügbarkeit von 3-D-Modellierungs- und Visualisierungssoftware revolutioniert. Dieser Umbruch hat zu einer Verlagerung der wesentlichen geometrischen Inhalte geführt. War früher alleine schon die Darstellung geometrisch einfacher Entwürfe ein kompliziertes und zeitraubendes Unterfangen, so stellen sich heute neue Herausforderungen, zum Beispiel in der praktischen Umsetzung komplexer, digital erzeugter Geometrien. Damit liegt nun der Schwerpunkt der akademischen Ausbildung auf der Vermittlung jenes geometrischen Basiswissens, das für einen guten Überblick über die Vielfalt der vorhandenen (digitalen) Werkzeuge und für deren effizienten Einsatz nötig ist.

Angesichts dieser Entwicklungen haben wir im Jahr 2007 das Buch „Architectural Geometry" veröffentlicht. Das internationale Echo auf dieses mehr als 700 Seiten starke Buch, das einen Bogen von den einfachsten Grundlagen bis hin zur aktuellen architekturgeometrischen Forschung spannt, war sowohl von Architektinnen und Architekten als auch von akademischen Lehrerinnen und Lehrern sehr positiv. Das Buch erhielt in der Fachwelt höchstes Lob, ist aber für den Lehrbetrieb etwas zu umfangreich. Mit einer deutschen Version, die speziell auf die Bedürfnisse in der Lehre eingeht, wollen wir zur großen Tradition in der Geometrie-Ausbildung im deutschsprachigen Raum beitragen. Die auf das geometrische Basiswissen reduzierte, leichtere deutsche Fassung bietet eine kostengünstigere Alternative zum englischen Original für den Lehrbetrieb.

Die vorliegende deutsche Version ist als Grundlage für Einführungsvorlesungen in die Geometrie für Studierende von Architektur und Design konzipiert. Sie geht vom traditionellen, auf der Darstellenden Geometrie beruhenden Curriculum aus und stellt eine auf die modernen Medien hin ausgerichtete Form der Geometrie-Ausbildung vor. Dabei werden wesentliche geometrische Inhalte der alten Schule nicht vernachlässigt, aber wichtige neue Konzepte mit eingebunden.

Das Buch ist aber auch für den Einsatz in der Architektur-Praxis gedacht, zumindest für Projekte mit einer nicht allzu hohen geometrischen Komplexität. All jenen, die tiefer in das spannende Gebiet der Architektur-Geometrie eindringen wollen, empfehlen wir weiterhin, auf die englische Originalausgabe zurückzugreifen.

Bei den Leserinnen und Lesern dieses Buches wird keine über die üblichen Schulkenntnisse hinausgehende mathematische Ausbildung vorausgesetzt. Zur Erinnerung an die Schulmathematik und zur Erleichterung des Verständnisses haben wir einige zentrale Tatsachen aus elementarer und analytischer Geometrie im Anhang zusammengestellt. Die dabei getroffene Auswahl der Inhalte ist subjektiv und kann aufgrund der gebotenen Kürze auch nicht vollständig sein.

Die Vermittlung der Inhalte stützt sich auf eine Fülle von Abbildungen, die Freude an der Geometrie und einer soliden Geometrieausbildung vermitteln sollen. Wir hoffen, dass dieses Lehrbuch der Architektur-Geometrie auch dadurch leicht lesbar und gut verständlich ist und somit eine willkommene Grundlage für Einführungsvorlesungen an Universitäten darstellt.

Danksagung
Ganz besonders möchten wir uns noch einmal bei all jenen bedanken, die uns bei der Arbeit an der englischen Orginalausgabe unterstützt haben. Bei der deutschen Übersetzung haben uns vor allem Bernhard Blaschitz (Korrekturlesen), Martin Reis (Hilfe beim Layout), onlinelektorat@aon.at (Lektorat), Elisabeth Kaziz-Hitz und Eva Riemer (Layout) sehr professionell geholfen; allen dafür ein aufrichtiges Dankeschön! Unser Dank gebührt auch Buddy Cleveland und Jeff Kelly von Bentley, welche die Übersetzung von Seiten des Verlags bestmöglich unterstützt haben. Ein herzliches Danke gebührt auch wieder unseren Familien (zwei Kinder mehr als bei der englischen Originalausgabe) für ihre Liebe und die immerwährende Unterstützung unserer Aktivitäten!

Inhalt

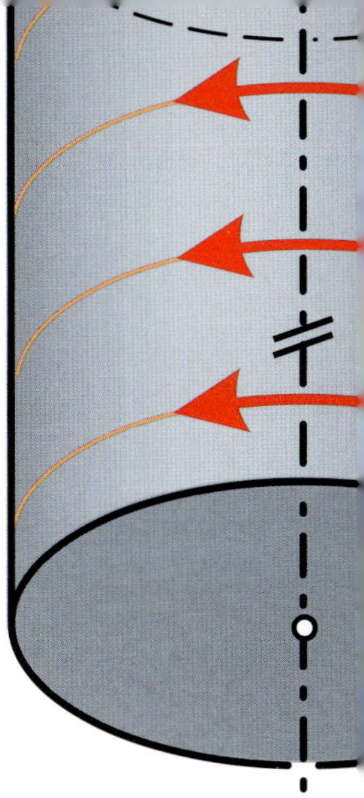

Kapitel 1

Erzeugung eines digitalen 3-D-Modells

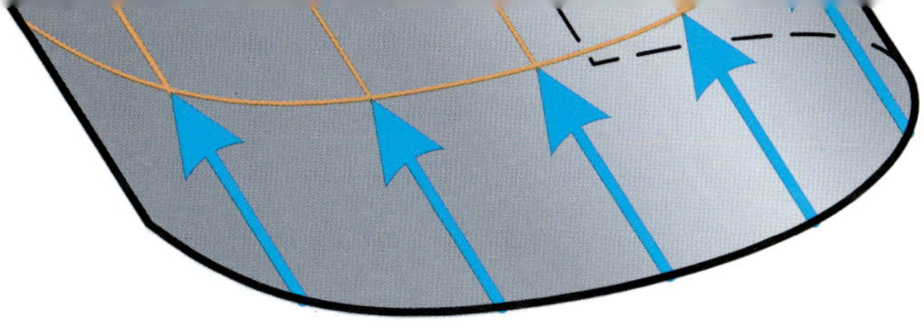

Erzeugung eines digitalen 3-D-Modells

Wir alle haben schon digitale Architekturmodelle von großer Komplexität in verschiedenen Darstellungsformen gesehen. Aber wie beginnen wir? Wie können wir unsere Ideen mit Hilfe eines Computers verwirklichen? Was sind die geometrischen Grundlagen, die es uns ermöglichen, ein digitales dreidimensionales (3-D-) Modell zu erzeugen? Viele Werkzeuge und Prozeduren für die Erstellung von 3-D-Modellen werden von modernen CAD-Systemen (CAD steht als Abkürzung für Computer-aided Design) zur Verfügung gestellt. Um die existierende Software effizient einzusetzen – und um darüber hinausgehen zu können – ist ein gutes geometrisches Wissen notwendig.

Natürlich beginnt die Entwurfsarbeit eines Architekten lange vor dem geometrischen Modellieren. Frank O. Gehry zu Folge kam seine Inspiration für das Winton-Gästehaus in Wayzata, Minnesota, von den Stillleben-Gemälden von Giorgio Morandi. Als er in den 1980er Jahren gebeten wurde, ein Gästehaus für einen Klienten zu bauen, entschied er sich für einen Kontrapunkt zum Haupthaus, das bereits 1952 von Philip Johnson gebaut worden war.

Gehry entwarf das Gästehaus als eine große Freiluftskulptur, in der jeder Raum ein eigenständiges Miniatur-Gebäude darstellt (Abb. 1.1). Basierend auf Skizzen wurden skalierte physische 3-D-Modelle und Planzeichnungen manuell erstellt. In diesem Kapitel lernen wir ein digitales 3-D-Modell dieses Gebäudes zu erzeugen.

Abb. 1.1
(oben) Das Winton-Gästehaus von Frank O. Gehry: Skizzen,
(unten links) skalierte physikalische Modelle,
(unten rechts) Foto des Gebäudes.

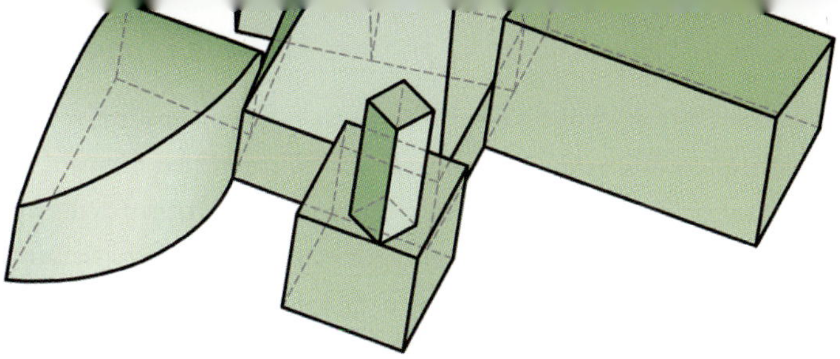

Modellierung des Winton-Gästehauses

Kartesische Koordinaten. Geometrische Objekte können als eine Ansammlung von Punkten beschrieben werden, welche die Form des Objektes bestimmen. Um die Position eines Punktes P im dreidimensionalen Raum (3-D-Raum) zu bestimmen, verwenden wir ein geordnetes Tripel von Zahlen, die als *Koordinaten* bezeichnet werden. Diese Koordinaten messen wir in Bezug auf ein gewähltes *Koordinatensystem.*

Ein *kartesisches Koordinatensystem* (Abb. 1.2) ist durch drei paarweise orthogonale orientierte Achsen gegeben, die als x-, y- und z-Achse bezeichnet werden. Die drei Achsen treffen einander in einem gemeinsamen Punkt O, dem *Koordinatenursprung* (kurz: *Ursprung*). Auf jeder Koordinatenachse verwenden wir dieselbe Einheitslänge. Bezogen auf ein bestimmtes Koordinatensystem hat dann ein Punkt P im dreidimensionalen Raum die drei kartesischen Koordinaten (x_p, y_p, z_p). Sie werden *x-Koordinate* x_p, *y-Koordinate* y_p und *z-Koordinate* z_p genannt. Die positiven Koordinaten liegen immer auf jenen Halbgeraden, welche im Ursprung beginnen und in Achsenrichtung verlaufen.

Um vom Ursprung O mit den Koordinaten $(0, 0, 0)$ zu einem Punkt P mit den Koordinaten (x_p, y_p, z_p) zu gelangen, gibt es sechs verschiedene *Koordinatenwege*, die alle auf einem *Koordinatenquader* der Länge x_p, Breite y_p und Höhe z_p liegen. Die acht Ecken des Koordinatenquaders besitzen die Koordinaten $(0, 0, 0)$, $(x_p, 0, 0)$, $(0, y_p, 0)$, $(0, 0, z_p)$, $(x_p, y_p, 0)$, $(x_p, 0, z_p)$, $(0, y_p, z_p)$ und (x_p, y_p, z_p). Jedes Paar von Koordinatenachsen spannt eine Ebene auf, die als *Koordinatenebene* bezeichnet wird. Wir erhalten daher die *xy-Ebene*, die *yz-Ebene* und die *zx-Ebene*. Wir merken noch an, dass in jeder Koordinatenebene durch die beiden Koordinatenachsen auch ein kartesisches 2-D-Koordinatensystem festgelegt ist.

Abb. 1.2
Ein kartesisches Koordinatensystem mit den drei Koordinaten (x_p, y_p, z_p) eines Punktes P im 3-D-Raum. Ein Koordinatenweg, der den Ursprung O mit dem Punkt P verbindet, liegt auf dem Koordinatenquader mit Länge x_p, Breite y_p und Höhe z_p.

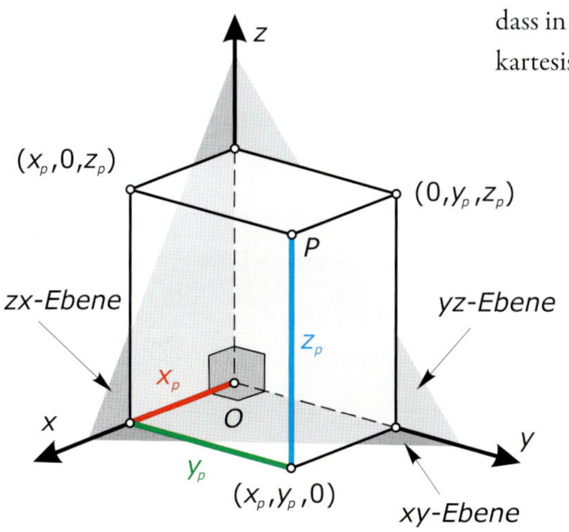

Rechts- und linkshändige Koordinatensysteme. Wir verwenden das kartesische Koordinatensystem in Abbildung 1.3. Blicken wir entgegen der z-Richtung auf die xy-Ebene, dann führt eine positive 90-Grad-Drehung (d.h. gegen den Uhrzeigersinn) die x-Achse in die y-Achse über. Ein solches *rechtshändiges* kartesisches Koordinatensystem kann mit den ersten drei Fingern der rechten Hand einfach nachgebildet werden.

Beginnend mit der zur Faust geballten rechten Hand, strecken wir den Daumen in Richtung der x-Achse und den Zeigefinger in Richtung der y-Achse. Dann können wir den Mittelfinger so öffnen, dass er in Richtung der z-Achse eines rechtshändigen kartesischen Koordinatensystems zeigt. Ändern wir die Orientierung der z-Achse, erhalten wir ein *linkshändiges* kartesisches Koordinatensystem, das mit Daumen, Zeige- und Mittelfinger der linken Hand visualisiert werden kann. Es gibt also zwei mögliche Orientierungen für ein kartesisches 3-D-Koordinatensystem.

Im gesamten Buch verwenden wir – wie in der Geometrie üblich – rechtshändige Koordinatensysteme. Für den Datenaustausch zwischen verschiedenen CAD-Systemen ist es wichtig, dass die Orientierung der Koordinatensysteme dieselbe ist. Ansonsten werden z.B. bei der Übertragung alle Objekte an der xy-Ebene gespiegelt.

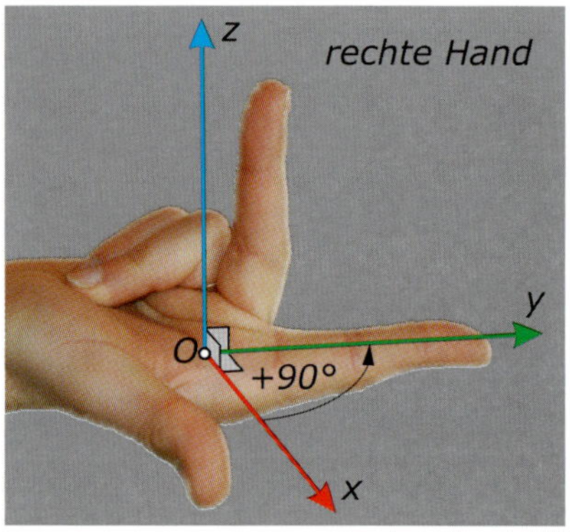

Abb. 1.3
Rechtshändiges kartesisches Rechtskoordinatensystem.

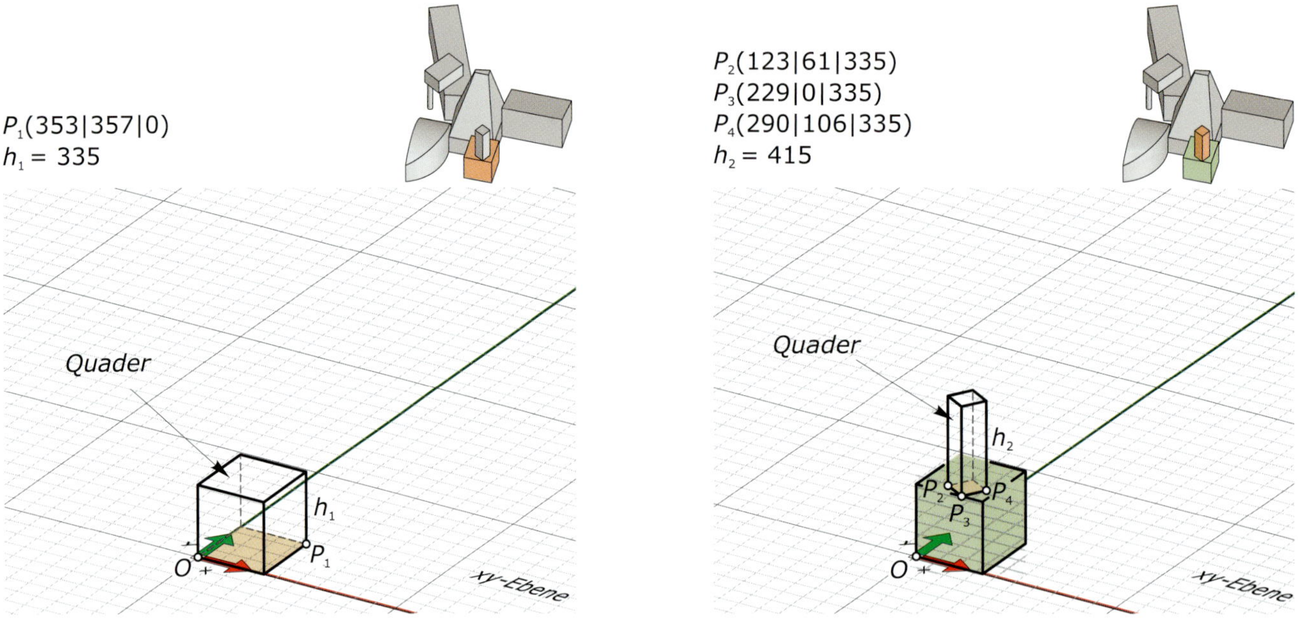

Abb. 1.4
Modellierung der beiden Quader des Kamins im Winton-Gästehaus (links). Der untere Teil ist annähernd ein Würfel (rechts), und der Kamin ist ein Quader mit quadratischer Grundfläche.
Drei Ecken des Quadrats sind die Punkte P_2, P_3 und P_4.

Quader. Während ein Würfel sechs kongruente quadratische Flächen besitzt, besteht ein Quader aus drei Paaren jeweils kongruenter Rechtecke, die in paarweise zueinander orthogonalen Ebenen liegen. Die geometrischen Grundelemente eines Quaders sind seine 8 Ecken, 12 Kanten und 6 ebenen Flächen. Wir konstruieren nun den Kamin im Winton-Gästehaus, der aus zwei Quadern besteht.

Für das Modellieren zweckmäßig, wählen wir die xy-Ebene horizontal und die z-Achse nach oben zeigend. Wir platzieren den ersten Quader so, dass drei Kanten mit den Koordinatenachsen und eine Ecke mit dem Ursprung eines kartesischen Koordinatensystems übereinstimmen (Abb. 1.4, links). Dazu wählen wir den Ursprung als eine Ecke und definieren dann Länge und Breite des Basisrechtecks in Richtung der x- und y-Achse. Schließlich geben wir noch die Höhe h_1 des ersten Quaders ein. Um einen Würfel zu erhalten, müssten wir Länge, Breite und Höhe gleich groß wählen.

Ein wesentliches CAD-Konstruktionsprinzip ist, dass wir digital immer mit den tatsächlichen Maßen konstruieren. Daher verwenden wir die Originalabmessungen des Quaders. Den zweiten Quader, der den Kaminschlot darstellt, positionieren wir in der Deckfläche des ersten Quaders. Wir zeichnen dazu das Basisquadrat in der Deckfläche, von dem wir die Koordinaten von drei Ecken kennen: P_2, P_3 und P_4 (Abb. 1.4, rechts). Dann definieren wir die Höhe h_2 des Kamins und erhalten den zweiten Quader.

Flächen- und Volumenmodelle. Ein geometrisches Objekt mit derselben Berandung kann entweder ein *Flächenmodell* (vorzustellen als eine dünne Haut) oder ein *Volumenmodell* (vorzustellen als massives gefülltes Modell) sein, wie in Abbildung 1.5 für einen Quader illustriert. Um den Unterschied zwischen Flächen- und Volumenmodell zu verdeutlichen, ziehen wir einen Vergleich zu Kunst und Modedesign. Ein Bildhauer beginnt mit einem Block aus Stein oder Holz (einem Volumenmodell) und entfernt Material, um die gewünschte Skulptur zu erhalten. Im Gegensatz dazu verwendet ein Modedesigner Stoffstücke (also Flächenmodelle), um ein Kleidungsstück zu formen.

Flächenmodell

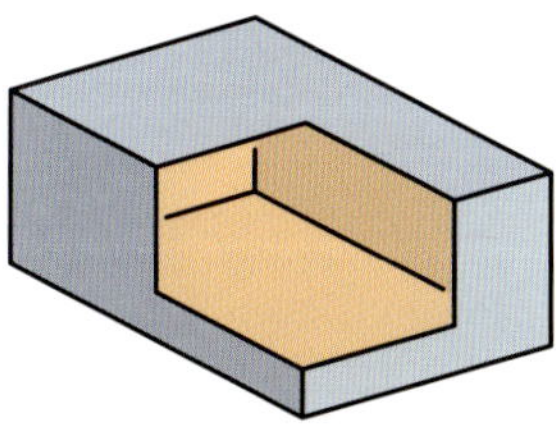

Volumenmodell

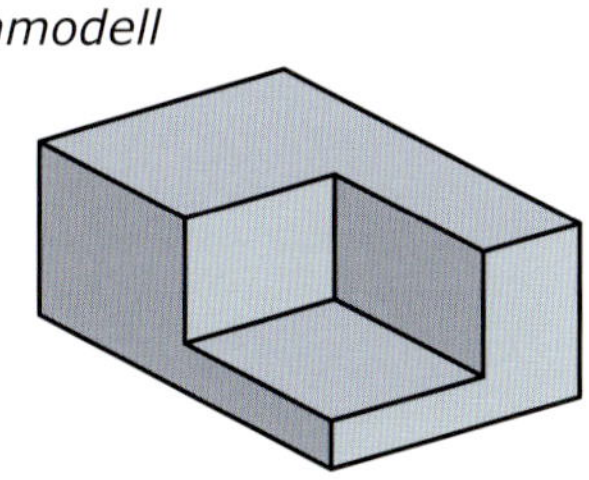

Abb. 1.5
Flächen- und Volumenmodell illustriert an Hand eines Quaders mit einem herausgeschnittenen Teil.

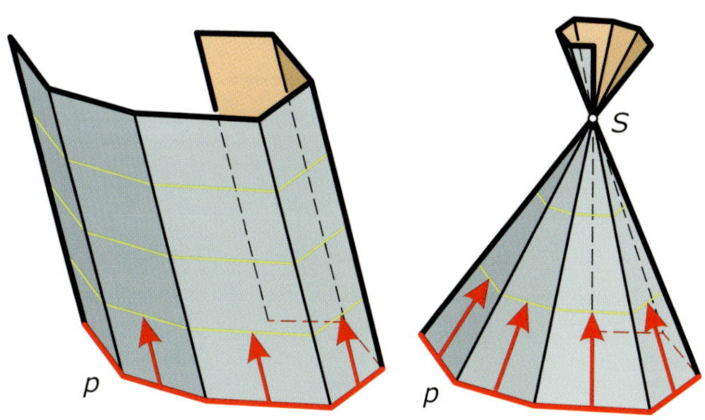

Abb. 1.6
(links) Parallelextrusion eines Polygons erzeugt ein Prisma.
(rechts) Zentralextrusion eines Polygons erzeugt eine Pyramide.

Wir arbeiten vorläufig mit abstrakten geometrischen Objekten und erzeugen nur die Grundformen, ohne Wand- und Deckenstärken oder Fenster- und Türöffnungen zu berücksichtigen. In Kapitel 4 lernen wir dann Werkzeuge zur weiteren Bearbeitung dieser geometrischen Modelle kennen. Zunächst beschränken wir uns auf die geometrischen Grundformen, oft in der Form eines Volumenmodells.

Extrusion. Der untere Teil des Wohnzimmers im Winton-Gästehaus ist kein Quader, da die Basisfläche kein Rechteck ist. Der Raum besitzt jedoch senkrechte Wände. Mit Hilfe von Parallelextrusion erzeugen wir ein *Prisma*, indem wir ein Polygon in die gewünschte Höhe extrudieren (siehe auch Kapitel 3). Während ein Polygon ein geschlossenes Objekt ist, ist eine *Polylinie* „offen“ in dem Sinn, dass sie zwei Endpunkte besitzt, die durch eine Folge von Strecken miteinander verbunden sind. Parallelextrusion einer Polylinie p erzeugt eine *Prismenfläche* (Abb. 1.6, links).

Ein verwandtes Werkzeug ist die Zentralextrusion. Dabei wird ein Polygon p zu einem einzigen Punkt S im Raum extrudiert, und wir erzeugen damit eine *Pyramide* (siehe auch Kapitel 3). Verwenden wir eine Polylinie, dann erzeugen wir eine *Pyramidenfläche* (Abb. 1.6, rechts). Zur Konstruktion des unteren Teils des Wohnzimmers im Winton-Gästehaus als Prisma zeichnen wir das Basisviereck in der xy-Ebene mit den vier Eckpunkten P_5, P_6, P_7 und P_8 und extrudieren dieses dann in z-Richtung bis zur gewünschten Höhe h_3 (Abb. 1.7).

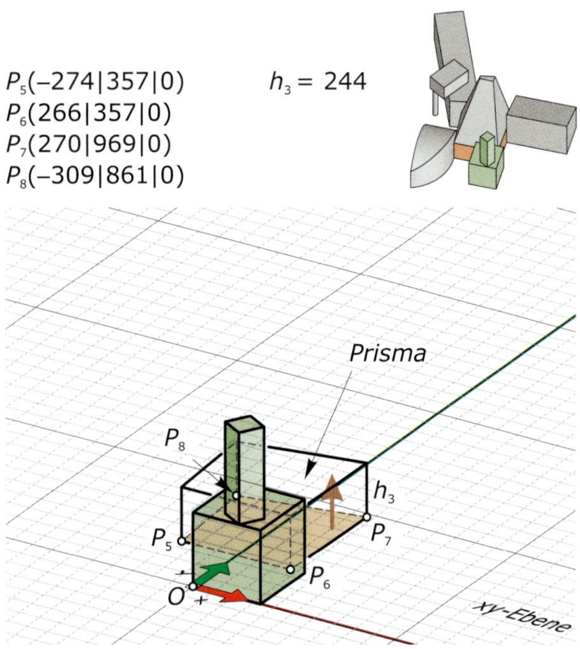

Abb. 1.7
Der untere Teil des Wohnzimmers im Winton-Gästehaus ist ein Prisma, erzeugt durch Parallelextrusion.

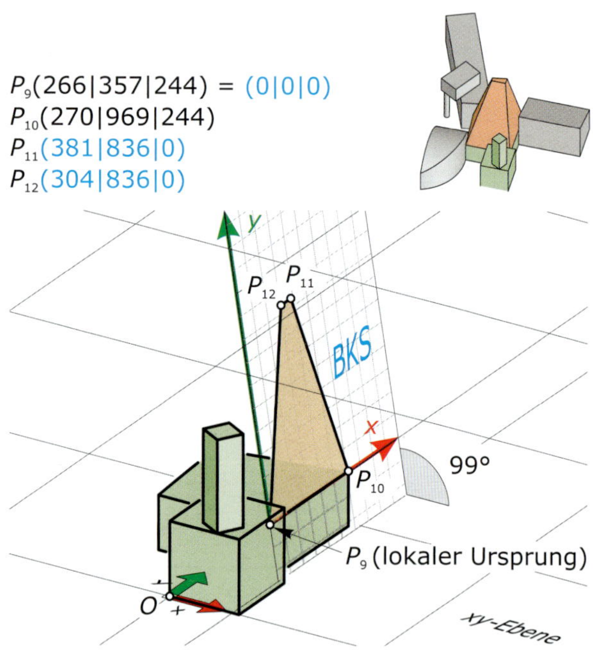

Abb. 1.8a
Die vier ebenen Vierecke, die das Wohnzimmerdach bilden, werden mit Hilfe von lokalen Koordinatensystemen konstruiert (beschriftet mit „BKS“). Gezeigt wird die Konstruktion für zwei der vier Dachebenen.

Globale und lokale Koordinatensysteme. Bis jetzt haben wir in einem *globalen* (*Welt-, absoluten*) Koordinatensystem gearbeitet. Dieses System ist üblicherweise ein rechtshändiges kartesisches Koordinatensystem. Für das geometrische Design ist es aber oft wünschenswert, auch *lokale* (*benutzerdefinierte, Hilfs-, relative*) Koordinatensysteme einzusetzen, um Modellieraufgaben zu vereinfachen. Wenn wir lokale Koordinaten in ein CAD-System eingeben, werden diese automatisch in globale Koordinaten umgerechnet.

Der obere Teil des Wohnzimmers im Winton-Gästehaus ist kein Pyramidenstumpf (besprochen in Kapitel 3). Daher ist die Zentralextrusion nicht das passende Werkzeug, und wir wählen einen anderen Modellierzugang. Jede der vier Dachflächen ist ein ebenes Viereck, das wir mit Hilfe eines lokalen Benutzerkoordinatensystems (BKS) modellieren (Abb. 1.8). Zusammen formen die vier Vierecke ein Flächenmodell für das Dach des Wohnzimmers.

Das erste Schlafzimmer im Winton-Gästehaus hat eine prismatische Form, die wir mit Parallelextrusion erzeugen. Für diesen Zweck definieren wir ein lokales kartesisches Koordinatensystem mit einer Wand des Wohnzimmers als lokaler *xy*-Ebene (Abb. 1.9). Dann zeichnen wir ein Basispolygon in der lokalen *xy*-Ebene und extrudieren dieses in lokaler *z*-Richtung, um das gewünschte Prisma zu erhalten.

Abb. 1.8b
Die beiden anderen Dachebenen werden analog modelliert. Lokale Koordinaten werden andersfärbig dargestellt und sind immer auf das beschriftete lokale Koordinatensystem bezogen.

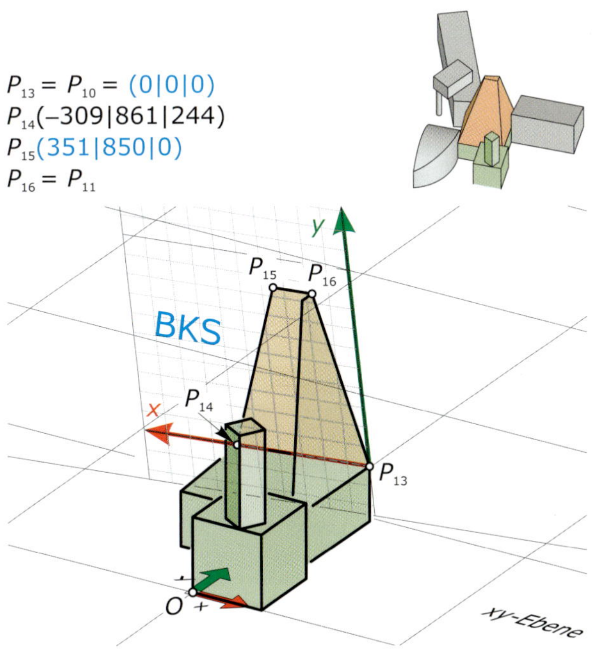

Abb. 1.9
Ein lokales Koordinatensystem mit Ursprung P_{17} wird verwendet, um das erste Schlafzimmer mit Hilfe einer Parallelextrusion zu erzeugen. Der Punkt P_{17} liegt auf der Geraden P_6P_7 und hat eine lokale y-Koordinate von 753 Einheiten.

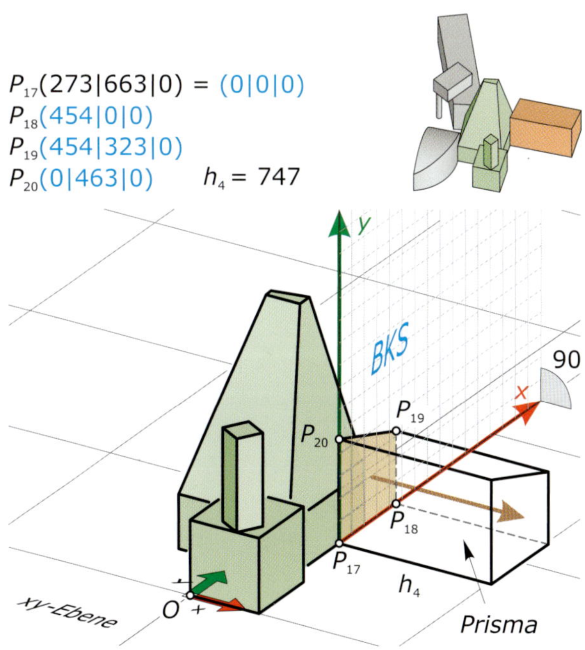

Polarkoordinaten. Neben den ebenen kartesischen Koordinaten gibt es eine alternative Möglichkeit, ebene Koordinaten zu definieren. *Polarkoordinaten* (r, φ) eines Punktes P geben den Abstand r des Punktes P zum Ursprung O und den Winkel $0 \leq \varphi < 360°$ zur *Polarachse* an (Abb. 1.10, links). Die Polarachse wird üblicherweise als die positive Halbgerade der x-Achse gewählt. Während ebene kartesische Koordinaten den Abstand zu zwei orthogonalen Achsen messen, sind dies bei Polarkoordinaten der Abstand r zum Ursprung und der Winkel zwischen der Polarachse und der Halbgeraden PO.

Polarkoordinaten können beim Modellieren mit einem CAD-System sehr hilfreich sein, insbesondere für die Eingabe von Koordinaten in lokalen Koordinatensystemen. Die kartesischen Koordinaten der Punkte eines Kreises mit Mittelpunkt im Ursprung und Radius r sind $(r \cdot \cos\varphi, r \cdot \sin\varphi)$. Wie in Abbildung 1.10 (rechts) gezeigt, verwenden wir dies, um von Polarkoordinaten (r, φ) auf kartesische Koordinaten (x, y) wie folgt umzurechnen:

$$x = r \cdot \cos\varphi,$$

$$y = r \cdot \sin\varphi.$$

Die Küche und die Garage des Winton-Gästehauses bilden zusammen ein weiteres Prisma. Wir kennen den Winkel, den eine Wand des Wohnzimmers mit einer Wand der Küche einschließt. Weiters kennen wir die Länge des Gebäudes. Damit können wir das Basispolygon mit Hilfe von lokalen Polarkoordinaten konstruieren (Abb. 1.11). Wir verwenden dazu ein lokales Polarkoordinatensystem in der globalen xy-Ebene. Eine Kante des Wohnzimmers liegt auf der lokalen Polarachse. Mit Parallelextrusion des Basispolygons in globaler z-Richtung (bis zur gewünschten Höhe) erzeugen wir das gewünschte Prisma.

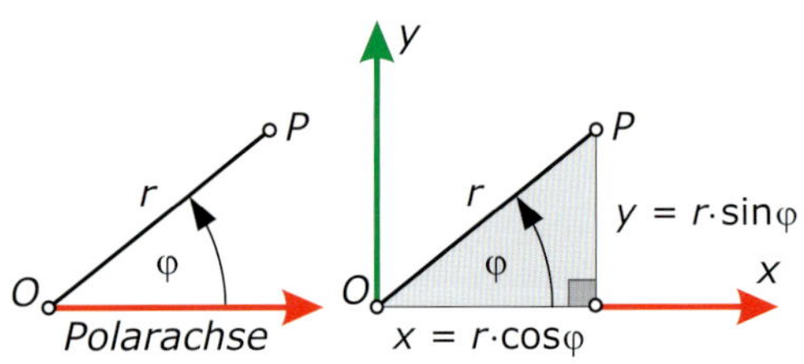

Abb. 1.10
Ebene Polarkoordinaten und ihre Umwandlung in ebene kartesische Koordinaten.

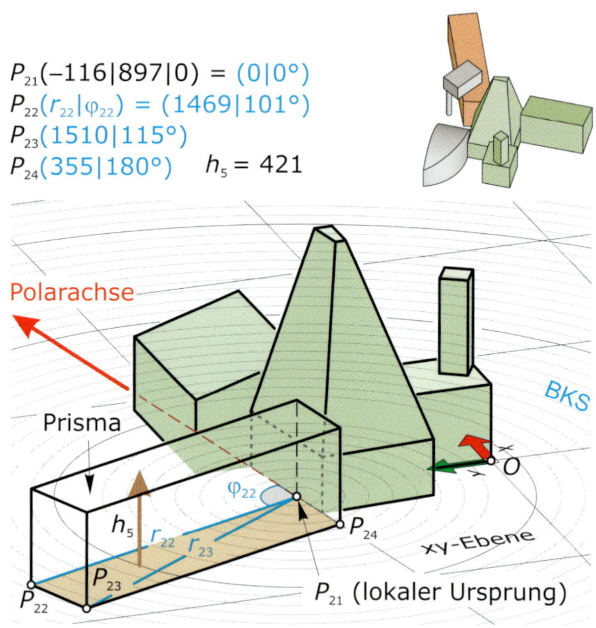

Abb. 1.11
Das Basispolygon p (P_{21}, P_{22}, P_{23}, P_{24}) der Küche und der Garage wird im lokalen Polarkoordinatensystem gezeichnet. Parallelextrusion von p in z-Richtung bis zu einer Höhe h_5 erzeugt ein Prisma.

Zylinderkoordinaten. Eng verwandt mit ebenen Polarkoordinaten sind die räumlichen *Zylinderkoordinaten* (r, φ, z). Diese sind nichts anderes als ebene Polarkoordinaten in der xy-Ebene, erweitert um die z-Koordinate (Abb. 1.12). Im Unterschied zu einem kartesischen 3-D-Koordinatensystem ersetzen wir bei Zylinderkoordinaten die kartesischen x- und y-Koordinaten durch die polaren r- und φ-Koordinaten. Die Umwandlung von Zylinderkoordinaten in kartesische Koordinaten folgt dem Prinzip der oben beschriebenen Umrechnung von Polarkoordinaten und passiert wie folgt:

$$x = r \cdot \cos\varphi,$$

$$y = r \cdot \sin\varphi,$$

$$z = z.$$

Mit Hilfe von Zylinderkoordinaten können wir Positionen auf Drehzylindern leicht bestimmen.

Drehzylinder. Ein *Drehzylinder* ist die Menge aller Punkte im 3-D-Raum, die konstanten Abstand von einer Geraden (genannt seine *Drehachse*) aufweisen. Ein Drehzylinder kann durch Parallelextrusion eines Kreises k der Ebene E erzeugt werden (Abb. 1.13, links). Dabei ist die Extrusionsrichtung orthogonal zu E. Alle Geraden auf einem Drehzylinder werden *Erzeugende* genannt. Eine alternative Erzeugung eines Drehzylinders erfolgt durch Rotation einer Erzeugenden e um eine dazu parallele Achse a (Abb. 1.13, rechts).

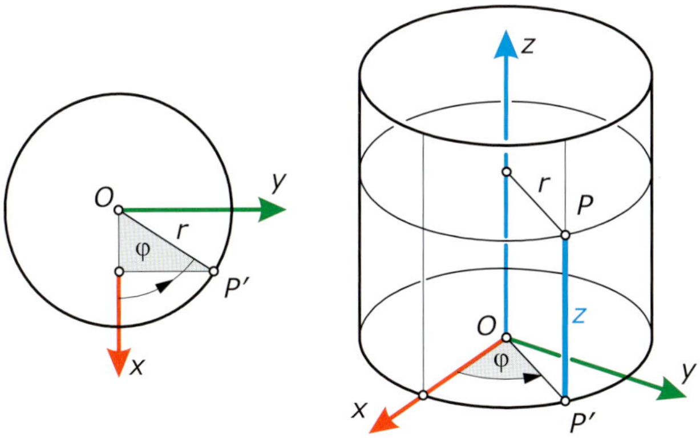

Abb. 1.12
Zylinderkoordinaten (r, φ, z) sind ebene Polarkoordinaten (r, φ), erweitert um die kartesische z-Koordinate.

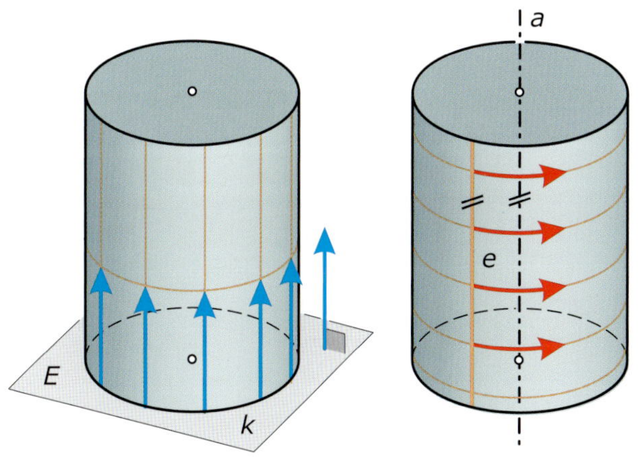

Abb. 1.13
(links) Ein Drehzylinder kann durch Parallelextrusion eines Kreises k der Ebene E erzeugt werden. Die Extrusionsrichtung ist orthogonal zu E. (rechts) Eine alternative Konstruktion ist die Drehung einer Erzeugenden e um eine parallele Achse a.

Drehzylinder sind Grundkörper, die in CAD-Systemen enthalten sind. Sie werden üblicherweise durch einen Basiskreis und ihre Höhe definiert. Im Winton-Gästehaus kommt eine drehzylindrische Säule vor, die den Dachboden über der Küche stützt (Abb. 1.14). Wir verwenden globale kartesische Koordinaten, um den Mittelpunkt P_{25} des Basiskreises einzugeben.

Fangfunktionen. *Fangfunktionen* unterstützen das exakte Konstruieren von CAD-Modellen. Beim Modellieren mit einem CAD-System reicht es nicht, mit Hilfe eines Eingabegerätes (z.B. der Computermaus) die Position eines Punktes nur ungefähr anzugeben. Es ist von fundamentaler Bedeutung, dem CAD-System „mitzuteilen", dass der gewünschte Punkt *gefangen* werden soll. Erst diese Technik garantiert, dass unsere Konstruktionen exakt werden. Eine Vielfalt von Fangfunktionen wird üblicherweise zur Verfügung gestellt. Die Auswahl für Punkte inkludiert das Fangen von Endpunkten, Mittelpunkten, Schnittpunkten, beliebigen Kurvenpunkten und der verschiedenen Schwerpunkte der Objekte.

Selbstverständlich gibt es auch Fangfunktionen, die auf Geraden, Kreise und so weiter angewendet werden können. Wir verwenden jetzt eine Fangfunktion, um den Dachboden (einen Quader) so zu positionieren, dass er genau auf der Küche und der zylindrischen Säule zu liegen kommt (Abb. 1.15). Wir verwenden dazu ein lokales Koordinatensystem mit Ursprung im Mittelpunkt P_{26} des oberen Randkreises k des Drehzylinders. Wir fangen den Mittelpunkt mit der entsprechenden Fangfunktion und machen ihn zum Ursprung einer lokalen xy-Ebene, die den Kreis k enthält.

$P_{25}(-663|991|0)$
Zylinderradius = 30
$h_6 = h_5 = 421$

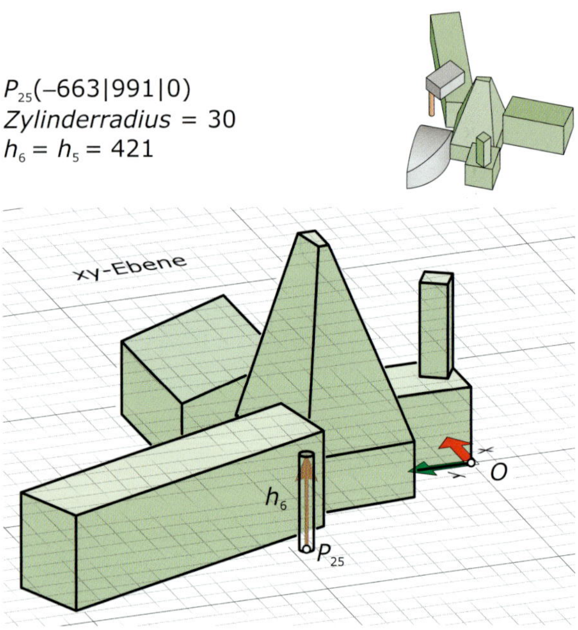

Abb. 1.14
Ein Drehzylinder wird als Stütze für den Dachboden über der Küche verwendet.

Der Winkel zwischen der globalen und der lokalen x-Achse ist im Grundriss angegeben. Nun können wir das Basispolygon des Quaders zeichnen (Abb. 1.15) und seine Höhe eingeben. Eine fortgeschrittene Form des „Fangens“ ist das automatische Speichern der sich aus den einzelnen Modellierschritten ergebenden Assoziationen. Damit bleiben die Zusammenhänge (z.B. die gegenseitige Lage) der einzelnen Teile erhalten, auch wenn wir später deren Größe oder Lage verändern (mehr Details dazu im Abschnitt „Featurebasiertes Modellieren“ in Kapitel 4).

Griffe. Geometrische Objekte in CAD-Systemen haben üblicherweise einige mit ihnen verknüpfte *Griffe*. Diese erlauben auf unkomplizierte Art und Weise eine einfache Modifikation der Objekte. Verwenden wir Griffe gemeinsam mit Fangfunktionen, dann können wir geometrische Objekte leicht verlagern oder verändern. Griffe sind üblicherweise jene speziellen Punkte, die uns eine Form zu definieren helfen.

Typische Griffe eines Quaders sind seine Eckpunkte und sein Schwerpunkt. Klicken wir auf einen der Eckpunkte, dann können wir den Quader interaktiv verändern. Klicken wir auf den Schwerpunkt, dann können wir den gesamten Quader in eine andere Raumposition verschieben. Typische Griffe von Drehzylindern sind jene zwei Punkte, die Anfang und Ende der Achse definieren, sowie ein weiterer Punkt zur Definition des Radius.

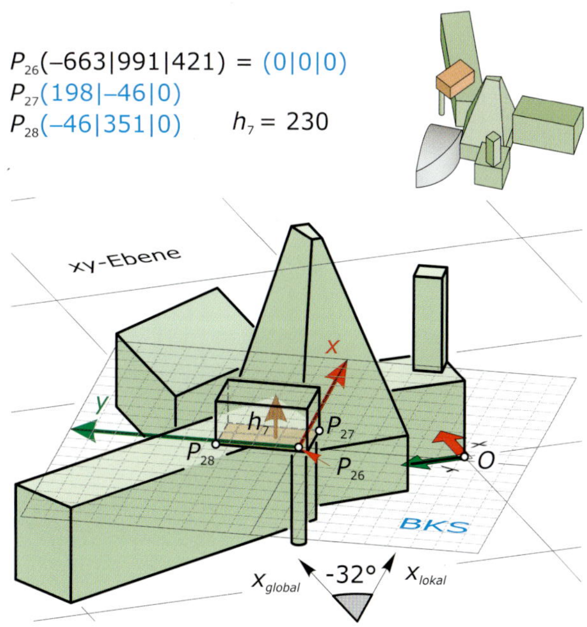

Abb. 1.15
Mit der Fangfunktion „Mittelpunkt“ positionieren wir den Ursprung eines lokalen Koordinatensystems im Punkt P_{26}, dem Mittelpunkt des Deckkreises der drehzylindrischen Säule. Der Winkel zwischen der globalen und lokalen x-Achse ist mit -32 Grad gegeben. In diesem lokalen Koordinatensystem erzeugen wir jenen Quader, der den Dachboden über der Küche darstellt.

Modellierung des zweiten Schlafzimmers. Nun werden wir das zweite Schlafzimmer mit gekrümmter Überdachung modellieren (Abb. 1.16). Eine geometrische Analyse zeigt, dass zwei verschiedene Drehzylinder in der Konstruktion involviert sind. Ein Teil des ersten Drehzylinders gehört zur vertikalen Mauer, ein Teil des zweiten Drehzylinders bildet das Dach. Wir erzeugen das zweite Schlafzimmer als Durchschnitt zweier Volumenkörper.

Dazu konstruieren wir zunächst in der *xy*-Ebene die Grundfläche und extrudieren diese in eine bestimmte Höhe. Dann verwenden wir ein lokales Koordinatensystem mit der lokalen *xy*-Ebene in der Rückwand des Schlafzimmers. Der lokale Ursprung ist der Punkt P_{29}. Die lokale *x*-Achse liegt entgegengesetzt zur globalen *y*-Richtung, und die lokale *y*-Achse liegt parallel zur globalen *z*-Achse. In der lokalen *xy*-Ebene zeichnen wir die Basisform des zweiten Volumenkörpers – die wir dann in lokale *z*-Richtung extrudieren.

Der Durchschnitt der beiden Volumenkörper (siehe Kapitel 4 über Boolesche Operationen) liefert uns das gewünschte geometrische Modell des zweiten Schlafzimmers. Somit haben wir alle über der Erde liegenden Grundkörper des Winton-Gästehauses konstruiert.

$P_{29}(-660|542|0) = (0|0|0)$
$P_{30}(-660|-232|0) = (774|0|0)$
P_{31} … Mittelpunkt des Kreisbogens
$P_{32} = P_5$
$P_{33}(-284|501|0)$
$P_{34}(774|266|0)$
$P_{35}(387|457|0)$
$P_{36}(0|266|0)$

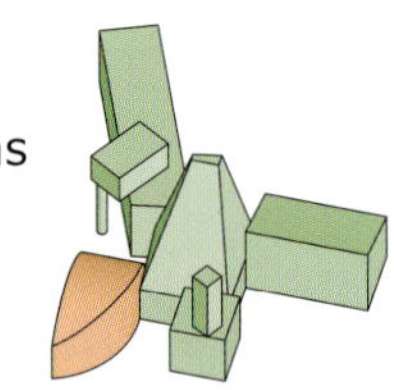

$r = 582$

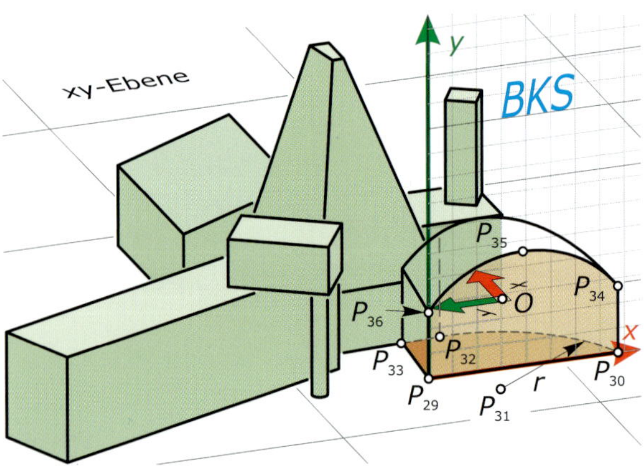

Abb. 1.16
Wir modellieren das zweite Schlafzimmer, indem wir zweimal eine Parallelextrusion anwenden und die beiden so erzeugten Volumenmodelle danach miteinander verschneiden. Die Grundfläche des ersten Volumenmodells besitzt die Ecken P_{29}, P_{30}, P_{32} und P_{33}. Dabei hat der Kreisbogen mit Endpunkten P_{30} und P_{32} den Mittelpunkt P_{31} und Radius *r*. Wir extrudieren ihn in eine Höhe von 500 Einheiten. Die Basisfläche des zweiten Volumenmodells wird durch die Punkte P_{29}, P_{30}, P_{34}, P_{35} und P_{36} festgelegt, wobei die letzten drei Punkte einen Kreisbogen definieren. Wir extrudieren in lokale *z*-Richtung bis zu einer Höhe von 400 Einheiten. Das Schnittvolumen der beiden Volumenmodelle liefert uns ein Volumenmodell des zweiten Schlafzimmers.

Layer. Layer sind eine weitere grundlegende CAD-Technik, welche die digitale Konstruktionsarbeit sinnvoll unterstützt. Ein Blatt Papier kann als ein Layer (Schicht, Ansichtsebene, ...) angesehen werden, auf dem wir arbeiten. Indem wir Blätter aus Transparentpapier übereinander legen, können wir weitere Layer erzeugen, wobei jeder Layer unterschiedliche Informationen enthalten kann. In einem CAD-System ist jeder Layer eine 3-D-Kopie des gesamten Modellierraumes, die exakt an derselben Stelle des globalen Koordinatensystems liegt.

Unterschiedliche Layer können unterschiedliche Objektteile enthalten, und wir können diese einfach ein- oder ausblenden. Dieser Zugang erlaubt uns, nur die aktuell benötigten Informationen anzuzeigen. Dazu muss der Benutzer nur die einzelnen geometrischen Objekte den gewünschten Layern zuweisen. Würden wir die Modellierung des Winton-Gästehauses fortsetzen, dann könnten wir zum Beispiel eine Kopie der Basisformen auf einem eigenen Layer speichern und die Fenster und Türen in einem weiteren Layer konstruieren (Abb. 1.17).

Das Rohrsystem und die Elektroinstallationen würden auf zusätzlichen Layern konstruiert werden. Wird ein 3-D-CAD-Modell später auch für Wartungszwecke eines Gebäudes verwendet, dann vereinfacht eine sinnvolle Layerstruktur auch das Management des Gebäudes nach seiner Fertigstellung.

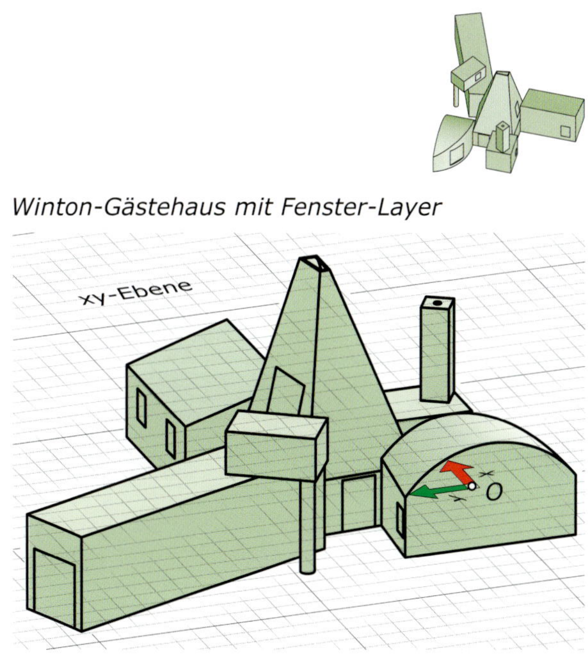

Abb. 1.17
Wir verwenden einen weiteren Layer, in dem wir die Fenster und Türen im Winton-Gästehaus modellieren.

Farbe, Textur und Materialien. Zu Beginn eines Designs arbeiten wir oft mit einem *Drahtgittermodell* unserer geometrischen Formen. Dieses zeigt uns nur gewisse Geraden und Kurven unserer Objekte (Abb. 1.18, links). Dabei können wir durch das Objekt hindurchsehen wie bei einem Röntgenapparat, und wir benötigen räumliches Vorstellungsvermögen, um mental ein vollständigeres Bild zu erzeugen. Eine *Darstellung ohne verdeckte Kanten* liefert uns bereits ein besseres Bild, bei dem die vom jetzigen Blickpunkt aus verdeckten Objektteile nicht gezeigt werden, sondern nur die sichtbaren Ecken, Kanten und Flächen (Abb. 1.18, Mitte).

Eine Alternative ist, sichtbare Linien als durchgezogene Kanten zu zeichnen, verdeckte Kanten als strichlierte Kanten, und sichtbare Flächen einzufärben (Abb. 1.18, rechts). Um die verschiedenen Objekte visuell besser unterscheiden zu können, färben wir sie verschieden ein. Um sie realistischer aussehen zu lassen, können wir sie „digital verputzen" oder Farbe anbringen sowie z.B. ein Objekt als Ziegelwand und ein anderes als Betonwand darstellen. Dies erreichen wir durch mit Hilfe von Texturen und Materialien (Abb. 1.19). Das Erzeugen eines Bildes mit Hilfe des Computers wird oft als *Rendern* bezeichnet.

In diesem Buch diskutieren wir nur die geometrischen Aspekte des Renderns (Kapitel 2). Für die Erstellung eines fotorealistischen Bildes benötigen wir gutes Wissen über Farbe, Texturen, Materialien, Beleuchtung und verschiedene weitere Faktoren. Lichtquellen sind notwendig, denn ohne Licht wäre das digitale Bild einfach nur schwarz. In Kapitel 2 studieren wir die geometrischen Grundlagen der verschiedenen Beleuchtungsmodelle und Renderverfahren, die in der Computergrafik entwickelt wurden.

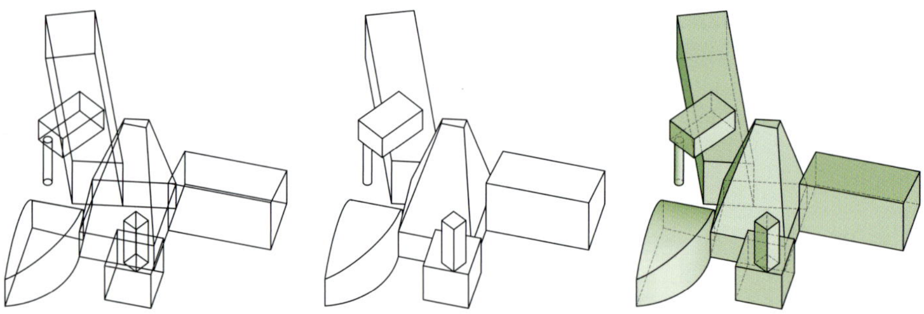

Abb. 1.18
Verschiedene Darstellungen derselben geometrischen Form:
(links) Drahtgittermodell,
(Mitte) Liniendarstellung ohne verdeckte Kanten,
(rechts) und mit durchgezogenen sichtbaren Kanten, strichlierten verdeckten Kanten, sowie eingefärbten sichtbaren Flächen.

Abb. 1.19
Ein fotorealistisches, computererzeugtes Bild des Winton-Gästehauses.

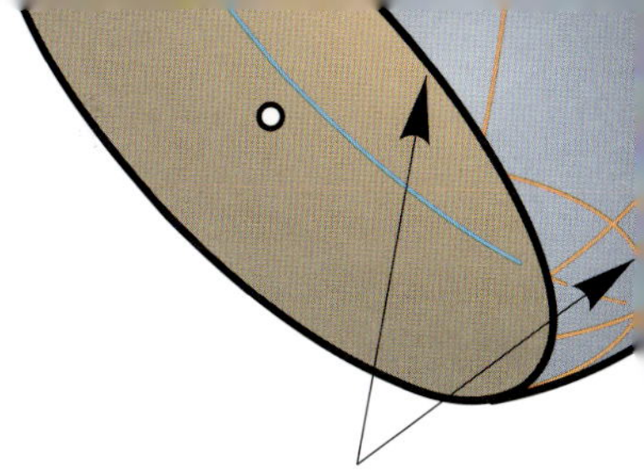

Kugeln, Kugelkoordinaten und Extrusionsflächen

Kugel. Eine *Kugel* (genauer *Kugelfläche*) mit *Mittelpunkt M* und *Radius r* ist die Menge aller Punkte im 3-D-Raum, die konstanten Abstand r vom Mittelpunkt M haben (Abb. 1.20). Das Volumenmodell einer Kugel mit *Mittelpunkt M* und *Radius r* ist die Menge aller Punkte im 3-D-Raum, die einen Abstand kleiner oder gleich r vom Mittelpunkt M aufweisen. Worin liegt der Unterschied zwischen dem Flächen- und Volumenmodell einer Kugel? Das Flächenmodell einer Kugel bildet den Rand des Volumenmodells derselben Kugel.

Ist der Radius gleich der Einheitslänge ($r = 1$), dann sprechen wir von einer *Einheitskugel*. Jede ebene Kurve auf einer Kugel ist ein Kreis. Stimmt der Kreismittelpunkt mit dem Kugelmittelpunkt überein, so sprechen wir von einem *Großkreis*; alle anderen Kreise heißen *Kleinkreise* (Abb. 1.20).

Abb. 1.20
Eine Kugel ist durch Mittelpunkt M und Radius r festgelegt. Alle ebenen Kurven auf einer Kugel sind Kreise. Jene mit Mittelpunkt M heißen Großkreise. Alle anderen sind Kleinkreise.

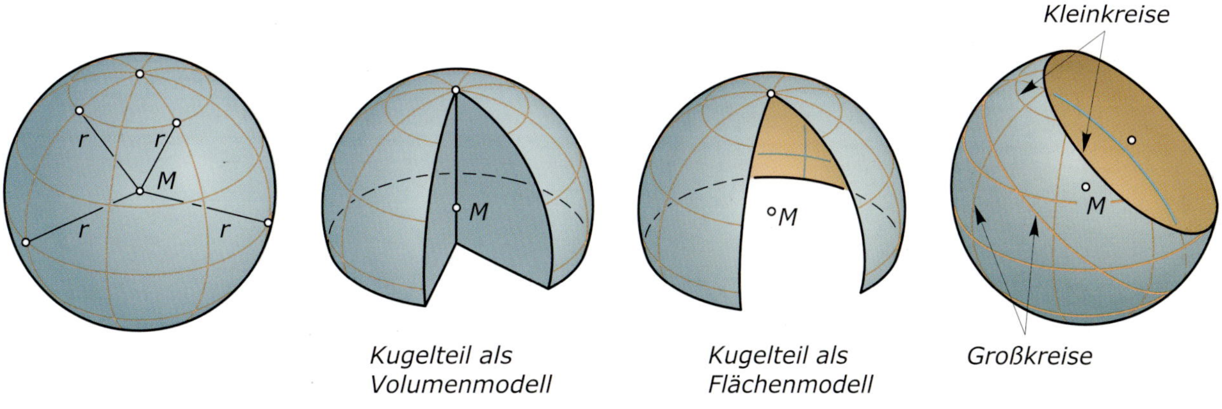

Kugelkoordinaten. Neben den kartesischen Koordinaten und den Zylinderkoordinaten sind *Kugelkoordinaten* (r, φ, θ) eine weitere Möglichkeit, den 3-D-Raum analytisch zu beschreiben (Abb. 1.21). Sie bestehen aus einer positiven Zahl r und zwei Winkeln φ und θ. Kugelkoordinaten werden wie folgt definiert: Wir fixieren eine Ebene E (zum Beispiel die xy-Ebene eines kartesischen Koordinatensystems), wählen darin einen Ursprung O und legen eine Halbgerade in Richtung der positiven x-Achse fest.

Die erste Kugelkoordinate r ist eine positive reelle Zahl und gibt den Abstand des Punktes P zum Ursprung O an. Die zweite Kugelkoordinate ist ein orientierter Winkel φ $(-180° < \varphi \leq 180°)$, gemessen zwischen der x-Achse und einer horizontalen Halbgeraden durch den Ursprung und den Punkt P'. Der Punkt P' entsteht durch Normalprojektion von P (siehe Kapitel 2) auf die Ebene E. Die dritte Kugelkoordinate ist der orientierte Winkel θ $(-90° < \theta \leq 90°)$, gemessen zwischen den Halbgeraden OP' und OP.

Um Kugelkoordinaten (r, φ, θ) in kartesische Koordinaten (x, y, z) umzuwandeln, gehen wir wie im Fall der Polarkoordinaten vor. Die Länge der Strecke OP ist r. Mit Hilfe von Winkelfunktionen finden wir die Längen der Strecken OP' und PP' als $r \cdot \cos\theta$ und $r \cdot \sin\theta = z$. Durch nochmaliges Anwenden von Winkelfunktionen erhalten wir schließlich die x- und y-Koordinate mit:

$$x = r \cdot \cos\varphi \cdot \cos\theta,$$

$$y = r \cdot \sin\varphi \cdot \cos\theta,$$

$$z = r \cdot \sin\theta.$$

Die so definierten Kugelkoordinaten entsprechen den geografischen Koordinaten, die wir im Folgenden kurz erklären.

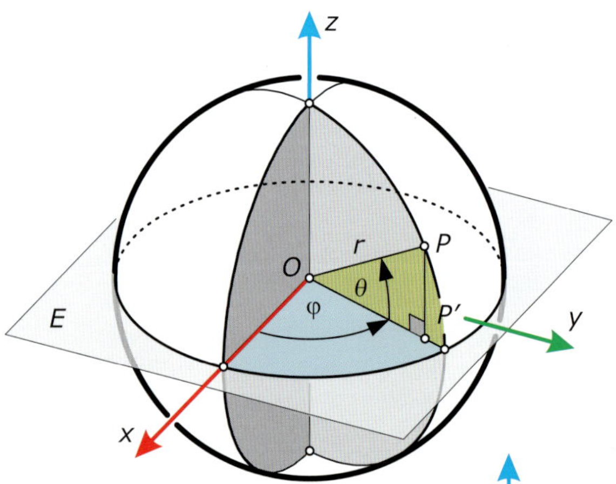

Abb. 1.21
Kugelkoordinaten (r, φ, θ) eines Punktes und ihre Umwandlung in kartesische Koordinaten (x_p, y_p, z_p) illustriert an Hand des Punktes P.

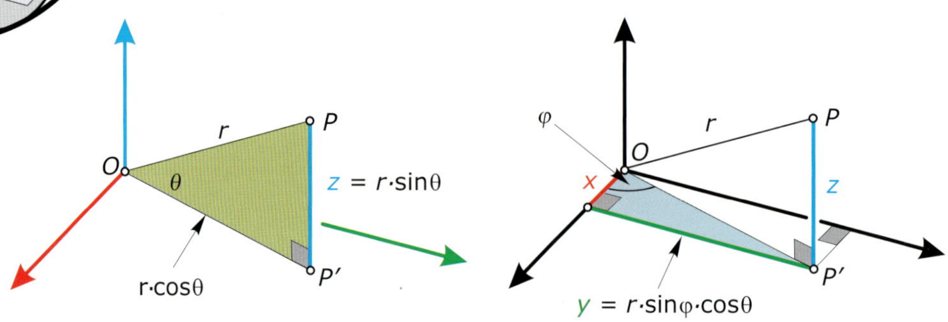

Geografisches Koordinatensystem. Die Oberfläche unseres Planeten Erde kann durch das Flächenmodell einer Kugel mit dem Radius $r = 6370$ km gut angenähert werden. Um die globale Position P auf unserem Planeten zu beschreiben, verwenden wir geografische Koordinaten (Abb. 1.22). Diese sind ein Spezialfall der Kugelkoordinaten mit konstanter Koordinate r und den laufenden Koordinaten *geografische Länge* φ und *geografische Breite* θ. Die geografische Breite ist der Winkel zwischen der *Äquatorebene* und der Halbgeraden OP, die geografische Länge ist der Winkel zwischen der Ebene durch den *Nullmeridian* (der durch Greenwich, Großbritannien, verläuft) und der Ebene des Meridians durch P.

Um die Position P auf der Erdoberfläche exakt zu definieren, benötigen wir eine dritte Koordinate, die so genannte *Seehöhe*. Die Seehöhe wird als vertikaler Abstand von P zu einer Referenzfläche gemessen, die üblicherweise auf mittlerem Meeresniveau liegt. Durch Verwenden eines satellitenbasierten, globalen Positionierungssystems können die geografische Länge, geografische Breite und die Seehöhe mit hoher Genauigkeit bestimmt werden.

Die geografischen Koordinaten von Wayzata, Minnesota – wo das Winton-Gästehaus bis 2008/09 stand – sind N44°58', W93°30'. Dabei steht N für nördlich des Äquators und W für westlich von Greenwich. Die Seehöhe von Wayzata beträgt 287 m über dem Meer.

Zylinder- und Kegelflächen. Parallelextrusion einer glatten Kurve erzeugt eine *Zylinderfläche* (Abb. 1.23, links). Zentralextrusion einer glatten Kurve erzeugt eine *Kegelfläche* (Abb. 1.23, rechts). Beide Flächenklassen tragen Geraden, die *Erzeugende* genannt werden. Bei einer Zylinderfläche sind diese Geraden alle zueinander parallel. Bei einer Kegelfläche gehen alle Erzeugenden durch einen gemeinsamen Punkt, die Spitze S. Den Drehzylinder als Spezialfall einer Zylinderfläche haben wir bereits kennen gelernt. *Drehkegel* (genauer Drehkegelflächen) werden durch Zentralextrusion eines Kreises zu einem Punkt S auf der Kreisachse hin erzeugt.

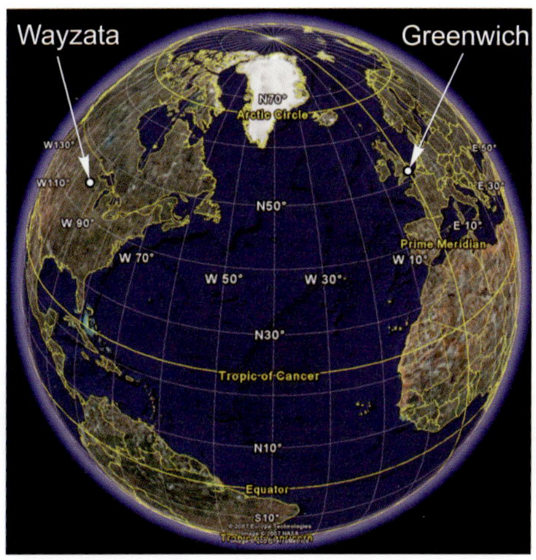

Abb. 1.22
Geografische Koordinaten des Winton-Gästehauses (bis zu seinem „Umzug" im Jahr 2008/09).

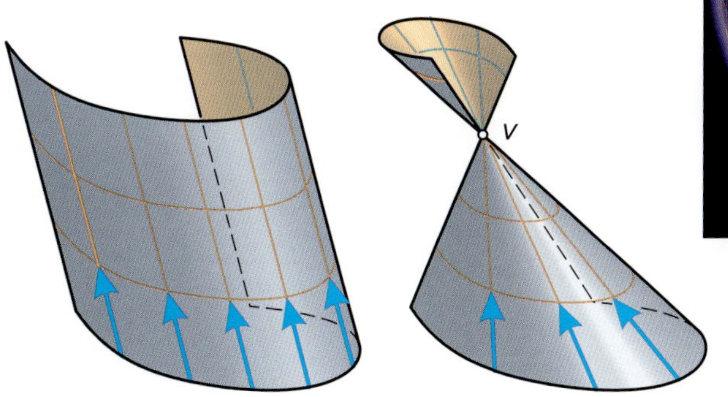

Abb. 1.23
(links) Zylinderfläche, erzeugt durch Parallelextrusion.
(rechts) Kegelfläche, erzeugt durch Zentralextrusion.

Die *Drehachse* eines Kreises ist jene Gerade durch den Kreismittelpunkt, die orthogonal auf die Trägerebene des Kreises steht. Ein Drehkegel kann auch durch Drehung einer Erzeugenden e um eine schneidende Achse a erzeugt werden (Abb. 1.24, links). Der Schnittpunkt der beiden Geraden ist die Kegelspitze S. Ist e parallel zu a, dann erhalten wir einen Drehzylinder. Ist e nicht orthogonal zu a, dann ist der Drehkegel sogar ein *Doppelkegel* – der aus zwei Teilen besteht: einem oberen und einem unteren Kegel (mit derselben Achse und in der gemeinsamen Spitze aneinanderstoßend). Unter einem Drehkegel verstehen wir üblicherweise nur einen Teil eines Doppelkegels.

Aus praktischen Gründen wird ein Drehkegel zusätzlich noch durch einen Kreis begrenzt, der in einer Ebene orthogonal zur Drehachse liegt (und mit dem Mittelpunkt auf der Achse). So ein Drehkegel ist dann definiert durch den Mittelpunkt M, den Radius r des Basiskreises sowie die Höhe h, die den Abstand von M zur Spitze S misst (Abb. 1.24, rechts). Wir bemerken, dass wir nicht nur Flächenmodelle von Kegeln und Zylindern erzeugen können, sondern auch Volumenmodelle. Die Abbildungen 1.25 und 1.26 illustrieren Anwendungen von Kegeln und Zylindern in der Architektur.

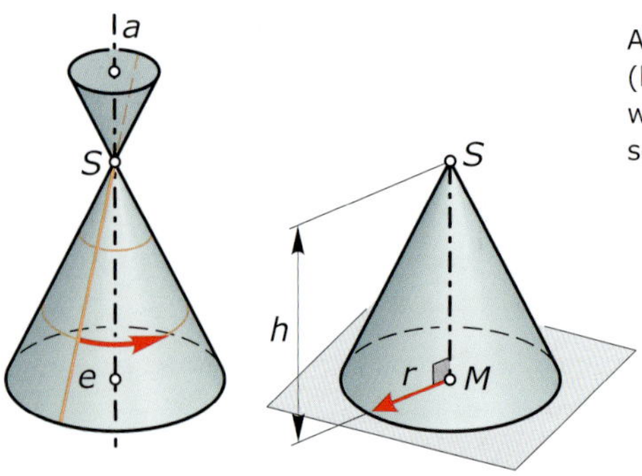

Abb. 1.24
(links) Ein Drehkegel entsteht, wenn wir eine Erzeugende e um eine schneidende Achse a drehen.

(rechts) Wir definieren einen Drehkegel durch den Mittelpunkt M und Radius r des Basiskreises sowie seiner Höhe h.

Abb. 1.25
Ein geneigter Drehkegel im *Glasmuseum in Tacoma* (1998–2002) von Arthur Erickson.

Ausblick. Kegel stehen in einem offensichtlichen Zusammenhang mit Pyramiden. Verfeinern wir das Basispolygon einer Pyramide, so erhalten wir eine glatte Kurve (und die verfeinerte Fläche wird zu einer Kegelfläche). Pyramiden werden in Kapitel 3 besprochen, und der Zusammenhang zwischen diskreten und glatten Flächen ist eines der Themen in Kapitel 11.

Ebene Schnitte von Drehkegeln heißen *Kegelschnitte*, es sind dies Ellipse, Parabel und Hyperbel. Diese Kurven waren schon in der Antike bekannt und sind auch heute noch von Bedeutung. Wir werden in den Kapiteln 6, 7 und 8 wieder auf sie treffen. Kegel- und Zylinderflächen sind zwei der drei existierenden Typen von *abwickelbaren Flächen*, die wir in Kapitel 9 besprechen. Im restlichen Buch lernen wir von Kapitel zu Kapitel komplexere geometrische Modelle kennen und sie für architektonische Zwecke einzusetzen.

Abb. 1.26
Das *IKMZ* (1998–2004) in Cottbus von Herzog & de Meuron hat die Form eines allgemeinen Zylinders.

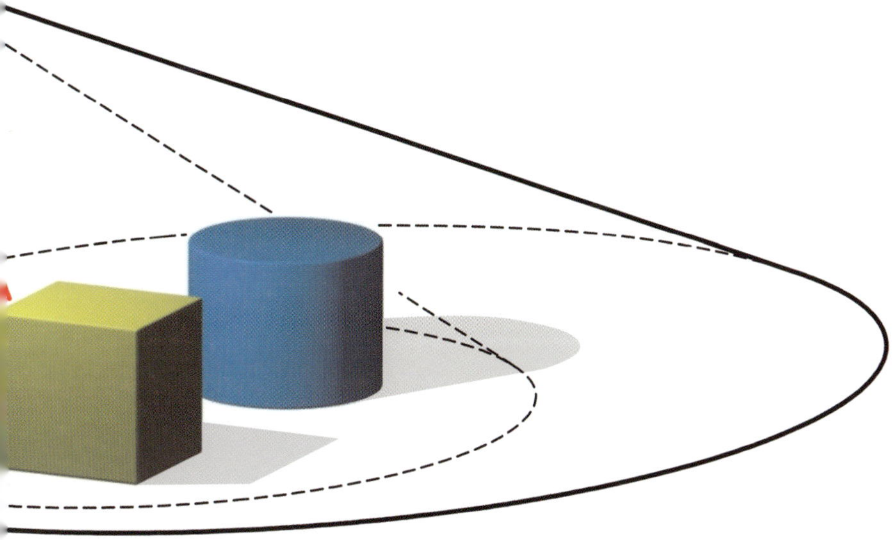

Kapitel 2
Projektionen

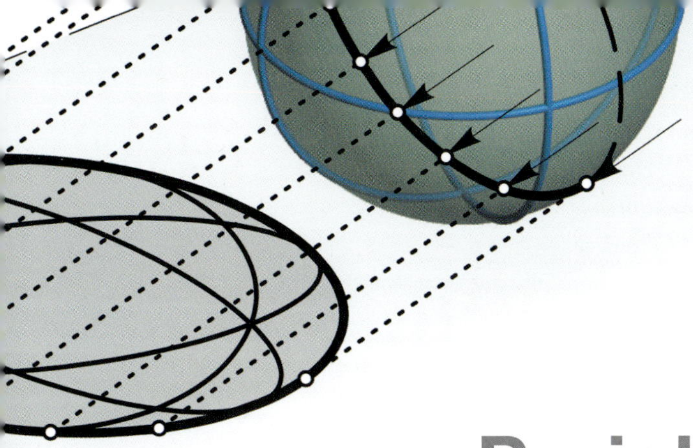

Projektionen

Vor dem Zeitalter der Computergrafik war eine gute Kenntnis über Projektionen Voraussetzung, um dreidimensionale Raumobjekte geometrisch richtig abbilden zu können (Abb. 2.1). Heutzutage übernehmen CAD-Systeme (CAD = Computer-aided Design), die alle klassischen Darstellungsverfahren in Echtzeit berechnen können, die zeitintensive Arbeit des Abbildens. Dennoch ist auch heute noch ein theoretisches Grundlagenwissen über Projektionen erforderlich, um die verfügbaren Darstellungsverfahren und deren Parameter bestmöglich zur Visualisierung räumlicher Objekte einsetzen zu können. Zu diesem Basiswissen gehören unter anderem auch das geometrisch richtige Skizzieren von Raumobjekten und das Herstellen von perspektiven Bildern.

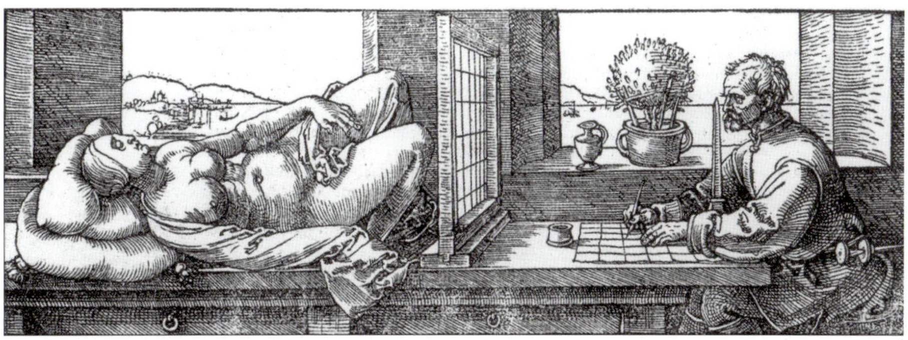

Abb. 2.1
Ein Holzschnitt von Albrecht Dürer (1471–1528) zeigt ein weit verbreitetes Hilfsmittel zur Herstellung perspektiver Bilder. Mit Hilfe eines rechteckigen Rahmens, in den mit Fäden ein Raster gespannt ist, gelingt es dem Künstler, das liegende Modell richtig in Perspektive darzustellen. In der Abbildung rechts sehen wir das Aktmodell aus der Sicht des Zeichners.

Geometrische Modelle von Licht und Schatten sind Spezialfälle von Projektionen. Diese Erkenntnis verhilft uns zu einem besseren Verständnis, wie Licht und Schatten das Erscheinungsbild von architektonischen Szenen beeinflussen (Abb. 2.2). Durch das Studium diverser Render-Verfahren und -methoden (wie *konstante Schattierung*, *Gouraud-Schattierung* und *Phong-Schattierung*, aber auch Raytracing und aktueller Methoden wie Radiosity) lernen wir unsere Visualisierungsfähigkeiten zu verbessern.

Am Ende des Kapitels beschäftigen wir uns noch mit geometrisch komplexeren Abbildungsverfahren. Künstlerisch richtig eingesetzt, erweitern diese nichtlinearen Abbildungsverfahren die Präsentationsmöglichkeiten von Architekturprojekten. Mit einem Ausblick auf den Einsatz dieser Abbildungsverfahren in der modernen Kunst beenden wir das Kapitel.

Projektionen. Vor dem Aufkommen leistungsstarker CAD-Software wurden Raumobjekte mit Hilfe zweidimensionaler Konstruktionszeichnungen entwickelt. Dabei wurden allgemeine Ansichten zur Visualisierung der räumlichen Objekte eingesetzt, während spezielle Risse zur Festlegung der Dimensionierung und Bemaßung dieser Objekte dienten. Diese Konstruktionszeichnungen waren ein wichtiges Hilfsmittel, um Designideen geeignet kommunizieren zu können.

Daher waren ein extensiver Einsatz verschiedener Projektionsmethoden und eine profunde Kenntnis über die Eigenschaften dieser Projektionen ein wichtiger Bestandteil jedes Designprozesses. Die *Darstellende Geometrie* beschäftigt sich mit den Grundlagen und Eigenschaften von Projektionen – sie wurde daher zum wichtigsten Kommunikationsmedium zwischen Designern und Konstrukteuren.

Heute wird die Entwicklung von 3-D-Objekten meist mit der Unterstützung leistungsstarker CAD-Software ausgeführt. Dennoch ist es auch heute noch notwendig, geometrische Modelle oder räumliche Situationen rasch auf einem Blatt Papier skizzieren zu können. Grundkenntnisse über Projektionen sind das notwendige Rüstzeug dafür. Damit sind wir in der Lage, geometrische Skizzen richtig herzustellen und unsere Designideen kommunizieren zu können.

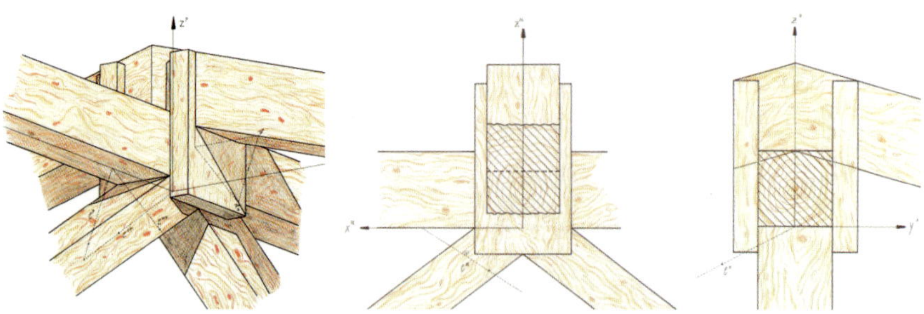

Abb. 2.2
(a) Zur Visualisierung einer räumlichen Situation (z.B. ein Detail eines Dachstuhls) eignet sich eine allgemeine Ansicht am besten. Bei Verwendung spezieller Normalrisse lassen sich die maßgeblichen Dimensionen der Struktur leicht ablesen.

(b) Moderne CAD-Systeme ermöglichen eine weitaus realistischere Darstellung des Objekts.

Einen intuitiven Zugang zu Projektionen vermittelt uns das Studium der von Sonnenlicht erzeugten Schatten (Abb. 2.3a). Durch jeden Punkt P eines Objekts legen wir einen Lichtstrahl (Projektionsstrahl) l_P. Den Schnittpunkt dieses Projektionsstrahls mit der *Bildebene* π bezeichnen wir als *Bildpunkt* (*Riss*) P^p von P. Verlaufen alle Projektionsstrahlen zueinander parallel, so sprechen wir von einer *Parallelprojektion*. In diesem Fall nennen wir den Punkt P^p (in der Bildebene π) den *Parallelriss* des Raumpunktes P, wobei der Index p auf die Parallelprojektion hinweisen soll.

Neben der Parallelprojektion (geometrisches Modell der Beleuchtung mit Sonnenlicht) gibt es noch die *Zentralprojektion* (Abb. 2.3b). Hier gehen alle Lichtstrahlen (Projektionsstrahlen) von einem festen Punkt L aus. Dies kann als geometrisches Modell für die Beleuchtung mit einer punktförmigen Lichtquelle oder das Aufnehmen eines Fotos mit einer Kamera interpretiert werden. Im Unterschied zur Parallelprojektion bezeichnen wir den Bildpunkt P^c als den *Zentralriss* des Punktes P und verwenden als Abbildungszeiger den Index c.

Bevor wir uns eingehender mit Projektionen auseinandersetzen, erwähnen wir noch, dass vom geometrischen Standpunkt aus zwischen den Begriffen *Projektion* und *Riss* klar unterschieden wird: Unter einer *Projektion* verstehen wir den räumlichen Abbildungsvorgang, während ein *Riss* das (zweidimensionale) Ergebnis einer Abbildung ist. Häufig wird aus Gründen einer leichteren Lesbarkeit die Bezeichnung Projektion sowohl für den räumlichen Abbildungsvorgang als auch für das in der Zeichenebene liegende Ergebnis verwendet.

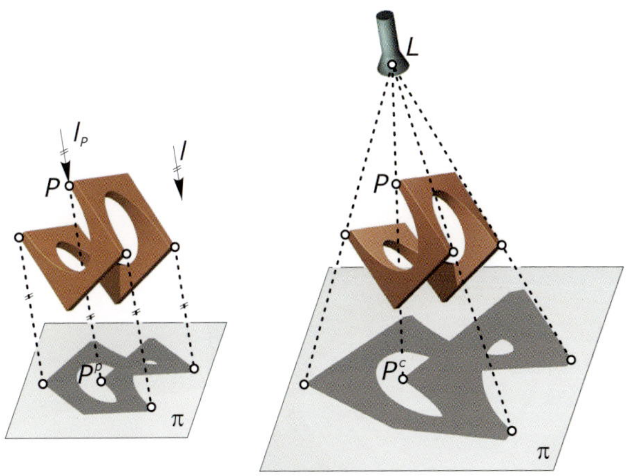

Abb. 2.3
Der Bildpunkt (Riss) eines Punktes P wird als Schnittpunkt des Lichtstrahls l_P durch P mit der Bildebene π ermittelt.
(a) Im Falle paralleler Lichtstrahlen erhalten wir den Parallelriss P^p.
(b) Verlaufen alle Lichtstrahlen durch einen festen Punkt L, so sprechen wir von einer Zentralprojektion. Der Punkt P^c heißt Zentralriss des Punktes P.

Parallelprojektion. Wenn wir den Schattenwurf eines Objekts bei Sonnenbeleuchtung eingehender betrachten, können wir leicht folgende, wichtige Eigenschaften der Parallelprojektion herleiten (Abb. 2.4):

- Der Parallelriss einer räumlichen Geraden a ist im Allgemeinen wieder eine Gerade a^p. Liegt eine Gerade c allerdings parallel zum Projektionsstrahl (Lichtstrahl) l, so erscheint deren Parallelriss c^p punktförmig. Wir bezeichnen Geraden, die parallel zu den Projektionsstrahlen verlaufen, als *projizierende* Geraden.

- Die Parallelrisse a^p, b^p von allgemeinen (nicht projizierenden) parallelen Geraden a, b sind parallel.

- Das Verhältnis von Abständen auf einer Strecke zueinander bleibt bei einer Parallelprojektion erhalten. Teilt z.B. ein Punkt F eine räumliche Strecke DE in einem bestimmten Verhältnis, so teilt der Bildpunkt F^p die Bildstrecke D^pE^p im selben Verhältnis. Als Sonderfall dieser Eigenschaft erkennen wir: Der Mittelpunkt M einer Strecke wird auf den Mittelpunkt M^p der Bildstrecke abgebildet.

- Parallele, gleich lange Strecken im Raum werden auf parallele und gleich lange Strecken abgebildet.

Die meisten Bilder und Abbildungen in diesem Buch, ob händisch oder mit Unterstützung einer CAD-Software erzeugt, sind *Parallelrisse* von räumlichen Situationen. Sie wurden alle unter Beachtung der vorher aufgelisteten Eigenschaften erstellt. Für die meisten Illustrationen verwenden wir Parallelrisse, da im Unterschied zur Zentralprojektion die Parallelität von Geraden auch im Bild erhalten bleibt.

Obwohl perspektive Bilder auf den Betrachter wesentlich vertrauter wirken, kann der Verlust der Parallelität ein großer Nachteil sein, speziell dann, wenn wir geometrische Eigenschaften von räumlichen Objekten illustrieren wollen (Abb. 2.5). Wir empfehlen daher, während des Modellierungs- und Designprozesses in Parallelrissen zu arbeiten und perspektive Bilder erst bei der Präsentation fertiger Objekte einzusetzen. Mit perspektiven Bildern (Zentralrissen) werden wir uns im Abschnitt über die Zentralprojektion ausführlicher auseinandersetzen.

Abb. 2.4
Wichtige Eigenschaften einer Parallelprojektion.

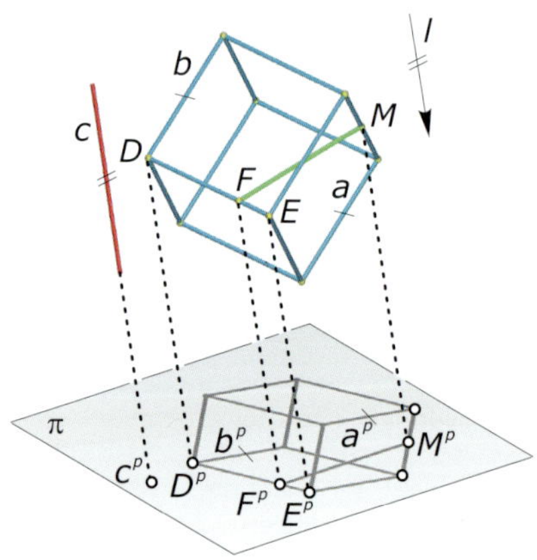

Abb. 2.5
Im Allgemeinen veranschaulichen Parallelrisse geometrische Eigenschaften besser als Zentralrisse (Taipei Tower [1999–2004] in Taipei von C. Y. Lee). Man beachte, dass das linke Foto aus großer Distanz aufgenommen wurde und daher einem Parallelriss recht nahe kommt.

Wie wir gesehen haben, sind die Bilder paralleler Geraden bei Parallelprojektion wieder zueinander parallel. Allerdings gilt die Umkehrung nicht: Sind in einem Riss die Bilder zweier Geraden zueinander parallel, so können diese Bilder auch von zwei zueinander windschiefen (nicht parallelen und nicht schneidenden) Geraden stammen (Abb. 2.6). Diese räumliche Konstellation wird manchmal von Künstlern verwendet, um Bilder von scheinbar unmöglichen Objekten zu erzeugen.

In den meisten Fällen ist der Parallelriss A^pB^p einer Strecke AB länger oder kürzer als die tatsächliche Länge der Strecke AB im Raum. Das Verhältnis $v = dist(A^p,B^p) : dist(A,B)$ der Länge der Bildstrecke A^pB^p zur Länge der räumlichen Strecke AB wird als *Verzerrungsfaktor* der Strecke AB bezeichnet. Dieser Verzerrungsfaktor legt damit fest, ob der Parallelriss einer Strecke länger oder kürzer als die Raumstrecke ist.

Wenn wir den Schattenwurf bei Sonnenbeleuchtung betrachten, erkennen wir, dass der Verzerrungsfaktor jeden beliebigen positiven Wert annehmen kann. Je höher die Sonne über dem Horizont steht (zur Mittagszeit), desto kürzer werden die Schatten. Umgekehrt werfen Objekte am späten Nachmittag (wenn die Sonne nahe am Horizont steht) sehr lange Schatten (Abb. 2.7).

Der Verzerrungsfaktor verursacht außerdem die Verzerrung von Flächen und Winkeln. Daher werden im Allgemeinen bei Parallelprojektion die Größen von Flächen und Winkeln nicht erhalten. Nur die Parallelrisse jener Objektteile, die in Ebenen parallel zur Bildebene liegen, behalten ihre Form bei.

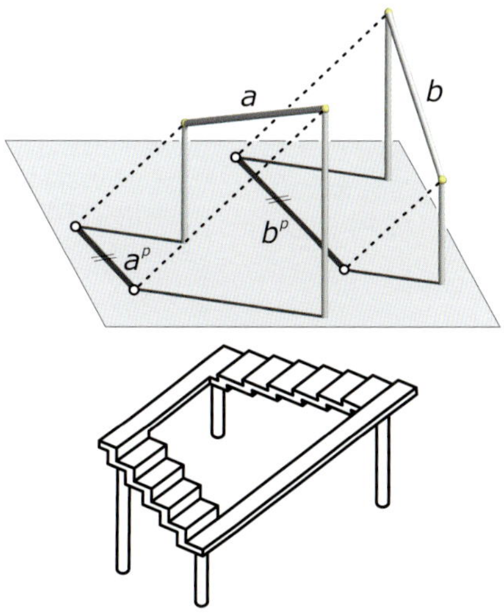

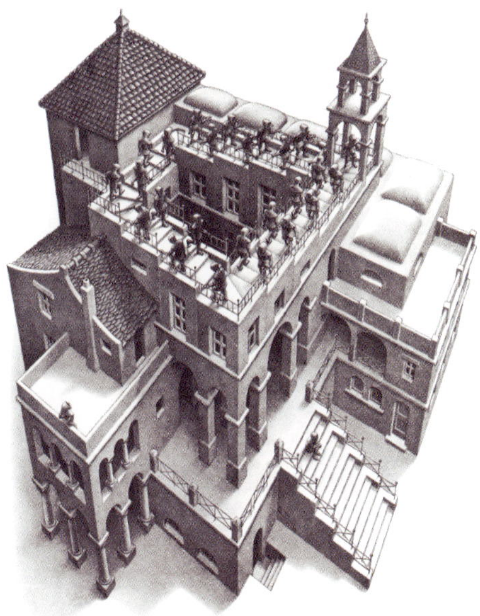

Abb. 2.6
Zwei windschiefe Geraden im Raum, deren Parallelrisse zueinander parallel liegen. Das Wissen um diese räumliche Situation wurde von M. C. Escher ausgenutzt, um scheinbar unmögliche Objekte darzustellen.

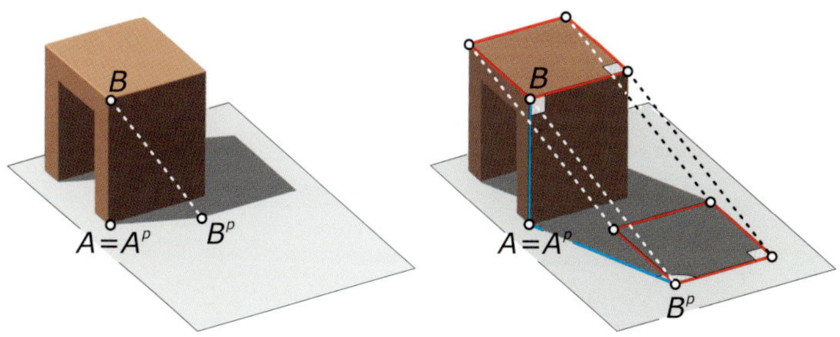

Abb. 2.7
Abhängig von der Position der Sonne wirft ein Objekt verschiedene Schattenbilder. Im Allgemeinen werden die Größen von Winkeln bei Parallelprojektion nicht erhalten. Ausnahme sind lediglich jene Winkel, die an Objekten in Ebenen parallel zur Bildebene auftreten.

Der Verzerrungsfaktor wirkt sich auch bei der Darstellung von Kreisen aus: Der Parallelriss eines allgemein liegenden Kreises (Kreisebene liegt nicht parallel zur Bildebene) ist kein Kreis, da unterschiedliche Durchmesserstrecken unter einer Parallelprojektion verschieden verzerrt werden (Abb. 2.8). Ohne Beweis stellen wir fest, dass Parallelrisse von Kreisen und Kugeln im Allgemeinen Ellipsen sind (vgl. Kapitel 6, 7 und 8). Da elliptische Kreis- und Kugelbilder der natürlichen Seherfahrung eines geometrisch wenig versierten Betrachters widersprechen, wirken Bilder, die von allgemeinen Parallelprojektionen stammen, eher wenig realitätsnah.

Axonometrische Risse basieren auf den Gesetzmäßigkeiten der Parallelprojektion. Sie werden unter Verwendung des Parallelrisses eines Koordinatensystems und der Verzerrungsfaktoren der Koordinatenachsen hergestellt. Vor dem Aufkommen von CAD-Software wurden sie häufig zur Darstellung und Präsentation räumlicher Objekte eingesetzt. Mit dieser grundlegenden Zeichentechnik können mit traditionellen Zeicheninstrumenten brauchbare Visualisierungen von Raumobjekten und räumlichen Situationen relativ einfach, wenn auch zeitaufwändig, hergestellt werden (Abb. 2.9).

Diese Verfahren sind sehr hilfreich bei der Entwicklung von Freihandskizzen und bei der Visualisierung von Designideen. Besonders im Rahmen von Präsentationen, wenn nicht alltägliche Ansichten eines Projekts erwünscht sind, können diese Zeichentechniken vorteilhaft eingesetzt werden. Eine zweckmäßige Vorgangsweise zur Herstellung axonometrischer Risse stellen wir etwas später in diesem Kapitel vor.

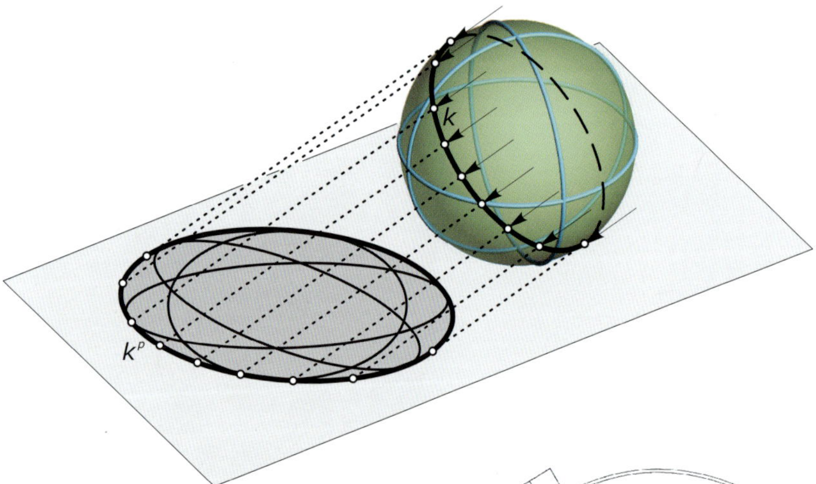

Abb. 2.8
Im Allgemeinen sind die Parallelrisse von Kreisen und Kugeln Ellipsen.

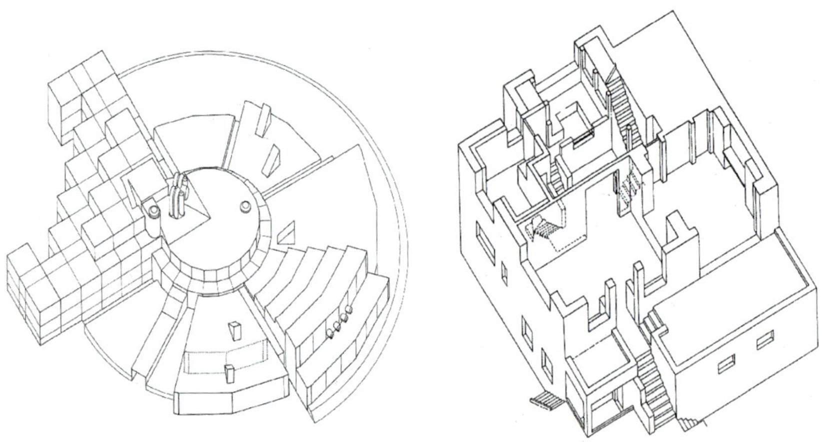

Abb. 2.9
Axonometrische Risse basieren auf den Gesetzmäßigkeiten von Parallelprojektionen. Sie können relativ einfach händisch hergestellt werden. Sie werden daher manchmal zu Präsentationszwecken eingesetzt. ORF-Landesstudio (1968–1972) in Salzburg von G. Peichl (links). Moller-Haus (1927–1928) in Wien von A. Loos (rechts).

Normalprojektion. Verlaufen die Projektionsstrahlen einer Parallelprojektion normal zur Bildebene, so sprechen wir von einer *Normalprojektion* (Abb. 2.10). Normalrisse sind Sonderfälle von Parallelrissen, und es gelten daher dieselben Eigenschaften wie für Parallelprojektionen. Zusätzlich gilt, dass der Normalriss einer Kugel immer ein Kreis ist.

Zum Nachweis dieser Tatsache betrachten wir alle Projektionsstrahlen, die eine Kugel umhüllen (Abb. 2.10). Diese Projektionsstrahlen berühren die Kugel längs eines Kreises k, dessen Trägerebene normal zu den Projektionsstrahlen liegt. Der Kreis k liegt also parallel zur Bildebene π. Er wird daher als ein Kreis abgebildet, dessen Radius gleich dem Kugelradius ist. Dies ist einer der Gründe, warum Normalrisse weitaus natürlicher wirken als allgemeine Parallelrisse.

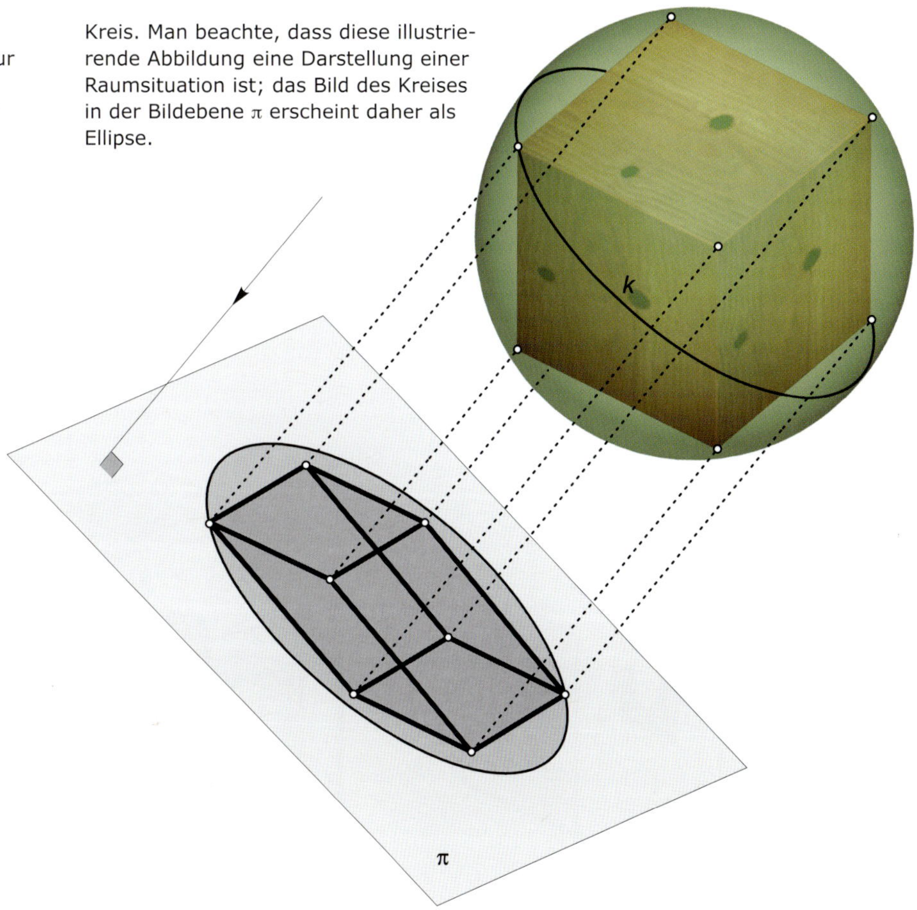

Abb. 2.10
Die Projektionsstrahlen einer Normalprojektion verlaufen normal zur Bildebene. Im Unterschied zur allgemeinen Parallelprojektion ist der Normalriss einer Kugel immer ein Kreis. Man beachte, dass diese illustrierende Abbildung eine Darstellung einer Raumsituation ist; das Bild des Kreises in der Bildebene π erscheint daher als Ellipse.

Wie schon erwähnt, sind Parallelrisse, die auf den Gesetzmäßigkeiten von Parallelprojektionen beruhen, ein gutes Hilfsmittel, um räumliche Situationen und Designideen zu visualisieren. Zur Angabe von Bemaßungen und zur Festlegung von Objektdimensionierungen verwenden wir hingegen Normalrisse. Alle Strecken und Objektteile in Ebenen normal zu den Projektionsstrahlen liegen parallel zur Bildebene. Sie werden daher unter einer Normalprojektion unverzerrt abgebildet.

Mit jedem kartesischen Raumkoordinatensystem (mit lotrechter z-Achse) sind drei Normalprojektionen in natürlicher Weise verknüpft, die wir als *Hauptrisse* bezeichnen (Abb. 2.11).

- Die lotrechte Normalprojektion mit den Projektionsstrahlen s_1 (entgegengesetzt zur Richtung der z-Achse) liefert den *Grundriss* (*Ansicht von oben*) eines Objekts.
- Die horizontalen Normalprojektionen mit den Projektionsstrahlen s_2 und s_3 erzeugen den *Aufriss* (*Ansicht von vorne*) bzw. den *Kreuzriss* (*Ansicht von rechts*) des Objekts.

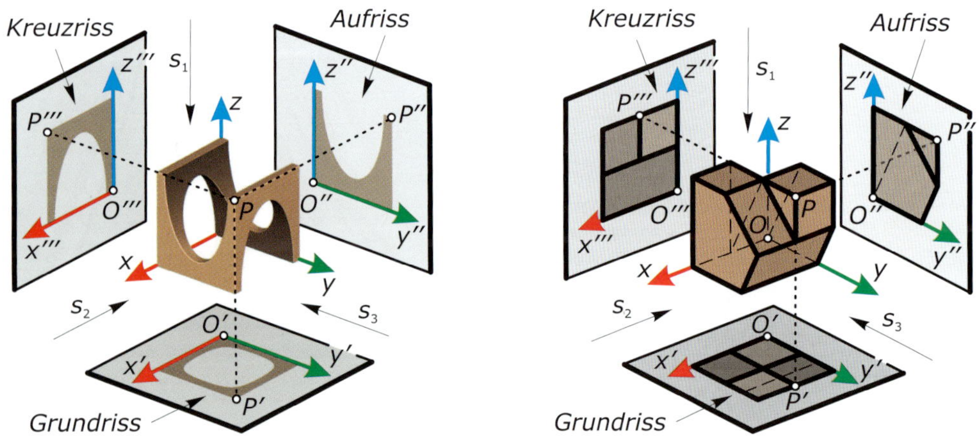

Abb. 2.11
Drei Normalrisse (Hauptrisse) sind mit jedem kartesischen Koordinatensystem in natürlicher Weise verknüpft.

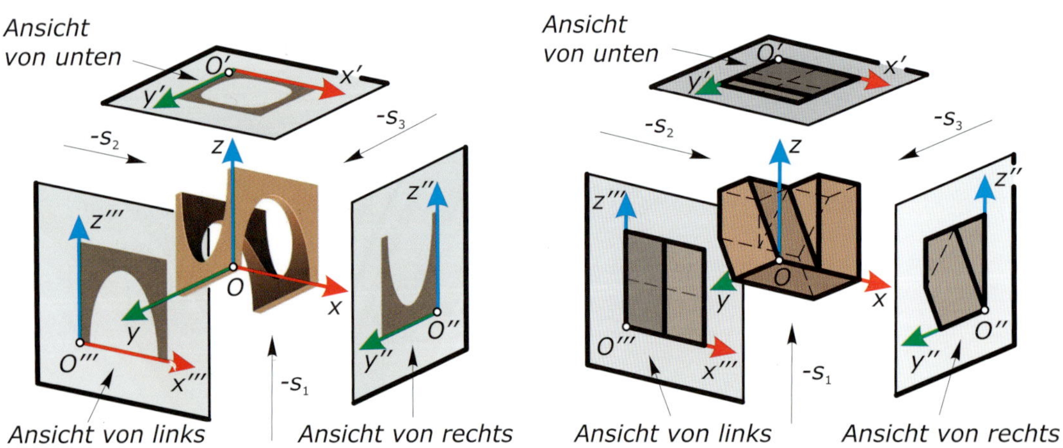

Abb. 2.12
Drei weitere Hauptansichten eines Objekts.

Wenn wir zusätzlich die Normalprojektionen in Richtung der Koordinatenachsen betrachten, erhalten wir drei weitere Hauptrisse des Objekts. Diese Risse (Abb. 2.12) zeigen dann die *Ansicht von unten* (Projektionsstrahl $-s_1$), die *Ansicht von hinten* ($-s_2$) und die *Ansicht von links* ($-s_3$). Technische Zeichnungen bestehen meist aus Grundriss, Aufriss und Kreuzriss, da die Form und die Ausmaße eines Objekts durch die Angabe von drei Hauptrissen meist ausreichend beschrieben werden.

In technischen Zeichnungen werden die Hauptrisse oft so angeordnet, dass der Informationstransfer zwischen je zwei Rissen einfacher möglich wird. Abhängig von der „historischen Entwicklung der Darstellenden Geometrie" unterscheiden wir zwischen zwei häufig verwendeten Anordnungen:

- Der Aufriss wird direkt oberhalb des Grundrisses platziert, und der Kreuzriss liegt links vom Aufriss (Abb. 2.13, links). Diese in Europa übliche Anordnung kann von der in Abb. 2.11 illustrierten Raumsituation abgeleitet werden.
- Benutzt man eine Art von „Projektionsquader" (Abb. 2.13, rechts), der das abzubildende Objekt umfasst, so liegt es nahe, den Grundriss direkt oberhalb des Aufrisses und den Kreuzriss rechts vom Aufriss anzuordnen.

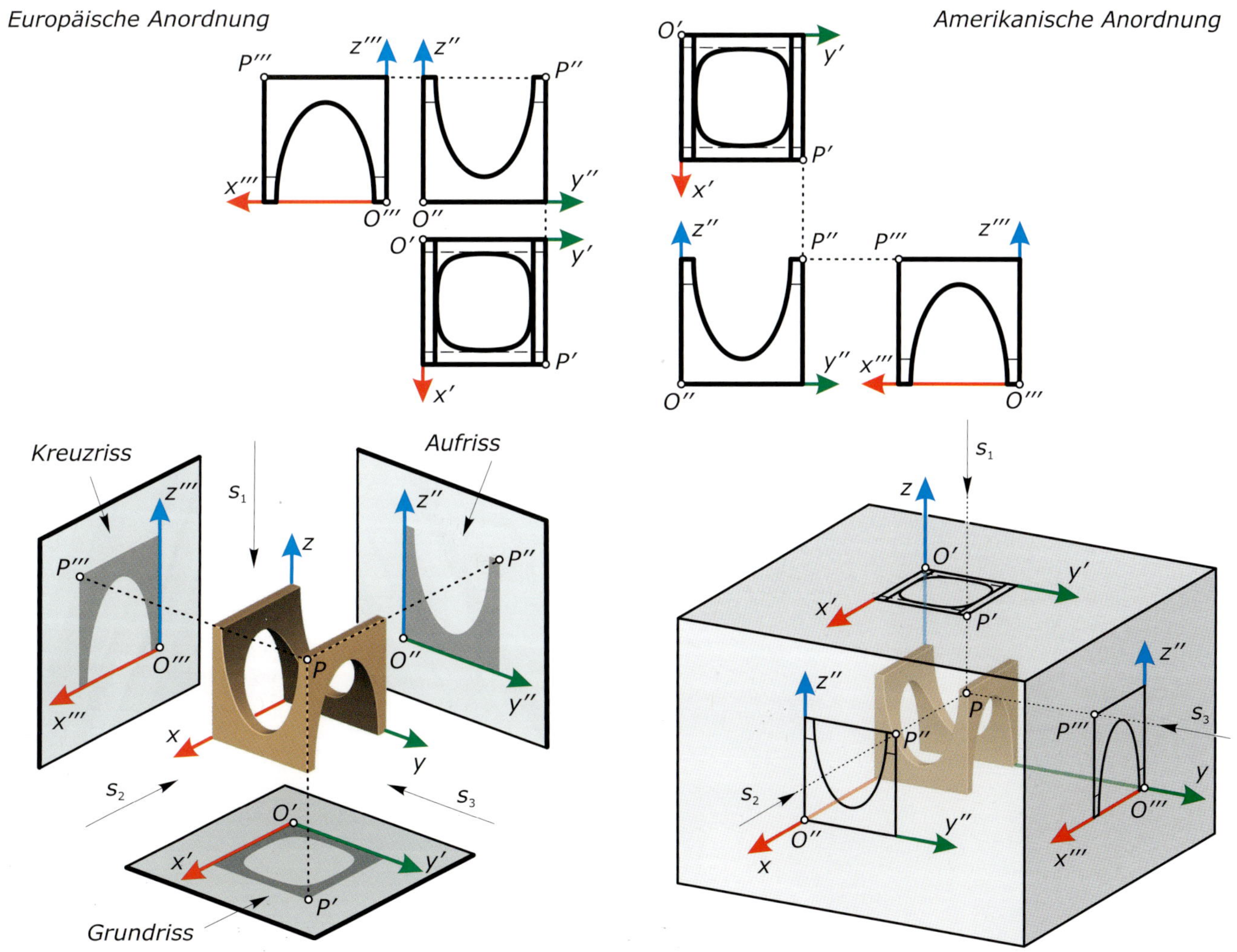

Abb. 2.13
Für die Platzierung der Hauptrisse am Zeichenblatt sind zwei verschiedene Anordnungen üblich.

Bei der Verwendung von CAD-Systemen kann der Benutzer die Hauptrisse beliebig, seinen individuellen Bedürfnissen angepasst, platzieren. Bei der Weitergabe und Verteilung von Bau- und Konstruktionsplänen hingegen müssen häufig die offiziellen Standardanordnungen berücksichtigt werden.

Wir erinnern nochmals daran, dass der Hauptgrund für die Verwendung von mehreren Hauptrissen darin besteht, dass mit deren Hilfe sämtliche Objektabmessungen unverzerrt abgelesen werden können. Daher ist es wichtig, das zugrunde liegende Koordinatensystem dem Objekt geeignet anzupassen, das heißt, dass wesentliche Objektteile in Ebenen parallel zu den Koordinatenebenen liegen.

In den letzten Jahren verlor – bedingt durch das vermehrte Aufkommen von Freiformgeometrien – die Verwendung von Hauptrissen zur Festlegung von Objektdimensionen etwas an Bedeutung. Anstelle von ausgedruckten Plänen haben sich digitale, modellbasierte Formate vermehrt durchgesetzt. Diese digitalen Formate enthalten detaillierte Informationen über die Geometrie und die Abmessungen der beteiligten Objekte. Sie können direkt zur maschinellen Herstellung von 3-D-Objekten verwendet werden.

Als ein Beispiel für den Einsatz von digitalen Plänen sei das von Frank O. Gehry entworfene Stata Center am MIT in Cambridge (Abb. 2.14) erwähnt. Das Stata Center war eines der ersten Projekte, bei dem ein digitales Datenmodell ausgedruckte Baupläne zur Gänze als rechtliche Grundlage ersetzte.

Abb. 2.14
Stata Center des MIT (1999–2003) in Cambridge von F. Gehry.

Perspektive

Bisher haben wir uns mit Parallel- und Normalprojektionen auseinandergesetzt. Sie sind recht brauchbare Werkzeuge, um Designideen zu visualisieren, geometrische Eigenschaften von Raumobjekten zu illustrieren und um die Abmessungen von Objekten festzulegen. Um allerdings natürlich wirkende Bilder herzustellen, müssen wir uns mit der Zentralprojektion und den damit erzeugbaren Zentralrissen beschäftigen.

Die ersten Ansätze, exakte perspektive Bilder herzustellen, gehen auf das 16. Jahrhundert zurück. Zu dieser Zeit versuchten vor allem italienische Künstler und Architekten wie Filippo Brunelleschi, Leon Battista Alberti und Piero della Francesca einige grundlegende Regeln und Methoden festzulegen, um realistisch wirkende Bilder malen zu können.

Eine dieser Methoden zur Herstellung perspektiver Bilder bestand in der Verwendung eines Holzrahmens mit eingespanntem Fadengitter (Abb. 2.1). Ein von den Objektpunkten zum Auge des Künstlers gespannter Faden diente dabei als Projektionsstrahl, und die Bildebene wurde in Form des Holzrahmens realisiert. Die Übertragung der Bildpunkte in der (lotrechten) Bildebene auf ein (horizontales) Zeichenblatt wurde mit Unterstützung eines Quadratrasters durchgeführt.

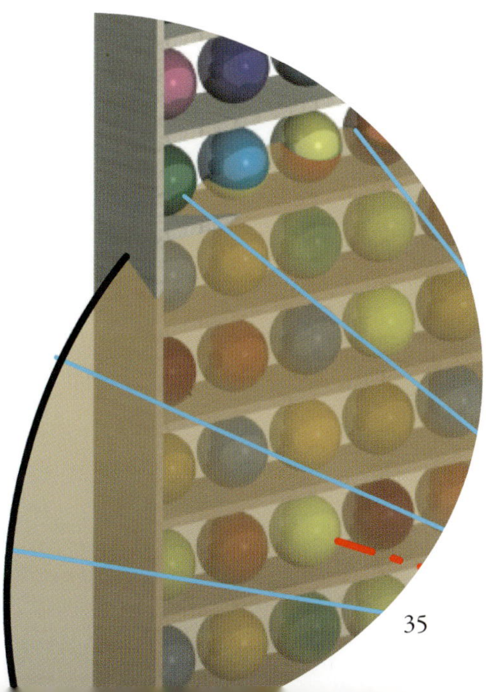

Diese recht praktikable Methode der alten Meister soll uns nun als Vorbild für ein einfaches Verfahren zur Erzeugung von Zentralrissen dienen. In Abb. 2.15 haben wir den Holzrahmen durch eine lotrechte Bildebene π ersetzt, und anstelle des gespannten Fadens verwenden wir einen Projektionsstrahl s durch einen festen Augpunkt O. Wir ermitteln dann den Zentralriss P^c eines Objektpunkts P als Schnittpunkt des Projektionsstrahls mit der Bildebene π.

Es gibt genau einen Projektionsstrahl durch den Augpunkt O, der normal zur Bildebene π verläuft. Dieser Projektionsstrahl legt die *optische Achse* der Zentralprojektion fest. Den Schnittpunkt der optischen Achse mit der Bildebene bezeichnen wir als *Hauptpunkt* der Perspektive. Die horizontale Ebene durch den Augpunkt O enthält die optische Achse und schneidet die Bildebene π längs einer Geraden h.

Abb. 2.15
Zentralprojektion: Wir sehen die räumliche Situation während der Konstruktion (oben).
Zentralriss: Das Ergebnis der Zentralprojektion – der Tisch aus der Sicht eines Betrachters, der vom Punkt O aus in Richtung der optischen Achse schaut (unten).

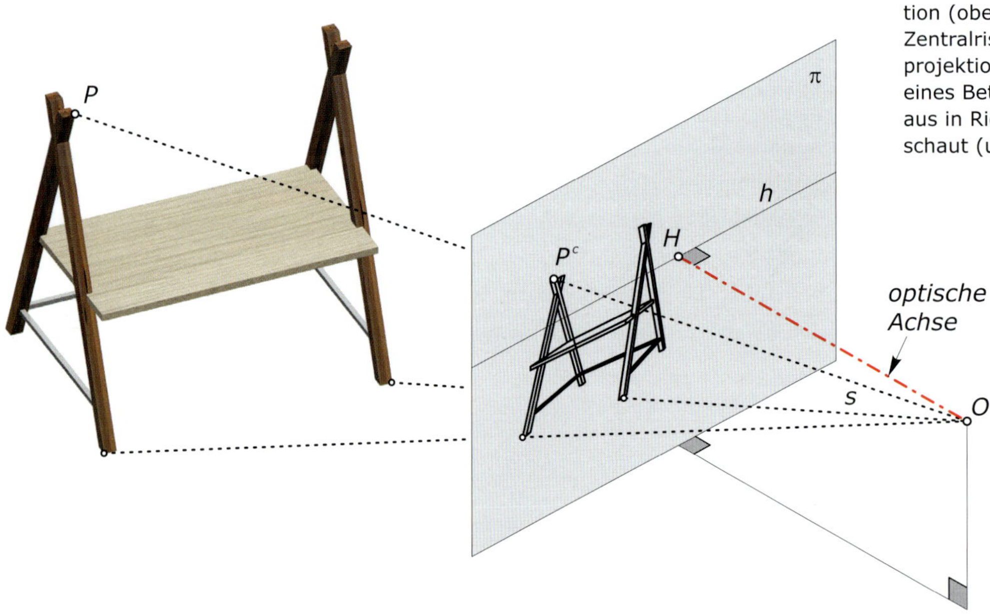

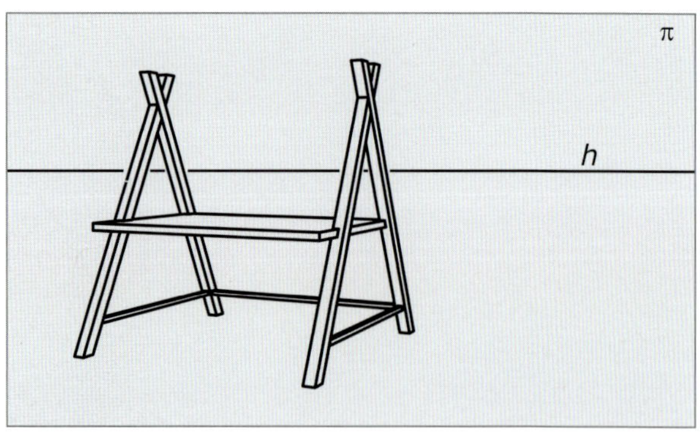

Fixieren wir nun das Auge eines Betrachters im Augpunkt O und lassen ihn längs der optischen Achse auf das Bild schauen, dann vermittelt das perspektive Bild denselben Eindruck, wie ihn der Betrachter in der ursprünglichen Raumsituation hätte (Abb. 2.15, unten). Die horizontale Gerade h würde dabei dem Horizont – der Grenze zwischen der „horizontalen Erdoberfläche" und dem Himmel – entsprechen. Wir bezeichnen daher die Gerade h durch den Hauptpunkt H als *Horizont*.

Dieselbe Raumsituation besteht auch beim Fotografieren eines Objekts (Abb. 2.16). Dabei wird die Kamera im Augpunkt O positioniert und die optische Achse der Kamera wird auf den Hauptpunkt H hin ausgerichtet. Daher wird der Augpunkt O häufig auch als *Kamerastandpunkt* und der Hauptpunkt H als *Kamerazielpunkt* bezeichnet.

Nach der Aufnahme des Bildes mit der Kamera kommt der Hauptpunkt H im Mittelpunkt des aufgenommenen Bildes zu liegen. In Abb. 2.16 können wir einen weiteren, wohlbekannten Aspekt bei perspektiven Bildern erkennen: Die Zentralrisse paralleler, horizontaler Geraden schneiden einander offensichtlich auf dem Horizont.

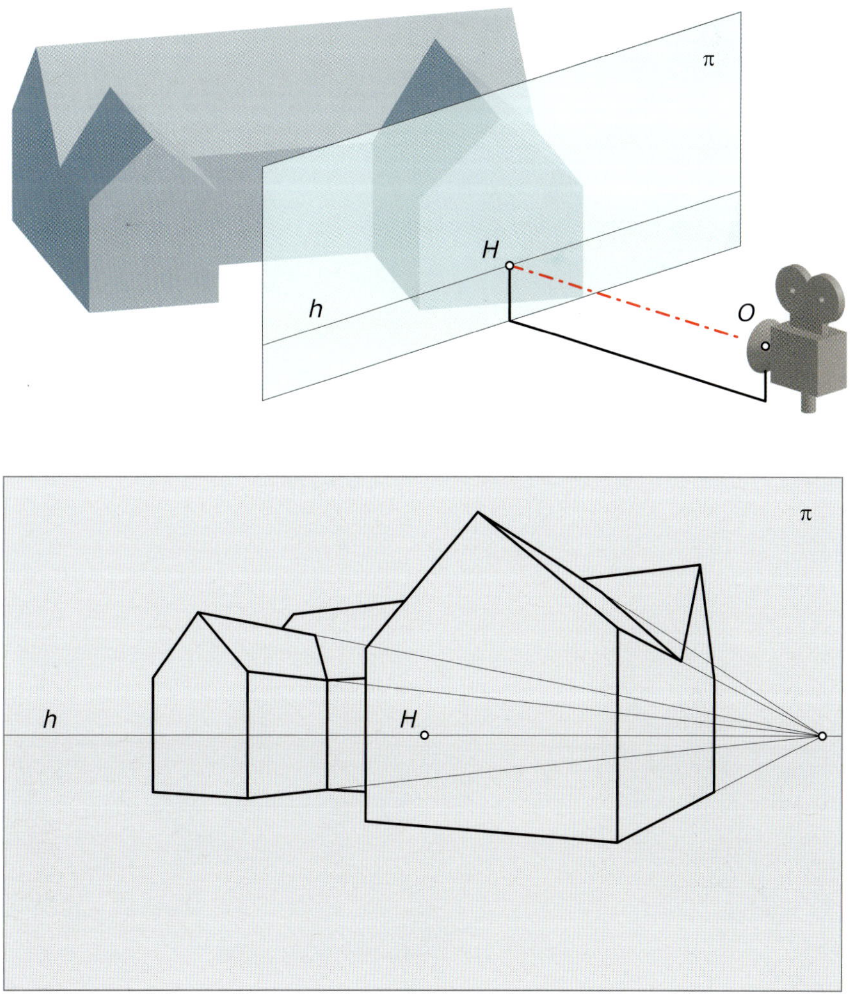

Abb. 2.16
Raumsituation (Zentralprojektion) und 2-D-Ergebnis (Zentralriss) beim Fotografieren eines Hauses.

Abb. 2.17 illustriert den Beweis dieser Tatsache. Um den Zentralriss g^c einer allgemeinen Geraden g zu ermitteln, müssen wir die durch die Gerade g und den Augpunkt O aufgespannte Ebene ε mit der Bildebene π schneiden (Abb. 2.17, links). Betrachten wir nun zwei beliebige, horizontale Geraden g_1 und g_2, die zueinander parallel liegen (Abb. 2.17, Mitte). Zur Konstruktion ihrer Zentralrisse g_1^c und g_2^c verbinden wir beide Geraden mit dem Augpunkt O und erhalten damit die beiden Ebenen ε_1 und ε_2. Die Schnittgerade g_f dieser beiden Ebenen enthält den Augpunkt O und verläuft parallel zu den Geraden g_1 und g_2. Der Schnittpunkt F_g der Geraden g_f mit der Bildebene π liegt daher auf dem Horizont h. Wir bezeichnen den Punkt F_g als *Fluchtpunkt* aller zu g_f parallelen Geraden.

Diese Punkte sind bei der händischen Konstruktion perspektiver Bilder von großer Bedeutung. Im Allgemeinen gilt, dass die Zentralrisse beliebiger paralleler Geraden k_1 und k_2 einander im Fluchtpunkt F_k der Geraden k_1 und k_2 schneiden. Wir erhalten den Fluchtpunkt F_k als Schnittpunkt der Hilfsgeraden k_f mit der Bildebene π, wobei die Gerade k_f eine zu k_1 and k_2 parallele Gerade durch den Augpunkt O ist. Wir erkennen, dass im Unterschied zur Parallelprojektion bei der Zentralprojektion die Parallelität von Geraden und Verhältnisse von Streckenlängen zueinander im Allgemeinen nicht erhalten werden.

Abb. 2.17
Konstruktion von Fluchtpunkten

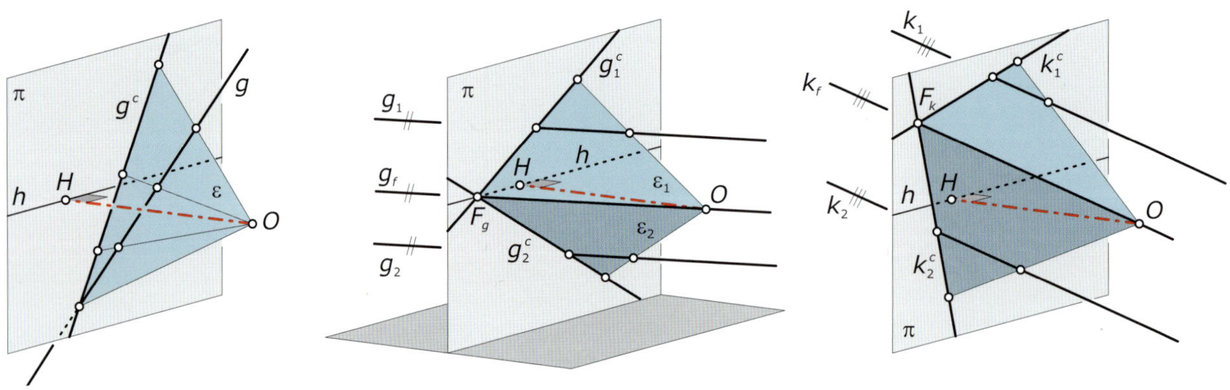

Der Abstand des Augpunkts O zum Hauptpunkt H (auf dem Horizont h) legt auch die Entfernung des Augpunkts O von der Bildebene π fest. Wir bezeichnen diesen Abstand als *Distanz* der Perspektive. Eine Änderung der Distanz wirkt sich nicht auf das Aussehen des Zentralrisses aus, sie verursacht lediglich eine Vergrößerung oder Verkleinerung des perspektiven Bildes (Abb. 2.18, oben). Andererseits kann jedoch ein Verschieben der Kamera längs der optischen Achse große Auswirkungen auf das Aussehen des Zentralrisses haben (Abb. 2.18, unten).

Abb. 2.18
Zentralrisse einer Modellfigur der „Endlosen Treppe" (1991, Ludwigshafen) von Max Bill. Mit festem Augpunkt *O* und variabler Distanz (oben). Mit fester Distanz und bewegtem Augpunkt (unten).

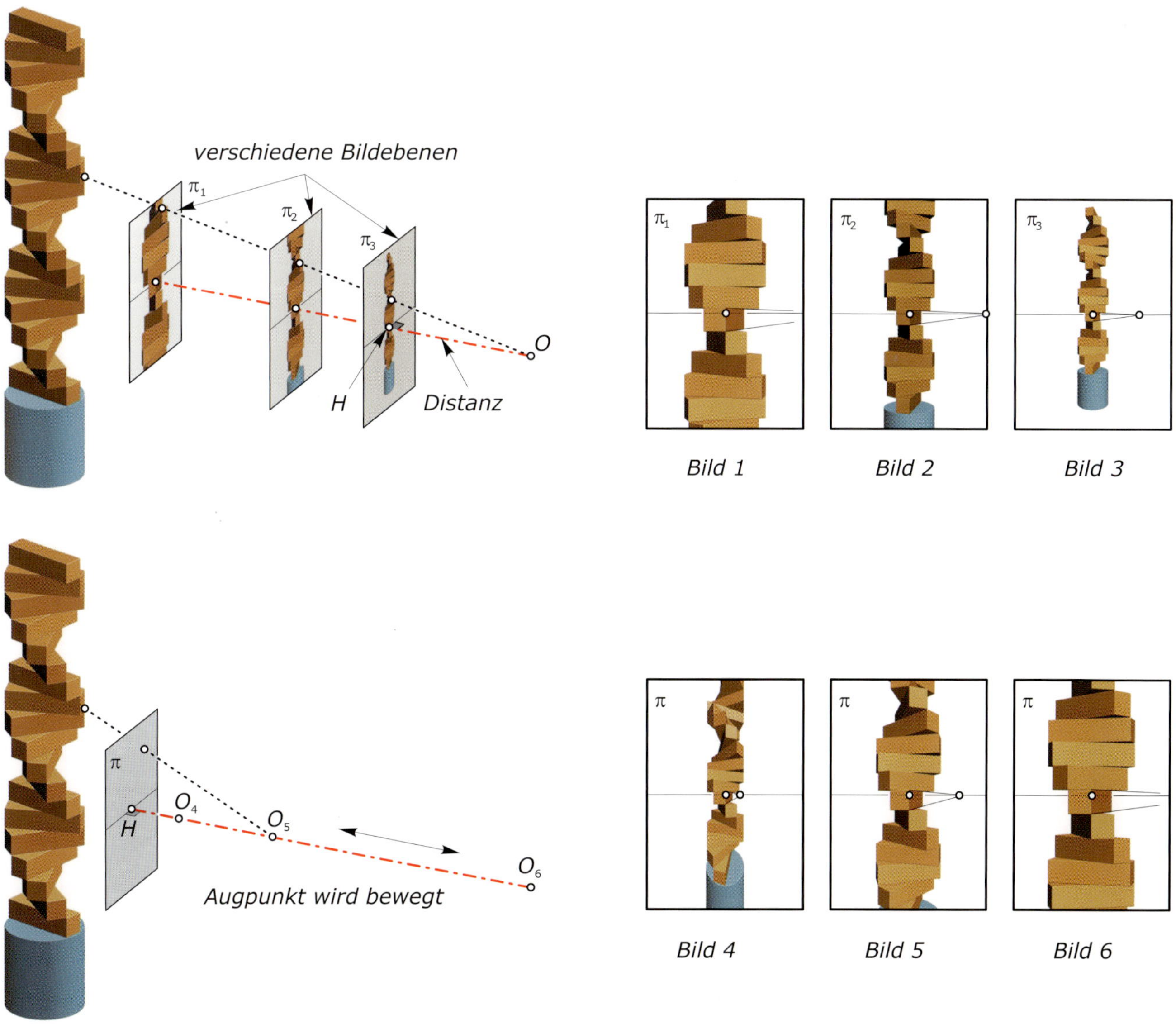

Beispiel:

Händische Konstruktion der Perspektive eines Hauses. Zur händischen Konstruktion einer Perspektive ordnen wir Grund- und Aufriss der räumlichen Situation zweckmäßigerweise wie in Abbildung 2.19 an. In dieser Aufstellung ermitteln wir Grund- und Aufriss eines Bildpunktes P^c als Schnittpunkt des Projektionsstrahls OP mit der Bildebene π. Um den in der Bildebene π liegenden Zentralriss des Objekts unverzerrt zu sehen, übertragen wir die konstruierten Bildpunkte in eine Zeichenebene. Dieser Transfer erfolgt unter Beachtung der horizontalen und vertikalen Abstände d_h und d_v des Punktes P^c zum Hauptpunkt H. Der horizontale Abstand d_h kann dabei unverzerrt aus dem Grundriss als Abstand der Punkte H' und $P^{c\prime}$ übernommen werden. Den vertikalen Abstand d_v finden wir im Aufriss als Abstand des Punktes $P^{c\prime\prime}$ vom Horizont h. Mit dieser einfachen Konstruktionsvorschrift können wir die Bilder aller Objektpunkte ermitteln und erhalten damit den Zentralriss des Objekts.

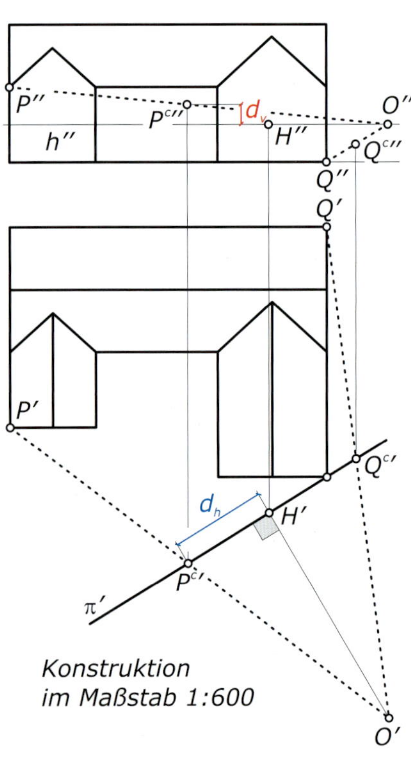

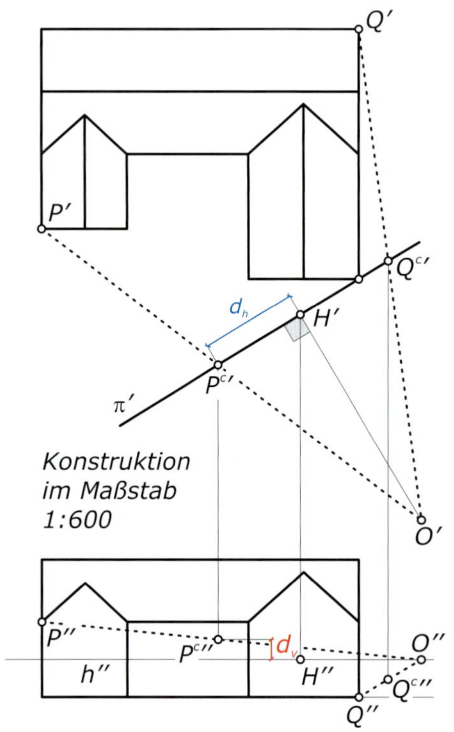

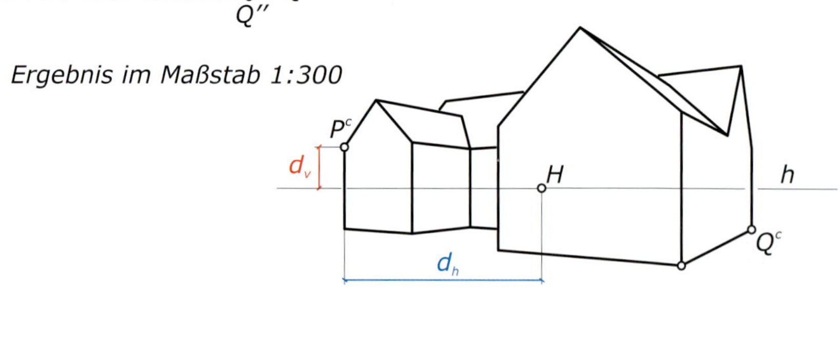

Abb. 2.19
Händische Konstruktion der Perspektive eines vereinfachten Hausmodells. Die Konstruktion wurde in zwei unterschiedlichen Rissanordnungen im Maßstab 1 : 600 durchgeführt (oben). Das Ergebnis ist im Maßstab 1 : 300 wiedergegeben (unten).

Beispiel:

Verwendung von Fluchtpunkten bei der händischen Konstruktion von Perspektiven. Die punktweise Konstruktion einer Perspektive kann durch die Verwendung von Fluchtpunkten wie folgt verbessert werden (Abb. 2.20): Wir konstruieren Grund- und Aufriss des Fluchtpunkts F_g einer beliebigen Geraden g als Schnittpunkt von g_f mit der Bildebene π. Die dazu benötigte Gerade g_f ermitteln wir als eine zu g parallele Gerade durch den Augpunkt O. Die Position des Fluchtpunkts F_g in der Zeichenebene erhalten wir dann durch Übertragen der Abstände d_v und d_h wie oben beschrieben.

Die Verwendung von Fluchtpunkten erhöht die Genauigkeit der Konstruktion und verringert gleichzeitig die Anzahl der benötigten Konstruktionslinien. So finden wir beispielsweise die Zentralrisse der Punkte Q und R, die beide auf einer y-parallelen Geraden durch den schon konstruierten Punkt P liegen, wie folgt:

Wir verbinden den Bildpunkt P^c mit dem Fluchtpunkt F_y und übertragen dann nur noch die horizontalen Abstände d_h, die wir unverzerrt im Grundriss ablesen können. In analoger Art und Weise konstruieren wir die Zentralrisse von Punkten, die auf x-parallelen Kanten liegen, indem wir den Fluchtpunkt F_x verwenden.

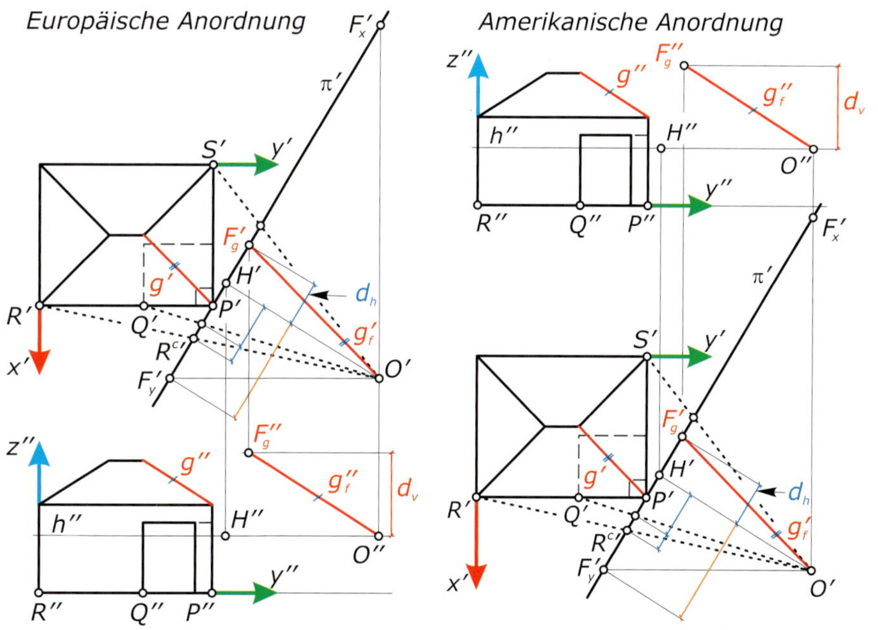

Abb. 2.20
Händische Konstruktion einer Perspektive mit Verwendung von Fluchtpunkten. Die Konstruktion erfolgt in zwei unterschiedlichen Rissanordnungen (oben).

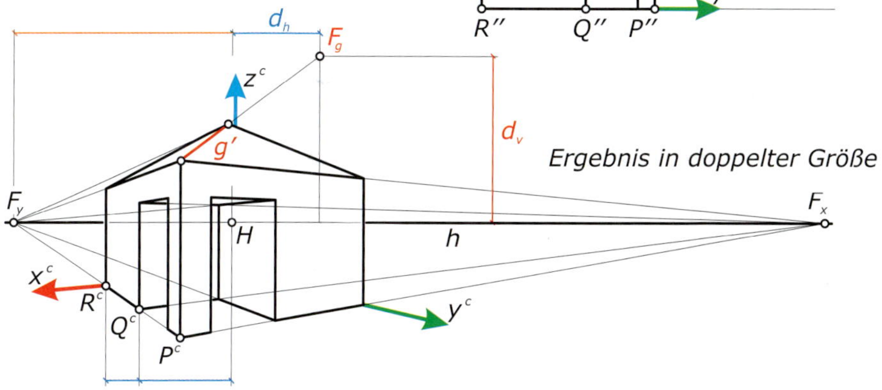

Wir merken noch an, dass die beschriebene Konstruktionsmethode gut für das Abbilden von Objekten mit ausschließlich ebenen Seitenflächen geeignet ist. Die Anwendung dieser Methode auf die Herstellung perspektiver Bilder von Zylindern, Kugeln oder Objekten mit gekrümmten Oberflächen ist im Allgemeinen wesentlich komplizierter und zeitaufwändiger.

Das konstruktionstechnisch aufwändige Abbilden von Kreisen und Kugeln war ein wesentlicher Inhalt der traditionellen Darstellenden Geometrie, worauf wir in diesem Buch nicht weiter eingehen werden. Trotzdem ist es hilfreich, wenn man in der Lage ist, perspektive Bilder von einfachen Objekten (wie oben beschrieben) richtig skizzieren zu können. Weiters helfen uns beim Modellieren mit CAD die vorgestellten Grundkenntnisse über die Zentralprojektion beim Festlegen geeigneter perspektiver Ansichten.

Hinweise für das Erzeugen natürlich wirkender Bilder. Perspektive Bilder sind besonders für Präsentationen geeignet, da sie das einäugige Betrachten einer modellierten Szene simulieren. Zur Herstellung realistisch wirkender Bilder können noch folgende Tipps recht hilfreich sein (Abb. 2.21 und 2.22).

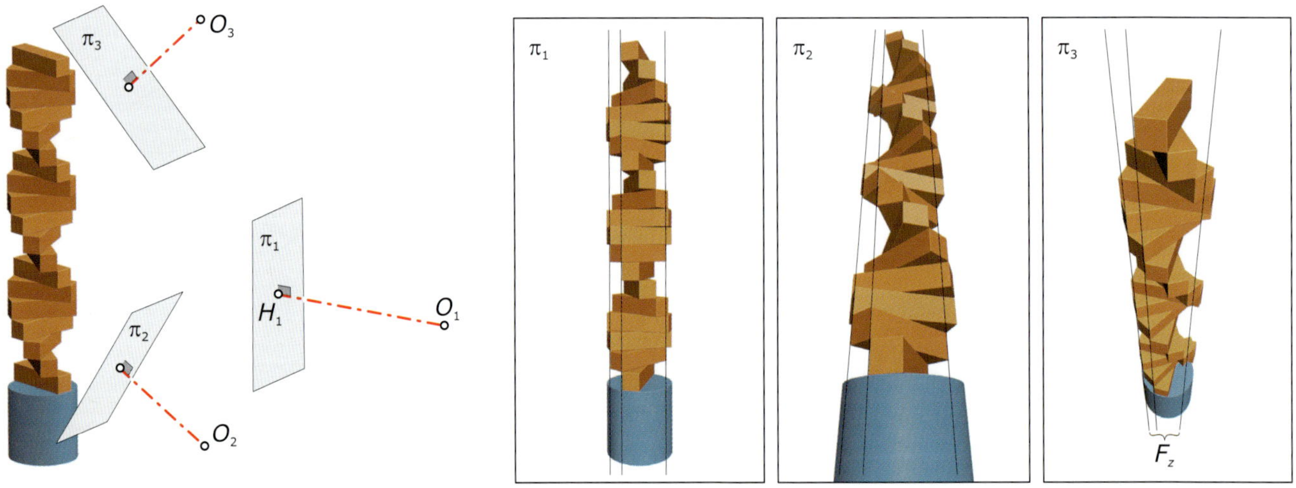

Abb. 2.21
Geneigte optische Achsen (Kamerastandpunkt und Kamerazielpunkt befinden sich auf unterschiedlichen Höhen) erzeugen stürzende z-Kanten.

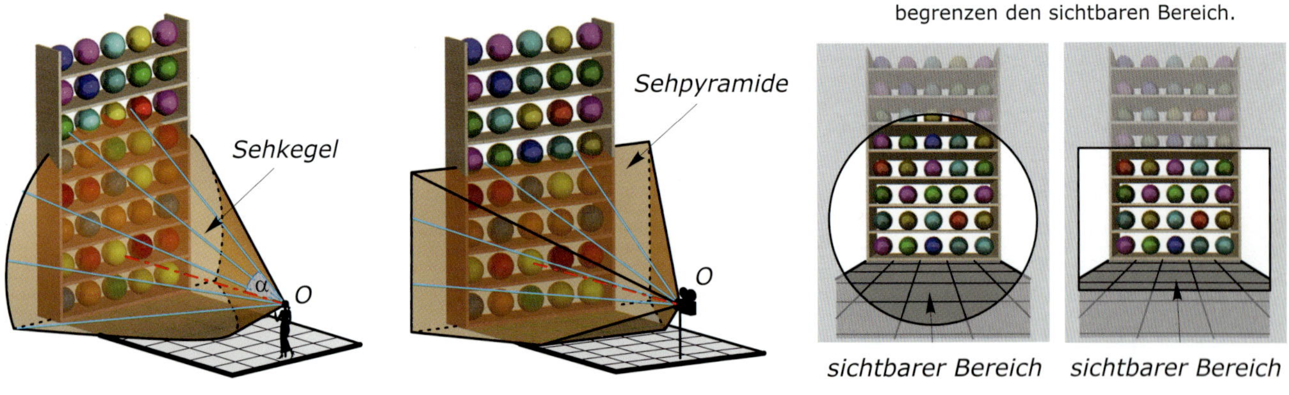

Abb. 2.22
Der Sehkegel und die Sehpyramide begrenzen den sichtbaren Bereich.

Wir sollten uns immer in Erinnerung rufen, dass die Kameraposition die Lage des Auges eines Betrachters festlegt. Die Position des Augpunktes sollte daher vorzugsweise zwischen 1.5 und 2 m oberhalb der ebenen Standfläche angenommen werden.

- Die Wahl einer horizontalen optischen Achse O_1H_1 bewirkt perspektive Bilder, in denen die z-parallelen Geraden als lotrechte, parallele Geraden erscheinen. Daher sollten Kamerastandpunkt und Kamerazielpunkt dieselbe z-Koordinate haben.

- Falls der Kamerazielpunkt höher liegt als der Kamerastandpunkt, so zeigt die optische Achse O_2H_2 nach oben. Der Fluchtpunkt F_z liegt daher oberhalb des Horizonts, und wir erhalten stürzende z-parallele Kantenbilder.

- Liegt hingegen der Kamerastandpunkt O_3 höher als der Kamerazielpunkt, so erhalten wir ebenfalls stürzende z-Kanten, wobei in diesem Fall der Fluchtpunkt F_z unterhalb des Horizonts liegt.

- Der sichtbare Bereich, den das menschliche Auge ohne Bewegen wahrnehmen kann, wird durch den so genannten *Sehkegel* begrenzt. Der Winkel α zwischen den Erzeugenden des Sehkegels und seiner Achse beträgt beim Menschen etwa 30 Grad (Abb. 2.22). Bei der Verwendung eines CAD-Systems oder einer Fotokamera tritt anstelle dieses Sehkegels eine *Sehpyramide*. Die meisten CAD-Systeme stellen Hilfsmittel bereit, die ein Anpassen der Sehpyramide erlauben. Wie in Abb. 2.23 illustriert, sollte man zur Herstellung realistisch wirkender Bilder die Größe des Winkels α mit 30 Grad beschränken.

Abb. 2.23
Bilder einer Szene mit verschiedenen Sehpyramiden: Ein Winkel α kleiner als 30 Grad ergibt realistisch wirkende Bilder, während Bilder mit größeren Werten für α ungewohnt wirken. Allerdings kann dieser Effekt auch gezielt für künstlerische Zwecke eingesetzt werden.

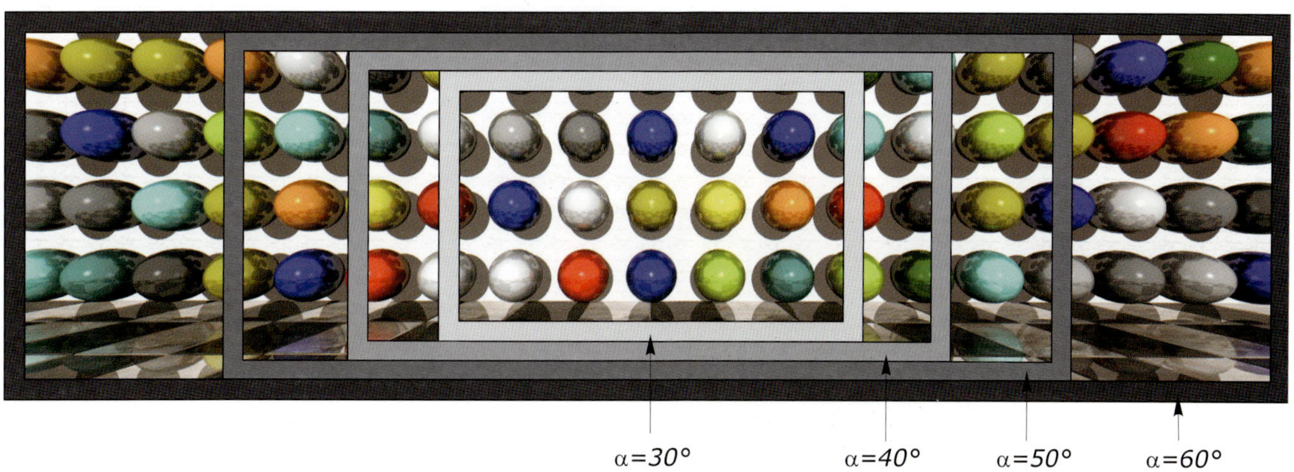

Erzeugung von optischen Illusionen. Bisher haben wir die Zentralprojektion eingesetzt, um den dreidimensionalen Raum möglichst realistisch auf einem Bild wiederzugeben. Allerdings kann man die Gesetzmäßigkeiten der Perspektive auch nutzen, um den optischen Sinn eines Betrachters bewusst zu täuschen.

Die zugrunde liegende geometrische Idee zur Herstellung dieser optischen Täuschungen ist das Wissen, dass alle Punkte, die auf demselben Projektionsstrahl s liegen, in einen einzigen Bildpunkt abgebildet werden. Während der letzten Jahrhunderte wurde diese Möglichkeit von Malern und Architekten häufig genutzt, um auf ebenen Wänden oder Kuppeln das Vorhandensein von räumlichen Objekten täuschend echt zu simulieren. Ein eindrucksvolles Beispiel dafür befindet sich in der Kirche des Hl. Ignatius in Rom. Dort bemalte in den Jahren 1684 und 1685 Andrea Pozzo eine ebene Decke so, dass diese als perfekte dreidimensionale Kuppel erscheint (Abb. 2.24).

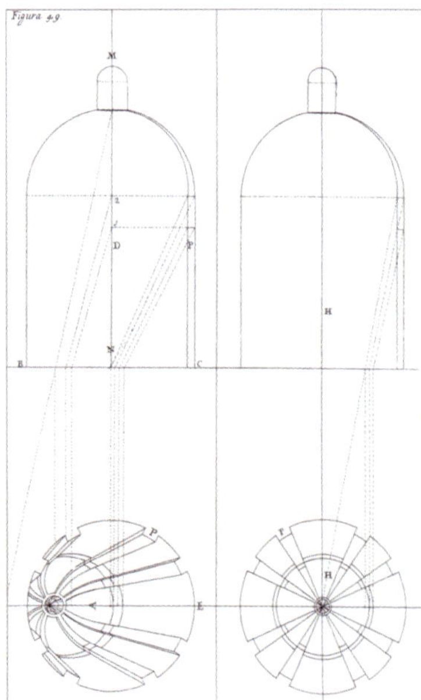

Abb. 2.24
Nutzung der Eigenschaften der Zentralprojektion in der Architektur, im Bühnenbau und bei der Straßenmalerei. Die von Andrea Pozzo (1621–1685) gestaltete ebene Decke der Kirche des Hl. Ignazius in Rom zeigt eine perfekte Scheinkuppel (links). Im Bühnenbau wird die Perspektive benutzt, um größere Bühnenaufbauten vorzutäuschen. Zu sehen sind zwei unterschiedliche Ansichten eines Bühnenmodells (Mitte). Der Künstler Julian Beever nutzt die Zentralprojektion recht kreativ beim Bemalen von Gehsteigen (unten). (Gehsteigbemalung: © Julian Beever).

Betrachten wir einen Würfel und ein allgemeines Polyeder (Polyeder werden im Kapitel 3 behandelt), die so zueinander liegen, dass jedes Paar zugeordneter Punkte auf je einem Projektionsstrahl durch den Augpunkt O liegt. In Abb. 2.25 (links) wird diese gegenseitige Lage anhand von Projektionsstrahlen durch die Punkte P_1, P_2 und P_3 (auf dem Polyeder) und den Würfeleckpunkten Q_1, Q_2 und Q_3 illustriert. In diesem Fall werden beide Raumobjekte auf dasselbe Bild abgebildet.

Aus psychologischen Gründen erkennt das menschliche Gehirn regelmäßige Objekte (wie einen Würfel) leichter als unregelmäßige. Eine Person, die vom Punkt O aus in orthogonaler Richtung auf die Bildebene π blickt, wird daher beim Betrachten der Bildfigur davon ausgehen, dass es sich um das Bild eines Würfels und nicht um das Bild eines allgemeinen Polyeders handelt. Aus der Abb. 2.25 (links) erkennen wir weiters, dass die Bildgeraden $P_1^c P_2^c$ und $Q_1^c Q_2^c$ von je zwei zugeordneten Raumgeraden P_1P_2 und Q_1Q_2 einander im Fluchtpunkt F_x schneiden. Ebenso sehen wir, dass die Geraden P_2P_3 und Q_2Q_3 die Bildebene im Fluchtpunkt F_y schneiden.

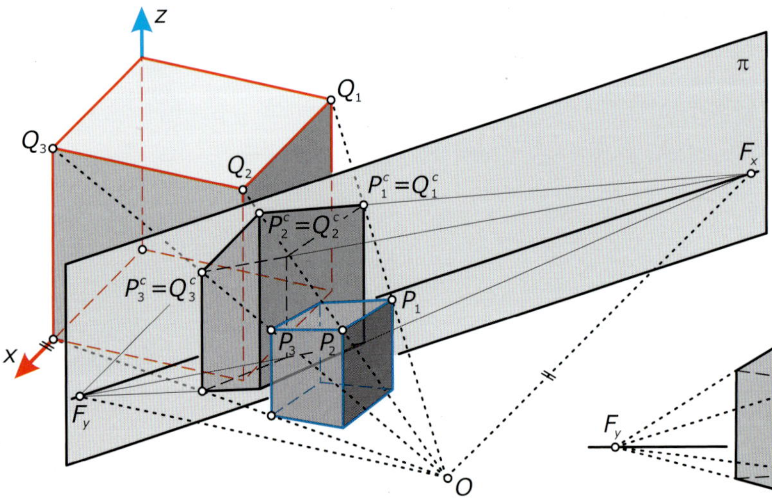

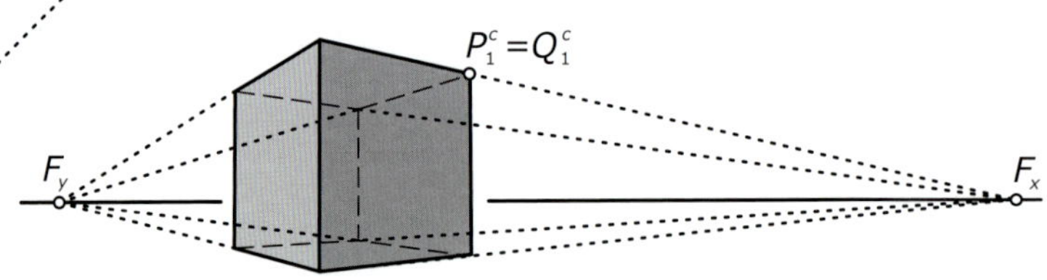

Abb. 2.25
Wie man die menschliche Wahrnehmung täuschen kann. Ein Betrachter, der vom Punkt O auf das allgemeine Polyeder blickt, meint einen Würfel zu sehen (links).

Der Polyeder aus der Sicht des Betrachters (Mitte). Die Geometrie hinter den Straßenmalereien von Julian Beever (rechts).

In der Abb. 2.25 (rechts) verwenden wir zwei verschiedene Bildebenen: eine lotrechte Ebene π (sie enthält ein Bild der gewünschten Szene) und eine horizontale Ebene π_1 (z.B. die Oberfläche eines Gehsteigs, der als Zeichenfläche dient). Jeder Punkt R auf dem Projektionsstrahl OP hat dasselbe Bild $R^c = P^c$ in der vertikalen Bildebene π. Daher erzeugt der Schnittpunkt P_1 des Projektionsstrahls OP mit der horizontalen Zeichenebene π_1 dasselbe Bild P^c wie der Punkt P auf einem realen Objekt.

Vom geometrischen Standpunkt aus müssen wir zur Herstellung solcher Straßenmalereien lediglich alle Punkte der gewünschten Szene (in der lotrechten Bildebene π) in eine andere Ebene π_1 projizieren. Entfernen wir dann die lotrechte Bildebene π und positionieren das Auge des Betrachters im Punkt O, so glaubt der Betrachter die Originalszene zu sehen, während er auf das verzerrte Bild (blaue Linien) auf dem Gehsteig blickt.

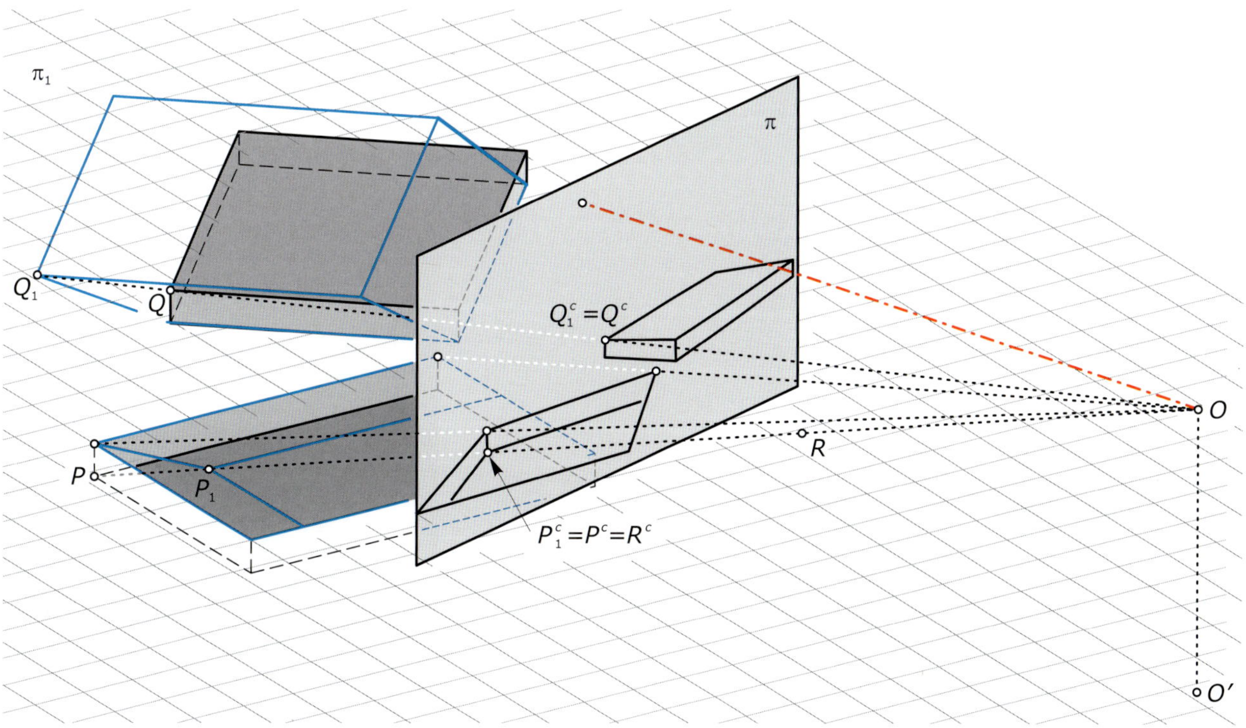

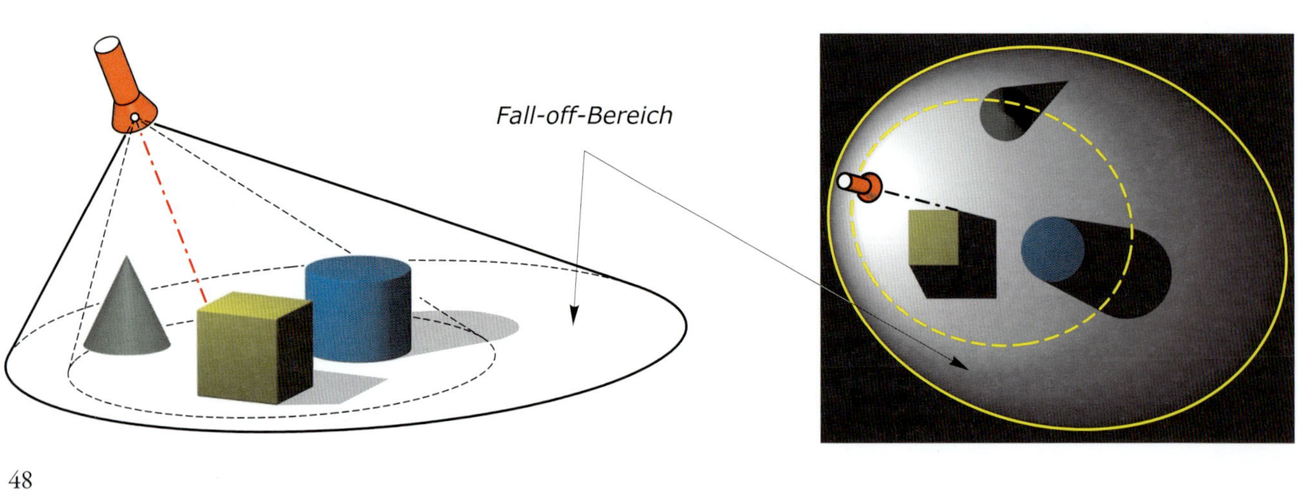
Fall-off-Bereich

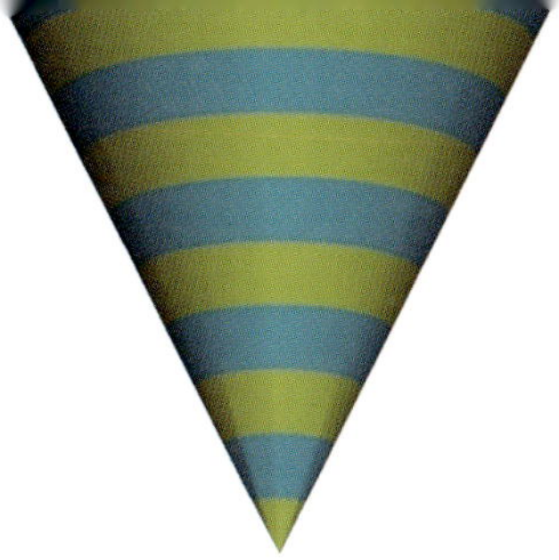

Licht, Schatten und Rendering

Der geschickte Einsatz der Zentralprojektion ist eine der wesentlichen Voraussetzungen, um Architektur und Design in einer realistisch wirkenden Art und Weise präsentieren zu können. Aber ohne geeignete Beleuchtung werden unsere modellierten Objekte nur „flach" und nicht räumlich wirken. Für wirklich hervorragende Visualisierungen müssen wir uns daher mit verschiedenen Lichtarten und Bildwiedergabeverfahren beschäftigen. Da auch im deutschsprachigen Raum anstelle von „Bildwiedergabe" üblicherweise das Wort „Rendering" oder „Rendern" verwendet wird, benutzen wir es auch in diesem Buch.

Lichtarten. Vom geometrischen Standpunkt aus betrachtet, sind die *Parallelbeleuchtung* (*entferntes Licht*) und die *Zentralbeleuchtung* (*Punktlicht*) die Gegenstücke zur Parallelprojektion und zur Zentralprojektion. Diese Beleuchtungsmethoden weisen daher dieselben Eigenschaften auf wie die ihnen entsprechenden Projektionen.

Abb. 2.26
Beleuchtungen mit entferntem Licht, Punktlicht und Scheinwerfer erzeugen scharfe Schattenkanten.

Zusätzlich zu den geometrischen Eigenschaften müssen wir noch berücksichtigen, dass bei Parallelbeleuchtung (Sonnenlicht) ein gleichmäßig helles Licht verwendet wird, während bei Punktlichtern die Lichtstärke mit der Entfernung abnimmt (Abb. 2.26). Je weiter das Objekt von der Lichtquelle entfernt liegt, desto weniger Licht empfängt es. Dieses graduelle Abnehmen der Lichtstärke, oft auch als *Fading* bezeichnet, wird von der Rendering-Software vereinfacht so simuliert, dass die Lichtstärke mit dem Quadrat der Entfernung abnimmt.

Abb. 2.27
Spotlight

Beleuchtungen mit einem Scheinwerfer (*Spotlight*) sind eine Sonderform der Beleuchtung mit einem Punktlicht. Im Gegensatz zum Punktlicht wird in diesem Fall nur ein durch einen Kegel begrenzter Bereich ausgeleuchtet. Diese Beleuchtung eignet sich daher hervorragend, wenn wir bestimmte Teile eines Objekts hervorheben wollen. Zusätzlich können wir bei einem Spotlight mit Hilfe eines weiteren, koaxialen Kegels den so genannten *Fall-off-Bereich* regeln. Innerhalb dieses Kegels haben wir die volle Lichtstärke, während sie außerhalb des Kegels gleichmäßig bis zum begrenzenden Lichtkegel hin abnimmt (Abb. 2.27).

Schattengrenzen, die von einer einzelnen entfernten Lichtquelle oder einem Punktlicht erzeugt werden, sind sehr scharf (plötzlicher Übergang von voller Ausleuchtung zu absoluter Dunkelheit). Daher wirken Szenen mit nur einer dieser Lichtquellen nicht sehr realistisch. Um dies zu vermeiden und um einen sanften Übergang von beleuchteten zu abgedunkelten Bereichen zu erzielen, setzen wir eine größere Anzahl von Punktlichtern bzw. Scheinwerfern ein, die wir nahe aneinander positionieren.

Diese Bündelanordnung von einzelnen Lichtern erzeugt zwar recht realistische Schatten, allerdings auf Kosten stark steigender Berechnungszeiten. Deshalb stellen Renderprogramme auch Lichtquellen wie *Linien-* und *Flächenlichter* zur Verfügung, die auf der Idee der Bündelanordnung basieren. So kann beispielsweise das Linienlicht als eine Menge von Punktlichtern aufgefasst werden, die längs einer Strecke angeordnet sind. Diese regelmäßig verteilten Punktlichter senden dann Licht gleichförmig in alle Richtungen aus (Abb. 2.28).

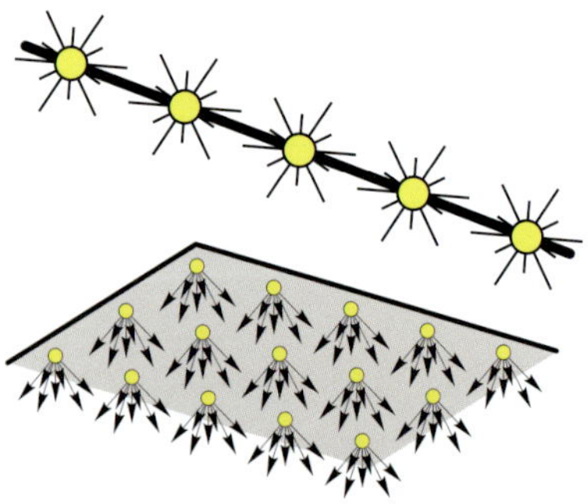

Abb. 2.28
Linien- und Flächenlichter können als Mengen von Spotlights aufgefasst werden, die längs einer Strecke oder innerhalb eines Polygons gleichmäßig verteilt sind.

Platzieren wir die einzelnen Lichtquellen gleichmäßig innerhalb eines ebenen Polygons, so erhalten wir das Modell für ein Flächenlicht. Linien- und Flächenlichter sind hervorragend zum Visualisieren von Innenräumen geeignet, wo in der Realität üblicherweise Leuchtstoffröhren oder Lichtpaneele Verwendung finden (Abb. 2.29).

Zwei weitere wichtige Lichtquellen, die jede Rendering-Software zur Verfügung stellt, sind das *Umgebungslicht* (*ambient light*) und das *Blitzlicht* (*flash light*). Das Umgebungslicht dient dabei nur zum Verändern der Grundhelligkeit der Szene, während das Blitzlicht ein spezielles Punktlicht ist, das genau in der Position der Kamera platziert ist. Eine Änderung der Lichtstärke des Blitzlichts erhellt bzw. verdunkelt nur jene Flächenteile, die von der Kameraposition aus sichtbar sind. Umgebungslicht und Blitzlicht erzeugen keine sichtbaren Schatten, sie dienen lediglich zur Steuerung der Helligkeit der gesamten Szene.

Abb. 2.29
Linien- und Flächenlichter werden häufig bei der Beleuchtung von Innenraumszenen eingesetzt.

Render-Methoden. Um qualitativ hochwertige Bilder zu erzeugen, müssen wir unseren Objekten zusätzlich noch Texturen und Materialien zuweisen. Verschiedene *Beleuchtungsmodelle*, welche die Interaktion zwischen Licht und Oberflächenbeschaffenheit beschreiben, ermöglichen erst die Darstellung natürlich wirkender Texturen. Diese Beleuchtungsmodelle berücksichtigen dabei zahlreiche geometrische und physikalische Faktoren, welche die Farbe jedes einzelnen Objektpunktes festlegen.

Um das natürliche Verhalten des Lichts zu simulieren, müssen beispielsweise physikalische Effekte wie Reflexion, Transparenz oder Spiegelung in die mathematische Beschreibung der Beleuchtungsmodelle einfließen. Diese mathematischen Modelle versuchen mit minimalem Rechenaufwand die in der Realität vorhandenen Lichtverhältnisse möglichst gut anzunähern. Eine tiefere Behandlung dieser Thematik würde den Rahmen des Buches sprengen. Wir beschränken uns daher auf die Beschreibung einiger grundlegender Tatsachen.

Im Wesentlichen unterscheiden wir zwischen *lokalen* und *globalen Beleuchtungsmodellen* (Abb. 2.30).

- Lokale Beleuchtungsmodelle berücksichtigen nur die Interaktion zwischen Licht und Objekt. Sie sind einfache, aber gute Approximationen von tatsächlichen Lichtverhältnissen und werden daher für schnelle Bilddarstellungen mit *konstanter Schattierung* oder *Phong-Schattierung* (wird im Folgenden erklärt) eingesetzt.
- Globale Beleuchtungsmodelle sind viel genauere Simulationen der Realität. Sie berücksichtigen physikalische Eigenschaften, die Interaktion zwischen Licht und Objekt sowie die Interaktion zwischen den Objekten. Diese Modelle erlauben daher auch die Darstellung von Spiegelungs- und Lichtbrechungseffekten. Sie schließen bei der Berechnung des Farbtons jedes einzelnen Objektpunktes sämtliche Objekte der dargestellten Szene ein. Typische Render-Methoden, die auf globalen Beleuchtungsmodellen basieren, sind die als *Raytracing* bzw. *Radiosity* bezeichneten Verfahren. Aufgrund der Komplexität der zugrunde liegenden mathematischen Modelle benötigen diese Render-Methoden wesentlich mehr Rechnerleistung als jene, die lediglich auf lokalen Beleuchtungsmodellen beruhen.

Abb. 2.30
Lokale Beleuchtungsmodelle (wie konstante Schattierung, links) im Gegensatz zu globalen Beleuchtungsmodellen (wie Raytracing, rechts).

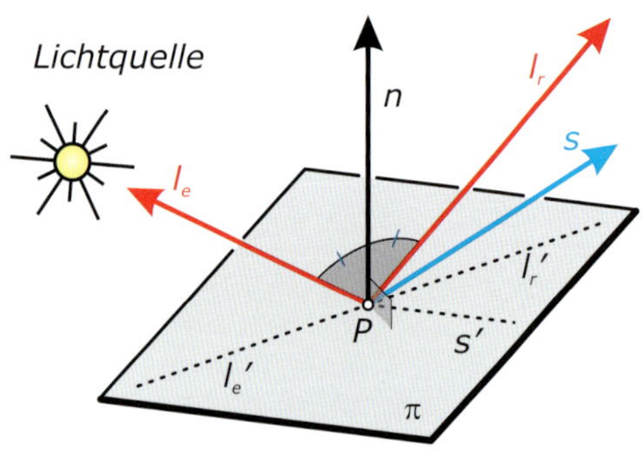

Abb. 2.31
Der Reflexionswinkel legt den Zusammenhang zwischen einem Lichtstrahl und einer Objektfacette fest.

Um die verschiedenen Methoden zur Bildwiedergabe (Render-Methoden) zu verstehen, betrachten wir vorerst nur die lokale Interaktion zwischen einer Lichtquelle und einer einzelnen Facette eines Objekts (Abb. 2.31). Wir studieren dazu die Reflexion eines einzelnen Lichtstrahls l an einer Ebene π. Sei n eine Gerade durch den Punkt P, welche normal zur Ebene π steht. Das aus der Physik bekannte Reflexionsgesetz besagt nun, dass der einfallende Lichtstrahl l_e, der reflektierte Lichtstrahl l_r und die Ebenennormale n in einer Ebene liegen.

Weiters gilt, dass der Winkel zwischen l_e und n gleich groß wie der Winkel zwischen n und l_r ist. Sei nun s ein beliebiger Sehstrahl durch das Auge eines Betrachters. Dann bestimmt der Winkel zwischen l_r und s die Intensität des reflektierenden Lichtstrahls s, der in Richtung der Kamera verläuft. Falls s und l_r zusammenfallen, wird das Maximum an Licht zum Betrachter hin reflektiert. Berücksichtigt man nun diese Gesetzmäßigkeit und lässt man noch die Eigenschaften des verwendeten Materials einfließen, so kann ein passender Farbton berechnet werden. Diese Farbe wird dann dem Objektpunkt P zugewiesen.

Zur Vereinfachung des Berechnungsprozesses nehmen wir zusätzlich an, dass alle Raumobjekte durch polygonale Modelle mit ebenen Facetten repräsentiert werden (Abb. 2.32). Wie wir bereits gesehen haben, ist die Lage der Normalen n in Bezug zur Lichtquelle und zum Betrachter von entscheidender Bedeutung. Daher werden im ersten Schritt die Normalen sämtlicher ebener Polygone berechnet.

Anhand der Abbildung 2.33 erkennen wir, dass in verschiedenen Punkten einer einzelnen Facette der Winkel zwischen einfallendem Lichtstrahl und der Polygonnormalen variieren kann, obwohl die Polygonnormalen in allen Flächenpunkten zueinander parallel sind. Folglich reflektiert jeder Punkt der Fläche den einfallenden Lichtstrahl in eine andere Richtung. Jeder Flächenpunkt scheint daher eine andere Farbe zu haben.

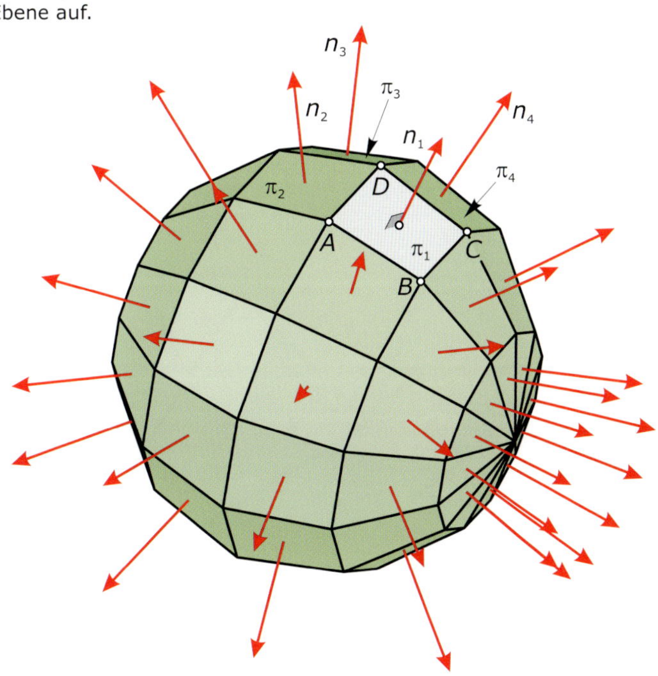

Abb. 2.32
Polygonales Modell einer Kugel samt den Polygonnormalen.

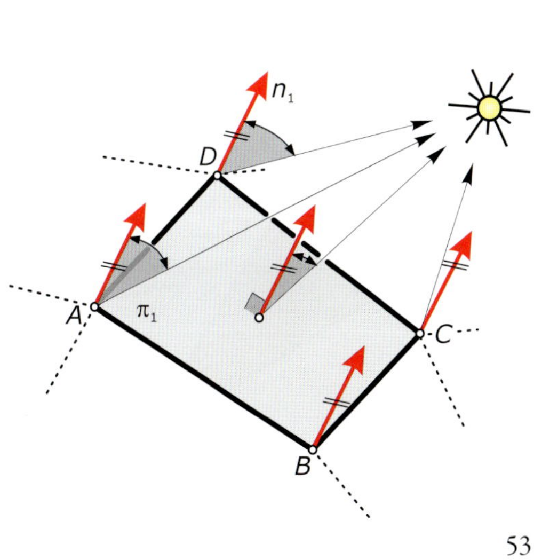

Abb. 2.33
Bei Verwendung einer punktförmigen Lichtquelle treten verschiedene Reflexionswinkel in jedem einzelnen Punkt einer Ebene auf.

Die Berechnung der Farbe jedes einzelnen Punktes (Bildschirmpixel) der gesamten Szene ist daher äußerst komplex und zeitaufwändig. Daher müssen Vereinfachungen getroffen werden, um brauchbare Resultate in angemessener Zeit zu erhalten. Je nach Art dieser Vereinfachung unterscheiden wir zwischen folgenden Render-Methoden:

- *Konstante Schattierung*: Allen Punkten eines Polygons wird dieselbe Farbe zugeordnet. Bei diesem schnellen Algorithmus ist die Qualität des Ergebnisses allerdings nicht überragend, da man die Ränder der einzelnen Facetten recht klar erkennen kann:
- *Gouraud-Schattierung* (Abb. 2.34): Die Helligkeit des Lichts (Luminanz) wird in den Ecken des Polygons berechnet, und daraus werden die Farbwerte in diesen Punkten ermittelt. Mit Hilfe eines linearen Interpolationsprozesses (siehe auch im Anhang „Geometrische Grundlagen") werden dann die Farbwerte für jeden Punkt (Pixel) einer Flächenfacette berechnet. Dazu werden zunächst die Farbwerte längs der Kanten des Polygons interpoliert. Dabei ändert sich beispielsweise längs der Kante DA die Farbe von Blau in Grün, und längs der Kante DB wechselt die Farbe graduell von Blau in Rot. Anschließend wird mit Hilfe einer linearen Interpolation entlang einer Scanlinie EF der Farbwert eines Flächenpunktes P ermittelt. Dieses Verfahren zur Berechnung der Farbwerte ist zeitaufwändiger als die konstante Schattierung, allerdings wird die Qualität der resultierenden Bilder deutlich verbessert. Bei diesem Verfahren müssen die Normalen in den Ecken einer Flächenfacette ermittelt werden. Zur Erklärung dieses Vorgangs betrachten wir nochmals die Abbildung 2.34. In der Ecke D treffen einander vier Facetten mit vier verschiedenen Flächennormalen. Um einen glatten Übergang zwischen diesen Facetten zu erhalten, verwenden wir den Vektor $n = \frac{1}{4}(n_1 + n_2 + n_3 + n_4)$, der als arithmetisches Mittel aller beteiligten Vektoren berechnet wird.

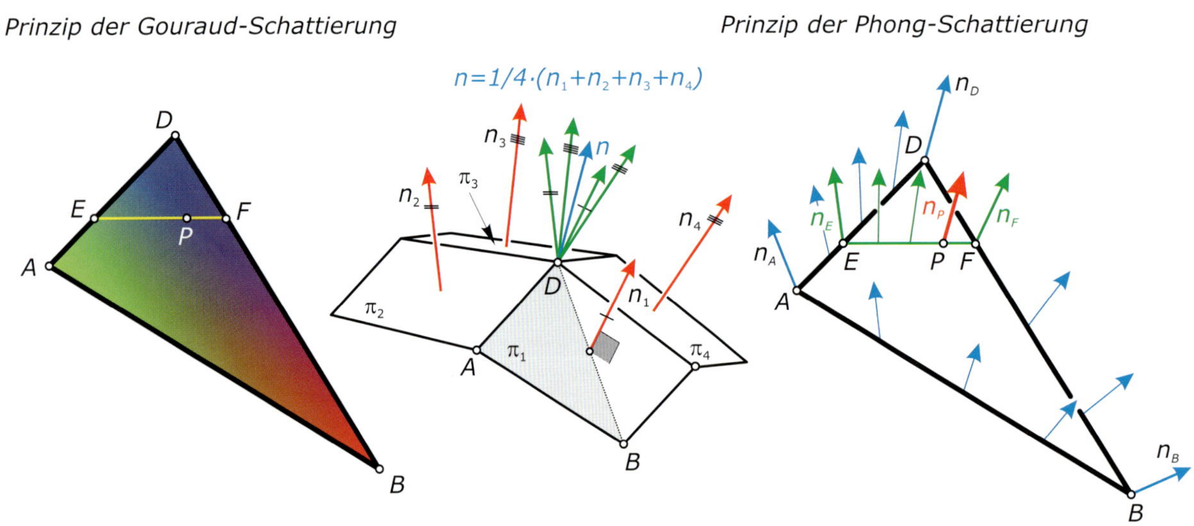

Abb. 2.34
Gouraud-Schattierung: Ausgehend von den Farbwerten in den Ecken eines Polygons wird die Farbe eines jeden Punktes durch lineare Interpolation ermittelt.
Phong-Schattierung: Zuerst wird mit derselben linearen Interpolation aus den Normalen in den Polygonecken für jeden Flächenpunkt eine Normale berechnet. Erst dann wird der Farbwert im Punkt P mit Hilfe dieser Normalen ausgewertet.

- *Phong-Schattierung*: Bei dieser Methode wird die lineare Interpolation nicht auf die Farbwerte, sondern auf die Flächennormalen selbst ausgeübt. Der Interpolationsprozess verläuft gleich wie bei der Gouraud-Schattierung mit dem Unterschied, dass wir nun im Flächenpunkt P einen interpolierten Normalvektor n_p erhalten. Mit Hilfe von n_p wird dann die Farbe des Flächenpunktes ermittelt. Dieser Algorithmus erfordert noch mehr Rechenleistung, liefert allerdings auch eine bessere Qualität. Speziell bei der Verwendung von glänzenden Materialien erzeugt die Phong-Schattierung recht gute Ergebnisse bei relativ kurzen Rechenzeiten.

In Abbildung 2.35 werden die Unterschiede und Grenzen dieser lokalen Schattierungsverfahren anhand eines einfachen geometrischen Objekts (Ringtorus) aufgezeigt. Diese einfachen Methoden liefern akzeptable Näherungen der Realität, sie können aber keine physikalischen Effekte wie Spiegelung oder Lichtbrechung wiedergeben. Zur Erzeugung fotorealistischer Bilder müssen wir daher globale Methoden wie Raytracing oder Radiosity einsetzen.

Das *Raytracing-Verfahren* (*Strahlrückverfolgung*) basiert auf dem Scannen (Abtasten) der Bildschirmpixel. Dabei werden durch jeden Punkt des Bildschirms (Pixel) Sehstrahlen durch den Augpunkt gelegt. Dann wird jeder dieser Sehstrahlen s durch die gesamte Szene solange zurückverfolgt, bis er auf eine Lichtquelle trifft. Während dieser Rückverfolgung wird jeder Lichtstrahl nach den Gesetzen der Physik in allen Schnittpunkten mit den Objekten an deren Oberfläche reflektiert bzw. gebrochen reflektiert und dabei in diverse Teilstrahlen zerlegt (Abb. 2.36).

Abb. 2.35
Die Bildqualität hängt vom Render-Verfahren ab. Während die konstante Schattierung mit wenig Rechenaufwand eher bescheidene Bilder liefert, erzeugen Gouraud- und Phong-Schattierung recht brauchbare Bilder auf Kosten erhöhter Rechenzeit.

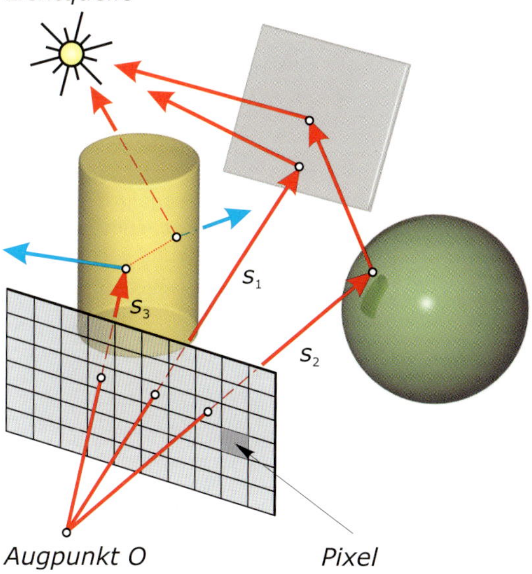

Abb. 2.36
Raytracing: Ein Sehstrahl s wird vom Auge zu den Lichtquellen rückverfolgt.

Die dabei entstehenden, neuen Teilstrahlen werden wie die Ausgangsstrahlen behandelt. Das heißt, sie werden ebenfalls durch die gesamte Szene bis zu einer Lichtquelle zurückverfolgt und können dabei wieder in weitere Teilstrahlen aufgeteilt werden. Szenen mit vielen spiegelnden Objektoberflächen können dabei eine riesige Anzahl von Strahlen erzeugen, die von vielfachen Spiegelungen oder Lichtbrechungen herrühren. Das Raytracing-Verfahren ist daher äußerst rechenintensiv, erzeugt dafür aber recht eindrucksvolle Bilder.

Das *Radiosity-Verfahren* ist eine noch komplexere Methode zur Erzeugung photorealistischer Bilder. Die Rechenzeit steigt nochmals enorm an, da aufwändige mathematische Verfahren verwendet werden. Allerdings lohnt sich der Rechenaufwand speziell dann, wenn man diese Methode beim Rendern von Innenraumszenen einsetzt, um auch diffuse Reflexionen darstellen zu können (Abb. 2.37).

Wir haben uns hier nur mit den Grundlagen von Beleuchtungsmodellen und Render-Methoden beschäftigt. Für ein intensives Studium dieser Thematik verweisen wir auf die einschlägige Literatur aus der Computergrafik.

Raytracing *Radiosity*

Abb. 2.37
Dieselbe Szene dargestellt mit dem Raytracing- und dem Radiosity-Verfahren. In der Szene wird nur ein einziges Flächenlicht (in Form eines Dreiecks an der Decke des Innenraums) verwendet, um die Unterschiede der beiden Render-Verfahren zu illustrieren. Mit Hilfe des Radiosity-Verfahrens gelingt es sogar, diffuse Reflexionen darzustellen. (Bilder mit freundlicher Genehmigung von Alexander Wilkie und Andrea Weidlich.)

Normale und schiefe Axonometrie

Die Möglichkeit, aussagekräftige Skizzen freihändig zu zeichnen, ist für jeden Designer und Architekten eine große Hilfe, da viele Designkonzepte und Designideen nur schwer mit Worten allein beschreibbar sind. Eine rasch erstellte Handskizze kann bei der Vermittlung dieser Designideen hilfreich sein. Die Beachtung der wenigen Eigenschaften einer Parallelprojektion, die wir am Beginn dieses Kapitels hergeleitet haben, reichen schon aus, um allgemeine Ansichten von Raumobjekten richtig skizzieren zu können.

Gegeben seien jeweils die Verzerrungsfaktoren v_x, v_y und v_z der drei Achsen x, y und z eines kartesischen Koordinatensystems sowie die Bilder x^p, y^p, z^p dieser Koordinatenachsen (Abb. 2.38). Mit dieser Angabe sind wir nun in der Lage, die Parallelrisse der Einheitspunkte $E_x(1,0,0)$, $E_y(0,1,0)$ und $E_z(0,0,1)$ in der Zeichnung einzutragen. Legen wir nun durch die Bilder dieser Einheitspunkte achsenparallele Geraden, so erhalten wir den Parallelriss eines Würfels mit der Kantenlänge 1. Dieser *Einheitswürfel* dient uns als visuelle Hilfe, um festzustellen, ob eine beliebig gewählte Angabe auch eine brauchbare Ansicht liefert.

Der Parallelriss eines allgemeinen Punktes Q mit den Koordinaten x_Q, y_Q und z_Q wird dann, wie in Abbildung 2.38 gezeigt, ermittelt. Die Koordinaten von Q werden mit den jeweiligen Verzerrungsfaktoren multipliziert und mit Hilfe achsenparalleler Geraden in das Bild eingetragen.

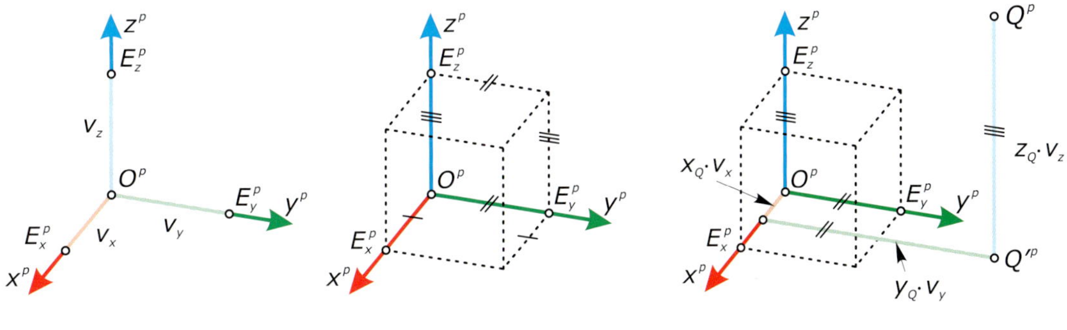

Abb. 2.38
Parallelriss eines allgemeinen Punktes $Q(0.5|2|2)$.

Unter der Annahme, dass jede beliebige Wahl für die Verzerrungsfaktoren und die Bilder der Koordinatenachsen zulässig ist, ermöglicht diese Konstruktionsvorschrift das richtige Einzeichnen eines jeden Punktes des dreidimensionalen Raums. Bei der Festlegung der Verzerrungsfaktoren und der Bilder x^p, y^p und z^p haben wir also eine vollkommen freie Wahl.

Dennoch müssen wir uns im Klaren sein, dass eine ungeeignete Auswahl zwar ein geometrisch richtiges, aber visuell unbrauchbares Ergebnis liefern kann. Wir zeigen daher in Abbildung 2.39 einige geläufige und brauchbare Annahmen für die Verzerrungsfaktoren v_x, v_y und v_z sowie für die Parallelrisse x^p, y^p und z^p.

Beispiel:

Parallelriss einer Überdachung. Gegeben sind Grund- und Aufriss einer vereinfachten Überdachung, die Parallelrisse des Koordinatensystems sowie die Verzerrungsfaktoren (Abb. 2.40a). Wir beginnen mit dem Einzeichnen des Achtecks in der xy-Ebene und berücksichtigen dabei die Verzerrungsfaktoren sowie die Parallelität gegenüberliegender Seiten.

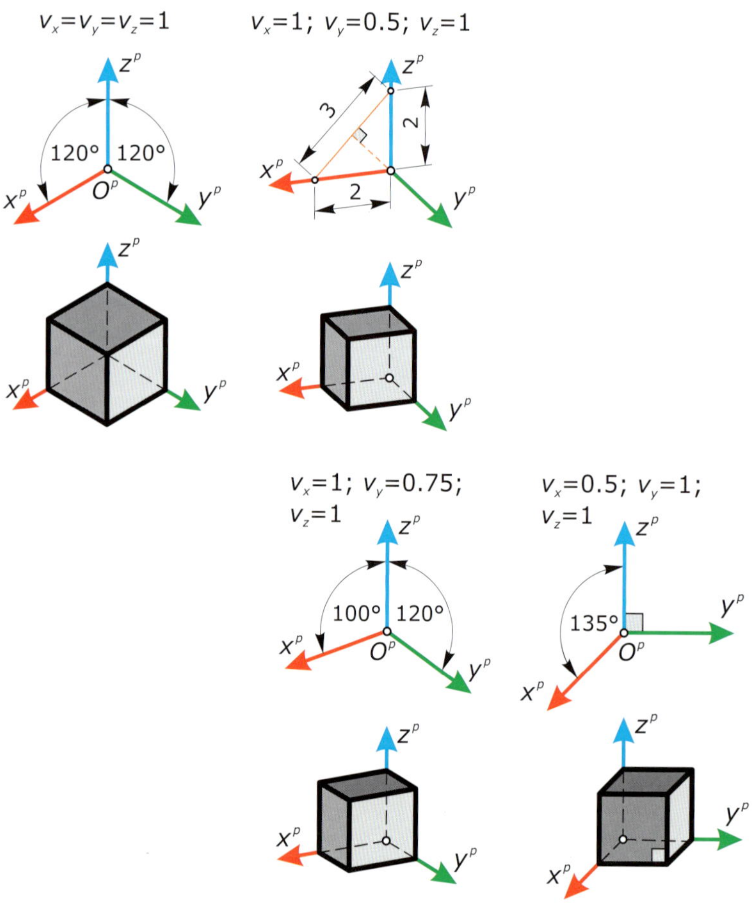

Abb. 2.39
Gut gewählte Vorgaben für die Verzerrungsfaktoren und für die Parallelrisse x^p, y^p und z^p der Koordinatenachsen erzeugen realistisch wirkende Bilder.

Abb. 2.40
Axonometrischer Riss eines vereinfachten Modells einer Überdachung.
(a) Gegeben sind Grund- und Aufriss der Überdachung, das Koordinatensystem und die Verzerrungsfaktoren.
(b) Konstruktion des Achtecks und der lotrechten Säulen.
(c)Einzeichnen der Überdachung.
(d) Ermittlung der Verschneidung der Überdachung mit einer quadratischen Pyramide.
(e) Fertigstellung der Zeichnung.

Dann zeichnen wir die vertikalen Säulen ein (Abb. 2.40b). Verbinden wir nun die Bilder dieser Endpunkte mit dem Punkt S, so erhalten wir den Parallelriss der Überdachung (Abb. 2.40c).

Nun wollen wir eine weitere, quadratische Pyramide mit dem Leitpolygon A, B, C, D konstruieren, welche die bereits existierende Überdachung durchdringt (Abb. 2.40d). Wir wählen eine passende Höhe (15 Einheiten) und tragen den Parallelriss T^p der Pyramidenspitze in unserer Zeichnung ein. Die auftretenden Schnittkanten können wir nun direkt im Bild konstruieren.

Die Kanten AT und $1S$ liegen in derselben Ebene. Wir erhalten damit direkt den Schnittpunkt E. Die Seitenfläche ABT der Pyramide schneidet die lotrechte Ebene durch die Kante $2S$ längs der Hilfsgeraden h. Mit Hilfe dieser Geraden ermitteln wir den Punkt G, den Schnittpunkt der Kante $2S$ mit der Pyramide. Die restlichen Schnittkanten und Schnittpunkte können nun in analoger Weise konstruiert werden. Alternativ dazu können wir zur Fertigstellung der Konstruktion auch die Symmetrien des Objekts ausnutzen (Abb. 2.40e).

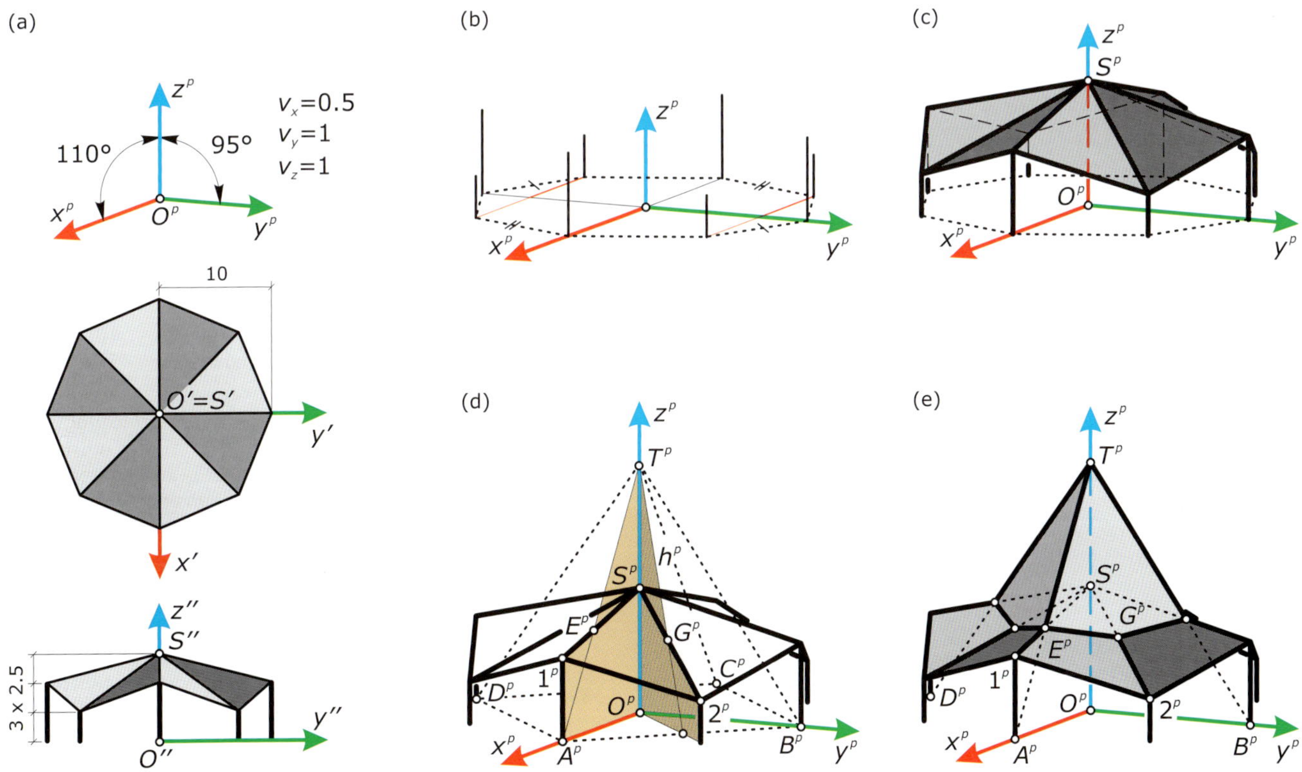

Sichtbarkeit von Objekten. In den meisten Fällen skizzieren wir unsere Designideen und Raumobjekte so, dass wir sie von oben betrachten können (das heißt, wir sehen die Oberseite der xy-Ebene). Manchmal kann es aber auch nötig sein, Zeichnungen zu erstellen, welche die Objekte von unten zeigen. In diesem Fall müssen wir eine Ansicht erzeugen, welche die Unterseite der xy-Ebene zeigt.

Bereits die Wahl der gegenseitigen Lage der Parallelrisse x^p, y^p und z^p der Koordinatenachsen x, y und z legt fest, von welcher Seite das abzubildende Objekt zu sehen sein wird. Der Grund dafür ist, dass wir bei der Herstellung unserer Zeichnungen immer ein kartesisches Rechtskoordinatensystem voraussetzen. Aus den Abbildungen 2.41a und b erkennen wir, dass bei einer Ansicht von oben (wenn wir die Oberseite der xy-Ebene sehen) die 90-Grad-Drehung der x-Achse in die y-Achse immer im Gegenuhrzeigersinn erscheint. Andererseits erscheint dieselbe Drehung im Uhrzeigersinn, wenn wir die Unterseite der xy-Ebene betrachten (Abb. 2.41c).

Wir können daher eine einfache Regel zur Bestimmung der richtigen Sichtbarkeit herleiten. Falls die „kürzere" Drehung (Drehwinkel kleiner als 180 Grad) der x^p-Achse in die y^p-Achse im Gegenuhrzeigersinn (diese Rotation wird als mathematisch positiv bezeichnet) verläuft, dann sehen wir das Objekt von oben (*Obersicht*). Im Falle einer Drehung im Uhrzeigersinn liegt eine Ansicht vor, die das Objekt von unten zeigt (*Untersicht*). Wir können daher, nur durch Betrachten der Bilder der Koordinatenachsen, bereits feststellen, welche Ansicht vorliegt. Abb. 2.42 illustriert diese Regel anhand einiger Beispiele.

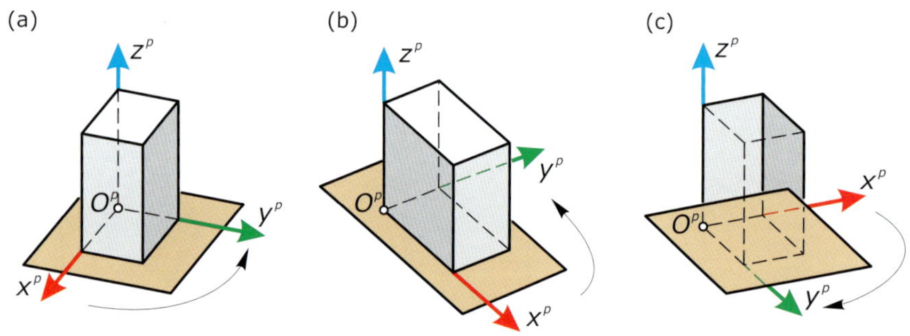

Abb. 2.41
Die gegenseitige Lage der Parallelrisse x^p, y^p und z^p legt fest, ob ein Objekt von oben (a, b) oder unten (c) gesehen wird.

Abb. 2.42
Obersicht und Untersicht.

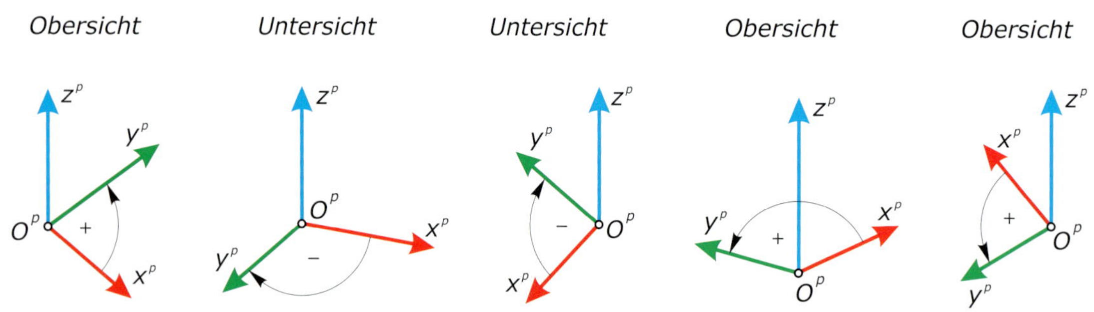

Schattenkonstruktionen. Manchmal lassen händisch erstellte Zeichnungen eine räumliche Wirkung vermissen. Eine Lösung für dieses Problem ist das Hinzufügen von Schatten. Durch Einsatz einer passenden Parallelbeleuchtung (die aussagekräftige Schatten wirft) können wir unsere Zeichnungen mit wenig Aufwand verbessern. Um die entstehenden Schatten geometrisch richtig konstruieren zu können, benötigen wir einige Grundkenntnisse über Bezeichnungen und Eigenschaften einer Parallelbeleuchtung (Abb. 2.43).

Wir unterscheiden zwischen Objektteilen, die dem Licht zugewandt sind, und jenen, die dem Licht abgewandt sind. Die Grenze zwischen diesen Objektteilen bezeichnen wir als *Eigenschattengrenze.* Nur jene Punkte des Objekts, welche der Eigenschattengrenze angehören, sind Kandidaten für die Konstruktion der *Schlagschattengrenze*. Die Schlagschattengrenze wiederum trennt beleuchtete Bereiche von Bereichen, die im *Schlagschatten* liegen.

Zur Ermittlung der Schlagschattengrenze legen wir durch die Punkte der Eigenschattengrenze Lichtstrahlen und schneiden diese mit jenen Ebenen und Flächenteilen, auf welchen Schlagschatten auftreten können. Wir merken hier noch an, dass alle dem Licht abgewandten Oberflächen unbeleuchtet sind; sie bilden den so genannten *Eigenschatten*. Zur Verbesserung des räumlichen Eindrucks empfehlen wir außerdem, die Eigenschatten in der Zeichnung etwas heller als die Schlagschatten einzufärben.

Bei Parallelbeleuchtung finden wir den Schlagschatten P^s eines Punktes P in einer horizontalen Ebene π als Schnittpunkt des Lichtstrahls l_p mit dessen Grundriss l_p' (Abb. 2.43, unten). Aufgrund der Tatsache, dass alle Lichtstrahlen zueinander parallel sind, können wir die Schlagschatten aller Punkte der Eigenschattengrenze leicht ermitteln.

Wenden wir auch die am Beginn dieses Kapitels eingeführten Eigenschaften der Parallelprojektion an, dann können wir die Konstruktion der Schlagschatten noch verbessern. So gilt beispielsweise, dass die zur Ebene π parallele Strecke PQ einen zu PQ parallelen Schlagschatten P^sQ^s gleicher Länge wirft.

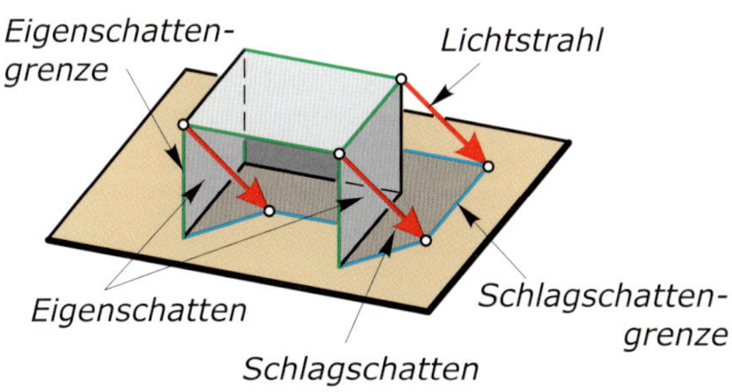

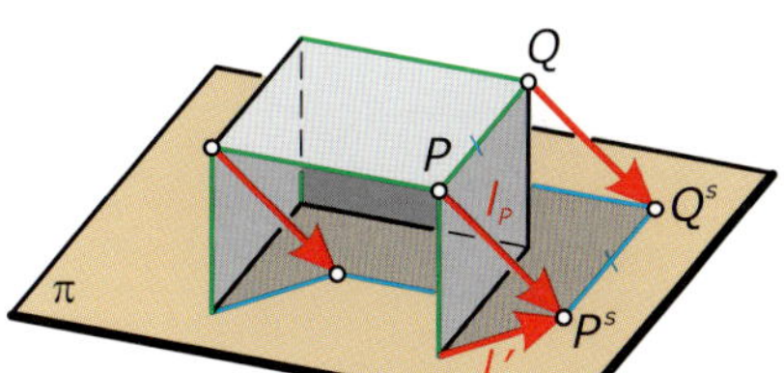

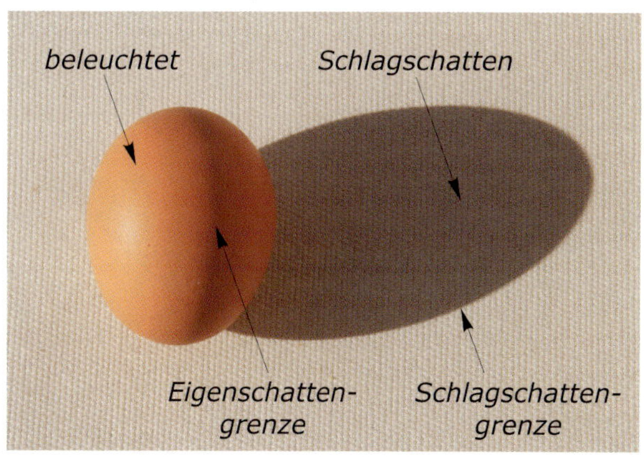

Abb. 2.43
Einige Grundbegriffe und einfache Regeln, die zur geometrisch richtigen Konstruktion von Schatten bei Parallelbeleuchtung nötig sind.

Beispiel:
Händische Schattenkonstruktion. Gegeben sind der axonometrische Riss eines einfachen geometrischen Modells und die Richtung der Lichtstrahlen. Wir zeichnen alle sichtbaren Schatten in diesem Bild ein (Abb. 2.44). Unter Beachtung der durch axonometrischen Riss und axonometrischen Grundriss gegebenen Lichtrichtung ermitteln wir zuerst die Eigenschatten auf dem Quader und die Eigenschattengrenze auf dem gesamten Objekt (grüne Linien). Wie in Abb. 2.43 gezeigt, konstruieren wir dann die Projektion der Eigenschattengrenze und damit den Schlagschatten in der horizontalen Ebene π.
Dann fahren wir mit der Konstruktion der Schlagschatten der lotrechten Kante k in der schrägen Ebene ε fort. Dazu konstruieren wir den Durchstoßpunkt 1 der lotrechten Kante k mit der schrägen Ebene ε. Der Schlagschatten von k ist dann durch die Punkte 1 und 2 bestimmt. Er endet im Schlagschatten P^s des Punktes P. Nun ermitteln wir noch den Schlagschatten der horizontalen Kante PQ in der Ebene ε, indem wir den Doppelschattenpunkt $D^s_{1,2}$ verwenden. $D^s_{1,2}$ ist der Schlagschatten zweier verschiedener Punkte D_1 (auf der horizontalen Kante durch A) und D_2 (auf der Kante PQ). Durch Rückprojektion von $D^s_{1,2}$ auf die horizontale Kante durch A erhalten wir den Punkt D_1. Wir merken noch an, dass der Punkt 3, der Durchstoßpunkt der Kante PQ mit der Ebene ε, ebenfalls zur Konstruktion des Schlagschattens von PQ verwendet werden kann.

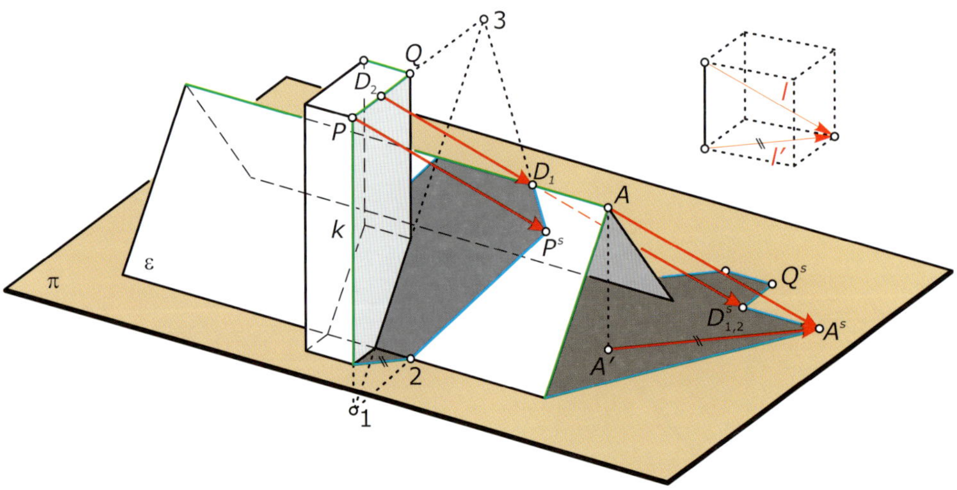

Abb. 2.44
Händische Schattenkonstruktion.

Schnittdarstellungen. Manchmal sind wichtige Teilbereiche der inneren Struktur eines Objekts in den Hauptrissen nicht ersichtlich. In diesen Fällen verwenden wir *Schnittdarstellungen*, um diese Details hervorzuheben. In Abbildung 2.45, links ist ein Objekt mit zwei Schnittebenen in Perspektive dargestellt. In der dazugehörigen Schnittdarstellung (Abb. 2.45, rechts) sind jene Objektteile, bei denen die Schnittebenen das Objekt durchdringen, mit einer Schraffur gekennzeichnet.

Wir sehen auch, dass bei Schnittdarstellungen verdeckt liegende Kanten nicht dargestellt werden, während hingegen alle direkt einsehbaren Objektteile und Kanten eingezeichnet sind. Schnittdarstellungen sind daher oft leichter lesbar. Sie tragen auch dazu bei, Normalrisse zu vereinfachen, die sonst wegen zu vieler verdeckt liegender Linien und Details unverständlich wären. Als Ergänzung zu den Hauptrissen sind Schnittdarstellungen ein nützliches Instrument, um die Abmessungen und die geometrische Struktur eines Objekts festzulegen.

Abb. 2.45
Schnittdarstellungen sind gut geeignet, um Details im Inneren eines Objekts darzustellen.

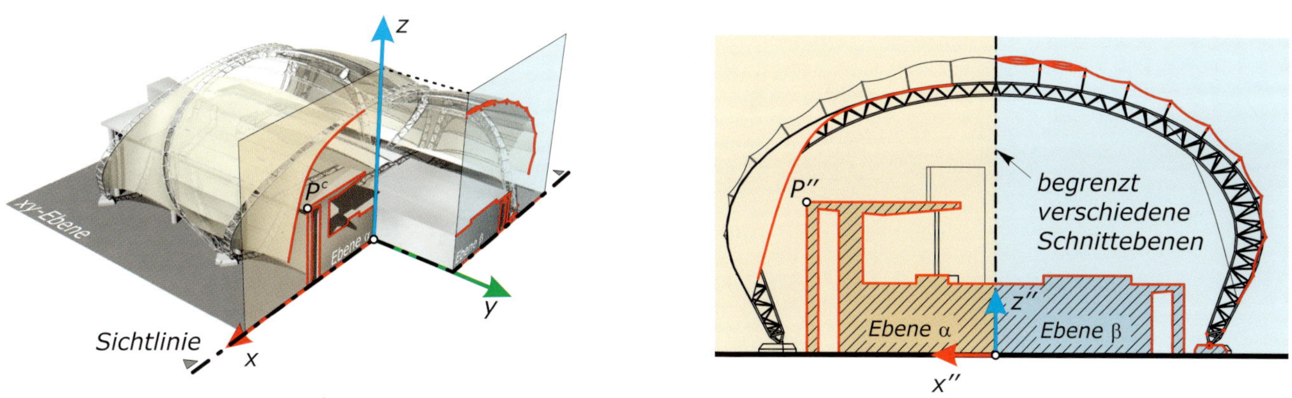

Händisches Zeichnen von Kurven und Kreisen. Die händische Konstruktion von Parallelrissen von Geraden und Objekten mit ebenflächig begrenzten Seiten ist relativ einfach, wenn wir die weiter oben festgelegten Regeln beachten. Zum Zeichnen von Kurven tragen wir eine ausreichende Anzahl von Punkten samt Tangenten (Tangenten werden im Kapitel 7 behandelt) in den Parallelriss ein. Durch die Parallelrisse dieser Punkte legen wir dann eine glatte Kurve. Dabei beachten wir, dass die Kurve die Risse der Tangenten in den entsprechenden Punkten berührt (Abb. 2.46).

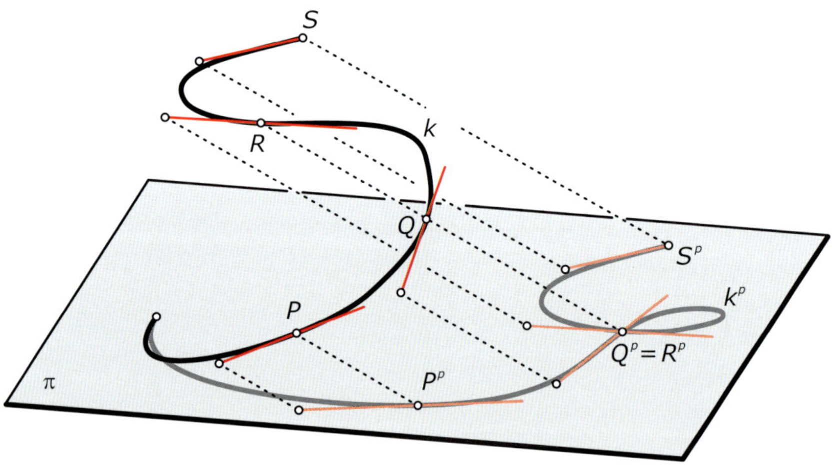

Abb. 2.46
Der Parallelriss der Kurventangenten berührt den Parallelriss der Kurve.

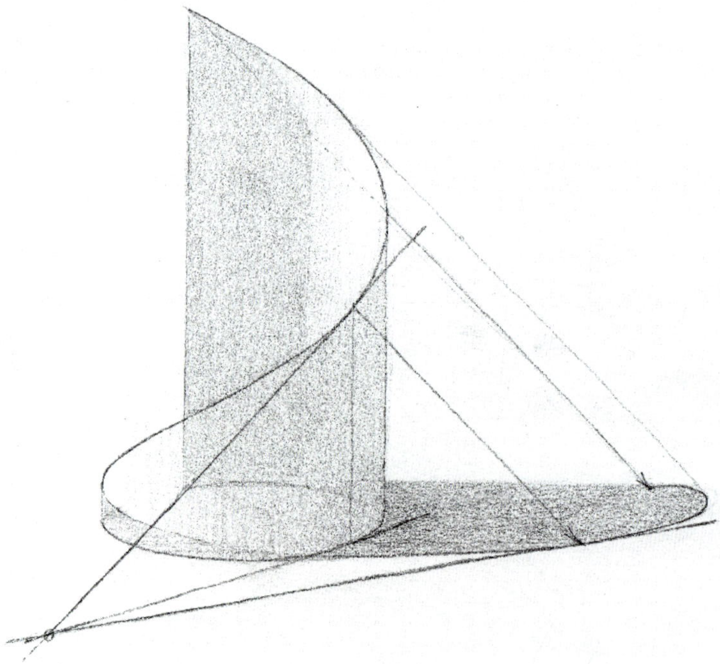

Beispiel:

Händisches Zeichnen einer Würfeluhr. Der Parallelriss eines Koordinatensystems ist wie in Abbildung 2.47 oben gegeben. Zur Vereinfachung der Konstruktion legen wir für alle Verzerrungsfaktoren den Wert 1 fest. Wir ermitteln den Parallelriss des Gehäuses – es hat die Form eines abgestumpften Würfels (vgl. Kapitel 3) – so wie im Beispiel „Parallelriss einer Überdachung" beschrieben (Abb. 2.40).

Die Eckpunkte der den Kreisen umschriebenen Achtecke liegen auf den Seiten eines Würfels. Wir finden deren Koordinaten durch Berechnung der Abstände zu den Eckpunkten des Würfels (Abb. 2.47, unten rechts). Die Seiten dieser Achtecke berühren den eingeschriebenen Kreis jeweils in ihrem Mittelpunkt. Damit haben wir für jeden Kreis acht Punkte samt Tangenten – eine ausreichende Anzahl, um beispielsweise den Parallelriss k^p als glatte Kurve einzutragen. Ohne Beweis vermerken wir noch, dass der Parallelriss eines Kreises k im Allgemeinen eine Ellipse k^p ist.

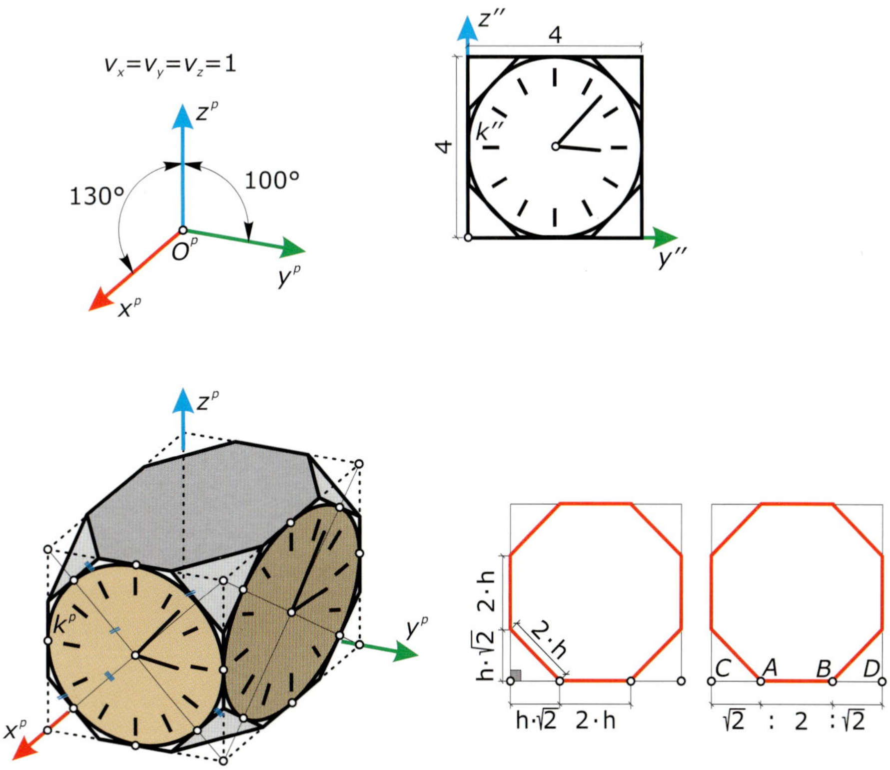

Abb. 2.47
Konstruktion eines axonometrischen Risses eines Kreises.

Wie wir leicht erkennen, wird das Verhältnis $dist(A,B):dist(C,D) = 2:2+2\cdot\sqrt{2} \approx 4:9.666\ldots$ recht gut durch das Verhältnis 4 : 10 angenähert. Diese Tatsache ist beim freihändigen Skizzieren von Kreisbildern von Vorteil. Wir teilen die Seiten des umschriebenen Quadrats im Verhältnis 3 : 4 : 3 und erhalten dadurch eine grafisch ausreichend genaue Annäherung für die Punkte A und B (Abb. 2.48). Wenn wir nun Hilfsgeraden parallel zu den Diagonalen des Quadrats verwenden, dann können wir ein umschriebenes Achteck und damit die Ellipse k^p einfach einzeichnen.

Händisches Zeichnen von Kugelbildern. Die geometrisch korrekte Konstruktion des Parallelrisses einer Kugel ist im Allgemeinen schwieriger als das Abbilden von Kreisen. Im dreidimensionalen Raum bilden alle Projektionsstrahlen, die eine Kugel berühren, einen Drehzylinder (Abb. 2.8). Dieser Zylinder berührt die Kugel längs eines Großkreises k. Der Parallelriss k^p des Kreises k liefert dann das Bild der Kugel.

Bei Normalprojektion ist die Sachlage recht einfach (Abb. 2.10). Der Kreis k liegt dann in einer Ebene parallel zur Bildebene. Das Kugelbild wird daher von einem zu k kongruenten Kreis berandet. Bei einer allgemeinen Parallelprojektion hingegen ist die Situation schwieriger (Abb. 2.8). Im Allgemeinen liegt dann der Kreis k in einer zur Bildebene geneigten Ebene. Der Parallelriss k^p des Kreises k (und damit der Parallelumriss der Kugel) ist daher eine Ellipse.

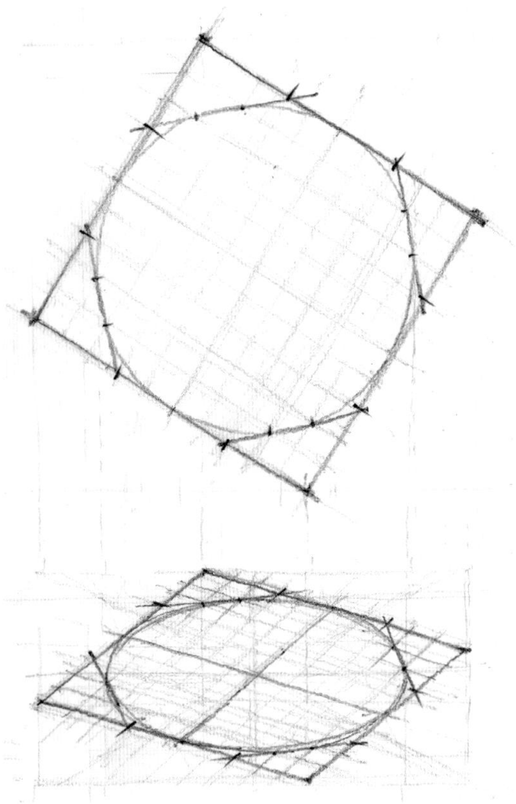

Abb. 2.48
Freihandskizze eines Kreises unter Verwendung zweier umschriebener Quadrate.

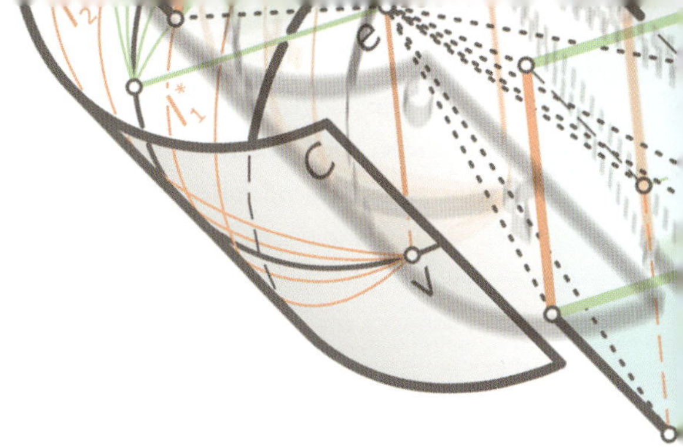

Nichtlineare Abbildungen

Parallel- und Zentralprojektionen sind hervorragende Werkzeuge zur Herstellung fotorealistischer Bilder. Beiden Projektionsarten ist gemein, dass Geraden („lineare Elemente") im Allgemeinen wieder auf Geraden abgebildet werden. Wir nennen sie daher *lineare Abbildungen*. Durch Verallgemeinerung des von der Parallel- und Zentralprojektion bekannten Konzepts über Projektionen erlangen wir einige neue Erkenntnisse, die wir für Designzwecke nutzen können.

Wir rufen uns nochmals die Einführung der Zentralprojektion in Erinnerung (Abb. 2.15). Dort haben wir eine Bildebene π und einen Augpunkt O verwendet. Um einen Punkt P abzubilden, haben wir den Projektionsstrahl $s = OP$ mit der Bildebene π geschnitten. Diese Bildebene π ersetzen wir nun durch einen Bildzylinder (Projektionszylinder) Z mit lotrechten Erzeugenden (Abb. 2.49).

Das Bild P^* eines Punktes P wird dabei auf dieselbe Art ermittelt, wie bei Parallel- und Zentralprojektion beschrieben. Auch das Bild einer Geraden g wird nach derselben Konstruktionsvorschrift erzeugt: Wir verbinden den Augpunkt O mit der Geraden g zu einer Ebenen ε, die wir mit dem Projektionszylinder Z schneiden. Dabei erkennen wir, dass die Bilder lotrechter Geraden wieder lotrechte Geraden sind, während die Bilder g^* allgemein liegender Geraden g ebene Schnittkurven des Bildzylinders sind. Die Linearität geht bei dieser Art von Abbildung verloren; wir nennen sie daher eine *nichtlineare Abbildung*.

Abb. 2.49
Projektion eines Würfels auf eine allgemeine Zylinderfläche.

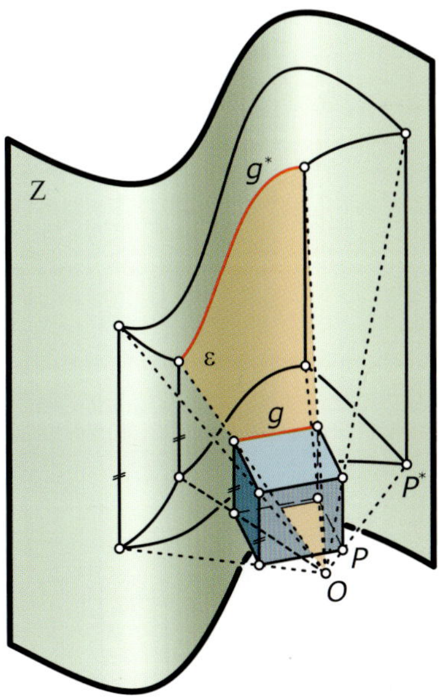

Nichtlineare Abbildungen können als Verallgemeinerungen von Zentralprojektionen aufgefasst werden, bei denen die Bildebene durch einen Zylinder oder eine Kugel ersetzt wird. In den folgenden Beispielen untersuchen wir die Abbildung von Punkten des dreidimensionalen Raumes auf eine räumliche Projektionsfläche. Die viel schwierigere Aufgabe, daraus ein ebenes Bild zu erzeugen, behandeln wir im Anschluss daran.

Tatsächlich scheint ja die Verwendung einer kugelförmigen Projektionsfläche eine recht augenscheinliche Idee zu sein, da das menschliche Auge auch eher kugelförmig als eben ist. Neben zylindrischen und kugelförmigen Bildflächen können natürlich auch wesentlich komplexere Flächentypen eingesetzt werden, um noch interessanter wirkende Bilder auf krummen Flächen zu generieren.

Projektion auf eine Zylinderfläche. Gegeben sei eine Drehzylinderfläche Z mit z-paralleler Achse (Abb. 2.50). Die Bilder lotrechter Geraden des dreidimensionalen Raumes sind dann die Erzeugenden des Drehzylinders. Alle Geraden (und Kurven), die in der horizontalen Ebenen durch den Augpunkt O liegen, werden in den Horizont h, einen waagrecht liegenden Kreis, abgebildet. Mit Ausnahme der Projektionsstrahlen haben alle anderen Geraden ein ellipsenförmiges Bild.

Im Gegensatz zur Zentralprojektion schneiden einander die Bilder zweier paralleler Geraden g_1 und g_2 in zwei Fluchtpunkten F_1 und F_2, unter der Annahme, dass der Augpunkt O innerhalb des Projektionszylinders liegt. Diese Fluchtpunkte erhalten wir als Schnittpunkte der Geraden g_f mit Z (vgl. diese Tatsache mit der Konstruktion der Fluchtpunkte bei einer Zentralprojektion).

Die Annahme, dass der Augpunkt O innerhalb des Zylinders liegt, ist dabei eine wesentliche Voraussetzung. Andernfalls würde es viele Raumpunkte geben, die unter dieser Projektion nicht auf den Zylinder abgebildet werden können. Eine weitere bemerkenswerte Tatsache ist, dass im Allgemeinen die Bilder k^* von Kreisen k keine Kegelschnitte sind. Wir erhalten deren Bilder als Schnittkurven von Kegeln mit dem Projektionszylinder (vgl. Kapitel 7).

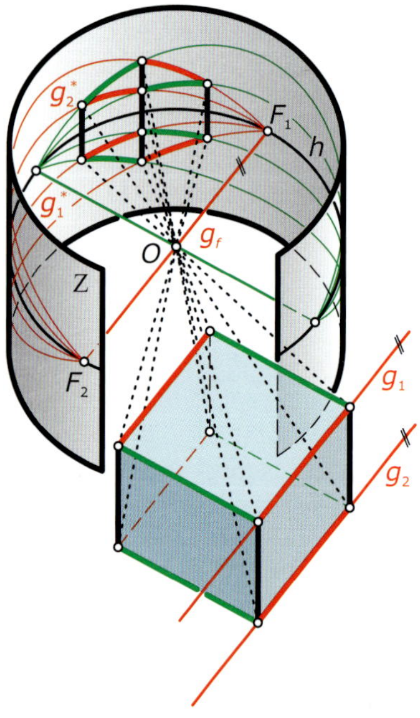

Abb. 2.50
Projektion eines Würfels auf eine Drehzylinderfläche.

Projektion auf eine Kugel (sphärische Projektion). Nun ersetzen wir die Bildebene π durch eine Projektionskugel K (Abb. 2.51). Wir positionieren den Augpunkt O wieder innerhalb der Kugel, um alle Raumpunkte abbilden zu können. Nun sind – mit Ausnahme der Projektionsstrahlen durch den Augpunkt O – die Bilder aller Geraden Kreise. Die Bilder paralleler Geraden sind dann Kreise, die einander in zwei Fluchtpunkten F_1 und F_2 schneiden.

Auch hier sind die Kreisbilder im Allgemeinen keine Kreise, sondern die Schnittkurven eines Kegels (Spitze in O) mit der Bildkugel K (vgl. Kapitel 7). Wenn wir den Augpunkt O im Mittelpunkt der Kugel platzieren, erhalten wir einen Sonderfall, bei dem jedes Paar von Fluchtpunkten F_1 und F_2 einander auf der Kugel gegenüber liegt. Zusätzlich sind die Bilder aller Kreise, deren Drehachsen den Kugelmittelpunkt enthalten, wieder Kreise.

Herstellung ebener Bilder. Bisher haben wir uns noch nicht mit dem Problem beschäftigt, wie man das dreidimensionale Bild auf der Projektionsfläche in eine Zeichenebene überträgt. Im Falle eines Projektionszylinders kann dieser einfach in eine Ebene abgewickelt werden. Allerdings werden bei diesem Prozess die gekrümmten Bilder g^* der Raumgeraden g ein weiteres Mal verzerrt (Abb. 2.52). Dieser Abwicklungsprozess ist eine weitaus kompliziertere Abbildung, auf die wir im Kapitel 9 genauer eingehen werden.

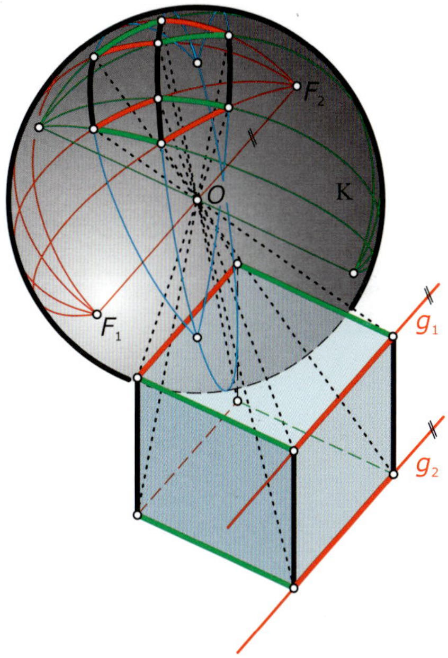

Abb. 2.51
Sphärische Projektion eines Würfels. Der Augpunkt liegt im Mittelpunkt der Kugel.

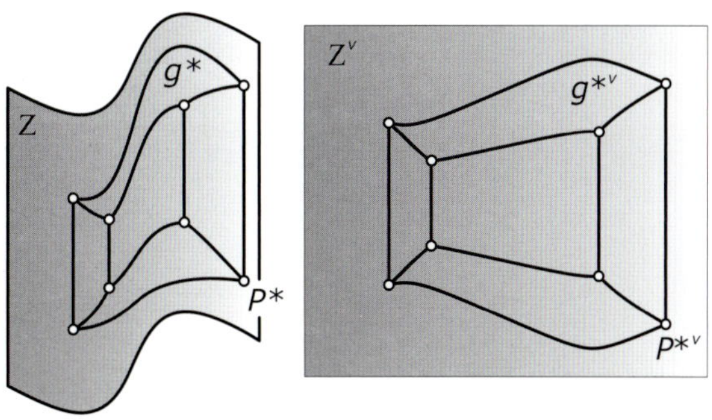

Abb. 2.52
Ein Projektionszylinder wird in eine Ebene abgewickelt.

Eine Kugel hingegen kann nicht in eine Ebene abgewickelt werden. Um ein ebenes Bild zu erhalten, führen wir daher eine weitere, nichtlineare Abbildung ein, die *stereografische Projektion* (Abb. 2.53). Sie bildet alle Punkte einer Kugel (mit Ausnahme des Augpunktes O) auf die Punkte einer Ebene π ab. Wir wählen das Projektionszentrum P (den neuen Augpunkt) auf der Kugel (z.B. den Nordpol) und die neue Bildebene π normal zur Geraden MP, wobei M der Mittelpunkt der Kugel ist.

Ohne Beweis stellen wir fest, dass alle Kreise, die auf der Kugel liegen, in Kreise oder Geraden der Bildebene π abgebildet werden. Die Kombination einer sphärischen Projektion mit einer stereografischen Projektion bildet daher Geraden des dreidimensionalen Raumes in Kreise oder Geraden der Bildebene ab. Wir haben damit ein perfektes Werkzeug, um interessant wirkende Bilder zu erzeugen.

Bemerkenswert ist noch, dass die stereografische Projektion auch zur Herstellung von Landkarten (Abbildung der Erdoberfläche auf eine ebene Karte) Verwendung findet, da sie die Größen von Winkeln erhält.

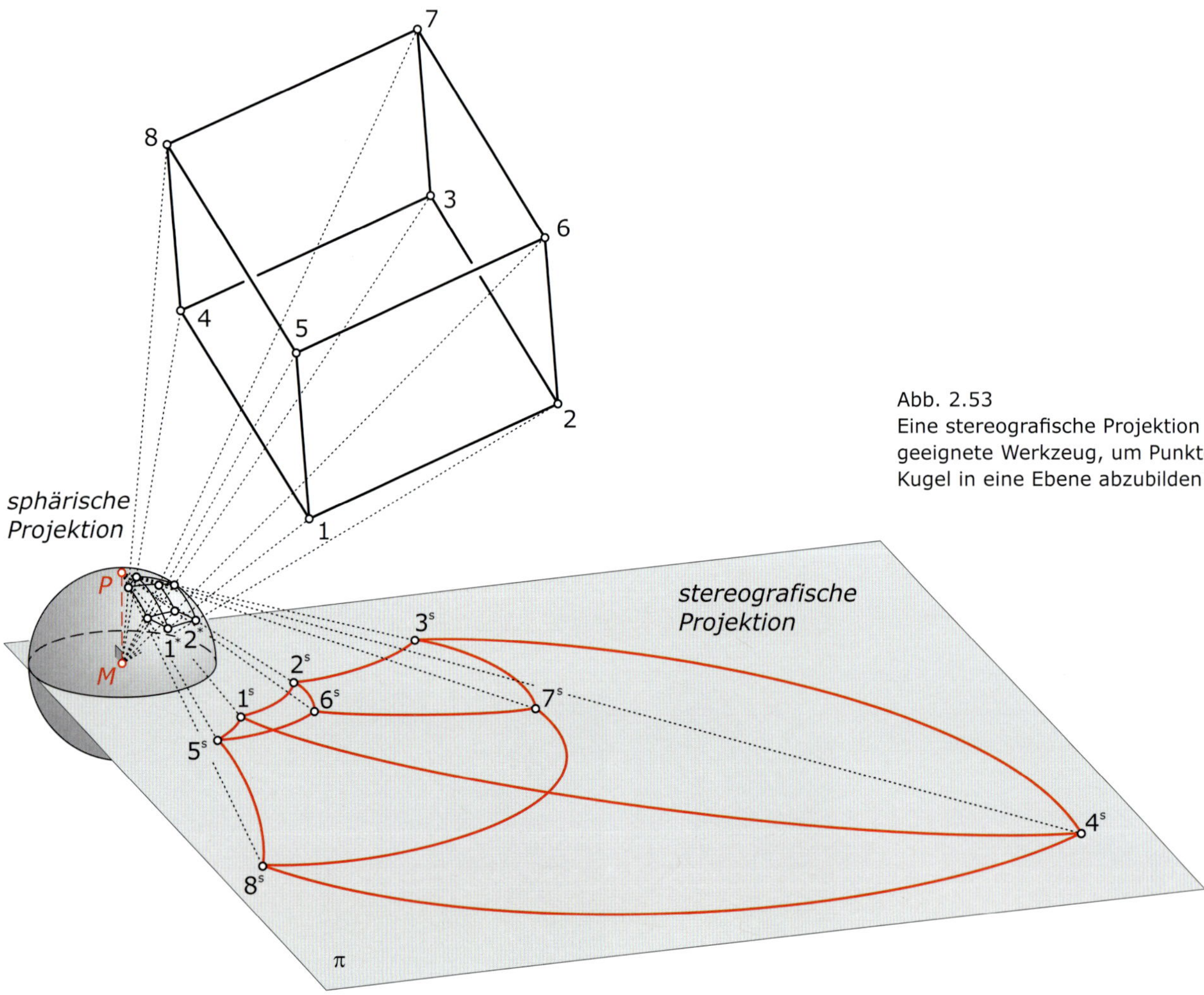

Abb. 2.53
Eine stereografische Projektion ist das geeignete Werkzeug, um Punkte einer Kugel in eine Ebene abzubilden.

Nichtlineare Abbildungen können auch verwendet werden, um den Sehkegel zu vergrößern. Wollen wir Objekte darstellen, die außerhalb des Sehkegels oder der Sehpyramide liegen, so verwenden wir zur Verbesserung des Bildeindrucks nichtlineare Abbildungen. Weiters sind nichtlineare Abbildungen auch gut geeignet, um den Einsatz von Fischaugenobjektiven zu simulieren (Abb. 2.54).

Abb. 2.54
(a) Pieter Neefs der Jüngere benutzte in seiner Malerei „Inneres der Kathedrale von Antwerpen" (um 1650) eine nichtlineare Abbildung, um den Sehkegel zu erweitern (Abb. mit freundlicher Genehmigung der Residenzgalerie Salzburg).
(b) Ein mit einem Fischaugenobjektiv aufgenommenes Foto samt Modifikation (mit freundlicher Genehmigung von Georg Glaeser).

Kapitel 3
Polyeder und polyedrische Flächen

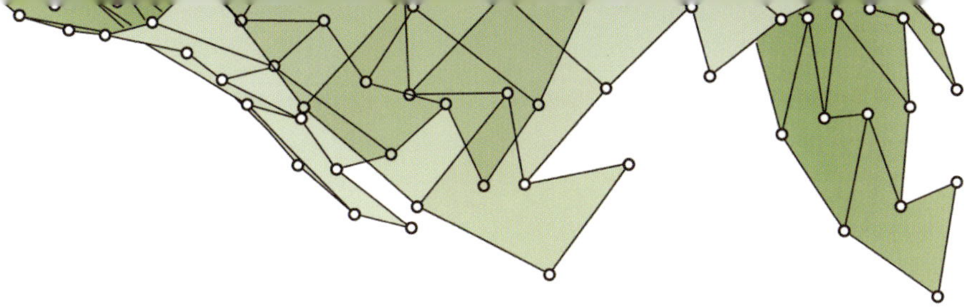

Polyeder und polyedrische Flächen

Polyeder und polyedrische Flächen sind geometrische Objekte, die durch ebene Facetten begrenzt werden. Sie sind von fundamentaler Bedeutung für viele Modellierzwecke und werden auch gerne in der Architektur verwendet (Abb. 3.1). Tatsächlich enthalten die meisten architektonischen Werke polyedrische Flächen, denn ebenflächig begrenzte Teile lassen sich leichter bauen als gekrümmte. Wir beginnen mit klassischen Polyedern, wie Pyramiden und Prismen, die durch Extrusion eines Polygons erzeugt werden können. Um zu verstehen, warum nur wenige Polyeder mit lauter kongruenten, regulären Polygonen gebaut werden können, studieren wir platonische und archimedische Körper und ihre Eigenschaften. Einige archimedische Körper können auch erzeugt werden, indem wir die Ecken von platonischen Körpern abschneiden. Einer der platonischen Körper, das Ikosaeder, dient uns als Grundpolyeder, mit dessen Hilfe wir geodätische Kuppeln erzeugen.

Geodätische Kuppeln, die auf einem Ikosaeder basieren, haben üblicherweise nur dreieckige Facetten. Die Verwendung polyedrischer Flächen ist in der Architektur hochaktuell, insbesondere bei der Realisierung von Freiformflächen (z.B. als Stahl-Glas-Konstruktionen mit ebenen Glaspaneelen).

Abb. 3.1
Polyeder und polyedrische Flächen in der Architektur.
Links: die öffentliche Bibliothek in Seattle (1998–2004) von Rem Koolhaas und Joshua Ramus.
Rechts: Teil des Glasdachs im Dubai Festival Centre (2003–2007) von Jerde Partnership und HOK (Bild freundlicherweise zur Verfügung gestellt von Waagner-Biro Stahlbau AG).

Polyeder und polyedrische Flächen. Ein *Polyeder* ist ein 3-D-Objekt, das aus ebenen *Facetten (Flächen),* geradlinigen *Kanten* und *Ecken (Eckpunkten)* besteht. Jede Kante gehört zu genau zwei Facetten, und in jeder Ecke treffen einander mindestens drei Kanten und drei Facetten (Abb. 3.2a). Das vom Polyeder eingeschlossene Volumen wird manchmal als Teil des Polyeders angesehen, ein Polyeder ist jedenfalls immer ein geschlossenes Objekt.

Eine *polyedrische Fläche* ist die Vereinigung von endlich vielen, ebenen Polygonen (wieder *Facetten* oder *Flächen* genannt), die nicht notwendigerweise ein Volumen umschließen (Abb. 3.2b). Eine polyedrische Fläche kann auch *Ecken* haben, die nur zu einer oder zwei Flächen gehören, und *Randkanten,* die nur zu einer einzigen Fläche gehören.

Bevor wir Polyeder genauer studieren, stellen wir noch fest, dass der Begriff *Polyeder* üblicherweise sowohl für Volumenmodelle als auch für Flächenmodelle von Körpern verwendet wird, die ausschließlich durch ebene Facetten begrenzt sind. Dasselbe gilt im Folgenden auch für den Begriff *Polygon* (siehe Anhang), den wir ab nun sowohl für Polygone als auch für Polylinien verwenden.

(a) *Polyeder* (b) *Polyedrische Fläche*

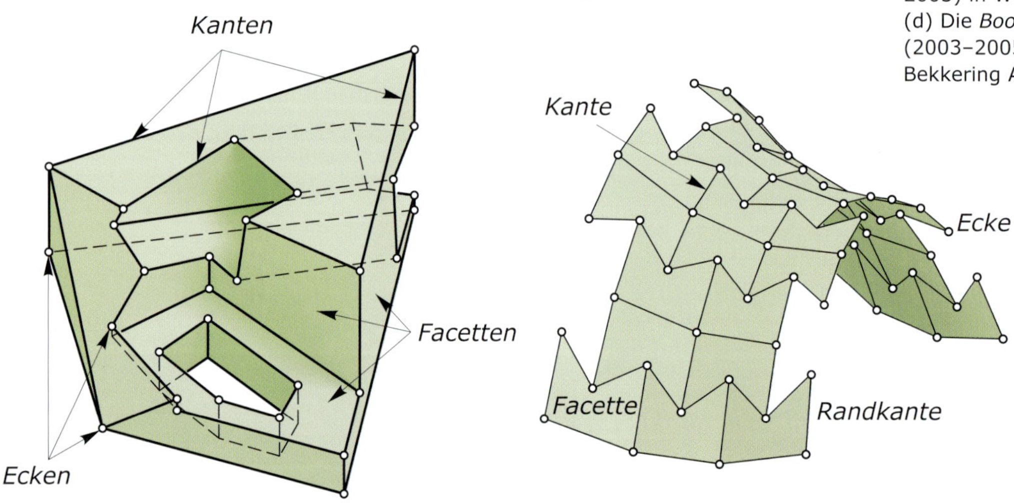

(c)

(d)

Abb. 3.2
Die geometrischen Teile eines
(a) Polyeders und einer
(b) polyedrischen Fläche sind Facetten, Kanten und Ecken.
(c) Die *Spittelauer Wohnhäuser* (2004–2005) in Wien von Zaha Hadid.
(d) Die *Booster-Pumpenstation Ost* (2003–2005) im Amsterdam Ost von Bekkering Adams.

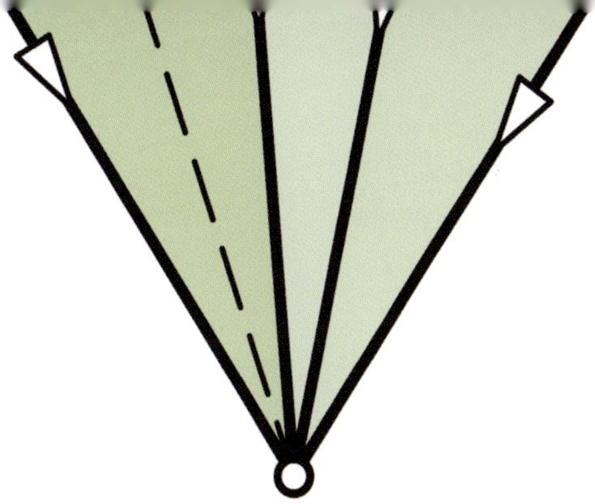

Pyramiden und Prismen

Pyramiden. Ein wichtiger Typ von Polyeder, der in der Architektur verwendet wird, ist die *Pyramide*. Das Basispolygon einer ägyptischen Pyramide ist üblicherweise ein Quadrat, und ihre vier Seitenflächen sind Dreiecke. Eine allgemeine Pyramide besteht aus einem Basispolygon p in einer Basisebene B, das mit dreieckigen Seitenflächen zur Spitze S (nicht in B) hin verbunden wird (Abb. 3.3). Daher ist der *Mantel* M einer Pyramide eine polyedrische Fläche mit ausschließlich dreieckigen Facetten. Wir erhalten einen *Pyramidenstumpf*, indem wir den oberen Teil einer Pyramide mit einer Ebene E parallel zu B abschneiden. Der untere Teil eines *Obelisks* ist ein Beispiel für einen Pyramidenstumpf (Abb. 3.3).

Abb. 3.3
Eine Pyramide besteht aus einem Basispolygon p, das durch dreieckige Flächen mit der Spitze S verbunden ist. Schneiden wir die Pyramide mit einer Ebene E parallel zur Basisebene B, dann erhalten wir einen Pyramidenstumpf. Setzen wir eine Pyramide auf einen Pyramidenstumpf, so erhalten wir einen *Obelisk*.

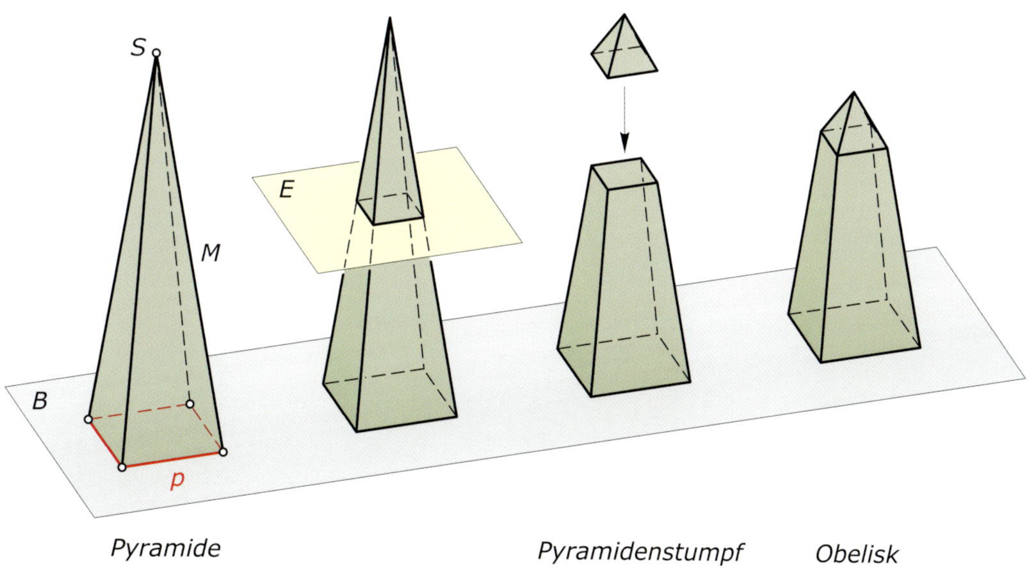

Prismen. Ein *Prisma* ist ein Polyeder, dessen kongruente Grund- und Deckfläche in parallelen Ebenen liegen und durch eine Schiebung auseinander hervorgehen (Abb. 3.4). Die Eckpunkte der Grund- und Deckfläche werden mit parallelen Strecken verbunden. Daher sind die Seitenflächen eines Prismas Parallelogramme, und der aus ihnen bestehende Mantel ist eine polyedrische Fläche. Ist die Schiebrichtung, welche die Grundfläche mit der Basisfläche zur Deckung bringt, orthogonal zur Basisebene, dann erhalten wir den Spezialfall eines *geraden Prismas*, bei dem alle Seitenflächen Rechtecke sind. Ein spezielles gerades Prisma ist der Quader, den wir bereits in Kapitel 1 kennen gelernt haben.

Beispiel:

Modellierung von Pyramiden und Prismen mittels Extrusion. Spezielle Pyramiden und Prismen sind oft als Grundkörper in CAD-Systemen enthalten. Um eine Pyramide oder ein Prisma mit einem beliebigen Basispolygon p zu modellieren, verwenden wir das Werkzeug Extrusion (Abb. 3.4). Dazu konstruieren wir zunächst das Polygon p in einer Ebene (z.B. der xy-Ebene) und extrudieren es dann. Diese *Parallelextrusion* verschiebt das Profilpolygon p entlang von Geraden. Ist die Extrusionsrichtung orthogonal zur Referenzebene, dann erhalten wir ein *gerades Prisma*. Andernfalls (wenn die Extrusionsrichtung nicht parallel zur Referenzebene ist) erzeugen wir ein *schiefes Prisma*. Eine *Zentralextrusion* extrudiert das Profilpolygon p entlang von Geraden zu einer Spitze S (Abb. 3.4). Daher erzeugt eine Zentralextrusion eine Pyramide oder einen Pyramidenstumpf, deren Form von p und der Lage der Spitze S abhängen. Beispiele von Pyramiden und Prismen in der Architektur zeigen die Abbildungen 3.5 und 3.6.

Abb. 3.4.
Prismen und Pyramiden können durch Parallel- beziehungsweise Zentralextrusion eines ebenen Polygons erzeugt werden.

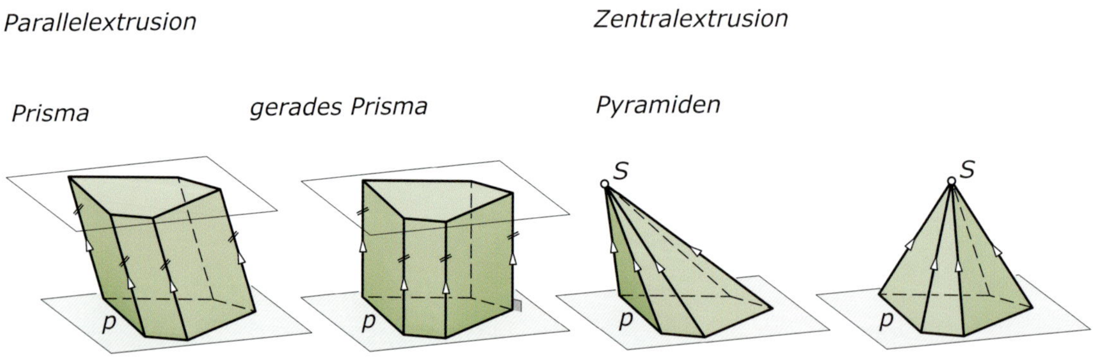

(a)

Abb. 3.5
Pyramiden in der Architektur:
(a) Die antiken ägyptischen *Pyramiden von Gizeh* (um 2500 v. Chr.).
(b) Die *Louvre-Pyramide* (1989) in Paris von I. M. Pei. Ihr Basisquadrat hat eine Seitenlänge von 35 Meter und sie erreicht eine Höhe von 20,6 Meter.
(c) Die *Transamerica-Pyramide* (1969–72) in San Francisco von William Pereira ist eine vierseitige, schlanke Pyramide mit einer Höhe von 260 Meter. Sie hat zwei „Flügel" auf gegenüberliegenden Seitenflächen, die den Liftschacht und ein Stiegenhaus enthalten.
(d) Der *Taipei 101* (1999–2004) in Taipei von C. Y. Lee. Der 508 Meter hohe Wolkenkratzer ist aus umgekehrten Pyramidenstümpfen zusammengesetzt.

(b)

(c)

(d)

(a)

(b)

Abb. 3.6
Prismen in der Architektur:
(a) Das *Castel del Monte* in Bari des römisch-deutschen Kaisers Friedrich II (um 1240).
(b) Das *Jüdische Museum* in Berlin (1998–2001) von Daniel Libeskind.

Platonische Körper

Ein Würfel ist ein spezieller Quader, dessen Facetten kongruente Quadrate sind. Geometrisch ist ein Würfel ein Polyeder mit 6 quadratischen Flächen, 12 Kanten und 8 Ecken. In jeder Würfelecke treffen einander drei Quadrate. Alle Flächenwinkel (die Winkel zweier benachbarter Flächen, die sich in einer gemeinsamen Kante treffen) sind gleich 90 Grad. Auf einen Würfel können mehrere Spiegelungen und Drehungen (siehe Kapitel 6) angewandt werden, die den Würfel auf sich selbst abbilden. Ein Würfel besitzt auch die Eigenschaft, ein konvexes Polyeder zu sein.

Mathematik:

Konvexe Bereiche. Ein Bereich ist konvex, wenn er mit jedem enthaltenen Punktepaar auch die dazwischen liegende Strecke enthält (Abb. 3.7). Ein Polygon oder ein Polyeder sind konvex, wenn sie einen konvexen Bereich beranden.

Die Ecken eines *regulären Polygons* sind regelmäßig auf einem Kreis verteilt, und die einander nicht überlappenden Kanten sind alle gleich lang. Beispiele von regulären Polygonen sind das gleichseitige Dreieck, das Quadrat und das regelmäßige Fünfeck. Alle regulären Polygone sind konvex. Pyramiden und Prismen mit einem regulären Polygon als Grundfläche sind konvexe Polyeder. Ist die Grundfläche ein nicht-konvexes Polygon, dann sind die dazugehörigen Pyramiden oder Prismen nicht-konvexe Polyeder.

Abb. 3.7
Konvexe und nicht-konvexe Bereiche in 2D und 3D.

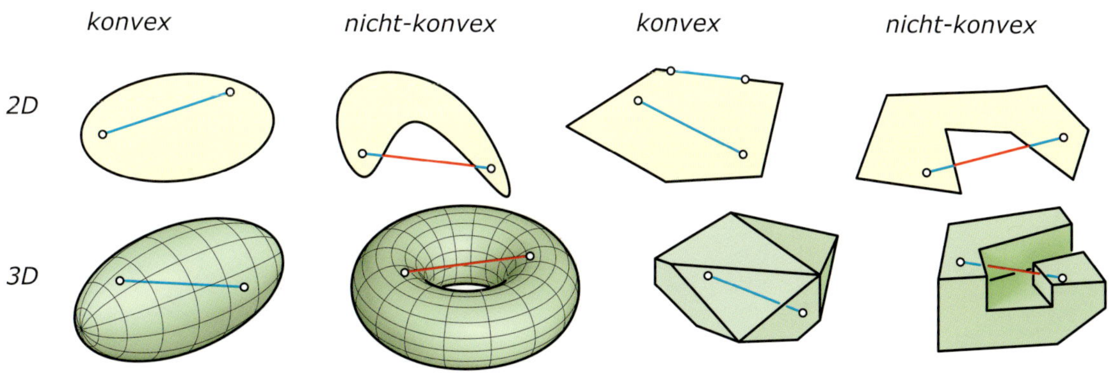

Nun wollen wir uns der folgenden Frage widmen: Gibt es neben dem Würfel noch weitere konvexe Polyeder mit lauter kongruenten regulären Polygonen als Facetten, sodass in jeder Ecke gleich viele Flächen aufeinander treffen? Die Antwort ist ja, und es kann gezeigt werden, dass es genau fünf solche Polyeder gibt. Diese werden nach dem antiken, griechischen Philosophen Plato (circa 400 v. Chr.) als *platonische Körper* (Abb. 3.8) bezeichnet. Die fünf platonischen Körper sind unter den Namen Tetraeder, Hexaeder (Würfel), Oktaeder, Dodekaeder und Ikosaeder bekannt. Die Vorsilbe in den griechischen Namen beschreibt dabei die Anzahl der Flächen: *tetra* heißt vier, *hexa* sechs, *octa* acht, *dodeca* zwölf und *icosa* zwanzig. Nachdem allgemeine Polyeder mit derselben Anzahl von Flächen gleich bezeichnet werden, wird bei platonischen Körpern zur Unterscheidung oft noch das Wort *regulär* zum Namen hinzugefügt. In diesem Abschnitt meinen wir mit „Tetraeder" immer ein *reguläres Tetraeder,* und das Gleiche gilt für die anderen platonischen Körper. Wir wollen nun mit der Konstruktion von Papiermodellen der platonischen Körper beginnen.

Papiermodelle von platonischen Körpern. Wir können Papiermodelle der platonischen Körper erzeugen, indem wir zuerst die Facetten auf einem Blatt Papier wie in Abbildung 3.8 gezeigt anordnen. Diese „verebneten" Polyeder werden dann aus Papier oder Karton ausgeschnitten, längs der Kanten gefaltet und zusammengeklebt. Für ein Tetraeder benötigen wir vier gleichseitige Dreiecke, für einen Würfel sechs Quadrate, für ein Oktaeder acht gleichseitige Dreiecke, für ein Dodekaeder zwölf reguläre Fünfecke und für ein Ikosaeder zwanzig gleichseitige Dreiecke. Natürlich gibt es unterschiedliche Möglichkeiten, die Flächen eines platonischen Körpers auf einem Ausschneidebogen anzuordnen.

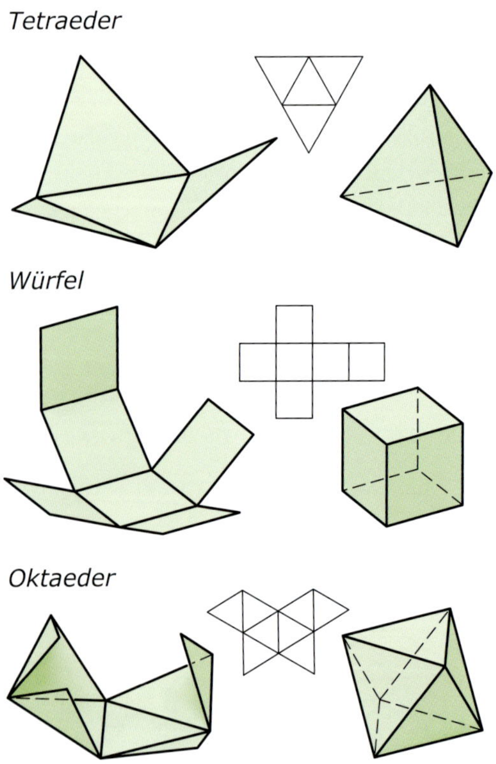

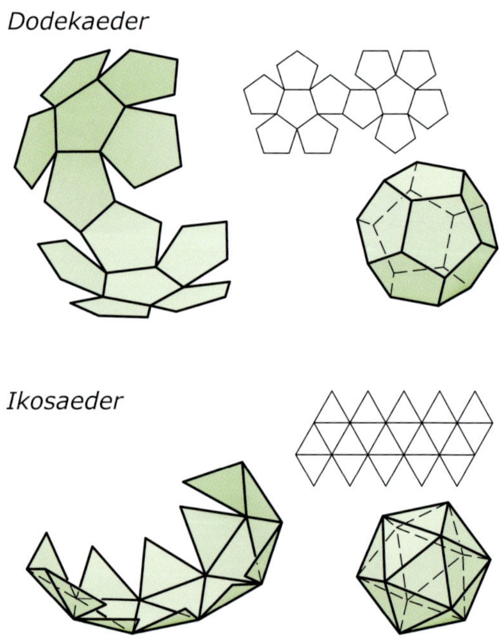

Abb. 3.8
Die fünf platonischen Körper sind das Tetraeder, der Würfel, das Oktaeder, das Dodekaeder und das Ikosaeder. Wir können sie aus Papier mit Hilfe der gezeigten Ausschneidebögen herstellen.

Wie erhalten wir die fünf platonischen Körper? Ein konvexes Polyeder ist ein platonischer Körper, wenn die beiden folgenden Kriterien zugleich gelten.

- Alle Flächen sind kongruente, reguläre Polygone.
- In jeder Ecke treffen einander dieselbe Anzahl von Flächen.

In jeder Ecke S müssen einander mindestens drei Polygone (und Kanten) eines Polyeders treffen. Alle diese Flächen und Kanten bilden die so genannte *Eckenpyramide*. Diese Eckenpyramide besteht dabei nur aus dem Mantel einer Pyramide, die eventuell ein nichtebenes Basispolygon aufweist (Abb. 3.9). Eine Polyederecke ist konvex, wenn die Summe der Winkel zwischen benachbarten Kanten kleiner als 360 Grad ist. Das ist bei einem Würfel eindeutig der Fall (Abb. 3.10), denn für die drei Quadrate, die einander in jeder Ecke treffen, gilt: $3 \cdot 90$ Grad = 270 Grad. Hängen wir vier Quadrate in einer Ecke zusammen, dann erhalten wir einen Winkel von $4 \cdot 90$ Grad = 360 Grad, und die Figur schließt sich nur dann, wenn alle vier Quadrate in derselben Ebene liegen. Damit ergibt sich kein räumliches Polyeder mehr. Dasselbe gilt für fünf oder mehr Quadrate. Daher ist der Würfel der einzige platonische Körper, der aus Quadraten besteht. Wir verwenden nun statt Quadraten gleichseitige Dreiecke.

- Eine Eckenpyramide aus drei gleichseitigen Dreiecken ($3 \cdot 60 = 180$ Grad) führt auf das Tetraeder. Dazu müssen wir nur noch ein viertes gleichseitiges Dreieck hinzufügen (Abb. 3.10). Das resultierende Polyeder hat insgesamt vier Facetten, vier Ecken und sechs Kanten. Es erfüllt die obigen Kriterien und ist daher ein platonischer Körper.
- Eine Eckenpyramide aus vier gleichseitigen Dreiecken ($4 \cdot 60 = 240$ Grad) führt auf das Oktaeder. Dazu müssen wir bloß zwei solche Eckenpyramiden geeignet zusammenhängen (Abb. 3.10). Wieder sind die beiden obigen Kriterien erfüllt, und wir haben einen weiteren platonischen Körper hergeleitet. Er besteht aus 8 Facetten, 6 Ecken und 12 Kanten.

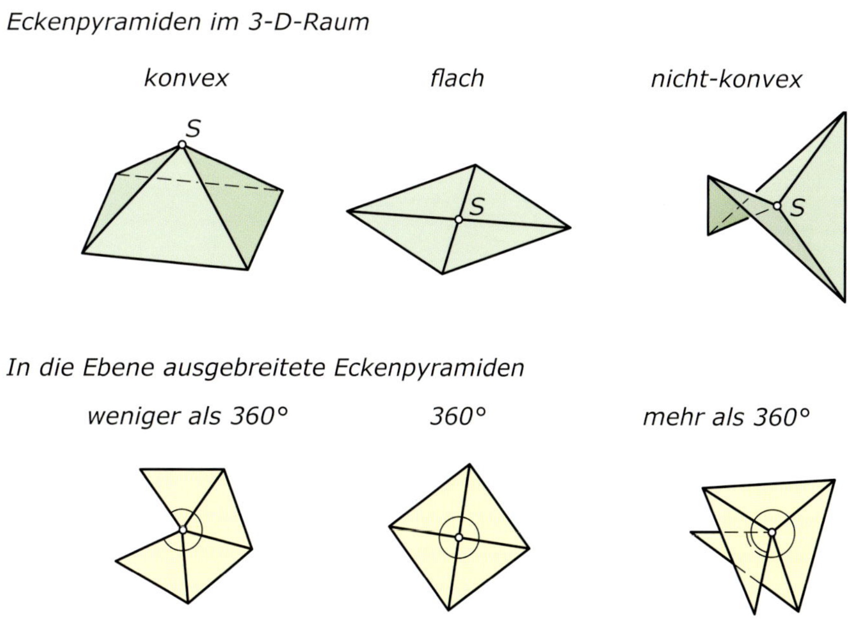

Abb. 3.9
Die Eckenpyramide einer Polyederecke S wird aus allen Kanten und Flächen gebildet, die einander in S treffen. Eine Eckenpyramide ist konvex, flach oder nicht-konvex, wenn die Winkelsumme kleiner, gleich oder größer als 360 Grad ist. Das wird besonders deutlich, wenn wir die Eckenpyramide in eine Ebene ausbreiten.

- Eine Eckenpyramide aus fünf gleichseitigen Dreiecken (5 · 60 = 300 Grad) führt auf das Ikosaeder. Nun können wir jedoch nicht einfach zwei solche Eckenpyramiden längs ihrer fünfeckigen Basispolygone zusammenkleben. (Dann wäre das Kriterium, dass einander in jeder Ecke gleich viele Facetten und Kanten treffen, nicht erfüllt.) Stattdessen verbinden wir zwei solche Eckenpyramiden mit einem Band aus 10 weiteren gleichseitigen Dreiecken (Abb. 3.10). Wieder sind beide Kriterien erfüllt, und wir haben den vierten platonischen Körper gefunden. Ein Ikosaeder hat 20 Flächen, 12 Ecken und 30 Kanten. Wir bemerken, dass wieder alle 12 Eckenpyramiden kongruent sind.

Eine Eckenpyramide aus sechs gleichseitigen Dreiecken ist eben (6 · 60 = 360 Grad). Damit kann kein platonischer Körper gebildet werden. Wir haben damit alle aus gleichseitigen Dreiecken bestehenden platonischen Körper gefunden, und es kann auch keine weiteren geben.

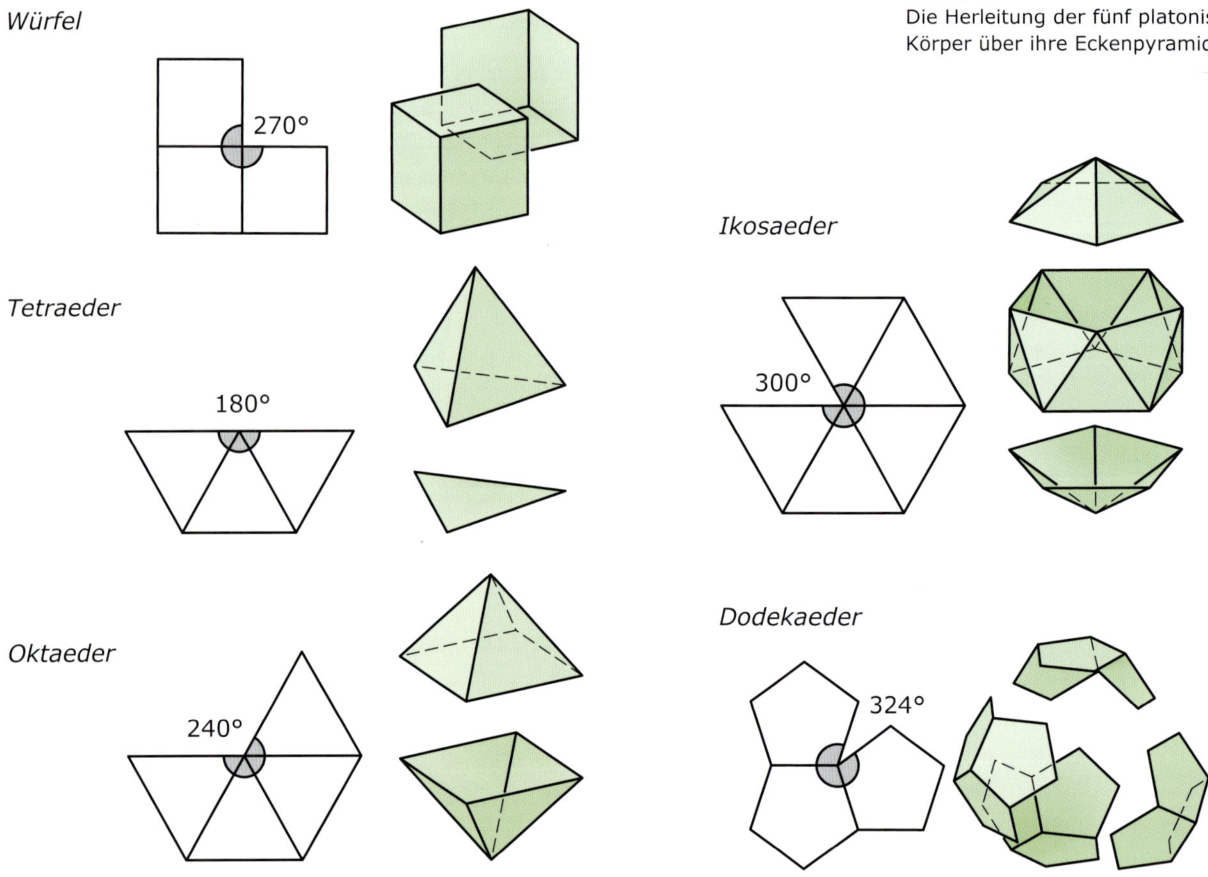

Abb. 3.10
Die Herleitung der fünf platonischen Körper über ihre Eckenpyramiden.

Das nächste reguläre Polygon, das wir in Betracht ziehen, ist das reguläre Fünfeck mit fünf Kanten und einem Innenwinkel von 108 Grad. Nachdem $3 \cdot 108 = 324 < 360$ Grad ist, können wir eine Eckenpyramide aus drei gleichseitigen Fünfecken bilden. Verbinden wir vier solche Eckenpyramiden aus je drei kongruenten Fünfecken, dann erhalten wir das Dodekaeder (Abb. 3.10). Beide Kriterien sind erfüllt, und wir haben den fünften platonischen Körper gefunden. Er hat 12 Flächen, 20 Ecken und 30 Kanten. Hängen wir vier Fünfecke zusammen, so erhalten wir bereits einen Winkel von $4 \cdot 108 = 432 > 360$ Grad, womit eine daraus gebildete Eckenpyramide nicht mehr konvex sein kann.

Gibt es weitere platonische Körper, deren Seitenflächen keine Dreiecke, Quadrate oder Fünfecke sind? Die Antwort lautet nein, und der Grund dafür ist folgender: Für ein regelmäßiges Sechseck beträgt der Innenwinkel 120 Grad, daher ist eine Eckenpyramide aus drei regelmäßigen Sechsecken bereits eben ($3 \cdot 120 = 360$ Grad). Da die Innenwinkel von regelmäßigen 7-Ecken, 8-Ecken und so weiter immer größer werden, können wir damit keine konvexen Eckenpyramiden formen. Wir haben daher alle platonischen Körper gefunden.

Geschichte:

Platonische Körper in höheren Dimensionen. Der Mathematiker Ludwig Schläfli zeigte 1852, dass es im 4-D-Raum genau sechs Polyeder mit denselben Eigenschaften wie jene der platonischen Körper gibt. In Räumen der Dimension $n = 5$ oder höher gibt es dann nur noch drei solche Polyeder. Die platonischen Körper, die in jeder Dimension existieren, sind der *Hyperwürfel* (n-dimensionaler Würfel), das *Simplex* (n-dimensionales Tetraeder) und das *Kreuzpolytop* (n-dimensionales Oktaeder). Im 3-D-Raum haben wir zusätzlich das Dodekaeder und das Ikosaeder, während es im 4-D-Raum noch das *24-Zell*, das *120-Zell* und das *600-Zell* gibt. Wie schauen diese Objekte aus? Wir sind alle daran gewöhnt, 2-D-Bilder von 3-D-Objekten zu sehen. Ganz ähnlich können wir 3-D-Bilder von 4-D-Objekten erzeugen. Ein solches 3-D-Bild eines 600-Zells ist in Abbildung 3.11 zu sehen.

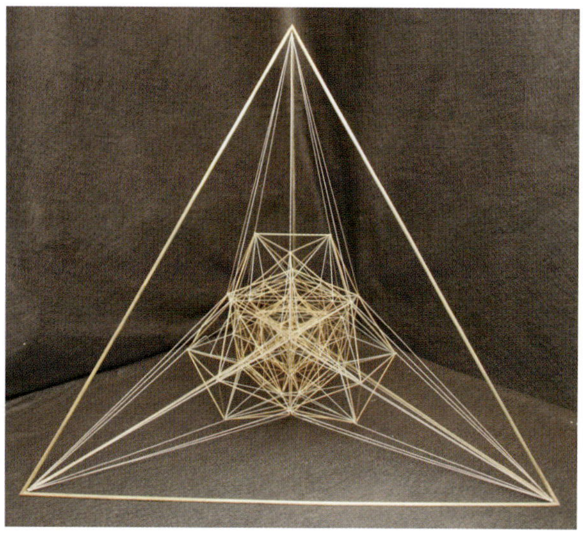

Abb. 3.11
Foto eines 3-D-Bildes des 600-Zells an der Technischen Universität Wien.

Konvexe Polyeder, deren Flächen lauter gleichseitige Dreiecke sind. Wir bemerken noch, dass es acht verschiedene konvexe Polyeder gibt, die aus lauter kongruenten gleichseitigen Dreiecken bestehen. Drei davon sind die platonischen Körper Tetraeder, Oktaeder und Ikosaeder. Die anderen fünf sind nicht mehr regulär und bestehen aus 6, 10, 12, 14 und 16 gleichseitigen Dreiecken (Abb. 3.12). Wir können sie wie folgt erzeugen:

Verbinden wir zwei Eckenpyramiden eines Tetraeders, so erhalten wir das erste Polyeder. Das Verbinden von zwei Eckenpyramiden eines Dodekaeders ergibt den zweiten Körper. Teilen wir ein Tetraeder in zwei Teile und verbinden wir diese mit einem Band aus acht gleichseitigen Dreiecken, so entsteht das dritte. Verwenden wir ein dreiseitiges Prisma als Hilfsobjekt (nur das Basis- und Deckdreieck tragen zum endgültigen Objekt bei), und verbinden wir drei Eckenpyramiden aus je vier gleichseitigen Dreiecken mit den quadratischen Seitenflächen des Prismas, dann erhalten wir das vierte. Das fünfte Polyeder ergibt sich durch Verbinden von zwei Eckenpyramiden (bestehend aus je vier gleichseitigen Dreiecken) mit Hilfe eines Bandes aus acht gleichseitigen Dreiecken.

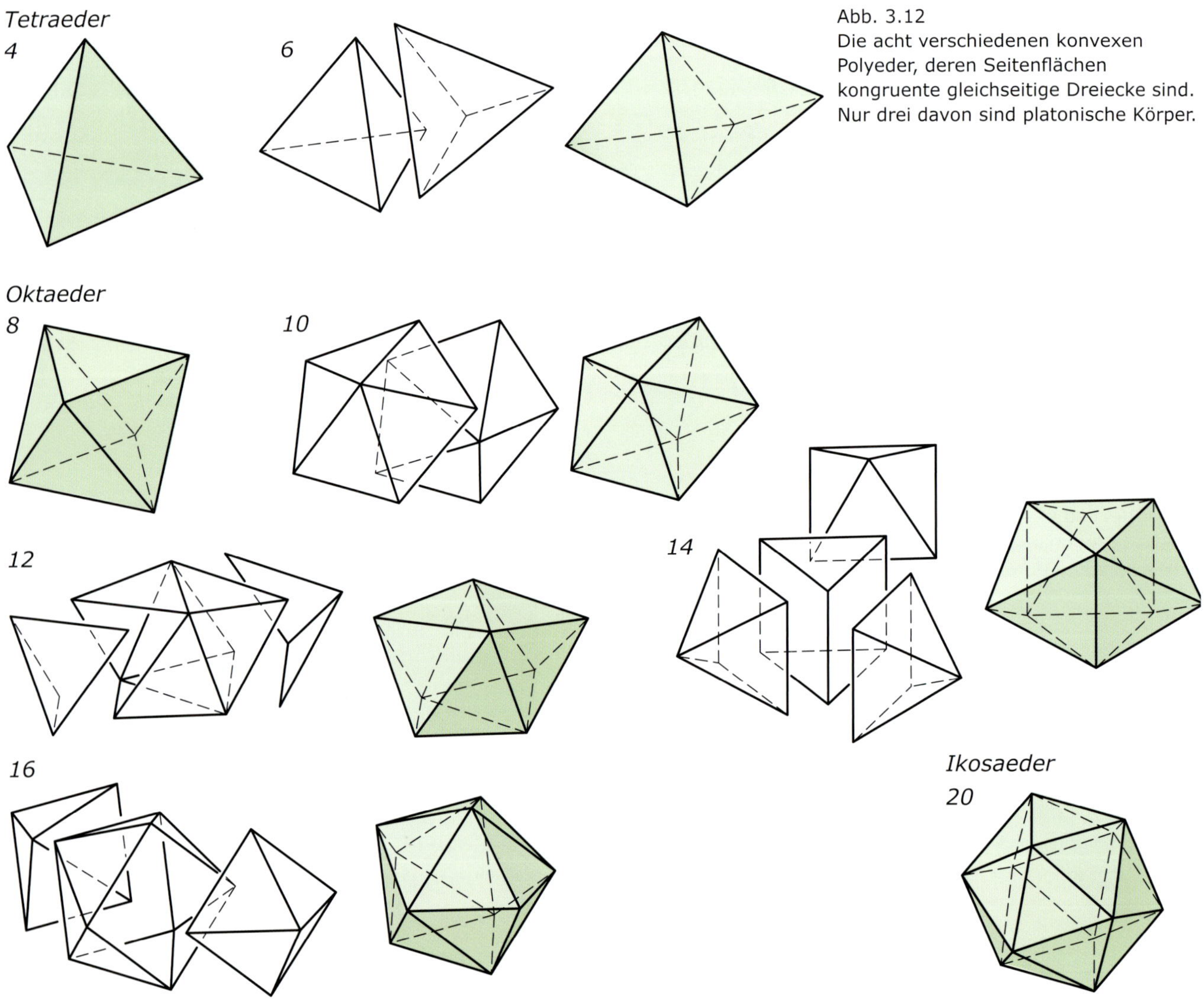

Abb. 3.12
Die acht verschiedenen konvexen Polyeder, deren Seitenflächen kongruente gleichseitige Dreiecke sind. Nur drei davon sind platonische Körper.

Eigenschaften platonischer Körper

Die Flächen eines platonischen Körpers sind kongruente, gleichseitige Dreiecke (Tetraeder, Oktaeder, Ikosaeder), kongruente Quadrate (Würfel) oder kongruente reguläre Fünfecke (Dodekaeder). Tabelle 1 gibt einen Überblick über die Anzahl von Flächen (f), Ecken (e) und Kanten (k) der platonischen Körper.

Tabelle 1. Anzahl der Flächen, Ecken und Kanten der platonischen Körper

Platonischer Körper	f	e	k
Tetraeder	4	4	6
Würfel	6	8	12
Oktaeder	8	6	12
Dodekaeder	12	20	30
Ikosaeder	20	12	30

Eulersche Polyederformel. Für die fünf platonischen Körper können wir mit Hilfe von Tabelle 1 leicht verifizieren, dass die Anzahl der Ecken e minus der Anzahl der Kanten k plus der Anzahl der Flächen f immer den Wert 2 ergibt:

$$e - k + f = 2.$$

Diese Polyederformel wurde vom Mathematiker Leonhard Euler (1707–1783) gefunden und gilt für alle Polyeder ohne Löcher. Wir überprüfen sie zum Beispiel für eine Pyramide mit quadratischer Basis: $e - k + f = 5 - 8 + 5 = 2$. Weitere Informationen zur Eulerschen Polyederformel und weiteren so genannten topologischen Eigenschaften von geometrischen Objekten finden sich in *Architectural Geometry, Chapter 14.*

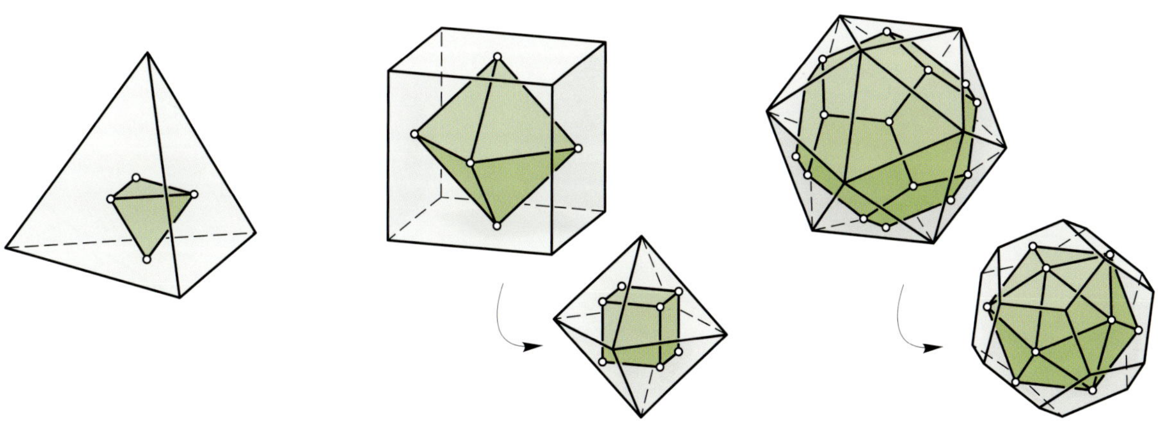

Abb. 3.13
Platonische Körper und ihre dualen Körper. Das Tetraeder ist selbstdual. Der Würfel und das Oktaeder sind zueinander dual. Dasselbe gilt für das Ikosaeder und das Dodekaeder.

Platonische Körper und ihre dualen Körper. Die Flächenmittelpunkte jedes platonischen Körpers bilden die Ecken eines weiteren platonischen Körpers. Die beiden so in Zusammenhang stehenden Körper werden als zueinander *dual* bezeichnet (Abb. 3.13). Wir beginnen mit dem Tetraeder. Jede der vier Eckenpyramiden besteht aus drei gleichseitigen Dreiecken. Wegen der Symmetrieeigenschaften eines Tetraeders bilden die drei Flächenmittelpunkte einer Eckenpyramide wieder ein gleichseitiges Dreieck. Daher erhalten wir wieder ein konvexes Polyeder aus vier kongruenten gleichseitigen Dreiecken. Der zu einem Tetraeder duale Körper ist somit wieder ein – innen liegendes „kleineres" – Tetraeder.

Wir wollen nun herausfinden, welcher Körper zum Würfel dual ist. Jede Eckenpyramide eines Würfels besteht aus drei kongruenten Quadraten. Verbinden wir die Mittelpunkte dieser drei Quadrate, erhalten wir ein gleichseitiges Dreieck. Daher führt jede Würfelecke auf ein gleichseitiges Dreieck (eine Fläche im dualen Polyeder), und jede Würfelfläche führt auf eine Ecke des dualen Polyeders (den Mittelpunkt des Quadrats). Der zum Würfel duale Körper besteht daher aus acht gleichseitigen Dreiecken und ist ein Oktaeder. Wir folgern daraus auch, dass die Anzahl der Ecken eines platonischen Körpers der Anzahl von Flächen seines dualen Körpers entspricht. Die Anzahl der Kanten ist für beide gleich (siehe auch Tabelle 1). Damit ergibt sich, dass auch Dodekaeder und Ikosaeder zueinander dual sind.

Mit den platonischen Körpern zusammenhängende Kugeln. Es gibt drei Kugeln mit demselben Mittelpunkt, die auf natürliche Art und Weise mit den platonischen Körpern verbunden sind (Abb. 3.14). Die erste Kugel enthält alle Ecken (die *Umkugel*), die zweite Kugel berührt alle Flächen in deren Mittelpunkten (die *Inkugel*) und die dritte Kugel berührt alle Kanten in ihren Kantenmittelpunkten.

Symmetrie-Eigenschaften. Die Eckenpyramiden eines platonischen Körpers sind jeweils zueinander kongruent, alle Flächen sind kongruente reguläre Polygone, und daher sind alle Kanten gleich lang. Für die Konstruktion eines platonischen Körpers haben wir also zusammenfassend folgende Vorteile.

- Wir benötigen nur eine Art von Fläche.
- Alle Kanten sind gleich lang.
- Alle Winkel zwischen benachbarten Flächen sind gleich groß.
- Alle Eckenpyramiden sind kongruent.

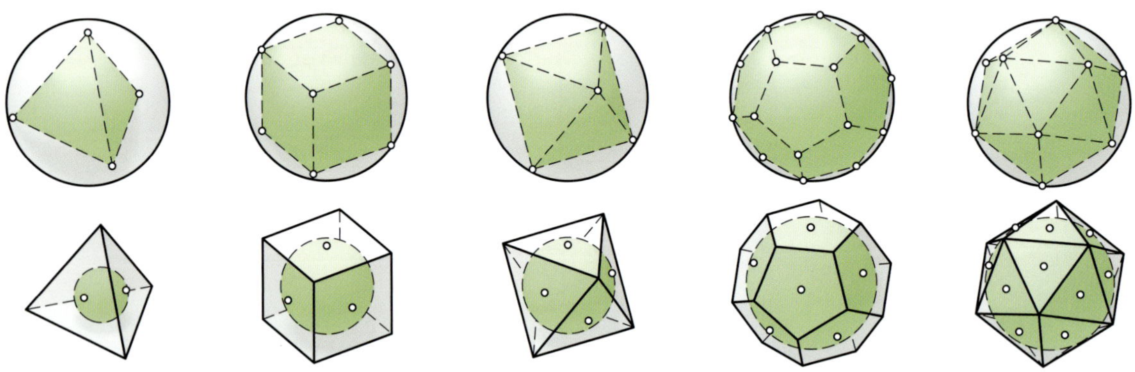

Abb. 3.14
Jeder platonische Körper hat drei assoziierte Kugelflächen mit demselben Mittelpunkt. Wir zeigen hier jeweils die Umkugel und die Inkugel.

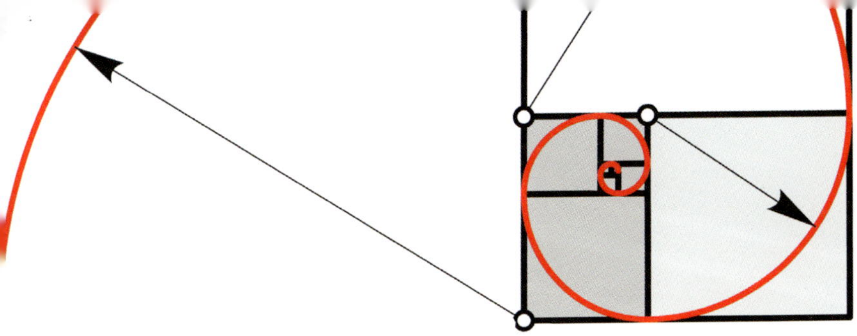

Der goldene Schnitt

Der goldene Schnitt. Der *goldene Schnitt* (auch als das *goldene Teilverhältnis* oder die *göttliche Teilung* bekannt) ist die Zahl

$$\phi = (1+\sqrt{5})/2 \approx 1.618033989\ldots$$

Wir erhalten den goldenen Schnitt, indem wir eine Strecke so in zwei Teile teilen (einen größeren mit Länge c, und einen kleineren mit Länge d), dass das Folgende gilt (Abb. 3.15): Das Verhältnis von c zu d ist gleich jenem von $c + d$ zu c. In anderen Worten, „größerer zu kleinerem Teil wie Ganzes zu größerem Teil". Formal schreiben wir

$$c : d = (c + d) : c.$$

Führen wir für c/d die Variable ϕ ein, dann folgt daraus: $\phi = 1 + 1/\phi$. Wir erhalten eine quadratische Gleichung $\phi^2 - \phi - 1 = 0$, deren positive Lösung $(1+\sqrt{5})/2$ genau der goldene Schnitt ist. Interessanterweise kann der goldene Schnitt durch das Verhältnis von je zwei aufeinander folgenden *Fibonacci-Zahlen* 1, 1, 2, 3, 5, 8, 13, 21, 34, … angenähert werden. Es ist zwar $3 : 2 = 1{,}5$ erst eine grobe Approximation von ϕ, aber bereits $5 : 3 = 1{,}666\ldots$ ist deutlich besser. Fahren wir so fort, erhalten wir eine immer bessere Annäherung. Zum Beispiel stimmt der Wert $13 : 8 = 1{,}625$ bereits bis auf 1 % Abweichung mit dem goldenen Schnitt überein.

Das goldene Rechteck. Die Abmessungen eines goldenen Rechtecks stehen im goldenen Verhältnis $\phi : 1$ zueinander. Um ein goldenes Rechteck zu konstruieren, beginnen wir mit einem Quadrat der Seitenlänge c. Wie in Abbildung 3.15 gezeigt, erhalten wir daraus ein größeres *goldenes Rechteck* mit Abmessungen $(c + d) : c$, und ein kleineres mit Abmessungen $c : d$.

Die Fibonacci-Spirale. Wir führen die obige Konstruktion wie folgt weiter. Wir unterteilen das kleinere goldene Rechteck in ein Quadrat der Seitenlänge d und ein weiteres goldenes Rechteck mit den Abmessungen $d : (c - d)$. Setzen wir diese Konstruktion fort, dann erhalten wir ein spiralartiges Quadratmuster. Verbinden wir diagonal gegenüberliegende Ecken jedes Quadrates mit einem Viertelkreisbogen, so erhalten wir die so genannte *Fibonacci-Spirale* (Abb. 3.15).

Geschichte:

Der goldene Schnitt in Kunst und Architektur. In der Kunst finden wir den goldenen Schnitt bereits in verschiedensten griechischen Skulpturen, unter anderem in jenen von Phidias (fünftes Jahrhundert v. Chr.), dessen Name die Wahl des Buchstabens ϕ als Symbol für den goldenen Schnitt motivierte. Der goldene Schnitt taucht auch in Bildern von Leonardo da Vincis *Mona Lisa* (1503) bis hin zu Mondrians *Komposition mit Rot, Gelb und Blau* (1921) auf. In der Architektur wurde der goldene Schnitt in Bauwerken wie der *Cheops-Pyramide* (um 2590–2470 v. Chr.) in Gizeh, im *Parthenon*-Tempel (447-432 v. Chr.) in Athen, im *Pantheon* (118–125) in Rom, in verschiedenen Triumphbögen oder in der Fassade der Kathedrale *Notre Dame* (1163–1345) in Paris berücksichtigt. Im zwanzigsten Jahrhundert hat Le Corbusier, basierend auf dem goldenen Schnitt, sein modulares System für architektonische Proportionen entwickelt, und in seinem berühmten Gebäude *Unité d'Habitation* (1952) in Marseille umgesetzt (Abb. 3.16).

Abb. 3.15
Der goldene Schnitt, das goldene Rechteck und die Fibonacci-Spirale.

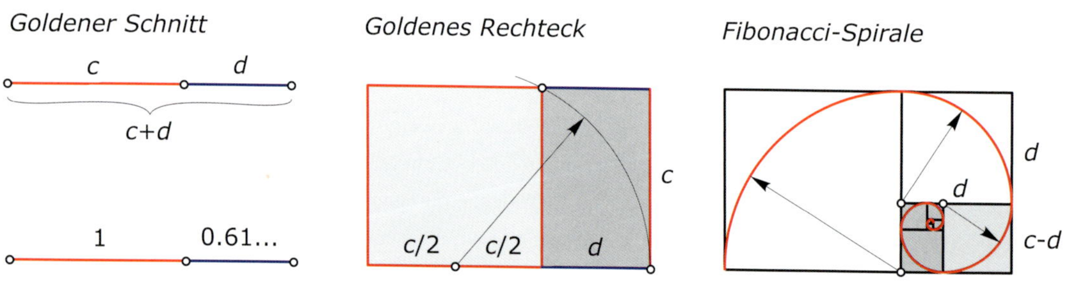

Abb. 3.16
Unité d'Habitation (1952) von Le Corbusier.

Modellierung der platonischen Körper. In CAD-Software sind platonische Körper oft als Grundkörper enthalten. Ist dies nicht der Fall, können die fünf platonischen Körper wie folgt konstruiert werden (dabei ist die Konstruktion des Ikosaeders und seines dualen Körpers, des Dodekaeders, am aufwendigsten – allerdings hat diese Konstruktion einen schönen Zusammenhang zum goldenen Schnitt):

- Einen Würfel modellieren wir z.B. über Parallelextrusion eines Quadrates mit Seitenlänge s bis zu einer Höhe s (die Extrusionsrichtung ist dabei orthogonal zur Quadratfläche).
- Ein Tetraeder können wir aus einem Würfel ausschneiden (siehe Abb. 3.17). Die vier ebenen Schnitte erzeugen dabei ein Polyeder, dessen sechs Kanten Diagonalen der sechs kongruenten Würfelflächen und damit gleich lang sind. Die vier Flächen des neuen Polyeders sind kongruente, gleichseitige Dreiecke. Das erzeugte Polyeder ist also ein Tetraeder.
- Um ein Oktaeder zu modellieren (Abb. 3.17), wählen wir seine sechs Ecken als Einheitspunkte auf den Achsen eines kartesischen Koordinatensystems: (1|0|0), (0|1|0), (−1|0|0), (0|−1|0), (0|0|1), (0|0|−1). Eine andere Möglichkeit wäre, das Oktaeder aus einem Würfel auszuschneiden (was leicht möglich ist, da die beiden Körper zueinander dual sind).

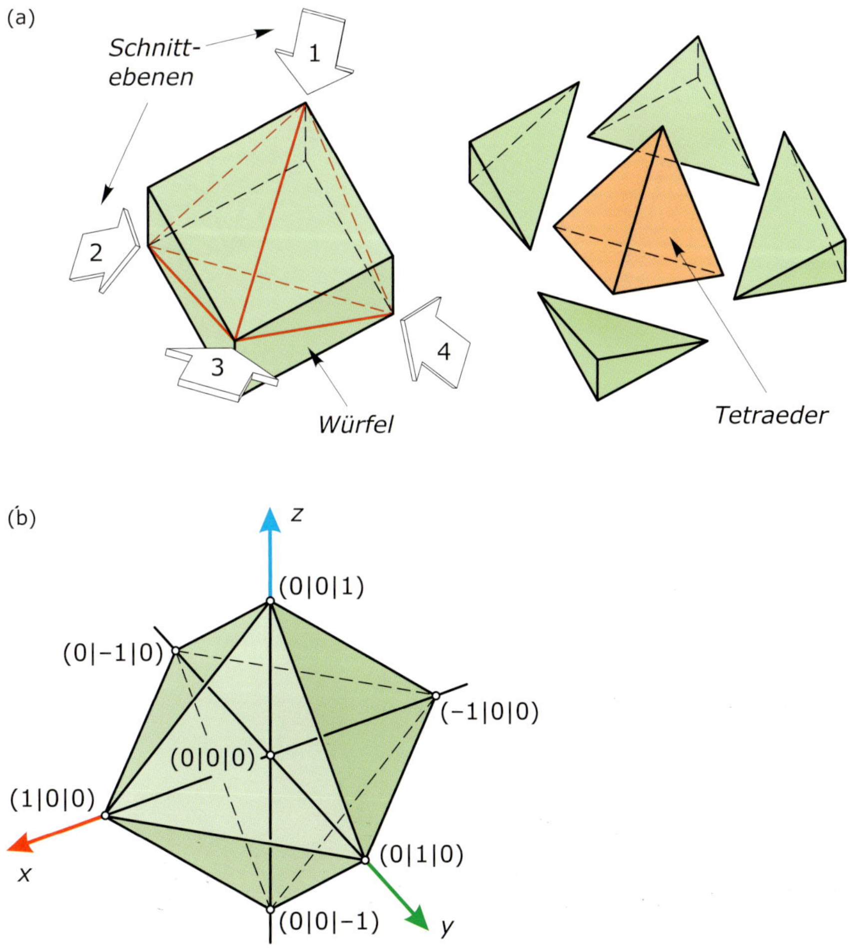

Abb. 3.17
(a) Modellierung eines Tetraeders durch Ausschneiden aus einem Würfel.
(b) Modellierung eines Oktaeders: wir wählen seine sechs Ecken in den Einheitspunkten auf den Achsen eines kartesischen Koordinatensystems: (1|0|0), (0|1|0), (−1|0|0), (0|−1|0), (0|0|1), (0|0|−1).

- Für die Modellierung eines Ikosaeders verwenden wir drei kongruente, goldene Rechtecke, von denen je zwei zueinander orthogonal stehen und deren Mittelpunkte im Koordinatenursprung liegen, siehe Abbildung 3.18. Die zwölf Ecken der drei goldenen Rechtecke haben die kartesischen Koordinaten $(\pm\phi|\pm 1|0)$, $(0|\pm\phi|\pm 1)$, $(\pm 1|0|\pm\phi)$ und sind die Ecken eines Ikosaeders mit Seitenlänge $s = 2$.
- Wir modellieren ein Dodekaeder als dualen Körper zum Ikosaeder (Abb. 3.18). Die zwanzig Flächenmittelpunkte des Ikosaeders sind dann die Ecken des Dodekaeders.

Der Würfel ist der am weitesten verbreitete platonische Körper in der Architektur. Eine etwas unorthodoxe Verwendung zeigt Abbildung 3.19a. Aber auch das Tetraeder kommt in der Architektur vor (Abb. 3.19b). Im Folgenden werden wir noch lernen, geodätische Kuppeln aus einem Ikosaeder herzuleiten. Zunächst beschäftigen wir uns aber mit den archimedischen Körpern.

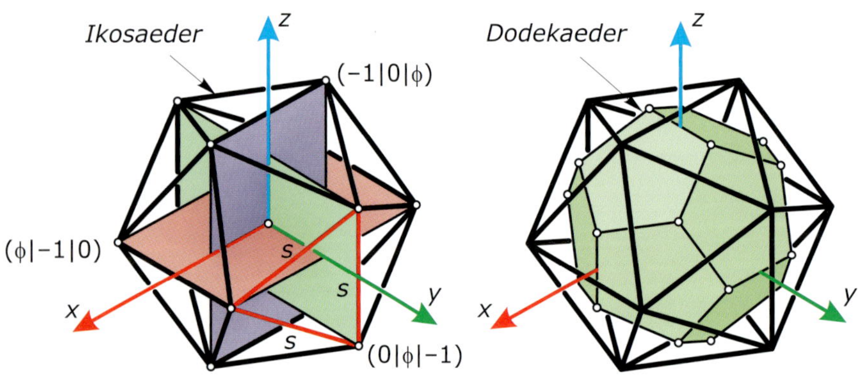

Ikosaeder mit Kantenlänge s = 2

Abb. 3.18
(Links) Modellierung eines Ikosaeders der Kantenlänge $s = 2$: Die Ecken dreier kongruenter, goldener Rechtecke der Breite 2 und Länge 2ϕ definieren die zwölf Ecken des Ikosaeders. (Rechts) Modellierung eines Dodekaeders als dualer Körper eines Ikosaeders.

Abb. 3.19
(a) Die *Baumhäuser* (1984) in Rotterdam von Piet Blom bestehen aus Würfeln, die in Richtung einer Raumdiagonale vertikal in sechsseitigen Prismen stecken. (b) Der *Kunstturm* (1990) in Mito von Arata Isozaki kann als ein Stapel von Tetraedern modelliert werden.

(a) (b)

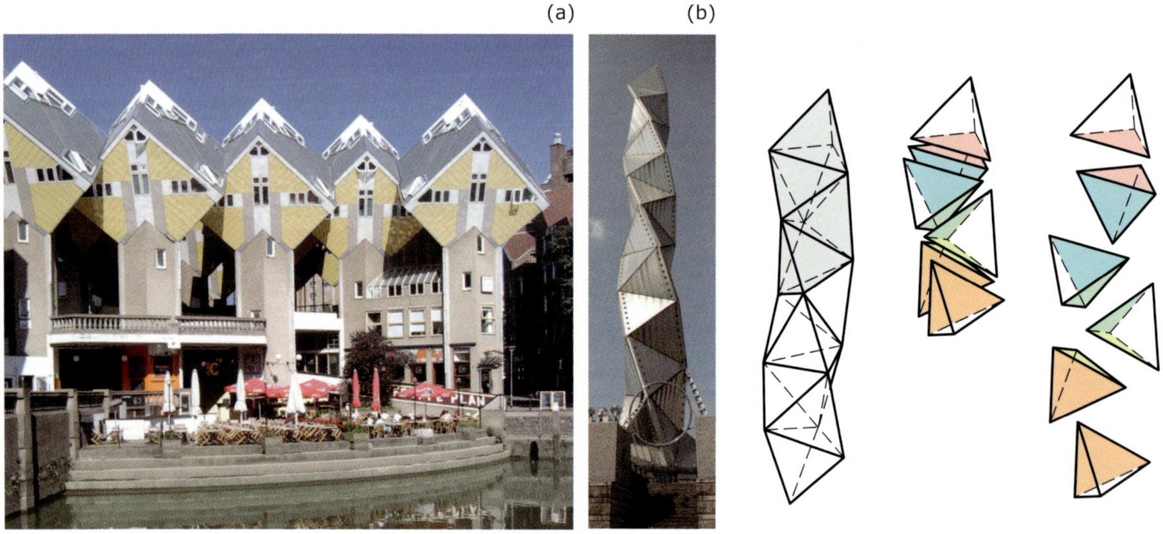

Archimedische Körper

Archimedische Körper sind konvexe Polyeder, die aus zwei oder mehreren Typen von regulären Polygonen bestehen, bei denen aber alle Kanten dieselbe Länge besitzen. Diese speziellen Polyeder waren schon dem antiken Genie Archimedes vor über 2000 Jahren bekannt. Wie auch im Fall der platonischen Körper sind alle Eckenpyramiden eines archimedischen Körpers zueinander kongruent. Daher ist der hauptsächliche Unterschied, dass archimedische Körper mehr als eine Art von ebenen Facetten aufweisen. Trotzdem muss jede einzelne Facette noch immer ein reguläres Polygon sein, aber nicht alle müssen zueinander kongruent sein.

Ecken von platonischen Körpern abschneiden. Indem wir die Ecken von platonischen Körpern auf die richtige Weise abschneiden, können wir einige der archimedischen Körper erzeugen. Um die möglichen Schnitte besser zu verstehen, erklären wir zunächst die analogen Schnitte (entlang von Geraden) für reguläre Polygone. Jedem regulären Polygon können die Ecken auf zwei verschiedene Arten so abgeschnitten werden, dass wieder ein reguläres Polygon entsteht (Abb. 3.20):

- Typ 1: Schnitte, die ein reguläres Polygon mit derselben Anzahl von Kanten erzeugen.
- Typ 2: Schnitte, die ein reguläres Polygon mit doppelt so vielen Kanten erzeugen.

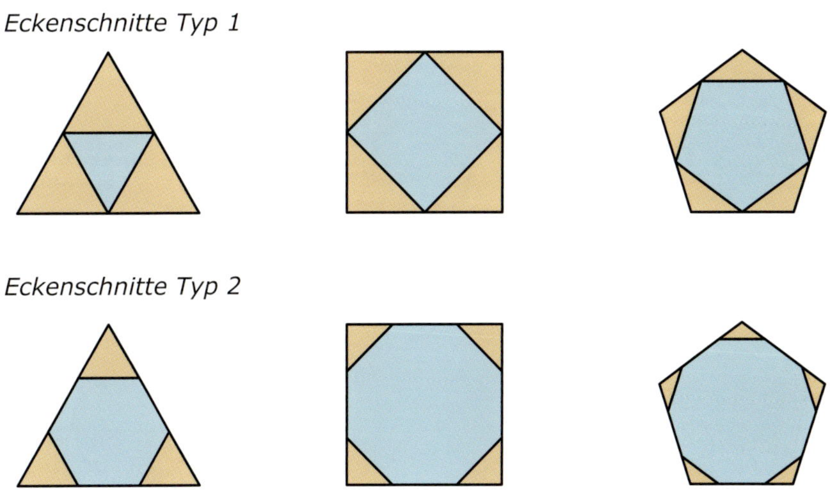

Abb. 3.20
Die zwei Arten von Eckenschnitten eines regulären Polygons, die wiederum ein reguläres Polygon erzeugen. Wir illustrieren die Schnitte für das gleichseitige Dreieck, das Quadrat und das regelmäßige Fünfeck.

Der erste Typ von Schnitten geht durch die Kantenmittelpunkte. Der zweite Typ von Schnitten muss so ausgeführt werden, dass das erzeugte Polygon mit doppelt so vielen Kanten wieder regulär ist. Wir können diese Schnitte in vergleichbarer Art und Weise auch bei den platonischen Körpern anwenden und so einige der archimedischen Körper erzeugen. Dabei werden Teile der ursprünglichen Eckenpyramiden weggeschnitten.

Eckenschnitte vom Typ 1. Wir beginnen mit den Schnitten durch die Kantenmittelpunkte (Abb. 3.21).

- Bei einem Tetraeder schneiden wir vier kleinere, ebenfalls reguläre Tetraeder weg, und ein Oktaeder bleibt übrig. Dabei erhalten wir wieder einen platonischen Körper und keine neue Art von Polyeder.

- Mit denselben Schnitten erhalten wir aus einem Würfel ein *Kuboktaeder,* das aus sechs kongruenten Quadraten (von den sechs Seitenflächen des Würfels) und aus acht kongruenten gleichseitigen Dreiecken (bleiben von den acht Ecken des Würfels übrig) besteht.

- Schneiden wir die acht Ecken eines Oktaeders auf die richtige Weise ab, dann erhalten wir ein Polyeder, dessen Seitenflächen acht kongruente gleichseitige Dreiecke (je eines für die jedes Dreieck des Oktaeders) und sechs kongruente Quadrate (je eines pro Oktaederecke) sind. Dieses Polyeder ist wieder ein Kuboktaeder, wie bereits im Fall des Würfels. Tatsächlich gilt für Eckenschnitte durch die Kantenmittelpunkte von zueinander dualen platonischen Körpern, dass damit ein und dasselbe Polyeder erzeugt wird. Dies gilt damit auch für das Dodekaeder und das Ikosaeder.

- Mit ebenen Schnitten durch die Kantenmittelpunkte eines Dodekaeders erhalten wir ein Polyeder, dessen Flächen 12 kongruente reguläre Fünfecke (je eines für jede der zwölf Flächen des Dodekaeders) und 20 kongruente gleichseitige Dreiecke (je eines für jede der 20 Ecken des Dodekaeders) sind. Das neue Polyeder wird als *Ikosidodekaeder* bezeichnet. Sein Name verrät bereits die Tatsache, dass es auch aus einem Ikosaeder abgeleitet werden kann; wieder durch Eckenschnitte durch die Kantenmittelpunkte (Abb. 3.21).

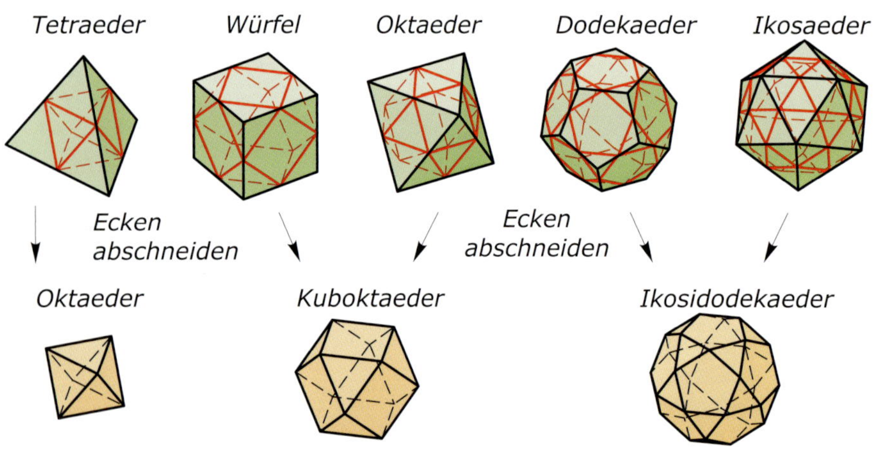

Abb. 3.21
Neue Polyeder entstehen, indem wir die Ecken der platonischen Körper mit Schnitten durch die Kantenmittelpunkte abschneiden.

Eckenschnitte vom Typ 2. Mit Eckenschnitten vom zweiten Typ können wir aus jedem der fünf platonischen Körper einen weiteren archimedischen Körper herleiten (Abb. 3.22). Abbildung 3.20 zeigt an Hand einer einzelnen Facette, wie die Schnitte zu erfolgen haben. Da wir uns diesen Entstehungsprozess auch als eine Art „Abstumpfen" der Ecken platonischer Körper vorstellen können, heißen die so entstehenden archimedischen Körper *abgestumpftes Tetraeder, abgestumpfter Würfel, abgestumpftes Oktaeder, abgestumpftes Dodekaeder* und *abgestumpftes Ikosaeder*.

Das abgestumpfte Ikosaeder ist sehr wahrscheinlich der bekannteste archimedische Körper, denn er gibt dem klassischen *Fußball* seine markante Form (Abb. 3.22). Dasselbe Polyeder wurde von Chemikern auch als *Buckminster-Fulleren* bezeichnet, denn es hat sie an die geodätischen Kuppeln von Buckminster Fuller erinnert, die wir im nächsten Abschnitt studieren. Wir erhalten das abgestumpfte Ikosaeder, indem wir Eckenschnitte so ausführen, dass an jedem Kantenende 1/3 der Kante wegfällt. Damit erzeugen wir für jede der 12 Ecken des Ikosaeders ein reguläres Fünfeck und für jedes der 20 Dreiecke ein reguläres Sechseck. Ecken abschneiden ist eine grundlegende Idee für die Erzeugung neuer Formen aus bestehenden. Wir werden dieser Idee in anderen Kapiteln wieder begegnen, wie zum Beispiel in Kapitel 8 (über Freiformkurven) und Kapitel 11 (über Freiformflächen).

Neben speziellen Formen von Prismen und Antiprismen (vgl. das folgende Bespiel!) gibt es insgesamt 13 verschiedene archimedische Körper (Abb. 3.22). Drei dieser archimedischen Körper bestehen sogar aus je drei verschiedenen Arten von regulären Polygonflächen.

Abb. 3.22
Von den 13 archimedischen Körpern können die sieben namentlich bezeichneten durch Eckenschnitte aus platonischen Körpern hergestellt werden. Der klassische Fußball ist einer davon.

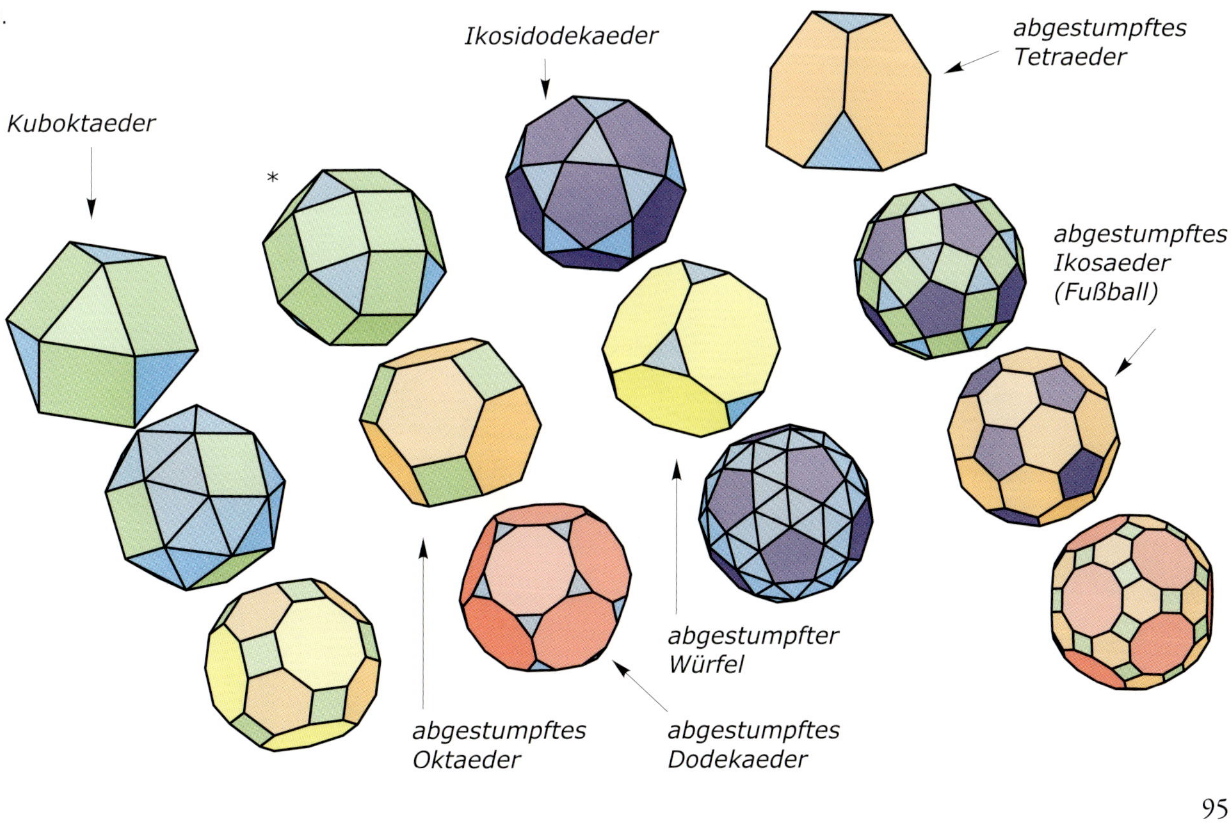

Bemerkung. Wir bemerken noch, dass die klassische Definition eines archimedischen Körpers auch noch von einem 14. Polyeder erfüllt wird. Es wurde 2000 Jahre nach Archimedes von J.C.P. Miller und V.G. Ashkinuze entdeckt. Dieses Polyeder erhalten wir aus einem Rhombenkuboktaeder (dem mit einem * markierten Polyeder in Abbildung 3.22), indem wir es in zwei kongruente Teile zerschneiden, einen um 45 Grad nachdrehen und dann die beiden Teile wieder zusammenkleben.

Manche archimedische Körper sind bereits sehr kugelförmig (wie z.B. der Fußball) und haben den zusätzlichen Vorteil, dass alle Kanten gleich lang sind. Aus den platonischen Körpern leiten wir weitere Polyeder her, die eine Kugel noch besser approximieren. Diese sind die so genannten geodätischen Kuppeln.

Beispiel:

Prismen und Antiprismen, die auch archimedische Körper sind. Ein Prisma, dessen Grund- und Deckfläche kongruente reguläre Polygone, und dessen Seitenflächen Quadrate sind, ist ein archimedischer Körper (Abb. 3.23, oben). Wir erinnern uns, dass bei einem archimedischen Körper alle Kanten gleich lang sind. Ein *Antiprisma* hat kongruente, reguläre Polygone als Grund- und Deckfläche. Jedoch ist im Gegensatz zu einem Prisma die Deckfläche eine gedrehte und verschobene Kopie der Grundfläche. Diese beiden sind nicht wie beim Prisma durch Quadrate verbunden, sondern durch Dreiecke. Sind diese Dreiecke gleichseitig, dann erfüllt auch ein Antiprisma jene Eigenschaften, die archimedische Körper aufweisen (Abb. 3.23, unten).

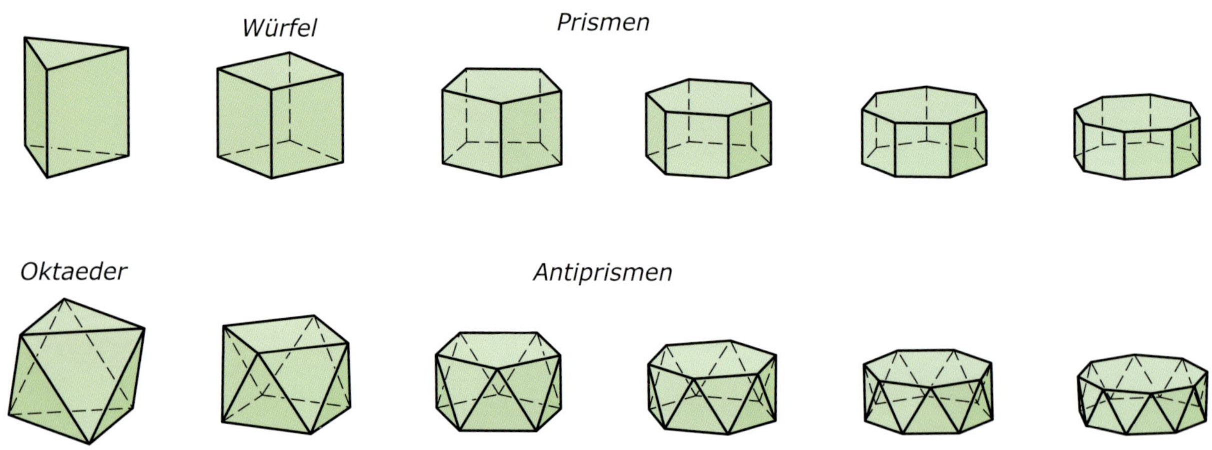

Abb. 3.23
Beispiele von Prismen und Antiprismen, die archimedische Körper sind.

Geodätische Kuppeln

Eine *geodätische Kuppel* ist ein Polyeder mit kugelähnlicher Struktur (Abb. 3.24). Der Name leitet sich von der Tatsache ab, dass

- alle Ecken auf einer gemeinsamen Kugel K liegen und
- gewisse Ecken auf Großkreisen von K liegen.

Die Großkreise einer Kugel sind die kürzesten Wege, die zwei verschiedene Punkte entlang der Kugeloberfläche miteinander verbinden. Solche kürzesten Wege auf einer Fläche werden auch als *Geodätische* bezeichnet. Daher heißen die Polyeder, die wir in diesem Abschnitt studieren, geodätische Kuppeln. Alle Flächen einer geodätischen Kuppel sind Dreiecke, aber nicht alle davon sind zueinander kongruent. In der Architektur werden oft nur Teile von geodätischen Kuppeln verwendet (Abb. 3.25). Gebaute Kuppeln variieren in ihrer Größe von fast vollständigen geodätischen Kuppeln bis zu halbkugelförmigen.

Geschichte:

R. Buckminster Fuller hat 1954 als Erster eine geodätische Kuppel ausgestellt – auf der Triennale in Mailand, einer internationalen Ausstellung über innovative Entwicklungen in Architektur, Design, Handwerk und Stadtplanung. Fullers 12,6 Meter hohe geodätische Kuppel aus Karton erregte weltweite Aufmerksamkeit, und Fuller gewann den Großen Preis der Triennale. Buckminster Fuller baute mehrere solche Kuppeln, unter anderem die große geodätische Kuppel in Montreal (Abb. 3.25), die als US-Ausstellungsraum für die Expo 1967 diente. Fuller hat auch Pläne vorgelegt, Teile von Manhattan mit einer Kuppel von 3,2 Kilometer Spannweite zu überdachen.

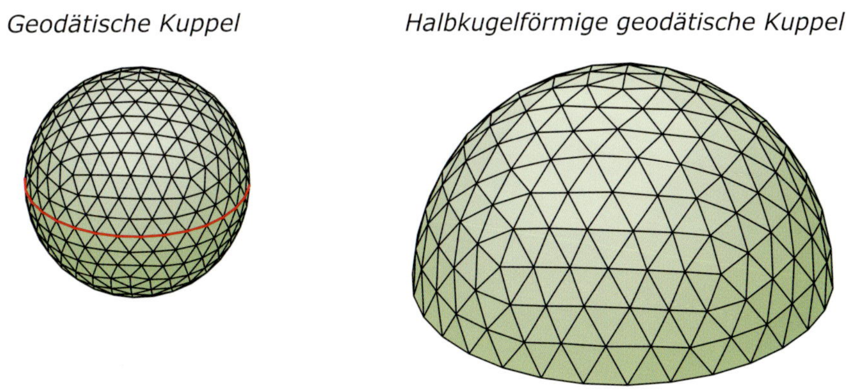

Abb. 3.24
Eine geodätische Kuppel und eine halbkugelförmige, geodätische Kuppel.

(a)

(b)

Abb. 3.25
(a) Die *geodätische Kuppel* (1967) in Montreal von Richard Buckminster Fuller umfasst drei Viertel einer Kugel. Die äußere Hülle besteht aus Dreiecken und ist mit einer inneren Hülle aus Sechsecken verbunden.
(b) Die geodätische Kuppel *„Raumschiff Erde"* (1982) in Orlando umfasst annähernd eine gesamte Kugel.
(c) Die *Wüstenkuppel* (1999–2002) in Omaha ist halbkugelförmig.

(c)

Abbildung 3.30 zeigt einen Kreisbogen und die unterschiedlichen Ergebnisse, die eine Vertauschung von Unterteilungs- und Projektionsreihenfolge bewirkt. Obwohl also eine geodätische Kuppel der Stufe 2, 3, 4, ... (erzeugt mit der zweiten Methode) dieselbe Anzahl von Dreiecken hat wie eine geodätische Kuppel der Stufe 3, 7, 15, ... (erzeugt mit der ersten Methode), sind die Objekte geometrisch voneinander verschieden. Durch Variation des Prozesses (Unterteilung und Projektion) können wir noch zusätzliche Varianten von geodätischen Kuppeln erzeugen.

Bemerkung. Eine geodätische Kuppel enthält noch immer die 12 Ecken des ursprünglichen Ikosaeders, aus dem sie erzeugt wird. Die 12 zugehörigen Eckenpyramiden bestehen aus je 5 Dreiecken. Alle anderen Eckenpyramiden bestehen aus 6 Dreiecken, woraus sich eine natürliche Beziehung zu Sechsecken ergibt, die rund um diese Ecken gebildet werden können. In neueren Architekturprojekten (wie z.B. „Eden" von Grimshaw und Partnern) kommen auch große kugelförmige Dächer mit Sechsecknetzen vor (für Details siehe Kapitel 11).

Abb. 3.29
Geodätische Kuppeln (Methode 2): In jeder Stufe werden die Dreiecke der vorigen Stufe wieder in vier kleinere Dreiecke unterteilt und die neuen Ecken aus dem Mittelpunkt auf die Umkugel des Ikosaeders projiziert.

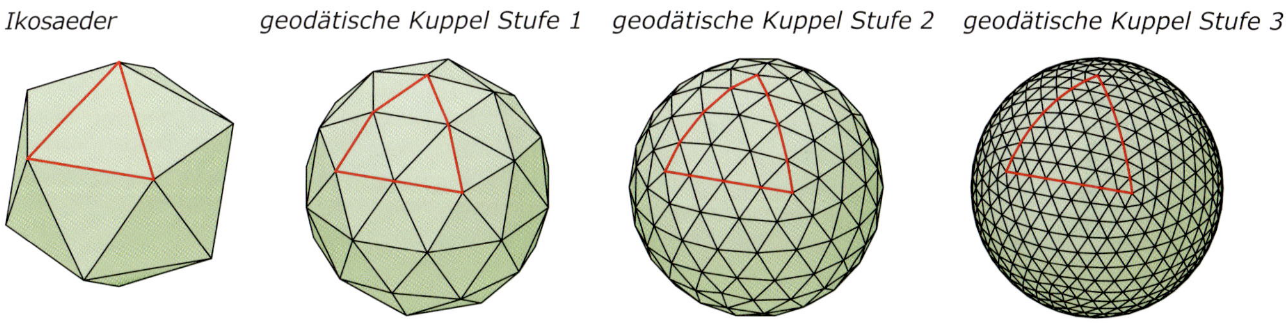

Abb. 3.30
Die Reihenfolge der Unterteilungs- und Projektionsschritte ist von Bedeutung, wie hier anhand eines Kreisbogens illustriert wird.

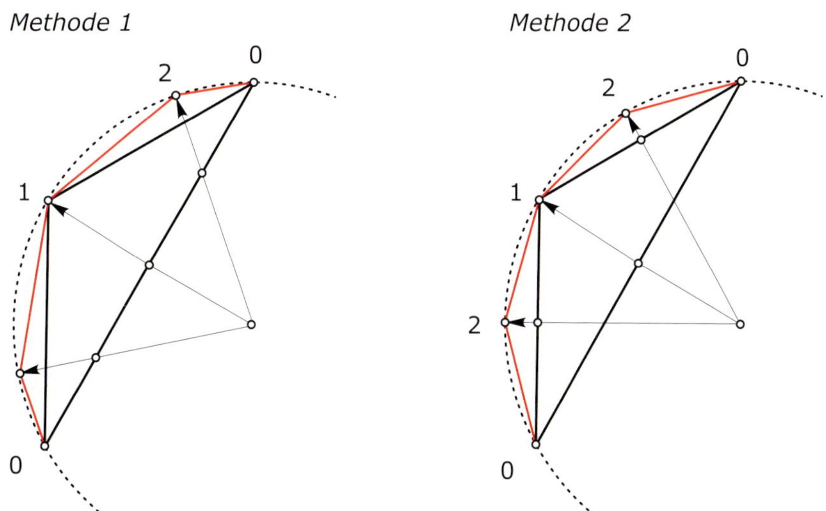

Abb. 3.31
Beispiele von raumfüllenden Polyedern:
Rhombendodekaeder und Bienenwaben.

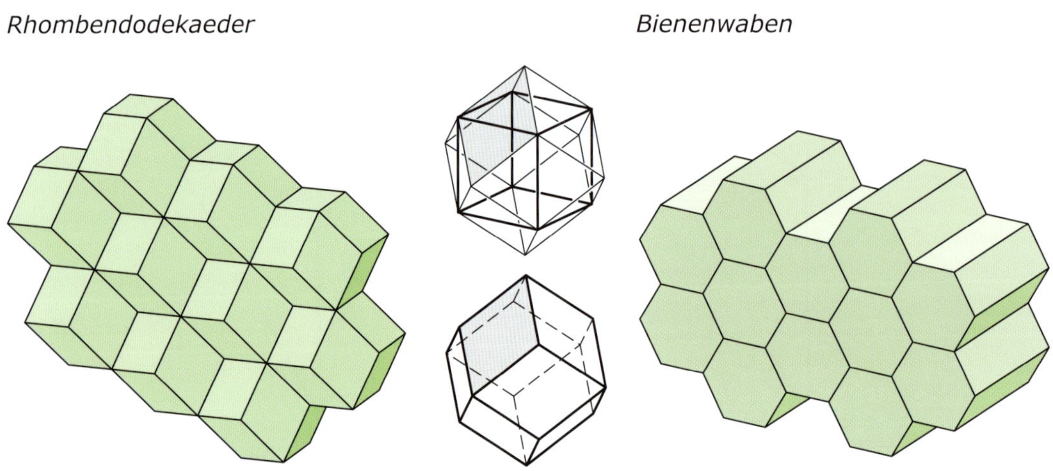

Raumfüllende Polyeder

Klarerweise ist der Würfel ein raumfüllendes Polyeder. Dies bedeutet, dass wir kongruente Würfel so neben- und übereinander stapeln können, dass wir damit den gesamten 3-D-Raum füllen. Tatsächlich ist der Würfel der einzige platonische Körper mit dieser Eigenschaft. Es gibt jedoch andere Polyeder, die diese Eigenschaft besitzen, wie zum Beispiel das folgende: Wir fügen zu einem Würfel der Kantenlänge s auf jeder Seitenfläche eine Pyramide der Höhe $s/2$ hinzu und erhalten ein so genanntes *Rhombendodekaeder* (Abb. 3.31). Alle Flächen im Rhombendodekaeder sind kongruente Rhomben (nicht-reguläre Polygone mit lauter gleich langen Kanten).

Wir untersuchen nun, ob das Rhombendodekaeder ebenfalls raumfüllend ist. Dazu ersetzen wir in einer raumfüllenden Anordnung von Würfeln jeden zweiten Würfel (in einer 3-D-schachbrettartigen Art und Weise) durch sechs Pyramiden mit gemeinsamer Spitze im Mittelpunkt des Würfels und den sechs Quadraten als Basisflächen. Vereinigen wir nun jeweils einen Würfel mit seinen sechs benachbarten Pyramiden, so entstehen lauter Rhombendodekaeder, die wieder den gesamten Raum füllen. Raumfüllende Polyeder kommen in der Natur vor, z.B. als reguläre sechsseitige Prismen, wie es die einzelnen Bauteile einer Bienenwabe sind (Abb. 3.31).

Natürlich kann der 3-D-Raum auch mit nicht zueinander kongruenten Polyedern gefüllt werden, wobei es dann schwieriger wird, dies auf sinnvolle Art und Weise zu tun. Für praktische Anwendungen ist es manchmal notwendig, ein Volumen mit Polyedern zu füllen. Im Bereich der Modellierung und Simulation werden dafür oft Tetraeder verwendet (Abb. 3.32). Ein aktuelles Beispiel in der Architektur, das

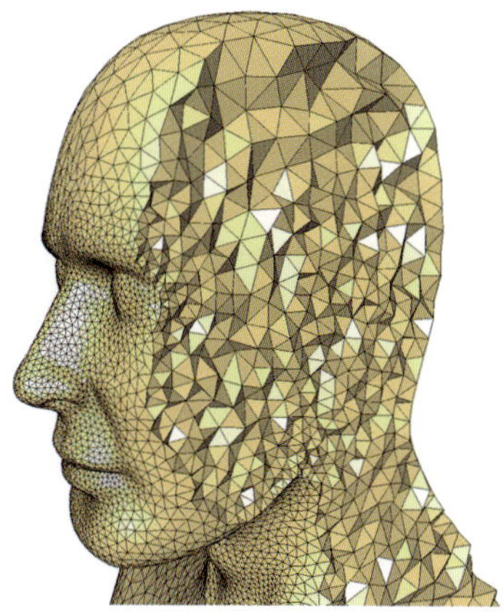

Abb. 3.32
Raumfüllende Tetraeder
(Bild freundlicherweise zur Verfügung gestellt von Pierre Alliez).

raumfüllende Polyeder unterschiedlicher Gestalt verwendet, ist das Nationale Schwimmzentrum in Peking (Abb. 3.33). Polyeder, die aus so genannten Voronoi-Zellen (*Architectural Geometry, Chapter 17*) abgeleitet wurden, finden sich im Architekturdesign von Abbildung 3.34.

Abb. 3.33
Raumfüllende Polyeder in der Architektur: Nationales Schwimmzentrum in Peking.

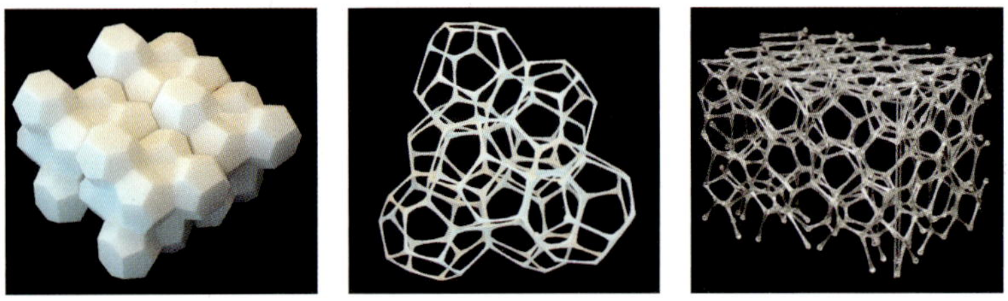

Abb. 3.34
Ein architektonisches Design basierend auf unregelmäßigen raumfüllenden Polyedern (Bild freundlicherweise zur Verfügung gestellt von Benjamin Schneider).

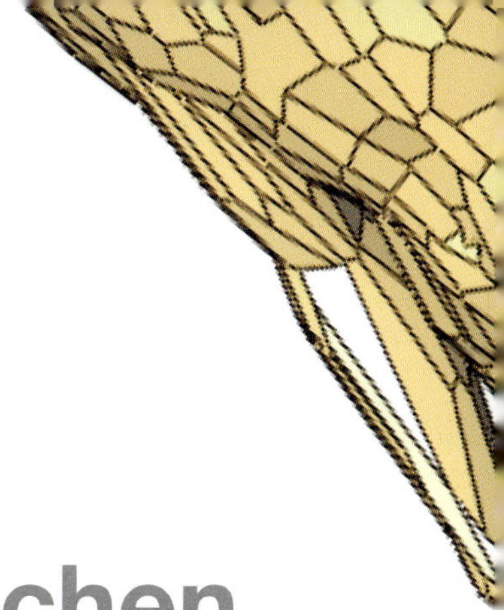

Polyedrische Flächen

Wird eine glatte Fläche durch eine polyedrische Fläche approximiert, sprechen wir von einer *diskreten Fläche*. In der Architektur sind diskrete Flächen oft von besonderem Interesse in der Umsetzung eines Designs.

Approximation von Zylindern und Kegeln durch polyedrische Flächen. Am einfachsten wird eine glatte Zylinderfläche durch ein Streifenmodell ersetzt (Abb. 3.35a). Wir können zusätzlich noch jeden Streifen in einzelne *ebene* Vierecke zerlegen. Dasselbe gilt für Kegelflächen. Abbildung 3.35b zeigt ein Streifenmodell und ein Modell mit ebenen Vierecken. Wir bemerken, dass die Vierecke deswegen eben sind, weil zwei gegenüberliegende Kanten aufgrund der Konstruktion in ein und derselben Ebene liegen.

Abb. 3.35
Approximation von Zylindern und Kegeln durch polyedrische Flächen.
(a) Einfache Streifenmodelle.
(b) Die einzelnen Streifen sind noch weiter in ebene Vierecke unterteilt.
(c) Seit 1991 wird der *Schrotturm in Melbourne* von einem 84 Meter hohen drehkegelförmigen Glasdach von Kishō Kurokawa überdacht.

(a)

Streifenmodelle

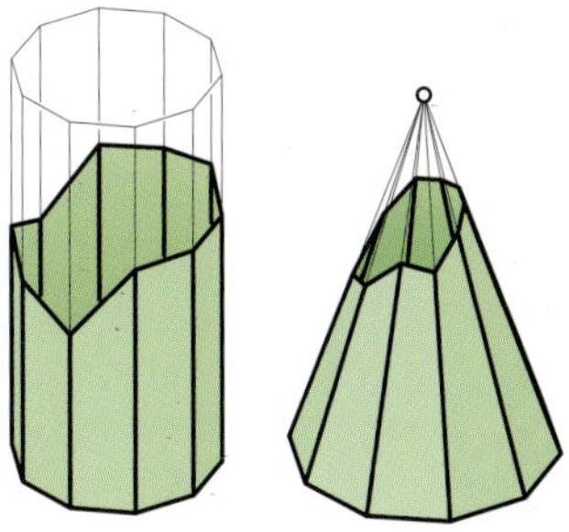

(b)

Streifenmodelle mit ebenen, nicht-kongruenten Vierecken

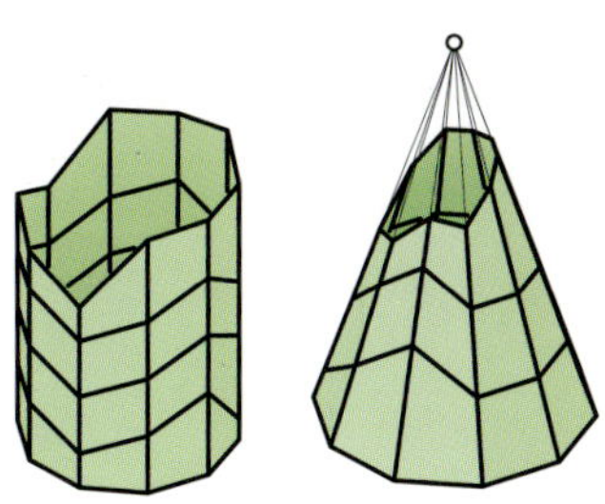

(c)

Abb. 3.36
(a) Die Innenhof-Überdachung der Abtei in Neumünster (2003) von Ewart-Haagen & Lorang-Architekten wurde von RFR gebaut.

(a)

Beispiel:

Modell des überdachten Innenhofs der Abtei in Neumünster. Die vorige Idee führte auf die Überdachung eines rechtwinkligen Bereichs mit einem gekrümmten Dach, das aus lauter ebenen Glaspaneelen besteht (Abb. 3.36a). Das Dach hat dabei drei Teile: einen Zylinderteil in der Mitte und zwei kongruente Kegelteile an den beiden Seiten. Der Kreisbogen k ist die gemeinsame Kurve von zwei benachbarten Flächen. Eine Parallelextrusion von k erzeugt den Zylinderteil und eine Zentralextrusion mit Spitze S erzeugt einen der beiden Kegelteile. Die Zylinderfläche kann durch Verwenden der Zylindererzeugenden mit kongruenten ebenen Vierecken approximiert werden.

Verwenden wir die Kegelerzeugenden für eine analoge Approximation der Kegelteile – wieder durch ebene Vierecke –, dann ist das Ergebnis wohl unerwünscht (Abb. 3.36b). Verwenden wir jedoch eine andere Zerlegung in Vierecke, dann sind diese nicht mehr eben. Um also den Kegelteil mit ebenen Paneelen zu realisieren, müssen wir jedes nichtebene Viereck in zwei Dreiecke unterteilen (Abb. 3.36c).

(b) Ein Design, das nur die Erzeugenden der Zylinder und Kegel verwendet.

(c) Ein alternatives Design, bei dem die kegelförmigen Teile in Dreiecke zerlegt wurden.

(b)

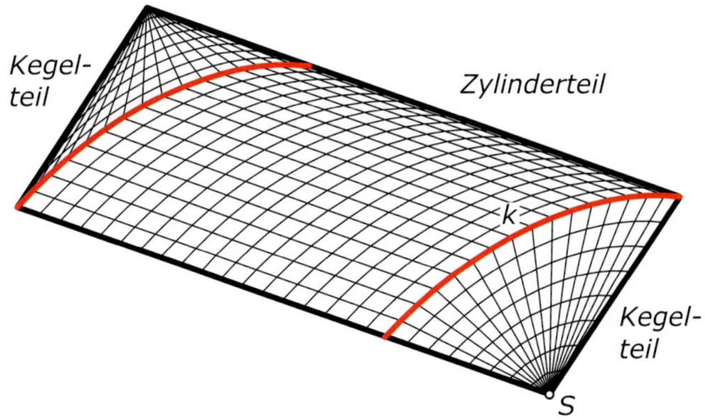

(c)

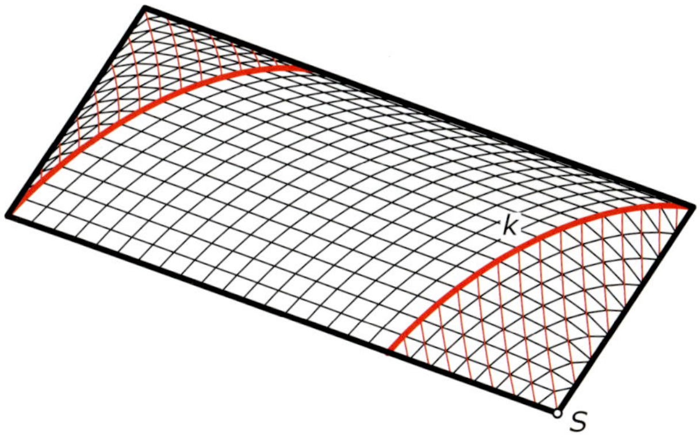

Im Allgemeinen ist die Approximation einer Freiformfläche durch Dreiecke viel einfacher als durch ebene Polygone mit mehr als drei Seiten. Diese Tatsache wird vor allem in der Computergrafik intensiv genutzt, wo jedes Objekt in Dreiecke zerlegt wird (unter anderem zum Rendern, siehe Kapitel 2). In der Architektur werden Freiformflächen zunehmend populärer. Für das Design von Überdachungen, die als Stahl-Glas-Konstruktionen mit ebenen Glaspaneelen realisiert werden, sind Dreiecke die einfachsten Polygone (Abb. 3.37).

Abb. 3.37
Die *Złote Tarasy* (Polnisch für „Goldene Terrassen") in Warschau von Jerde Partnership International wurde 2007 eröffnet. Das Freiformflächendach ist geometrisch gesehen eine polyedrische Fläche aus lauter Dreiecken (Bild freundlicherweise zur Verfügung gestellt von Waagner-Biro Stahlbau AG).

Während die drei Ecken eines Dreiecks im Raum immer in einer einzigen Ebene enthalten sind, muss dies für vier oder mehr Punkte nicht der Fall sein. Das Design von polyedrischen Freiformflächen mit ebenen Facetten, die nicht Dreiecke sind, ist eine schwierige Aufgabe und noch ein aktuelles Forschungsthema. Wie in Abbildung 3.38 gezeigt, gibt es in der Computergrafik bereits Algorithmen für die Approximation beliebiger Formen durch polyedrische Flächen. Diese Methoden erzeugen jedoch eine Vielzahl von unterschiedlich geformten Polygonen und liefern nicht unbedingt eine optimale Lösung im Sinne der Architektur. In *Architectural Geometry, Chapter 19* wird eine mögliche Lösung dieser Aufgabenstellung diskutiert, die besser auf architektonische Bedürfnisse Rücksicht nimmt.

Abb. 3.38
Form-Approximation durch polyedrische Flächen am Beispiel eines digitalen Modells von Michelangelos David (Bild freundlicherweise zur Verfügung gestellt von Pierre Alliez).

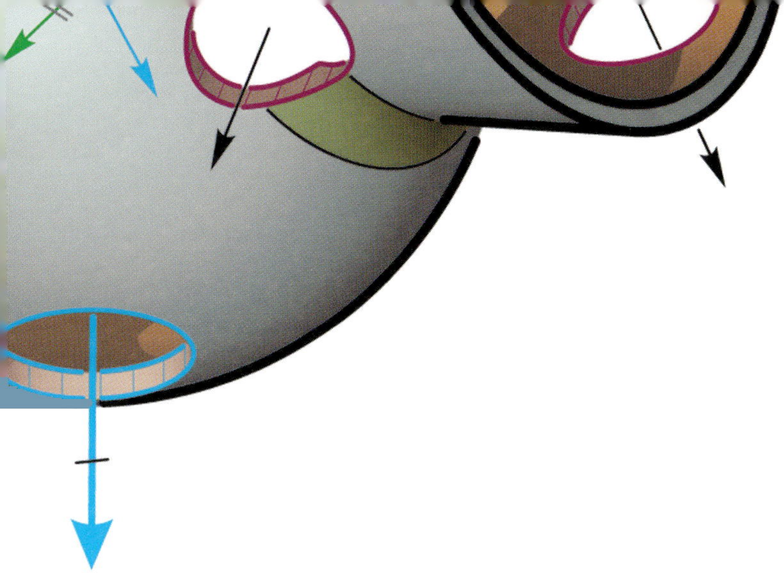

Kapitel 4

Boolesche Operationen

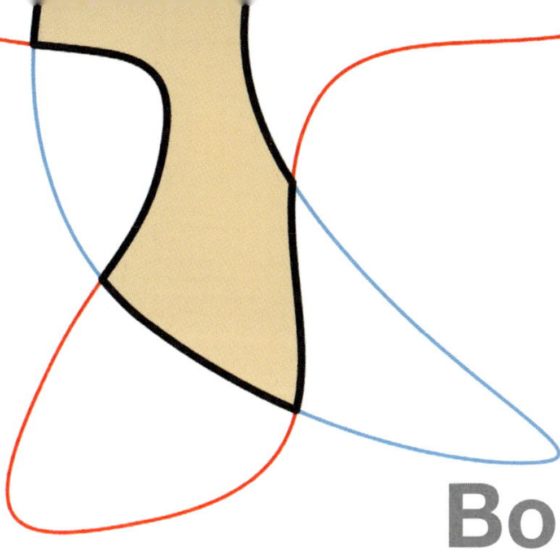

Boolesche Operationen

Bisher haben wir die geometrischen Grundkörper kennen gelernt. Nun wollen wir uns mit einigen elementaren Operationen auseinandersetzen, die uns erlauben, aus diesen Grundkörpern komplexere Objekte zu erzeugen. Für Volumenmodelle werden wir dabei die Booleschen Operationen Vereinigung (entspricht dem Zusammenkleben), Differenz und Durchschnitt verwenden, während wir für Flächenmodelle Trimm- und Splittechniken einführen werden (Abb. 4.1).

Durch die Kombination verschiedener Boolescher Operationen erledigen CAD-Systeme aufwändigere Operationen wie z.B. Löcher bohren, Ecken oder Kanten verrunden, oder Nutfräsen in einem Arbeitsschritt. Verändern wir anschließend die Lage von Objektteilen, so erhalten *feature-basierte* CAD-Systeme sogar die ursprünglichen Zusammenhänge zwischen diesen Feature-Operationen und den Objektteilen. Bohrlöcher, Verrundungen und weitere feature-basierte Operationen werden dabei automatisch dem geänderten Objekt angepasst. Bei der Verwendung feature-basierter CAD-Modelle kann der Designer daher verschiedene Detailabmessungen eines Objekts einfach ändern, ohne die geometrische Grundstruktur des Objekts zu zerstören. Es bleiben alle geometrischen Beziehungen wie z.B. die relative Lage von Türen oder Fenstern erhalten. Ein feature-basiertes CAD-System ist daher ein ideales Konstruktionswerkzeug, um verschiedene Modellvarianten rasch zu testen und damit die beste Lösung zu finden.

Abb. 4.1
(a) Trimm- und Splittechniken sind vergleichbare Werkzeuge zur Manipulation von Flächenmodellen.

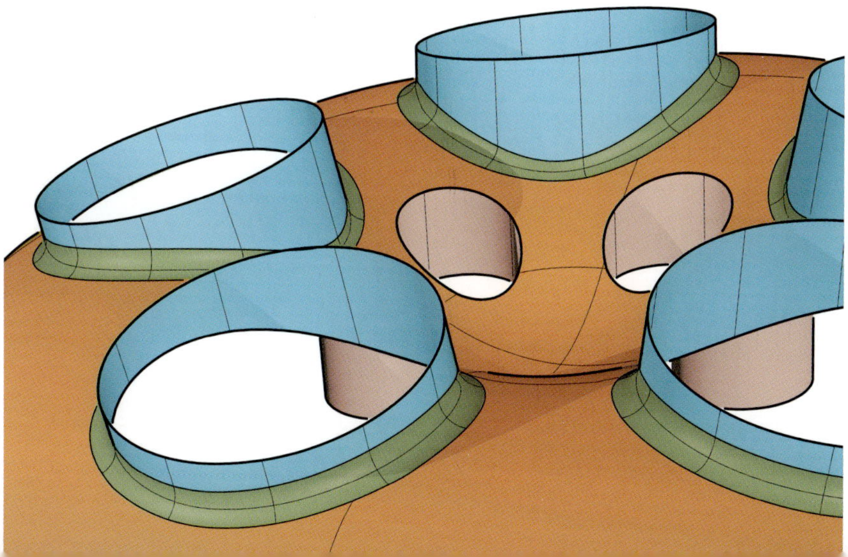

Abb. 4.1
(b) Boolesche Operationen sind mächtige Werkzeuge zum Modifizieren von Volumenmodellen.

Vereinigung, Differenz und Durchschnitt

Wir beginnen mit zwei Mengen A und B in der Ebene. Die Menge A besteht dabei aus allen Punkten innerhalb des roten, T-förmigen Randes. Alle Punkte innerhalb des blauen, mondförmigen Randes legen die Menge B fest. Die ausgefüllten Flächenteile in der Abbildung 4.2 illustrieren nun verschiedene Möglichkeiten, die beiden Mengen miteinander zu kombinieren:

- Die Menge aller Punkte, die aus allen Punkten der Menge A und allen Punkten der Menge B (und sonst nichts) besteht, heißt die *Vereinigung* von A und B.
- Als *Durchschnitt* von A und B bezeichnen wir die Menge genau jener Punkte, die gleichzeitig der Menge A und der Menge B angehören.
- Die *Differenz* $A \backslash B$ der Mengen A und B enthält nur jene Punkte der Menge A, die nicht gleichzeitig der Menge B angehören. Analog gilt, dass die Differenz $B \backslash A$ der Mengen B und A aus all jenen Punkten der Menge B besteht, die nicht gleichzeitig in der Menge A enthalten sind.

Abb. 4.2
Vereinigung, Durchschnitt und beide Differenzen zweier Mengen A und B.

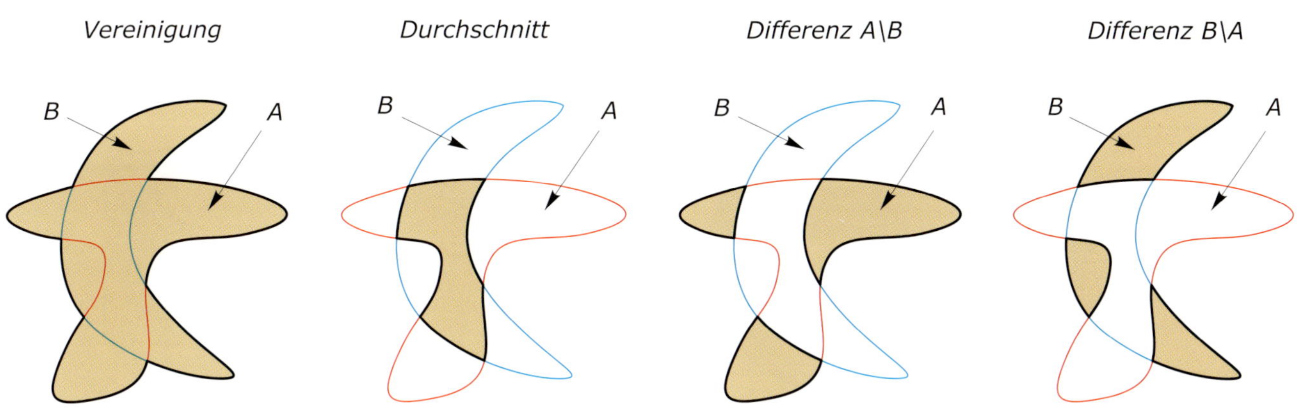

Nun erweitern wir dieses Konzept auf Objekte im 3-D-Raum. Abbildung 4.3 zeigt die – durch Anwendung derselben Operationen auf einen Würfel und eine Kugel – erzeugten Objekte:

- Die *Vereinigung* fasst beide Objekte zu einem einzigen Objekt zusammen. Wir können daher die Vereinigung als Zusammenkleben oder Verschmelzen der beiden Ausgangskörper auffassen. Um Probleme bei der praktischen Modellierung zu vermeiden, achten wir darauf, dass die beteiligten Objekte gemeinsame räumliche Punktmengen haben, oder dass sie sich zumindest entlang zweier Oberflächen berühren.
- Der *Durchschnitt* erzeugt ein Objekt, das aus jenen Punkten besteht, die innerhalb beider Ausgangskörper liegen.
- Die *Differenz* entfernt jeweils vom ersten Objekt jene Teile, die auch dem zweiten Objekt angehören. Man kann daher das Bilden der Differenz auch als Wegfräsen des zweiten Objekts vom ersten Objekt interpretieren. Bei der Verwendung der Differenz sollte man sich immer bewusst sein, dass die Auswahlreihenfolge der Objekte das Ergebnis wesentlich beeinflusst.

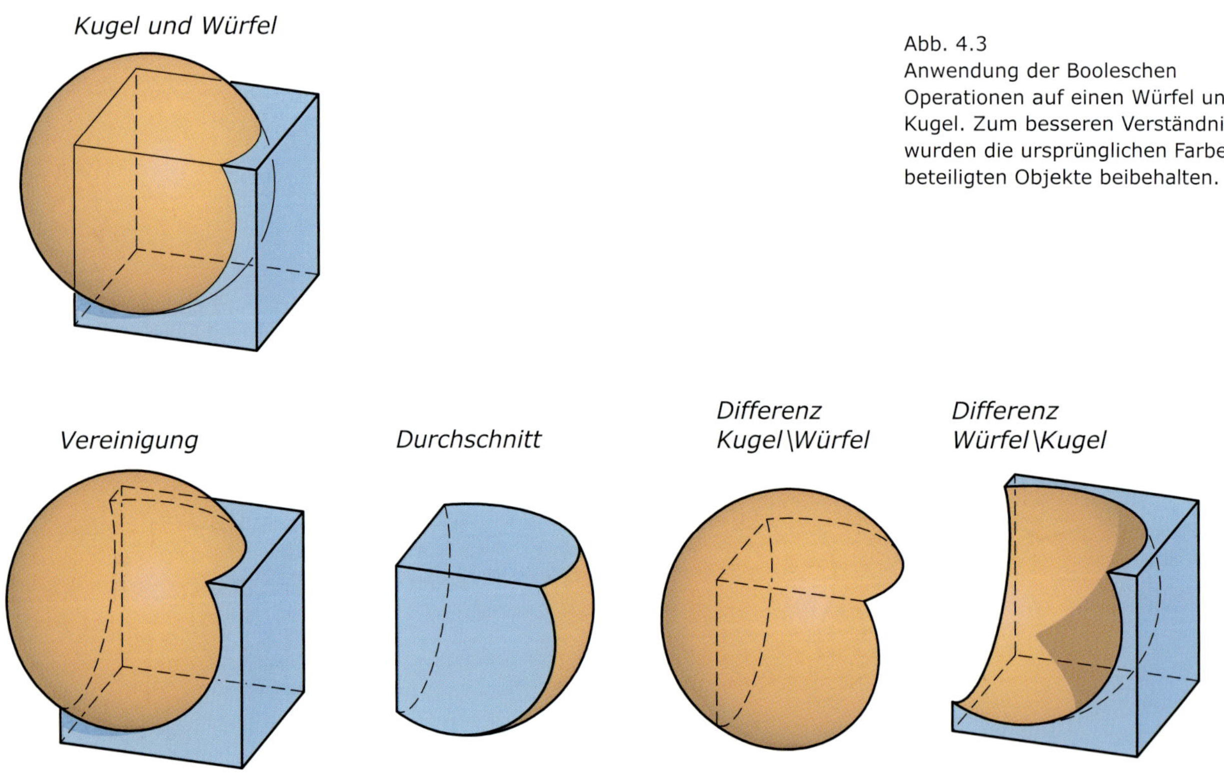

Abb. 4.3
Anwendung der Booleschen Operationen auf einen Würfel und eine Kugel. Zum besseren Verständnis wurden die ursprünglichen Farben der beteiligten Objekte beibehalten.

Die obigen Operationen werden als *Boolesche Operationen* bezeichnet. Sie können nicht nur auf zwei Objekte, sondern auch gleichzeitig auf mehrere Objekte angewendet werden. Eine geschickte Anwendung der Booleschen Operationen ermöglicht eine effiziente und zeitsparende Herstellung aufwändiger geometrischer Modelle. Einige dieser Möglichkeiten werden in den Abbildungen 4.1 und 4.4 gezeigt.

Geschichte:
Diese wichtigen CAD-Techniken werden zu Ehren des englischen Mathematikers George Boole (1815–1864) Boolesche Operationen genannt. George Boole unterrichtete am Queens College in Cork (Irland) und führte ein Logikkalkül ein, das heute noch viele Anwendungen im Bereich der Elektronik sowie der Computer-Hard- und -Software hat.

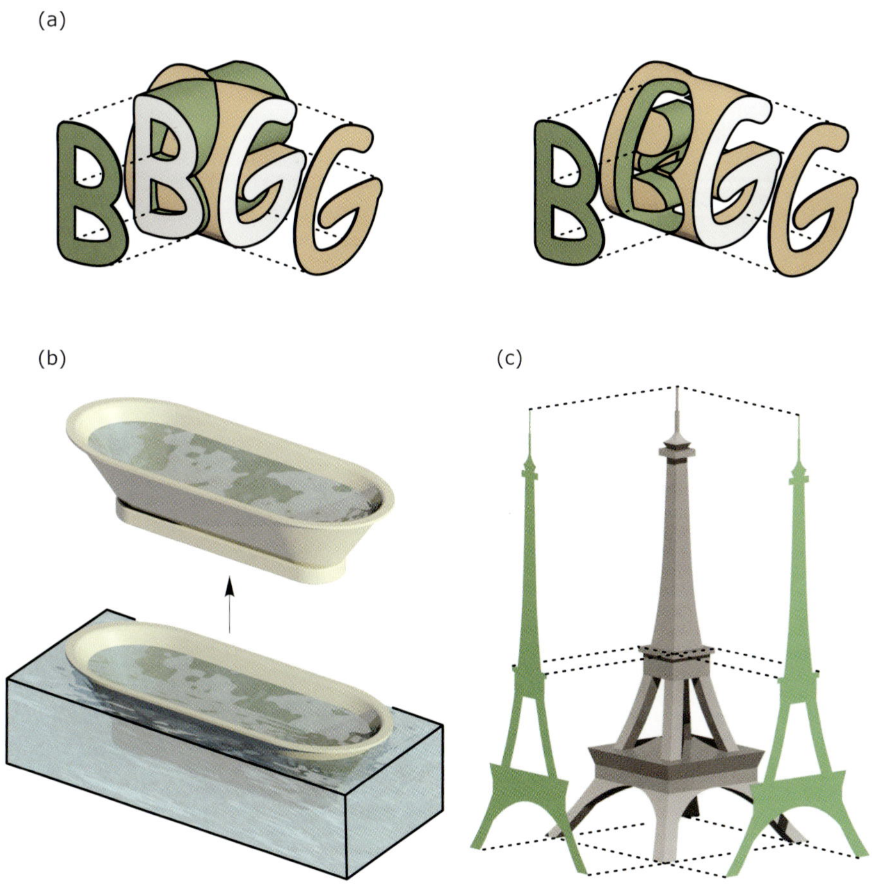

Abb. 4.4
(a) Durch Anwendung von Booleschen Operationen auf zwei Extrusionskörper, deren Profile aus Buchstaben bestehen, erhalten wir interessante Logos.
(b) Um ein CAD-Modell einer Badewanne oder eines Swimmingpools „mit Wasser zu füllen" können wir einen passenden „Wasserquader" und die Boolesche Differenz verwenden.
(c) Mit zwei kongruenten Extrusionskörpern, basierend auf geeigneten Profilen und dem Booleschen Durchschnitt, modellieren wir rasch das Modell eines Turms.

In der Mathematik sind die Booleschen Operationen Vereinigung und Durchschnitt *kommutative* Operationen. Das heißt: Vertauscht man die Reihenfolge, in der die Ausgangsobjekte gewählt werden, erhält man trotzdem dasselbe Endergebnis. Bei der Verwendung in einem CAD-System ist dies nicht der Fall, denn hier beeinflusst die Auswahlreihenfolge sehr wohl das Endergebnis. Zwar ist die Form des neuen, durch Boolesche Operationen erzeugten Objekts von der Auswahlreihenfolge unabhängig, jedoch werden dem neuen Objekt alle Attribute (wie z.B. die Farbe) des zuerst ausgewählten Ausgangsobjekts zugewiesen.

Manchmal scheint ein CAD-System auf unerklärliche Weise nicht in der Lage zu sein, Boolesche Operationen durchzuführen. Warum ist das wichtig, und wie können wir dieses Problem im Designprozess möglichst vermeiden? Der Grund, warum Boolesche Operationen manchmal versagen, liegt darin, dass ein CAD-System bei deren Ausführung mehrere Prozesse hintereinander durchlaufen muss. Im Wesentlichen werden folgende Prozesse durchgeführt:

- Berechnung der Durchdringungskurven,
- Zerlegung aller beteiligten Objekte in Einzelteile entlang der Durchdringungskurven,
- Löschen jener Einzelteile, die nicht zum Endergebnis gehören und
- Vereinigung der verbleibenden Einzelteile zu einem Gesamtobjekt.

Meist versagen die Booleschen Operationen, weil auf Grund mangelhafter Modellierung bei der Berechnung der Durchdringungskurven „Kurven mit Löchern" entstehen, die das CAD-System dann nicht mehr schließen kann. Zur Vermeidung dieser Probleme beachten wir daher bei der Modellierung mit Booleschen Operationen folgende Ratschläge:

- Wir verlängern Fräsobjekte über die Oberfläche des zu bearbeitenden Modells hinaus.
- Wir vermeiden die Kombination von Objekten mit komplanaren Flächenteilen.
- Wir vermeiden die Verwendung von CAD-Modellen mit fast tangentialen Flächen.

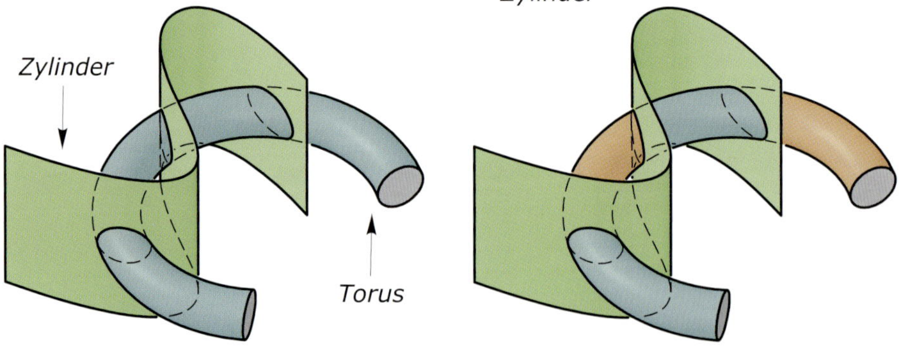

Splitten eines Torus mit einem Zylinder

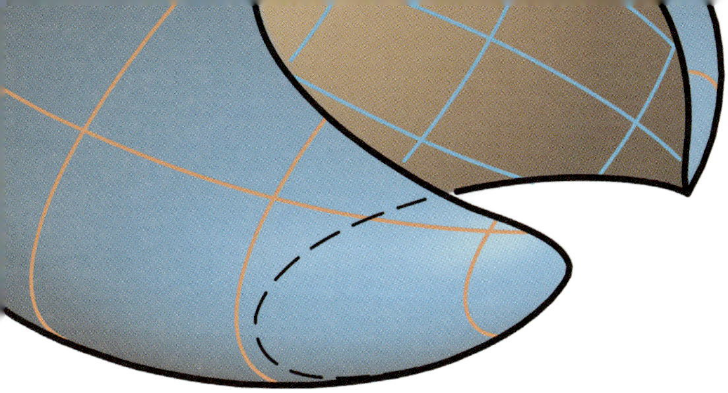

Trimmen und Splitten

Boolesche Operationen sind mächtige Werkzeuge zur Bearbeitung von Volumenmodellen. Wenn wir diese Werkzeuge allerdings auf *Flächen* anwenden, müssen wir feststellen, dass das Konzept der Booleschen Operationen nicht die gewünschten Ergebnisse liefert. Als Beispiele betrachten wir die Boolesche Differenz und den Booleschen Durchschnitt zweier Flächen. Die Differenz erzeugt lediglich eine Kopie der ersten Fläche, aus der nur die Schnittkurve entfernt wurde. Und der Durchschnitt der beiden Flächen liefert keinen Flächenteil, sondern nur deren Schnittkurve.

Beim Arbeiten mit Volumenmodellen ist immer klar, welche Objektteile innerhalb oder außerhalb eines CAD-Modells liegen. Deshalb kann z.B. der Boolesche Durchschnitt zweier Volumenmodelle relativ einfach als Menge aller Punkte, die innerhalb beider Objekte liegen, berechnet werden. Bei nichtgeschlossenen Flächenteilen hingegen ist eine Unterscheidung zwischen Innen- und Außenteilen oft nicht möglich. Als Folge davon können Boolesche Operationen auf Flächenmodelle nicht sinnvoll angewendet werden.

Abb. 4.5
Splitten wir einen Torus mit einem Zylinder, so erhalten wir vier Teile (gekennzeichnet durch verschiedene Farben). Splitten wir hingegen den Zylinder mit dem Torus, so erzeugen wir vier andere Objekte: einen Zylinder mit drei Löchern und drei kappenförmige Teile. Zum besseren Verständnis haben wir diese Teile aus der Originallage verschoben.

Anstelle der Booleschen Operationen benutzen wir daher beim Modellieren mit Flächen *Trimm-* und *Splittechniken*. Wenden wir diese Techniken auf Flächen an, so werden die Schnittkurven der beteiligten Flächen berechnet, und die Flächen werden entlang dieser Schnittkurven zerlegt. Die dabei entstehenden Flächenstücke können dann entweder als voneinander unabhängige Einzelobjekte (Splittechnik) weiter bearbeitet werden, oder sie werden automatisch gelöscht (Trimmtechnik). Beim Trimmen von Flächen werden die von einer Schnittkurve berandeten Teile einer Fläche weggeschnitten, während beim Splitten die Ausgangsfläche längs der Schnittkurve mit der zweiten Fläche in Teilflächen zerlegt wird. Die Abbildung 4.5 illustriert das Splitten von Zylinder- und Torusflächen. Wir erkennen, dass das Splitten – so wie die Boolesche Differenz – keine kommutative Operation ist, da die Auswahlreihenfolge das Endergebnis beeinflusst.

Splitten eines Zylinders mit einem Torus

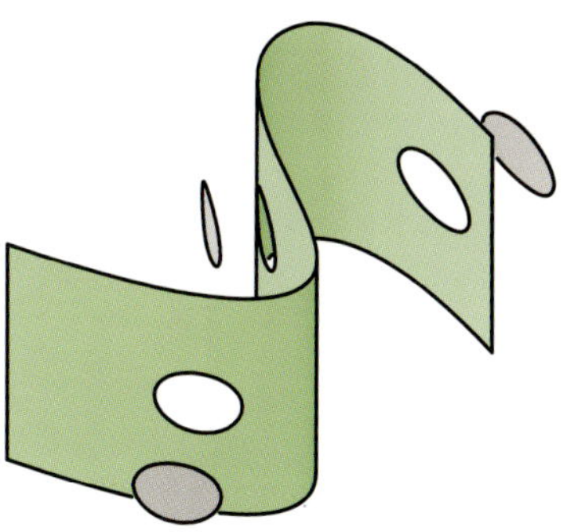

Beim Trimmen von Flächen ist nicht nur die Auswahlreihenfolge entscheidend. Hier muss der Benutzer zusätzlich noch entscheiden, welche Flächenteile nach dem Trimmvorgang erhalten bleiben sollen. Abbildung 4.6 zeigt dies anhand einiger Ergebnisse, die beim Trimmen eines Ellipsoids und einer Drehzylinderfläche erzeugt werden können.

Beim Durchführen der Trimmoperation berechnet das CAD-System die Schnittkurve der beteiligten Flächen. Diese Schnittkurve kann daher als eigenes Objekt generiert und dann als eigenständiges Profil zur Erzeugung neuer Flächen- oder Volumenmodelle verwendet werden (Abb. 4.6d).

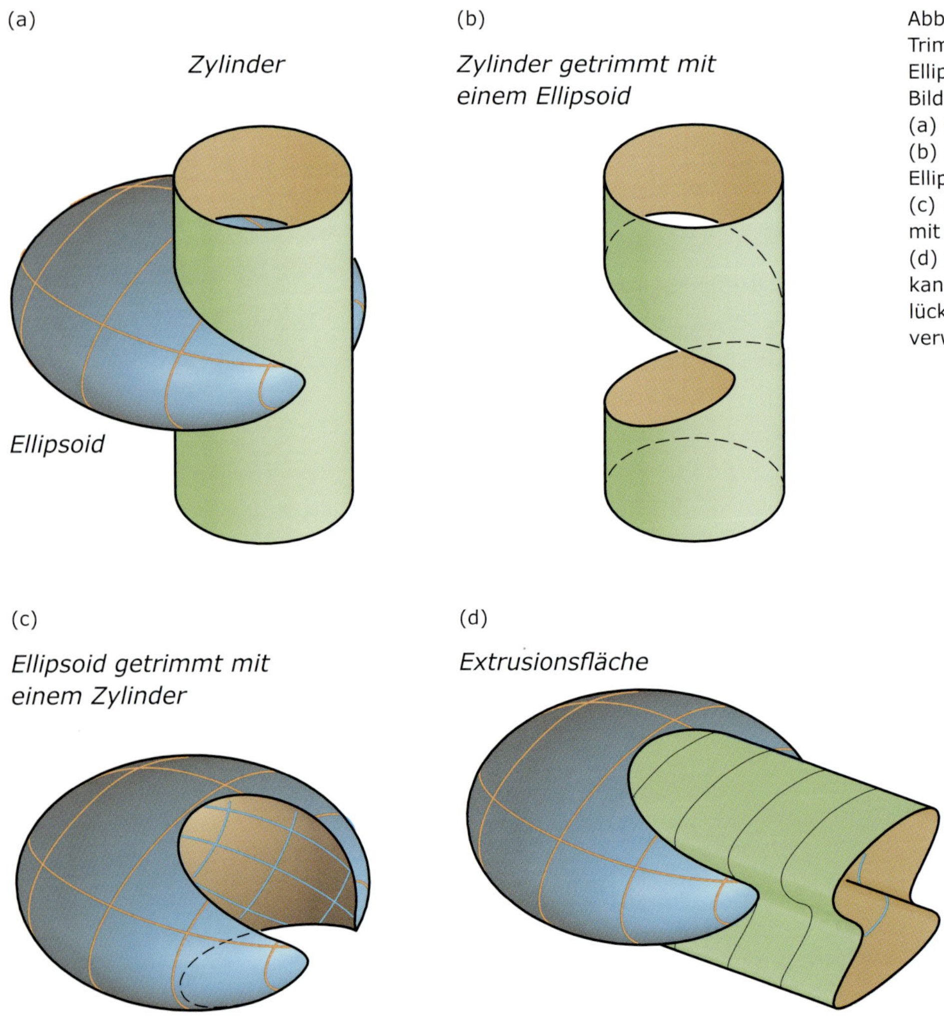

Abb. 4.6
Trimmen eines Zylinders und eines Ellipsoids. Der Reihe nach zeigen die Bilder
(a) beide Objekte vor dem Trimmen,
(b) den Zylinder getrimmt mit dem Ellipsoid und
(c) umgekehrt das Ellipsoid getrimmt mit dem Zylinder.
(d) Die dabei berechnete Schnittkurve kann auch als Profilkurve für eine lückenlos anschließende Fläche verwendet werden.

Viele CAD-Systeme stellen auch ein Werkzeug zum „Zusammenkleben" (Vereinigen) von getrimmten Flächenteilen zur Verfügung, die eine gemeinsame Randkurve (Schnittkurve) haben. Diese *Stitch*-Operation (Abb. 4.7) für Flächenmodelle entspricht der Booleschen Vereinigung bei Volumenmodellen. Bei der Anwendung der Stitch-Operation auf Flächen werden die Flächenteile nicht nur längs der gemeinsamen Schnittkurve verbunden. Die meisten CAD-Systeme versuchen auch, die Flächennormalen der einzelnen Objektteile so auszurichten, dass alle Objektteile dieselbe Orientierung hinsichtlich Vorder- und Rückseite haben. Falls die verwendete CAD-Software diese Funktionalität nicht besitzt, sollte man versuchen, die Flächenorientierung vor der Stitch-Operation manuell vorzunehmen. Spätestens bei der Belegung der vereinigten Flächenteile mit „orientierten Materialien" wird sich der Unterschied bemerkbar machen.

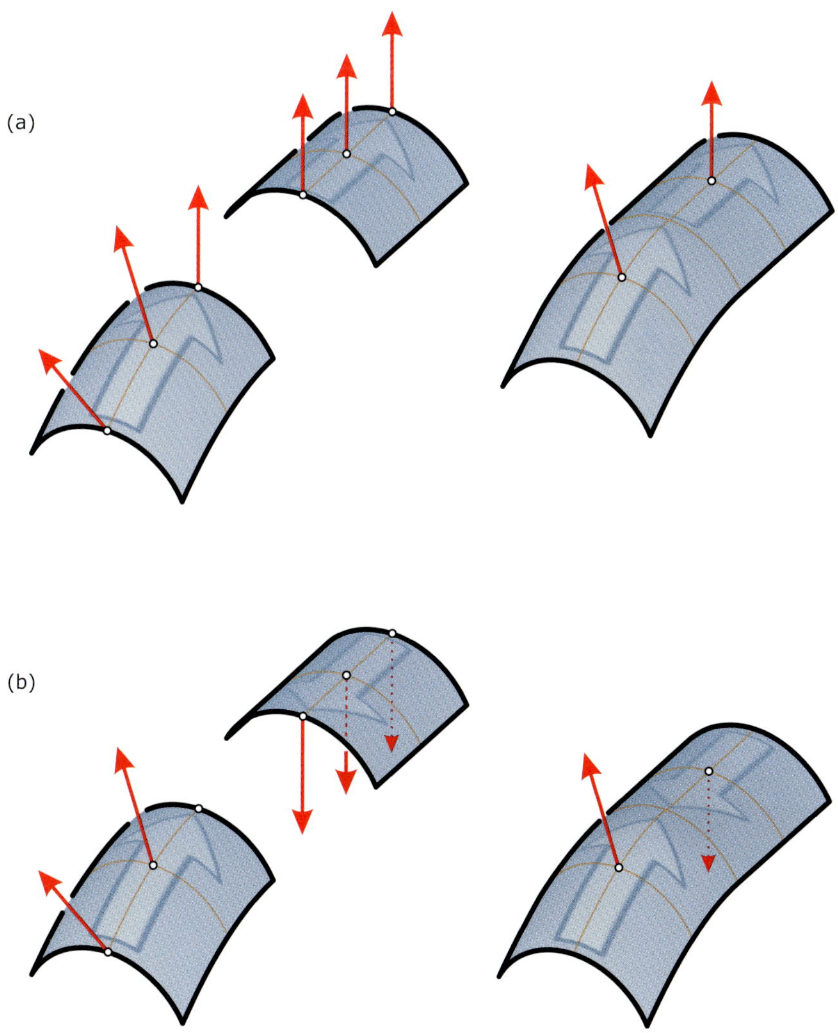

Abb. 4.7
„Zusammenkleben" zweier Flächen: (a) Mit derselben Orientierung hinsichtlich Vorder- und Rückseite erhalten wir eine fortlaufende Textur. (b) Verschiedene Orientierungen der zusammengesetzten Flächen liefern Diskontinuitäten bei Verwendung von orientierten Materialen.

Trimm- und Splittechniken können auch verwendet werden, wenn man ein Volumenmodell mit einer Fläche trimmen möchte. Dies setzen wir mit Vorteil beim Modellieren ein, wenn wir ein Volumenmodell mit einer Freiformoberfläche (siehe Kapitel 11) erzeugen möchten. Abbildung 4.8 illustriert eine Anwendung dieser Technik anhand eines sechsseitigen Prismas, das von einer sattelförmigen Fläche berandet wird.

Beim Design von Objekten müssen häufig Volumen- oder Flächenmodelle mit einer Zylinderfläche getrimmt werden. Da ein Zylinder durch eine Leitkurve und die Erzeugendenrichtung festgelegt ist, reicht in diesem Fall die Angabe einer Kurve und der Trimmrichtung aus, wobei die Trimmrichtung mit Hilfe des Weltkoordinatensystems, eines Benutzerkoordinatensystems, einer Referenzebene oder eines beliebigen Richtungsvektors festgelegt werden kann. In all diesen Fällen berechnet das CAD-System dann die Projektion der Kurve (entlang der vorgegebenen Richtung) auf die Ausgangsfläche. Abhängig von der Benutzerauswahl wird dabei entweder ein Loch aus der Oberfläche gestanzt (entspricht dem Trimmen) oder die Fläche wird entlang der projizierten Kurve in Einzelteile zerlegt (entspricht dem Splitten). Die Abbildung 4.9 zeigt diese Technik anhand eines Loches, das aus einem hyperbolischen Paraboloid (Kapitel 9) gestanzt wird.

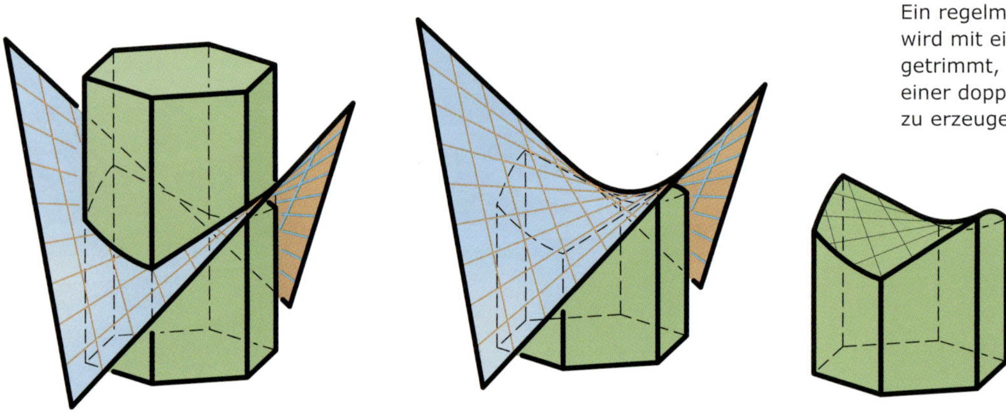

Abb. 4.8
Ein regelmäßiges sechsseitiges Prisma wird mit einer sattelförmigen Fläche getrimmt, um ein Volumenmodell mit einer doppelt gekrümmten Berandung zu erzeugen.

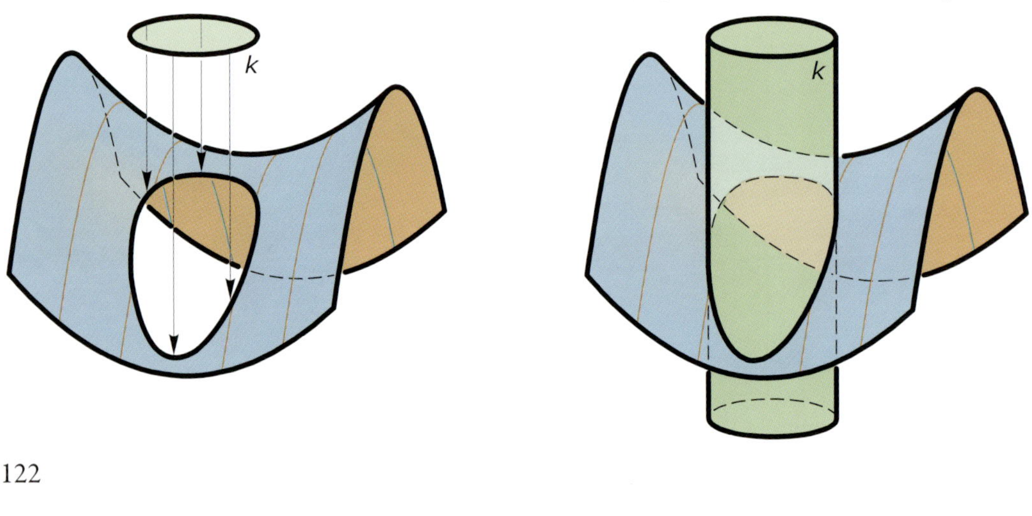

Abb. 4.9
Die Projektion eines Kreises *k* auf ein Paraboloid stanzt ein Loch in die Fläche. Dieser Vorgang kann auch als Trimmen eines Paraboloids mit einer Extrusionsfläche (Profilkurve *k*) interpretiert werden.

***Projektion einer Kurve in Richtung der Flächennormalen.** Als Sonderfall dieser Technik betrachten wir die Projektion einer Kurve auf eine Fläche, wobei wir als Trimmrichtung die Flächennormalen verwenden. Um diese Technik besser zu verstehen, benötigen wir einige Grundkenntnisse über Flächennormalen (Abb. 4.10). Dazu betrachten wir einen allgemeinen Punkt P auf einer Fläche Φ und eine Flächenkurve k durch den Punkt P. Auf der Kurve k, die zur Gänze in der Fläche Φ liegt, wählen wir einen Punkt Q in der Nähe von P. Die Punkte P und Q legen eine Gerade g fest. Nun bewegen wir den Punkt Q entlang der Kurve k in Richtung unseres Ausgangspunkts P.

In der Grenzlage, wenn der Punkt Q mit dem Punkt P zusammenfällt, wird dann aus der Geraden g die *Tangente t* der Kurve k. Diese Tangente berührt sowohl die Kurve k als auch die Fläche Φ im Punkt P. Betrachten wir nun alle Flächenkurven durch den Punkt P und deren Tangenten in P. Falls alle Tangenten in einer gemeinsamen Ebene τ liegen, so nennen wir τ die *Tangentialebene* der Fläche Φ im Punkt P. Die Tangentialebene berührt die Fläche Φ im Punkt P. Die *Flächennormale n* der Fläche Φ im Punkt P ist dann die eindeutig festgelegte Normale der Tangentialebene τ im Punkt P. Für die folgenden Ausführungen reicht dieses vereinfachte Konzept der Flächennormalen aus; eine ausführlichere Behandlung dieser Begriffe findet sich im Kapitel 7.

Projizieren wir nun eine Kurve in Richtung der Flächennormalen, dann besteht die erzeugte Schnittkurve auf der Fläche aus jenen Punkten, deren Flächennormalen die Projektionskurve treffen. Um zu verstehen, was ein CAD-System tatsächlich berechnet, stellen wir uns diesen Vorgang als Durchdringung der Ausgangsfläche mit einer speziellen Regelfläche (Kapitel 9) vor. Die Erzeugenden dieser Hilfsfläche sind dabei die Flächennormalen der Ausgangsfläche längs der Schnittkurve.

Abb. 4.10
Die Tangenten aller Flächenkurven in einem allgemeinen Punkt P bilden die Tangentialebene τ. Die Tangentialebene τ berührt die Fläche im Punkt P und steht normal zur Flächennormalen n.

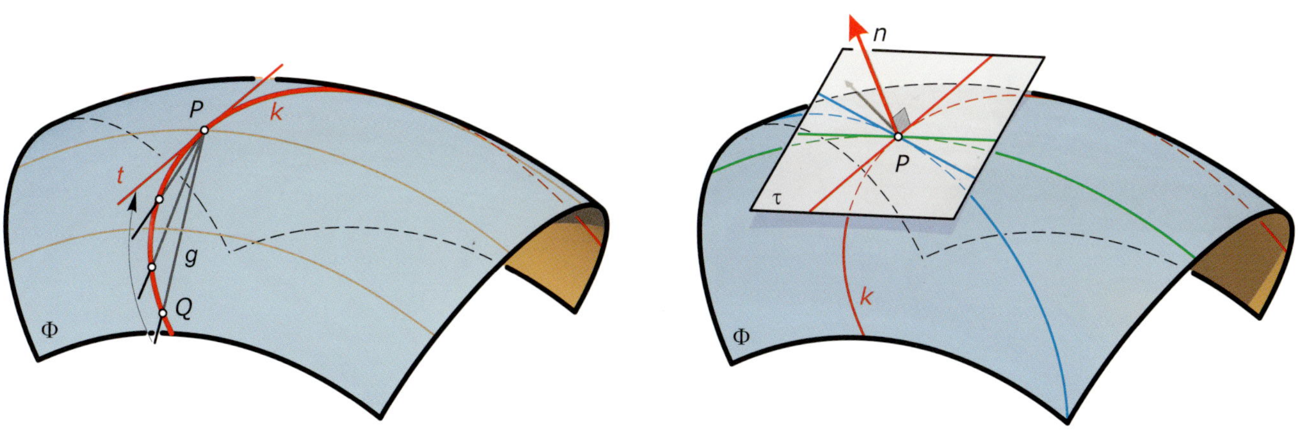

Beispiel:

Loch auf einer Drehfläche (Abb. 4.11). Alle Flächennormalen einer Drehfläche schneiden die Drehachse. Daher ist die beim Ausstanzen eines Loches beteiligte Hilfsfläche eine spezielle Regelfläche, nämlich ein Konoid (Kapitel 9). Im Fall einer Kugel verlaufen alle Flächennormalen durch den Mittelpunkt der Kugel. Deshalb ist die bei der Berechnung beteiligte Regelfläche ein Kegel, dessen Spitze *S* der Mittelpunkt der Kugel ist.

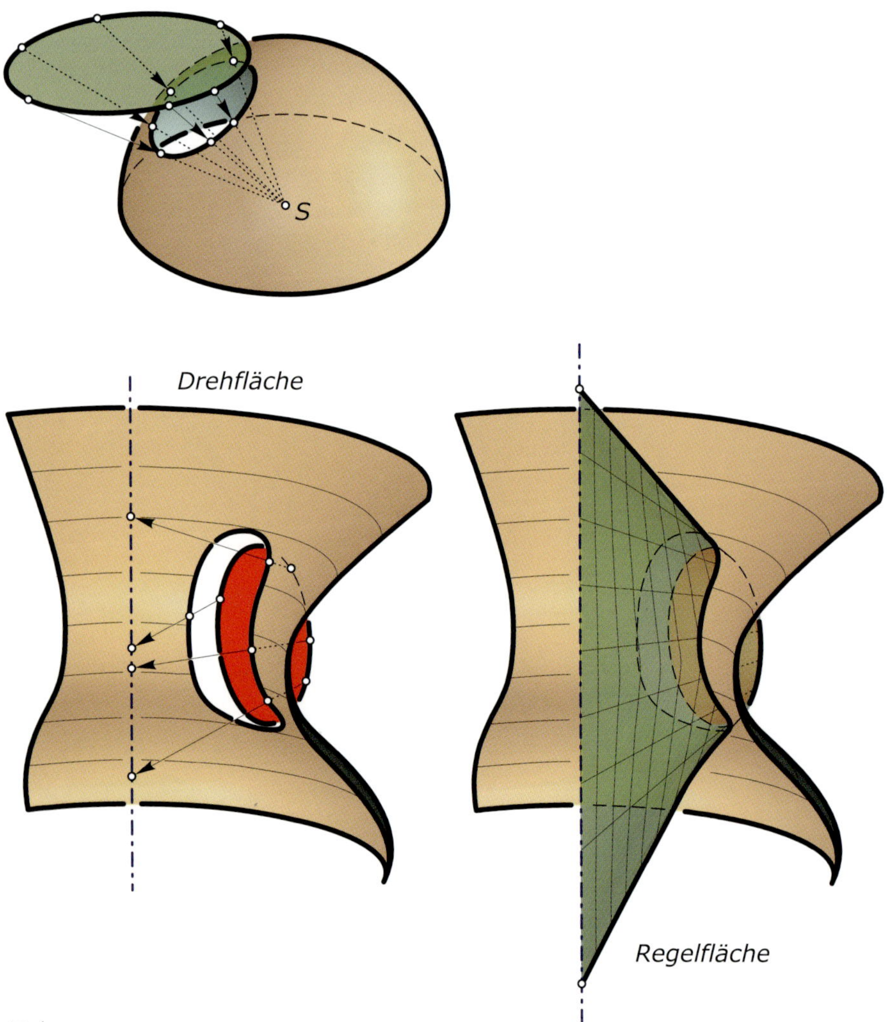

Abb. 4.11
Trimmen einer Drehfläche mit einer Kurve in Richtung der Flächennormalen. Dieser Vorgang kann auch als Trimmen der Drehfläche mit einer Regelfläche (in diesem Fall, einem Konoid) aufgefasst werden. Ist die Drehfläche eine Kugel, dann wird aus der beteiligten Regelfläche ein Kegel mit Spitze *S*.

Mit Ausnahme dieser beiden Sonderfälle nehmen die beteiligten Regelflächen recht komplexe Formen an. Als Folge dessen kann die entstehende Schnittkurve ziemlich unerwartete Formen aufweisen.

Wie schon bei den Booleschen Operationen erwähnt, müssen wir auch bei den Trimm- und Splittechniken auf einige Besonderheiten achten. Diese Techniken versagen, wenn die berechneten Schnittkurven nicht geschlossen sind oder Löcher aufweisen. Zur Vermeidung unerwünschter Resultate ist daher das Wissen, wie diese Techniken arbeiten, von großer Bedeutung.

Häufig nehmen die Schnittkurven von gekrümmten Flächen relativ komplizierte Formen an, selbst dann, wenn die beteiligten Flächen eher einfache Flächen wie Kegel und Zylinder sind (Abb. 4.12a). Allerdings können wir durch spezielle Wahl der gegenseitigen Lage und der die Objekte definierenden Parameter auch einfache, ja sogar ebene Schnittkurven erzwingen. Die Abbildungen 4.12b und c illustrieren dies anhand zweier Drehzylinder mit schneidenden Achsen und gleichen Radien. Wir erhalten damit Gewölbeformen mit ebenen Durchdringungskurven.

Abb. 4.12
(a) Im Allgemeinen ist die Schnittkurve zweier Zylinder eine Raumkurve k.
(b,c) Durch Trimmen zweier kongruenter Halbzylinder mit schneidenden Achsen erhalten wir ein Kreuzgewölbe mit ebenen Schnittkurven.

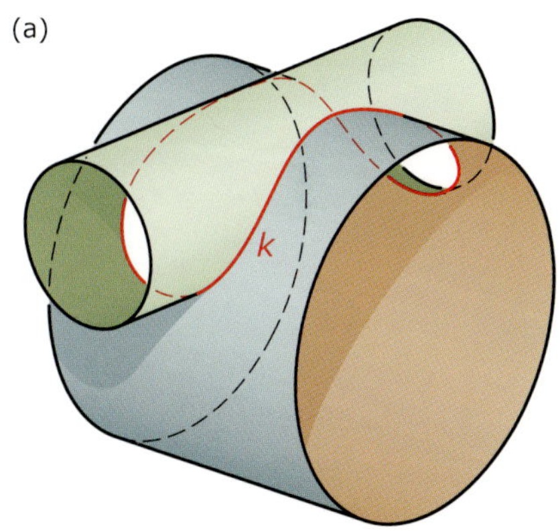

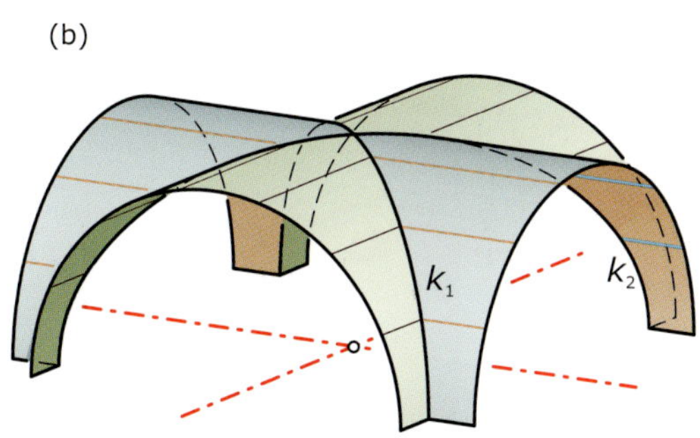

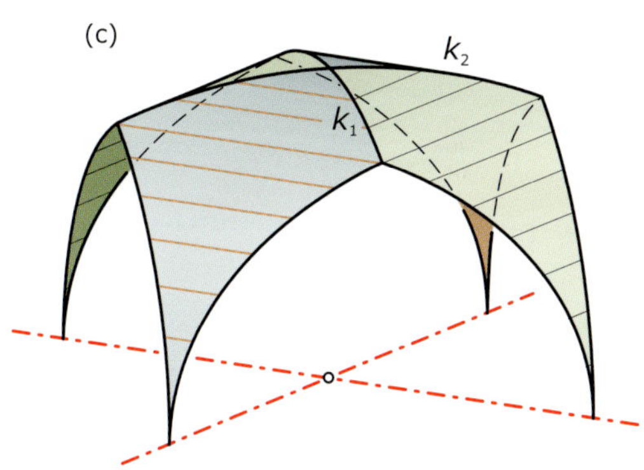

Diese Schnittkurven liegen in den Symmetrieebenen der beiden einander schneidenden Zylinderachsen. Spiegelt man einen Zylinder an einer dieser Ebenen, so erhält man den zweiten beteiligten Zylinder. Daher zerfällt die Schnittkurve in zwei Teile, die aus Ellipsen bestehen. Dieser wohlbekannte Effekt wurde von Architekten und Baumeistern über Jahrhunderte hinweg genutzt, um nicht nur optisch interessante, sondern auch statisch recht stabile Kirchengebäude zu bauen. Erst die Verwendung von Kreuzgewölben ermöglichte die Überdachung großer Hallen mit relativ wenigen tragenden Säulen.

Abb. 4.12
Verschiedene Formen von Gewölben werden seit Jahrhunderten in der Architektur verwendet.
(d) *Abtei von Fontevrault* (gegründet 1099 von Robert d'Arbrissel).
(e) Das *Dänische Jüdische Museum* (eröffnet 2004) in Kopenhagen von Daniel Libeskind.

(d)

(e)

Feature-basiertes Modellieren: ein effizienter Zugang zum Formdesign

Mit Hilfe Boolescher Operationen können wir unter Verwendung der zur Verfügung stehenden Grundkörper mit wenigen Mausklicks neue Objekte entwerfen. Die dabei entstehenden Objekte werden von der CAD-Software berechnet und dann lediglich als Körper, meist ohne Zusatzinformation, gespeichert. Bei einem parametergestützten CAD-System hingegen werden auch die *Eltern* (Grundkörper, aus denen die Objekte bestehen) und die *Entstehungsgeschichte* mit abgespeichert. Damit können beispielsweise, auch nach Anwendung der Booleschen Operationen, die Abmessungen der beteiligten Objekte oder deren gegenseitige Lage verändert werden. In älteren „nicht feature-basierten" CAD-Systemen ist so eine nachträgliche Änderung nicht – oder nur mit viel Aufwand – möglich.

Das kann für einen Architekten oder Designer zu einem teuren Problem werden. Daher stellen moderne CAD-Systeme verbesserte Versionen der Booleschen Operationen zur Verfügung. Sie weisen dieselben Funktionalitäten wie die klassischen Booleschen Operationen auf, speichern aber gleichzeitig auch die Entstehungsgeschichte mit dem Modell ab. In Kombination mit parametrischen Grundkörpern haben wir dann die Möglichkeit, die Dimensionen und die relative Lage aller beteiligten Objekte während des gesamten Designprozesses zu steuern.

Um noch mehr Flexibilität zu erhalten, erlauben manche CAD-Systeme auch die Manipulation der Booleschen Operationen und das nachträgliche Ersetzen von Profilkurven. Damit können wir dann sogar die Reihenfolge, in der die Booleschen Operationen angewandt wurden, im Nachhinein ändern. Selbst nach Fertigstellung des Modells können wir Boolesche Operationen löschen, deren Typ ändern oder auch die erzeugenden Kurven durch neue ersetzen.

Um die Vorteile dieser Arbeitstechnik anhand eines einfachen Beispiels zu illustrieren, betrachten wir ein würfelförmiges Modell mit drei Bohrungen, abgerundeten Kanten und einem drehzylindrischen Sockel (Abb. 4.13a). Wir nehmen dabei an, dass das Modell mit folgenden Arbeitsschritten modelliert wurde:

- Positionieren des Würfels
- Abrunden der Kanten
- Anbringen der Bohrungen
- Positionieren des drehzylindrischen Sockels
- Boolesche Vereinigung

Würden wir mit normalen (nicht feature-basierten) Booleschen Operationen arbeiten, hätten wir keine Probleme, den Durchmesser der Bohrlöcher zu vergrößern. Dazu müssten wir lediglich mehr Material mittels einer Bohrung mit größerem Radius aus dem Würfelteil entfernen. Umgekehrt wäre allerdings das Verkleinern der Bohrradien mit viel Aufwand verbunden, da wir bereits entferntes Material nicht einfach wiederherstellen können. Bei Verwendung eines feature-basierten CAD-Systems können wir hingegen die Änderung der Bohrlochdurchmesser jederzeit recht einfach vornehmen. In diesem Fall speichert die Software nicht nur die Parameter sämtlicher beteiligter Objekte sowie deren Entstehungsgeschichte, sondern sie berechnet auch alle Operationen neu, die von den geänderten Parametern beeinflusst werden (Abb. 4.13b).

Vergrößern wir nun den Durchmesser des drehzylindrischen Sockels, so stehen wir vor einem neuen Problem: Wir müssen die Höhe des Zylinders ebenfalls anpassen, um eine übergangslose Verbindung mit dem Würfelteil zu gewährleisten (Abb. 4.13c). Gleichzeitig sehen wir aber, dass das Anpassen der Höhe mit großer Sorgfalt durchgeführt werden muss.

Wird die Höhe zu klein gewählt, erzeugen wir ungewollte Flächenteile, die von der Deckfläche des Zylinders stammen. Andererseits stehen Teile des Zylinders in den hohlen Innenteil der würfelförmigen Skulptur, falls wir die Höhe zu groß annehmen. Die Abbildung 4.13d zeigt diesen Effekt, der sich beim Ausgangsobjekt einstellt, wenn wir die Zylinderhöhe vergrößern. Da bei der ursprünglichen Modellierung des Modells die Boolesche Vereinigung als letzter Arbeitsschritt ausgeführt wurde, betreffen die Bohrungen nur den würfelförmigen Teil und nicht den zylindrischen Sockel. Ein feature-basiertes CAD-System erlaubt auch im Nachhinein die Veränderung der Reihenfolge der Arbeitsschritte (Boolesche Vereinigung wird vor dem Bohren der Löcher ausgeführt), wodurch wir die beschriebenen Probleme vermeiden können. Nun können wir den Durchmesser des Sockels unseren Designideen anpassen, ohne auf die Höhe des Zylinders Rücksicht nehmen zu müssen (Abb. 4.13e).

Während des Designvorgangs platzieren wir häufig Objekte und wenden anschließend darauf Boolesche Operationen an. Um beispielsweise ein Loch aus einem vorhandenen Modell zu fräsen, müssen wir zuerst einen Zylinder an der richtigen Stelle positionieren und danach die Boolesche Differenz anwenden. Moderne CAD-Systeme kombinieren diese beiden Arbeitsschritte in einem einzigen, zeitsparenden Werkzeug. So ein „Bohrlochwerkzeug" kann sogar noch effizienter wirken, wenn auch die relative Position des Bohrzylinders zum Ausgangsobjekt oder zu einem benutzerdefinierten Hilfskoordinatensystem berücksichtigt und automatisch mitgespeichert wird. Erlaubt das CAD-System durch Speichern der Entstehungsgeschichte auch eine nachträgliche Änderung der Dimensionierungen und der relativen Position, so erlangen wir eine zusätzliche Flexibilität im Designprozess.

Diese Technik wird *feature-basiertes* (oder *parametrisches*) Modellieren genannt. Ein CAD-Modell wird dabei mit Hilfe so genannter Features erzeugt, wobei wir unter *Features* „funktional zusammenhängende Objektteile" verstehen wollen. Der Designer legt beim Modellieren nicht nur die Geometrie und die Form des Modells fest, sondern auch relevante Informationen über technologische und funktionale Aspekte. Wir können Features in etwa in folgende Klassen einteilen:

- Körper-Features (parametrische Grundobjekte wie Würfel, Kugeln, Extrusionskörper, Freiformkörper, ...)
- Form-Features (Löcher, Taschen, Ausstülpungen, ...)
- Operations-Features (Verrundungen, Abschrägungen, Offsets, ...)

Abb. 4.13
Feature-basierte CAD-Systeme unterstützen nicht nur die Änderung der Objektabmessungen, sondern auch die Neuanordnung der Entstehungsgeschichte.

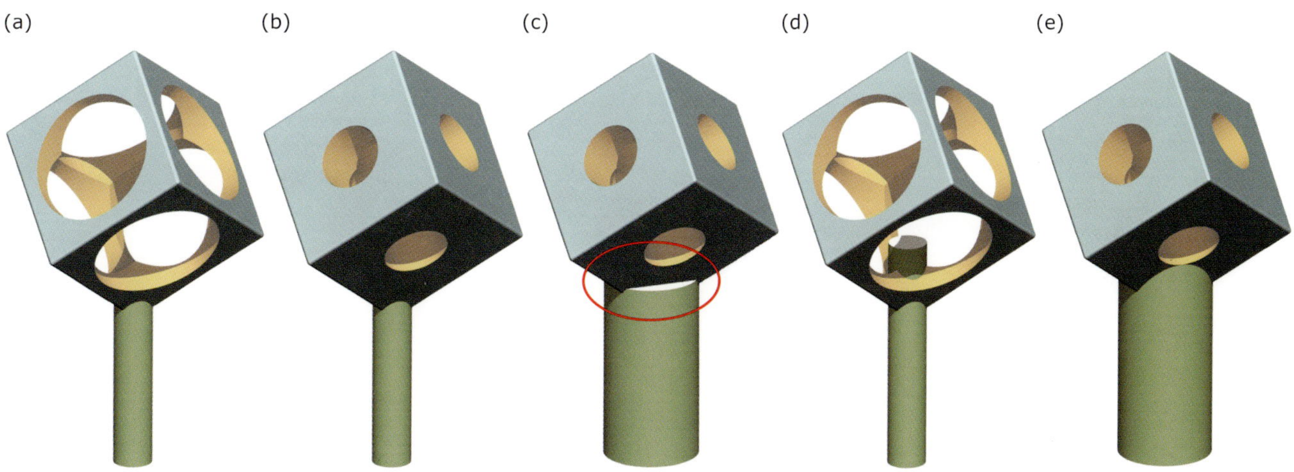

Beispiel:

Bohrloch-Feature. Angenommen, wir haben ein Modell vorliegen, das aus einer Halbkugel und einem kegelförmigen Teil (beides als Körper-Features erstellt) besteht. Die beiden Objektteile wurden zusätzlich noch vereinigt. Die inneren Bereiche wurden ebenfalls mit einem Kegel und einer Kugel modelliert und mit Hilfe der Booleschen Differenz entfernt. Abschließend wurde die auftretende Schnittkurve verrundet (Operations-Feature). Um Löcher aus dem Objekt zu fräsen, wenden wir nun ein Bohrlochfeature an (Abb. 4.14a).

- Die beiden Löcher auf der Halbkugel erzeugen wir in Bezug auf zwei verschiedene Koordinatensysteme. Die Bohrachse des blauen Lochs im höchsten Punkt der Halbkugel verläuft dabei parallel zur z-Achse des Weltkoordinatensystems. Die Bohrachse des grünen Lochs liegt parallel zur y-Achse des benutzerdefinierten Hilfskoordinatensystems, das wir im Inneren der Kugel sehen können.
- Die restlichen, violetten Bohrlöcher am Kegel und im Bereich der Verrundung bringen wir jeweils in Richtung der Flächennormalen an. Um den Designer beim exakten Justieren der Bohrungen zu unterstützen, berechnet ein benutzerfreundliches CAD-System die Flächennormalen (schwarze Pfeile)

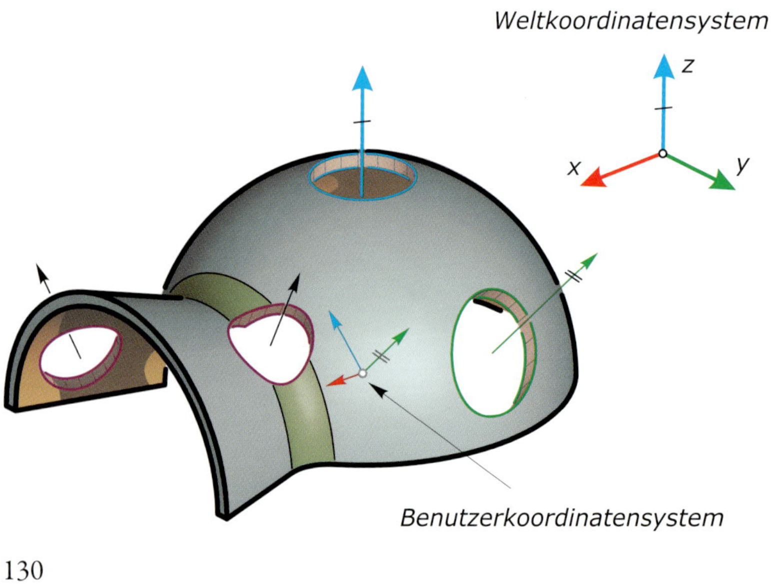

Abb. 4.14
(a) Bei der Anwendung des Formfeatures „Bohrloch" gibt es verschiedene Möglichkeiten, die Bohrrichtung festzulegen (z.B. parallel zur z-Achse des Weltkoordinatensystems oder parallel zu den Flächennormalen). Diese Richtungen werden während des Designvorgangs angezeigt.

in Echtzeit und zeigt sie während des Modellierungsprozesses an.
Feature-basierte CAD-Software speichert nun die gesamte Geometrie sowie alle funktionalen Informationen. Deshalb bleibt die Funktionalität der Bohrlöcher auch beim nachträglichen Verlagern der Bohrungen erhalten. Das bedeutet, dass auch die relative Lage der Bohrachsen zu den beteiligten Flächen beziehungsweise zu den verwendeten Koordinatensystemen erhalten bleibt. Die Abbildung 4.14b illustriert diesen Effekt.

- Das blaue Loch wurde auf der Oberfläche der Halbkugel verschoben. Während dieser Bewegung bleibt die Achse des Bohrzylinders immer parallel zur z-Achse des Weltkoordinatensystems.
- Das grüne Loch wurde sogar über die Halbkugel hinaus auf den kegelförmigen Teil geschoben. Trotzdem bleibt die Richtung, in der gebohrt wird, weiterhin zur y-Achse des benutzerdefinierten Koordinatensystems parallel.
- Weiters wurde die Lage eines der violetten Löcher verändert, wobei die Information über die Bohrrichtung (in Richtung der Flächennormalen) ebenfalls erhalten bleibt.

Abb. 4.14
(b) Drei der „Bohrloch"-Features werden am Objekt verlagert. Während dieser Neupositionierung bleibt die Information über die Bohrrichtung erhalten.

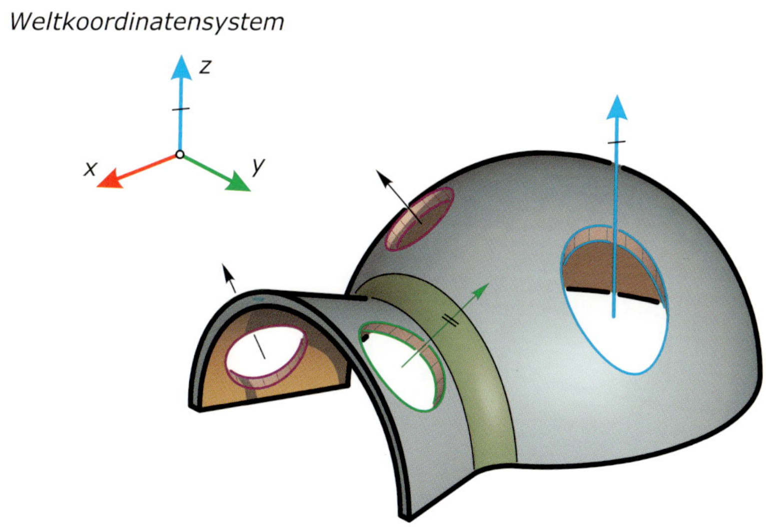

Das Form-Feature „Bohrloch" kann als Kombination folgender Aktionen betrachtet werden: Positionieren eines Drehzylinders und Anwenden der Booleschen Differenz. Ersetzen wir die Boolesche Differenz durch die Boolesche Vereinigung, so erhalten wir ein weiteres Form-Feature, das man als „Vorsprung" oder „Zapfen" bezeichnen könnte. Es funktioniert in der gleichen Art und Weise wie das Form-Feature „Bohrloch", allerdings mit dem Unterschied, dass nicht Material weggenommen, sondern hinzugefügt wird. Wie wir in Abbildung 4.15 sehen, füllt dieses Feature auch eventuell auftretende Löcher zwischen den aufgesetzten Drehzylindern und den beteiligten Oberflächen. Als zusätzliche Funktionalität bietet dieses Feature oft auch eine gleichzeitige Verrundung der auftretenden Schnittkanten an.

Eine weitere Möglichkeit, die Funktionalität der beiden Form-Features „Bohrloch" und „Vorsprung" zu erweitern, besteht darin, die Drehzylinder durch allgemeine Zylinder (mit allgemeinen Profilkurven) zu ersetzen. In Kombination mit weiteren Funktionalitäten, wie beispielsweise dem Verlängern der Bohrlöcher oder Vorsprünge nur bis zu den nächstgelegenen Flächen, sind diese Features hervorragende Werkzeuge beim Entwerfen und Modellieren komplexer Objekte.

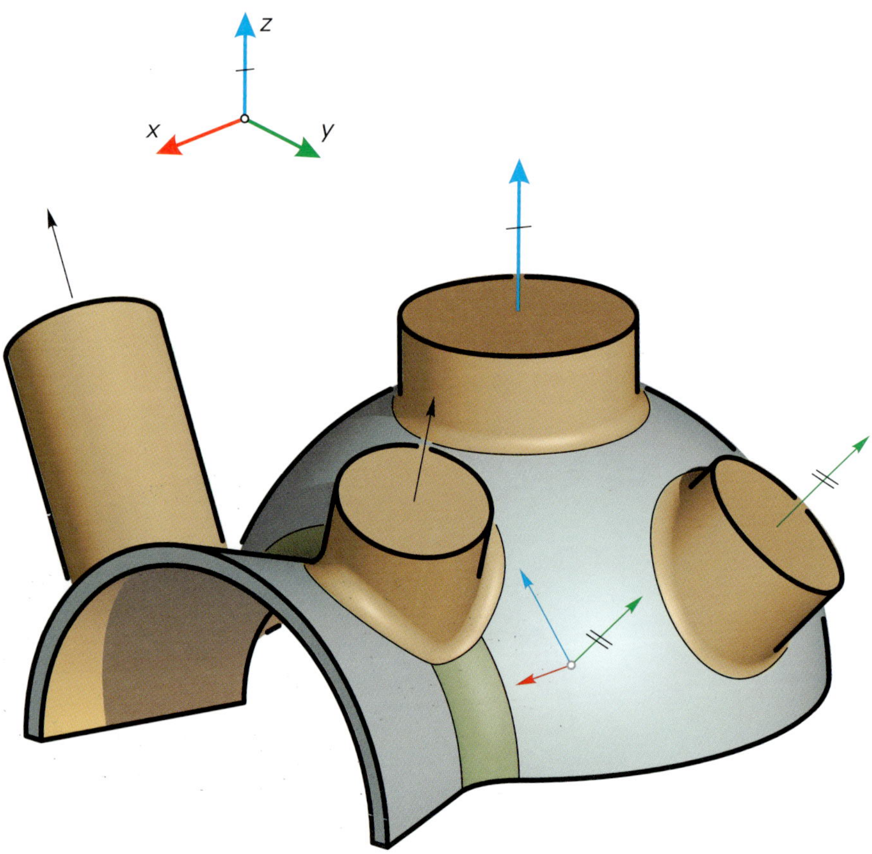

Abb. 4.15
Das Vorsprung-Feature kombiniert die Positionierung eines Zylinders mit der Booleschen Vereinigung. Die benutzerdefinierte Ausrichtung kann vom Weltkoordinatensystem oder von den Flächennormalen abhängig gemacht werden.

Beispiel:

Stiegengeländer. Als ein Anwendungsbeispiel dieser Technik zeigen wir das Herstellen verschiedener Modellvarianten eines Stiegengeländers. Wir modellieren die Stiegen als Extrusionskörper und den Handlauf mit Hilfe der Extrusion eines Kreises längs eines Streckenzuges. Anschließend werden die beiden Teile mit der Booleschen Vereinigung zusammengefasst. Zur Konstruktion der lotrechten Steher bereiten wir ein kreisförmiges Profil für das Form-Feature „Vorsprung“ sowie einige Hilfslinien zur leichteren Positionierung der Steher vor (Abb. 4.16a,b).

Nun wenden wir das Form-Feature „Vorsprung“ auf den Handlauf und die Stiegen mit verschiedenen Optionen an. Zuerst soll der Vorsprung in beide Richtungen alle beteiligten Flächen inkludieren. In diesem Fall werden die Steher automatisch oben bis zum Handlauf und unten bis zum Fußboden (Unterseite der ersten Stufe) verlängert (Abb. 4.16c).

Wenn wir die Verlängerung nach unten mit der nächstgelegenen Fläche beschränken, erhalten wir das Modell aus Abbildung 4.16d. Ersetzen wir noch das kreisförmige Profil durch ein regelmäßiges Sechseck, so erzeugen wir einen Stehertyp, der bei geeigneter Beleuchtung schärfere Eigenschattengrenzen bewirkt.

Abb. 4.16
Modellierung eines Stiegengeländers unter Verwendung eines Vorsprung-Features. Die Auswahl diverser Optionen ermöglicht rasche Änderungen im Design.

(a)

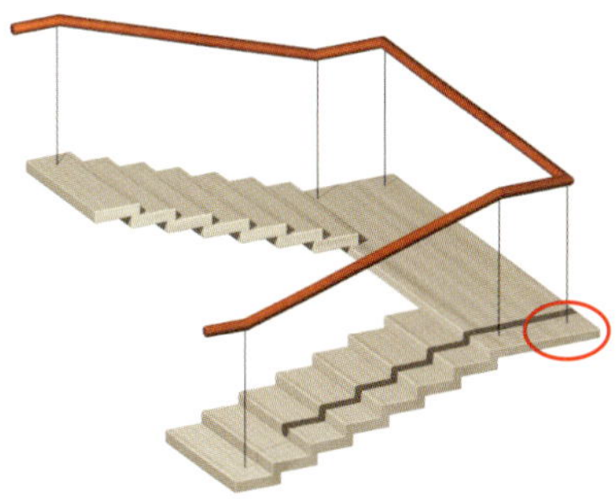

(b)

(c)

(d)

(e)

Neben den Form-Features erleichtern und beschleunigen Operations-Features wie das Abrunden, Abschrägen oder Verjüngen von Objekten (Abb. 4.17) den Designprozess. Abhängig von den Kapazitäten der verwendeten CAD-Software können diese Features mit erweiterten Funktionalitäten ausgestattet sein.

Mit unserem jetzigen Wissensstand sind wir noch nicht in der Lage, den geometrischen und mathematischen Hintergrund dieser Techniken zu verstehen. So wissen wir beispielsweise noch zu wenig über Flächennormalen oder über jene Flächen, die beim Verrunden von Flächen entstehen. Ohne ein profundes Hintergrundwissen werden diese ausgefeilten Werkzeuge oftmals mit ungeeigneten oder geometrisch unmöglichen Einstellungen angewendet, sodass die CAD-Software die gewünschten Aktionen nicht ausführen kann.

Abb. 4.17
An Hand eines dreiseitigen Prismas als Ausgangsobjekt illustrieren wir die Formfeatures „Verjüngen", „Abschrägen" (oder „Fasen") und „Abrunden". Die dabei entstehenden Formen treten häufig in der Architektur auf.

(a) Die *Handels- und Industriekammer* (1991–1995) in Dubai von Nikken Sekkei (Foto mit freundlicher Genehmigung von Martin Reis).

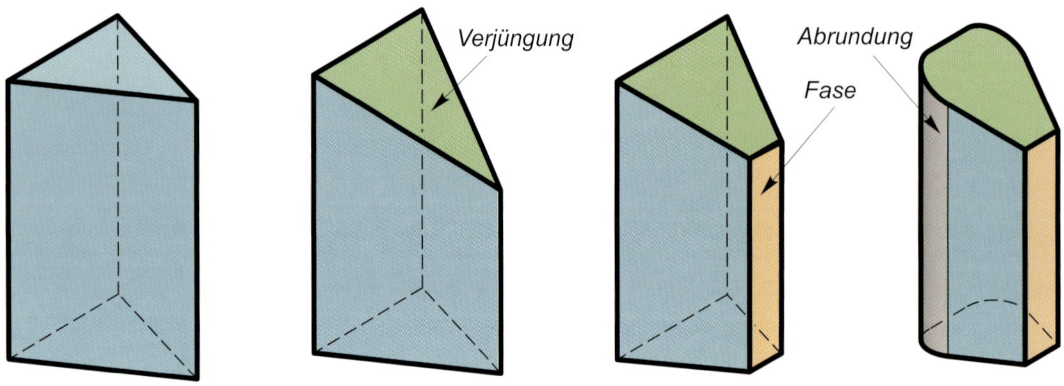

(a)

(b)

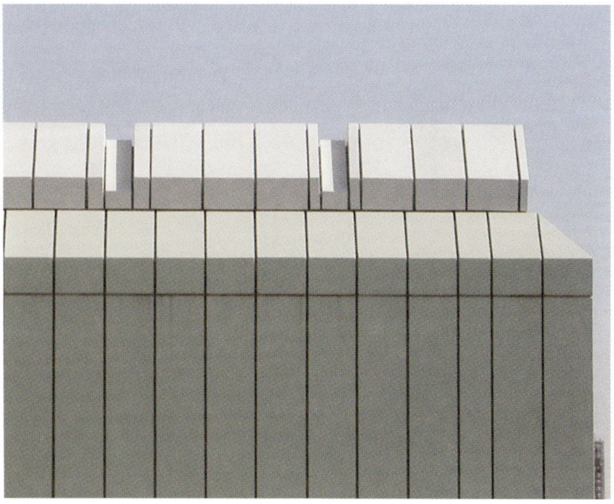

(c)

Abb. 4.17
(b, c) Abrundungen und Fasen an gebauter Architektur.
(d) Das *Hotel Q* (2003–2004) in Berlin von GRAFT weist viele Abrundungen auf.

(d)

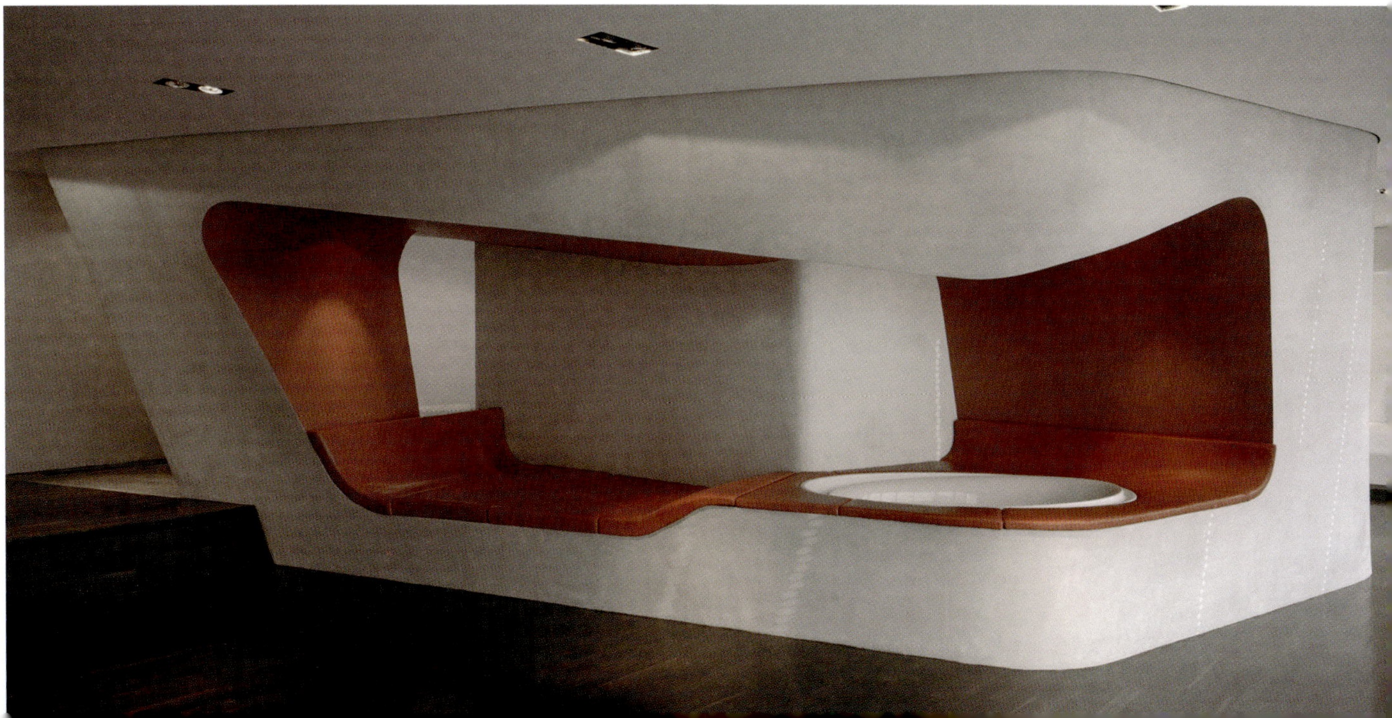

Die Abbildung 4.18 zeigt eines dieser Probleme anhand der Abrundung eines Zylinders. Das Abrunden des Randkreises k ist problemlos möglich, solange nur der Abrundungsradius kleiner als der Zylinderradius ist. In diesem Fall berechnet die CAD-Software automatisch die notwendigen Parameter und die richtige Platzierung eines Ringtorus, der sowohl die Deckfläche als auch die Mantelfläche berührt. Diese Berechnung kann auch so interpretiert werden, dass jene Rohrfläche (Kapitel 9) ermittelt wird, die bei Bewegung einer Kugel längs eines Kreises entsteht, wobei ständig die Deck- und Mantelfläche des Zylinders berührt werden (Kugelradius ist gleich groß wie der Abrundungsradius). Falls der Abrundungsradius gleich dem Zylinderradius gewählt wird, entsteht ein Zylinder mit aufgesetzter Halbkugel. Eine größere Wahl des Abrundungsradius ist dann allerdings nicht mehr möglich.

***Verrundungsflächen.** Die Entstehung der Verrundungsfläche zweier allgemeiner Flächen kann in folgender Weise erklärt werden (Abb. 4.19a): Für einen glatten Übergang zwischen zwei Flächen bewegen wir eine Kugel mit gegebenem Verrundungsradius entlang der Schnittkurve der beiden beteiligten Flächen. Während dieser Bewegung berührt die Kugel ständig beide Flächen längs der Kurven k_1 und k_2. Die Kugel überstreicht dabei einen Teil einer Rohrfläche (vgl. Kapitel 9).

Abb. 4.18
Solange der Abrundungsradius kleiner als der Zylinderradius gewählt wird, ist ein Abrunden des Randkreises k möglich. Verwendet man gleiche Radien, so entsteht ein halbkugelförmiger Abschluss.

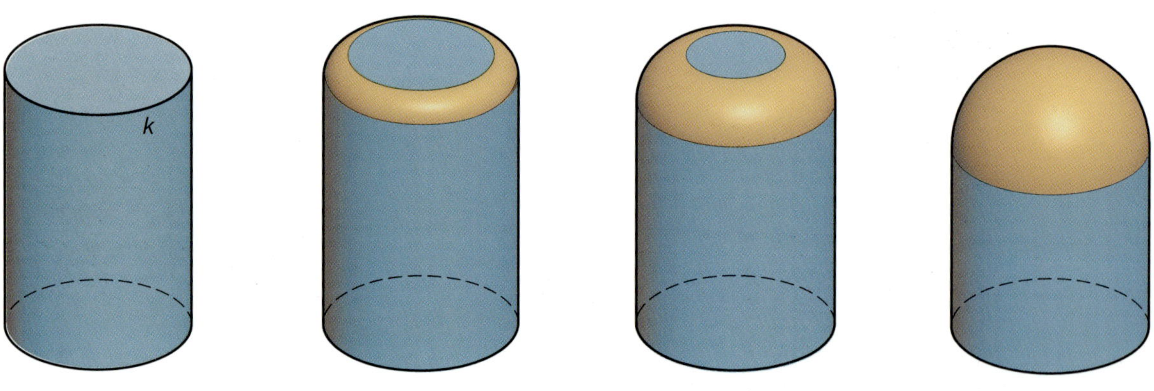

Die Bahnkurve des Kugelmittelpunktes kann als Schnittkurve zweier Parallelflächen (Kapitel 10) berechnet werden. Entsteht während dieses Bewegungsvorganges auch nur eine einzige Situation, bei der die bewegte Kugel nicht beide Flächen berührt, so kann die Verrundungsfläche nicht erzeugt werden. Als Verallgemeinerung dieser Methode werden oft auch veränderliche Verrundungsradien erlaubt. Vom geometrischen Standpunkt aus entspricht dies einer bewegten Kugel, deren Radius im Verlauf der Bewegung verändert wird (Abb. 4.19b).

Um Probleme beim Modellieren schon im Vorfeld zu vermeiden, benötigen wir tiefer gehende Kenntnisse über die Eigenschaften von Freiformflächen (Kapitel 11). Dieses Wissen erlaubt uns dann, geeignete Formparameter für die eingesetzten Features auszuwählen. Abhängig vom Entwurfsprozess gibt es immer wieder alternative Konstruktionswege, um ein und dasselbe Modell zu erzeugen. Auf den ersten Blick scheinen diese Modelle gleichwertig zu sein. Vom geometrischen Standpunkt aus sind sie das allerdings nicht. Ändern wir die Parameter der beteiligten Objekte im Nachhinein, so erkennen wir, dass unterschiedliche geometrische Herangehensweisen auch zu unterschiedlichen Modellen mit verschiedenen Funktionalitäten führen, womit auch unterschiedliche Änderungsmöglichkeiten verbunden sind.

Abb. 4.19

(a) Eine Kugel, die entlang einer Kurve k bewegt wird, erzeugt die Verrundungsfläche längs der Schnittkurve von Φ_1 und Φ_2. Die Verrundungsfläche wird dabei von den Berührkurven k_1 und k_2 berandet.

(b) Wird der Radius der Kugel während der Bewegung kontinuierlich geändert, erhalten wir eine Verrundung mit veränderlichem Verrundungsradius.

(a)

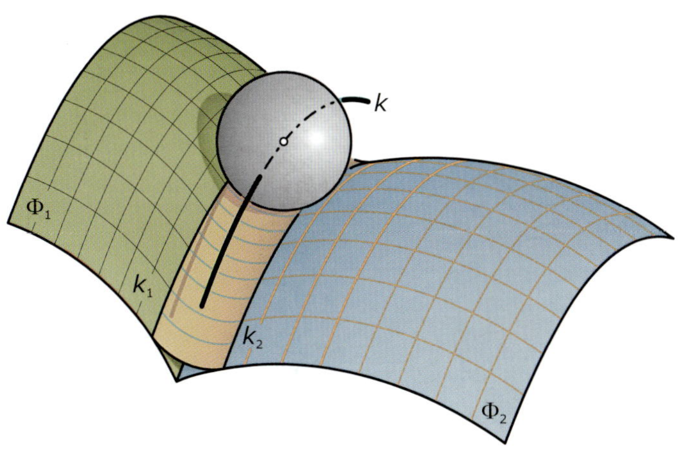

(b)

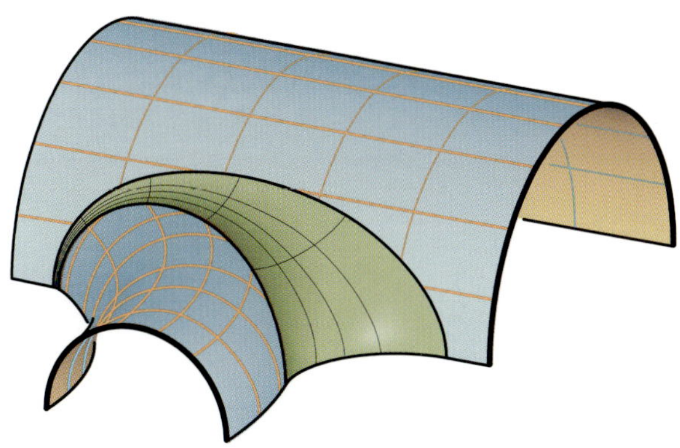

Zur Modellierung des folgenden Beispiels verwenden wir jeweils nur zwei Körper-Features und ein Form-Feature. Es lässt dennoch schon die Vielfalt der Möglichkeiten erkennen, die feature-basierte CAD-Systeme erlauben. Durch Erweiterung unseres Wissens über Kurven, Flächen und Formen (in den folgenden Kapiteln) und durch Einsatz dieses Wissens beim feature-basierten Modellieren werden wir in der Lage sein, auch umfangreiche Projekte effizient zu meistern.

Beispiel:

Variationen eines einfachen Modells einer Überdachung. Wir modellieren die kugelförmige Überdachung einer prismatischen Halle auf zwei unterschiedliche Arten. Einmal erzeugen wir das Modell als Booleschen Durchschnitt eines Quaders mit einer Kugel (Abb. 4.20a). Verwenden wir eine Halbkugel, die wir durch Drehen eines Viertelkreises um die z-Achse erzeugen und schneiden wir von dieser die vier lotrechten Seitenflächen mit Hilfe eines Schnittfeatures weg, so erhalten wir ein zweites, gleich aussehendes Modell der Überdachung (Abb. 4.20b). Obwohl beide Modelle absolut baugleich sind, weisen sie auf Grund verschiedener Entstehungsgeschichten unterschiedliche Funktionalitäten und Veränderungsmöglichkeiten auf. Wir wollen dies anhand einfacher Variationen untersuchen, wobei wir darauf achten, nur jene Änderungen durchzuführen, welche die Symmetrien des Objekts erhalten.

Durch Verkleinern des Kugeldurchmessers können wir aus dem ersten Modell beispielsweise das Objekt aus Abbil-

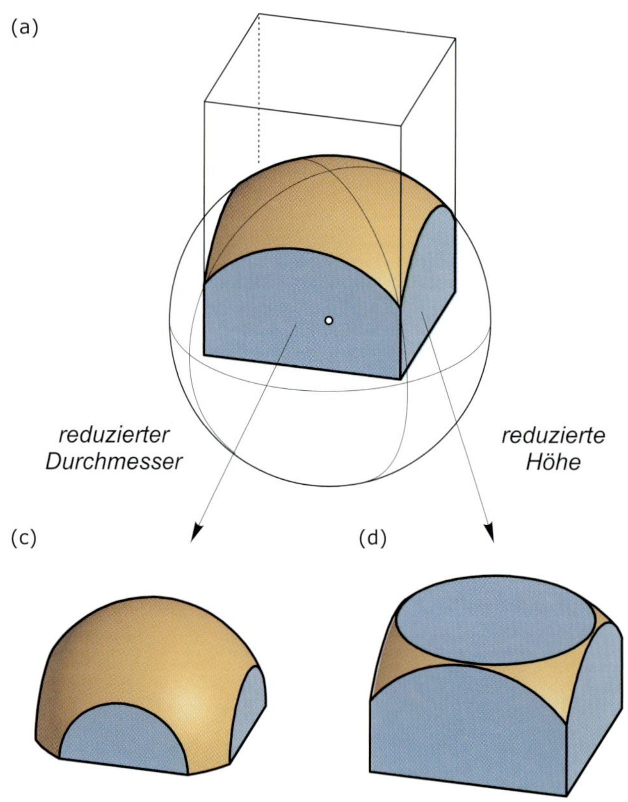

dung 4.20c erzeugen. Reduzieren wir die Höhe des Quaders, erhalten wir das Modell aus Abbildung 4.20d. Das zweite Modell, bei dem wir Profile verwendet haben, erlaubt viel weiter reichende Änderungen, wenn wir die vorhandenen Profile durch neue ersetzen. So können wir das Modell aus Abbildung 4.20e erzeugen, wenn wir das Quadrat durch ein regelmäßiges Achteck ersetzen. Wir können sogar das Objekt aus Abbildung 4.20f aus unserem Modell ableiten, obwohl es keinerlei Ähnlichkeit zum Ausgangsmodell zu haben scheint. Wir tauschen dazu lediglich das Profil des Drehkörpers (Viertelkreis *k*) aus und verwenden eine neue Profilkurve *p*, die aus einer Strecke und zwei Kreisbögen besteht.

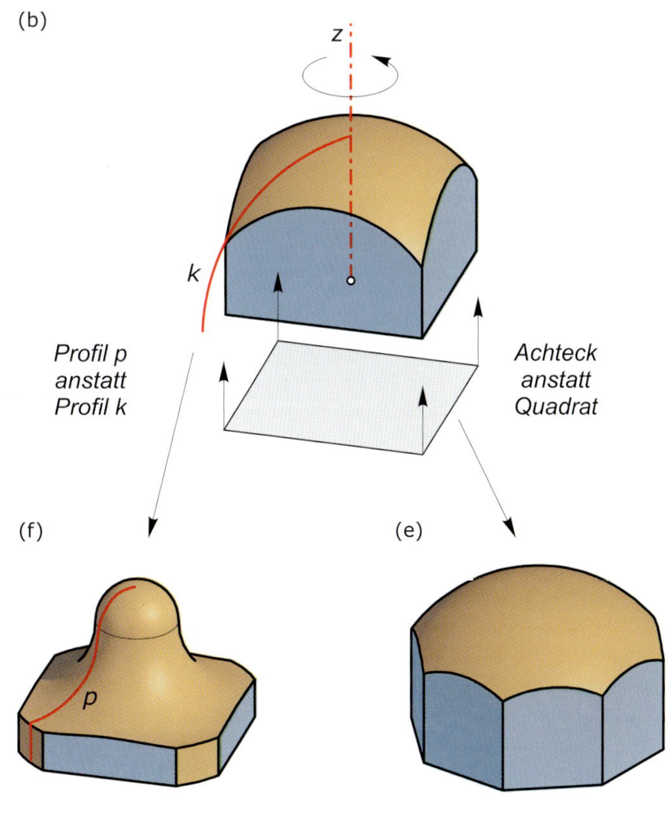

Abb. 4.20
Zwei kongruente CAD-Modelle mit verschiedenen geometrischen Entstehungsgeschichten weisen unterschiedliche Funktionalitäten auf und erlauben daher unterschiedliche Änderungsmöglichkeiten.

Kapitel 5
Ebene Transformationen

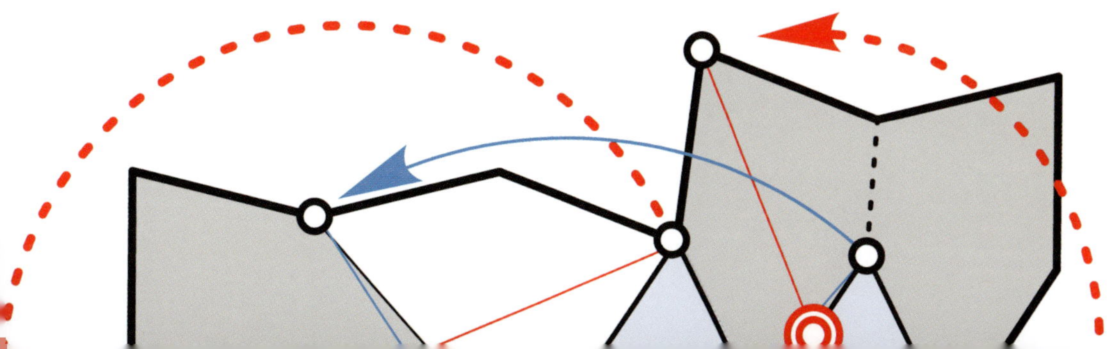

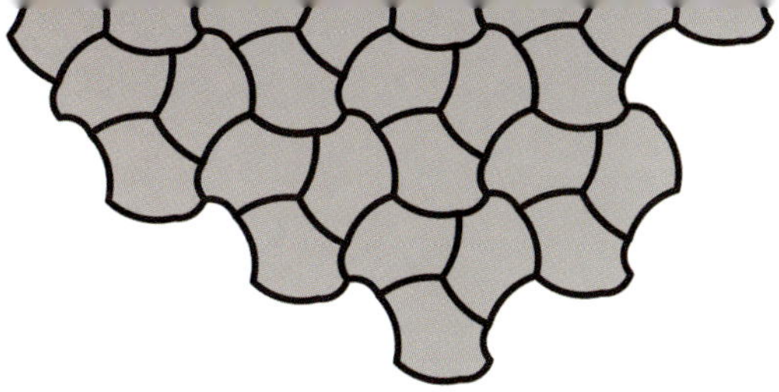

Ebene Transformationen

Neben den Booleschen Operationen und den Trimm- und Splittechniken für Flächen sind die Transformationen ein weiteres wichtiges Werkzeug zur Erzeugung geometrischer und architektonischer Objekte. Wir befassen uns mit den linearen Transformationen in der Ebene („linear" bedeutet dabei, dass Geraden wieder auf Geraden abgebildet werden). Neben dieser „Geradentreue" werden wir weitere Eigenschaften der ebenen linearen Transformationen herleiten und sie an Hand dieser auch klassifizieren.

Wichtige, elementare Transformationen sind die Kongruenztransformationen (Schiebung, Drehung, Spiegelung). Sie erhalten die an den Objekten auftretenden Längen und Winkelgrößen. Ein wenig allgemeiner sind dann die Ähnlichkeitstransformationen, welche zwar die Winkel unverändert lassen, jedoch alle Längen um denselben Faktor vergrößern oder verkleinern. Außerdem werden wir die Scherung kennen lernen, die den Flächeninhalt der beteiligten Objekte unverändert lässt. Schließlich haben wir noch die Skalierung, die mehr Freiheiten beim Formendesign erlaubt, aber noch immer eine lineare Abbildung ist.

Die Werke von M. C. Escher illustrieren hervorragend die verschiedenen Typen der Transformationen. Er nutzte seine Kenntnisse über die ebenen Transformationen meisterlich aus, um wundervolle, nicht triviale Pflasterungen zu erzeugen. Wir studieren einige seiner bemerkenswerten Arbeiten, um mehr über Fliesen zu erfahren. Dieses Wissen ist bei der Gestaltung von interessanten Fassaden und beim Verfliesen von Flächen überaus nützlich (Abb. 5.1).

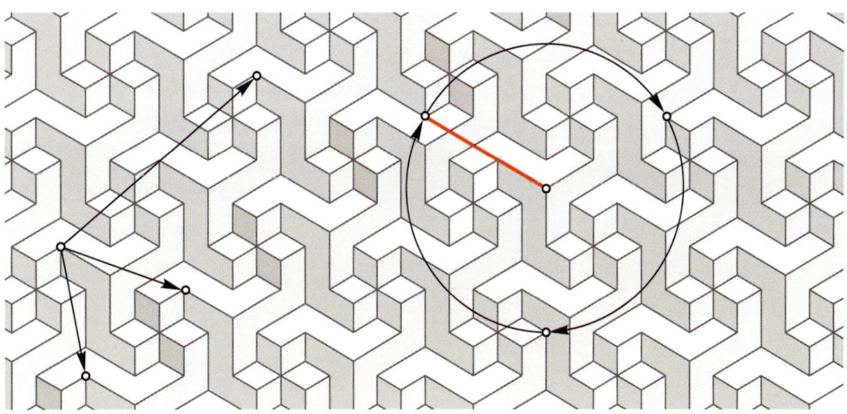

Abb. 5.1
(a) Kongruenztransformationen, wie Schiebungen und Drehungen, sind von grundlegender Bedeutung bei der Erzeugung von Pflasterungen.

Abb. 5.1
(b) Verschiedene Fliesenmuster an einem Gebäude in Usbekistan (Foto mit freundlicher Genehmigung von Martin Reis).

(c) Sechseckige Fliesen in einer Eisenbahnstation der Verkehrsbetriebe von San Francisco.
(d) Eine unregelmäßige Pflasterung an einer Fassade in Melbourne.

(b)

(c)

(d)

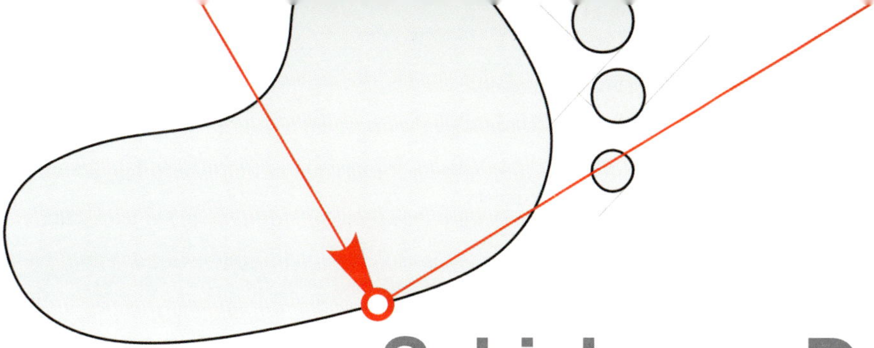

Schiebung, Drehung und Spiegelung in der Ebene

Zwei Dreiecke ABC und $A_1B_1C_1$ mit gleich langen Seiten haben dieselben Winkel. Sie sind daher von exakt gleicher Gestalt, und wir bezeichnen sie als *kongruente* Dreiecke. Andererseits müssen zwei allgemeine Polygone, die keine Dreiecke sind, nicht kongruent sein, selbst dann nicht, wenn alle einander entsprechenden Seiten dieselbe Länge aufweisen (Abb. 5.2).

Das Dreieck ABC (das Urbild) kann auf das Dreieck $A_1B_1C_1$ (das Bild) durch Anwenden einer Kongruenztransformation abgebildet werden. Diese Kongruenztransformation ändert nicht die Abstände zwischen zwei Punkten des Dreiecks. Daher bezeichnen wir Kongruenztransformationen auch als isometrisch.

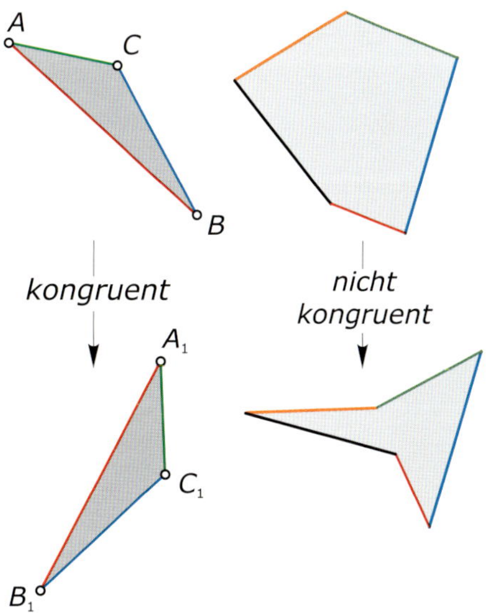

Abb. 5.2
(links) Dreiecke mit jeweils gleich langen Seiten sind kongruent, (rechts) während andere geometrische Figuren mit jeweils gleich langen Seiten nicht kongruent sein müssen.

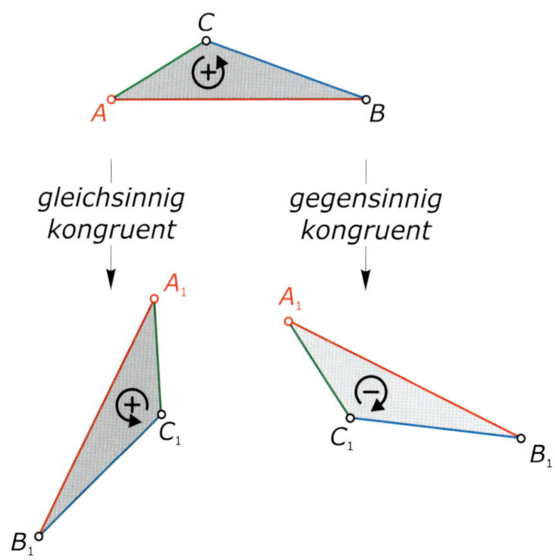

Abb. 5.3
Zwei kongruente Dreiecke können durch eine gleichsinnige oder eine gegensinnige Kongruenztransformation aufeinander abgebildet werden.

Im Allgemeinen erhalten Kongruenztransformationen die Abstände zwischen zwei beliebigen Punkten der beteiligten Objekte. Können zwei geometrische Figuren durch eine Kongruenztransformation aufeinander abgebildet werden, dann sprechen wir von *kongruenten* Objekten. Wenn wir ein zu einem gegebenen Dreieck ABC kongruentes Dreieck $A_1B_1C_1$ konstruieren wollen, erkennen wir, dass es zwei unterschiedliche Lösungen gibt (Abb. 5.3).

- Falls der Umlaufsinn der Dreiecke ABC und $A_1B_1C_1$ übereinstimmt (das heißt, Beschriftung der Eckpunkte beide Male im Uhrzeigersinn oder gegen den Uhrzeigersinn), dann liegt eine *gleichsinnige Kongruenztransformation* vor.

- Bei gegenläufigen Umlaufsinnen sprechen wir von einer *gegensinnigen Kongruenztransformation*.

Zu den gleichsinnigen Kongruenztransformationen in der Ebene gehören die Schiebung (Translation), die Drehung (Rotation) und als Spezialfall die Identität – die Spiegelung und die Gleitspiegelung sind hingegen gegensinnige Kongruenztransformationen. Wir studieren nun einige Eigenschaften dieser ebenen Kongruenztransformationen und leiten auch deren mathematische Beschreibung her.

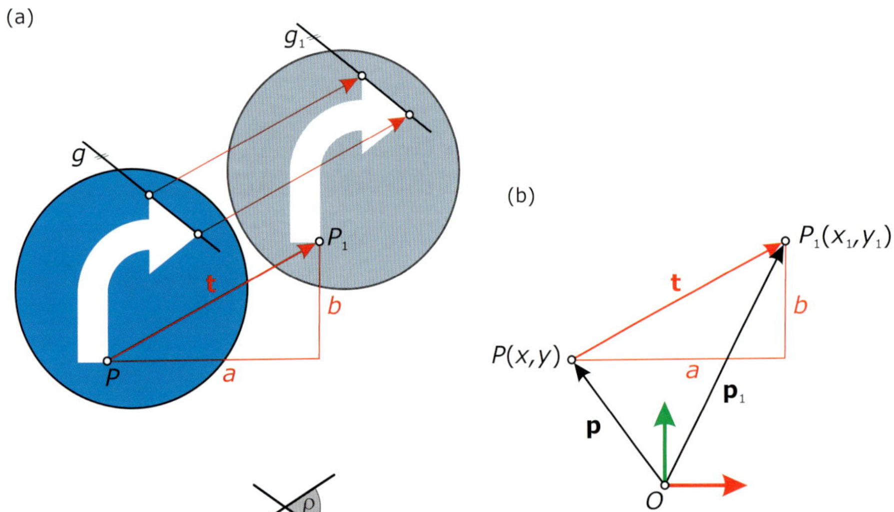

Abb. 5.4
(a) Eine Schiebung wird durch einen Schiebvektor **t** festgelegt.
(b) Die Koordinaten des verschobenen Punktes P_1 können durch Addition der Vektoren **p** und **t** berechnet werden.

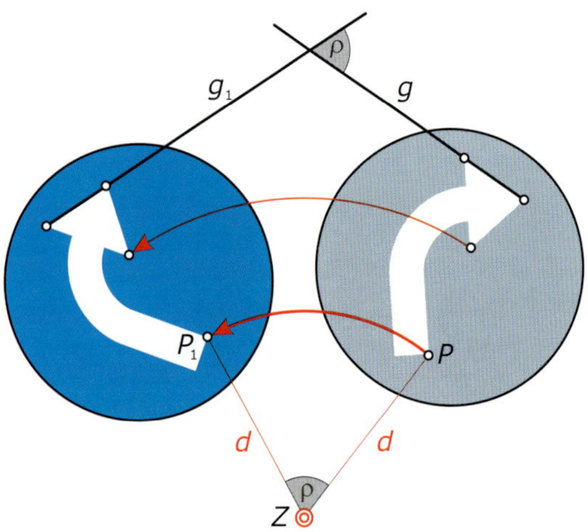

Abb. 5.5
Eine Drehung wird durch ein Drehzentrum Z und einen Drehwinkel ρ bestimmt.

Schiebung (Translation) Eine Schiebung wird durch einen Schiebvektor **t** festgelegt, der die *Richtung* und den *Abstand* angibt. Wie wir der Abbildung 5.4a entnehmen können, sind das Urbild g und das Bild g_1 einer Geraden zueinander parallel.

Zur Herleitung einer mathematischen Beschreibung bezeichnen wir den Ortsvektor eines Punktes P mit **p** – wobei der Ortsvektor vom Ursprung O zum Punkt $P(x,y)$ zeigt (Abb. 5.4b). Betrachten wir nun eine durch den Schiebvektor $\mathbf{t} = (a,b)$ bestimmte Schiebung, die den Punkt P auf einen Punkt P_1 abbildet. Wir erhalten den Ortsvektor $\mathbf{p}_1 = (x_1,y_1)$ einfach durch Addition der Vektoren **t** und $\mathbf{p} = (x,y)$. Daher berechnen wir die Koordinaten des Bildpunktes P_1 mit $(x + a, y + b)$, und eine Schiebung kann wie folgt beschrieben werden:

$$x_1 = x + a,$$

$$y_1 = y + b.$$

Drehung (Rotation). Wir legen eine Drehung durch einen festen Punkt Z (das *Drehzentrum*) und einen Drehwinkel ρ fest. Abbildung 5.5 zeigt, dass ein Punkt P und sein Bildpunkt P_1 denselben Abstand d zum Drehzentrum haben. Weiters erkennen wir, dass der Winkel zwischen zwei zugeordneten Geraden g und g_1 gleich dem Drehwinkel ρ ist.

Betrachten wir nun die Abbildung 5.6, in welcher der Punkt $P(x,y)$ um den Ursprung O in den Punkt $P_1(x_1,y_1)$ gedreht wird. Wir bezeichnen den Drehwinkel wieder mit ρ. Zur Berechnung der Koordinaten von P_1 benutzen wir das Rechteck $OAPB$ und sein gedrehtes Bild $OA_1P_1B_1$. Die Koordinaten von $A_1(x \cdot \cos(\rho), x \cdot \sin(\rho))$ und $B_1(-y \cdot \sin(\rho), y \cdot \cos(\rho))$ berechnen wir nun mit Hilfe einfacher trigonometrischer Formeln (siehe Anhang). Schließlich erhalten wir den Vektor $\mathbf{p}_1$ durch Addition der Ortsvektoren $\mathbf{a}_1$ und $\mathbf{b}_1$ und damit die Koordinaten des Punktes P_1 mit $(x \cdot \cos(\rho) - y \cdot \sin(\rho), x \cdot \sin(\rho) + y \cdot \cos(\rho))$. Eine Drehung mit dem Drehzentrum im Ursprung O und dem Drehwinkel ρ wird daher durch

$$x_1 = x \cdot \cos(\rho) - y \cdot \sin(\rho)$$

$$y_1 = x \cdot \sin(\rho) + y \cdot \cos(\rho)$$

beschrieben.

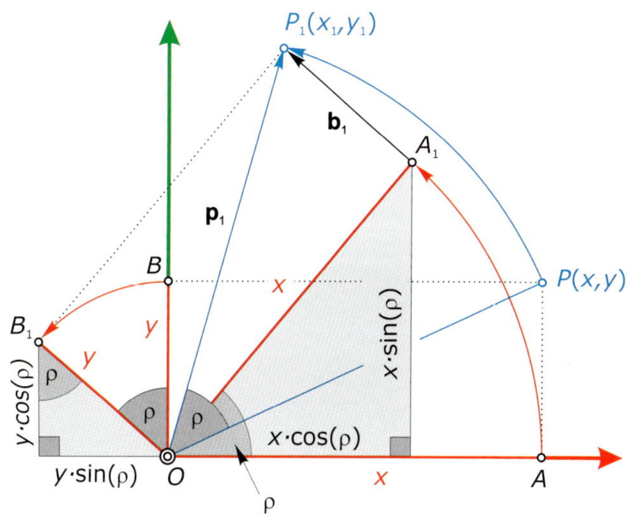

Abb. 5.6
Drehung eines Punktes P um den Ursprung O.

Spiegelung. Bei jedem Blick in einen Spiegel kann man ein exaktes, aber spiegelverkehrtes Abbild (ein Spiegelbild) von sich selbst sehen. Wir erkennen daher, dass die Spiegelung an einer Geraden a, der *Spiegelachse*, die Orientierung ändert. Eine Spiegelung ist deshalb eine gegensinnige Kongruenztransformation. Abbildung 5.7 zeigt die Spiegelung eines Dreiecks ABC an einer Spiegelachse a. Wir sehen, dass zwei zugeordnete Punkte B und B_1 gleich weit von der Spiegelachse a entfernt liegen. Die Spiegelachse a ist daher die Streckensymmetrale jedes Paares zugeordneter Punkte. Weiters erkennen wir, dass das Urbild g und sein Spiegelbild g_1 einander auf der Spiegelachse a schneiden.

Als Spezialfall untersuchen wir die Spiegelung an den Koordinatenachsen (Abb. 5.8). Spiegeln wir einen Punkt $A(x,y)$ an der x-Achse, so müssen wir nur das Vorzeichen der y-Koordinate ändern, um die Koordinaten von A_1 zu erhalten. Daher beschreiben wir eine Spiegelung an der x-Achse mit

$$x_1 = x,$$

$$y_1 = -y,$$

und analog erhalten wir die Spiegelung an der y-Achse mit

$$x_2 = -x$$

$$y_2 = y.$$

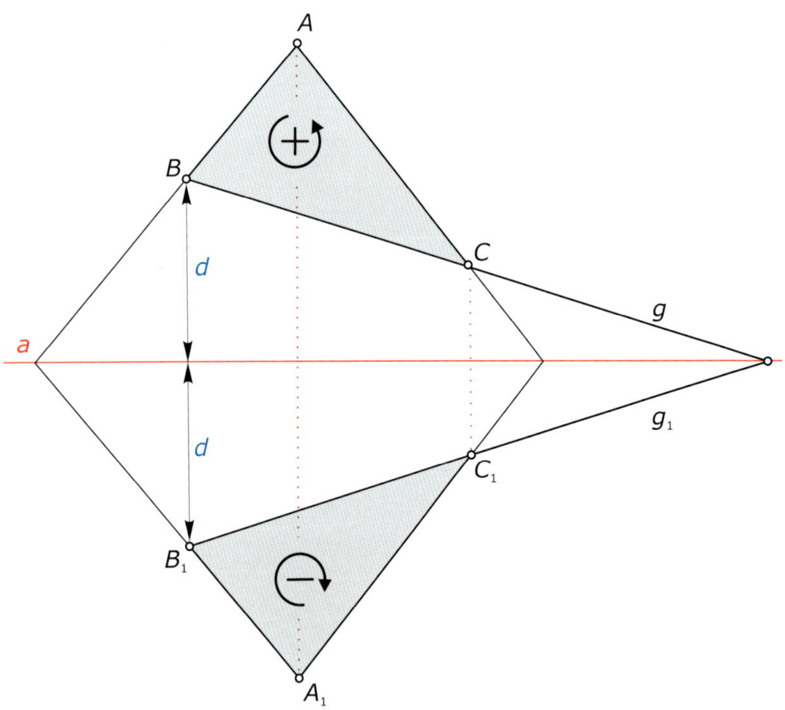

Abb. 5.7
Eine Spiegelung an einer Geraden ändert den Umlaufsinn.

Gleitspiegelung. Eine Gleitspiegelung (Abb. 5.9) ist die Zusammensetzung einer Schiebung mit einer Spiegelung, wobei der Schiebvektor zur Spiegelachse a parallel ist. Wenn wir entlang einer Geraden a wandern, dann ist der Zusammenhang zwischen den Abdrücken des linken und des rechten Fußes in etwa eine Gleitspiegelung. Verbinden wir entsprechende Punkte P und P_1, so erkennen wir, dass die Mittelpunkte dieser Strecken auf der Spiegelachse liegen.

Für eine mathematische Beschreibung nehmen wir an, dass die Spiegelachse mit der x-Achse zusammen fällt. Wir erhalten dann die Koordinaten eines Punktes P_1 durch Addition des Schiebvektors $\mathbf{t} = (t, 0)$ zum Ortsvektor von $P_1(x,-y)$ und damit schließlich

$$x_2 = x + t,$$

$$y_2 = -y.$$

Mathematik:

Alle Transformationen, die wir bisher kennen gelernt haben, sind Sonderfälle einer ebenen affinen Transformation. Eine allgemeine Beschreibung einer affinen Transformation lautet:

$$x_1 = a \cdot x + b \cdot y + e,$$

$$y_1 = c \cdot x + d \cdot y + f,$$

wobei a, b, c, d und e beliebige reelle Zahlen (mit $a \cdot d - b \cdot c \neq 0$) sind. Jede affine Transformation bildet Geraden in Geraden ab, und das Streckenverhältnis dreier kollinearer Punkte ist gleich dem Streckenverhältnis der zugehörigen Bildpunkte (vergleiche die Anmerkungen über die Parallelprojektion im Kapitel 2).

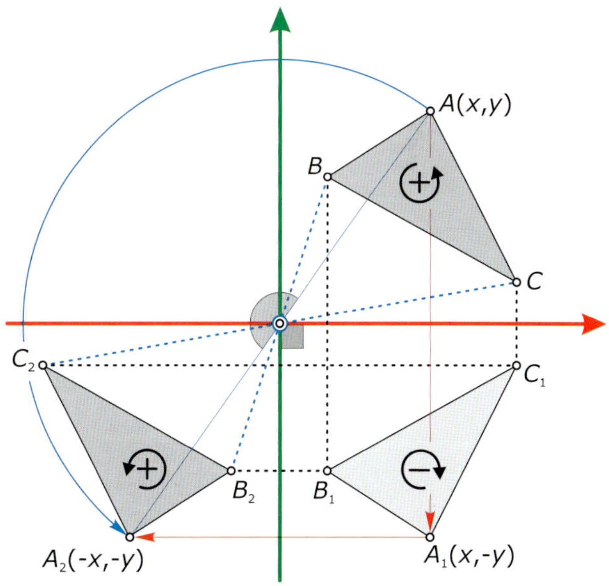

Abb. 5.8
Die Zusammensetzung der Spiegelungen an der x-Achse und der y-Achse entspricht einer Halbdrehung um den Koordinatenursprung. Sie bildet z.B. den Punkt A auf den Punkt A_2 ab.

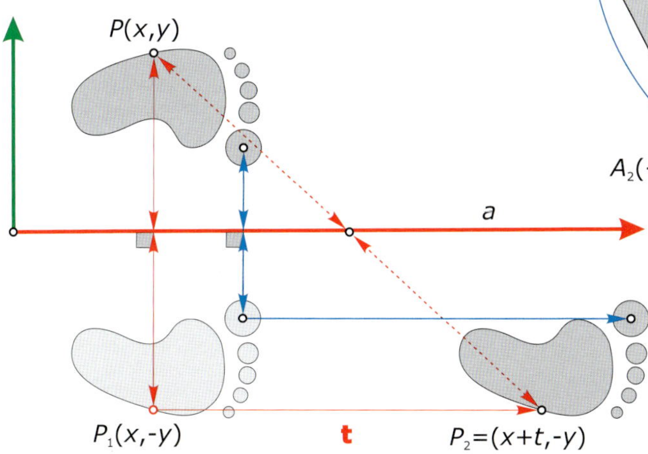

Abb. 5.9
Eine Gleitspiegelung ist die Zusammensetzung einer Spiegelung und einer Schiebung parallel zur Spiegelachse.

Zusammensetzung von Kongruenztransformationen. In Abbildung 5.8 kann das Dreieck $A_2B_2C_2$ auch als Bild des Dreiecks ABC aufgefasst werden, wenn wir das Dreieck ABC einer 180-Grad-Drehung um den Ursprung unterwerfen. Wir erkennen, dass der Schnittpunkt der beiden Spiegelachsen das Drehzentrum dieser *Halbdrehung* ist und dass der Drehwinkel doppelt so groß wie der von den Spiegelachsen eingeschlossene Winkel ist. Es stellt sich heraus, dass dies ein Spezialfall eines Sachverhaltes ist, der in Abbildung 5.10 illustriert wird:

Jede Zusammensetzung zweier Spiegelungen mit schneidenden Achsen ist eine Drehung. Das Drehzentrum ist dabei der Schnittpunkt der beiden Spiegelachsen, und der Drehwinkel ist doppelt so groß wie der von den Spiegelachsen eingeschlossene Winkel.

Liegen die Spiegelachsen zueinander parallel, so ist die Zusammensetzung dieser Spiegelungen eine Schiebung. Der Schiebvektor **t** verläuft dabei orthogonal zu den Spiegelachsen, und seine Länge ist doppelt so groß wie der Abstand d der beiden Spiegelachsen.

Zu zwei gegebenen gleichsinnig kongruenten Objekten können wir immer eine einzelne Drehung oder Schiebung angeben, die das erste Objekt in das zweite überführt (oder umgekehrt). Abbildung 5.11 zeigt, wie das Drehzentrum Z als Schnittpunkt von zwei Streckensymmetralen entsprechender Punkte P,P_1 und Q,Q_1 gefunden werden kann. Wenn wir die beiden *kongruenten* Objekte als zwei verschiedene Lagen eines einzigen Objekts auffassen, dann haben wir folgende, wichtige Tatsache über Bewegungen verifiziert:

Gegeben seien zwei verschiedene Lagen eines festen Objekts. Dann gibt es immer eine einzige Drehung oder eine einzige Schiebung, die das Objekt von der Ausgangslage in die Endlage überführt.

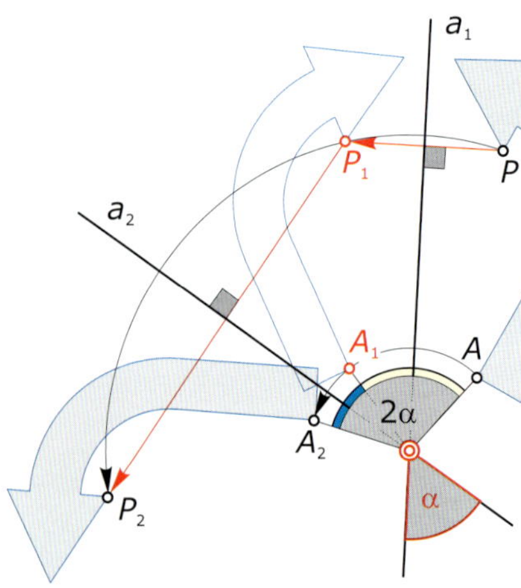

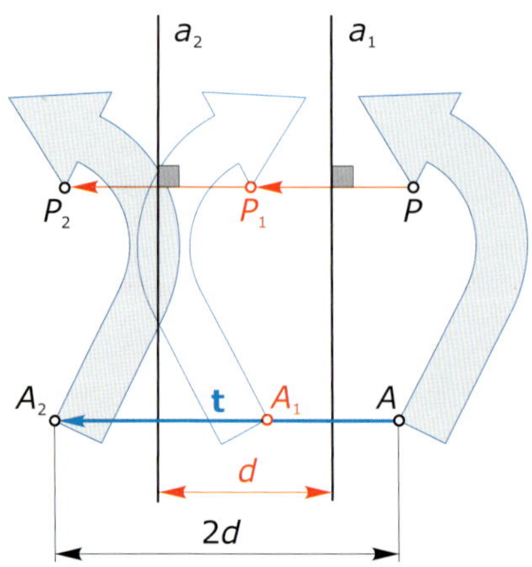

Abb. 5.10
Die Zusammensetzung zweier Spiegelungen ist immer eine einzelne Drehung oder eine einzelne Schiebung.

Bisher haben wir nur die Zusammensetzung zweier Spiegelungen studiert, wobei wir die beiden Transformationen durch jeweils eine einzige Drehung oder eine einzige Schiebung ersetzen konnten. Allgemeiner können wir sagen, dass die Zusammensetzung zweier gleichsinniger Kongruenztransformationen oder zweier gegensinniger Kongruenztransformationen immer eine gleichsinnige Kongruenztransformation ergibt.

Andererseits liefert die Zusammensetzung einer gleichsinnigen Kongruenztransformation mit einer gegensinnigen Kongruenztransformation (und umgekehrt) immer eine gegensinnige Kongruenztransformation. In Abbildung 5.12 werden zwei verschiedene Zusammensetzungen von zwei Kongruenztransformationen gezeigt. Wir erkennen, dass die Reihenfolge, in der die Transformationen auf ein Objekt wirken, die Endposition beeinflusst.

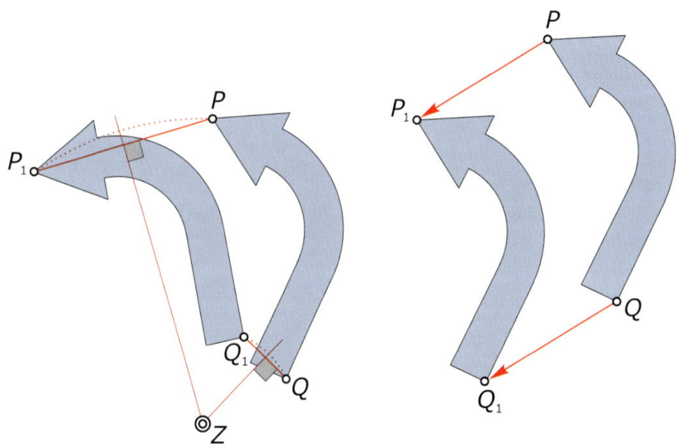

Abb. 5.11
Zwei gleichsinnig kongruente Objekte können immer durch eine einzige Drehung oder Schiebung ineinander übergeführt werden.

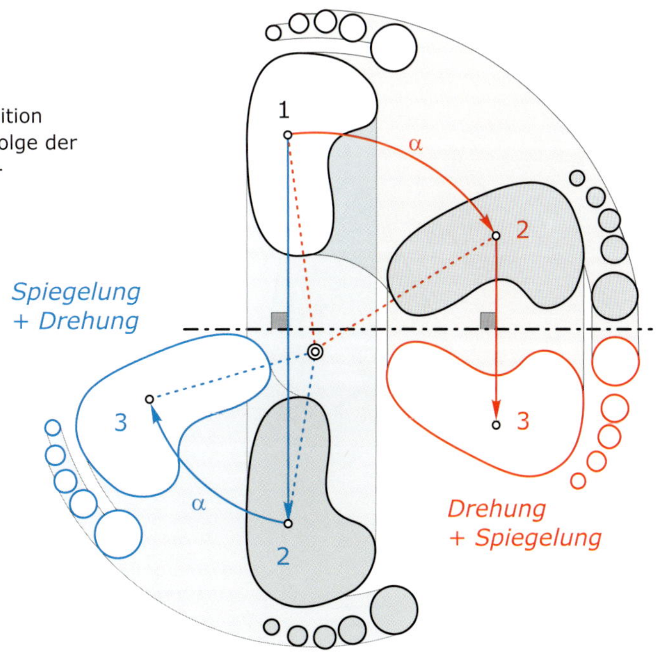

Abb. 5.12
Im Allgemeinen ist die Endposition eines Objekts von der Reihenfolge der angewandten Kongruenztransformationen abhängig.

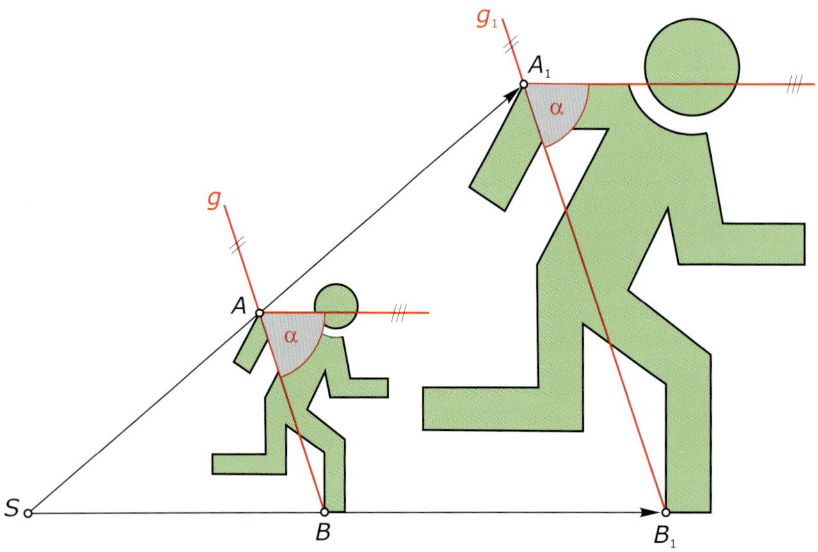

Abb. 5.13
Eine zentrische Ähnlichkeit erhält alle Winkel und damit die Form der Objekte.

Skalierung und Scherung

Kongruenztransformationen erhalten die Gestalt der Objekte und die Abstände zwischen Punkten. Sie sind daher wesentliche Werkzeuge, um Objekte in verschiedene Positionen zu verlagern, ohne dabei deren Gestalt zu ändern. Wenn wir allerdings unsere Objekte modifizieren wollen, benötigen wir mehr Freiheiten, um auch ihre Gestalt zu ändern. Daher beschäftigen wir uns jetzt mit Transformationen, die nicht gleichzeitig die Gestalt und die Abstände von Objektteilen erhalten.

Skalierung. Eine *zentrische Ähnlichkeit* (Streckung) wird durch ein *Ähnlichkeitszentrum* (*Streckzentrum*) S und einen *Ähnlichkeitsfaktor* (*Skalierungsfaktor*) festgelegt (Abb. 5.13). Dabei ist das Ähnlichkeitszentrum jener Referenzpunkt, aus dem das Objekt gestreckt oder gestaucht wird, während der Skalierungsfaktor das Verhältnis zwischen entsprechenden Streckenlängen A_1B_1 und AB beschreibt. Alle Strahlen durch entsprechende Punkte A und A_1 verlaufen durch das Ähnlichkeitszentrum, und alle Paare entsprechender Geraden g und g_1 liegen zueinander parallel.

Sei nun f der Skalierungsfaktor und der Koordinatenursprung O das Ähnlichkeitszentrum (Abb. 5.14, links). Dann berechnen wir das Bild P_1 eines Punktes $P(x,y)$ mit $(f\cdot x, f\cdot y)$. Daher wird eine zentrische Ähnlichkeit mit

$$x_1 = f\cdot x,$$

$$y_1 = f\cdot y$$

beschrieben.

Abb. 5.14
Eine zentrische Ähnlichkeit wird durch einen Ähnlichkeitsfaktor (Skalierungsfaktor) f festgelegt. Eine (allgemeine) Skalierung mit voneinander unabhängigen Skalierungsfaktoren f_x und f_y ändert die Gestalt des Objekts.

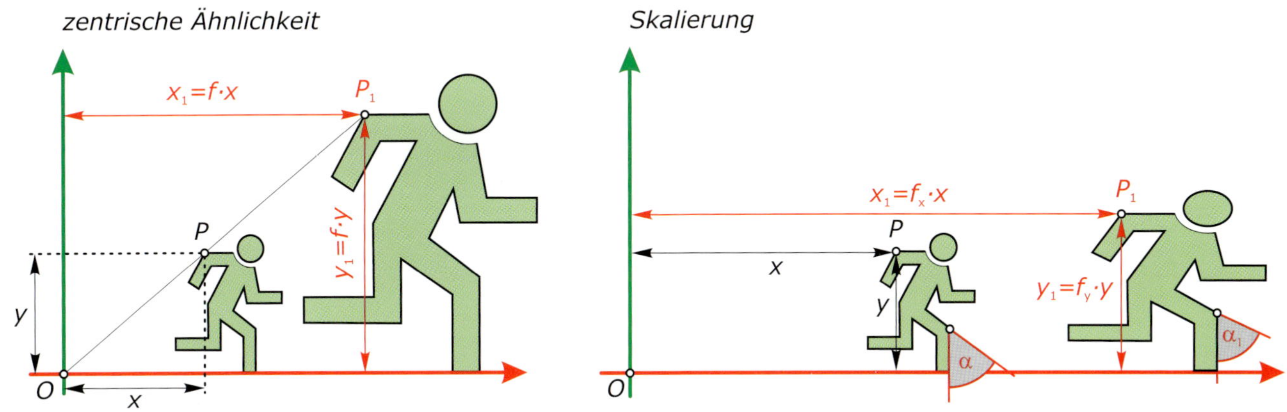

Obwohl bei der zentrischen Ähnlichkeit die Abstände zwischen Objektpunkten geändert werden, bleiben die Winkel erhalten, und somit bleibt auch die Gestalt der Objekte gleich. Das Ausgangsobjekt und das transformierte Objekt sind zueinander ähnlich. Die Streckung ist daher eine spezielle *Ähnlichkeitstransformation*. Wir bemerken, dass eine allgemeine Ähnlichkeitstransformation immer aus einer zentrischen Ähnlichkeit und einer Kongruenztransformation zusammengesetzt werden kann.

Die zentrische Ähnlichkeit (Streckung) wird im CAD oft nur als Spezialfall einer *Skalierung* angesehen. Wenn wir anstelle eines einzigen Skalierungsfaktors f zwei voneinander unabhängige Skalierungsfaktoren f_x und f_y jeweils für die x- und y-Koordinaten verwenden, so erhalten wir eine (allgemeine) Skalierung (Abb. 5.14, rechts). Die Zusammensetzung einer Skalierung mit einer Schiebung oder Drehung ist die allgemeinste Form einer Transformation, die Geraden auf Geraden abbildet und gleichzeitig die Streckenverhältnisse erhält. Wählen wir insbesondere die beiden Skalierungsfaktoren so, dass $f_x \cdot f_y = 1$ gilt, so wird der Flächeninhalt während der Transformation nicht geändert.

Scherung. Die Scherung erhält auch den Flächeninhalt, ändert aber gleichzeitig die Gestalt der Objekte. Eine Scherung wird durch eine Fixgerade a und einen Winkel α festgelegt. Entsprechende Punkte P und P_1 liegen auf Geraden parallel zur Fixgeraden a, während zugehörige Geraden g und g_1 einander auf a schneiden. Diese Transformationen werden vor allem zur Erzeugung von Objekten mit gleichen Flächeninhalten eingesetzt.

Um eine mathematische Beschreibung herzuleiten, legen wir die Fixgerade in die x-Achse. Aus Abbildung 5.15 entnehmen wir, dass der Ortsvektor $\mathbf{p}_1$ als Summe der Vektoren $\mathbf{p} = (x,y)$ und $\mathbf{v}$ berechnet wird, wobei $\mathbf{v} = (y \cdot \tan(\alpha),0)$ parallel zur festen x-Achse liegt. Wir erhalten daher

$$x_1 = x + y \cdot \tan(\alpha),$$

$$y_1 = y.$$

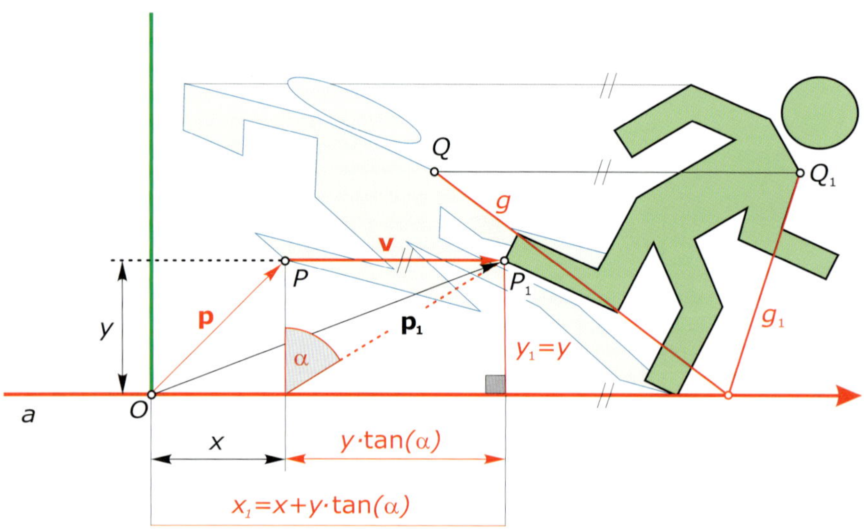

Abb. 5.15
Eine Scherung ändert zwar die Form eines Objekts, erhält aber gleichzeitig dessen Flächeninhalt. Sie ist eine ebene, affine Transformation. Die Scherung bildet daher Geraden wieder auf Geraden ab, und sie erhält die Verhältnisse zwischen Streckenlängen.

Pflasterungen und Pakettierungen

Bisher haben wir ebene Transformationen als effiziente Werkzeuge zum Positionieren von Objekten in der Ebene kennen gelernt. Sie sind aber auch sehr nützlich im Zusammenhang mit der Erzeugung regulärer Fliesen und Pflasterungen der Ebene. Mit Hilfe der instruktiven Arbeiten von M. C. Escher studieren wir verschiedene Typen von Parkettierungen und eignen uns dabei einige grundlegende Kenntnisse über das Design von Fliesen an. Tatsächlich hat das Entwerfen von Fliesen, Mosaiken und Mustern eine lange Tradition, und daher sind die zugrunde liegenden Kenntnisse und Techniken recht gut ausgereift (Abb. 5.16).

(a)

Abb. 5.16
Die Kunst des Fliesendesigns ist sehr alt und weit verbreitet.
(a) Die Fliesen am Fußboden des türkischen Bades in Harrogate wurden Ende des 19. Jahrhunderts von einem italienischen Handwerker verlegt.
(b), (c) Fliesen in der Alhambra in Granada, Spanien.
(d) Fliesen in einem Gebäude in Usbekistan (Foto mit freundlicher Genehmigung von Martin Reis).

(b)

(c)

(d)

Reguläre und halbreguläre Pflasterungen. Grob gesprochen verstehen wir unter einer *Pflasterung* das lückenlose Ausfüllen der gesamten Ebene mit kongruenten Formen, wobei diese Formen einander nicht überlappen dürfen. Manchmal verwenden wir auch den Ausdruck *Parkettierung*, der für eine spezielle Pflasterung steht, bei der nur ebene Polygone verwendet werden. (Wir merken hier noch an, dass die Begriffe Pflasterung und Parkettierung häufig als gleichberechtigt betrachtet werden und in diesem Sinn dasselbe beschreiben.)

Während die gesamte Ebene mit beliebigen, allgemeinen Dreiecken und Vierecken lückenlos ausgefüllt werden kann (Abb. 5.17), ist eine Parkettierung mit beliebigen Fünfecken nicht mehr möglich. Es sind allerdings 14 verschiedene Klassen von konvexen, fünfeckigen Fliesen bekannt, mit denen die Ebene gepflastert werden kann. Neben den regelmäßigen Sechsecken gibt es noch drei weitere Klassen von unregelmäßigen Sechsecken, die ebenfalls zur Pflasterung einer Ebene herangezogen werden können. Einige dieser Fliesen werden in Abbildung 5.18 vorgestellt.

Wenn wir bei einer Pflasterung nur kongruente, regelmäßige Polygone zulassen, so sprechen wir von einer *regulären Parkettierung*. Angesichts der Tatsache, dass der Innenwinkel der regelmäßigen Fliesenpolygone ein Teiler von 360 Grad sein muss, erkennen wir, dass es nur drei reguläre Parkettierungen gibt, nämlich jene mit gleichseitigen Dreiecken, Quadraten und regelmäßigen Sechsecken (Abb. 5.19).

Abb. 5.17
Eine Ebene kann mit jedem beliebigen Dreieck oder Viereck lückenlos gefüllt werden.

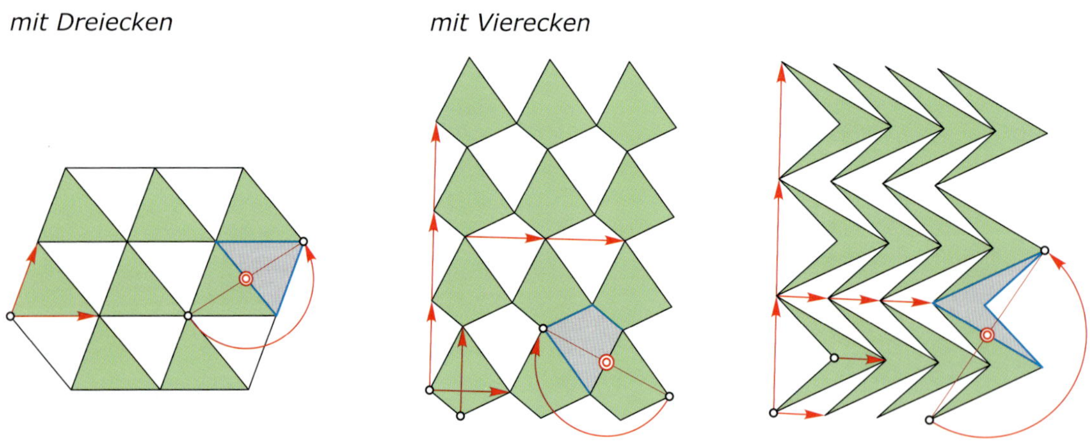

allgemeine fünfeckige Fliesen

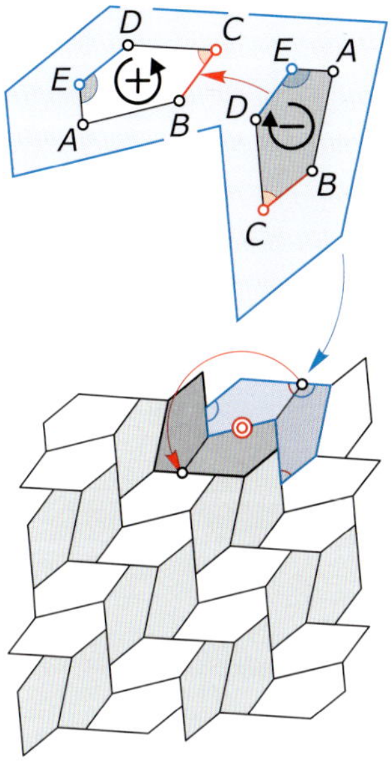

BC =ED
∢E+∢C = 180°

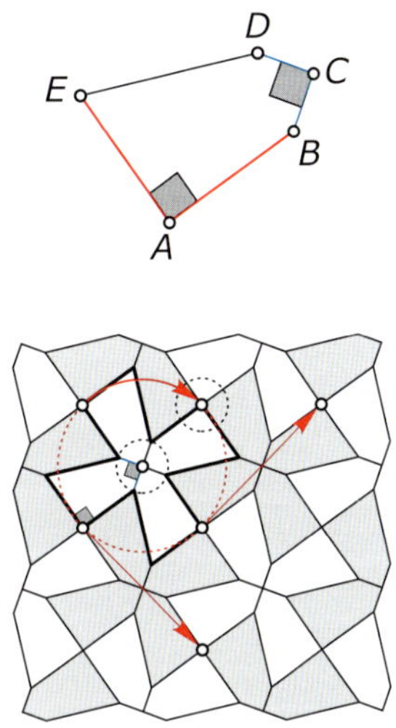

AB = EA
∢A = ∢C = 90°

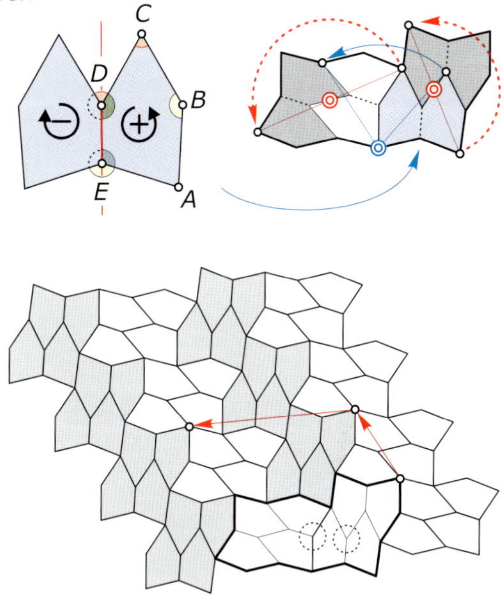

AB = BC = CD = EA
∢B+2∢E = 360°
∢C+2∢D = 360°

allgemeine sechseckige Fliesen

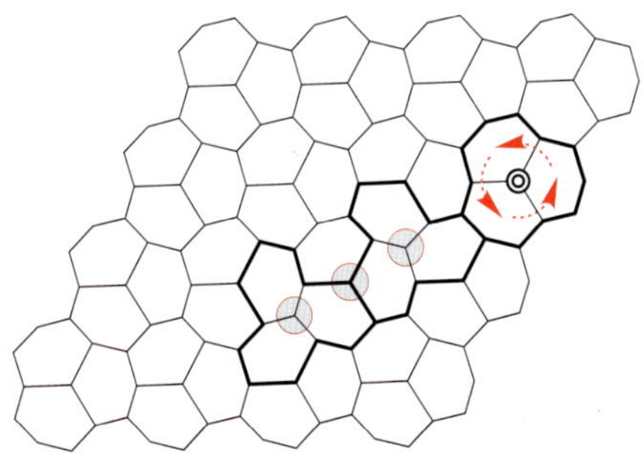

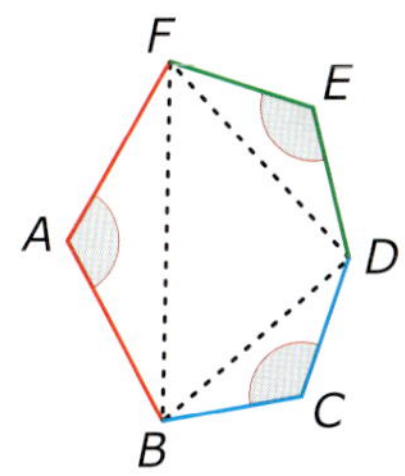

FA = AB, BC = CD, DE = EF
∢A = ∢ C = ∢ E = 120°

Abb. 5.18
Einige Beispiele für Parkettierungen mit allgemeinen, konvexen fünfeckigen und sechseckigen Fliesen. Die Form der einzelnen Fliesen wird durch die angegebenen Längen und Winkel festgelegt.

Abb. 5.19
Es existieren nur drei reguläre Parkettierungen mit jeweils gleichseitigen Dreiecken, Quadraten oder regelmäßigen Sechsecken.

Wir betrachten nun Pflasterungen, bei denen mehrere unterschiedliche, reguläre Polygone verwendet werden. Hier führen wir zusätzlich die Vorschrift ein, dass in jeder Ecke dieselbe Eckenkonfiguration auftritt. Das bedeutet, dass in jeder Ecke exakt dieselbe Anzahl und dieselbe Reihenfolge von kongruenten, regelmäßigen Polygonen vorkommen. Solche Parkettierungen bezeichnen wir dann als *halbregulär*.

Erinnern wir uns an die Polyeder: Dort hatten wir auch die fünf platonischen Polyeder (mit nur einem Typ von Seitenflächen) und die 13 halbregulären archimedischen Polyeder (mit unterschiedlichen Typen von Seitenflächen). In der Ebene haben wir nun neben den drei regulären Parkettierungen noch 8 Typen halbregulärer Parkettierungen, die wir in Abbildung 5.20 zeigen. Zur Beschreibung der einzelnen Typen ist es üblich, ihre Eckenkonfiguration anzugeben. So schreiben wir beispielsweise für eine Pflasterung, bei der in jeder Ecke ein Quadrat, ein regelmäßiges Sechseck und ein regelmäßiges Zwölfeck aufeinander treffen, lediglich 4,6,12.

Abb. 5.20
Die acht halbregulären Parkettierungen werden nach ihrer Eckenkonfiguration bezeichnet.

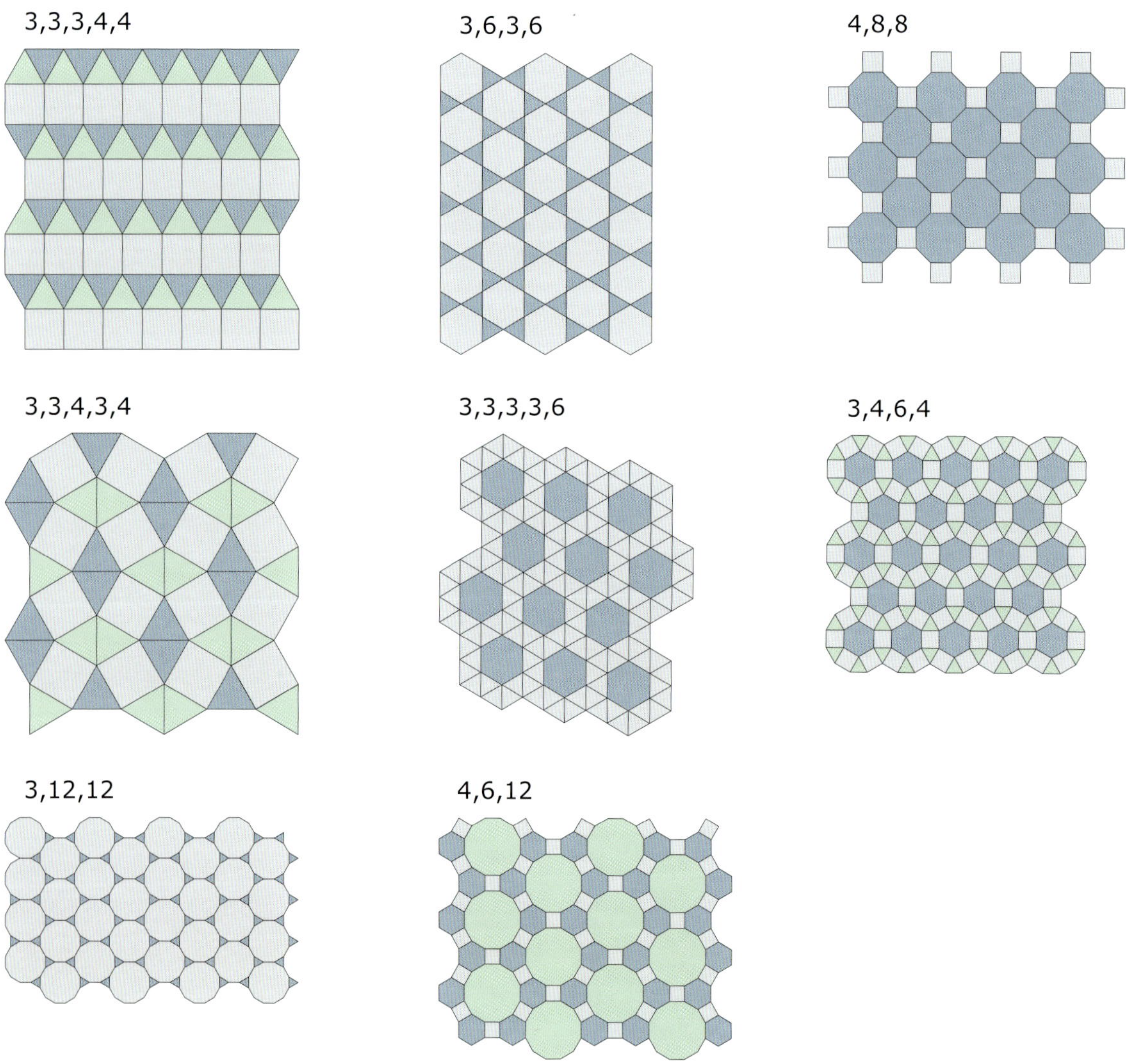

Pflasterungen und Kongruenztransformationen. Abbildung 5.21 zeigt eine Pflasterung, bei der M. C. Escher eine menschliche Figur verwendet hat, um die Ebene lückenlos zu füllen. Zusätzlich ist die zugrunde liegende geometrische Struktur in Form eines Dreiecksgitters eingetragen. Wir betrachten nun jene Kongruenztransformationen, die das Muster unverändert lassen. Verschieben wir z.B. das gesamte Muster vom Punkt *A* in den Punkt *B* (oder den Punkt *C*), dann bleibt die Pflasterung als Ganzes erhalten.

Dasselbe gilt, wenn wir das Muster einer Drehung um den Punkt *D* mit einem Drehwinkel von 120 oder 240 Grad unterwerfen. Wir erkennen, dass das Anwenden jeder Zusammensetzung dieser Schiebungen und Drehungen das gesamte Muster unverändert lässt. Wir haben daher eine unendliche Anzahl an möglichen Kongruenztransformationen, welche die Pflasterung als Ganzes erhält. Trotzdem können all diese Transformationen durch sukzessives Kombinieren von lediglich zwei Schiebungen und einer Drehung erzeugt werden.

Abb. 5.21
Drehungen und Schiebungen erhalten die Struktur einer Parkettierung.

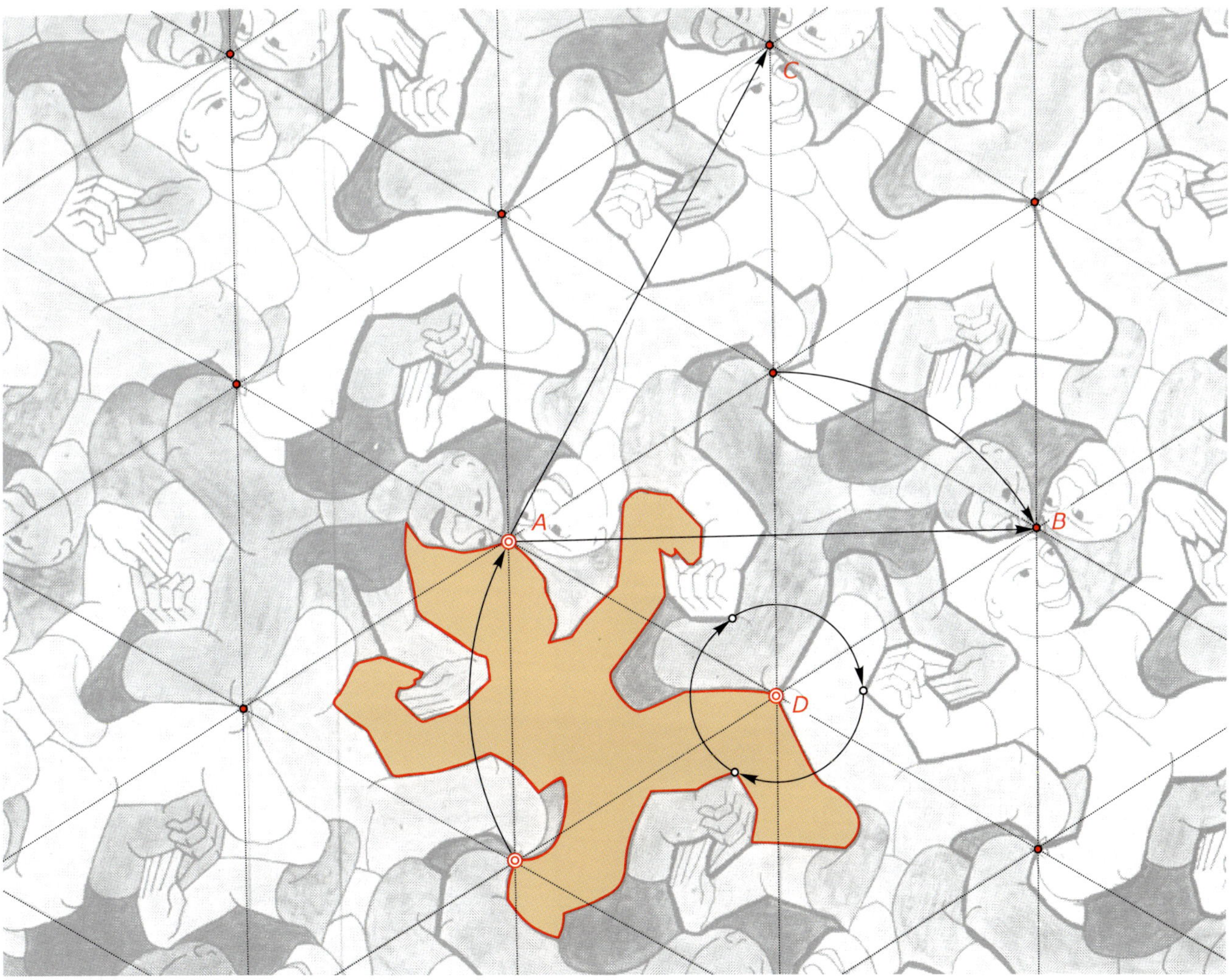

Schiebungen, Drehungen, Spiegelungen und Gleitspiegelungen sind die einzigen Transformationen, die wir auf Parkettierungen anwenden können, ohne deren Struktur zu zerstören. Einige Parkettierungen bleiben nur bei Anwendung von Schiebungen erhalten, während andere wiederum mit allen Arten von Kongruenztransformationen verträglich sind. Abhängig von der Anzahl und Art der möglichen Kongruenztransformationen, die ein gegebenes Muster nicht ändern, unterscheiden wir zwischen 17 verschiedenen Parkettierungen (*ebene kristallografische Gruppen, Wandmustergruppen*). Als eine interessante Tatsache bemerken wir noch, dass all diese Möglichkeiten, eine Ebene zu pflastern, in den Arbeiten von M. C. Escher auftreten.

Wie erzeugt man nicht-triviale Fliesen? Weit interessanter als die theoretischen Kenntnisse über die verschiedenen Typen der kristallografischen Gruppen ist die praktische Fähigkeit, interessante Fliesen zu designen. Dazu beginnen wir mit der Definition von T-Linien und C-Linien, die als Teile von vielen Fliesen auftreten.

Die kongruenten Kurven AB und DC sind Teile der Berandung einer Fliese von M. C. Escher, die einen fliegenden Fisch darstellt (Abb. 5.22). Die Randkurve AB kann durch eine Translation in die Randkurve DC übergeführt werden. Wir bezeichnen daher diese Kurven als *T-Linien* und schreiben dafür T_{AB} und T_{DC}. Wir bemerken, dass die restliche Berandung des fliegenden Fisches ebenfalls aus den kongruenten T-Linien T_{AD} und T_{BC} besteht. Wenden wir nun wiederholt Schiebungen mit den Schiebvektoren **u** und **v** auf diese T-Linien an, so erhalten wir die gesamte Parkettierung der Ebene. Das entstehende Muster bleibt lediglich bei Anwendung von Schiebungen erhalten, jede andere Kongruenztransformation würde das Muster zerstören. Wir merken noch an, dass die zugrunde liegende geometrische Struktur aus einem Parallelogrammgitter besteht.

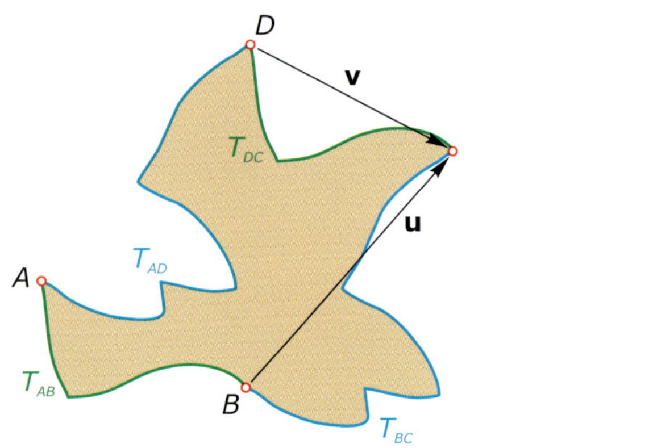

Abb. 5.22
Die Randkurven der Fliese („Fliegender Fisch" von M. C. Escher) besteht ausschließlich aus T-Linien.

Betrachten wir nun die Berandung einer Fliese, die aus drei verschieden gefärbten Schmetterlingen besteht (Abb. 5.23), so finden wir hier keine T-Linien, die immer paarweise auftreten. Stattdessen erkennen wir, dass die Randkurve C_{AB} mittels einer Halbdrehung um den Mittelpunkt M_{AB} der Strecke AB in sich übergeführt werden kann. Eine solche Kurve C_{AB} bezeichnen wir als *C-Linie*. Sie ist zentralsymmetrisch bezüglich ihres Mittelpunktes. Wiederum sind bei dieser Fliese alle Randkurven vom selben Typ, nämlich C-Linien (Abb. 5.23).

Lassen wir die Bemalung außer Acht, so sehen wir, dass die gesamte Pflasterung durch wiederholtes Anwenden von Schiebungen mit den Schiebvektoren **u** und **v** erzeugt werden kann. Dieses Muster erlaubt allerdings auch Drehungen um die Ecken der Dreiecke ABC sowie um deren Kantenmittelpunkte. Dieses Muster gehört daher zu einer anderen kristallografischen Gruppe als das vorige.

Abb. 5.23
Zentralsymmetrische C-Linien sind die Randkurven von Eschers Schmetterlingsfliesen.

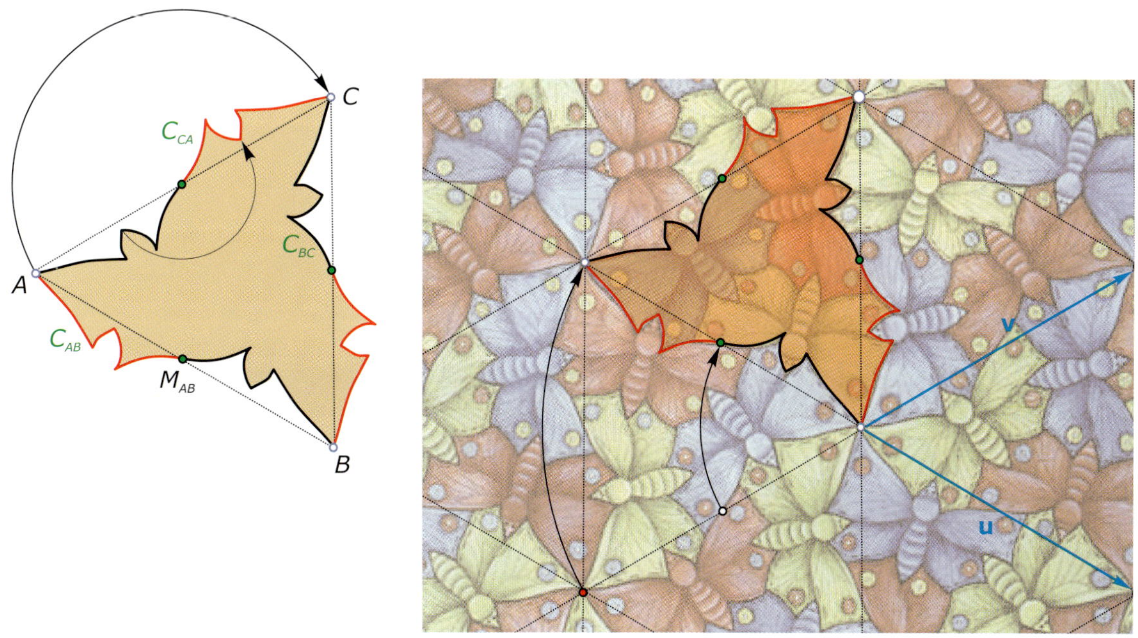

Die letzte Fliese wurde durch Ersetzen der Seiten eines Dreiecks durch C-Linien erzeugt. Von früher wissen wir, dass ein beliebiges, allgemeines Viereck zur Parkettierung einer Ebene verwendet werden kann. Wir können daher die Seiten eines allgemeinen Vierecks durch C-Linien ersetzen, um einen neuen Fliesentyp zu erhalten. Escher hat diesen Fliesentyp im Zusammenhang mit einer weiteren, fischförmigen Fliese benutzt (Abb. 5.24a).

Wenn wir eine Parkettierung mit Quadraten zu Grunde legen, müssen wir nicht einmal T-Linien und C-Linien benutzen, um passende Fliesen zu erzeugen. So können wir beispielsweise zwei gegenüberliegende Seiten eines Quadrates durch beliebige Kurven ersetzen. Wenden wir dann auf diese Kurven jeweils eine Vierteldrehung um die Eckpunkte *B* beziehungsweise *D* an, so erhalten wir einen weiteren Fliesentyp, der ebenfalls in Eschers Arbeiten Anwendung findet (Abb. 5.24b).

Abb. 5.24
Einige weitere Fliesentypen, die mehr Gestaltungsmöglichkeiten bieten.

Eine ähnliche Idee wird in Abbildung 5.24c verwendet, wo eine reguläre Parkettierung mit Sechsecken als Grundmuster dient. Wiederum werden drei, jeweils nicht benachbarte Seiten des Sechsecks durch beliebige Kurven ersetzt und jeweils einer 120-Grad-Drehung um die Eckpunkte *A*, *C* und *E* unterworfen.

Mit diesen grundlegenden Kenntnissen über T-Linien und C-Linien sowie über die unterschiedlichen Typen von Parkettierungen sind wir nun in der Lage, interessante Fliesen zu erzeugen. Insgesamt gibt es 28 verschiedene Typen von Fliesen. Das Wissen um diese vielfältigen Möglichkeiten kann uns beispielsweise bei der Planung von interessanten Fassaden behilflich sein.

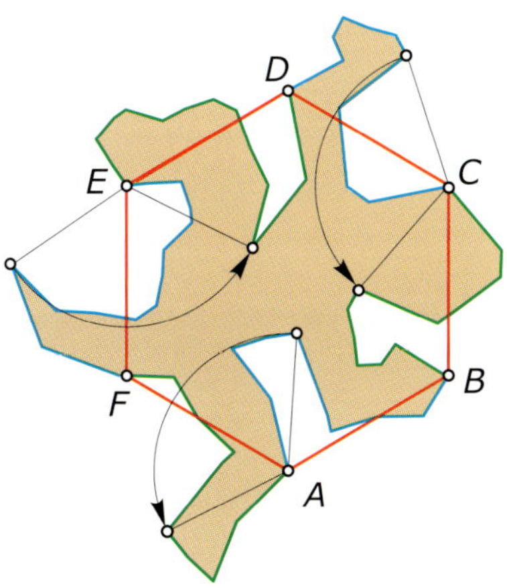

Kapitel 6

Raumtransformationen

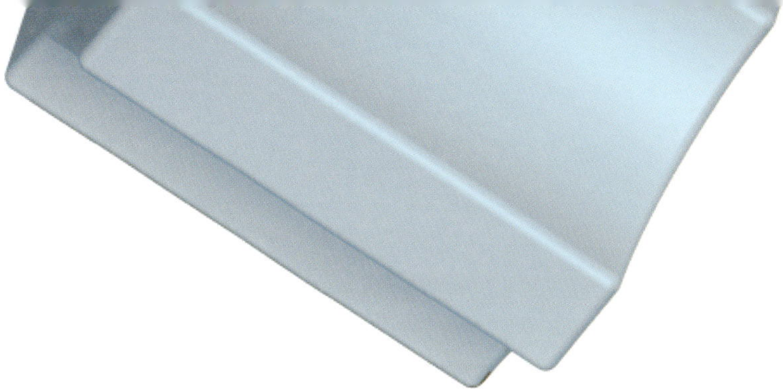

Raumtransformationen

Ein gutes Verständnis von Raumtransformationen ist sehr hilfreich beim Positionieren dreidimensionaler Objekte. Wir beginnen mit der Verallgemeinerung ebener Kongruenztransformationen auf ihre räumlichen Gegenstücke. Im 3-D-Raum gibt es aber zusätzliche Transformationen (wie die Schraubung), die von keiner ebenen Kongruenztransformation abgeleitet werden können. Wir werden zeigen, dass es immer eine einzige Schraubung, Drehung oder Schiebung gibt, die zwei Lagen eines 3-D-Objekts ineinander überführt – eine Eigenschaft, die in der Praxis häufig genutzt wird.

Als eine wichtige Anwendung der Transformationen führen wir die Konzepte über Schlüsselbilder und Animationsskripte zur Herstellung bewegter Architekturmodelle ein. Wir setzen uns mit jenen mathematischen Grundlagen auseinander, die eine wesentliche Voraussetzung für das Erzeugen glatter Bewegungen und Animationen bilden.

Neben den Kongruenztransformationen, welche die Form und die Abmessungen der 3-D-Objekte erhalten, gibt es eine Reihe anderer Transformationen, die bei der Verformung von Objekten eine Rolle spielen. Wir führen die affinen Transformationen ein, um Transformationen von einem etwas allgemeineren Standpunkt aus betrachten zu können. Aus den mathematischen Beschreibungen dieser Transformationen werden wir erkennen, dass viele der bis dahin diskutierten Transformationen lediglich Sonderfälle von affinen Transformationen sind.

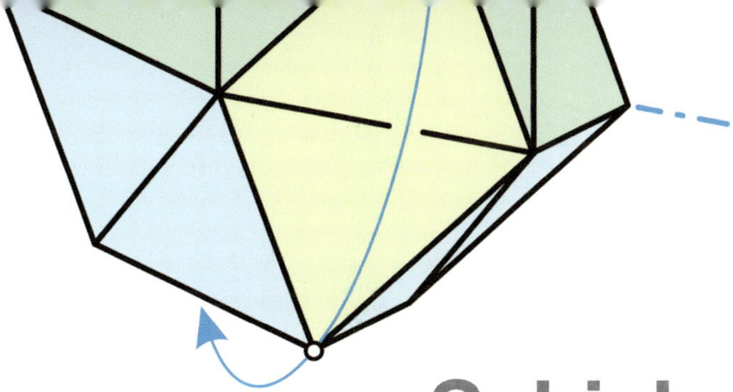

Schiebung, Drehung und Spiegelung im Raum

Ebene Schiebungen, Drehungen und Spiegelungen können direkt in den 3-D-Raum verallgemeinert werden. Diese Raumtransformationen besitzen dieselben Eigenschaften wie ihre zweidimensionalen Gegenstücke. Sie erhalten die Gestalt und die Abmessungen der beteiligten Objekte und sind daher *räumliche Kongruenztransformationen*. Wie in der Ebene unterscheiden wir auch im Raum zwischen gleichsinnigen und gegensinnigen Kongruenztransformationen (Abbildung 6.1).

In diesem Sinne wird jede Kongruenztransformation, die ein rechtshändiges Koordinatensystem in ein rechtshändiges Koordinatensystem abbildet, als gleichsinnig bezeichnet. Eine gegensinnige Kongruenztransformation ändert hingegen den Typ des Koordinatensystems. Das bedeutet, dass ein rechtshändiges Koordinatensystem in ein linkshändiges Koordinatensystem (bzw. umgekehrt) abgebildet wird.

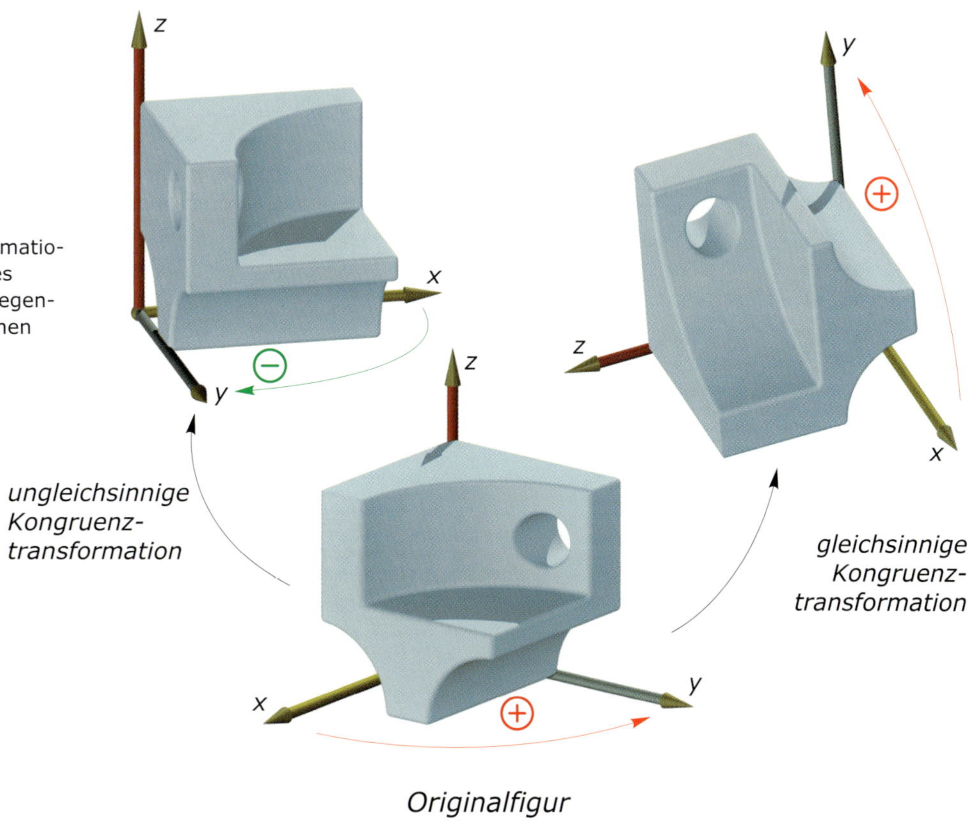

Abb. 6.1
Gleichsinnige Kongruenztransformationen erhalten die „Händigkeit" des Koordinatensystems, während gegensinnige Kongruenztransformationen diese ändern.

Wenn wir uns mit gleichsinnigen Kongruenztransformationen beschäftigen, müssen wir zwischen der Transformation und der mit ihr assoziierten stetigen Bewegung unterscheiden. Wir haben einerseits die Transformation, die manchmal auch als *diskrete Bewegung* bezeichnet wird. Sie beschreibt die relative Lage des Urbilds zum Bild eines dreidimensionalen Objekts. Andererseits beschreibt die assoziierte, stetige Bewegung den Bewegungsvorgang, der einen starren Körper aus einer Ausgangslage in eine Endlage überführt (Abb. 6.2).

Im Folgenden wollen wir die räumlichen Kongruenztransformationen im Detail studieren.

Schiebung (Translation). In Analogie zum ebenen Fall wird eine räumliche Schiebung durch einen Schiebvektor **t** bestimmt. Dieser Vektor legt die Richtung und den Abstand der Schiebung fest. Das Verschieben eines Punktes bedeutet daher das Addieren des Schiebvektors zum Ortsvektor des Punktes. Damit beschreibt

$$x_1 = x + a,$$

$$y_1 = y + b,$$

$$z_1 = z + c,$$

eine Schiebung mit dem Schiebvektor $\mathbf{t} = (a,b,c)$. Der Punkt $P_1 = (x_1,y_1,z_1)$ ist der Bildpunkt des Punktes $P = (x,y,z)$. Wie in der Ebene sind eine Gerade g und ihre Bildgerade g_1 zueinander parallel. Zusätzlich gilt im 3-D-Raum, dass auch jede Ebene ε zu ihrer Bildebene ε_1 parallel liegt (Abb. 6.3).

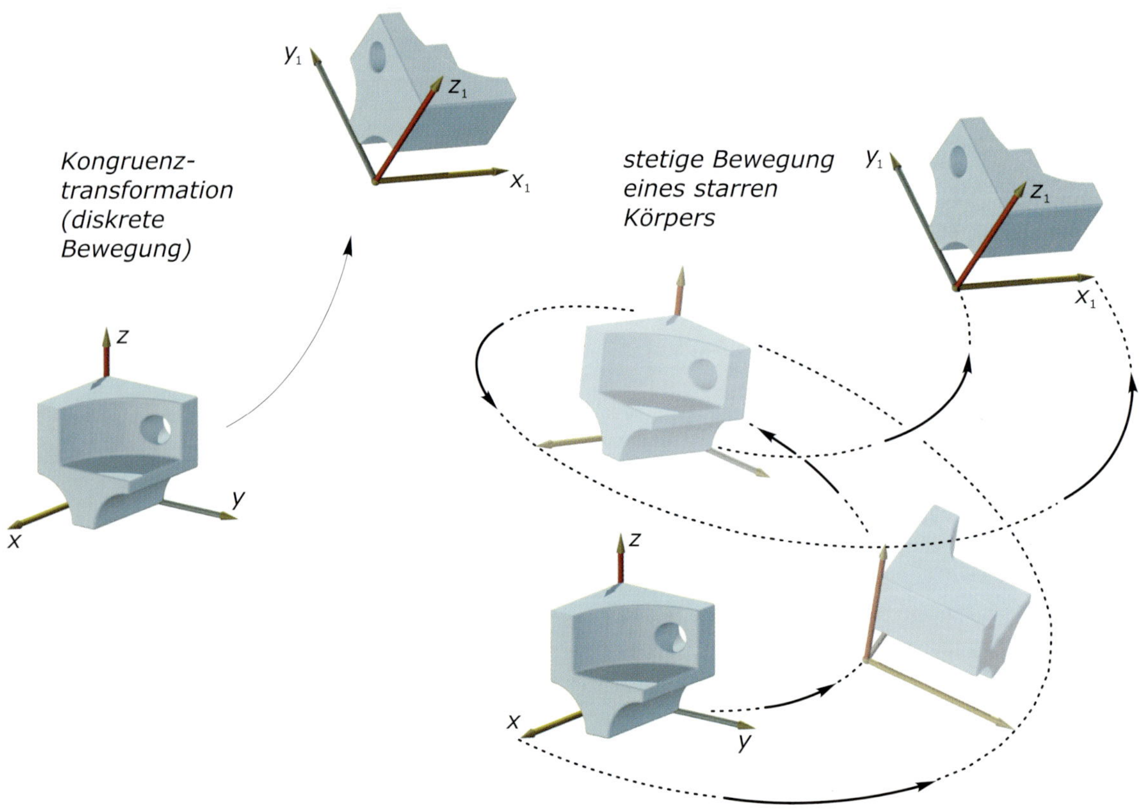

Abb. 6.2
(links) Eine Abbildung beschreibt den Zusammenhang zwischen zwei verschiedenen Lagen eines Objekts. (rechts) Eine Bewegung ist der kontinuierliche Prozess, der ein Objekt aus einer Ausgangslage in eine Endlage überführt.

Drehung (Rotation). Während bei einer ebenen Rotation ein Objekt um einen festen Punkt gedreht wird, rotiert im 3-D-Raum ein Objekt um eine feste Gerade, die *Drehachse* (*Rotationsachse*). Zusätzlich müssen wir noch den Drehwinkel ρ angeben.

Während einer Drehbewegung beschreibt jeder Punkt P einen Kreis k_P, dessen Trägerebene orthogonal zur Drehachse liegt. Der Schnittpunkt dieser Ebene mit der Drehachse a ist der Mittelpunkt M_P der kreisförmigen Bahnkurve des Punktes P. Der Drehwinkel ρ tritt auch als Winkel zwischen M_PP und M_PP_1 auf. Zur eindeutigen Festlegung der Drehrichtung müssen wir noch die Drehachse a mit einer *Orientierung* und den Winkel ρ mit einem Vorzeichen versehen. Blicken wir nun entgegengesetzt zur orientierten Drehachse a, so sehen wir den richtig orientierten Drehwinkel ρ (Abb. 6.4).

Eine Rotation um die z-Achse lässt die z-Koordinaten unverändert. Im Grundriss verhält sich diese Drehung wie eine ebene Drehung um den Ursprung. Wir haben daher folgende mathematische Beschreibung für eine Drehung um die z-Achse mit dem Drehwinkel ρ gefunden:

$$x_1 = x\cdot\cos\rho - y\cdot\sin\rho,$$

$$y_1 = x\cdot\sin\rho + y\cdot\cos\rho,$$

$$z_1 = z$$

Analog werden die Drehungen um die x-Achse und um die y-Achse wie folgt beschrieben:

$$x_1 = x, \qquad x_1 = x\cdot\cos\rho + z\cdot\sin\rho,$$

$$y_1 = y\cdot\cos\rho - z\cdot\sin\rho, \qquad y_1 = y,$$

$$z_1 = y\cdot\sin\rho + z\cdot\cos\rho, \qquad z_1 = -x\cdot\sin\rho + z\cdot\cos\rho.$$

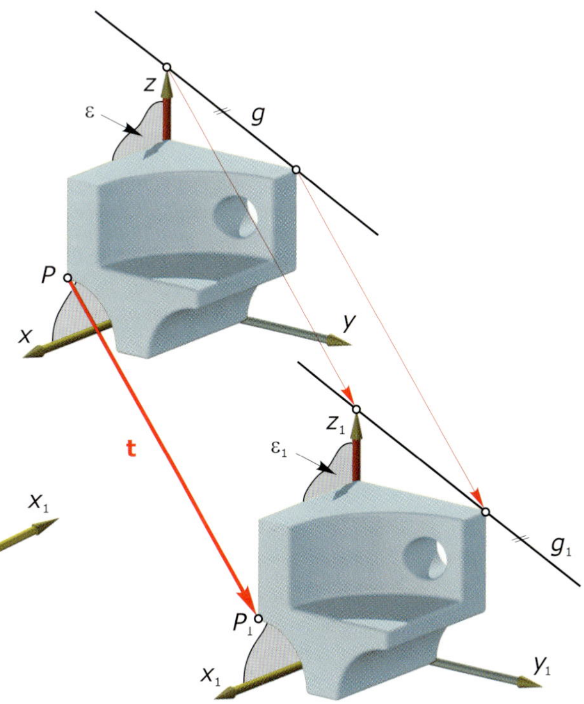

Abb. 6.3
Eine Schiebung wird durch einen Schiebvektor (auch Translationsvektor) **t** festgelegt.

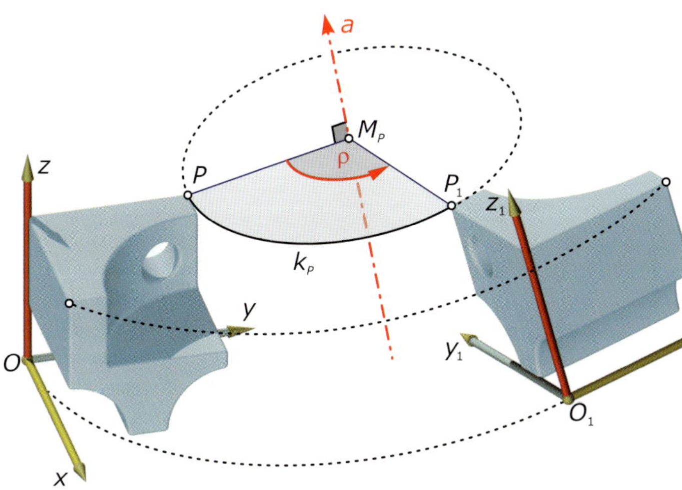

Abb. 6.4
Eine Drehung ist durch eine orientierte Achse *a* und einen orientierten Drehwinkel ρ bestimmt.

Beispiel:

Rekonstruktion einer allgemeinen Drehachse. Angenommen, wir kennen zwei Lagen s_1 und s_2 einer Strecke. Die Endpunkte dieser Strecke in den jeweiligen Positionen seien mit A_1, B_1 beziehungsweise A_2, B_2 bezeichnet (Abb. 6.5). Wie im ebenen Fall lässt sich dann immer eine einzige Drehung (oder Schiebung) finden, die s_1 in s_2 abbildet. Aufgrund der Tatsache, dass A_1 und A_2, beziehungsweise B_1 und B_2 jeweils denselben Abstand zur Drehachse a haben, muss die Drehachse in den beiden Symmetrieebenen der Punktepaare A_1, A_2 und B_1, B_2 enthalten sein. Die Drehachse a kann daher als Schnittgerade der beiden Symmetrieebenen konstruiert werden. Den Drehwinkel ρ können wir als Winkel zwischen den Geraden $M_A A_1$ und $M_A A_2$ ablesen.

Spiegelung (Reflexion). Eine mögliche Verallgemeinerung einer ebenen Spiegelung ist die räumliche *Spiegelung an einer Geraden s*, der so genannten *Spiegelachse*. Als Alternative dazu können wir ein Objekt aber auch an einer Spiegelebene σ spiegeln (Abb. 6.6). Wie im ebenen Fall haben jeder Punkt P und sein Bildpunkt P_1 denselben Abstand von der festen Spiegelgeraden oder der festen Spiegelebene, und die Verbindungsgeraden zugehöriger Punkte PP_1 liegen stets orthogonal zur Spiegelgeraden s beziehungsweise zur Spiegelebene σ.

Obwohl beide Spiegelungstypen dieselben Eigenschaften aufweisen, gibt es doch einen wesentlichen Unterschied: Die Spiegelung an der Ebene σ bildet ein rechtshändiges Koordinatensystem in ein linkshändiges ab. Daher ist diese Art der Spiegelung eine gegensinnige Kongruenztransformation. Im Unterschied dazu erhält die Spiegelung an einer Geraden die Händigkeit des Koordinatensystems. Sie ist daher eine gleichsinnige Koordinatentransformation. Wir haben sogar noch mehr. Die Spiegelung an einer Geraden s liefert nämlich exakt dasselbe Ergebnis wie eine 180-Grad-Drehung (Halbdrehung) um die Spiegelachse s.

Abb. 6.5
Die Drehachse *a* ist die Schnittgerade zweier Symmetrieebenen.

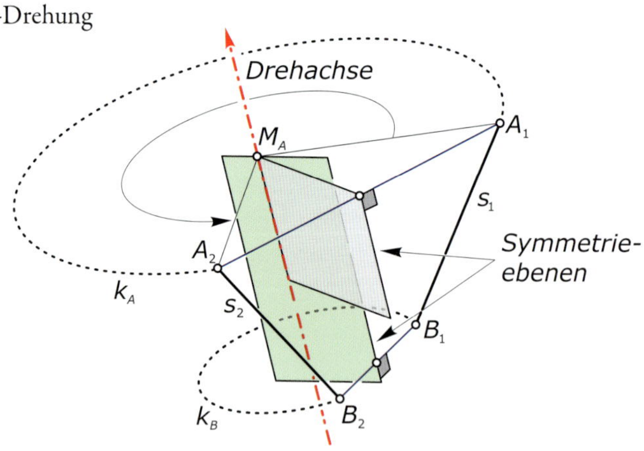

Zur Herleitung einer mathematischen Beschreibung betrachten wir die Spiegelung an den Koordinatenebenen. In Analogie zu den ebenen Spiegelungen müssen wir nur das Vorzeichen einer einzigen Koordinate ändern. Wir erhalten daher folgende Abbildungsgleichungen:

Spiegelung an der

xy-Ebene:	*yz*-Ebene:	*zx*-Ebene:
$x_1 = x,$	$x_1 = -x,$	$x_1 = x,$
$y_1 = y,$	$y_1 = y,$	$y_1 = -y,$
$z_1 = -z.$	$z_1 = z.$	$z_1 = z.$

Für die Abbildungsgleichungen der Spiegelungen an den Koordinatenachsen ersetzen wir in diesen Abbildungsgleichungen den Drehwinkel ρ durch 180 Grad. Unter Beachtung von $\sin(180°) = 0$ und $\cos(180°) = -1$ erhalten wir daher die folgenden Gleichungen:

Spiegelung an der

x-Achse:	*y*-Achse:	*z*-Achse:
$x_1 = x,$	$x_1 = -x,$	$x_1 = -x,$
$y_1 = -y,$	$y_1 = y,$	$y_1 = -y,$
$z_1 = -z.$	$z_1 = -z.$	$z_1 = z.$

Bei der Spiegelung an einer Koordinatenachse müssen wir also zwei Vorzeichen ändern, während bei der Spiegelung an einer Koordinatenebene nur ein Vorzeichen zu ändern ist. Dies drückt auch die Tatsache aus, dass die Spiegelung an einer Koordinatenachse als Zusammensetzung zweier Spiegelungen an Koordinatenebenen interpretiert werden kann.

Abb. 6.6
Die Spiegelung an einer Geraden *s* ist eine gleichsinnige Kongruenztransformation, während die Spiegelung an einer Ebene σ eine gegensinnige Kongruenztransformation ist.

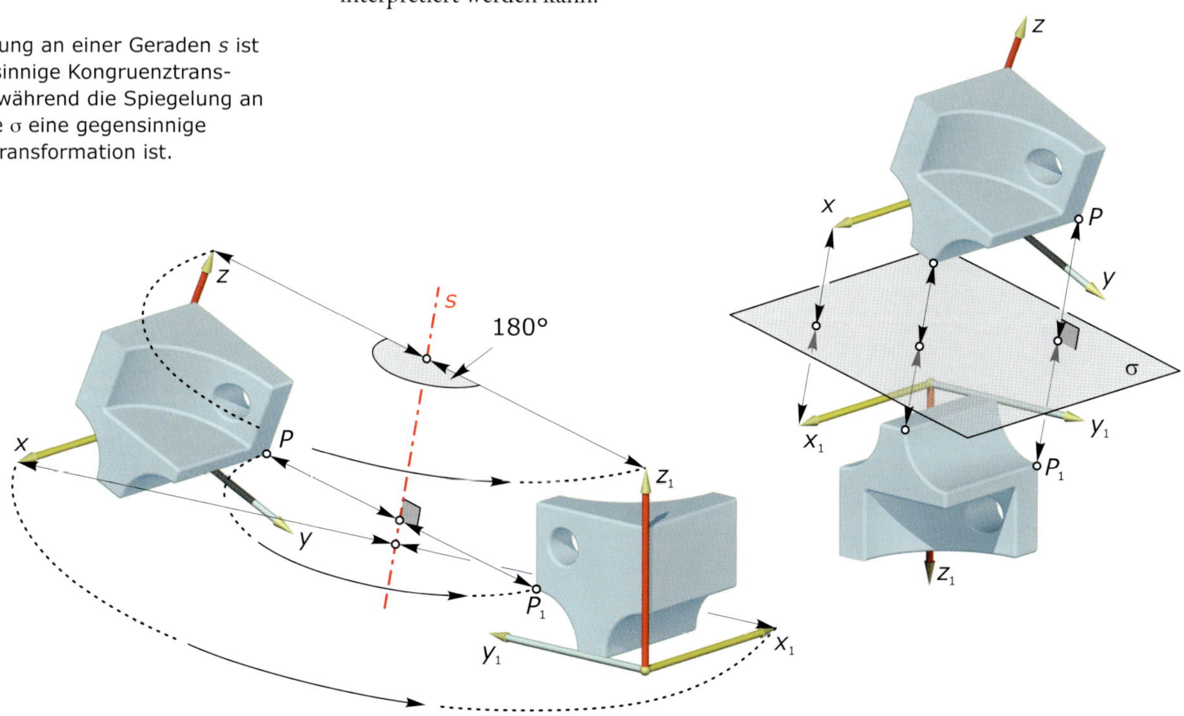

Gleitspiegelung. Auch hier versuchen wir zunächst den zweidimensionalen Fall zu verallgemeinern: Die Zusammensetzung einer Spiegelung an einer Geraden mit einer Schiebung parallel zur Spiegelachse ist die Zusammensetzung einer Halbdrehung mit einer Schiebung. Das ist eine gleichsinnige Kongruenztransformation und ein Spezialfall einer Schraubung, die wir später in diesem Kapitel studieren wollen. Daher konzentrieren wir uns nun auf eine andere Verallgemeinerung der ebenen Gleitspiegelung: Wir setzen die Spiegelung an einer Ebene mit einer Schiebung parallel zur Spiegelebene σ zusammen und erhalten eine gegensinnige Kongruenztransformation, welche dieselben Eigenschaften wie die ebene Gleitspiegelung aufweist (Abb. 6.7).

Für eine mathematische Beschreibung der Gleitspiegelung nehmen wir die xy-Ebene als Spiegelebene. Dann muss der Schiebvektor $\mathbf{t}$ parallel zur xy-Ebene liegen, das heißt, dass die z-Koordinate von $\mathbf{t} = (a,b,0)$ Null sein muss. Kombinieren wir die Gleichungen, die eine Spiegelung und eine Schiebung beschreiben, so erhalten wir

$$x_1 = x + a,$$

$$y_1 = y + b,$$

$$z_1 = -z.$$

Räumliche Kongruenztransformationen sind wichtige Werkzeuge beim Modellieren von Objekten. Wenn wir räumliche Symmetrien an den Objekten erkennen und die entsprechenden Transformationen anwenden, können wir den Designprozess häufig beschleunigen. Abbildung 6.8 zeigt anhand interessanter Architektur einige Anwendungen der räumlichen Kongruenztransformationen.

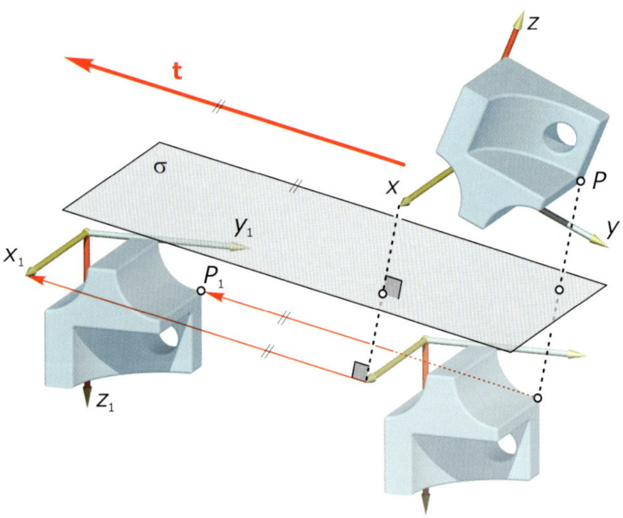

Abb. 6.7
Eine Gleitspiegelung ist die Zusammensetzung einer Spiegelung an einer Ebene σ mit einer Schiebung parallel zu dieser Ebene.

Abb. 6.8
(a) Die *Eisenbahnstation Atocha* (eröffnet 1992) in Madrid von José Rafael Moneo besteht aus vielen kongruenten Teilen. Diese können durch Schiebungen aufeinander abgebildet werden.
(b) Mittels einer Schiebbewegung kann ein Teil des Daches des *Palacio Vistalegre Arena* (2000 von Jaime Pérez) in Madrid geöffnet bzw. geschlossen werden.

(a)

(b)

(c)

(c)

Beispiel:

Rhombendodekaeder. In Kapitel 3 haben wir das Rhombendodekaeder kennen gelernt, mit dem wir den dreidimensionalen Raum lückenlos füllen können. Zur Konstruktion eines Rhombendodekaeders starten wir mit einem Würfel und fügen sechs kongruente Pyramiden an den Seitenflächen an (Abb. 6.9a). Die Höhe dieser Pyramiden muss dabei gleich groß wie die halbe Kantenlänge des Würfels sein. Dann liegen je zwei Dreiecksfacetten benachbarter Pyramiden in derselben Ebene.

Zur Vereinfachung des Modellierungsprozesses konstruieren wir nur eine Pyramide und kopieren diese in die anderen fünf Positionen. Dazu wenden wir Drehungen um die beiden Symmetrieachsen a_1 und a_2 des Würfels an. Schließlich vereinigen wir alle sechs Pyramiden mit dem Ausgangswürfel. Die Abbildungen 9b–d zeigen eine Sequenz dieses Modelliervorgangs.

Abb. 6.8
(c) Das *Château de Chambord* (1519–1547) ist spiegelsymmetrisch bezüglich einer lotrechten Ebene.

Abb. 6.9
(a) Ein Rhombendodekaeder kann durch Hinzufügen von sechs kongruenten Pyramiden an die sechs Seitenflächen eines Würfels erzeugt werden.

(b, c) Die Anwendung geeigneter Drehungen vereinfacht den Konstruktionsprozess.

(d) Wenden wir die Boolesche Vereinigung auf den Würfel und die sechs Pyramiden an, so erhalten wir ein Rhombendodekaeder.

(a) (b) (c) (d)

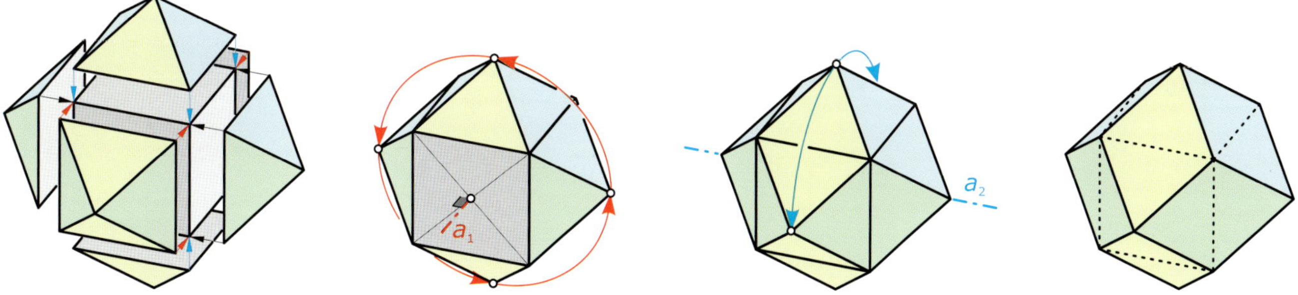

Zusammensetzung von Transformationen. Wie im zweidimensionalen Fall ergibt die Zusammensetzung zweier gleichsinniger oder zweier gegensinniger Kongruenztransformationen eine gleichsinnige Kongruenztransformation. Die Zusammensetzung einer gleichsinnigen mit einer gegensinnigen Kongruenztransformation resultiert hingegen in einer gegensinnigen Kongruenztransformation. Wir illustrieren diesen Sachverhalt anhand einiger Beispiele (Abb. 6.10).

- Die Zusammensetzung zweier Spiegelungen an nicht parallelen Spiegelebenen σ_1 und σ_2 ist eine Drehung um eine Achse a, die wir als Schnittgerade der beiden Spiegelebenen erhalten. Wir merken noch an, dass der Drehwinkel doppelt so groß ist wie der von den Spiegelebenen σ_1 und σ_2 eingeschlossene Winkel (vergleiche die im Kapitel 5 beschriebenen, analogen Sachverhalte für den ebenen Fall).

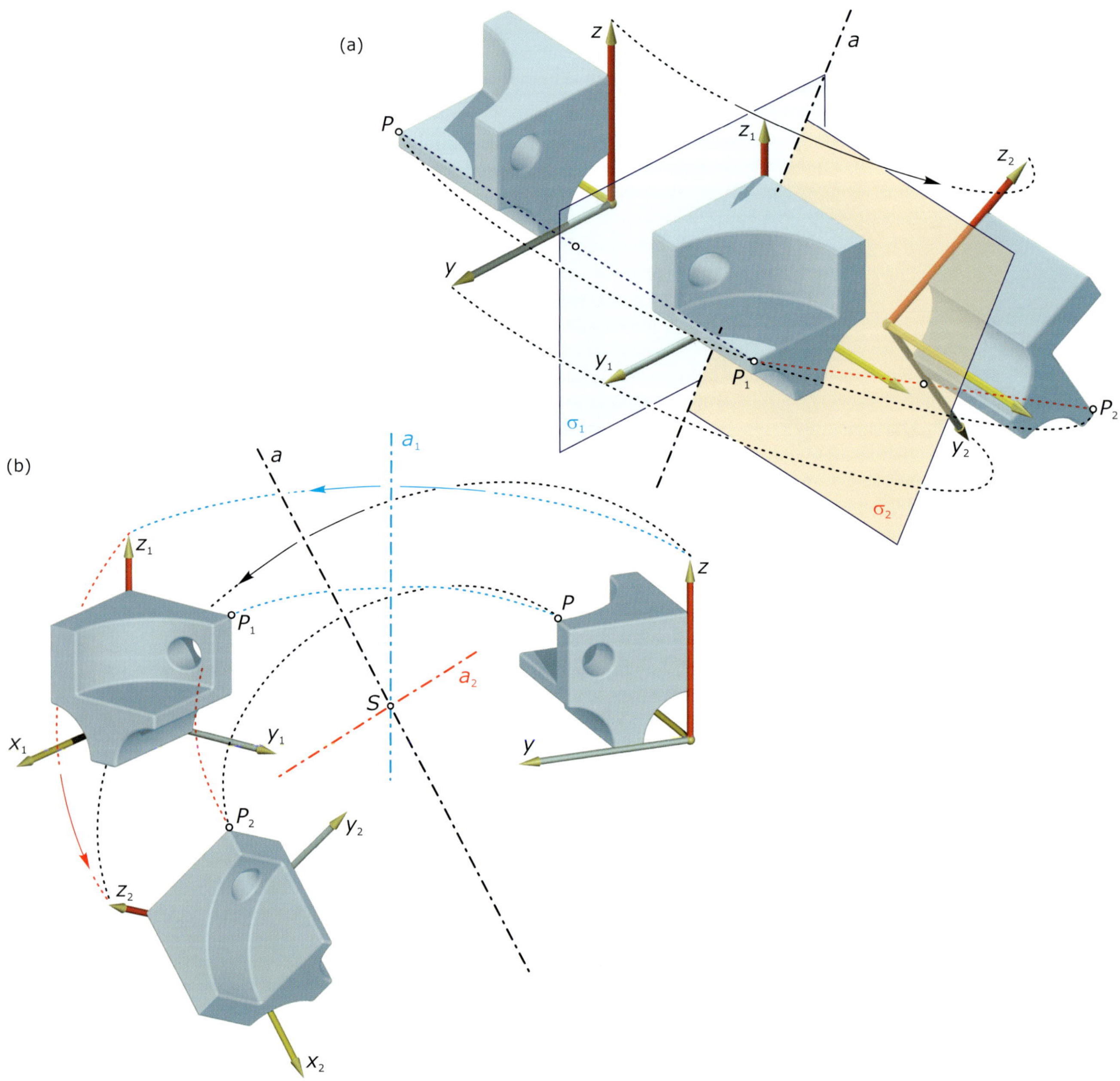

- Zwei Drehungen mit schneidenden Drehachsen a_1 und a_2 können durch eine einzige Drehung um eine neue Drehachse a ersetzt werden. Der Schnittpunkt S der Drehachsen a_1 und a_2 ändert bei Anwendung beider Drehungen seine Lage nicht. Er muss daher auch ein Fixpunkt der zusammengesetzten Abbildung sein. Folglich enthält die neue Drehachse a auch den Schnittpunkt S.

- Die Zusammensetzung einer Drehung mit einer Spiegelung an einer Ebene σ, bei der die Spiegelebene σ die Drehachse a enthält, erzeugt eine einzelne Spiegelung an einer neuen Spiegelebene σ_1. Sämtliche Punkte der Drehachse a bleiben bei Anwendung beider Abbildungen fest. Die neue Spiegelebene σ_1 der zusammengesetzten Abbildung enthält daher die Drehachse a.

Im letzten Beispiel hatten wir eine spezielle, gegenseitige Lage der Spiegelebene und der Drehachse. Daher konnten wir die Zusammensetzung der beiden Transformationen durch eine einzelne Spiegelung an einer Ebene ersetzen. Wie man zeigen kann, ergibt im Allgemeinen die Zusammensetzung einer Spiegelung mit einer Drehung eine Gleitspiegelung oder eine Spiegelung an einer Ebene.

(c)

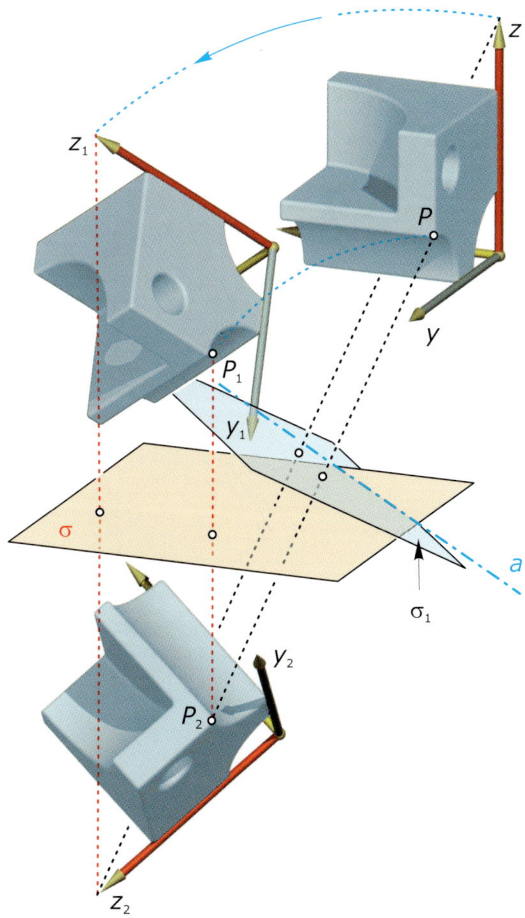

Abb. 6.10
Zusammensetzung von gleichsinnigen und gegensinnigen Kongruenztransformationen.
(a) Zwei Spiegelungen können durch eine einzige Drehung ersetzt werden.
(b) Zwei Drehungen mit schneidenden Achsen ergeben eine einzelne Drehung.
(c) Eine Drehung und eine Spiegelung, bei der die Spiegelebene σ die Drehachse a enthält, kann durch eine einzige Spiegelung ersetzt werden.

Betrachten wir den allgemeinen Fall des zweiten Beispiels (die Zusammensetzung zweier Drehungen mit windschiefen Drehachsen), so stellt sich heraus, dass diese Zusammensetzung weder durch eine einzelne Drehung noch durch eine Schiebung ersetzt werden kann. Dasselbe gilt für die Zusammensetzung einer Schiebung und einer Drehung. Tatsächlich können diese Zusammensetzungen durch eine einzelne, weitere gleichsinnige Kongruenztransformation ersetzt werden, die wir bisher noch nicht studiert haben. Bevor wir uns eingehender mit dieser Transformation beschäftigen, betonen wir nochmals die wichtige Tatsache, dass die Reihenfolge, in der wir die Abbildungen anwenden, die Endlage des transformierten Objekts wesentlich beeinflusst (Abb. 6.11).

(a)

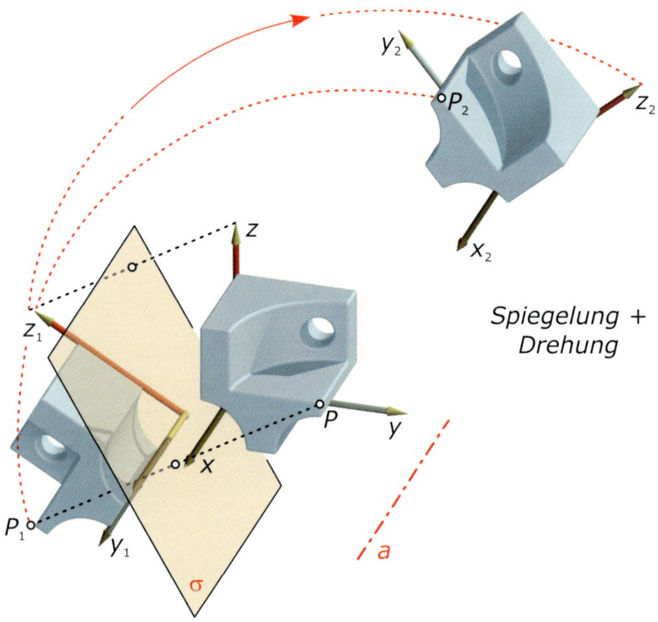

Abb. 6.11
Unterschiedliche Reihenfolgen bei der Ausübung von Transformationen ergeben unterschiedliche, zusammengesetzte Transformationen.
(a) Das Objekt wird zuerst an der Ebene σ gespiegelt und dann um die Gerade *a* gedreht.
(b) Hier wird das Objekt zuerst um die Gerade *a* gedreht und anschließend an der Ebene σ gespiegelt.

(b)

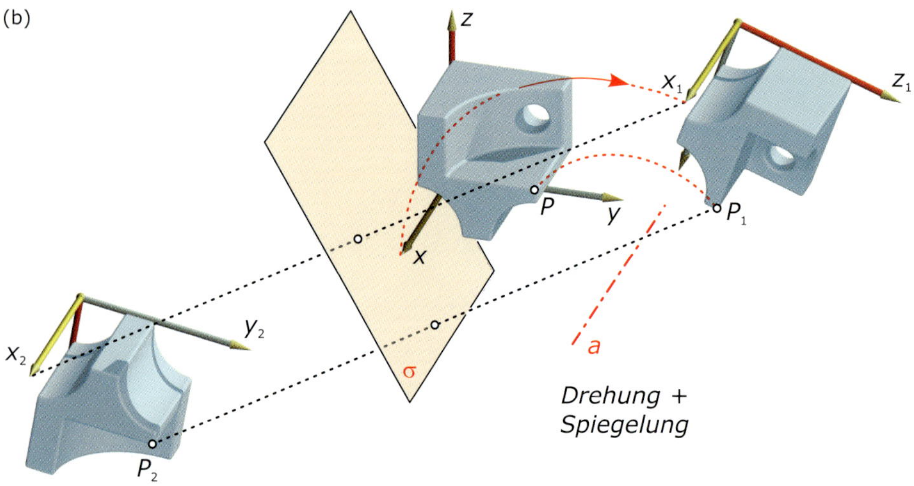

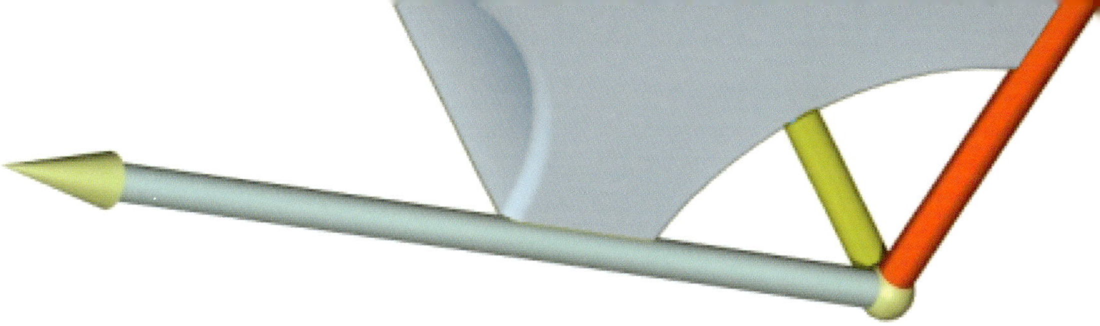

Schraubung

Die allgemeinste gegensinnige Raumtransformation ist die Gleitspiegelung, eine Zusammensetzung einer Spiegelung und einer speziellen Schiebung. Die Schraubung ist – als das gleichsinnig kongruente Gegenstück dazu – eine Zusammensetzung einer Drehung um die Schraubachse *a* mit einer Schiebung parallel zur Schraubachse (Abb. 6.12). Sie ist die allgemeinste gleichsinnige Kongruenztransformation im Raum.

Im Kapitel 5 über ebene Transformationen haben wir gelernt, dass es immer eine einzelne Drehung (oder Schiebung) gibt, die ein Objekt aus einer gegebenen Ausgangslage in eine bestimmte Endlage bewegt. Wenn wir Schiebungen und Drehungen als Spezialfälle von Schraubungen auffassen, dann können wir eine ähnliche Aussage für den 3-D-Raum treffen, die besonders beim Studium von Raumbewegungen von großer Bedeutung ist.

Zu zwei verschiedenen, gegebenen (gleichsinnigen) Lagen eines starren Körpers gibt es immer genau eine einzelne Schraubung, die das Objekt von der Ausgangslage in die Endlage überführt.

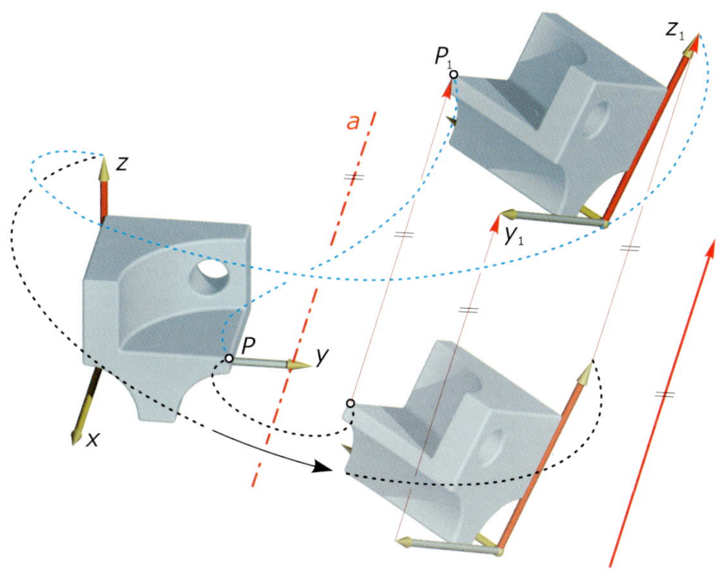

Abb. 6.12
Eine Schraubung ist die Zusammensetzung einer Drehung um eine Achse *a* und einer Schiebung parallel zu dieser Achse.

Um ein Objekt oder ein beliebiges Koordinatensystem von einer Position in eine andere zu verlagern, können wir immer eine einzelne Schraubung anwenden. Glücklicherweise stellen die meisten CAD-Systeme eigene Werkzeuge zur Verfügung, welche die Angabe dieser Schraubung erleichtern. Tatsächlich reicht es aus, die beiden Lagen $A_1B_1C_1$ und $A_2B_2C_2$ eines Dreiecks ABC, das mit dem Objekt verknüpft ist, festzulegen (Abb. 6.13a). In der Praxis verfahren wir, wie im folgenden Beispiel beschrieben.

Beispiel:

Verlagerung eines Objekts. Gegeben ist ein Objekt im dreidimensionalen Raum in allgemeiner Lage (Abb. 6.13b). Wir wollen nun das Objekt so verlagern, dass die Objektpunkte A, B und C in der Ebene ε zu liegen kommen.

Bei der Verwendung eines CAD-Systems legen wir interaktiv der Reihe nach den Punkt A als Ursprung und die Gerade AB als x-Achse eines Hilfskoordinatensystems fest. Durch Auswahl eines dritten Punktes C fixieren wir die xy-Ebene und die Richtung der y-Achse. Damit ist auch die z-Achse dieses Hilfskoordinatensystems bestimmt. Zum Verlagern des Objekts müssen wir nun noch die neue Lage dieses Hilfskoordinatensystems definieren.

Wieder legen wir der Reihe nach die neue Position A' von A, einen Punkt 1 auf der neuen x-Achse und einen Punkt 2 in der Ebene ε fest. Die Angabe dieser sechs Punkte bestimmt nun jene Schraubung, die das Dreieck ABC in das Dreieck $A'B'C'$ abbildet. Abhängig von der Wahl des Punktes 2 (rechts oder links von der x'-Achse) liegt dann das Objekt oberhalb oder unterhalb der Ebene ε.

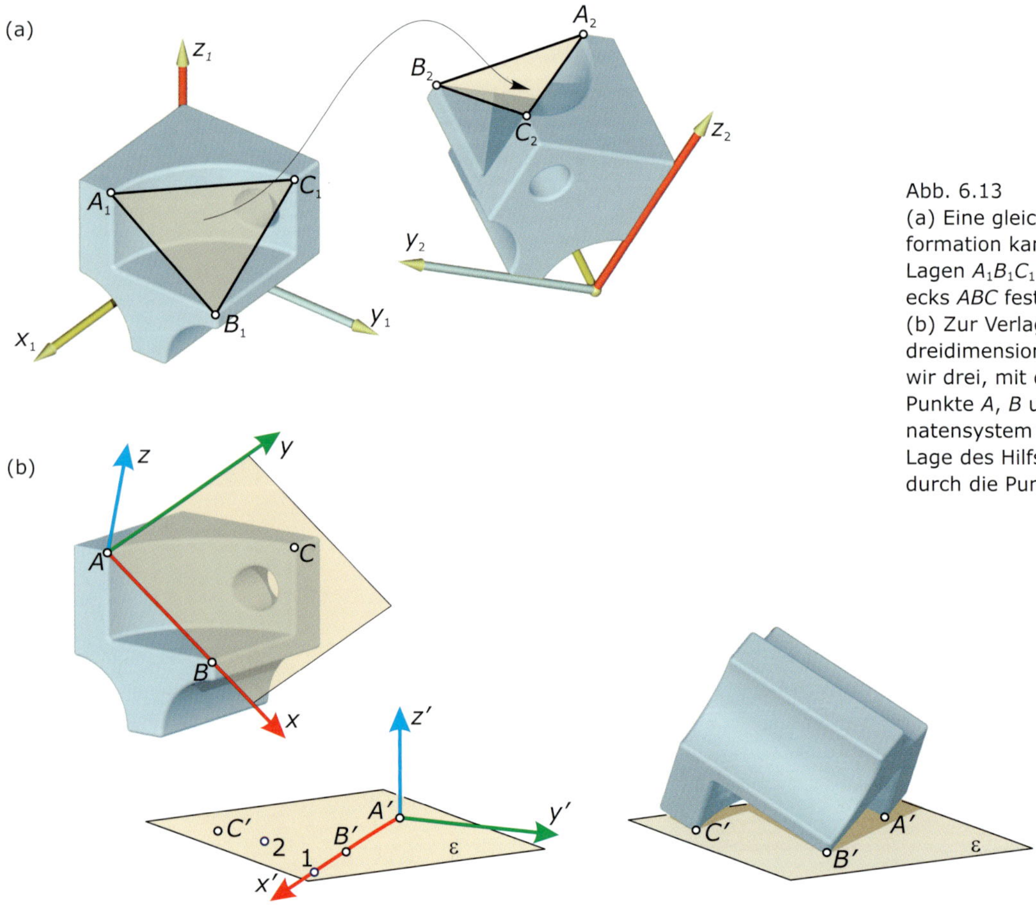

Abb. 6.13
(a) Eine gleichsinnige Kongruenztransformation kann immer durch zwei Lagen $A_1B_1C_1$ und $A_2B_2C_2$ eines Dreiecks ABC festgelegt werden.
(b) Zur Verlagerung eines Objekts im dreidimensionalen Raum verwenden wir drei, mit dem Objekt verknüpfte Punkte A, B und C, um ein Hilfskoordinatensystem festzulegen. Die neue Lage des Hilfskoordinatensystems wird durch die Punkte A', 1 und 2 bestimmt.

Beispiel:

Rekonstruktion der Schraubachse. Wir nehmen an, dass wir zwei Lagen $A_1B_1C_1$ und $A_2B_2C_2$ eines Dreiecks ABC kennen. Wir wollen nun die Schraubachse, den Drehwinkel und den Schiebvektor der dadurch bestimmten Schraubung rekonstruieren.

Der Vektor $\mathbf{a} = \mathbf{a}_2 - \mathbf{a}_1$ (festgelegt durch die beiden Positionen A_1 und A_2 des Eckpunkts A) kann als Summe des Translations- oder Schiebvektors **t** und eines Vektors $\mathbf{r}_a$ aufgefasst werden, wobei **t** parallel und $\mathbf{r}_a$ orthogonal zur Schraubachse liegen (Abbildung 6.14a).

Das gilt für alle drei Vektoren **a**, **b** und **c**, die jeweils durch die beiden Lagen der Eckpunkte des Dreiecks bestimmt sind (Abb. 6.14b). Daher ist, wie die einfache Rechnung

$\mathbf{a} - \mathbf{b} = \mathbf{r}_a + \mathbf{t} - (\mathbf{r}_b + \mathbf{t}) = \mathbf{r}_a - \mathbf{r}_b$ zeigt, die Differenz von jedem Paar dieser Vektoren ein Vektor orthogonal zu **t**.

Fixieren wir nun die Vektoren **a**, **b** und **c** im Ursprung O, dann können wir sie als Ortsvektoren von drei Punkten P, Q und R interpretieren, die eine Ebene ε bestimmen (Abb. 6.14c). Die Seiten dieses Dreiecks definieren dann die Differenzenvektoren $\mathbf{a} - \mathbf{b}$, $\mathbf{b} - \mathbf{c}$ und $\mathbf{c} - \mathbf{a}$. Daher sind alle Seiten des Dreiecks PQR normal zum Schiebvektor **t**, und damit ist die gesamte Ebene ε orthogonal zu **t**. Wir finden die Richtung der Schraubachse als eine Normale der Hilfsebene ε. Weiters legt der Abstand der Ebene ε vom Ursprung die Länge des Schiebvektors fest.

Nun verschieben wir mit Hilfe des negativen Schiebvektors $-\mathbf{t}$ das Dreieck $A_2B_2C_2$ in die Zwischenlage $A_0B_0C_0$, die aus der Originallage durch eine einfache Drehung hervorgeht. Die Achse dieser Drehung ist dann die gesuchte Schraubachse. Wir finden diese Drehachse und damit den ebenfalls gesuchten Drehwinkel als Schnittgerade zweier Symmetrieebenen (vergleiche das Beispiel „Rekonstruktion einer allgemeinen Drehachse“).

Folgende Spezialfälle können im Verlauf der Konstruktion auftreten:

- Falls die Vektoren **a**, **b** und **c** zueinander parallel sind, dann müssen sie auch gleich lang sein. In diesem Fall vereinfacht sich die Transformation zu einer Schiebung mit dem Schiebvektor $\mathbf{a} = \mathbf{b} = \mathbf{c}$.
- Falls die Ebene ε den Ursprung O enthält, dann verschwindet der Schiebanteil, und wir haben eine Drehung (die wir schon in einem früheren Beispiel untersucht haben).

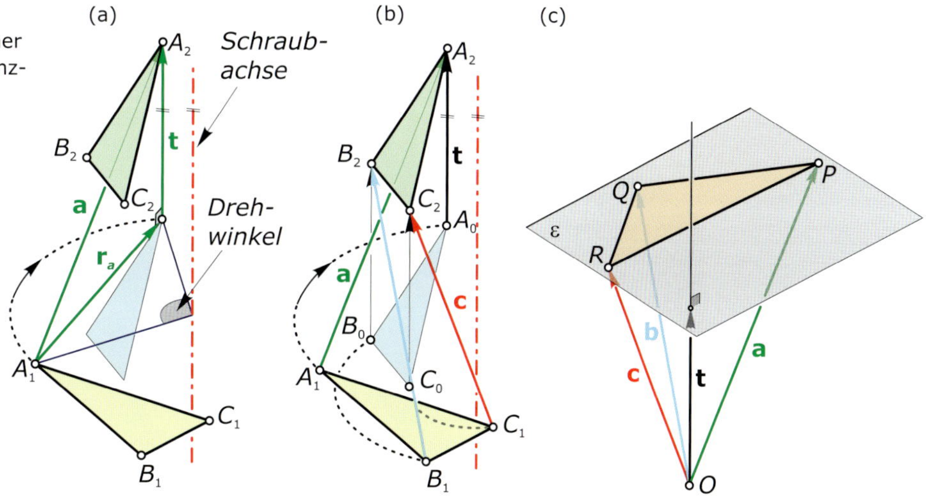

Abb. 6.14
Rekonstruktion der Schraubachse einer allgemeinen, gleichsinnigen Kongruenztransformation.

Schraubbewegung. Die Verlagerung eines starren Körpers von einer Position in eine andere kann durch eine einzige Transformation, die (diskrete) Schraubung bewerkstelligt werden. Diese Abbildung können wir in einen stetigen Bewegungsablauf, der *Schraubbewegung*, einbetten. Dabei wird ein Objekt kontinuierlich um die Schraubachse gedreht und gleichzeitig längs dieser Achse so verschoben, dass die Schiebstrecke proportional zum Drehwinkel ρ ist.

Wir wollen diese Bewegung nun eingehender betrachten. Angenommen der Punkt Q wird mittels einer Drehung um die Achse a (Drehwinkel ρ_1) und einer Schiebung parallel zu a in die Position Q_1 verlagert. Die Länge der Schiebstrecke bezeichnen wir mit s_1, wobei wir s_1 mit einem Vorzeichen versehen (positiv, wenn die Schiebung in Richtung der orientierten Drehachse ausgeführt wird, andernfalls negativ). Wir können nun dieselbe (diskrete) Schraubung immer wieder anwenden, um die Punkte Q_2, Q_3 und so weiter zu erhalten. Wir bemerken noch, dass wir Q_2 auch aus Q durch eine (diskrete) Schraubung mit dem Drehwinkel $\rho_2 = 2{\cdot}\rho_1$ und der Schiebstrecke $s_2 = 2{\cdot}s_1$ erzeugen können.

Die n-te Position Q_n hängt dann mit dem Punkt Q durch eine Drehung mit Drehwinkel $n{\cdot}\rho_1$ und einer Schiebung mit Schiebstrecke $n \cdot s_1$ zusammen. Wenn wir nun diesen Prozess verfeinern und alle dadurch entstehenden Zwischenpositionen berücksichtigen, erhalten wir eine (stetige) Schraubbewegung (Abb. 6.15). Je zwei verschiedene Lagen eines starren Körpers, auf den eine Schraubbewegung ausgeübt wird, hängen durch eine Drehung um die Achse a und eine Schiebung parallel zu a zusammen. Die Schiebstrecke ist dabei ein Vielfaches $p{\cdot}\rho$ des Drehwinkels ρ. Der Faktor p bleibt dabei konstant. Er kann aus zwei beliebigen Lagen (z.B., aus Q und Q_1 mit $p = s_1/\rho_1$) berechnet werden, und wir bezeichnen ihn als *Schraubparameter*.

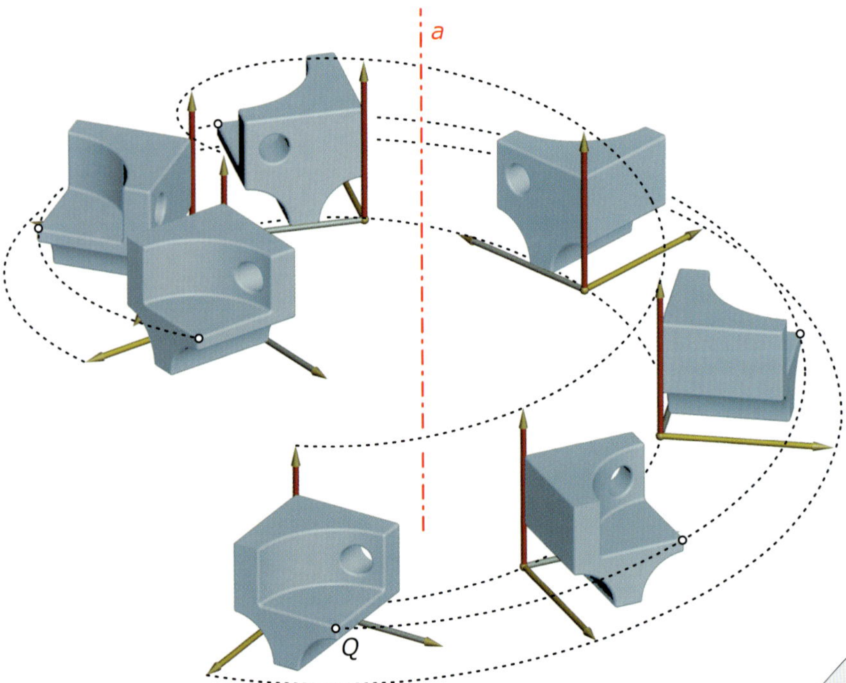

Abb. 6.15
Während einer Schraubbewegung läuft ein Punkt Q auf einer Schraublinie.

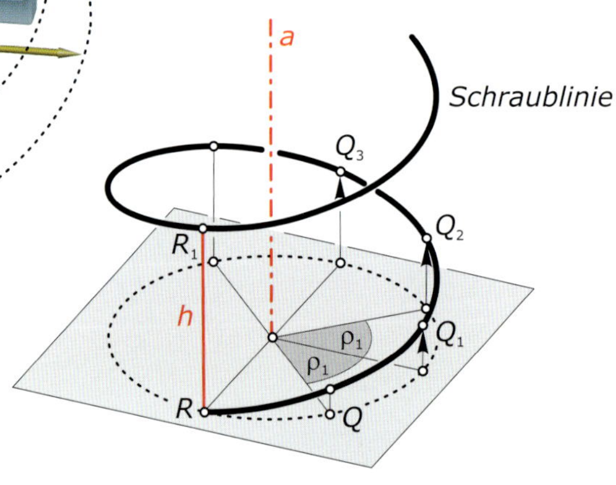

Entsprechend unserer Vorzeichenkonvention hat p ein positives Vorzeichen, wenn bei positivem Drehwinkel ρ die Schiebung in Richtung der orientierten Schraubachse a ausgeführt wird. Andernfalls ist p negativ. Im Falle eines positiven Schraubparameters ($p > 0$) sprechen wir von einer *rechtsgängigen Schraubung*, während ein negativer Schraubparameter ($p < 0$) zu einer *linksgängigen Schraubung* gehört. Für $p = 0$ erhalten wir eine Drehbewegung und $p = \infty$ („unendlich") liefert die stetige Schiebung parallel zu a – ein Grenzfall der Schraubbewegung.

Während einer Schraubbewegung durchläuft jeder Punkt Q außerhalb der Schraubachse eine Bahnkurve, die wir als *Schraublinie* bezeichnen. Nach einer vollen Umdrehung erreicht der Punkt P die Position R. Die zugehörige Schiebstrecke nennen wir die *Ganghöhe h* der Schraubung. Der Schraubparameter p hängt nun mit der Ganghöhe h über die Gleichung $p = h/(2\pi)$ zusammen, wobei wir den Winkel im Bogenmaß messen. Je nach Vorzeichen des Schraubparameters unterscheiden wir auch bei Schraublinien zwischen rechtsgängig und linksgängig. Wir merken hier noch an, dass eine rechtsgängige Schraublinie weder durch eine Drehung um eine horizontale Gerade noch um eine allgemeine Gerade in eine linksgängige übergeführt werden kann.

Schraublinien haben eine Menge bemerkenswerter Eigenschaften, die sie zu interessanten Objekten für Architektur und Design machen (Abb. 6.17). Einige dieser Eigenschaften sind in Abbildung 6.16 illustriert.

- Jede Schraublinie liegt zur Gänze auf einem Drehzylinder Φ. Die Achse dieses Trägerzylinders ist die Schraubachse.
- Der von allen Kurventangenten und einer zur Schraubachse normalen Ebene eingeschlossene Winkel α ist konstant.
- Als eine Folge dieser Eigenschaft können wir den Trägerzylinder längs einer Erzeugenden (parallel zur Schraubachse) aufschneiden, ihn in die Ebene ausbreiten und erhalten eine Gerade c^d als Bild der Schraublinie c in der Abwicklung Φ^d.
- Bei Anwendung einer Schraubung auf eine Schraublinie geht diese als Ganzes in sich über. Diese Eigenschaft ist die Ursache für die Arbeitsweise von Schrauben.

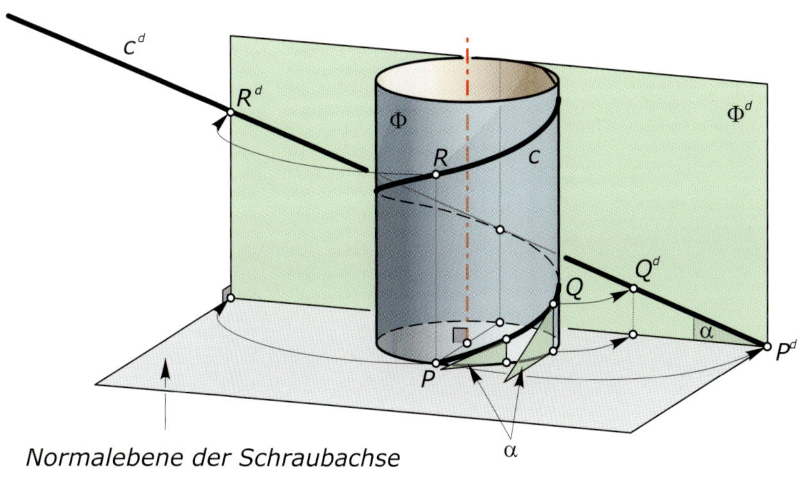

Abb. 6.16
Einige bemerkenswerte Eigenschaften einer Schraublinie.

Mathematische Beschreibung. Für eine mathematische Beschreibung der Schraubung legen wir die Schraubachse in die z-Achse. Dann müssen wir lediglich eine Drehung um die z-Achse mit einer Schiebung parallel zur z-Achse kombinieren.

$$x_1 = x \cdot \cos \rho - y \cdot \sin \rho,$$

$$y_1 = x \cdot \sin \rho + y \cdot \cos \rho,$$

$$z_1 = z + p \cdot \rho.$$

In diesen Abbildungsgleichungen beschreibt ρ den Drehwinkel und p den Schraubparameter. Für einen festen Wert ρ erhalten wir die (diskrete) Schraubung. Nimmt hingegen ρ alle Werte innerhalb eines gegebenen Intervalls an, so beschreiben die Abbildungsgleichungen eine (stetige) Schraubbewegung.

(a)

Abb. 6.17
Anwendungen von Schraublinien in Architektur und Design.
(a) Ein Stiegenaufgang im *Schloss Hartenfels* in Torgau.
(b) Ein Stiegenhaus des *Waddesdon Landhauses* (1874–1889) in Buckinghamshire, England.
(c) Ein Stiegenaufgang im *Vatikanischen Museum* in Rom.

(b)

(c)

Abb. 6.18
Drei Grundszenarien beim Erstellen von Animationen:
(a) statische Kamera und bewegtes Objekt,
(b) bewegte Kamera und statisches Objekt und
(c) bewegte Kamera und bewegtes Objekt.

(a)

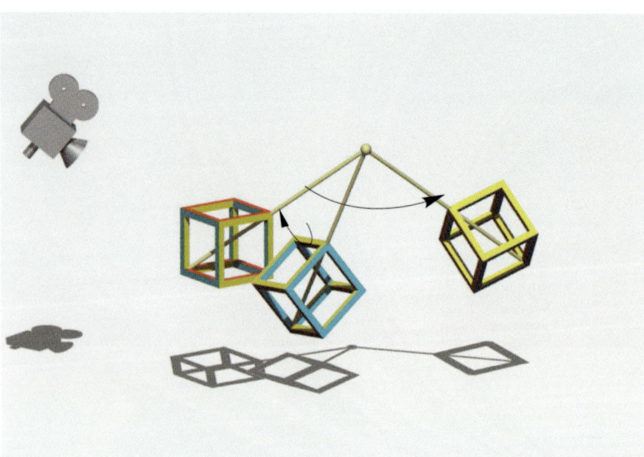

(b)

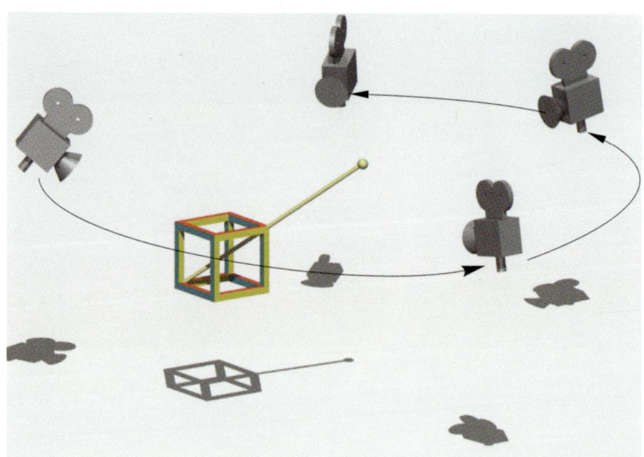

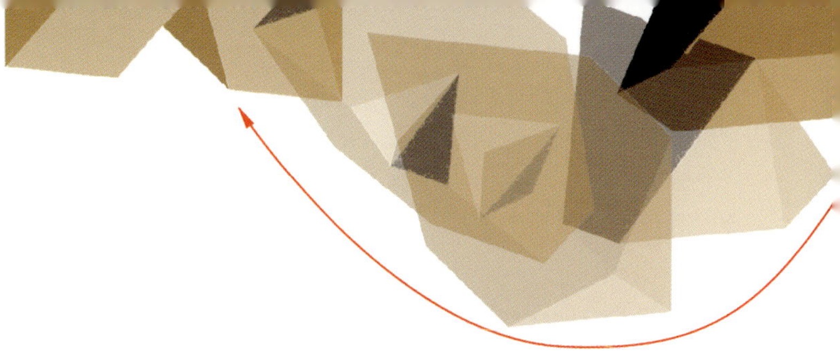

Stetige Bewegung und Animation

Die Herstellung qualitativ hochwertiger Bilder und professioneller Animationen ist eine wesentliche Voraussetzung für die erfolgreiche Präsentation von Architekturprojekten. Bewegte Objekte und Kameras drücken die Intentionen und Ideen eines Architekten meist besser aus als statische Bilder. Mit den bereits erlernten Kenntnissen über diskrete Transformationen und ihren assoziierten, stetigen Bewegungen sind wir nun in der Lage, uns mit den Grundkonzepten zur Erzeugung von Animationen auseinanderzusetzen.

Um den Prozess der Animationserzeugung zu verstehen, versetzen wir uns in die Lage eines Regisseurs. Dieser hat im Wesentlichen immer mit den folgenden drei Szenarien zu tun (Abb. 6.18):

- Eine feste Kamera filmt bewegte Akteure und Objekte.
- Eine bewegte Kamera nimmt statische Elemente auf .
- Eine bewegte Kamera filmt bewegte Akteure und Objekte.

In Analogie dazu erzeugen wir Animationen, die auf denselben Szenarien beruhen. Aber anstatt mit einer realen Kamera zu filmen, wenden wir passende Transformationen auf unsere digitalen Modelle und/oder virtuellen Kameras an. Dann stellen wir eine Reihe von leicht unterschiedlichen Einzelbildern her, um die Illusion einer glatten Bewegung zu erzeugen. Diese Einzelbilder, die automatisiert von der CAD-Software berechnet werden, bezeichnet man oft in der Fachsprache als *Frames* (aus dem Englischen). Für eine wirklich überzeugende Illusion einer glatten Bewegung sollte der Film dann mit etwa 30 Einzelbildern pro Sekunde abgespielt werden.

(c)

Die meisten CAD-Systeme stellen eine Reihe ausgefeilter Werkzeuge zur Verfügung, welche die Herstellung einer Serie von Einzelbildern vereinfachen. Unter diesen Werkzeugen finden sich auch jene, welche die Umsetzung der drei folgenden Grundkonzepte unterstützen.

- Festlegung von *Schlüsselbildern* (engl. *Key Frames*), welche die Lage von Objekten zu gegebenen Zeitpunkten definieren. Die Software berechnet dann daraus Zwischenlagen der Objekte.
- Festlegung von *Pfaden*, auf denen die Objekte oder Kameras bewegt werden.
- Festlegung von Raumpositionen sowie der bestimmenden Parameter von Objekten, Kameras und Lichtern mit Hilfe mathematischer Beschreibungen. Dies geschieht durch *Scripten* (Beschreiben) des gesamten Prozesses, der die parametrische Bewegung steuert

Durch Kombination dieser Methoden können wir animierte Präsentationen unserer digitalen Modelle herstellen.

Einsatz von Schlüsselbildern. Der Einsatz von Schlüsselbildern zur Erzeugung von Animationen ist recht einfach. Die Grundidee ist dabei, verschiedene Positionen eines Objekts (die Schlüsselbilder, engl. *Key Frames*) zu definieren und die Software dann die Zwischenlagen dieses Objekts berechnen zu lassen. In Abbildung 6.19 zeigen wir diese Technik anhand der Zerlegung der „ZETA-Skulptur" von F.R. Brüderlin. Hier legen wir z.B. vier Positionen (Schlüsselpositionen) fest, die der braune Teil im Verlauf seiner Bewegung einnimmt.

Zur Simulation einer stetigen Bewegung muss die Software weitere Lagen zwischen je zwei aufeinanderfolgenden Schlüsselpositionen berechnen. Die Berechnung der interpolierenden Objektpositionen zwischen zwei Schlüsselpositionen wird großteils mit Hilfe von Quaternionen und der Vektorrechnung durchgeführt. Quaternionen werden häufig benutzt, um räumliche Bewegungen in einer kompakten Form zu beschreiben. Sie sind ein mathematisches Konzept, das die komplexen Zahlen (siehe Anhang) verallgemeinert.

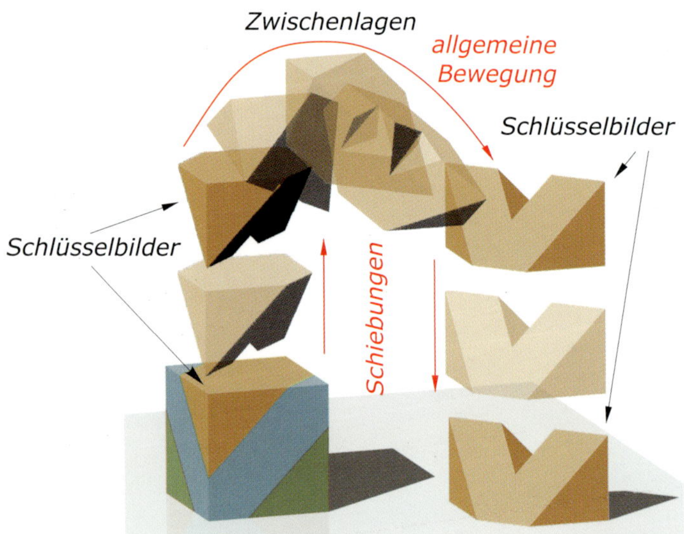

Abb. 6.19
Bei der Zerlegung der „ZETA-Skulptur" werden Schlüsselbilder verwendet, um die Bewegung des braunen Teils zu definieren. Die Software berechnet durch Interpolation der Schlüsselpositionen weitere Zwischenlagen des Objekts.

Um beim Arbeiten mit Schlüsselbildern gute Ergebnisse zu erzielen, legen wir die Lage unserer Objekte zu besonders kritischen Zeitpunkten fest. Obwohl die Software die Gesamtbewegung kontrolliert, hat der Benutzer zumindest die Möglichkeit, diese Bewegung in den kritischen Situationen zu beeinflussen. In Abbildung 6.19 ist die Bewegung des braunen Teils aus einer nach oben verlaufenden Schiebung, einer darauf folgenden, allgemeinen Bewegung (die das Objekt auf den Kopf stellt) und einer abschließenden, nach unten verlaufenden Schiebung (die das Objekt wieder in die Standebene verlagert) zusammengesetzt. Um diese Bewegung festzulegen, haben wir die Schlüsselbilder jeweils am Beginn und am Ende der Schiebungen (das sind ja auch die Schlüsselpositionen der Bewegung) definiert.

Zusammenfassend stellen wir fest, dass das Arbeiten mit Schlüsselbildern eine schnelle und einfache Methode zur Herstellung von Animationen ist. Sie funktioniert recht gut, so lange wir nicht die volle Kontrolle über die Bewegung haben müssen.

Animation mit Pfaden. Ein anderer, einfacher Zugang zu Animationen besteht im Festlegen von Pfaden, auf denen sich die Objekte bewegen. Dazu müssen wir lediglich eine Kurve erzeugen und das Objekt an diese anhängen. Dann folgt das Objekt dieser Bahnkurve und erzeugt somit eine glatte Bewegung (Abb. 6.20). Die meisten CAD-Systeme erlauben zusätzlich die Festlegung der Geschwindigkeit, mit der das Objekt längs der gegebenen Bahnkurve bewegt wird. Dazu geben wir zu jedem Zeitpunkt die genaue Position eines Punktes auf der Bahnkurve an (Abb. 6.21). Das Objekt kann stoppen, sich rückwärts bewegen oder auch vor- und zurückfahren.

Abb. 6.20
Der zweite Teil der ZETA-Skulptur wird längs eines Pfades bewegt.

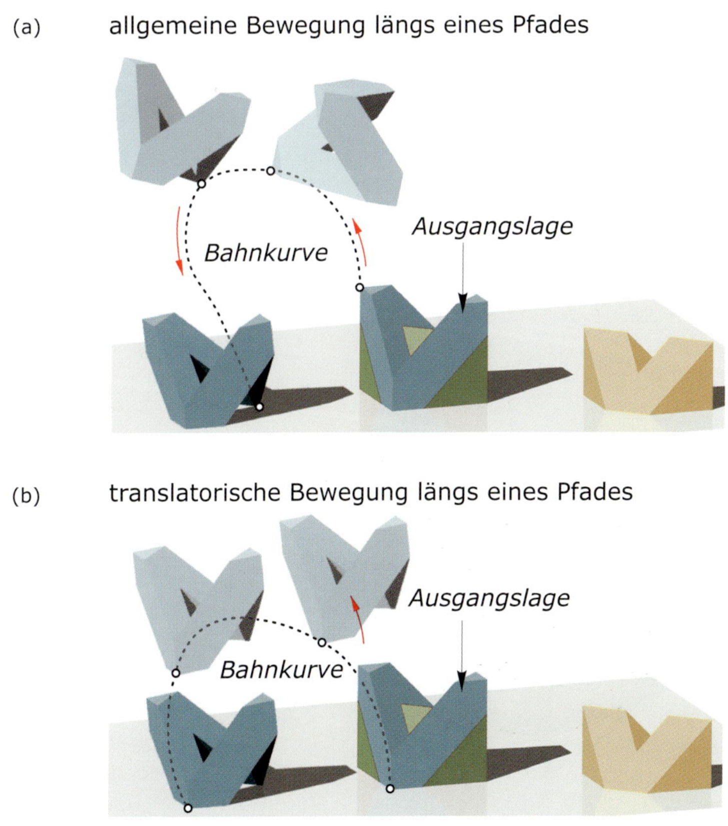

Abb. 6.21
Mit Hilfe eines Geschwindigkeits- oder Weg-Zeit-Diagrammes können wir die Geschwindigkeit im Verlauf der Bewegung steuern.

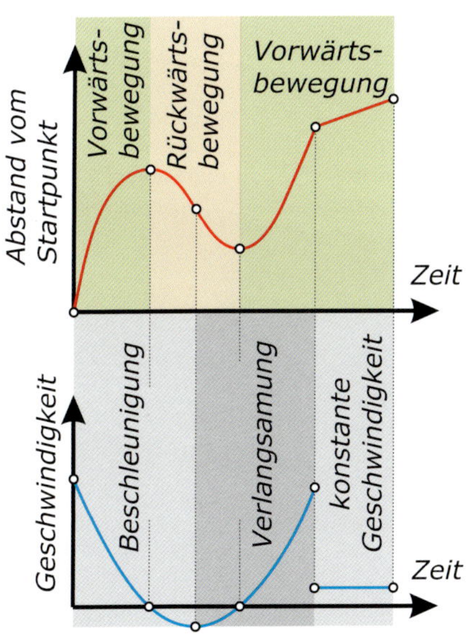

Das Festlegen der Bahnkurve eines einzigen Punktes *P* reicht allerdings nicht aus, die Bewegung des gesamten Körpers exakt zu beschreiben. Um diesen Sachverhalt besser zu verstehen, versehen wir das bewegte Objekt mit einem lokalen Koordinatensystem mit Ursprung im Punkt *P*. Klarerweise beschreibt die Position des Ursprungs allein nicht die Lage des gesamten Koordinatensystems. Wir benötigen daher noch zusätzlich die Ausrichtung der Koordinatenachsen, welche die *Orientierung* des starren Körpers festlegen. Ein Objekt kann deshalb bei der Bewegung längs eines Pfades entweder automatisch bei einer Richtungsänderung der Bahnkurve mitgedreht werden (Abb. 6.20a) oder es wird längs der Bahnkurve ohne Drehung verschoben (Abb. 6.20b). Im zweiten Fall handelt es sich um eine reine Schiebung längs des Pfades, die häufig auch als „translatorische Bewegung" bezeichnet wird.

Animationsskripte. Das Arbeiten mit Schlüsselbildern und Pfaden ermöglicht ein rasches und einfaches Herstellen von Animationen. Aber diese Techniken erlauben nicht die Kontrolle über jedes Detail einer Bewegung. Die Erzeugung komplexer Animationen erfordert daher ausgefeiltere Methoden, die es uns ermöglichen, die Position (von Referenzpunkten) und die Orientierung der Objekte als Funktion der Zeit anzugeben. Da die jeweiligen Bewegungen meist auf einzelne Objekte oder Objektteile beschränkt sind, arbeiten wir mit lokalen Koordinatensystemen, die wir mit den bewegten Teilen verknüpfen (Abb. 6.22).

Wir beschreiben (skripten) dann das Verhalten und die Bewegung aller beweglichen Teile mit Hilfe mathematischer Gleichungen. Die CAD-Software unterstützt uns bei der Definition dieser Gleichungen durch das Bereitstellen eingebauter Variablen und mathematischer Funktionen.

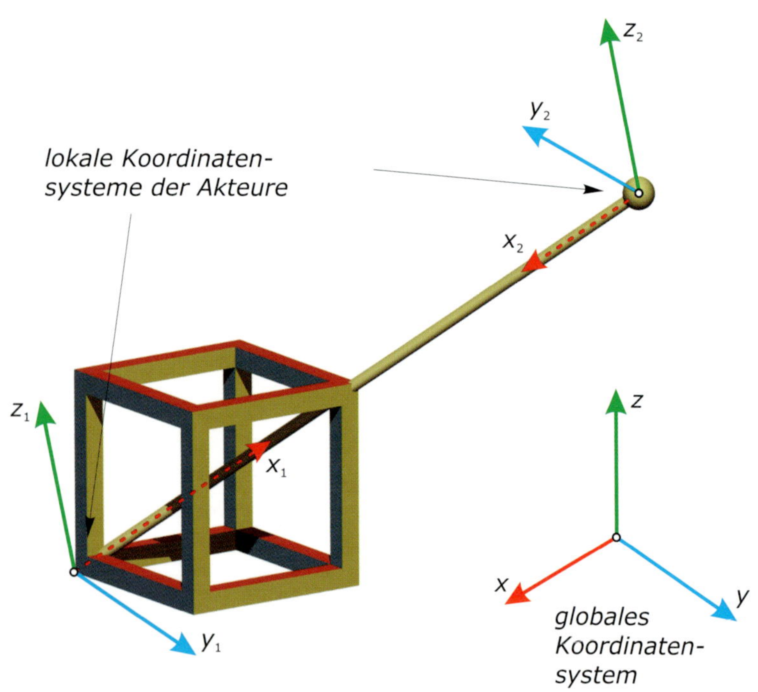

Abb. 6.22
Die Bewegung des Würfels wird in Bezug auf lokale Koordinatensysteme, die mit den bewegten Objekten verknüpft sind, festgelegt.

Beispiel:

Bewegung eines Werbewürfels. Ein Werbewürfel wird innerhalb von 12 Sekunden einmal um eine horizontale Stange gedreht, während er gleichzeitig mit doppelter Geschwindigkeit um seine Raumdiagonale AG rotiert (Abb. 6.23). Zur Erzeugung einer passenden Animation definieren wir zwei lokale Koordinatensysteme, die wir der rotierenden Stange und dem Würfel geeignet anpassen.

Dann legen wir die Drehung der horizontalen Stange durch ein Skript fest, wobei wir den Drehwinkel mit der Nummerierung der Einzelbilder verknüpfen. Bei einer Bildrate von 30 Einzelbildern pro Sekunde muss die Stange je Einzelbild um genau ein Grad gedreht werden, um die volle Drehung innerhalb von 12 Sekunden zu vollenden ($12 \cdot 30 = 360$).

Wir hängen den Würfel, der sich mit derselben Geschwindigkeit um die horizontale Achse dreht, an die rotierende Stange an. Zur Festlegung der Eigendrehung des Würfels um seine Raumdiagonale „skripten" wir diese Bewegung mit der doppelten Geschwindigkeit (zwei Grad pro Einzelbild).

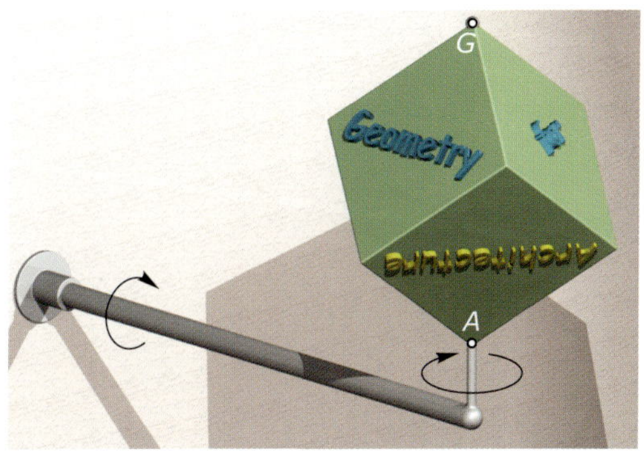

Abb. 6.23
Ein Werbewürfel wird zweimal um seine Raumdiagonale gedreht, während er gleichzeitig um eine horizontale Achse rotiert.

Bild 0

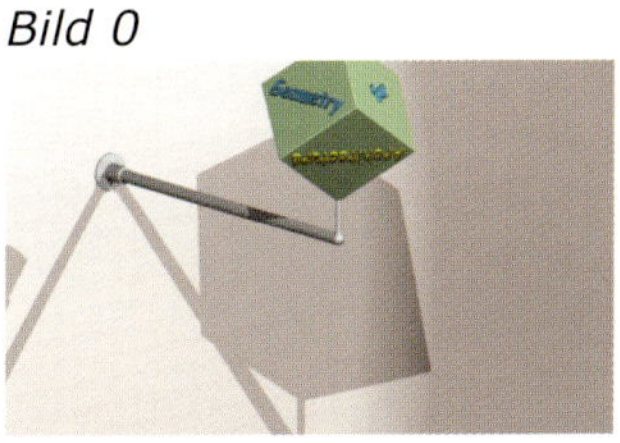

Bild 75

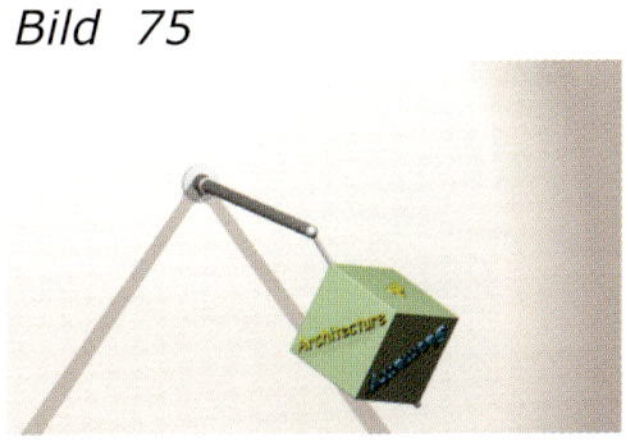

Bild 109

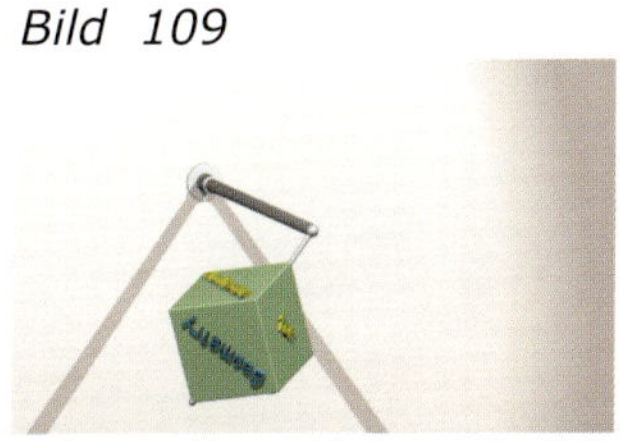

Bild 166

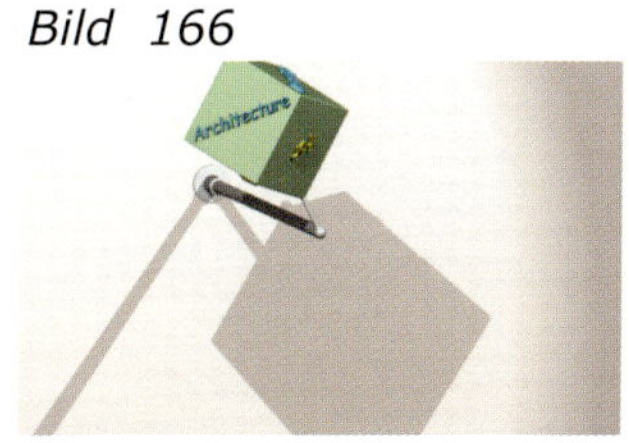

Bild 180

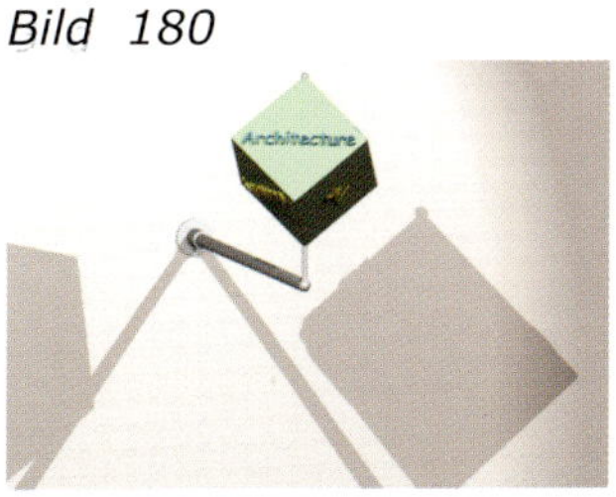

Bild 216

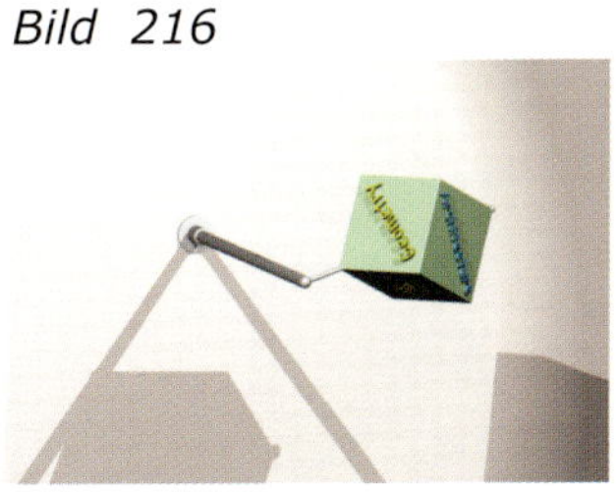

Bild 280

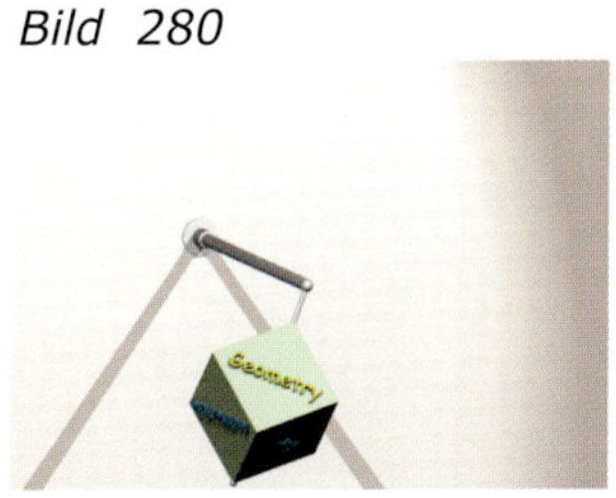

Bild 305

Bei Animationen mit komplexeren Anordnungen muss die Bewegung jedes Teils durch eine eigene Gleichung beschrieben werden. Kameras, welche die virtuelle Szene aufnehmen, werden wie normale, bewegliche Teile behandelt. Sie können mit denselben, oben beschriebenen Methoden animiert werden. Damit können Kamerafahrten festgelegt werden, die einen guten Überblick über die gesamte virtuelle Szene ermöglichen. Durch präzises Steuern der Kamerabewegung und weitere Kameraeinstellungen erlauben Animationen daher eine umfassende Darstellung des gesamten Designs.

Wenn wir geeignete, lokale Koordinatensysteme benutzen und die mathematischen Beschreibungen der Raumtransformationen (die wir in diesem Kapitel kennen gelernt haben) geschickt einsetzen, sind wir in der Lage, instruktive Animationen herzustellen. Die bisher beschriebenen Grundtechniken zur Erzeugung von Animationen sind hervorragend geeignet, räumliche Bewegungen zu visualisieren. Um jedoch Animationen zu produzieren, bei denen Objekte auch ihre Form ändern, ist meist der Einsatz einer speziellen Animationssoftware notwendig. Die CAD-Modelle werden in diese Software importiert und dort Techniken wie z.B. dem *Morphing* oder *Warping* unterworfen. Auf diese Art und Weise erhalten wir Animationen, die beispielsweise die Deformation eines Hauses illustrieren (Abb. 6.24).

Zum Abschluss dieses Teilkapitels weisen wir darauf hin, dass eine geeignete Beleuchtung auch bei der Erstellung von Animationen eine Schlüsselrolle spielt. Gekonnt eingesetzte Lichteffekte tragen viel zur Atmosphäre und Stimmung einer virtuellen Szene bei. Sie sind ein wesentlicher Faktor bei der Herstellung aussagekräftiger Animationen mit ästhetischer und visueller Qualität.

Abb. 6.24
Einschlägige Animationssoftware stellt oft auch Werkzeuge zu Verfügung, die auch die Deformation von Objekten zulässt. Hier zeigen wir vier Szenen aus der Animation *Plumber* von Red Rover Studios.

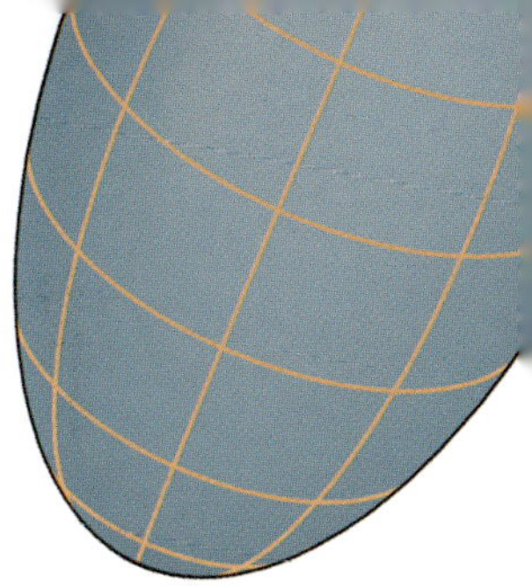

Affine Transformationen

In Kapitel 5 (über ebene Transformationen) haben wir neben den gestalts- und abstandserhaltenden Kongruenztransformationen noch weitere interessante Transformationen kennen gelernt. Um einige dieser Transformationen genauer zu studieren, führen wir einen etwas allgemeineren, mathematischen Zugang zu den linearen Transformationen ein. Alle bisher betrachteten, räumlichen Abbildungen können von dem folgenden, allgemeinen Typ abgeleitet werden.

$$
\begin{aligned}
x_1 &= a{\cdot}x + b{\cdot}y + c{\cdot}z + u,\\
y_1 &= d{\cdot}x + e{\cdot}y + f{\cdot}z + v, \qquad\qquad \text{(A)}\\
z_1 &= g{\cdot}x + h{\cdot}y + i{\cdot}z + w.
\end{aligned}
$$

Die Parameter $a, b, \ldots, i$ legen die Deformation fest, während die Parameter u, v und w den Schiebvektor $\mathbf{t} = (u,v,w)$ bestimmen. Alle diese Parameter sind gegebene (reelle) Zahlen. Eine Transformation vom Typ (A) wird als *affine Transformation* bezeichnet. Wie die Abbildung 6.25 zeigt, weisen alle affinen Transformationen folgende Eigenschaften auf:

- Geraden werden wieder auf Geraden abgebildet.
- Ebenen werden auf Ebenen abgebildet.
- Parallele Geraden (Ebenen) werden auf parallele Geraden (Ebenen) abgebildet.
- Das Verhältnis zweier Strecken auf parallelen Geraden bleibt unter der Transformation erhalten.

Abb. 6.25
Eine allgemeine affine Transformation wird auf einen Würfel und einen Zylinder ausgeübt.

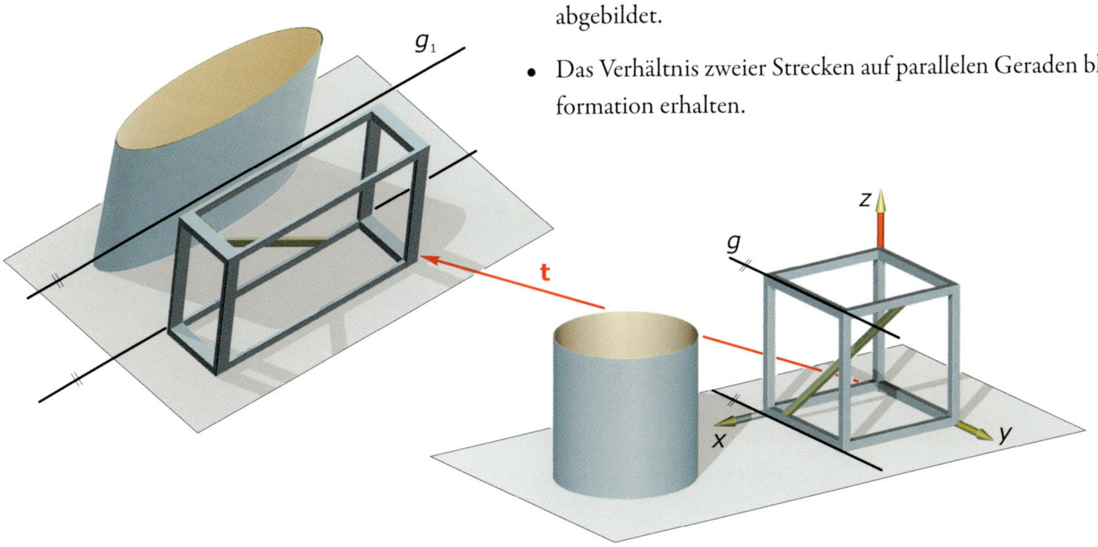

Diese Eigenschaften (abgesehen von jenen, die Ebenen betreffen) erinnern uns an die Parallelprojektion. Und tatsächlich ist die Parallelprojektion ein Sonderfall einer affinen Transformation, wobei der dreidimensionale Raum auf eine Ebene abgebildet wird. Ersetzen wir die letzte Zeile der Abbildungsgleichungen (A) durch $z_1 = 0$ ($g = h = i = w = 0$), dann erhalten wir eine allgemeine Beschreibung einer Parallelprojektion mit der xy-Ebene als Bildebene.

Wir werden nun die einzelnen Parameter in (A) durch spezielle Werte ersetzen, um einige neue Raumtransformationen herzuleiten. Zur Vereinfachung unserer Untersuchungen nehmen wir an, dass es keinen Schiebanteil gibt (das heißt, der Schiebvektor ist durch $\mathbf{t} = (0{,}0{,}0)$ gegeben).

Skalierung. Als eine Verallgemeinerung der ebenen, zentrischen Ähnlichkeit erhalten wir die *räumliche, zentrische Ähnlichkeit* (Streckung). Sie wird durch ein *Ähnlichkeitszentrum* Z (wir wählen Z im Ursprung (0,0,0)) und einem einzigen *Ähnlichkeitsfaktor* (*Skalierungsfaktor*) festgelegt (Abb. 6.26). Die zentrische Ähnlichkeit hat dieselben Eigenschaften wie ihr zweidimensionales Analogon. Verwenden wir voneinander unabhängige Skalierungsfaktoren für jede Koordinate, so erhalten wir eine (allgemeine) *Skalierung*, die durch

$$x_1 = a \cdot x,$$

$$y_1 = e \cdot y,$$

$$z_1 = i \cdot z$$

beschrieben werden kann.

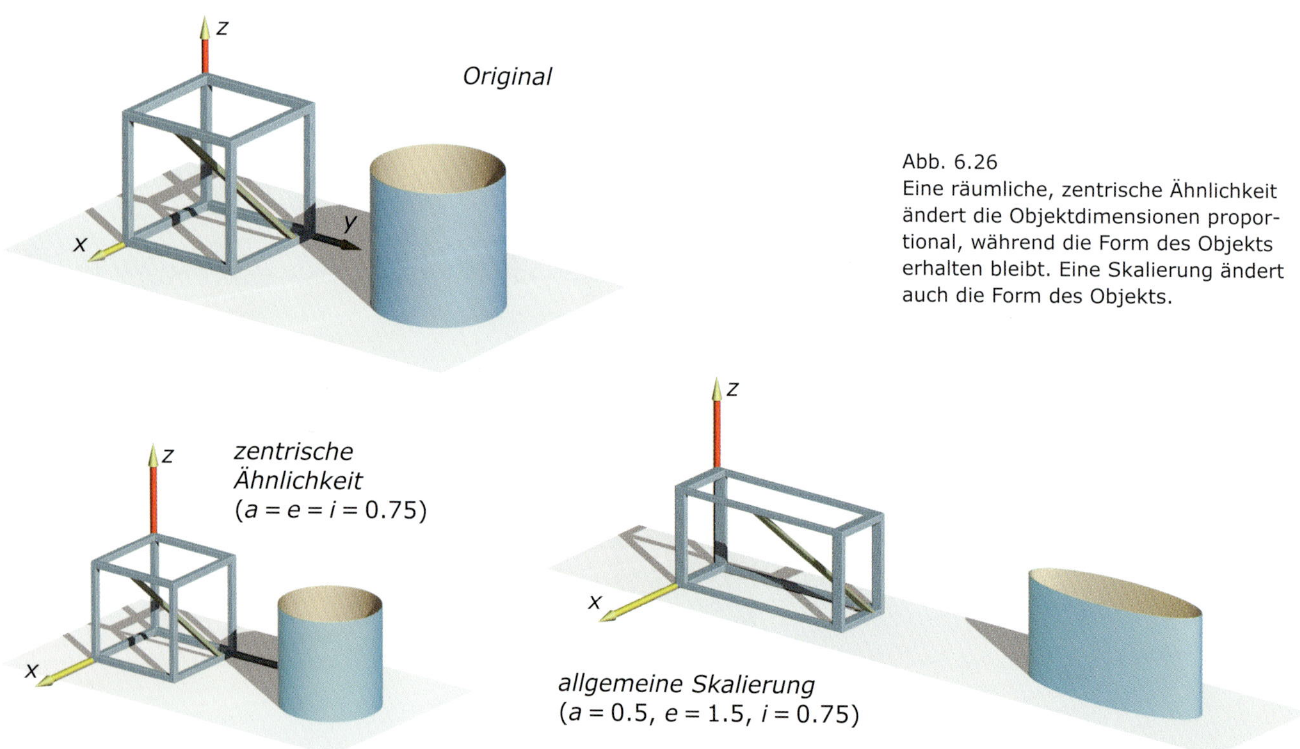

Abb. 6.26
Eine räumliche, zentrische Ähnlichkeit ändert die Objektdimensionen proportional, während die Form des Objekts erhalten bleibt. Eine Skalierung ändert auch die Form des Objekts.

Skalierungen werden häufig verwendet, um Objekte längs der Koordinatenachsen zu deformieren. Wenden wir eine Skalierung auf eine Kugel an, so erhalten wir ein Ellipsoid. Bei dieser Transformation werden die meisten Kreise der Kugel auf Ellipsen (des Ellipsoids) abgebildet (Abb. 6.27). Wollen wir beispielsweise das Modell eines Turms strecken, ohne dabei die Basis zu verändern, dann wenden wir ebenfalls eine Skalierung an ($a = e = 1, i = 1.5$).

Abb. 6.27
Anwendungen der Skalierung.
(a) Eine Kugel wird in Ellipsoide abgebildet.
(b) Ein Turm wird gestreckt.
(c) Das *Chryslergebäude* (1928–1930) in New York von William Van Alen.
(d) Die *Pagode* im *Kew Garden* (1757–1762) in London von William Chambers.

(a)

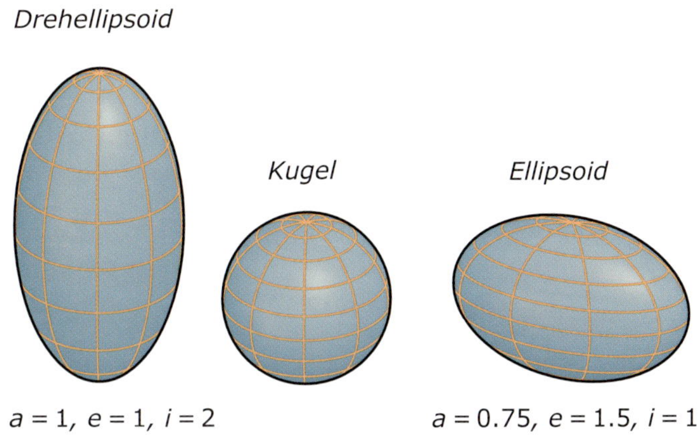

(b)

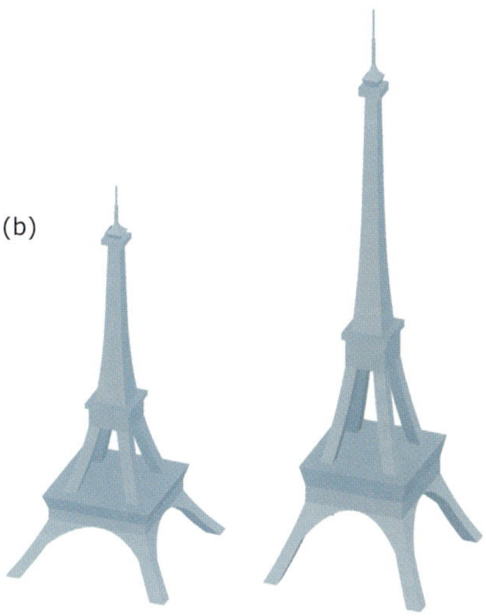

(c)

(d)

Scherung. Nun studieren wir Transformationen vom Typ

$$x_1 = x + c{\cdot}z,$$

$$y_1 = y + f{\cdot}z,$$

$$z_1 = z,$$

um die räumliche Scherung zu erhalten. Wir erkennen, dass die xy-Ebene ($z = 0$) unter dieser Abbildung fest bleibt, während ein Punkt $P(0,0,1)$ auf den Punkt $P_1(c,f,1)$ abgebildet wird. Die Fixpunktebene ε und ein Paar zugeordneter Punkte P, P_1 legen diese Transformation fest (Abb. 6.28). Die dritte Gleichung ($z_1 = z$) bewirkt, dass die z-Koordinaten unter einer Scherung nicht verändert werden. Entsprechende Punkte P, P_1 liegen daher auf Geraden parallel zur Fixpunktebene. In Analogie zum ebenen Fall schneiden einander zugeordnete Geraden und Ebenen in der Fixpunktebene. Eine Anwendung der Scherung in der Architektur wird in der Abbildung 6.29 illustriert.

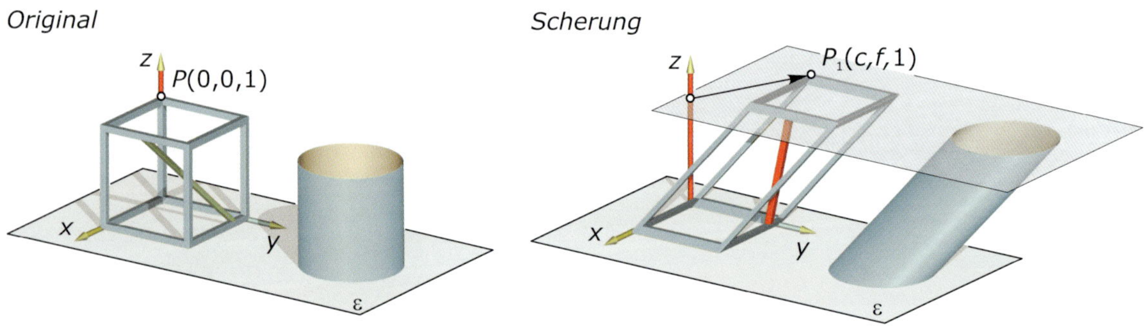

Abb. 6.28
Räumliche Scherung.

Abb. 6.29
Anwendung der räumlichen Scherung. Der *Puerta de Europa* (eröffnet 1996) in Madrid von Pedro Senteri Cardillo und Johnson/Burgee.

Spiralung. Wir verallgemeinern nun die Schraubung, indem wir eine Drehung um eine Achse a mit einer zentrischen Ähnlichkeit kombinieren, wobei wir das Ähnlichkeitszentrum Z auf der Achse a wählen. Zur Vereinfachung der mathematischen Beschreibung nehmen wir nun an, dass das Ähnlichkeitszentrum Z im Ursprung liegt und die Achse a in die z-Achse fällt. Dann besitzt die Spiralung folgende mathematische Beschreibung:

$$x_1 = k(\rho)\cdot x\cdot \cos\rho - k(\rho)\cdot y\cdot \sin\rho,$$

$$y_1 = k(\rho)\cdot x\cdot \sin\rho + k(\rho)\cdot y\cdot \cos\rho,$$

$$z_1 = k(\rho)\cdot z.$$

$$\text{mit } k(\rho) = e^{p\rho}.$$

Lassen wir ρ alle reelle Zahlen innerhalb eines vorgegebenen Intervalls durchlaufen, erhalten wir damit die Beschreibung einer „Spiralbewegung“, die ein Objekt kontinuierlich skaliert und gleichzeitig um eine Achse rotiert (Abb. 6.30). Eine räumliche Spirale wird durch eine Spiralbewegung erzeugt. Sie liegt auf einem Drehkegel, schneidet die Erzeugenden dieses Trägerkegels unter konstantem Winkel, und sie wird unter einer *Spiralung* (zur Gänze) auf sich abgebildet. Diese Eigenschaften können als Verallgemeinerungen der Eigenschaften einer Schraublinie, die ebenfalls die Erzeugenden ihres Trägerzylinders unter konstantem Winkel schneidet und unter einer Schraubung auf sich abgebildet wird, angesehen werden.

Abb. 6.30
(a) Die Bahnkurve eines Punktes P während einer kontinuierlichen Spiralbewegung ist eine (räumliche) Spirale c. Sie liegt auf einem Drehkegel und schneidet alle Erzeugenden des Drehkegels unter festem Winkel. Die Normalprojektion c' in die Basisebene ε ist eine logarithmische Spirale, die alle Geraden durch das Zentrum Z unter konstantem Winkel schneidet.
(b) Im Verlauf einer Spiralbewegung wird ein Objekt um eine Achse gedreht und gleichzeitig skaliert.

(a)

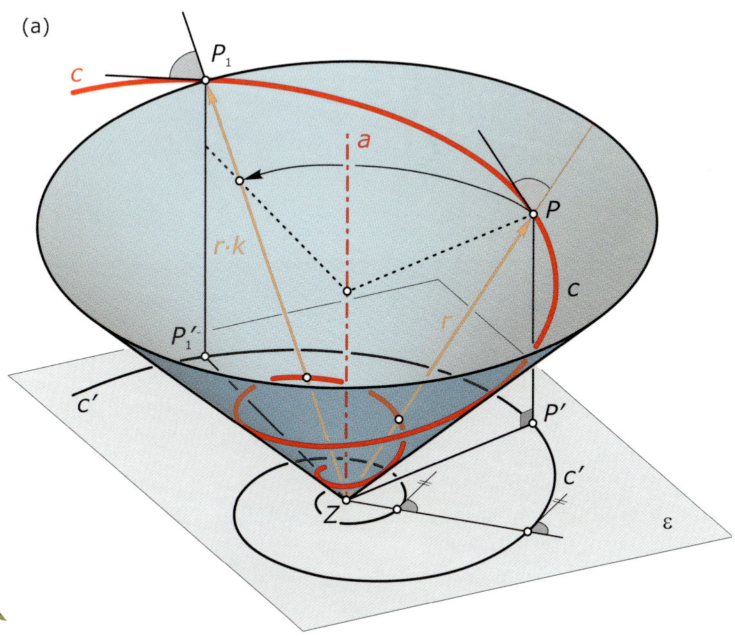

(b)

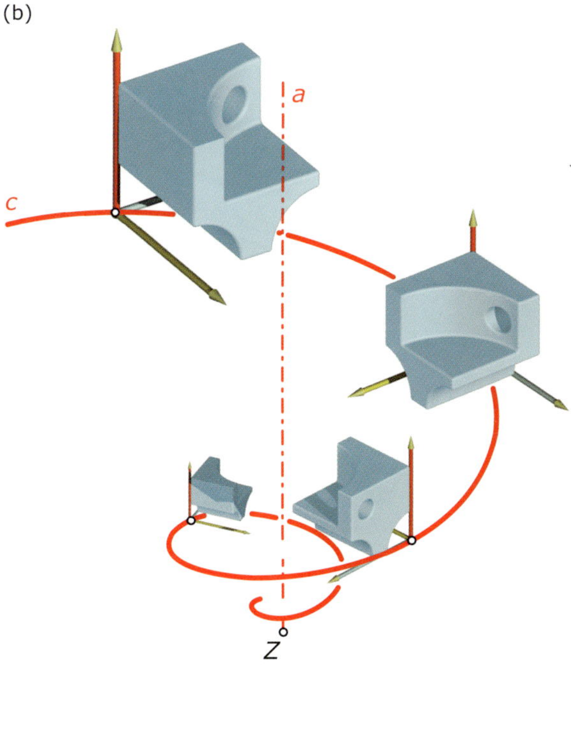

Die Spiralung hat in der Geometrie folgende wichtige Bedeutung: Es gibt immer eine einzige räumliche Spiralung, die ein Raumobjekt in ein dazu *gleichsinnig ähnliches* Objekt überführt.

Einige natürliche Wachstumsprozesse beruhen auf der Exponenzialfunktion. Daher ist es nicht weiter überraschend, dass Spiralen in der Natur häufig auftreten. So sind z.B. Muschelschalen oder Schneckenhäuser recht gute Annäherungen von Spiralflächen (Flächen, die bei einer Spiralbewegung von Profilkurven überstrichen werden [Abb. 6.31]).

(a)

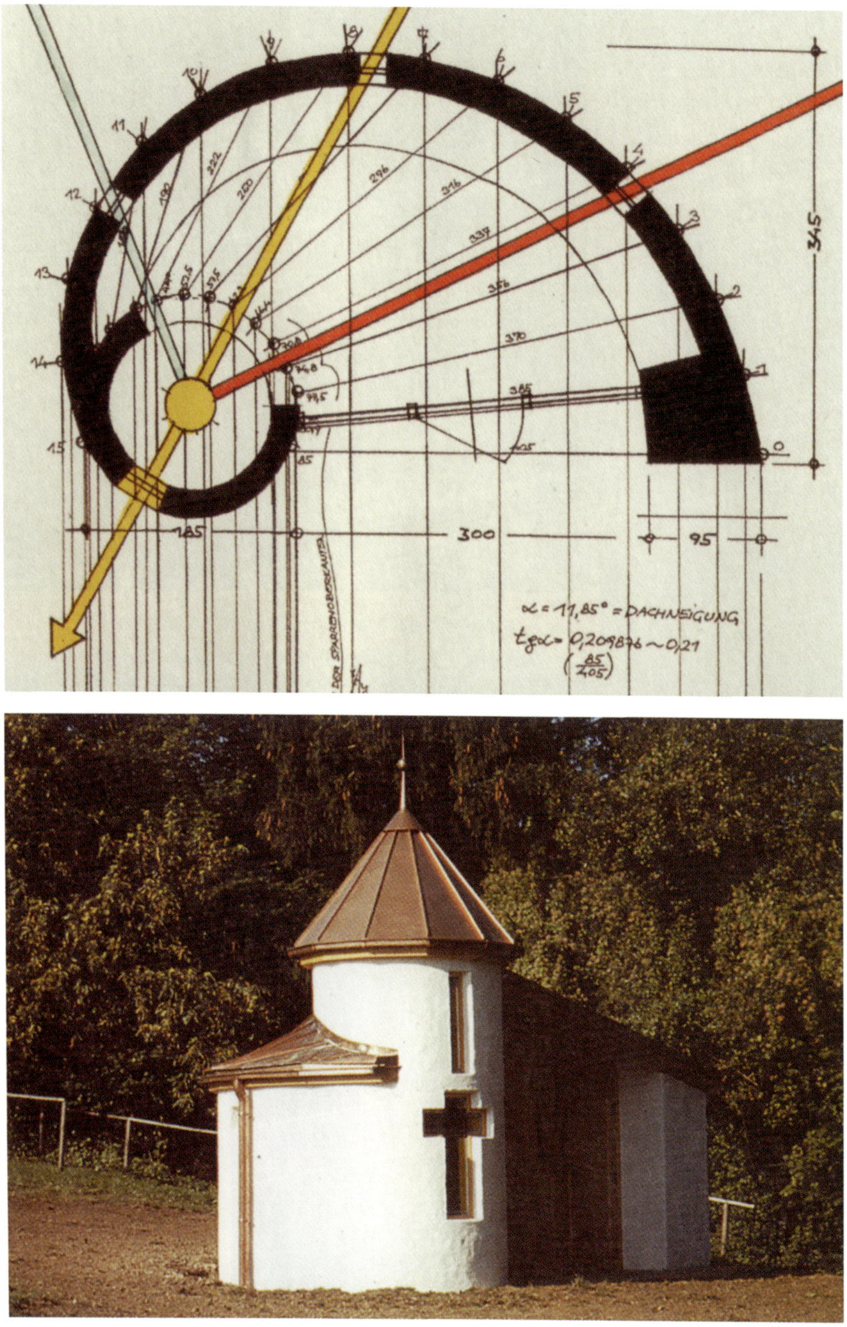

Abb. 6.31
Spiralen in der Architektur und in der Natur.
(a) Eine Kirche in Texing, Österreich.

(b)

(c)

Abb. 6.31
(b) Ein Tempel in Independence, Missouri, USA.
(c) Das Gehäuse einer Nautilusschnecke.
(d) Das Gehäuse einer Weinbergschnecke, dreidimensionale Datenpunkte auf der Oberfläche des Objekts, die mit Hilfe eines Laserscanners ermittelt wurden, und ein CAD-Modell.

(d)

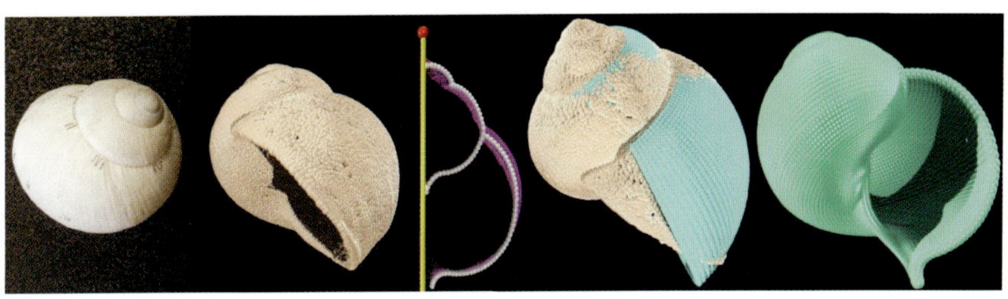

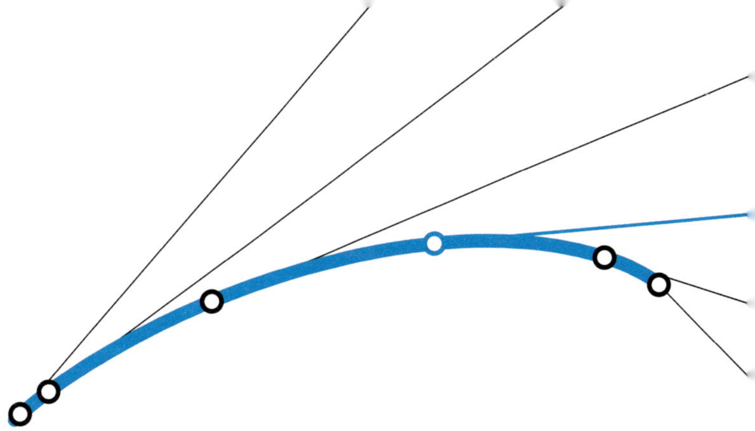

Kapitel 7
Kurven und Flächen

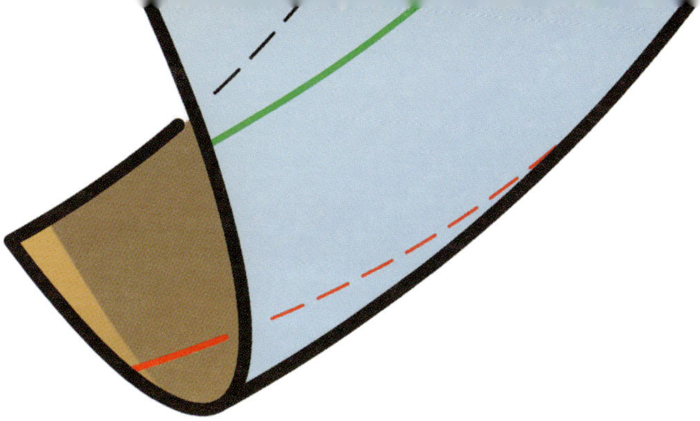

Kurven und Flächen

Kurven und Flächen treten in vielfältiger Weise in Architektur, Kunst und Design auf (Abb. 7.1). Die Kenntnis grundlegender Konzepte für Kurven und Flächen ist auch für das Verständnis der folgenden Kapitel sehr wichtig. Aus didaktischen Gründen wollen wir dabei zuerst Kurven studieren, einschließlich ihrer mathematischen Beschreibung.

(a)

Abb. 7.1
Kurven und Flächen sind Grundelemente der Architektur.
(a) *30 Street Mary Axe* (1997–2004) in London von Norman Foster.

(b)

(c)

(d)

Wir besprechen u.a. *Tangenten* von Kurven (Abb. 7.2.a), die *Krümmung* von Kurven sowie *Wendepunkte*. Kurven können als Profile zur Erzeugung von Flächen verwendet werden. Dabei beeinflusst meist die Form der Profilkurve die Gestalt der entstehenden Fläche ganz wesentlich. Daher legen wir besonderen Wert auf das Studium häufig verwendeter Profile wie etwa der *Kegelschnitte*.

Die Diskussion von Kurven führt in ganz natürlicher Weise zum Studium von Flächen. In Verallgemeinerung entsprechender Konzepte für Kurven stellen wir zwei Formen der mathematischen Beschreibung von Flächen vor und studieren Begriffe wie *Tangentialebene* und *Flächennormale* (Abb. 7.2b).

Bei der Darstellung einer beleuchteten Fläche ist man gelegentlich an der Grenze zwischen beleuchteten und dem Licht abgewandten Teilen interessiert. Dieselbe Frage tritt bei der Entscheidung der Sichtbarkeit und der Bestimmung des Umrisses einer Fläche in einer Projektion auf. Hier spielt die Lage der Tangentialebenen eine entscheidende Rolle. Zum Abschluss des Kapitels befassen wir uns noch mit Schnittkurven von Flächen und beschreiben auch kurz klassische geometrische Methoden zur Bestimmung von Punkten und Tangenten dieser Kurven. Ebenso diskutieren wir interessante Phänomene im Zusammenhang mit Schnittkurven. Dieses Wissen kann beim Design mit Flächen sehr nützlich sein.

Abb. 7.1
(b) *Spline Chair* von Unto This Last.
(c) *Ben Pimlott Building* (2003–2005) in London von Will Alsop.
(d) *Downland Gridshell* (2000–2002) in Singleton von Edward Cullinan.

Abb. 7.2
Tangenten von Kurven und Tangentialebenen von Flächen sind wichtige Konzepte für das Studium von Kurven und Flächen.

(a)

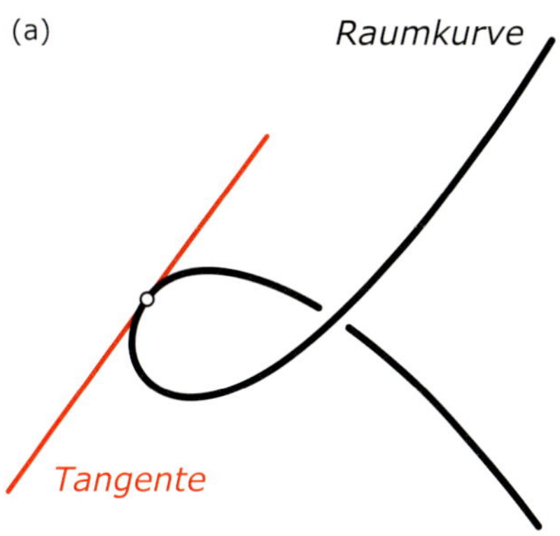

(b)

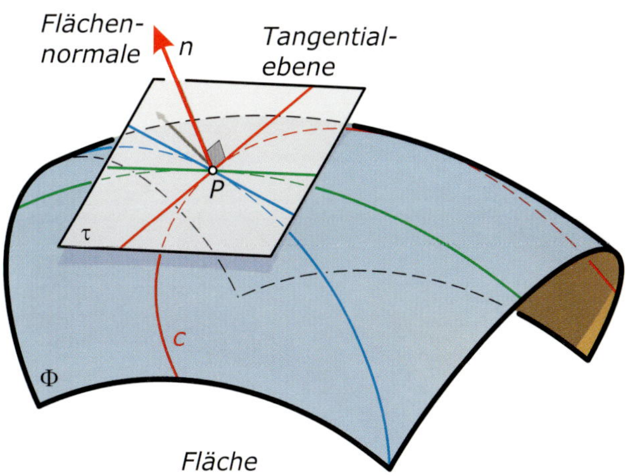

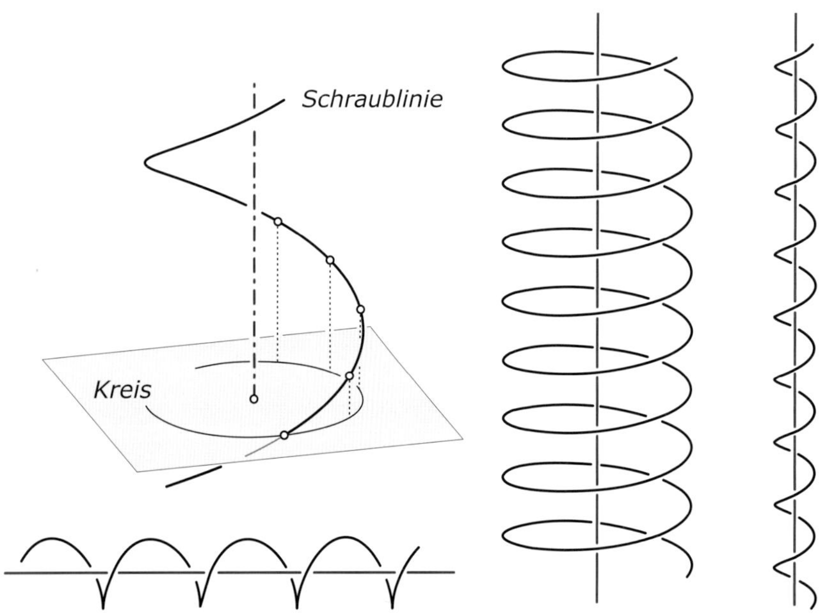

Abb. 7.3
Eine Schraublinie ist eine echte Raumkurve. Sie passt in keine Ebene. Wir zeigen hier verschiedene Schraublinien. In der Architektur können Schraublinien u.a. auf zylindrischen Säulen auftreten:
(a) Schraublinien auf Säulen der *Kathedrale von Durham* (1093–1133) und
(b) Schraublinien auf den zwei Säulen vor der *Karlskirche* (1715–1737) in Wien von Johann Bernhard Fischer von Erlach.

Kurven

Im Verlauf der vorigen Kapitel sind bereits verschiedene spezielle Kurven wie etwa Geraden, Kreise, Schraublinien und Kegelschnitte aufgetreten. Wir können eine Kurve als zusammenhängende eindimensionale Punktmenge erklären. Wie wir bereits bei der Hyperbel gesehen haben, kann diese Punktmenge aus mehreren Teilen (Ästen oder Zweigen) bestehen.

Kurven, deren sämtliche Punkte in ein und derselben Ebene liegen, heißen *ebene Kurven*; Kreise oder Kegelschnitte sind Beispiele hierfür. Im Gegensatz dazu sprechen wir von *Raumkurven*, wenn sie in keiner Ebene Platz haben. Raumkurven (zum Beispiel die Schraublinien [Abb. 7.3]) brauchen also wirklich den 3-dimensionalen Raum. Im Folgenden studieren wir wichtige Begriffe für ebene Kurven und Raumkurven. Diese werden weitgehend in rein geometrischer und anschaulicher Weise eingeführt, aber an wichtigen Stellen durch den mathematischen Hintergrund ergänzt. Wir beginnen mit drei Arten der mathematischen Beschreibung von Kurven.

(a) (b)

Parameterdarstellung. Die Koordinaten der Punkte einer parametrisierten Kurve c sind Funktionen eines Parameters t. Eine Raumkurve kann also durch $\mathbf{c}(t) = (x(t), y(t), z(t))$ dargestellt werden, worin man für t alle Werte eines gewissen Intervalls I einzusetzen hat. Wir können eine Kurve auch als Ergebnis einer stetigen Abbildung eines Intervalls I in die Ebene oder den 3-dimensionalen Raum ansehen (Abb. 7.4). Bei dieser Abbildung wird jeder reellen Zahl t von I ein Kurvenpunkt $P(t)$ zugeordnet. Oft ist es hilfreich, sich t als Zeit vorzustellen, obwohl t nicht die Zeit sein muss. Die Funktionen $x(t), y(t)$ und $z(t)$ heißen *Koordinatenfunktionen* und $\mathbf{c}(t)$ eine *Parametrisierung* oder *Parameterdarstellung* von c.

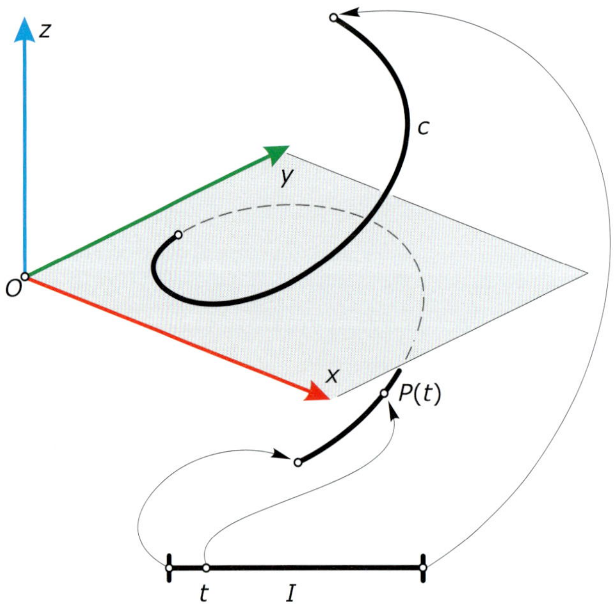

Abb. 7.4
Ein Intervall I wird auf eine Kurve c des dreidimensionalen Raumes abgebildet.

Abb. 7.5
Der Kreis als parametrisierte Kurve.
(a) Ein Kreis in allgemeiner Lage.
(b) Der Einheitskreis.

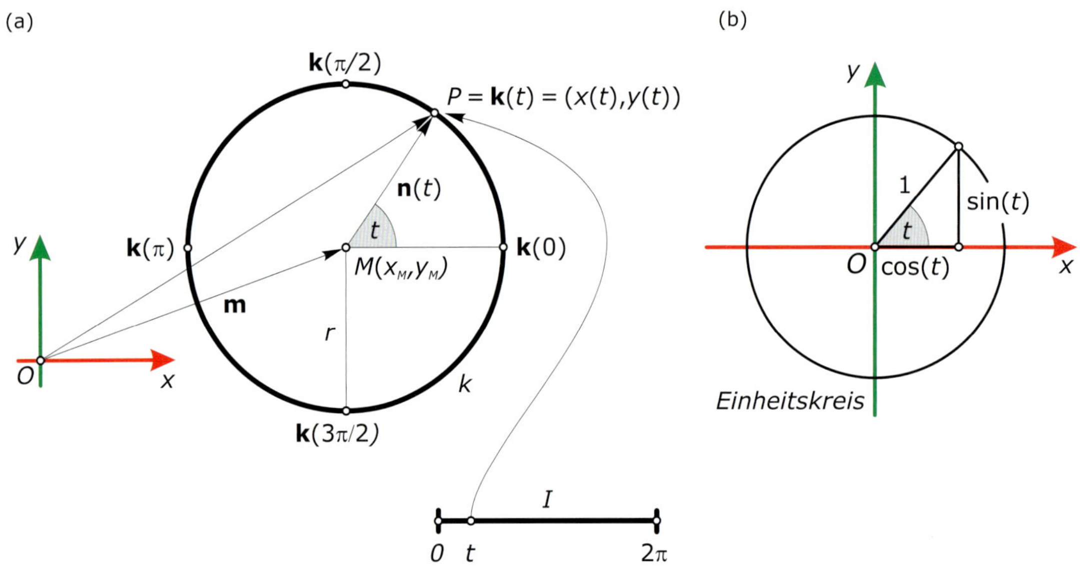

Beispiel:

Parameterdarstellung eines Kreises. Aus Mittelpunkt $M(x_m,y_m)$ und Radius r eines Kreises können wir die Koordinaten von Punkten $P(x,y)$ des Kreises durch Addition der Vektoren $\mathbf{m} = (x_m,y_m)$ und $\mathbf{n}(t) = (r\cdot\cos(t), r\cdot\sin(t))$ finden, wobei t der Winkel zwischen der x-Richtung und dem Radialstrahl MP ist. Dieser Winkel wird im Bogenmaß (d.h. als Bogenlänge auf dem Einheitskreis) gemessen. Daher werden Kreispunkte $P(x,y)$ beschrieben durch

$x(t) = x_m + r\cdot\cos(t), y(t) = y_m + r\cdot\sin(t)$.

Da die Position eines Kreispunktes $\mathbf{k}(t) = (x(t),y(t))$ von einem Parameter t abhängt, sprechen wir von einer *Parameterdarstellung* des Kreises (Abb. 7.5). Wenn der Parameter t das Intervall $[0,2\pi]$ durchläuft, erhalten wir alle Punkte des Kreises k. Durch Wahl eines geeigneten Intervalls für den Parameter t kann man eine mathematische Beschreibung jedes beliebigen Kreisbogens gewinnen (Abb. 7.6).

Das Beispiel zeigt, dass sich durch Einschränkung des Intervalls, in dem der Kurvenparameter t läuft, eine Teilmenge der Kurve c ergibt (oft als *Kurvensegment* bezeichnet). Falls die Parametrisierung nur Polynomfunktionen enthält, so spricht man von einer *Polynomkurve*. Die höchste in den Koordinatenfunktionen auftretende Potenz von t heißt *Grad* der Polynomkurve.

Abb. 7.6
Einige Kreisbögen mit verschiedenen Öffnungswinkeln.

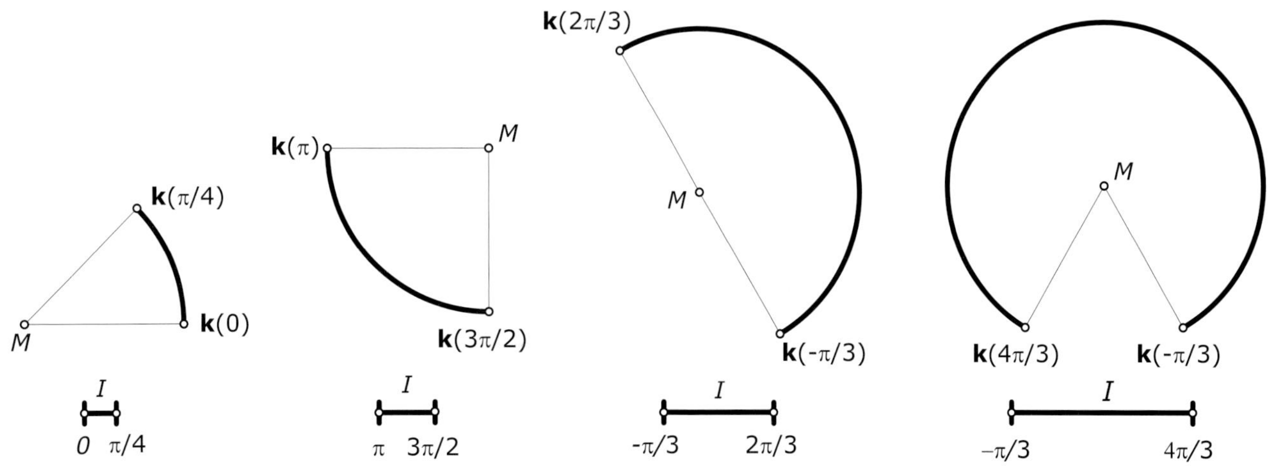

Beispiel:

Parabel und kubische Raumkurve. Ein einfaches Beispiel einer ebenen Polynomkurve ist durch die Parabel mit der Parameterdarstellung $\mathbf{p}(t) = (t, t^2)$ gegeben. Wenn für den Parameter t alle reellen Zahlen eingesetzt werden, ergibt sich die gesamte Parabel. Durch Einschränkung auf das Intervall $I = [-3,3]$ erhalten wir das in Abbildung 7.7a dargestellte Segment, das im Punkt $P_0(-3,9)$ startet und in $P_1(3,9)$ endet. Die Parabel p geht durch den Ursprung O; er ist der Kurvenpunkt zum Parameter $t = 0$. Der höchste Exponent, mit dem der Parameter t auftritt, ist 2. Dies geschieht in der Koordinatenfunktion $y(t) = t^2$. Wir sagen daher, dass die Parametrisierung vom Grad 2 ist. Man kann zeigen, dass eine Polynomkurve vom Grad 2 im Allgemeinen eine Parabel ist. In Sonderfällen kann sie aber in ein Geradenstück entarten.

Die Koordinatenfunktionen $x(t) = 12t - 12t^2$, $y(t) = 6t - 6t2 + 4t^3$ und $z(t) = 12\text{t} - 24t^2 + 16t^3$ definieren eine Raumkurve c. Bei Benutzung des Intervalls $[0,1]$ für den Parameter t erhalten wir ein Kurvensegment, das ganz innerhalb des in Abbildung 7.7b gezeigten Würfels verläuft. Die höchste Ordnung (3) des Parameters t tritt in den Koordinatenfunktionen $y(t)$ und $z(t)$ auf. Daher liegt eine Polynomkurve vom Grad 3 vor. Alle Polynomkurven vom Grad 3 werden als *kubische Kurven* (*Kubiken*) bezeichnet. Ein anderes Beispiel einer kubischen Kurve ist die in Abbildung 7.7c illustrierte Kurve $\mathbf{d}(t) = (t, t^2, t^3)$.

Abb. 7.7
(a) Parabeln sind Polynomkurven vom Grad 2.
(b,c) Zwei kubische Raumkurven.

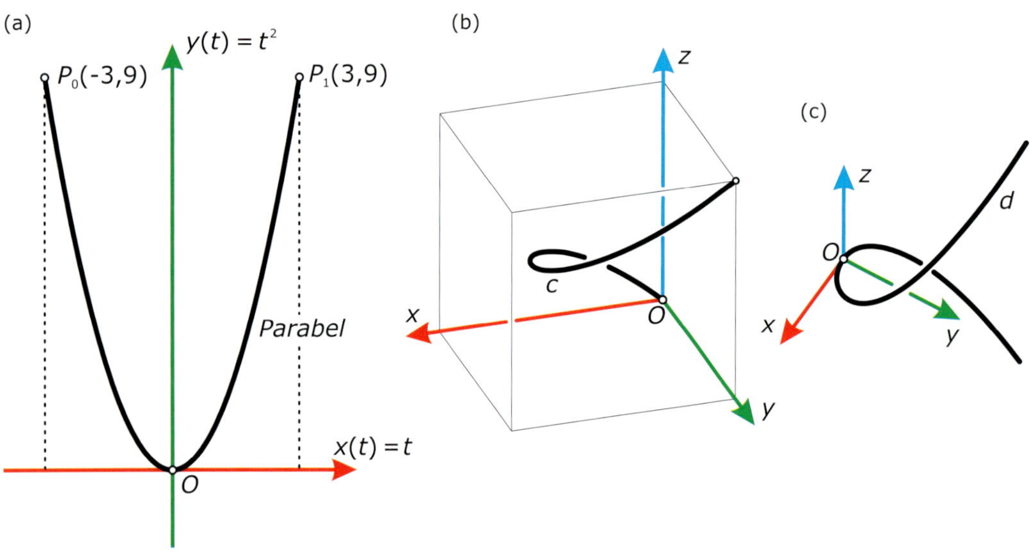

Koordinatenfunktionen der Form $p(t)/q(t)$, mit Polynomen $p(t)$ und $q(t)$, kennzeichnen die Klasse der *rationalen Kurven*. Wir benutzen ein gemeinsames Nennerpolynom $q(t)$ für alle Koordinatenfunktionen. Auch hier heißt die höchste in einem der Zählerpolynome oder dem Nennerpolynom auftretende Potenz von t der *Grad* der Kurve. Polynomkurven sind beim Design von Freiformkurven allgegenwärtig. Ihre Erweiterung zu rationalen Kurven bildet den grundlegenden Baustein für das so genannte NURBS-Freiformdesignschema (siehe Kapitel 8).

Beispiel:
Rationale kubische Kurve.

$$\mathbf{c}(t) = \left(\frac{4t^2-1}{3t^2+1}, \frac{t(4t^2-1)}{3t^2+1}\right)$$

ist die Parameterdarstellung einer ebenen rationalen Kurve vom Grad 3. Man beachte, dass die höchste Potenz (3) des Parameters t nur im Zähler $t(4t^2-1)$ der Koordinatenfunktion $y(t)$ auftritt.

Explizite Darstellung: Graphen. Die im vorigen Beispiel studierte Parabel $\mathbf{p}(t) = (t,t^2)$ erfüllt auch die Gleichung $y = x^2$ (Abb. 7.9). Diese Parabel kann zur Visualisierung der Funktion $f(x) = x^2$ dienen. Zu jedem x tragen wir als y-Koordinate den Funktionswert $f(x) = x^2$ auf. Wir nennen eine Darstellung der Form $y = f(x)$ eine *explizite Darstellung* einer (ebenen) Kurve. Die Kurve wird auch als *Graph der Funktion f* bezeichnet; sie ist die Menge aller Punkte $(x,f(x))$ der xy-Ebene. Abbildung 7.10 zeigt einige Beispiele für Funktionsgraphen.

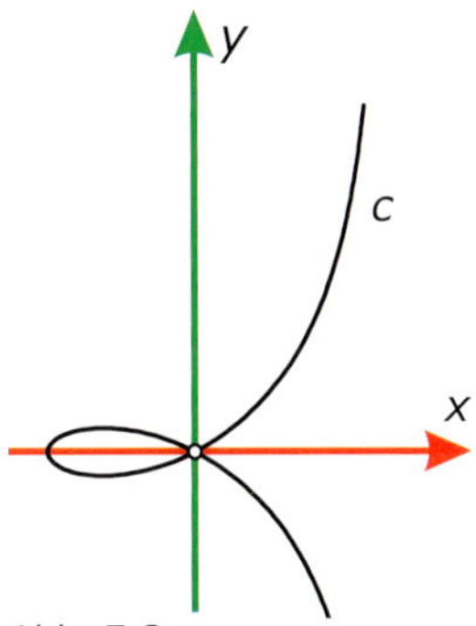

Abb. 7.8
Beispiel einer ebenen rationalen Kurve vom Grad 3.

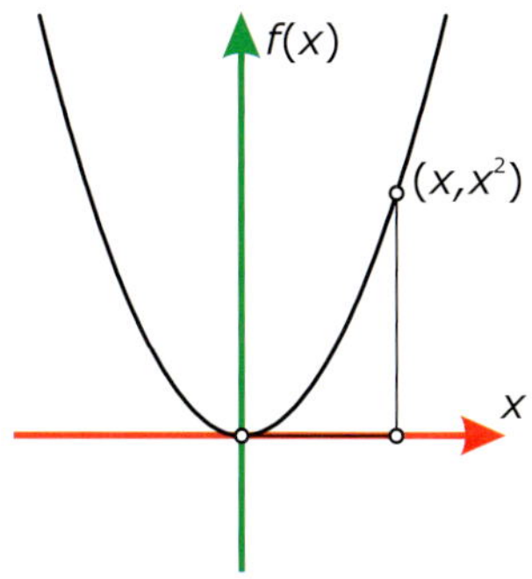

Abb. 7.9
Parabel als Graph der Funktion $f(x) = x^2$.

Abb. 7.10
Graphen von
(a) $f(x) = \sin(x)$, $f(x) = \cos(x)$;
(b) $f(x) = \cosh(x)$, $f(x) = \sinh(x)$
(c) $f(x) = \exp(x)$, $f(x) = ln(x)$.

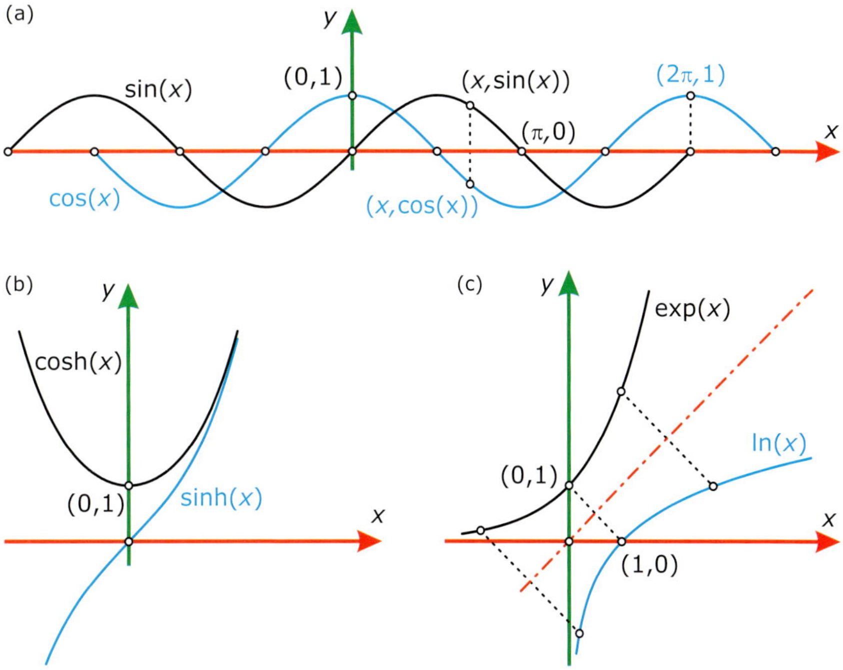

Implizite Darstellung. Wir können die explizite Darstellung auch in der Form $y - f(x) = 0$ schreiben. Dann ist die linke Seite $y - f(x)$ eine spezielle Funktion $F(x,y)$ von zwei Variablen, was uns zu folgender Verallgemeinerung der expliziten Darstellung führt. Wenn die Koordinaten (x,y) der Punkte einer ebenen Kurve c eine Gleichung der Form $F(x,y) = 0$ erfüllen, so nennen wir c eine *implizite ebene Kurve* und $F(x,y) = 0$ eine *implizite Darstellung* von c.

Beispiel:

Der Kreis in impliziter Darstellung. Ein Kreis mit Mittelpunkt $M(x_m, y_m)$ und Radius r ist die Menge aller Punkte $P(x,y)$ der Ebene, die den gleichen Abstand r zum Mittelpunkt M aufweisen. Eine analytische Formulierung dieser geometrischen Definition benutzt den euklidischen Abstand zweier Punkte (Abb. 7.11). Nach dem pythagoräischen Lehrsatz berechnet sich das Quadrat r^2 des Abstandes der beiden Punkte $P(x,y)$ und $M(x_m, y_m)$ zu

$r^2 = (x - x_m)^2 + (y - y_m)^2$.

Daher liegen alle Punkte (x,y), welche die Gleichung

$F(x,y) = (x - x_m)^2 + (y - y_m)^2 - r^2 = 0$

erfüllen, auf dem Kreis k.

Verwendet man für $F(x,y)$ nur Polynome in den Variablen x und y, so erhält man eine so genannte *algebraische Kurve*. Im Allgemeinen wird es nicht möglich sein, F in der Form $y - f(x)$ zu schreiben, und daher kann die implizite Darstellung viel mehr Formen beschreiben als die explizite.

Wie das Beispiel des Kreises zeigt, können einige Kurven sowohl in impliziter als auch in parametrisierter Darstellung erfasst werden. Ferner kann man aus einer Parameterdarstellung einer Kurve unendlich viele weitere Parametrisierungen derselben Kurve herleiten. Wenn man sich den Kurvenparameter t als Zeit vorstellt, so unterscheiden sich diese Parametrisierungen durch den Zeitplan (Geschwindigkeitsprofil) beim

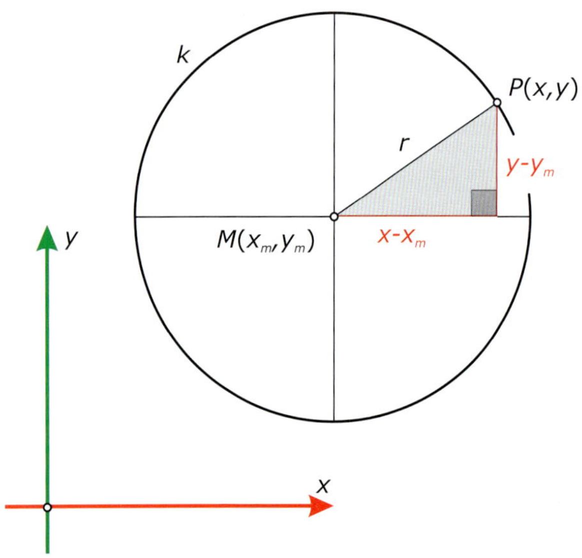

Abb. 7.11
Die implizite Darstellung des Kreises beruht auf seiner Definition als Menge aller Punkte mit festem Abstand zum Mittelpunkt.

Durchfahren der Kurve. Auch die implizite Darstellung ist nicht eindeutig, weil es unendlich viele Funktionen von zwei Veränderlichen gibt, die in den Punkten einer gegebenen Kurve den Wert Null annehmen.

Das folgende Beispiel leitet eine weitere Parameterdarstellung eines Kreises aus dessen impliziter Form her. Vergleichen wir das Ergebnis des vorigen Beispiels mit dem des Beispiels „Parameterdarstellung eines Kreises", so erkennen wir, dass dieselbe Kurve verschiedene Parameterdarstellungen besitzt.

Beispiel:

Implizite Darstellung und Parametrisierung eines Kreises. Abbildung 7.12 zeigt einen Kreis k mit Mittelpunkt im Ursprung und Radius 1. Alle Punkte von k erfüllen die Gleichung $F(x,y) = x^2 + y^2 - 1 = 0$. Wir versuchen nun daraus eine Darstellung von k mittels eines Parameters t abzuleiten. Jeder Punkt $Q(t,0)$ der x-Achse kann mit dem „Südpol" $S(0,-1)$ des Kreises k verbunden werden (Abb. 7.12a). Jede dieser Verbindungsgeraden schneidet den Kreis in S und in einem weiteren Punkt $P = \mathbf{p}(t) = (x(t), y(t))$. Wenn sich Q entlang der x-Achse bewegt, so läuft der entsprechende Punkt P auf dem Kreis. Auf diese Art können wir alle Punkte des Kreises mit Ausnahme des Südpols $S(0,-1)$ erfassen. Letzterer ergäbe sich durch den t-Wert „unendlich".
Die Verbindungsgerade des Südpols S mit dem Punkt Q hat die Gleichung $x = t \cdot y + t$. Setzt man diese Gleichung in die implizite Darstellung des Kreises ein und löst die daraus resultierende quadratische Gleichung für y, so ergeben sich zwei Lösungen für y: Eine Lösung ist $y = -1$, da jede Gerade durch S geht. Als zweite Lösung erhält man $y = (1 - t^2)/(1 + t^2)$. Wird dies in $x = t \cdot y + t$ (die Gleichung der Geraden) eingesetzt, so ergibt sich $x = 2t/(1 + t^2)$. Somit haben wir eine *rationale* Parametrisierung des Kreises k hergeleitet (Abb. 7.12d). Wenn t alle reellen Zahlen annimmt, ergibt sich der gesamte Kreis mit Ausnahme von S – hingegen erhalten wir bei Verwendung des Intervalls $[0, 1]$ nur einen Viertelkreis (Abb. 7.12b). Man beachte, dass ein gleichförmiges Durchlaufen des Parameterintervalls bei verschiedenen Parametrisierungen zu unterschiedlichen Durchlaufungen der Kurve führen kann (Abb. 7.12c und d).

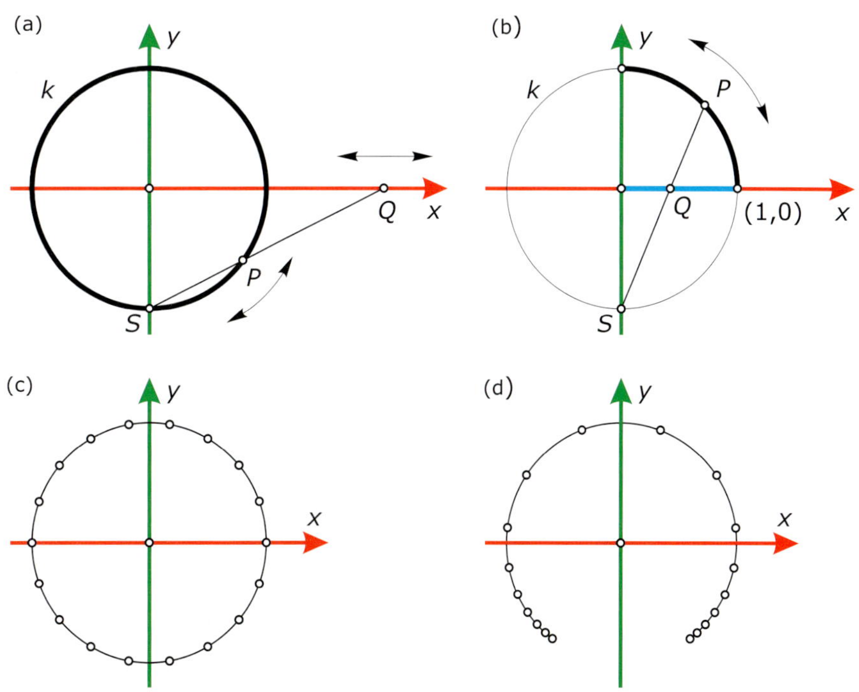

Abb. 7.12
(a,b) Herleitung einer rationalen Parametrisierung des Kreises aus seiner impliziten Darstellung.
(c,d) Verschiedene Parametrisierungen ergeben unterschiedliche Geschwindigkeitsprofile beim Durchlaufen der Kurve.

Mit der expliziten oder impliziten Darstellung können nur ebene Kurven erfasst werden. Zur Beschreibung von Raumkurven ist die Parameterdarstellung der geeignete Zugang. Dies ist einer der Gründe dafür, dass die Parameterdarstellung die am meisten verwendete Beschreibung von Kurven ist. Ein weiterer Grund liegt darin, dass es sehr einfach ist, eine Kurve auf Basis der Parameterdarstellung zu zeichnen. Dies ist mit der impliziten Darstellung komplizierter. Im Folgenden werden alle Konzepte für Kurven daher nur unter Verwendung der Parameterdarstellung diskutiert.

Kurventangente. Wir können eine glatte Kurve c in einem Punkt P lokal durch eine Gerade, die Tangente T, annähern. Zur Vermeidung einer Verwechslung mit dem Kurvenparameter t bezeichnen wir die Tangente mit dem Großbuchstaben T. Die Tangente kann durch folgenden Grenzübergang (Abb. 7.13a) gefunden werden. Wir wählen auf c, nahe an P, einen Punkt Q und verbinden die beiden Punkte P und Q zu einer Geraden g. Die Gerade g heißt auch *Sehne (Sekante)* von c. Dann lassen wir Q auf c immer näher an P rücken. In der Grenze fällt Q mit P zusammen und g nimmt eine Grenzlage ein, nämlich die Tangente T von c in P. T berührt c im Punkt P.

Mittels dieses Grenzübergangs leiten wir auch die mathematische Beschreibung der Tangente her. Sei $\mathbf{c}(t) = (x(t), y(t), z(t))$ eine Parameterdarstellung der Kurve c und $P = \mathbf{c}(t)$ der betrachtete Kurvenpunkt, erfasst mit einem festen Parameterwert t. Ein Punkt Q nahe bei P kann dann durch $\mathbf{c}(t+h)$ mit einem entsprechend kleinen Wert h erfasst werden. Somit hat die Verbindungsgerade von P und Q den Richtungsvektor $\mathbf{c}(t+h) - \mathbf{c}(t)$. Dieser Vektor konvergiert gegen den Nullvektor, wenn wir Q gegen P (d.h. h gegen Null) gehen lassen. Daher verwenden wir besser einen anderen Richtungsvektor, nämlich $[\mathbf{c}(t+h) - \mathbf{c}(t)]/h$. Nun lassen wir Q gegen P rücken, also h gegen 0 gehen. Aus der Definition der ersten Ableitung einer Funktion folgt, dass der Grenzvektor des Richtungsvektors $[\mathbf{c}(t+h) - \mathbf{c}(t)]/h$ von g für $h \to 0$ der erste Ableitungsvektor

$$\mathbf{c}'(t) = (x'(t), y'(t), z'(t))$$

ist. Wir haben also gezeigt, dass der erste Ableitungsvektor ein Richtungsvektor der Kurventangente ist. Eine Parameterdarstellung der Kurventangente im Punkt $\mathbf{c}(t)$ lautet also

$$T: \mathbf{x}(u) = \mathbf{c}(t) + u \cdot \mathbf{c}'(t).$$

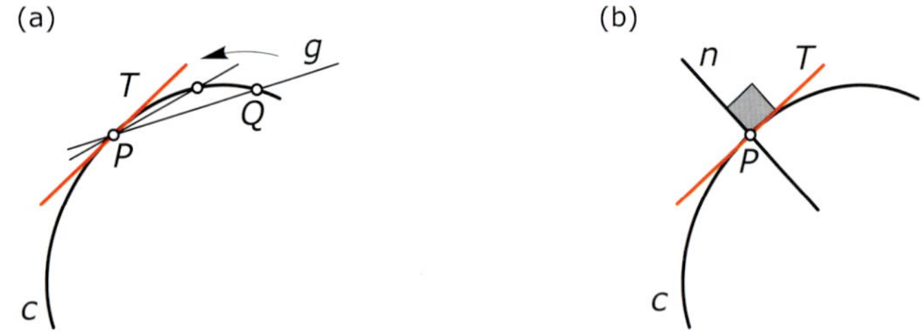

Abb. 7.13
(a) Eine Tangente T berührt eine Kurve c. Sie kann mit Hilfe eines Grenzübergangs oder durch Berechnung des ersten Ableitungsvektors $\mathbf{c}'(t)$ der Parameterdarstellung $\mathbf{c}(t)$ gefunden werden.
(b) Die Normalen einer Kurve schneiden diese unter rechtem Winkel.

Hierbei ist u der Parameter zur Beschreibung der Punkte von T. Die *Normale n* einer ebenen Kurve ist die Normale auf die Tangente im Berührpunkt P (Abb. 7.13b). Eine Raumkurve besitzt eine Normalebene in jedem ihrer Punkte. Wir werden später sehen, dass es in dieser Ebene zwei Normalen gibt, die besondere Beachtung verdienen.

Beispiel:

Tangenten einer Schraublinie. Zur Bestimmung der Tangenten T der Schraublinie $\mathbf{c}(t) = (r \cdot \cos(t), r \cdot \sin(t), p \cdot t)$ (vgl. den Abschnitt über die Schraubung in Kapitel 6) berechnen wir den ersten Ableitungsvektor als $\mathbf{c}'(t) = (-r \cdot \sin(t), r \cdot \cos(t), p)$. Der Ableitungsvektor hat für alle t dieselbe Länge $\sqrt{r^2+p^2}$. Ferner erkennen wir, dass der Winkel zwischen den Tangenten und der z-Achse konstant ist, da das Skalarprodukt von $\mathbf{c}'(t)$ und $\mathbf{z} = (0,0,1)$ ebenfalls einen konstanten Wert ($= p$) hat. Dies bedeutet auch, dass sämtliche Tangenten einen konstanten Neigungswinkel gegen die xy-Ebene aufweisen.

Kurvenpunkte mit einer eindeutig bestimmten Tangente heißen *reguläre Punkte*. Alle Punkte, in denen der Tangentenvektor $\mathbf{c}'(t)$ nicht verschwindet, sind reguläre Punkte. Kurvenpunkte, in denen $\mathbf{c}'(t)$ der Nullvektor $\mathbf{o}$ ist, heißen *singuläre Punkte*.

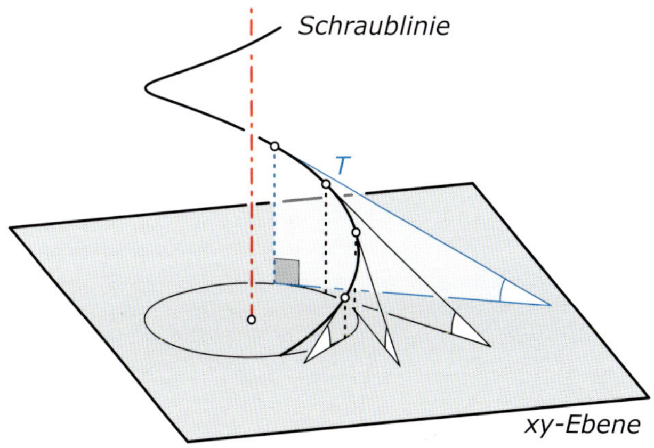

Abb. 7.14
Tangenten einer Schraublinie.

Beispiel:

Singuläre Punkte. Abbildung 7.15 zeigt zwei Kurven mit singulären Punkten. Die ebene Kubik mit der Parameterdarstellung $\mathbf{c}(t) = (t^2, t^3)$, wobei t jeden reellen Wert annehmen kann, hat den ersten Ableitungsvektor $\mathbf{c}'(t) = (2t, 3t^2)$. Außer an der Stelle $t = 0$ ist dieser Vektor nie der Nullvektor. Daher ist der Punkt $P(0,0)$ der einzige singuläre Punkt – alle anderen Punkte sind regulär.

Die Kurve $\mathbf{d}(t) = (\sin^3(t), \cos^3(t))$ wird aufgrund ihres sternförmigen Aussehens *Astroide* genannt. Für t im Intervall $[0, 2p]$ erhalten wir die gesamte geschlossene Kurve. Sie besitzt vier Spitzen. Diese singulären Punkte liegen auf Symmetrieachsen der Kurve. Wir erhalten sie aus der Gleichung $\mathbf{d}'(t) = (3 \cdot \sin^2(t) \cdot \cos(t), -3 \cdot \cos^2(t) \cdot \sin(t)) = \mathbf{o}$, deren Lösungen in $[0, 2\pi)$ die Parameterwerte $t = 0$, $t = \pi/2$, $t = \pi$ und $t = 3\pi/2$ sind.

Diskrete Kurven. Um einen Einblick in die Geometrie der Kurven ohne Verwendung der Analysis zu vermitteln, verwenden wir den so genannten *diskreten* Zugang (Abb. 7.16). Sei p_c ein Polygon mit den Ecken P_1, P_2, P_3 usw., und mit konstanter Seitenlänge d. Sofern die Kurve c und die Länge d gegeben sind, können wir ein solches Polygon mit Ecken auf c leicht konstruieren. Das Polygon wird als *diskrete Kurve* bezeichnet. In vielen praktischen Berechnungen sind Kurven eigentlich Polygone, d.h. diskrete Kurven.

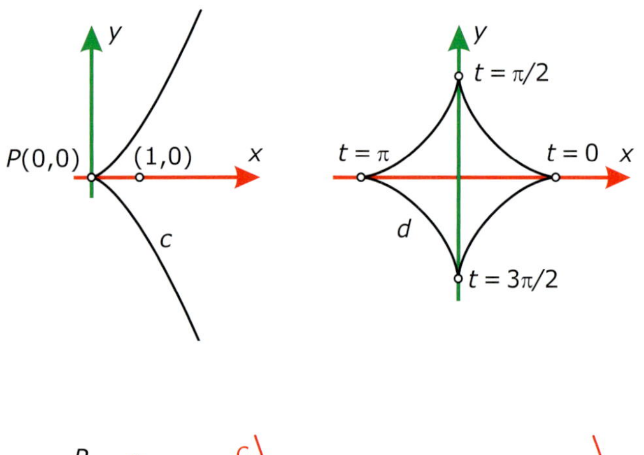

Abb. 7.15
Singuläre Punkte von Kurven.

Abb. 7.16
Eine diskrete Kurve ist ein Polygon p_c, das eine glatte Kurve c annähert. Bei geeigneter Verfeinerung konvergiert p_c gegen eine glatte Kurve c, die Seiten von p_c werden in der Grenze zu Tangenten von c.

Diskrete Kurven können auch zur Herleitung und Visualisierung von theoretischen Ergebnissen über Kurven verwendet werden. Zuvor hatten wir gesehen, dass Polygonseiten zu Kurventangenten werden, wenn das Polygon verfeinert wird (also d gegen Null geht). Dabei ist es eigentlich nicht nötig, dass alle Kanten dieselbe Länge d haben. Man braucht nur auf hinreichend gleichmäßige Verfeinerungen zu achten.

Schmiegebene und Krümmungskreis. Um einen Schritt jenseits von Tangenten zu machen, betrachten wir eine diskrete Raumkurve (Polygon) p_c (Abb. 7.17). Je drei aufeinander folgende Ecken von p_c (wie etwa C_1, C_2 und C_3) besitzen eine Verbindungsebene σ_2. Nun halten wir den Punkt C_2 fest, nennen ihn P, und verfeinern das Polygon, indem wir die Seitenlänge d gegen Null gehen lassen. Dann erhalten wir als Grenzlage der Verbindungsebene σ_2 die so genannte *Schmiegebene* σ der glatten Kurve c im Punkt P.

Laut Konstruktion nähert die Schmiegebene die gegebene Kurve lokal gut an, und sie enthält die Tangente von c in P. Die mathematische Beschreibung des Grenzübergangs zeigt, dass die Schmiegebene im Punkt $\mathbf{c}(t)$ vom ersten Ableitungsvektor $\mathbf{c}'(t)$ und dem zweiten Ableitungsvektor $\mathbf{c}''(t)$ aufgespannt wird.

Durch drei aufeinander folgende Ecken des Polygons p_c kann man einen Kreis k_2 legen, der natürlich in der Verbindungsebene σ_2 liegt. Die Drehachse a_2 des Kreises ist die Schnittgerade der Symmetrieebenen ϕ_{12} von C_1C_2 und ϕ_{23} von C_2C_3. Im Zuge des Verfeinerungsprozesses laufen die Punkte C_1und C_3 immer näher zueinander, um schließlich in der Grenze mit $C_2 = P$ zusammenzufallen. Als Grenzlage des Kreises k_2 erhalten wir den *Krümmungskreis* k der Kurve c im Punkt P.

Abb. 7.17
Definition von Schmiegebene und Krümmungskreis einer Raumkurve mittels einer Annäherung durch ein Polygon p_c.

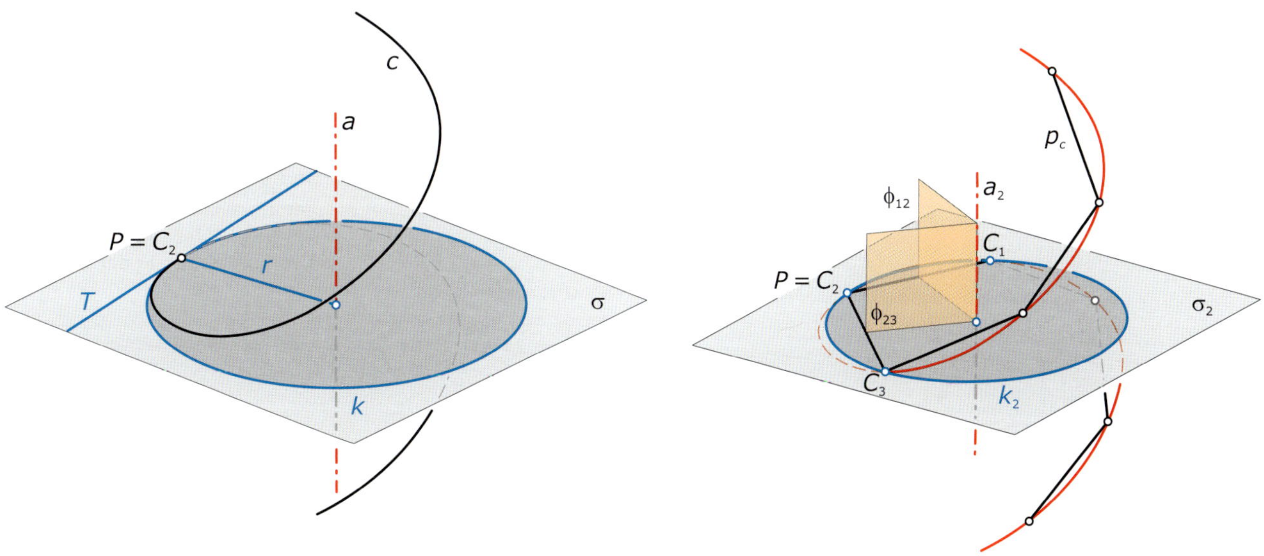

Unsere Herleitung zeigt, dass der Krümmungskreis in der Schmiegebene liegt und c im Punkt P berührt. Er schmiegt sich aber besser an die Kurve an als die Tangente. Die Achse a von k, die Grenzlage von a_2, schneidet die Schmiegebene im Mittelpunkt des Krümmungskreises, der auch *Krümmungsmittelpunkt* genannt wird. Falls r den Radius des Krümmungskreises (*Krümmungsradius*) bezeichnet, so heißt der Kehrwert $\kappa = 1/r$ die *Krümmung* von c im Punkt P.

Beispiel:

Berechnung der Krümmung. Mit α_2 als Winkel der Polygonseiten in der Ecke C_2 (Abb. 7.18a) berechnet sich der Radius r_2 von k_2 mittels elementarer Trigonometrie als

$r_2 = d/(2 \cdot \sin(\alpha_2/2))$;

r_2 ist der diskrete Krümmungsradius in C_2. Sein Kehrwert $\kappa_2 = 1/r_2$ kann als diskrete Krümmung angesehen werden. Wenn wir nun $P = C_2$ festhalten und d gegen Null gehen lassen, so konvergiert k_2 gegen den Krümmungskreis k von c im Punkt P, r_2 konvergiert gegen den Krümmungsradius r und κ_2 gegen die Krümmung κ von c in P (Abb. 7.18b).

Eine einfachere Grenzwertformel für die Krümmung kann man wie folgt gewinnen. Wir beachten, dass für kleine Winkel β (Abb. 7.18c) der Wert β sehr nahe an $\sin(\beta)$ liegt (genauer: $\beta/(\sin\beta)$ geht gegen 1, wenn β gegen 0 geht). Dies zeigt, dass die Krümmung auch so berechnet werden kann,

$\kappa = \lim(1/r) = \lim(2 \cdot \sin(\alpha/2)/d) = \lim \alpha/d$, für $d \to 0$,

wobei α den Seitenwinkel in P bezeichnet. Somit misst die Krümmung die lokale Richtungsänderung der Tangente. Wenn eine Parameterdarstellung $\mathbf{c}(t)$ der Kurve c gegeben ist, so kann die Krümmung auch berechnet werden mittels

$$\kappa = \frac{\|\mathbf{c}'(t) \times \mathbf{c}''(t)\|}{\|\mathbf{c}'(t)\|^3}.$$

Bei ebenen Kurven $\mathbf{c}(t) = (x(t), y(t))$ kann man der Krümmung ein Vorzeichen geben und verwendet dann die Formel

$$\kappa = \frac{x'(t)y''(t) - x''(t)y'(t)}{[x'(t)^2 + y'(t)^2]^{3/2}}.$$

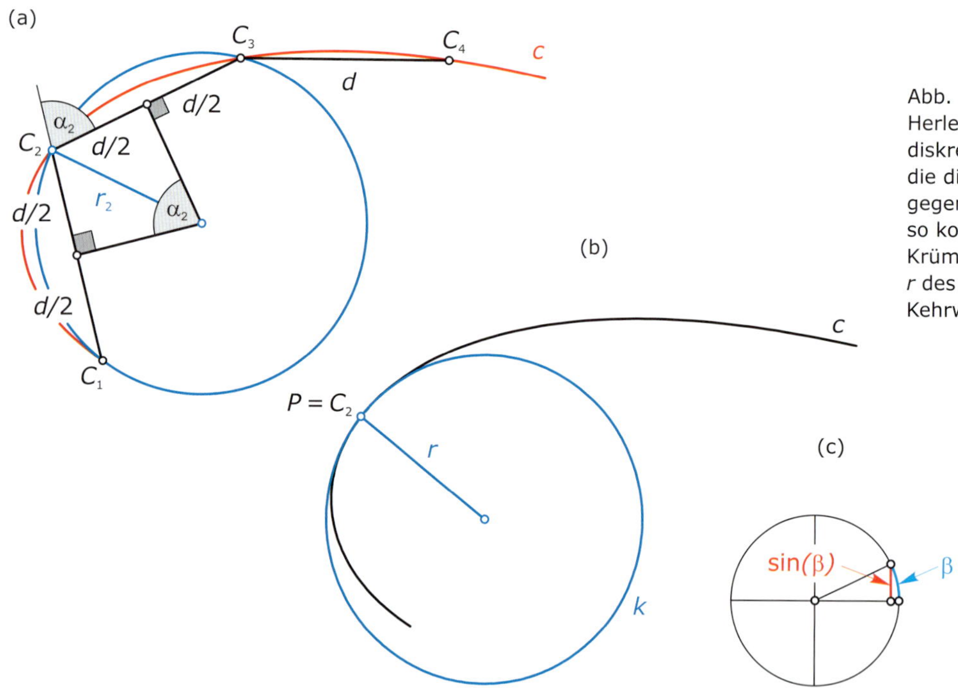

Abb. 7.18
Herleitung einer Formel für den diskreten Krümmungsradius. Wenn die diskrete Kurve durch Verfeinerung gegen eine glatte Kurve c konvergiert, so konvergiert der diskrete Krümmungsradius gegen den Radius r des Krümmungskreises k von c. Der Kehrwert $\kappa = 1/r$ ist die Krümmung.

Wendepunkt und Scheitel. Krümmungskreis und Krümmung sind nützliche Werkzeuge zum Studium und zur Analyse von Kurven. Im Allgemeinen berührt eine ebene Kurve c den Krümmungskreis im Punkt P und wechselt dort die Seite des Kreises k (Abb. 7.19a). Ein Punkt S einer Kurve c, in dem die Krümmung einen lokal maximalen oder minimalen Wert annimmt, heißt *Scheitel*. In diesem Fall liegt die Kurve lokal ganz auf derselben Seite des Krümmungskreises (Abb. 7.19b). Solche speziellen Punkte liegen zum Beispiel auf eventuellen Symmetrieachsen der Kurve c.

Weitere interessante Kurvenpunkte sind die *Wendepunkte*. In diesen Punkten entartet der Krümmungskreis in eine Gerade, nämliche die Kurventangente T. In einem Wendepunkt W ist die Krümmung gleich Null, und die Kurve wechselt dort die Seite der Tangente (Abb. 7.19c). Es gibt auch Punkte (so genannte Flachpunkte) mit verschwindender Krümmung, in denen die Kurve nicht die Seite der Tangente wechselt. Dies passiert, wenn sich die Tangente lokal besonders gut an die Kurve anschmiegt. Mathematisch lassen sich derartige Phänomene unter Verwendung höherer Ableitungen beschreiben, worauf wir aber verzichten, weil es den Rahmen des vorliegenden Textes sprengen würde.

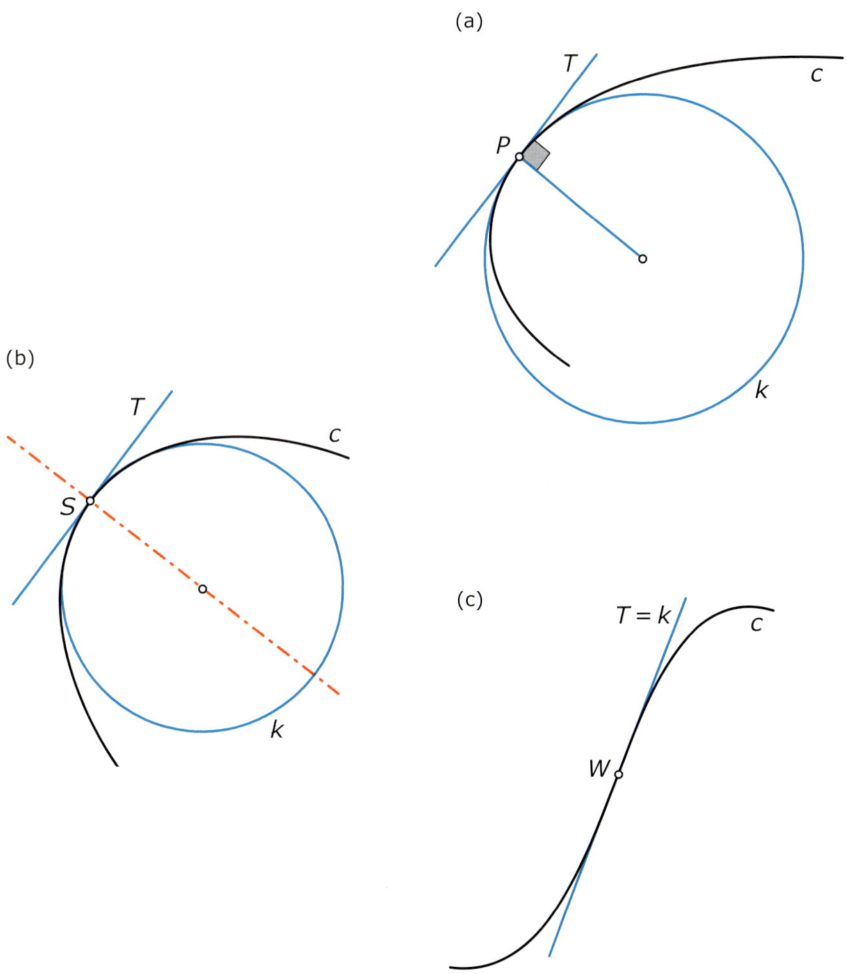

Abb. 7.19
(a) Im Allgemeinen berührt eine Kurve c den Krümmungskreis k und wechselt dort die Seite von k.
(b) Ein Scheitel S ist ein Punkt mit lokal extremer Krümmung. In einem generischen Scheitel bleibt der Krümmungskreis k lokal auf derselben Seite der Kurve.
(c) In einem Wendepunkt W wechselt eine Kurve c die Seite der Tangente.

Evolute. Die Menge der Krümmungsmitten einer ebenen Kurve c heißt *Evolute* e von c. Die Evolute einer ebenen Kurve kann auch als Hüllkurve der Kurvennormalen erzeugt werden.

Diese Tatsache ist leicht mittels einer diskreten Kurve p_c (Abb. 7.20, links) einzusehen. Wir betrachten die Symmetralen b_{12}, b_{23}, ..., der Seiten C_1C_2, C_2C_3 usw. Aufeinander folgende Symmetralen (wie etwa b_{12} und b_{23}) schneiden einander im Mittelpunkt K_2 des Kreises durch C_1, C_2 und C_3, der eine diskrete Version eines Krümmungskreises ist (siehe vorige Diskussion). Daher bilden alle Symmetralen die Seitengeraden eines Polygons p_e, dessen Ecken die diskreten Krümmungsmitten K_2, K_3 usw. der gegebenen diskreten Kurve p_c sind. Verfeinern wir nun p_c zu einer glatten Kurve c (Abb. 7.20, rechts), so werden die Symmetralen die Normalen von c und somit konvergiert das Polygon p_e zur Evolute e. Da die Symmetralen auch Seitengeraden von p_e sind, konvergieren sie zu Tangenten der Evolute e. Daher sind die Normalen der Ausgangskurve c die Tangenten ihrer Evolute e.

Es sei vermerkt, dass zu einem Scheitel der Ausgangskurve c eine Spitze der Evolute e gehört. Abbildung 7.21 illustriert diese Eigenschaft anhand einer Ellipse. Nebenbei bemerken wir, dass die Evolute e einer Ellipse aus einer Astroide (siehe Beispiel „singuläre Punkte") durch eine affine Transformation hervorgeht. Die Evolute wird in Kapitel 10 über Offsets eine wichtige Rolle spielen.

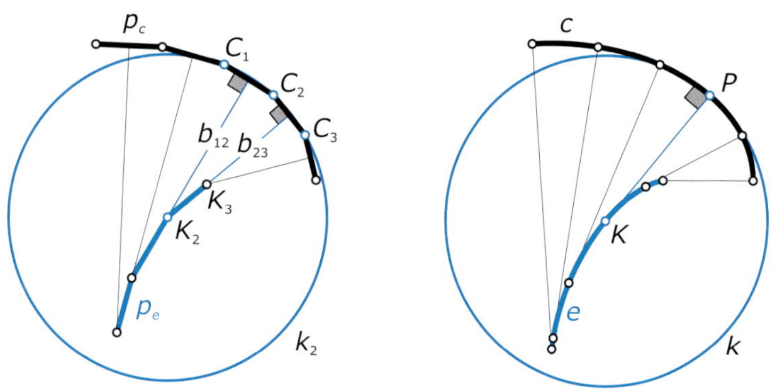

Abb. 7.20
(rechts) Die Evolute e einer ebenen Kurve c ist die Menge ihrer Krümmungsmittelpunkte und auch die Hüllkurve ihrer Kurvennormalen.
(links) Dies erkennt man leicht anhand einer diskreten Kurve.

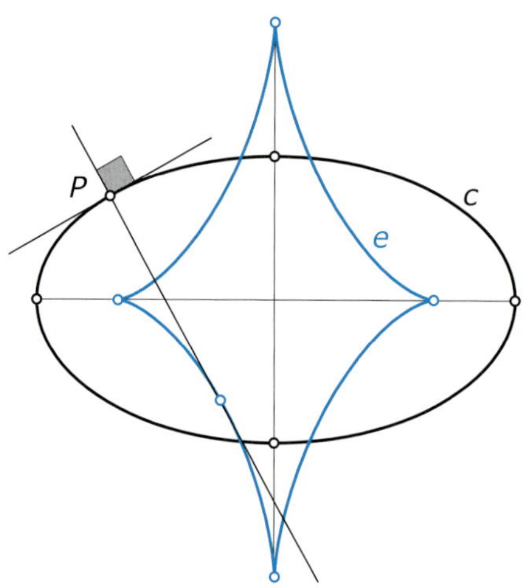

Abb. 7.21
Die Evolute einer Ellipse ist eine affin transformierte Astroide. Die vier Spitzen der Evolute sind die Krümmungsmittelpunkte in den Scheiteln der Ellipse.

Frenet-Basis einer Raumkurve. Während eine ebene Kurve eine eindeutig bestimmte Normale in einem Punkt P besitzt, hat eine Raumkurve c unendlich viele Normalen in P, die alle in der Normalebene ν von c in P liegen. Normalebene ν und Schmiegebene σ schneiden einander in der *Hauptnormalen* n der Kurve (Abb. 7.22). Die Hauptnormale trifft die Achse a des Krümmungskreises im Krümmungsmittelpunkt K.

Die Gerade b (durch den Kurvenpunkt P), die normal auf der Schmiegebene σ steht und parallel zur Achse a des Krümmungskreises verläuft, schneidet sowohl die Hauptnormale als auch die Tangente T unter rechtem Winkel. Diese Gerade heißt *Binormale* b der Kurve c im Punkt P.

Tangente T, Hauptnormale n und Binormale b bestimmen ein rechtwinkliges Dreibein, die so genannte *Frenet-Basis* im Punkt P. Das dadurch bestimmte kartesische Koordinatensystem ist mit der Raumkurve in ganz natürlicher Weise verbunden und spielt daher eine wichtige Rolle in der Theorie der Raumkurven. Die Koordinatenebenen der Frenet-Basis sind die Schmiegebene σ (= Tn), die Normalebene ν (= nb) und die *rektifizierende Ebene* ρ (= Tb).

Abb. 7.22
Die Frenet-Basis einer Raumkurve c besteht aus der Tangente T, der Hauptnormale n und der Binormale b. T und n liegen in der Schmiegebene σ.

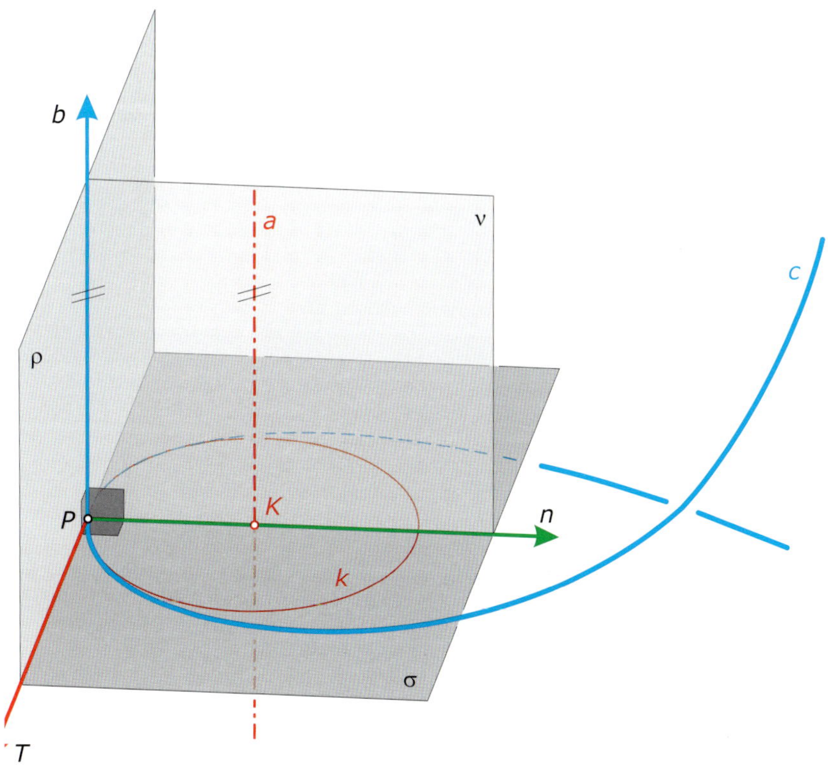

Beispiel:

Frenet-Basis und Normalprojektionen. Zur Illustration der Veränderung der Krümmung bei Projektionen studieren wir Projektionen parallel zu den Achsen der Frenet-Basis (Abb. 7.23). Wir benutzen dazu die Kubik $\mathbf{c}(t) = (12t\cdot(1-t), 2t\cdot(3-3t+2t^2), 4t\cdot(3-6t + 4t^2))$ aus dem Beispiel „Parabel und kubische Raumkurve".

Die Tangente im Punkt $P = \mathbf{c}(½) = (3, 2, 2)$ ist parallel zur y-Achse und die Schmiegebene σ ist parallel zur xy-Ebene. Daher sind die Normalebene und die rektifizierende Ebene parallel zur xz-Ebene bzw. yz-Ebene. Der Grundriss (resultierend aus der Normalprojektion in eine Ebene parallel zur Schmiegebene) zeigt den Krümmungskreis k im Punkt P ohne Verzerrung, während Aufriss und Kreuzriss Kurven c'' und c''' sind, die einen Wendepunkt P'' bzw. eine Spitze P''' aufweisen.

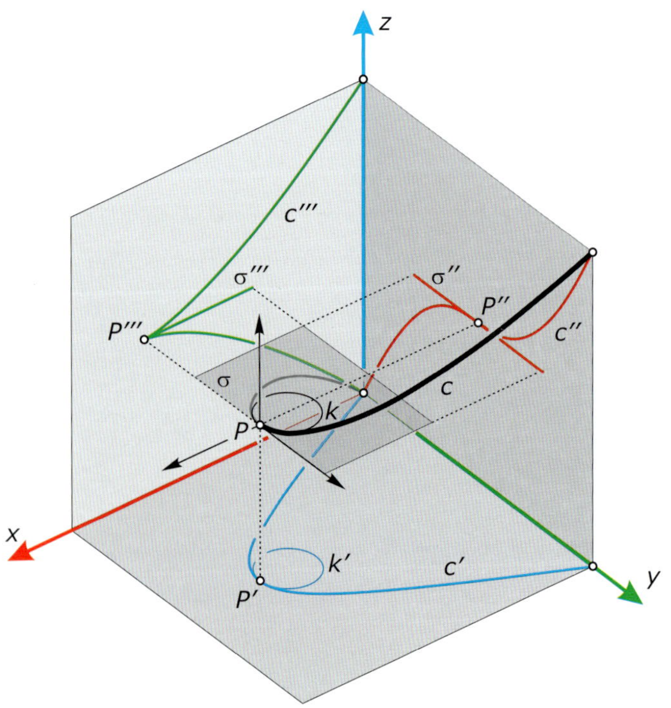

Abb. 7.23
Frenet-Basis in einem Punkt einer Kubik c und Normalprojektionen in Richtung der Achsen der Frenet-Basis. Die Normalprojektion parallel zur Tangente (Kreuzriss) hat eine Spitze. Die Projektion parallel zur Hauptnormale (Aufriss) liefert einen Wendepunkt der Bildkurve. Das lokale Verhalten der projizierten Kurve kann durch Betrachtung des Bildes des Krümmungskreises verstanden werden.

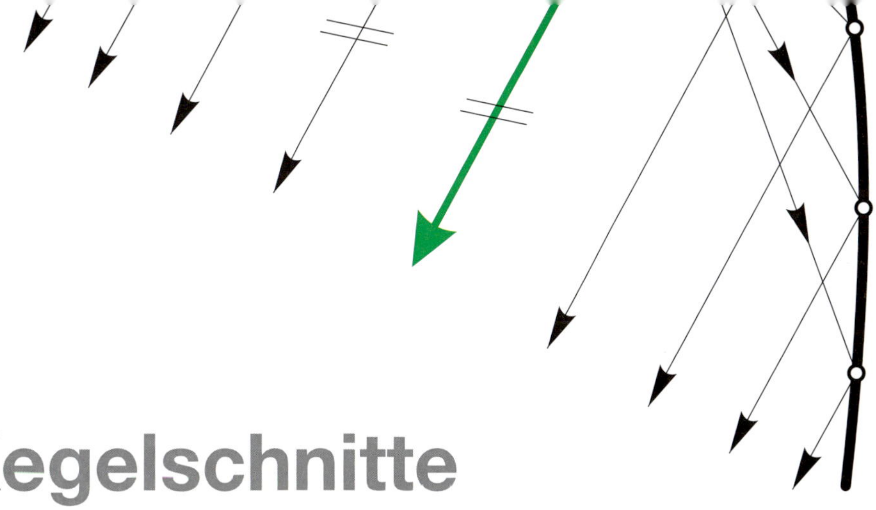

Kegelschnitte

Kegelschnitte werden meist als ebene Schnitte von Drehkegeln eingeführt (siehe Abb. 7.49). Nun wollen wir weitere Erzeugungsmöglichkeiten und Eigenschaften von Kegelschnitten mit Hilfe der soeben vorgestellten mathematischen Konzepte illustrieren.

Implizite Darstellung. Die einfachste implizit definierte ebene Kurve ist die Gerade, die durch eine lineare Gleichung beschrieben wird: $a \cdot x + b \cdot y + c = 0$. Einen Kegelschnitt können wir mittels einer quadratischen Gleichung definieren,

$$a \cdot x^2 + b \cdot x \cdot y + c \cdot y^2 + d \cdot x + e \cdot y + f = 0.$$

Verschiedene Wahlen für die konstanten Parameter $a, b, ..., f$ führen zu verschiedenen Kegelschnitten. Natürlich bewirkt eine Multiplikation aller Parameter mit demselben Faktor λ nur eine Multiplikation der impliziten Gleichung mit λ und hat daher keinen Einfluss auf die Lösungsmenge. Daher ist nur das Verhältnis $a: b: ...: f$ der Parameter wirklich wichtig. Abhängig von der Wahl dieses Verhältnisses erhalten wir Kreise, Ellipsen, Parabeln oder Hyperbeln (sowie gewisse Entartungsfälle wie Geradenpaare).

Ellipse. Eine quadratische Gleichung der Form

$$b^2 \cdot x^2 + a^2 \cdot y^2 - a^2 \cdot b^2 = 0$$

beschreibt eine Ellipse mit dem Koordinatenursprung als Mittelpunkt und den Koordinatenachsen als Symmetrieachsen. Die Parameter a und b sind die Abstände der vier Scheitel vom Mittelpunkt (Abb. 7.24). Unter der Voraussetzung $a>b$ sind die Koordinaten der Hauptscheitel $(a,0)$, $(-a,0)$, und die der Nebenscheitel lauten $(0,b)$ und $(0,-b)$.

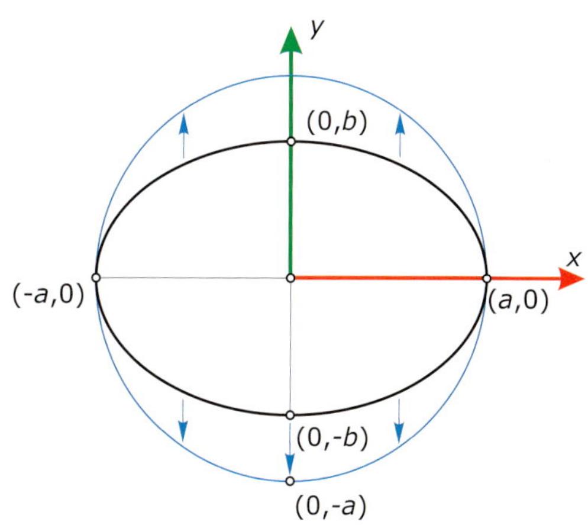

Abb. 7.24
Eine Ellipse hat vier Scheitel. Sie kann durch eine geeignete Skalierung (Affinität) in einen Kreis transformiert werden.

Die Skalierung (affine Transformation) $(x,y) \to (x_1,y_1) = (x,y \cdot a/b)$ hält die Hauptscheitel fest und bildet die Nebenscheitel auf die Punkte $(0,a)$ und $(0,-a)$ ab. Einsetzen der Abbildungsgleichungen $x = x_1, y = y_1 \cdot b/a$ in die Darstellung der Ellipse liefert (nach Division durch b^2) die Gleichung $x_1^{\,2} + y_1^{\,2} - a^2 = 0$, welche einen Kreis vom Radius a beschreibt. Daher transformiert die Skalierung die Ellipse in diesen Kreis (Hauptscheitelkreis). Kreis und Ellipse können auch über andere Skalierungen in Beziehung gesetzt werden. Zum Beispiel bildet die Skalierung $x_1 = a \cdot x, y_1 = b \cdot y$ den Kreis vom Radius 1 ($x^2 + y^2 = 1$) auf unsere Ellipse ab.

Eine Ellipse hat zwei *Brennpunkte* $F_1(e,0)$ und $F_2(-e,0)$ auf der Hauptachse. Deren Abstand e (*Exzentrizität*) vom Mittelpunkt errechnet sich aus a und b durch $e^2 = a^2 - b^2$ (Abb. 7.25). Dies zeigt unmittelbar, dass der Abstand der Nebenscheitel von F_1 und F_2 gleich a ist, was einen Sonderfall der folgenden Eigenschaft darstellt.

Die Summe der Abstände $dist(P,F_1) + dist(P,F_2)$ von den beiden Brennpunkten ist für alle Punkte P einer Ellipse konstant (nämlich gleich $2 \cdot a$).

Daher kann eine Ellipse mittels eines in den Brennpunkten befestigten gespannten Fadens gezeichnet werden (Abb. 7.25). Ein analytischer Beweis setzt $P = (x,y)$, und reduziert die Bedingung

$$\mathrm{dist}(P,F_1) + \mathrm{dist}(P,F_2) = \sqrt{(x-e)^2 + y^2} + = \sqrt{(x+e)^2 + y^2} = 2a$$

durch einfache Umformungen auf die Gleichung $b^2x^2 + a^2y^2 - a^2b^2 = 0$ der Ellipse. Bei der Fadenkonstruktion ergeben die gleichen Zugspannungen in P eine resultierende Kraft in der Winkelsymmetralen von PF_1 und PF_2. Daher kann sich der Punkt P nur orthogonal zu dieser Symmetralen bewegen. Anders ausgedrückt ist also die Tangente der Ellipse in P die äußere Symmetrale der beiden „Brennlinien" PF_1 und PF_2. Ein von einem Brennpunkt ausgesendeter Lichtstrahl wird daher nach Reflexion an der Ellipse durch den anderen Brennpunkt gehen.

Abb. 7.25
Die Fadenkonstruktion der Ellipse bedingt die folgende Eigenschaft: Von einem Brennpunkt ausgesendete Strahlen gehen nach Reflexion an der Ellipse durch den anderen Brennpunkt.

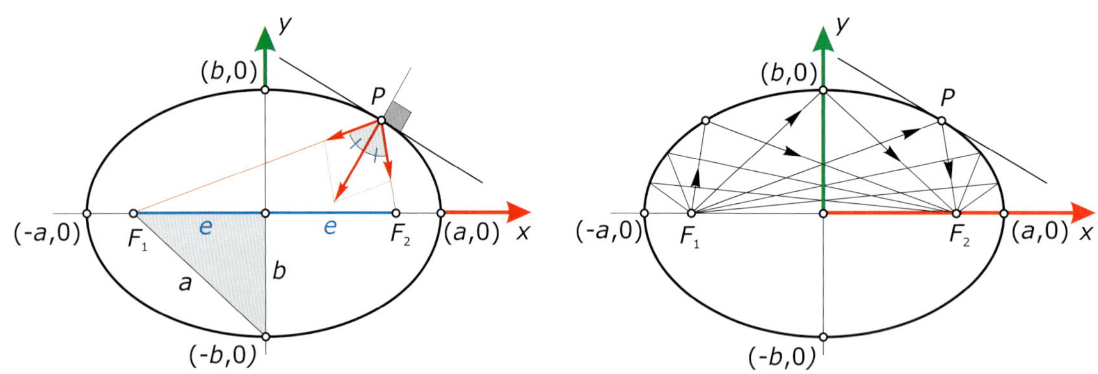

Abbildung 7.26 zeigt eine einfache Konstruktion der Mittelpunkte der Krümmungskreise in den Scheiteln der Ellipse. Diese Kreise sind für das Zeichnen von Ellipsen nützlich. Zur Ableitung einer Parameterdarstellung einer Ellipse wenden wir die Skalierung $x_1 = a \cdot x, y_1 = b \cdot y$ auf den Einheitskreis $\mathbf{c}(t) = (\sin(t), \cos(t))$ an und erhalten

$$\mathbf{c}_1(t) = (a \cdot \sin(t), b \cdot \cos(t)).$$

Analog findet man eine rationale Parametrisierung einer Ellipse der Form

$$\mathbf{d}_1(t) = (a \cdot \frac{2t}{1+t^2}, \mathrm{b} \cdot \frac{1-t^2}{1+t^2}).$$

durch Anwendung derselben Skalierung auf die rationale Darstellung des Einheitskreises. Ellipsen erhält man auch als ebene Schnitte von Drehzylindern, was ein häufiges Auftreten in der Architektur bewirkt (siehe Abb. 7.27).

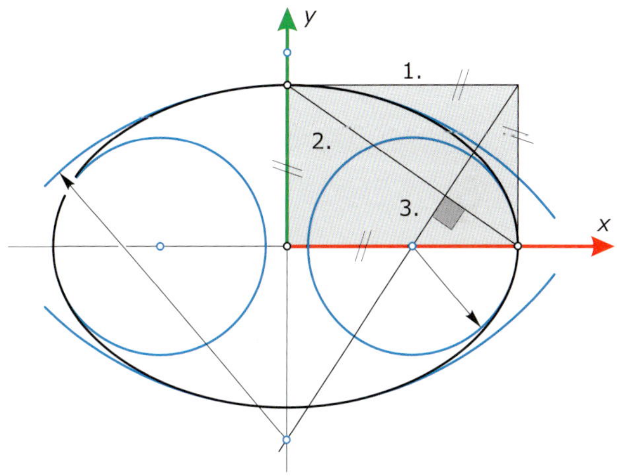

Abb. 7.26
Die Krümmungsmittelpunkte der Scheitel können durch eine einfache Konstruktion ermittelt werden.

Abb. 7.27
Ellipsen und elliptische Bögen treten in Architektur und Design auf.
(a) Der *Hangar 7* (1999–2003) in Salzburg von Volkmar Burgstaller. Der zentrale Baukörper ist ein geneigtes Ellipsoid mit elliptischen Bögen als Tragstruktur.
(b) Das *Tycho Brahe Planetarium* (1988–1989) in Kopenhagen von Knud Munk.

(b)

(a)

Hyperbel. Durch Änderung eines einzigen Vorzeichens in der impliziten Darstellung einer Ellipse erhalten wir mittels

$$b^2 \cdot x^2 - a^2 \cdot y^2 - a^2 \cdot b^2 = 0$$

eine Gleichung, die eine Hyperbel beschreibt. Der Mittelpunkt der Hyperbel ist der Ursprung O, und die zwei Hauptscheitel haben die Koordinaten $(a,0)$ und $(-a,0)$. Die Punkte $(0,b)$ und $(0,-b)$ liegen nicht auf der Hyperbel, aber auf dem Achsenrechteck, dessen Diagonalen die so genannten Asymptoten u und v sind. Eine Hyperbel hat zwei Äste. Jeder von ihnen nähert sich bei zunehmender Entfernung vom Mittelpunkt beliebig nahe an die Asymptoten an, ohne sie zu berühren. Die Asymptoten sind für das richtige Skizzieren von Hyperbeln wichtig. Man kann Brennpunkte $F_1(e,0)$ und $F_2(-e,0)$ definieren, mit $e^2 = a^2 + b^2$ (Abb. 7.28), und zeigen, dass die Differenz der Abstände $|dist(P,F_1) - dist(P,F_2)|$ für alle Punkte der Hyperbel denselben Wert ($= 2a$) annimmt.

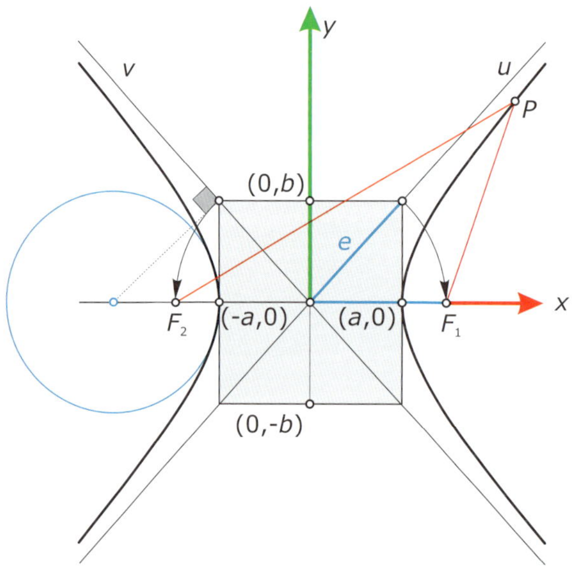

Abb. 7.28
Eine Hyperbel hat zwei Scheitel und zwei Asymptoten.

Abb. 7.29
Parabelbögen in der Architektur.
(a, b) Der *Botanische Garten* (1991–1995) in Graz von Volker Giencke ist aus kongruenten parabolischen Bögen aufgebaut (Foto mit freundlicher Genehmigung von Walter Obermayer).
(c) Unter der *Beach Park Boulevard Brücke* in Foster City (Foto mit freundlicher Genehmigung von Peter Kaminski).

(c)

(a)

(b)

Parabel. Parabeln und Parabelbögen sind wichtige Kurven zur Erzeugung interessanter Flächen (siehe Kapitel 9 [über traditionelle Flächenklassen] und Kapitel 11 [über Freiformflächen]). Zusätzlich treten sie aufgrund ihrer statischen Eigenschaften häufig in der Architektur auf (Abb. 7.29). In einem angepassten Koordinatensystem lautet die quadratische Gleichung einer Parabel

$$x^2 - 2py = 0.$$

Diese Parabel hat ihren einzigen Scheitel im Ursprung. Die y-Achse ist die einzige Symmetrieachse und wird als *Achse* der Parabel bezeichnet. Der *Brennpunkt* $F = (0,p/2)$ liegt auf der Achse, und die Evolute e hat nur eine Spitze. Eine Parabel kann ebenfalls leicht mittels einer Abstandseigenschaft erklärt werden (Abb. 7.30). Wir definieren die *Leitlinie* l: $y = -p/2$. Sie verläuft normal zur Achse im Abstand p zum Brennpunkt F. Dann ist für jeden Punkt Q der Parabel der Abstand $dist(Q,F)$ zum Brennpunkt gleich dem Abstand $dist(Q,l)$ zur Leitlinie.

Um dies analytisch nachzuweisen, setzen wir $Q=(x,y)$, formulieren die Abstandsbedingung $dist(Q,F) = dist(Q,l)$ als $\sqrt{x^2+(y-p/2)^2} = |y+q/2|$, quadrieren diese und erhalten nach einfachen Umformungen die Gleichung $x^2 - 2py = 0$ der Parabel. In enger Beziehung zur Abstandseigenschaft steht die folgende Tatsache: Vom Brennpunkt F ausgehende Strahlen verlaufen nach einmaliger Reflexion an der Parabel parallel zur Achse (Abb. 7.30).

Es sei hervorgehoben, dass je zwei Parabeln zueinander ähnlich und Parabeln mit demselben Parameter p sogar kongruent sind. Im Beispiel „Parabel und räumliche Kubik" zu Beginn dieses Kapitels haben wir eine einfache Parameterdarstellung $\mathbf{c}(t) = (t,t^2)$ der Parabel mit $p = 1/2$ angegeben. Eine Parametrisierung der Parabel $x^2 - 2py = 0$ lautet offensichtlich $\mathbf{c}(t) = (t,t^2/(2p))$.

Abb. 7.30
Eine Parabel und ihre Reflexionseigenschaft.

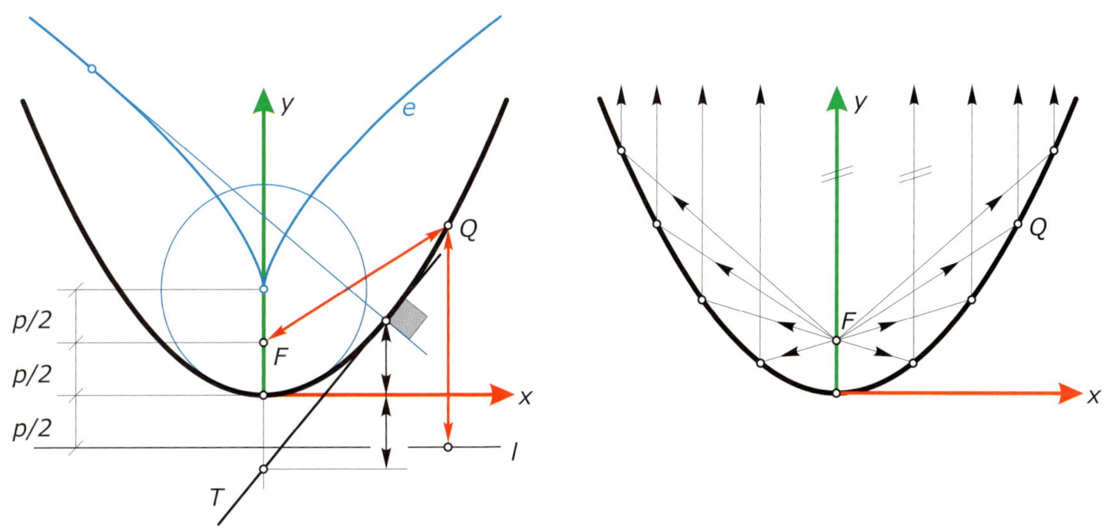

Die Fadenkonstruktion der Parabel. Gegeben seien zwei Linienelemente (d.h., Punkte mit Tangenten $[B_0, T_0]$ und $[B_2, T_2]$, wie in Abbildung 7.31). Wir wollen einen Parabelbogen konstruieren, der in B_0 mit der Tangente T_0 startet und in B_2 mit der Tangente T_2 endet. Durch Verbindung geeigneter „korrespondierender" Punkte auf den beiden gegebenen Tangenten erhalten wir weitere Parabeltangenten. Die Einfachheit dieser Korrespondenz ist bemerkenswert. Um sie zu erklären, bezeichnen wir den Schnittpunkt der beiden Tangenten T_0 und T_2 mit B_1.

Wir benutzen lineare Interpolation, um Punkte P und Q zu bestimmen, welche die beiden Strecken (B_0,B_1) und (B_1,B_2) im selben Verhältnis $t : (1-t)$ teilen (siehe Abb. 7.31). Dann sind die Punkte P und Q korrespondierende Punkte und die Gerade (P,Q) ist eine Tangente der Parabel. Erstaunlicherweise erhalten wir nun auch noch den Berührpunkt R durch Teilung der Strecke (P,Q) im selben Verhältnis $t : (1-t)$. Durch Veränderung des Wertes von t ergeben sich alle Punkte und Tangenten der Parabel.

Wir geben noch die mathematische Beschreibung dieser Konstruktion an. Ausgehend von den drei Punkten B_0, B_1 und B_2 und deren Koordinatenvektoren $\mathbf{b}_0$, $\mathbf{b}_1$, und $\mathbf{b}_2$ berechnen wir zuerst die Punkte $P = \mathbf{p}(t) = (1-t)\cdot\mathbf{b}_0 + t\cdot\mathbf{b}_1$ und $Q = \mathbf{q}(t) = (1-t)\cdot\mathbf{b}_1 + t\cdot\mathbf{b}_2$ auf den Geraden (B_0,B_1) und (B_1,B_2). Dann erhalten wir den Punkt R auf (P,Q) über $\mathbf{r}(t) = (1-t)\cdot\mathbf{p}(t) + t\cdot\mathbf{q}(t)$. Nun setzen wir die zuvor gefundenen Ausdrücke für $\mathbf{p}(t)$ und $\mathbf{q}(t)$ ein und erhalten $\mathbf{r}(t) = (1-t)\cdot[(1-t)\cdot\mathbf{b}_0 + t\cdot\mathbf{b}_1] + t\cdot[(1-t)\cdot\mathbf{b}_1 + t\cdot\mathbf{b}_2]$. Dies kann weiter vereinfacht werden zu folgender Parameterdarstellung des Parabelbogens,

$$\mathbf{r}(t) = (1-t)^2\cdot\mathbf{b}_0 + 2\cdot t\cdot(1-t)\cdot\mathbf{b}_1 + t^2\cdot\mathbf{b}_2.$$

Bei Variation des Parameters t im Intervall $[0,1]$ ergeben sich alle Punkte des Parabelbogens. Um noch zu beweisen, dass PQ die Tangente in R ist, differenzieren wir $\mathbf{r}(t)$ nach t und erhalten $\mathbf{r}'(t) = 2\cdot[-(1-t)\mathbf{b}_0 + (1-2t)\boldsymbol{b}_1 + t\mathbf{b}_2] = 2\cdot[(1-t)(\mathbf{b}_1 - \mathbf{b}_0) + t(\mathbf{b}_2 - \mathbf{b}_1)] = 2\cdot[\mathbf{q}(t) - \mathbf{p}(t)]$. Dies zeigt, dass $\mathbf{q}(t) - \mathbf{p}(t)$ ein Richtungsvektor der Tangente und somit die Verbindung von P und Q die Tangente in R ist.

Die Fadenkonstruktion der Parabel ist ein Spezialfall des Algorithmus von de Casteljau für Bézier-Kurven. Diese einfachsten und grundlegendsten Freiformkurven werden im nächsten Kapitel diskutiert.

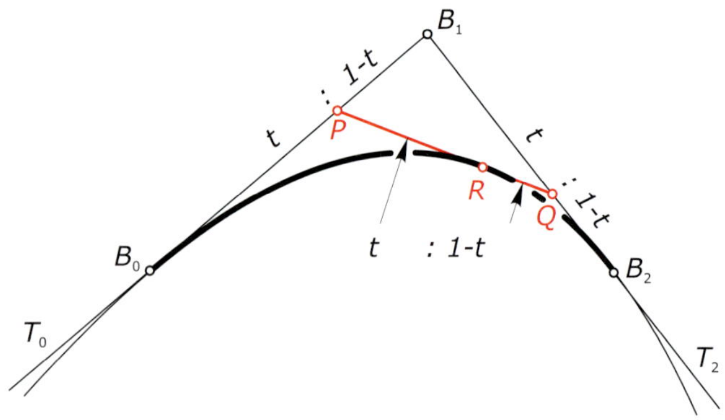

Abb. 7.31
Die Fadenkonstruktion erzeugt mittels wiederholter linearer Interpolation (siehe Anhang) Punkte und Tangenten einer Parabel, von der zwei Linienelemente (B_0, T_0) und (B_2, T_2) gegeben sind.

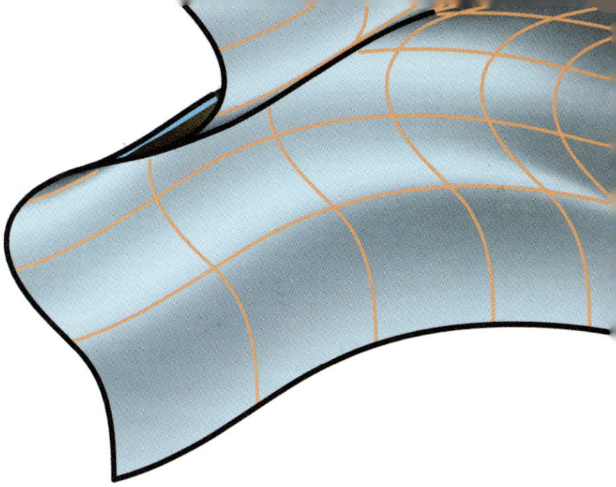

Flächen

In Verallgemeinerung der für Kurven vorgestellten Konzepte wenden wir uns nun dem Studium von Flächen zu. Während wir eine Kurve als eindimensionale Punktmenge erklärt haben, sehen wir Flächen als eine Art zweidimensionale Haut im Raum an. Freilich ist diese grobe Beschreibung keine Basis für ein genaueres Studium der Flächen. Daher werden wir uns wieder mit der mathematischen Beschreibung, insbesondere mit Parametrisierungen sowie mit expliziten und impliziten Darstellungen befassen.

Parameterdarstellung. Im Gegensatz zu Kurvenpunkten hängen die Koordinaten eines Flächenpunktes von zwei verschiedenen Parametern u und v ab. Daher kann eine *parametrisierte Fläche* Φ durch $\mathbf{p}(u,v) = (x(u,v), y(u,v), z(u,v))$ beschrieben werden, worin die Parameter u und v alle Werte (d.h. Punkte (u,v)) aus einem zweidimensionalen Bereich R der uv-Parameter-Ebene annehmen können (Abb. 7.32). Anstelle einer Abbildung eines eindimensionalen Intervalls I in den Raum (Kurvenfall) haben wir nun eine stetige Abbildung eines zweidimensionalen Bereichs R in den Raum. Das Ergebnis dieser Abbildung ist die Fläche Φ.

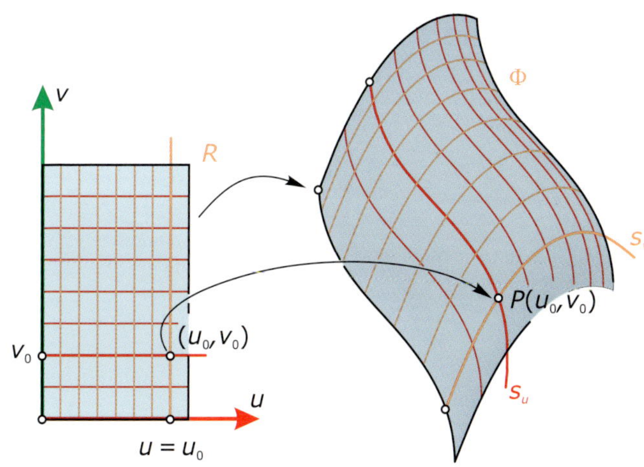

Abb. 7.32
Die Parameterdarstellung beschreibt eine Abbildung eines Bereichs R der (u,v)-Parameterebene auf ein Flächenstück Φ im dreidimensionalen Raum.

Jedes Paar von Parametern u und v, das einen Punkt (u,v) im Parameterbereich R beschreibt, wird auf einen Flächenpunkt $P(u,v)$ mit dem Koordinatenvektor $\mathbf{p}(u,v)$ abgebildet. Wie bei den Kurven nennen wir die Funktionen $x(u,v)$, $y(u,v)$ und $z(u,v)$ *Koordinatenfunktionen* und $\mathbf{p}(u,v)$ eine *Parametrisierung* (*Parameterdarstellung*) von Φ. Wenn wir den Parameter $u = u_0$ festhalten, aber v variieren, so erhalten wir eine *v-Parameterkurve* oder *v-Linie* s_v auf der Fläche. Die Bezeichnung v-Linie drückt die Tatsache aus, dass v variiert, also v der Kurvenparameter ist.

Analog ergibt sich eine *u-Parameter-Kurve* oder *u-Linie* s_u auf der Fläche Φ, wenn wir den Parameter v festhalten und nur u variieren. Parameterlinien sind oft zur Verstärkung der räumlichen Wirkung einer Fläche nützlich. Sie können auch als Design-Element in der Architektur eingesetzt werden (vgl. Abb. 7.33).

Abb. 7.33
Parameterkurven unterstützen die räumliche Wirkung von Flächen.
(a) Dieselbe Fläche mit und ohne Parameterlinien.
(b) Parameterlinien in der Architektur anhand der Fächergewölbe der *King's College Kapelle* (1446–1515) in Cambridge.

(a)

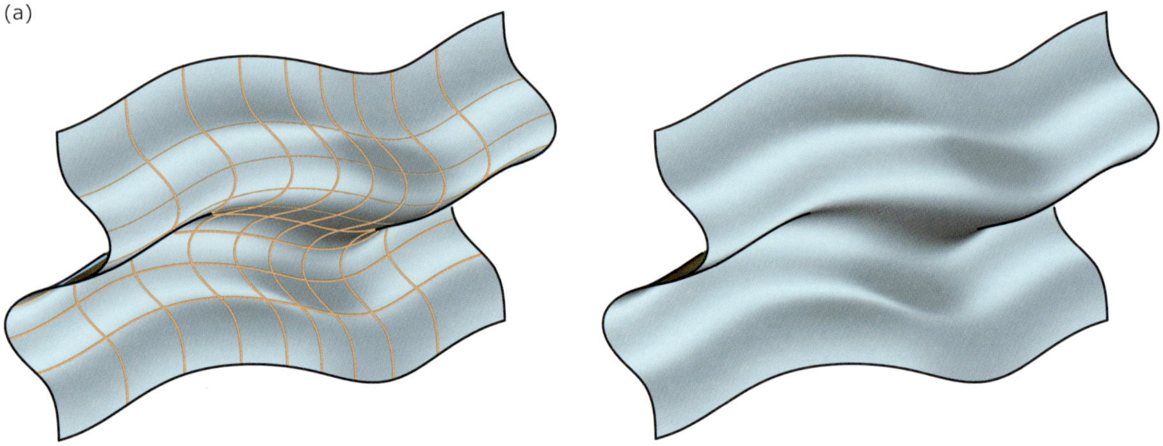

(b)

Beispiel:

Parameterdarstellung einer Kugel. Gegeben ist eine Kugel mit Mittelpunkt $M(0,0,0)$ und Radius r. Aus Abbildung 7.34 lesen wir die Koordinaten eines Punktes P der Kugel wie folgt ab,
$\mathbf{p}(u,v) = (r\cdot\cos(u)\cdot\cos(v), r\cdot\cos(u)\cdot\sin(v), r\cdot\sin(u))$.

Wenn die Parameter u und v alle Werte im Bereich $R = (-\pi/2, \pi/2] \times (-\pi,\pi]$ annehmen, erhalten wir die gesamte Kugel. Damit sind die v-Linien Kreise (mit konstanter geografischer Breite u) in Ebenen parallel zur xy-Ebene. Die u-Linien sind Meridiankreise (mit konstanter geografischer Länge v) durch die beiden Pole.

(b)

(a)

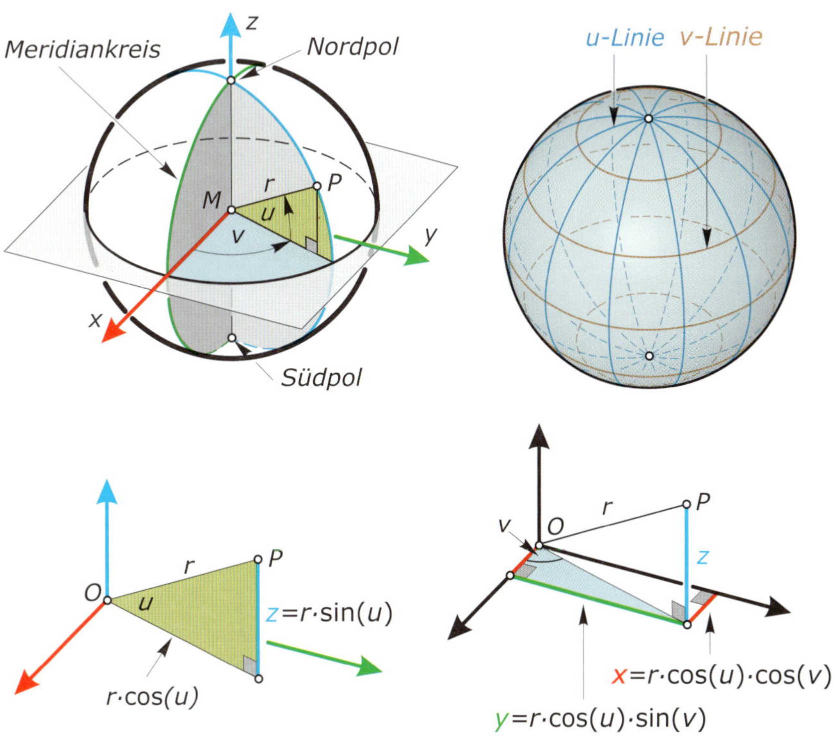

Abb. 7.34
Eine Parameterdarstellung einer Kugel kann aus Kugelkoordinaten abgeleitet werden, d.h. aus der geografischen Breite u und Länge v. Die Meridiankreise verlaufen durch Nord- und Südpol der Kugel. Der *Rollende Ball* (1992) in Seyring von Richard Künz.

Beispiel:

Zylinder. Eine Fläche mit einer Parameterdarstellung der Form $\mathbf{p}(u,v) = (x(u), y(u), v)$ ist ein allgemeiner Zylinder mit $c = \mathbf{c}(u) = (x(u), y(u), 0)$ als Basiskurve in der xy-Ebene. Alle u-Linien sind kongruent zu c und liegen in Ebenen parallel zur xy-Ebene. Die Erzeugenden des Zylinders sind die v-Linien. Sie sind parallel zur z-Achse. Abbildung 7.35 zeigt zwei Beispiele, mit $\mathbf{c}(u) = (2\cdot\sin(u), 3\cdot\cos(u),0)$ bzw. $\mathbf{d}(u) = (2\cdot\cos(u) + 2\cdot\cos(2\cdot u), 2\cdot\sin(u) + 2\cdot\sin(2\cdot u),0)$ als u-Kurven in der xy-Ebene.

Beispiel:

Tangentenfläche. Wenn $\mathbf{c}(t)$ eine Parameterdarstellung einer Raumkurve c ist, so wird die Kurventangente im Punkt $\mathbf{c}(t)$ durch $\mathbf{c}(t) + u\cdot\mathbf{c}'(t)$ beschrieben. Wenn wir nun t im Parameterintervall der Kurve variieren, so erhalten wir die Menge aller Tangenten von c. Diese so genannte Tangentenfläche (Abb. 7.36) hat die Parameterdarstellung $\mathbf{p}(u,t) = \mathbf{c}(t) + u\cdot\mathbf{c}'(t)$. Die u-Linien (t = const) sind die Tangenten. Tangentenflächen haben wichtige geometrische Eigenschaften, die wir in Kapitel 9 besprechen werden.

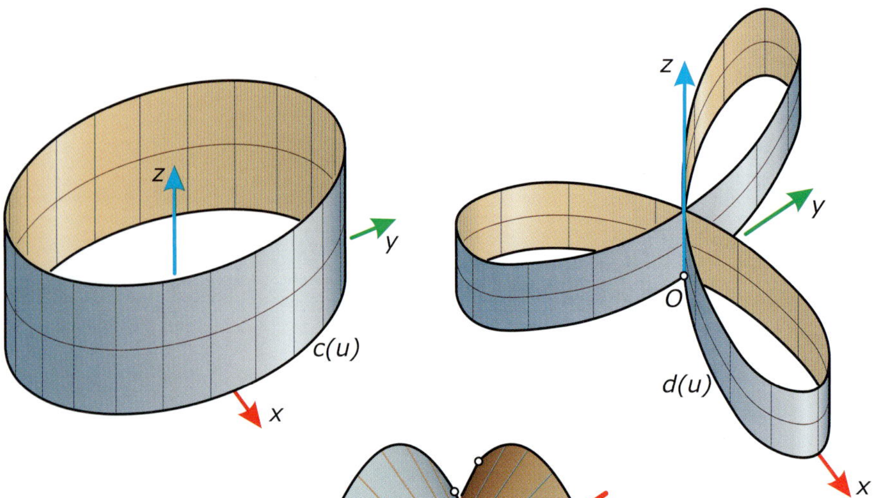

Abb. 7.35
Zylinder mit ebenen u-Linien.

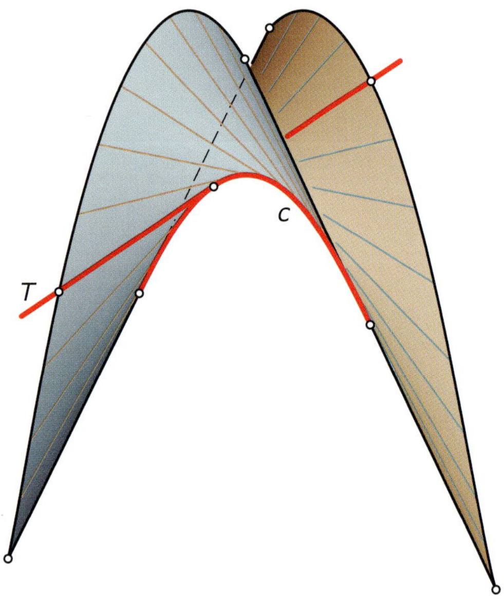

Abb. 7.36
Eine Fläche, die von den Tangenten einer Raumkurve gebildet wird.

Explizite und implizite Darstellung. Eine Fläche Φ kann auch als Menge von Punkten aufgefasst werden, deren Koordinaten (x,y,z) eine Bedingung der Form $z = f(x,y)$ oder $F(x,y,z) = 0$ erfüllen. Wir nennen die Flächenbeschreibung $z = f(x,y)$ eine *explizite Darstellung* und $F(x,y,z) = 0$ eine *implizite Darstellung*. Die explizite Darstellung $z = f(x,y)$ wird häufig zur Visualisierung einer Funktion $f(x,y)$ von zwei Variablen herangezogen. Eine solche Fläche wird auch als *Graph* der Funktion $f(x,y)$ bezeichnet. Natürlich ist die explizite Darstellung ein Spezialfall einer impliziten Darstellung.

Als Beispiele zeigt Abbildung 7.37 ein hyperbolisches Paraboloid (vgl. Kapitel 9) mit der expliziten Darstellung $z = 2x^2 - 3y^2$ und die „Stuhl"-Fläche mit der impliziten Gleichung $(x^2 + y^2 + z^2 - ak^2)^2 - b[(z-k)^2 - 2x^2]\cdot[(z+k)^2 - 2y^2] = 0$, mit $k = 5$, $a = 0.95$ und $b = 0.8$.

Tangentialebene und Flächennormale. Wenn wir für die Parameter u und v in der Parameterdarstellung einer Fläche Funktionen einer Veränderlichen $u(t)$ bzw. $v(t)$ einsetzen, so erhalten wir eine Kurve $\mathbf{c}(t) = (x(t), y(t), z(t))$ auf der Fläche Φ. Kurven auf einer Fläche Φ heißen auch *Flächenkurven*. Wir könnten auch sagen, dass vermöge der Parametrisierung eine Kurve $(u(t),v(t))$ in der Parameterebene auf eine Flächenkurve abgebildet wird. Die Tangente t_c einer solchen Kurve in einem Punkt P heißt *Flächentangente*.

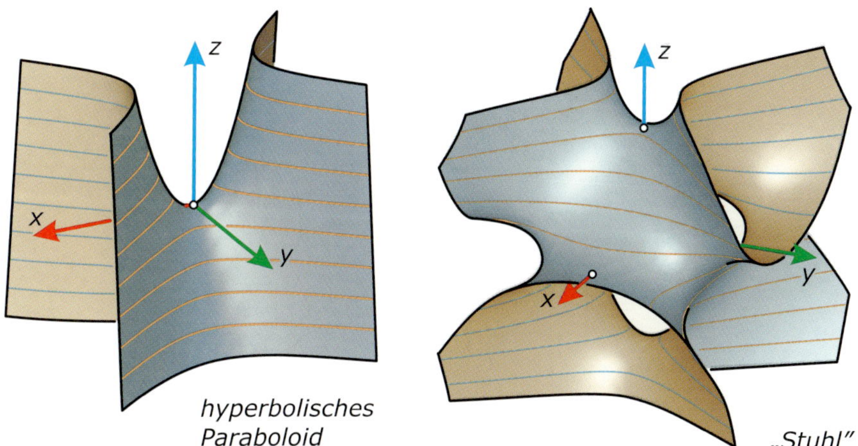

Abb. 7.37
Hyperbolisches Paraboloid und eine an einen Stuhl erinnernde Fläche dienen hier als Beispiele für Flächen in expliziter bzw. impliziter Darstellung.

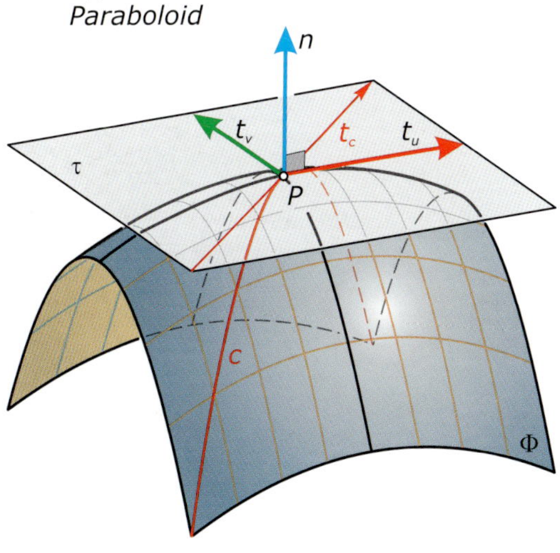

Abb. 7.38
In einem regulären Punkt P spannen die Tangenten der Parameterkurven die Tangentialebene auf. Jede durch P gehende Flächenkurve hat dort eine Tangente, die in der Tangentialebene liegt.

In einem regulären Punkt P einer Fläche liegen alle Flächentangenten in einer Ebene, der *Tangentialebene* von Φ im Punkt P. In diesem Fall bestimmen bereits die Tangenten t_u und t_v der Parameterlinien die Tangentialebene (Abb. 7.38). Für die mit den nötigen Begriffen der Analysis vertrauten Leser sei vermerkt, dass die partiellen Ableitungen von $\mathbf{p}(u,v)$ bezüglich u und v Richtungsvektoren von t_u bzw. t_v sind. Die *Flächennormale* n geht durch P und ist normal zur Tangentialebene.

Flächenpunkte, wie etwa die Spitze eines Kegels, in welchen keine eindeutige Tangentialebene existiert, heißen *singuläre Punkte*.

Beispiel:

Whitney Umbrella. Die Fläche mit der Parameterdarstellung $\boldsymbol{p}(u,v) = (u, v^2, uv)$ ist in Abbildung 7.39 abgebildet. Längs der y-Achse besitzt diese Fläche eine Selbstdurchdringung. In jedem Punkt der positiven y-Achse hat die Fläche zwei verschiedene Tangentialebenen. Daher sind alle Punkte der Flächenkurve $\mathbf{c}(v) = (0,v^2,0)$ mit konstantem Parameter $u = 0$ singuläre Punkte. Alle anderen Punkte erweisen sich als regulär.

Beispiel:

Fläche mit vielen Singularitäten. Abbildung 7.40 zeigt eine bemerkenswerte Fläche mit einer impliziten Darstellung $F(x,y,z) = 0$, wobei F ein gewisses Polynom vom Grad 7 ist. Diese als *Labs-Septik* bekannte Fläche trägt 99 singuläre Punkte.

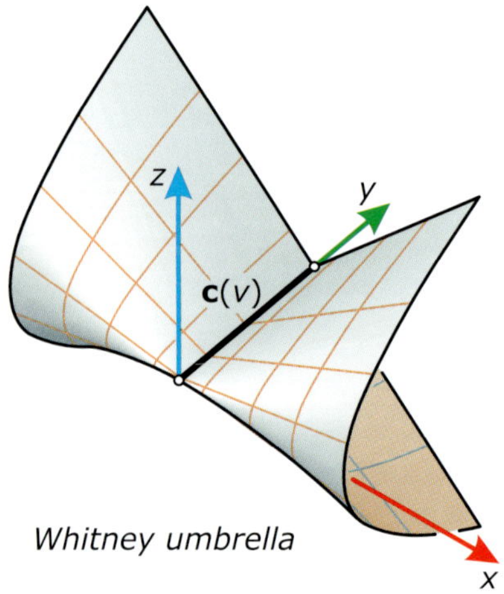

Abb. 7.39
Der *Whitney Umbrella* trägt eine Gerade von singulären Punkten.

Abb. 7.40
Blick in den inneren Teil der *Labs Septik* (Bild mit freundlicher Genehmigung von Oliver Labs.)

Selbst in der Nähe des Berührpunktes P kann die Tangentialebene weitere Flächenpunkte enthalten. Abbildung 7.41 illustriert drei wesentlich verschiedene Arten des lokalen Verhaltens der Tangentialebene in einem Flächenpunkt. Je nach dieser Lage unterscheiden wir zwischen *elliptischen*, *hyperbolischen* und *parabolischen Flächenpunkten*. Diese Typen von Punkten sind auch für das Verständnis des lokalen Krümmungsverhaltens einer Fläche wesentlich.

Kontur und Umriss. Wenn wir eine Fläche skizzieren oder ein CAD-Programm ein Bild einer Fläche erstellt, benötigt man den *Umriss* u' der Fläche, um zwischen sichtbaren und verdeckten Flächenteilen unterscheiden zu können.

Um den Umriss zu erhalten, definieren wir zuerst die *Kontur* u als Menge all jener Punkte P auf der Fläche Φ, deren Tangentialebene τ den Sehstrahl (Projektionsstrahl) durch P enthält (Abb. 7.42). Bei einer Zentralprojektion heißt dies, dass τ durch das Projektionszentrum geht. Im Fall der Parallelprojektion ist τ parallel zur Sehstrahlrichtung. Man kann dies auch so formulieren: Alle Sehstrahlen, welche die Fläche Φ berühren, bilden einen Kegel (bei Zentralprojektion) oder einen Zylinder (im Falle der Parallelprojektion). Dann ist die Kontur die Berührkurve dieses Sehkegels bzw. Sehzylinders mit der Fläche Φ.

Das Bild der Kontur u unter der vorliegenden Projektion ist der *Umriss* u'. Das Bild eines Punktes P von u ist ein Punkt P' auf dem Umriss u'. Da P auf der Kontur liegt, ist das Bild der Tangentialebene τ von P eine Gerade. Diese Gerade τ' ist die Tangente des Umrisses in P' (Abb. 7.42).

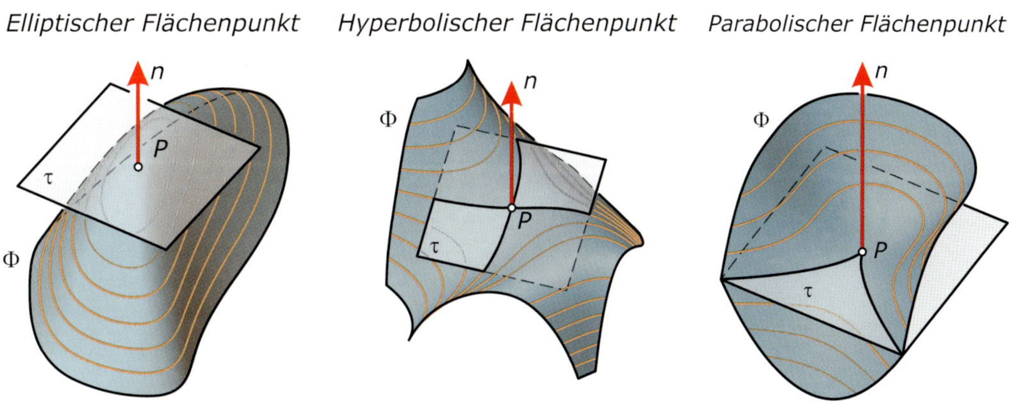

Abb. 7.41
Elliptischer, hyperbolischer und parabolischer Flächenpunkt und das Verhalten der Tangentialebene in diesen Punkten.

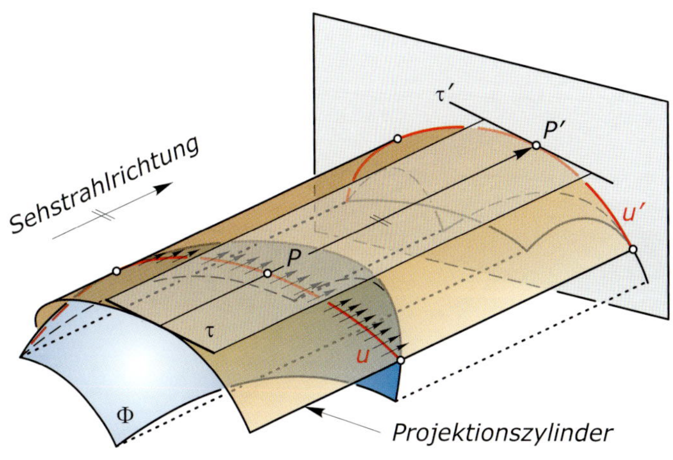

Abb. 7.42
Der Umriss u' ist das Bild der Kontur u. Die letztgenannte Kurve wird von all jenen Flächenpunkten P gebildet, in denen ein Sehstrahl die Fläche Φ berührt.

Abbildung 7.43 illustriert interessante Eigenschaften im Zusammenhang mit Umriss und Flächenkurven. Wenn die Tangente t_c einer Flächenkurve c in einem Punkt P der Kontur kein Projektionsstrahl ist, so berührt die Bildkurve c' den Umriss im Punkt P' (Abb. 7.43a). Wenn hingegen die Tangente t_d einer Flächenkurve d ein Projektionsstrahl ist, so besitzt die Bildkurve d' im Punkt P' eine Spitze (Abb. 7.43b). Da Konturen bereits mittels Projektionsstrahlen erklärt sind, welche die Flächen berühren, ist es gar nicht so selten, dass ein Projektionsstrahl die Kontur berührt. Daher weist der Umriss einer Fläche oft Spitzen auf. In einer Spitze kann der Umriss vom sichtbaren in den verdeckten Bereich wechseln (Abb. 7.43c).

Abb. 7.43
Das Verhalten von Flächenkurven unter Projektionen.
(a) Im Allgemeinen berührt die Bildkurve c' den Umriss u'.
(b) Wenn ein Projektionsstrahl die Kurve d berührt, weist die Bildkurve d' eine Spitze auf.
(c) Spitzen des Umrisses rühren von Projektionsstrahlen her, welche die Kontur berühren.

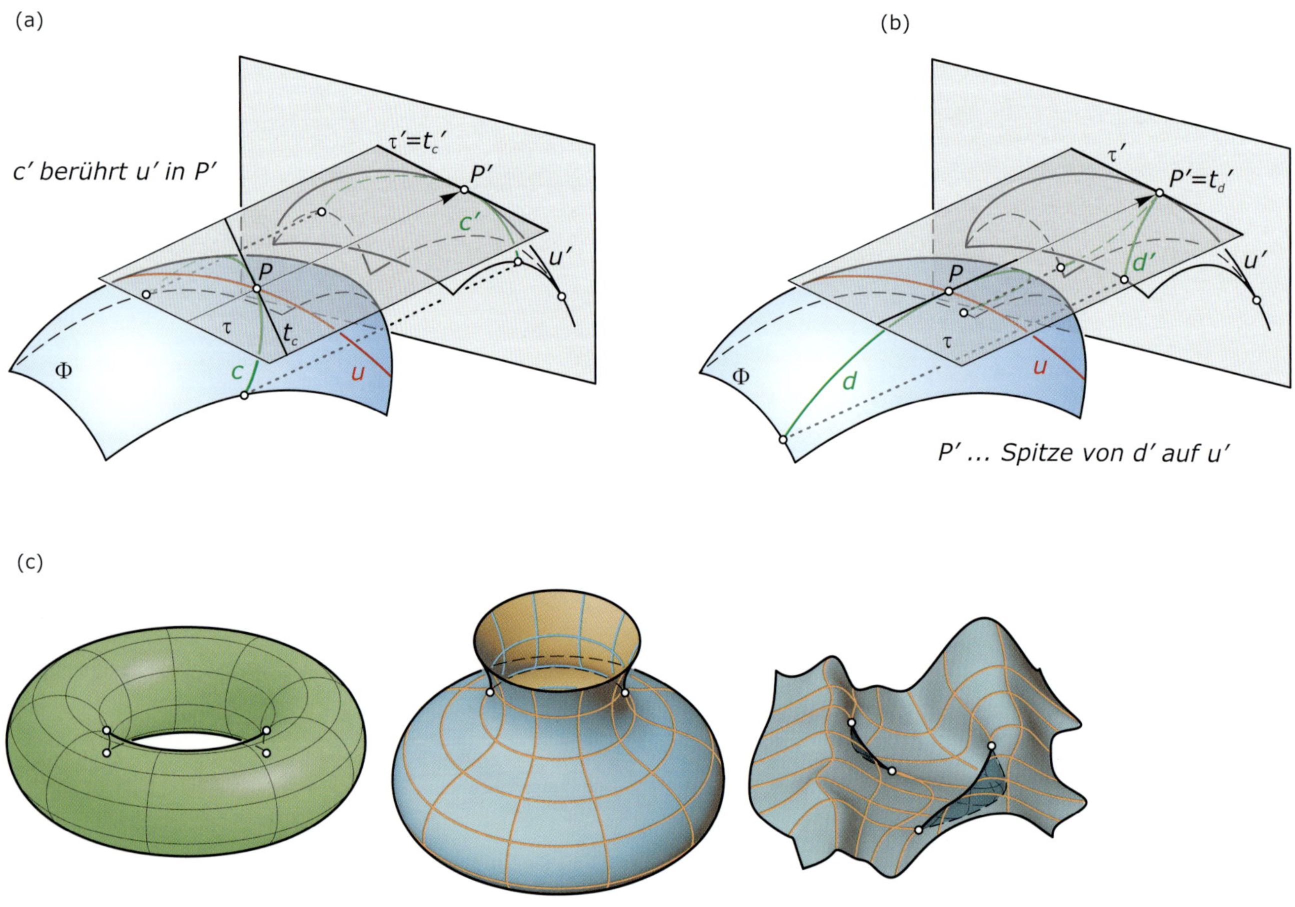

Schnittkurven von Flächen

In Kapitel 4 (über Trimmen und Splitten) haben wir uns bereits mit Schnittkurven von Flächen befasst. Es wurden dort geeignete CAD-Werkzeuge zur Konstruktion von Schnittkurven vorgestellt, ohne jedoch die grundlegenden Tatsachen über deren Erzeugung kennen zu lernen. Ausgerüstet mit einem besseren Verständnis von Kurven und Flächen wollen wir nun den geometrischen Hintergrund über Schnittkurven etwas genauer durchleuchten. Dabei werden wir auch verstehen lernen, warum eine stabile Implementierung von Schnittkurven eine Herausforderung bei der Entwicklung jedes CAD-Programms darstellt. Es sollte auch unser Verständnis für ein gelegentliches Versagen dieser Algorithmen erhöht werden. Überdies wollen wir einige nützliche Hinweise zum richtigen Skizzieren von Schnittkurven geben.

Konstruktion von Punkten mittels Hilfsebenen. Um Punkte der Schnittkurve(n) zweier Flächen zu bestimmen, kann man eine Menge von Hilfsebenen heranziehen. Eine Hilfsebene schneidet die gegebenen Flächen in Kurven c_1 und c_2. Die gemeinsamen Punkte dieser ebenen Kurven sind Punkte der Schnittkurve c. Sofern es uns gelingt, geeignete Hilfsebenen zu finden, die beide Flächen in einfachen Kurven c_1 und c_2 schneiden, sind wir in der Lage, mit dieser Methode Punkte der Schnittkurve zu konstruieren. Allerdings lassen sich nur für sehr spezielle Flächen geeignete Hilfsebenen finden.

Abbildung 7.44a illustriert diese Methode der Flächenverschneidung für den Fall zweier Zylinder. Hier sind Ebenen, die parallel zu den Erzeugenden beider Zylinder verlaufen, als Hilfsebenen geeignet, da sie beide Zylinder in Geraden schneiden. Die Bestimmung von Schnittpunkten der beiden Zylinder läuft dann auf das Schneiden von Geraden hinaus.

Dieselbe Methode kann auch zur Konstruktion der Schnittkurve einer Kugel und eines Kegels verwendet werden. Wie in Abbildung 7.44b gezeigt wird, können Punkte der Schnittkurve als gemeinsame Punkte zweier Geraden und eines Kreises gefunden werden. Die Hilfsebenen werden durch die Kegelspitze gelegt. Sie schneiden dann im Allgemeinen den Kegel in zwei Geraden und die Kugel in einem Kreis. Aus beiden Beispielen erkennt man, dass die Methode der Hilfsebenen geeignet ist, sofern Zylinder, Kegel oder Kugeln am Schnitt beteiligt sind.

Die Verwendung von Hilfskugeln. Punkte der Schnittkurve eines Drehzylinders und eines Drehkegels mit schneidenden Achsen können auch mittels Hilfskugeln gefunden werden. Kugeln, die ihren Mittelpunkt im Schnittpunkt M der beiden Achsen a und b haben, schneiden Kegel und Zylinder in Kreisen. Deren gemeinsame Punkte gehören der Schnittkurve c an (Abb. 7.45).

Diese Methode funktioniert stets gut bei Drehflächen (siehe Kapitel 9) mit schneidenden Achsen. In Abbildung 7.46b benutzen wir eine Normalprojektion auf die Verbindungsebene der beiden Drehachsen. Dann sind die Bilder c_1' und c_2' der Kreise c_1 und c_2 geradlinige Strecken und die Punkte des Bildes c' der Schnittkurve können als gemeinsame Punkte von c_1' und c_2' ermittelt werden.

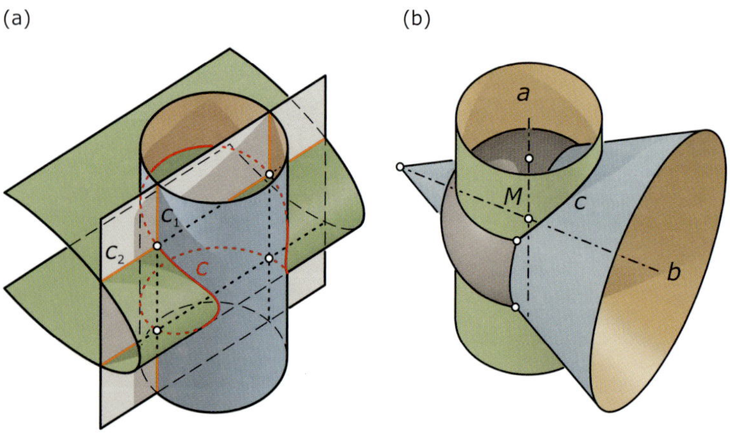

Abb. 7.44
Punkte einer Schnittkurve können eventuell mittels geeigneter Hilfsebenen konstruiert werden.

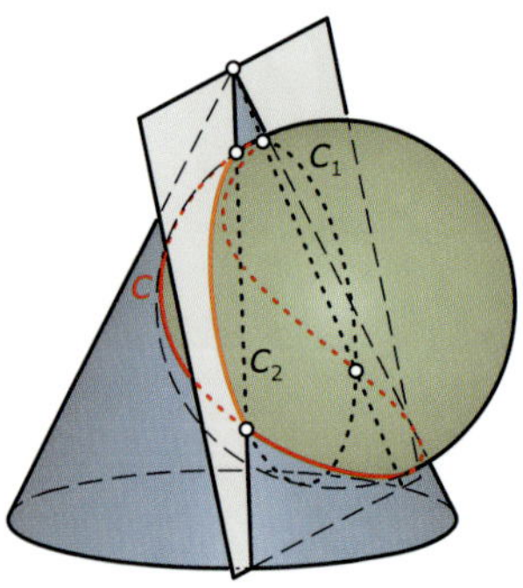

Abb. 7.45
Konstruktion von Punkten einer Schnittkurve mittels Hilfskugeln.

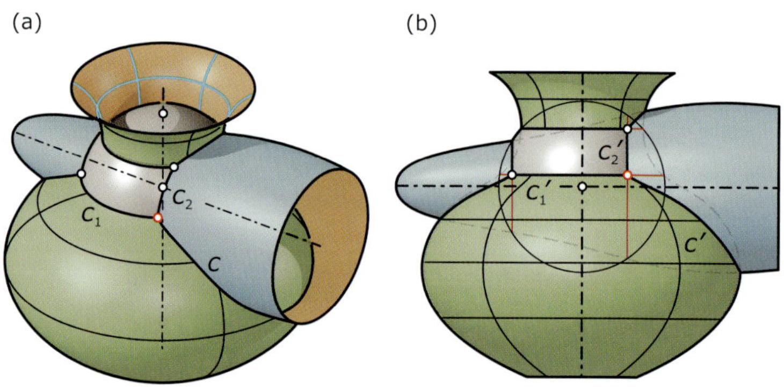

Abb. 7.46
Der Einsatz einer Projektion normal zu beiden Drehachsen vereinfacht die punktweise Konstruktion der Schnittkurve zweier Drehflächen.

Tangenten von Schnittkurven. Beim händischen Skizzieren einer Schnittkurve ist es oft besser, nur wenige Punkte samt deren Tangenten zu bestimmen, als bloß viele Punkte ohne Tangenten zu ermitteln. Die Tangenten der Schnittkurve liegen in den jeweiligen Tangentialebenen der am Schnitt beteiligten Flächen (Abb. 7.38). Daher ist die Tangente t_p in einem Punkt P der Schnittkurve die Schnittgerade der Tangentialebenen τ_1 und τ_2 der beiden Flächen im Punkt P (Abb. 7.47a).

(a)

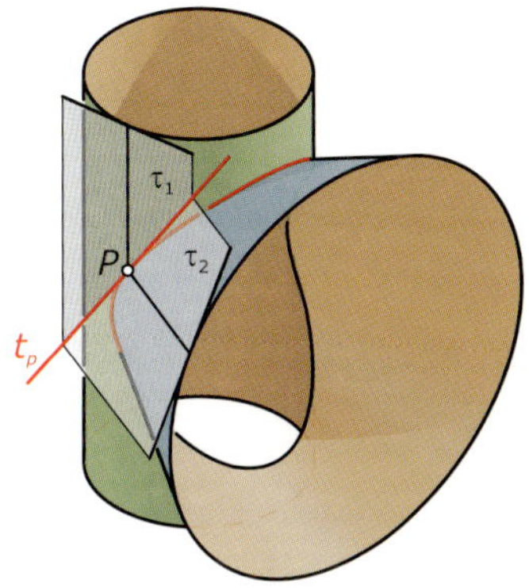

(c)

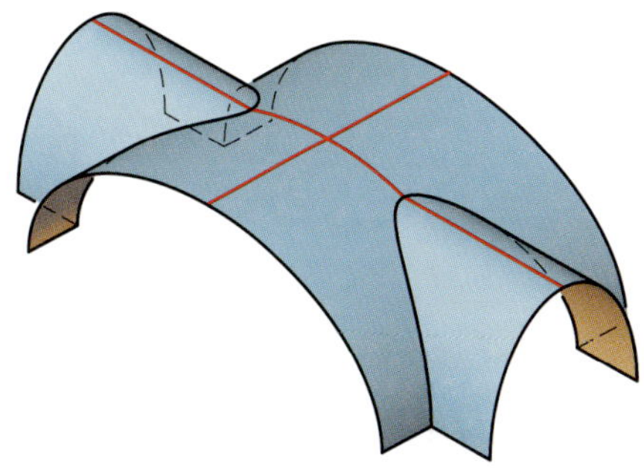

Abb. 7.47
(a) Die Tangente der Schnittkurve liegt in den Tangentialebenen τ_1 und τ_2 der beiden Flächen.
(b) Schnittkurven beim Tonnengewölbe der *Münchner Residenz* (1569–1571).
(c) Modell eines Gewölbes.

(b)

Diese Konstruktion versagt, falls die beiden Flächen dieselbe Tangentialebene im Punkt P besitzen. Derartige Berührungspunkte der Flächen führen meist auf Doppelpunkte der Schnittkurve. Abbildung 7.48 zeigt ein Beispiel: Die gemeinsamen Punkte der beiden Ellipsen, die als Schnitt der beiden Drehzylinder auftreten, sind genau die gemeinsamen Berührungspunkte.

Beispiel:

Drehzylinder mit schneidenden Achsen und gleichem Radius. Wir betrachten zwei Drehzylinder Z_1 und Z_2 mit schneidenden Achsen a_1 und a_2 und gleichem Radius r. Die Achsen mögen in der yz-Ebene liegen (Abb. 7.48). Unter Verwendung von Hilfskugeln zur Konstruktion der Schnittkurve erkennen wir, dass der Aufriss der Schnittkurve aus zwei Geradenstücken e_1'' und e_2'' besteht. Diese Geradenstücke sind Teile der Winkelsymmetralen von a_1'' und a_2''. Daher besteht die Schnittkurve aus zwei ebenen Kurven e_1 und e_2.

Aufgrund der Tatsache, dass die ebenen Schnitte eines Drehzylinders Ellipsen sind, besteht die vollständige Schnittkurve aus zwei Ellipsen e_1 und e_2 in orthogonalen Ebenen. Diese Ebenen sind die Symmetrieebenen ε_1 und ε_2 der Achsen a_1 und a_2. Spiegelt man einen der beiden Zylinder an einer solchen Symmetrieebene, so erhält man den anderen Zylinder. Somit liegt die Schnittkurve einer Symmetrieebene mit einem Zylinder auch auf dem anderen Zylinder und gehört daher zur Schnittkurve der beiden Zylinder. Diese Überlegung kann auch zum Verständnis anderer symmetrischer Konfigurationen zweier Flächen beitragen.

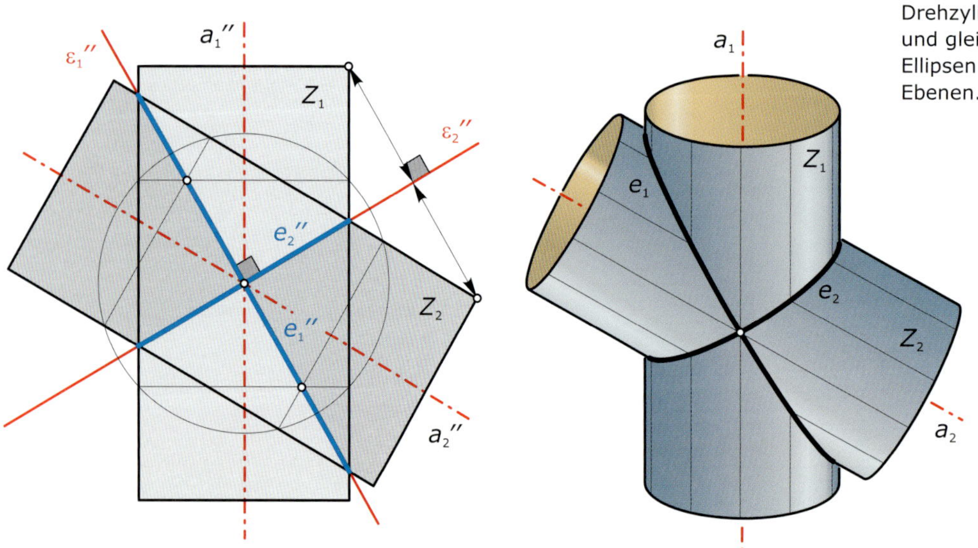

Abb. 7.48
Die vollständige Schnittkurve zweier Drehzylinder mit schneidenden Achsen und gleichen Radien besteht aus zwei Ellipsen in zueinander rechtwinkeligen Ebenen.

Ebene Schnitte von Drehkegeln. Schneiden wir einen Drehkegel mit einer Ebene, so erhalten wir abhängig von der gegenseitigen Lage der Schnittebene zum Drehkegel verschiedene Typen von ebenen Schnittkurven (Abb. 7.49). Enthält die Schnittebene die Spitze des Drehkegels, so haben wir folgende drei Fälle:

- Ebenen H, die den Drehkegel nach zwei Erzeugenden schneiden,
- Ebenen P, die den Drehkegel längs einer Erzeugenden berühren, und
- Ebenen E, die nur die Spitze mit dem Drehkegel gemeinsam haben.

Für allgemein liegende Schnittebenen, welche die Kegelspitze nicht enthalten, erhalten wir folgende nicht zerfallende Kegelschnitte:

- Alle Ebenen parallel zu H schneiden den Drehkegel nach einer Hyperbel.
- Alle Ebenen parallel zu P schneiden den Drehkegel nach einer Parabel.
- Alle Ebenen parallel zu E schneiden den Drehkegel nach einer Ellipse.

Liegt die Schnittebene normal zur Drehachse, so entsteht als Schnittkurve ein Kreis k. In diesem Fall enthält die zur Schnittebene parallele Hilfsebene nur die Spitze des Drehkegels. Daher können wir den Kreis als Spezialfall einer Ellipse auffassen.

Abb. 7.49
Kegelschnitte als ebene Schnitte von Drehkegeln.

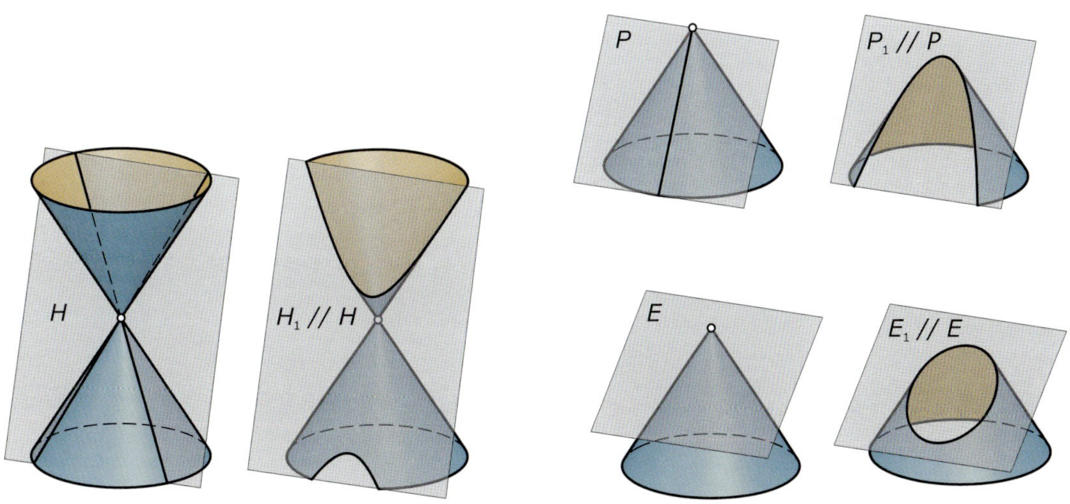

Kegelschnitte als Schnittkurven. Kegelschnitte treten als Schnittkurven bei verschiedenen Anwendungen im Bauwesen und in der Technik auf. Dies wurde bei der Konstruktion von speziellen Gewölbeformen intensiv ausgenutzt (Abb. 7.50). Der zugrunde liegende geometrische Sachverhalt kann wie folgt verallgemeinert werden:

Wenn zwei Drehzylinder oder Drehkegel einer Kugel berührend umschrieben sind, dann zerfällt ihr Schnitt in zwei Kegelschnitte oder in einen Kegelschnitt und eine Erzeugende.

Abbildung 7.51 illustriert ebene Schnittkurven zweier Drehkegel. Wir werden eine noch allgemeinere Fassung dieser Eigenschaft in Kapitel 9 im Zusammenhang mit Schnittkurven von Quadriken kennen lernen.

Raumkurven als Schnittkurven allgemeiner Zylinder. Am Beginn dieses Kapitels haben wir die Parameterdarstellung von Raumkurven studiert. Bei ebenen Kurven haben wir auch die explizite und implizite Darstellung kennen gelernt. Was ist also über die implizite Darstellung von Raumkurven zu sagen?

Als Beispiel für eine explizite Darstellung einer ebenen Kurve haben wir die Parabelgleichung $c: y = x^2$ benutzt, die aus der Parameterdarstellung $\mathbf{c}(t) = (t,t^2)$ abgeleitet wurde. Analog erfüllt die räumliche kubische Polynomkurve $\mathbf{d}(t) = (t,t^2,t^3)$ sogar *zwei* unabhängige Gleichungen, $y = x^2$ und $z = x^3$.

Abb. 7.50
Ein Kreuzgewölbe bei einem Gebäudeeingang (Foto mit freundlicher Genehmigung von Martin Reis)

Abb. 7.51
Die Schnittkurve von zwei Drehkegeln, die einer Kugel berührend umschrieben sind, zerfällt in zwei Kegelschnitte.

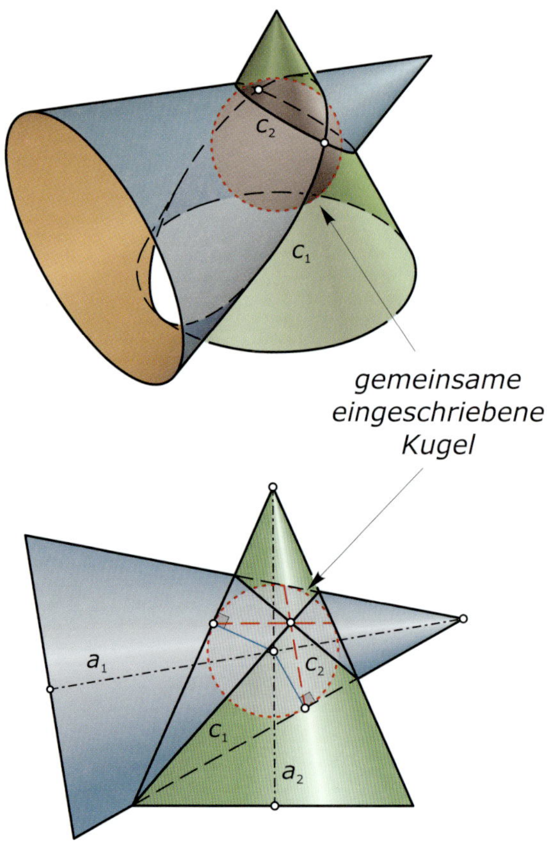

Diese zwei Gleichungen beschreiben zwei Zylinder Z_1, Z_2 mit Erzeugenden parallel zur z-Achse bzw. zur y-Achse. Ihre Basiskurven in den Koordinatenebenen $z = 0$ und $y = 0$ sind die Parabel $y = x^2$ bzw. die Kubik $z = x^3$. Somit kann die räumliche Kubik als Schnittkurve der beiden Zylinder interpretiert werden (Abb. 7.52). Dieses Beispiel zeigt, dass eine Raumkurve nur durch mindestens zwei implizite Gleichungen beschreibbar ist. Es können jedoch wegen unerwünschter zusätzlicher Bestandteile sogar mehr als zwei Gleichungen zur eindeutigen Festlegung einer Raumkurve nötig sein.

Dies sehen wir aus demselben Beispiel, wenn wir die Gleichung $z = x^3$ durch die Gleichung $y^3 = z^2$ ersetzen. Sie wird ebenfalls von der Kubik (t, t^2, t^3) erfüllt und beschreibt einen Zylinder Z_3 mit Erzeugenden parallel zur x-Achse und einer kubischen Basiskurve (mit einer Spitze; Abb. 7.53) in der yz-Ebene. Unsere räumliche kubische Polynomkurve c ist also auch Schnittkurve des parabolischen Zylinders Z_1 und des kubischen Zylinders Z_3. Jedoch besteht der vollständige Schnitt dieser beiden Zylinder aus zwei bezüglich der yz-Ebene spiegelbildlich liegenden Kubiken, der Kubik c und einer weiteren Kubik d.

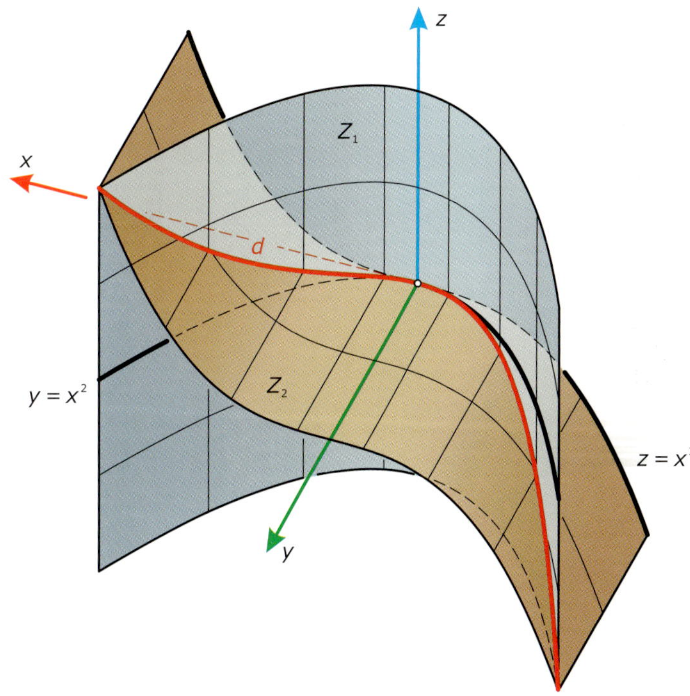

Abb. 7.52
Eine kubische Polynomkurve als Schnittkurve eines parabolischen und eines kubischen Zylinders.

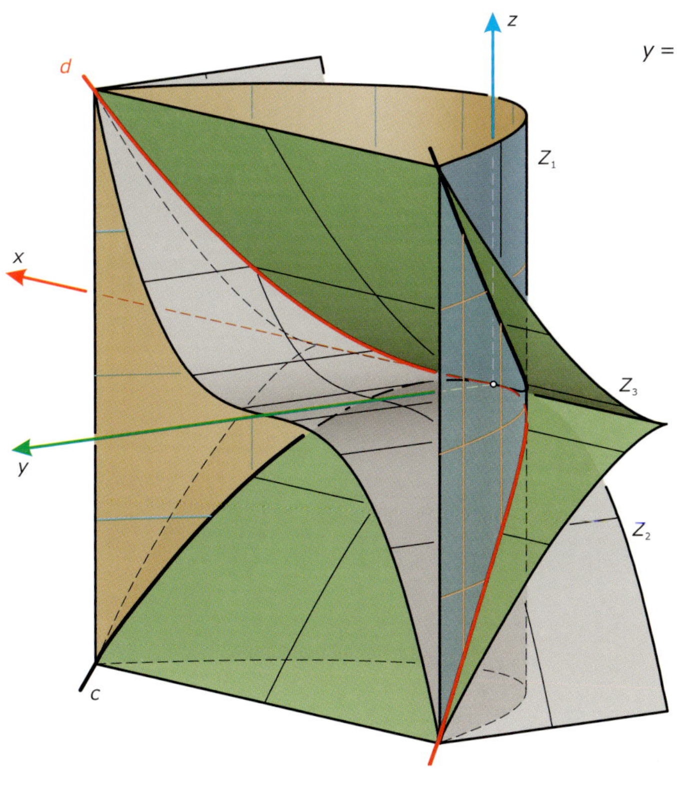

Abb. 7.53
Die Kubik aus Figur 7.52 als Schnittkurve eines parabolischen Zylinders und eines anderen kubischen Zylinders. Hier besteht der vollständige Schnitt aus zwei kubischen Raumkurven.

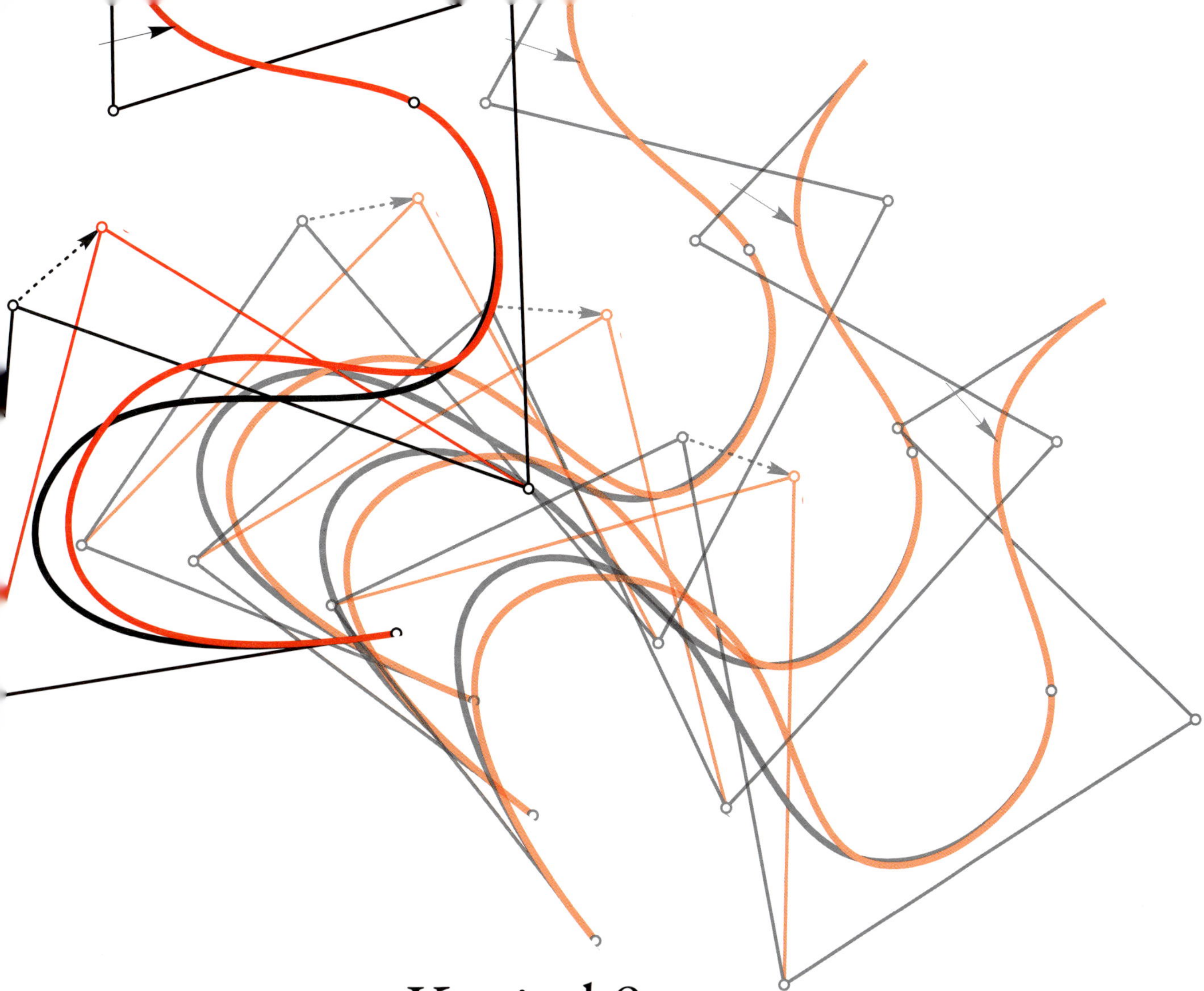

Kapitel 8

Freiformkurven

Freiformkurven

Geometrische Konstruktionen mit Kreisen oder Kegelschnitten haben im Design eine lange Tradition. Glatte Freiformkurven, deren Form mit einigen wenigen Kontrollpunkten gesteuert wird, sind im Vergleich dazu relativ neue Werkzeuge, die erst seit den 1950er Jahren entwickelt werden. Grundlegende Kenntnisse über Erzeugung und Eigenschaften von Freiformkurven erlauben der Designerin oder dem Designer, geeignete Kurven für die zu lösende Aufgabe auszuwählen und effizient einzusetzen. Ein gutes Verständnis von Freiformkurven ist auch grundlegend für das Modellieren mit Freiformflächen (Kapitel 11).

Bézier-Kurven (Abb. 8.1a) gehören zu den am häufigsten verwendeten Freiformkurven. Wir diskutieren basierend auf dem Algorithmus von de Casteljau ihre geometrische Konstruktion und einige Eigenschaften. Für das Design von komplexen Kurven präsentieren wir die mächtigeren B-Spline-Kurven (Abb. 8.1b), die bereits lokale Formkontrolle erlauben. B-Spline-Kurven können auch durch wiederholtes Verfeinern eines Polygons erzeugt werden, ein Prozess, der als *Kurvenunterteilung* bekannt ist. Nicht-uniforme rationale B-Spline-Kurven (kurz: NURBS-Kurven) (Abb. 8.1c) haben einen weiteren Designparameter, die so genannten Gewichte, die mit den Kontrollpunkten assoziiert sind. NURBS-Kurven verwenden wir, um komplexe ebene und räumliche Freiformkurven, aber auch alle Typen von Kegelschnitten zu konstruieren.

Abb. 8.1
Freiformkurven im Design:
(a) Bézier-Kurve,
(b) B-Spline-Kurve und
(c) NURBS-Kurve zu kongruenten Kontrollpolygonen.

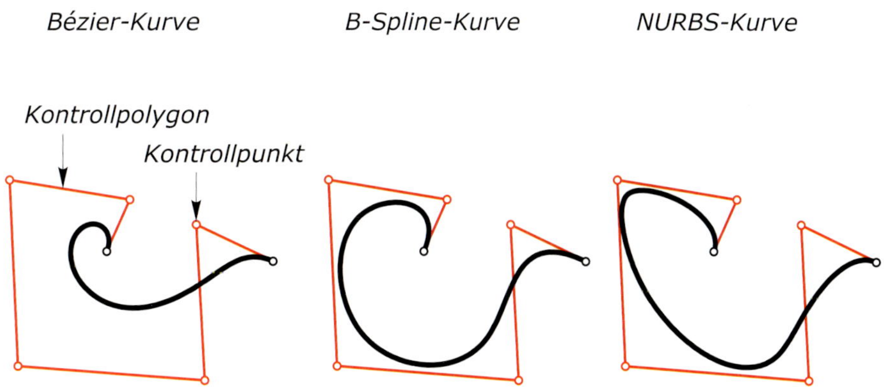

Wie entwerfen wir mit Freiformkurven? Beim freihändigen Zeichnen hängt die Qualität einer Kurve von den manuellen Fähigkeiten und Fertigkeiten des Designers sowie von eventuell verwendeten mechanischen Hilfsmitteln ab. Mit einem Stift skizzieren wir eine Kurve, indem wir die Hand zielstrebig über das Papier führen. Um längere Kurven zu zeichnen, müssen wir bereits den ganzen Arm bewegen. Dadurch wird es schwieriger, diese Kurven glatt zu zeichnen. Daher haben Designer schon lange vor dem Computerzeitalter mechanische Hilfen erfunden, die das Zeichnen von langen glatten Kurven erlauben. Solche Hilfsmittel wurden als *Splines* bezeichnet. Sie waren oft dünne biegsame Stäbe aus Holz oder Metall, deren Form durch einige wenige fixierte Punkte bestimmt wurde (Abb. 8.2a).

Freiformkurven in CAD-Paketen imitieren diesen Zugang: Bézier-, B-Spline- und NURBS-Kurven werden über wenige *Kontrollpunkte* gesteuert, die zu einem *Kontrollpolygon* verbunden sind (Abb. 8.2b). Zu den Kontrollpunkten wird dann nach einem geometrischen Algorithmus automatisch eine glatte Kurve berechnet. Die Bezeichnung *Kontrollpolygon* verdeutlicht, dass wir damit die Gestalt der Kurve kontrollieren können. Verändern wir die Gestalt des Kontrollpolygons, so verändert sich auch die Gestalt der davon abhängigen Freiformkurve (Abb. 8.2b).

Wir bemerken, dass es deutlich effizienter ist, die Lage einiger weniger Kontrollpunkte festzulegen und dann einen Algorithmus dazu eine glatte Kurve berechnen zu lassen, als hunderte oder tausende von Kurvenpunkten einzeln zu manipulieren. Falls wir im Nachhinein die Gestalt der Kurve verändern möchten, ist es auch wesentlich einfacher, die Position weniger Kontrollpunkte zu modifizieren, als manuell hunderte

Abb. 8.2
Spline-Werkzeuge, wie sie von Designern verwendet werden.
(a) Traditionell (manuell), wobei physische Gewichte zur Formkontrolle verwendet werden.
(b) Modern (digital), wobei die Form der Freiformkurve durch einige wenige Kontrollpunkte gesteuert wird.

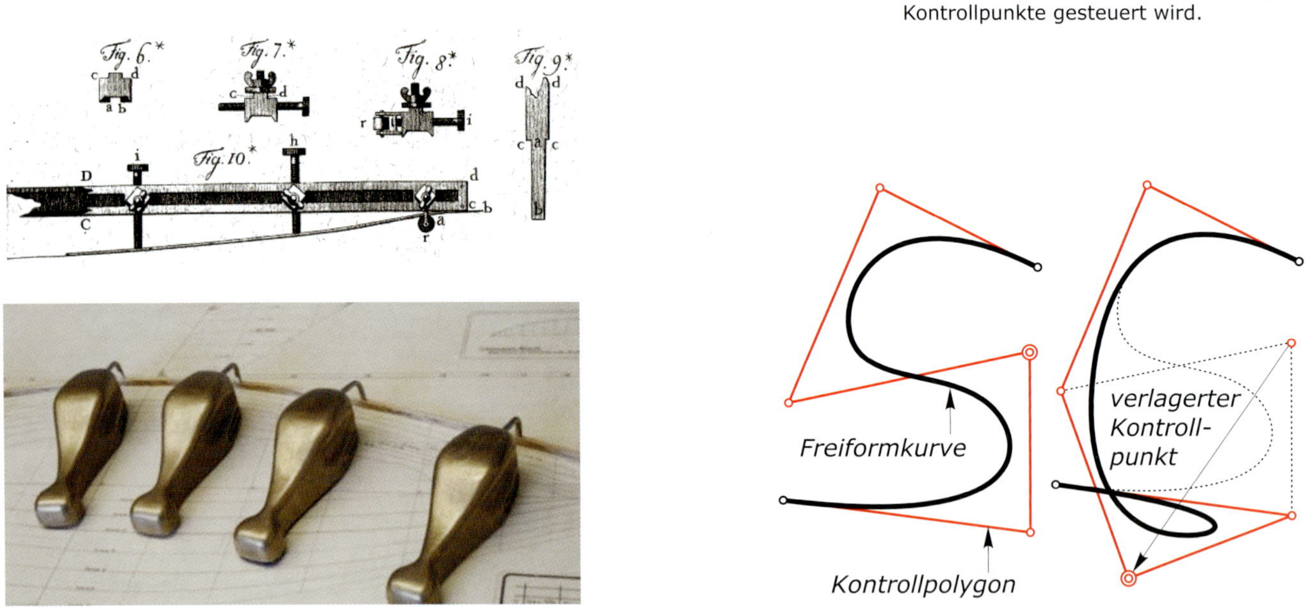

von Kurvenpunkten zu verlagern. Es gibt zwei vom Prinzip her leicht unterschiedliche Zugänge zum interaktiven Design von Kurven mittels Kontrollpunkten:

- *Interpolation*: Wir definieren eine geordnete Folge von Kontrollpunkten (und möglicherweise zugehörige Tangentenrichtungen) und suchen eine Kurve, die exakt durch diese Punkte verläuft, d.h. sie „interpoliert".
- *Approximation*: Wir definieren die grobe Kurvengestalt über das zugehörige Kontrollpolygon und fragen nach einer Kurve, die diese Gestalt annähert, d.h. sie „approximiert".

Interpolation. Der Designer definiert einige wenige Punkte, und ein Algorithmus berechnet automatisch eine Kurve, die exakt durch diese Punkte verläuft (d.h. sie „interpoliert"). Weil es unendliche viele interpolierende Kurven durch eine gegebene Punktfolge gibt (Abb. 8.3), müssen wir zusätzliche Vorgaben machen. Um dem Computer genauer zu sagen, welche Kurvengestalt wir anstreben, geben wir zusätzlich Kurventangenten in den zu interpolierenden Punkten an. Die Kurve in Abbildung 8.4a wurde durch fünf Interpolationspunkte (1, 3, 5, 7, 9) und fünf weitere Punkte (2, 4, 6, 8, 10) für die Tangentenrichtungen (also insgesamt 10 Mausklicks) festgelegt. Normalerweise ist die Reihenfolge, in der diese Punkte eingegeben werden, die folgende: Kurvenpunkt, Tangentenpunkt, Kurvenpunkt, Tangentenpunkt und so weiter. Wir bemerken, dass es trotzdem noch immer viele Möglichkeiten gibt, zu Punkten und Tangenten eine interpolierende Kurve zu berechnen.

Abb. 8.3
Verschiedene Freiformkurven, die dieselben fünf Punkte interpolieren.

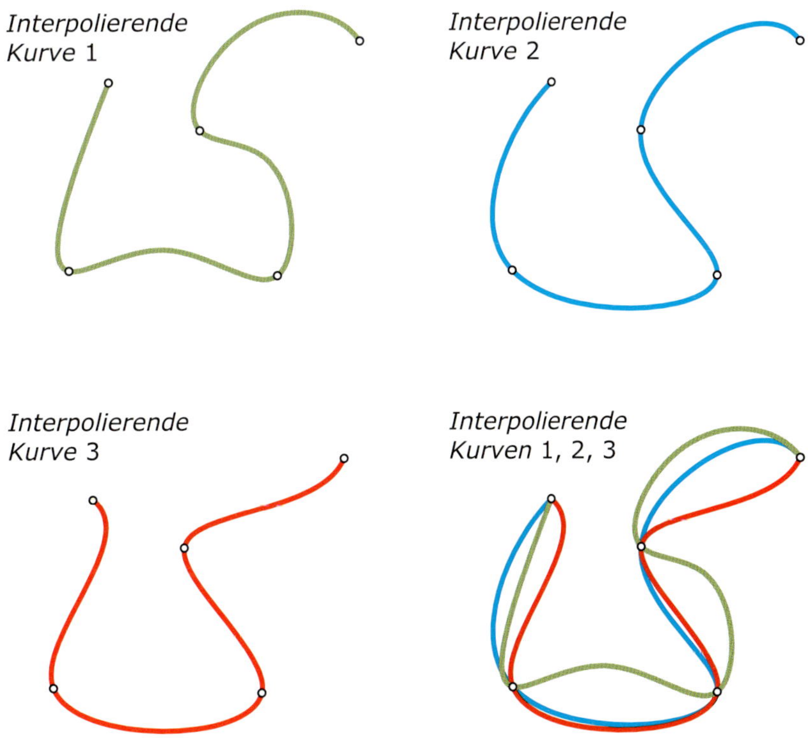

Approximation. In diesem Fall definiert ein Designer ein Kontrollpolygon, und ein Algorithmus berechnet dann eine glatte Freiformkurve, welche die Gestalt des Kontrollpolygons im Groben annähert. In Abbildung 8.4b zeigen wir eine Kurve, die ein Kontrollpolygon mit 10 Kontrollpunkten approximiert. Wir erkennen, dass nur der erste und der letzte Kontrollpunkt von der Kurve interpoliert werden.

Mit Hilfe von Interpolation und Approximation ist es möglich, ähnliche (oder sogar identische) Formen zu erzeugen. Abhängig vom Ziel wird entweder der eine oder der andere Zugang bevorzugt. Wir bemerken, dass ein bloßes Aufzeichnen der Bahnkurve eines Eingabegerätes (z.B. der Computermaus) für das Zeichnen von Freiformkurven nicht empfehlenswert ist. Abbildung 8.4c illustriert das Ergebnis eines bloßen „Aufzeichnens“ als eine Folge von verbundenen Datenpunkten. Auch wenn die grobe Gestalt der Kurve den beiden vorigen Ergebnissen ähnlich ist, erhalten wir doch eine deutlich weniger glatte Kurve.

(a)
Interpolierende Kurve mit vorgegebenen Tangentenrichtungen

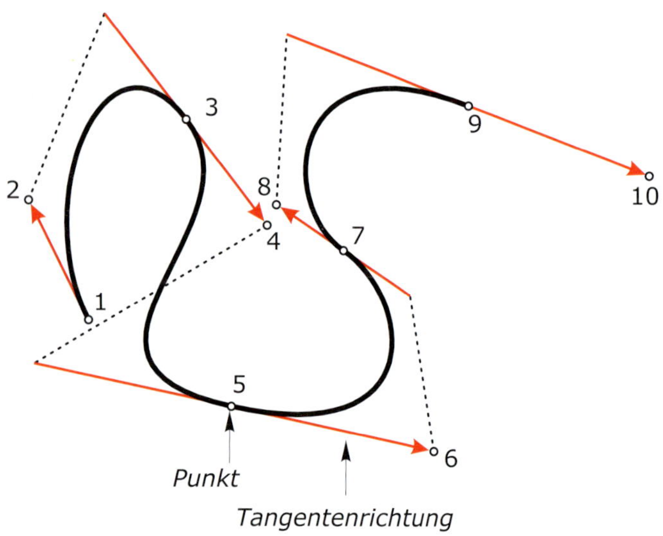

Abb. 8.4
Vergleich von Freiformkurven ähnlicher Form, die mit drei verschiedenen Methoden konstruiert wurden.
(a) Die erste Kurve wurde durch fünf Punkte und fünf Tangentenrichtungen bestimmt, die von der Kurve interpoliert werden.
(b) Die zweite Kurve approximiert ein Kontrollpolygon mit 10 Kontrollpunkten und erzeugt eine ähnliche Form.
(c) Die dritte Kurve ist das Ergebnis der Spuraufzeichnung einer Computermaus während eines ebenen Bewegungsvorgangs. Diese Kurve ist nicht glatt, und das Ergebnis ist wenig zufrieden stellend.

(b)
Approximierende Kurve

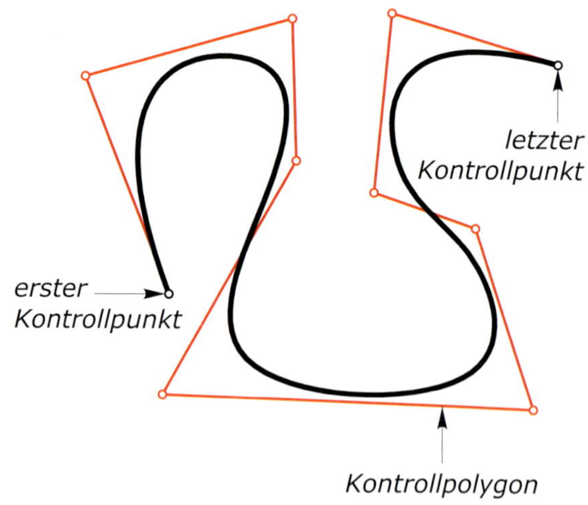

(c)
Freihand-Kurve

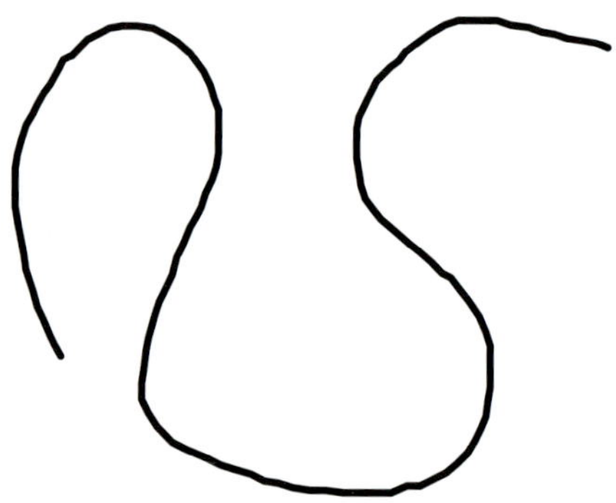

Bézier-Kurven

Wie bereits oben erwähnt, gehören Bézier-Kurven zu den am häufigsten verwendeten Freiformkurven. Sie besitzen eine intuitive geometrische Konstruktion mit dem *Algorithmus von de Casteljau*, der auf wiederholter *linearer Interpolation* basiert. Lineare Interpolation wird im Anhang erklärt. Sie ist grundlegend für die Erzeugung von vielen Freiformkurven, die wir in diesem Buch besprechen. Durch die Angabe eines Kontrollpolygons sind Bézier-Kurven vollständig definiert. In Abbildung 8.5 illustrieren wir drei verschiedene Bézier-Kurven samt ihren Kontrollpolygonen. Zur Erinnerung an Pierre Bézier, einer der Erfinder der Bézier-Kurven, bezeichnen wir die Kontrollpunkte mit dem Buchstaben B.

Geschichte:

Entdeckung der Bézier-Kurven. Ab den 1950er Jahren wurden in den Designabteilungen der Automobil- und Flugzeugindustrie komplexere Freiformkurven als Parabeln (oder den anderen Kegelschnitten Kreis, Ellipse und Hyperbel) benötigt. Im Jahr 1959 hat der Franzose Paul de Casteljau (für Citroën) die *Fadenkonstruktion der Parabel* zu einem Algorithmus verallgemeinert, der heute unter dem Namen *Algorithmus von de Casteljau* bekannt ist. Seine Idee kann wie folgt beschrieben werden: Statt mit drei Kontrollpunkten B_0, B_1 und B_2 (wie im Fall der Parabel) beginnen wir mit n Kontrollpunkten $B_0, B_1, \ldots, B_n$. Auf dieses Kontrollpolygon wenden wir eine geometrische Konstruktion an, die mit wiederholter linearer Interpolation einen Kurvenpunkt erzeugt. Durch Variieren des Parameters t erhalten wir die gesamte *Bézier-Kurve*, benannt nach ihrem Miterfinder Pierre Bézier – der diese Kurven 1962 bei Renault unabhängig von de Casteljau gefunden hat. Ihm wurde früher als Paul de Casteljau erlaubt, seine „streng geheimen“ Erkenntnisse zu publizieren – der Grund, warum diese Kurven heute als *Bézier-Kurven* bekannt sind.

Abb. 8.5
Drei verschiedene Bézier-Kurven mit vier, fünf bzw. sechs Kontrollpunkten.

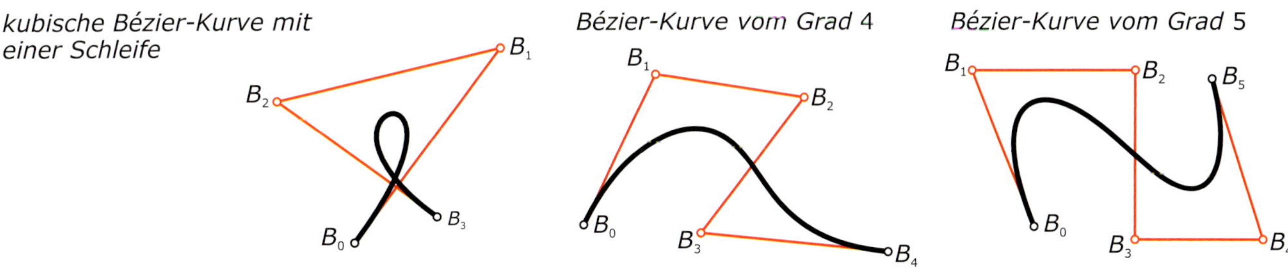

Algorithmus von de Casteljau. Wir illustrieren den Algorithmus von de Casteljau (Abb. 8.6) anhand einer Bézier-Kurve mit vier Kontrollpunkten B_0, B_1, B_2 und B_3; die Ortsvektoren der Punkte heißen $\mathbf{b}_0$, $\mathbf{b}_1$, $\mathbf{b}_2$ und $\mathbf{b}_3$. Diese vier Kontrollpunkte können in einer Ebene oder im 3-D-Raum liegen. Im ersteren Fall erhalten wir eine *ebene* Bézier-Kurve, im letzteren eine *räumliche* Bézier-Kurve. Wir bezeichnen mit t einen Parameter im Intervall $[0,1]$.

Schritt 1. Im ersten Schritt wenden wir eine lineare Interpolation nacheinander auf Paare benachbarter Kontrollpunkte an, um drei neue Punkte $B_0^1(t)$, $B_1^1(t)$ und $B_2^1(t)$ auf den Seiten des Kontrollpolygons zu erhalten (wir rechnen mit den Ortsvektoren).

$$\mathbf{b}_0^1(t) = (1 - t) \cdot \mathbf{b}_0 + t \cdot \mathbf{b}_1$$

$$\mathbf{b}_1^1(t) = (1 - t) \cdot \mathbf{b}_1 + t \cdot \mathbf{b}_2$$

$$\mathbf{b}_2^1(t) = (1 - t) \cdot \mathbf{b}_2 + t \cdot \mathbf{b}_3$$

Schritt 2. Wir wenden erneut die lineare Interpolation (zum selben Parameter t) auf die im Schritt 1 erzeugte Punktfolge an, um zwei neue Punkte $B_0^2(t)$ und $B_1^2(t)$ mit den folgenden Ortsvektoren zu erhalten.

$$\mathbf{b}_0^2(t) = (1 - t) \cdot \mathbf{b}_0^1(t) + t \cdot \mathbf{b}_1^1(t)$$

$$\mathbf{b}_1^2(t) = (1 - t) \cdot \mathbf{b}_1^1(t) + t \cdot \mathbf{b}_2^1(t)$$

Schritt 3. Lineare Interpolation mit den beiden zuletzt gewonnenen Punkten liefert uns den Kurvenpunkt $B(t)$ mit dem Ortsvektor $\mathbf{b}(\mathrm{t})$.

$$\mathbf{b}(t) = (1 - t) \cdot \mathbf{b}_0^2(t) + t \cdot \mathbf{b}_1^2(t).$$

Um die gesamte Bézier-Kurve zwischen B_0 und B_3 zu erhalten, wiederholen wir diese Konstruktion für alle Parameterwerte t im Intervall $[0,1]$. Da $\mathbf{b}(0) = B_0$ und $\mathbf{b}(1) = B_3$ gilt, verläuft eine Bézier-Kurve durch den ersten und letzten Kontrollpunkt (Abb. 8.6). Wir formen nun die Gleichung aus Schritt 3 so um, dass sie nur mehr die Ortsvektoren der Kontrollpunkte enthält (die bei der Konstruktion verwendeten Zwischenpunkte fallen weg).

$$\mathbf{b}(t) = (1 - t)^3 \cdot \mathbf{b}_0 + 3 \cdot (1 - t)^2 \cdot t \cdot \mathbf{b}_1 + 3 \cdot (1 - t) \cdot t^2 \cdot \mathbf{b}_2 + t^3 \cdot \mathbf{b}_3.$$

Wir bemerken, dass der Grad des Parameters t höchstens 3 ist. Daher sprechen wir auch von einer *Bézier-Kurve vom Grad 3* oder von einer *kubischen Bézier-Kurve*. Wir sehen, dass wiederholte lineare Interpolation das folgende Schema von Punkten erzeugt.

$$\begin{array}{llll} B_0 & & & \\ B_1 & B_0^1(t) & & \\ B_2 & B_1^1(t) & B_0^2(t) & \\ B_3 & B_2^1(t) & B_1^2(t) & B(t) \end{array}$$

Bemerkung. Um einen Punkt einer Bézier-Kurve mit n Kontrollpunkten zu erzeugen, müssen wir im Algorithmus von de Casteljau $n - 1$ Schritte durchlaufen.

Tangenten von Bézier-Kurven. Der Algorithmus von de Casteljau liefert auch die Kurventangente im Punkt $B(t)$ (Abb. 8.6). Sie ist durch die Gerade $[B_0^2(t), B_1^2(t)]$ bestimmt. Von speziellem Interesse ist, dass für $t = 0$ die Gerade $[B_0, B_1]$ die Kurventangente im ersten Kontrollpunkt B_0 ist, und analog für $t = 1$ die Gerade $[B_2, B_3]$ die Tangente im letzten Kontrollpunkt B_3. Um uns von dieser Tatsache zu überzeugen, brauchen wir nur den Algorithmus von de Casteljau für $t = 0$ und $t = 1$ anzuwenden und erhalten $[B_0^2(0), B_1^2(0)] = [B_0, B_1]$ sowie $[B_0^2(1), B_1^2(1)] = [B_2, B_3]$.

Mathematik:

Berechnung der Kurventangenten. Wir beweisen die Tangenteneigenschaft durch eine Rechnung. Aus der Differentialrechnung wissen wir, dass der Tangentenvektor einer Kurve durch den ersten Ableitungsvektor bestimmt ist (Kapitel 7). Damit finden wir den ersten Ableitungsvektor der Bézier-Kurve

$$\mathbf{b}(t) = (1-t)^3 \cdot \mathbf{b}_0 + 3 \cdot (1-t)^2 \cdot t \cdot \mathbf{b}_1 + 3 \cdot (1-t) \cdot t^2 \cdot \mathbf{b}_2 + t^3 \cdot \mathbf{b}_3$$

als

$$\mathbf{b}(t)' = 3 \cdot [-(1-t)^2 \cdot \mathbf{b}_0 + (-2 \cdot (1-t) \cdot t + (1-t^2))\mathbf{b}_1 + (-t^2 + 2 \cdot (1-t) \cdot t) \cdot \mathbf{b}_2 + t^2 \cdot \mathbf{b}_3].$$

Wir berechnen nun den Vektor $\mathbf{b}_1^2(t) - \mathbf{b}_0^2(t)$ und erhalten folgenden Zusammenhang zum Tangentenvektor $\mathbf{b}(t)'$:

$$\mathbf{b}_1^2(t) - \mathbf{b}_0^2(t) = 1/3 \cdot \mathbf{b}(t)'.$$

Daher ist die Gerade $[B_0^2(t), B_1^2(t)]$ tatsächlich die Kurventangente im Punkt $B(t)$.

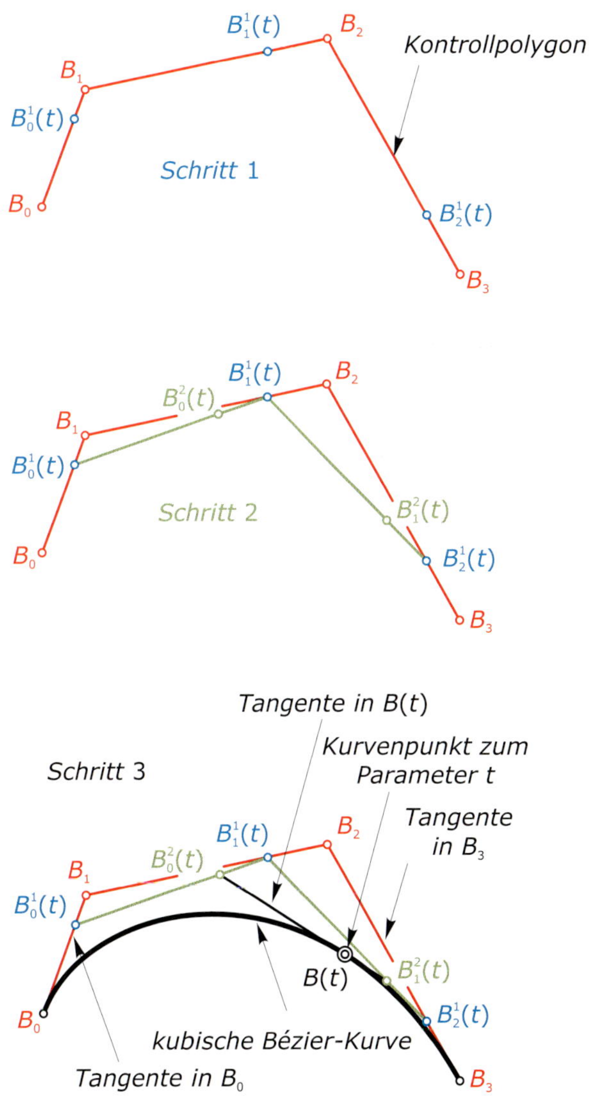

Abb. 8.6
Illustration des Algorithmus von de Casteljau anhand einer kubischen Bézier-Kurve.

Die Bedeutung der vier Kontrollpunkte. Für eine kubische Bézier-Kurve ist die Bedeutung der vier Kontrollpunkte klar (Abb. 8.7). Der erste und der letzte Kontrollpunkt B_0 und B_3 sind die beiden Endpunkte der Kurve. Die beiden mittleren Kontrollpunkte B_1 und B_2 „kontrollieren" die Tangenten in den Endpunkten. Weiters gilt für eine räumliche Bézier-Kurve, dass die ersten drei Kontrollpunkte B_0, B_1 und B_2 die *Schmiegebene* (siehe Kapitel 7) im ersten Kontrollpunkt B_0 aufspannen. Die letzten drei Kontrollpunkte B_1, B_2 und B_3 spannen die Schmiegebene im letzten Kontrollpunkt B_3 auf.

Unterteilung von Bézier-Kurven. Der Algorithmus von de Casteljau „unterteilt" eine Bézier-Kurve in zwei Bézier-Kurven mit den Kontrollpolygonen $C_0, \ldots, C_n$ und $D_0, \ldots, D_n$ (Abb. 8.8a). Wiederholen wir den Algorithmus für die neuen Kontrollpolygone, und iterieren wir das Verfahren, dann erhalten wir ein verfeinertes Polygon, das eine gute Näherung der Bézier-Kurve darstellt (Abb. 8.8b). Dieser Prozess wird auch als *Ecken abschneiden* bezeichnet. Das Abschneiden von Ecken ist eine grundlegende Idee, um aus einer groben Form durch Verfeinerung eine glatte Kurve zu erzeugen. In diesem Kapitel diskutieren wir die Unterteilungsalgorithmen von Chaikin und Lane-Riesenfeld, in Kapitel 11 betrachten wir dann die Unterteilungsalgorithmen von Doo-Sabin und Catmull-Clark.

Schleifen und Spitzen. Kubische Bézier-Kurven sind bereits flexibel genug, um Kurven mit genau einer Schleife oder mit genau einer Spitze zu entwerfen. Eine *Schleife* kann gezeichnet werden, indem die Kontrollpunkte annähernd so positioniert werden, wie in Abbildung 8.5 gezeigt. Eine *Spitze* ist ein Kurvenpunkt, in dem die Kurventangente nicht definiert ist (d.h., der erste Ableitungsvektor verschwindet). Für kubische Bézier-Kurven wissen wir, dass der erste Ableitungsvektor $\mathbf{b}(t)'$ in einem Kurvenpunkt $B(t)$ genau dann verschwindet, wenn der Vektor $B_1^2(t) - B_0^2(t) = 0$ [d.h., wenn die Punkte $B_1^2(t)$ und $B_0^2(t)$ zusammenfallen].

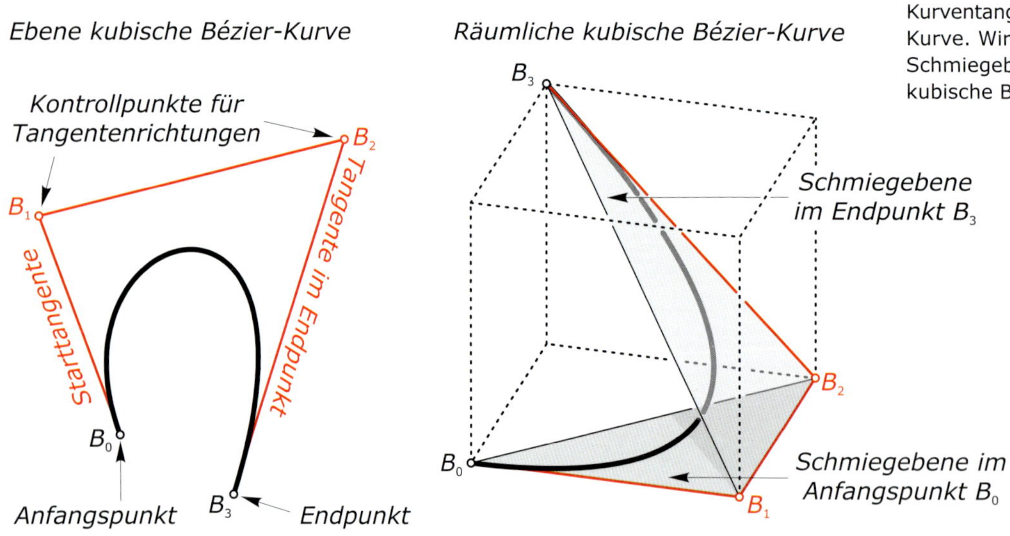

Abb. 8.7
Die Bedeutung der vier Kontrollpunkte einer kubischen Bézier-Kurve. Der erste und letzte Kontrollpunkt sind die Endpunkte der Kurve. Die beiden mittleren Kontrollpunkte bestimmen die Kurventangenten in den Endpunkten der Kurve. Wir illustrieren auch Schmiegebenen für eine räumliche kubische Bézier-Kurve.

Auf den ersten Blick scheint es einfach zu sein, eine Spitze zu entwerfen. Wenn wir jedoch die Kurve näher betrachten, sehen wir oft, dass es sich nur um eine Ausbuchtung oder Schleife handelt und nicht um eine echte Spitze. Ein einfacher Weg zu einer echten Spitze ist die Anordnung der Kontrollpunkte in den Ecken eines Rechtecks (Abb. 8.9). Damit ist garantiert, dass der Kurvenpunkt $B(½)$ wirklich eine Spitze ist.

Bézier-Kurven besitzen mehrere nützliche Eigenschaften, von denen wir die *konvexe Hülle* und die *affine Invarianz* ausführlicher diskutieren. Das Konzept des konvexen Bereichs haben wir bereits in Kapitel 3 kennen gelernt. Die konvexe Hülle ist ein spezieller konvexer Bereich, der im Folgenden erklärt wird.

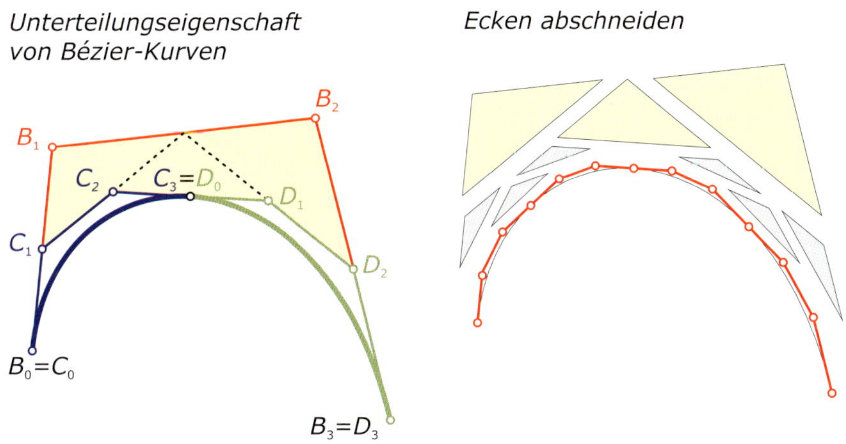

Abb. 8.8
(a) Der Algorithmus von de Casteljau unterteilt eine kubische Bézier-Kurve mit Kontrollpolygon B_0, …, B_3 in zwei Bézier-Kurven zu den Kontrollpolygonen C_0, C_1, C_2 und C_3 sowie D_0, D_1, D_2 und D_3.
(b) Nach zwei Unterteilungsschritten ist das verfeinerte Kontrollpolygon bereits eine gute Näherung der Bézier-Kurve.

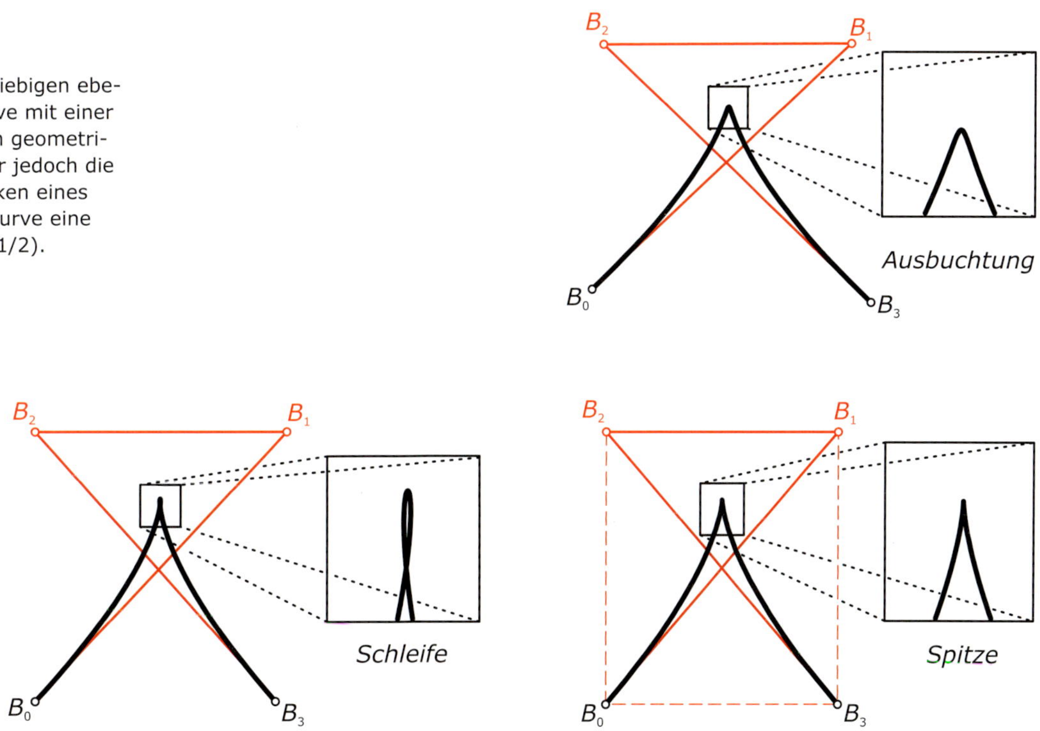

Abb. 8.9
Die Konstruktion einer beliebigen ebenen kubischen Bézier-Kurve mit einer Spitze erfordert einiges an geometrischem Wissen. Wählen wir jedoch die vier Kontrollpunkte als Ecken eines Rechtecks, dann hat die Kurve eine Spitze im Kurvenpunkt $B(1/2)$.

Konvexe-Hülle-Eigenschaft von Bézier-Kurven. Bézier-Kurven besitzen die Eigenschaft, dass sie immer zur Gänze in der *konvexen Hülle ihrer Kontrollpunkte* (Abb. 8.11) enthalten sind. Diese Eigenschaft folgt unmittelbar aus der Konstruktion mit dem Algorithmus von de Casteljau (wiederholte lineare Interpolation mit einem Parameter t in $[0,1]$ erzeugt keine Punkte außerhalb der konvexen Hülle der Kontrollpunkte). Die Tatsache, dass das Kontrollpolygon bereits jenen Bereich definiert, in dem die Bézier-Kurve liegt, ist wichtig für Designzwecke. Ein spezieller Fall der Konvexe-Hülle-Eigenschaft ist die so genannte *lineare Präzision* von Bézier-Kurven. Sind die Kontrollpunkte einer Bézier-Kurve in einer Geraden enthalten, dann ist auch die Bézier-Kurve selbst Teil dieser Geraden.

Mathematik:

Konvexe Hülle. Die konvexe Hülle einer ebenen Punktmenge erhalten wir intuitiv wie folgt: Wir stellen uns die Punkte als Nägel in einem Holzbrett vor. Dann legen wir ein Gummiband um alle Nägel und lassen es los. Die Form des eng anliegenden Gummibandes liefert uns die konvexe Hülle der Punktmenge (Abb. 8.10a). Die konvexe Hülle einer ebenen Punktmenge ist ein konvexes Polygon, und die konvexe Hülle einer räumlichen Punktmenge ist ein konvexes Polyeder (Abb. 8.10b). Es kann gezeigt werden, dass die konvexe Hülle der Rand des kleinsten konvexen Bereichs ist, der eine gegebene Punktmenge zur Gänze enthält.

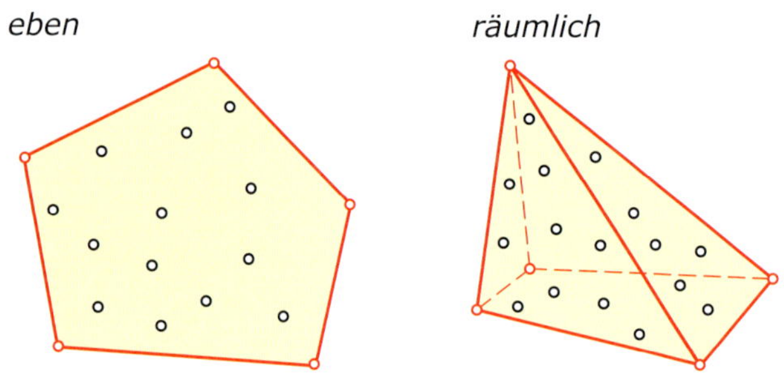

Abb. 8.10
Die konvexe Hülle von
(a) ebenen und
(b) räumlichen Punktmengen.

Abb. 8.11
Bézier-Kurven sind in der konvexen Hülle ihrer Kontrollpunkte enthalten. Für eine räumliche Kurve ist die konvexe Hülle ein konvexes Polyeder. Eines der Beispiele illustriert den Spezialfall der linearen Präzision: Liegen alle Kontrollpunkte auf derselben Geraden, so ist die Bézier-Kurve zur Gänze in dieser Geraden enthalten.

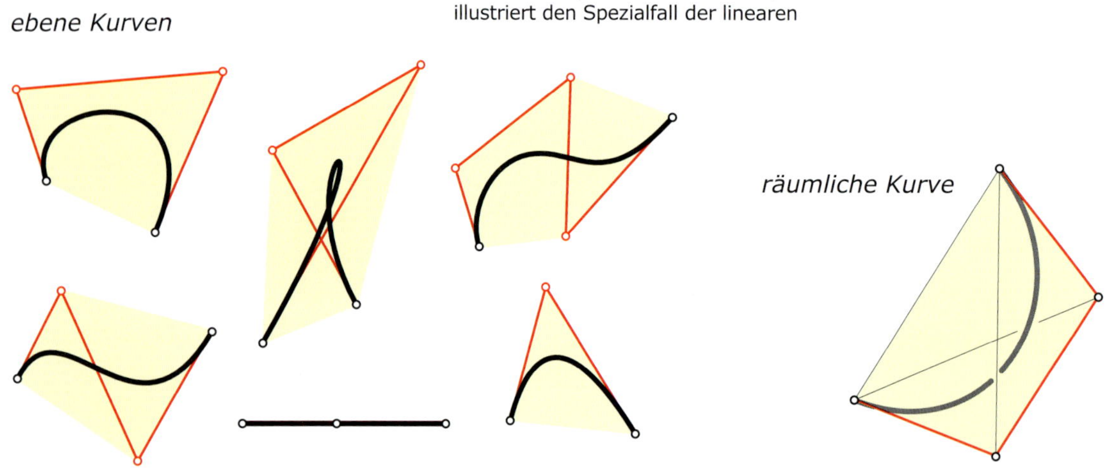

Parabelbögen sind quadratische Bézier-Kurven. Wir erinnern uns an die Fadenkonstruktion der Parabel in Kapitel 7. Diese ist ein Spezialfall des Algorithmus von de Casteljau für drei Kontrollpunkte. Daher sind Parabelbögen quadratische Bézier-Kurven. Mit wenig Aufwand können wir einfache Formen erzeugen, die durch quadratische Bézier-Kurven begrenzt werden (Abb. 8.13a). Quadratische und kubische Bézier-Kurven werden auch verwendet, um TrueType- und Postscript-Schriftarten (Abb. 8.13b) zu definieren, und sie gehören zu den Standardwerkzeugen in vielen Softwarepaketen.

Mathematik:

Affine Invarianz. Eine Bézier-Kurve ist affin invariant mit ihrem Kontrollpolygon verbunden. Beispiele affiner Abbildungen inkludieren Schiebungen, Drehungen, Ähnlichkeiten und Parallelprojektionen (Kapitel 6). Affine Invarianz von Bézier-Kurven heißt, dass das affine Bild einer Bézier-Kurve mit jener Bézier-Kurve übereinstimmt, welche wir zum affinen Bild ihres Kontrollpolygons erhalten (Abb. 8.12). Wir beachten, dass eine Zentralprojektion nicht erlaubt ist, da diese keine affine Abbildung ist.

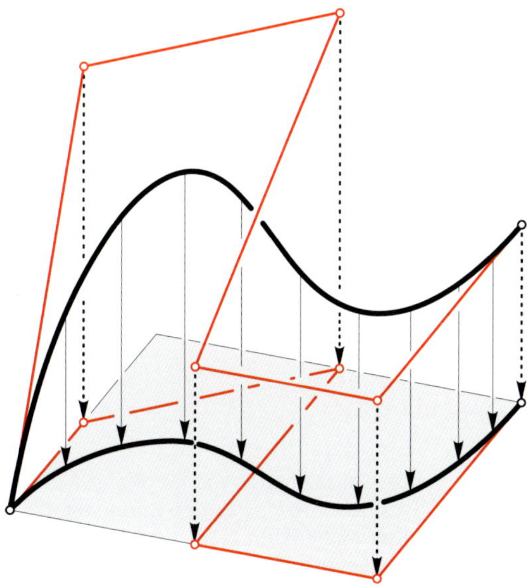

Abb. 8.12
Eine räumliche Bézier-Kurve und ihr Parallelriss illustrieren die Eigenschaft der affinen Invarianz zwischen der Kurve und ihrem Kontrollpolygon.

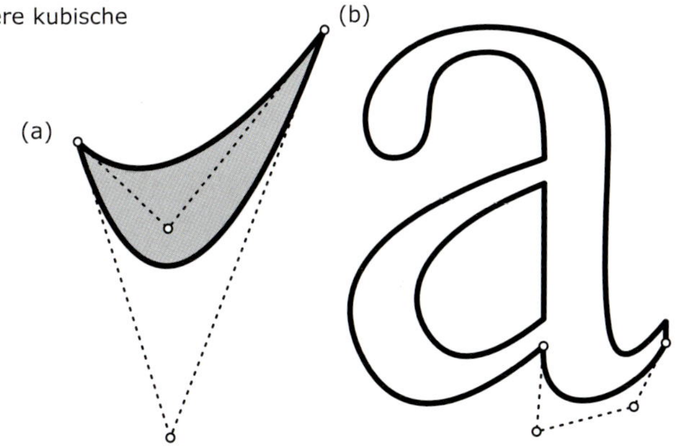

Abb. 8.13
(a) Eine einfache Form berandet durch zwei quadratische Bézier-Kurven.

(b) Der Buchstabe a einer Postscript-Schrift wird durch mehrere kubische Bézier-Kurven berandet.

Beispiel:

Design eines Parabelbogens zu gegebener Achsenrichtung und Scheitel. Um die statischen Eigenschaften eines Parabelbogens vorteilhaft zu nutzen ist es wichtig, die Achsen- und Scheitelposition zu kennen. Im architektonischen Design werden üblicherweise Parabelbögen mit vertikaler Achsenrichtung verwendet. Wenn wir drei Kontrollpunkte B_0, B_1 und B_2 als Ecken eines gleichschenkligen Dreiecks mit Basis B_0B_2 wählen, dann ist die Achsenrichtung der Parabel durch jene Gerade gegeben, die B_1 und den Mittelpunkt M von B_0 und B_2 verbindet (Abb. 8.14a).

Der Scheitel einer Parabel ist der einzige Parabelpunkt auf der Achse. Wegen der symmetrischen Aufstellung finden wir den Scheitel (mit dem Algorithmus von de Casteljau) als Kurvenpunkt zum Parameter $t = 1/2$. Wir bemerken, dass die Unterteilungseigenschaft des Algorithmus von de Casteljau (für $t = 1/2$) den größeren Bogen in zwei Parabelbögen teilt, deren gemeinsamer Punkt der Parabelscheitel ist.

Aus der vorigen Konstruktion lernen wir eine einfache Methode, einen Parabelbogen zu gegebenem Scheitel S und Achse a zu konstruieren (Abb. 8.14b). Wir nehmen den Scheitel S als den ersten Kontrollpunkt B_0. Dann zeichnen wir eine Gerade g durch den Scheitel S normal zur Achse a. Nun wählen wir einen beliebigen Punkt B_1 auf g. Dann ist $g = [B_0,B_1]$ die Scheiteltangente. Spiegeln wir nun den Punkt B_0 an B_1, erhalten wir einen Hilfspunkt P auf g. Schlussendlich wählen wir den dritten Kontrollpunkt B_2 beliebig auf jener Geraden durch P, die parallel zur Achse a verläuft. Das liefert uns den Parabelbogen mit Scheitel S, Achse a und Kontrollpunkten $B_0 = S$, B_1, B_2. Durch Spiegeln dieses Bogens an a erhalten wir einen symmetrisch liegenden Parabelbogen mit demselben Scheitel S und derselben Achse a.

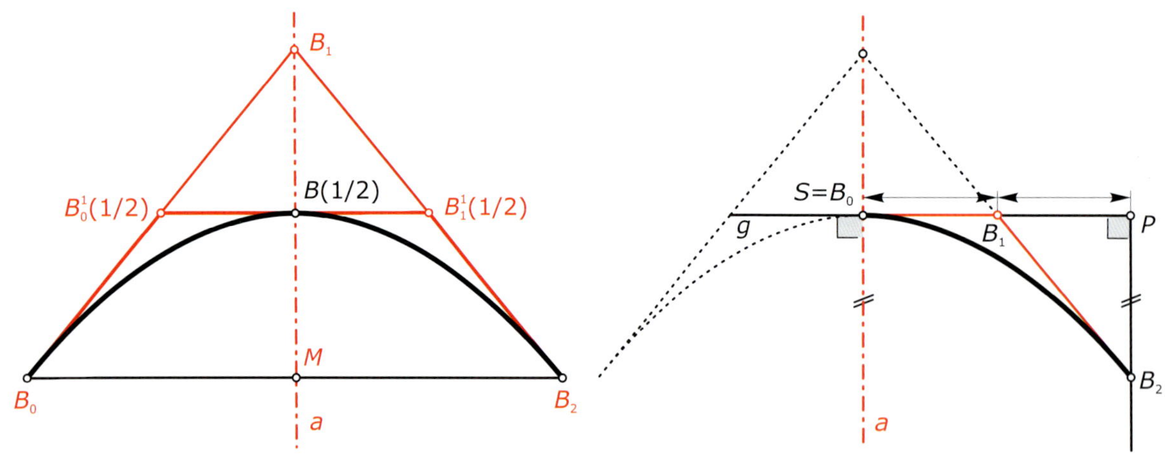

Abb. 8.14
(a) Parabelbogen mit vertikaler Achse a als quadratische Bézier-Kurve mit Kontrollpunkten B_0, B_1 und B_2. Wegen der Unterteilungseigenschaft wird der große Bogen in zwei Parabelbögen geteilt, die im Scheitel $S = B(1/2)$ zusammenhängen.
(b) Konstruktion eines Parabelbogens zu gegebenem Scheitel S und Achse a.

Einschränkungen von Bézier-Kurven. Bézier-Kurven sind durch ihre Kontrollpunkte vollständig festgelegt. Eine Bézier-Kurve mit $n + 1$ Kontrollpunkten hat den Grad n (das ist der Grad der Polynome, die in der mathematischen Beschreibung vorkommen). Dies führt zu den folgenden beiden Einschränkungen von Bézier-Kurven.

- Eine Bézier-Kurve mit einer großen Anzahl von Kontrollpunkten ist für Designzwecke unbrauchbar. Der Grund dafür ist, dass mit einem hohen Grad der Kurve ihre Form immer weniger der Form ihres Kontrollpolygons entspricht (Abb. 8.15a).
- Die Kontrollpunkte haben *globale* Kontrolle über die Form der Kurve. Das bedeutet, mit jedem Hinzufügen eines neuen Kontrollpunktes oder durch Verlagern bereits eines einzigen Kontrollpunktes verändert sich die gesamte (globale) Form der Kurve. Dieser Effekt (Abb. 8.15b) ist für Designzwecke unerwünscht. Wenn wir mit der Form der Kurve in einem Teilbereich zufrieden sind, sollte sich die Form dort nicht mehr ändern, auch wenn in einem anderen Kurvenabschnitt der eine oder andere Kontrollpunkt geringfügig verlagert wird.

Abb. 8.15
(a) Eine Bézier-Kurve hohen Grades entfernt sich zu stark von ihrem Kontrollpolygon.
(b) Verlagern eines einzelnen Kontrollpunktes einer Bézier-Kurve verändert die gesamte Kurvenform.

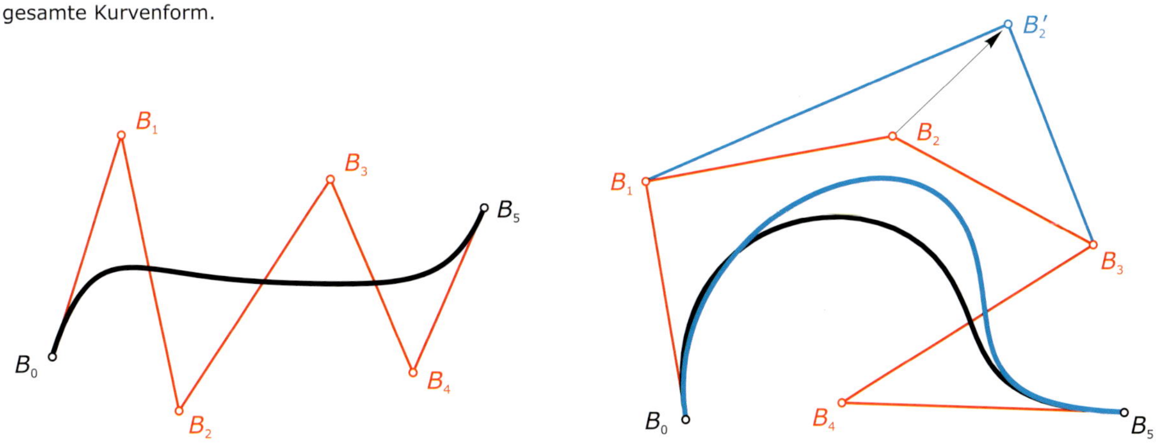

Beispiel:

Stückweise Bézier-Kurven. Zur Konstruktion von längeren Freiformkurven können wir mehrere Bézier-Kurven von niedrigem Grad (2 oder 3) zusammenhängen. An den Verknüpfungspunkten verlangen wir, dass die beiden einander treffenden Kurvenstücke dieselbe *Tangente* (das Beste, was wir für quadratische Bézier-Kurven erreichen können) und dieselbe *Krümmung* (falls wir kubische oder Bézier-Kurven höheren Grades verwenden) besitzen.

Für eine stückweise quadratische Bézier-Kurve können wir den ersten Parabelbogen ohne Einschränkungen wählen. Für alle weiteren anzuhängenden Parabelbögen gilt die Nebenbedingung, dass wir nur mehr einen Kontrollpunkt frei wählen können, da die gewünschte Tangentenstetigkeit zum vorigen Bogen bereits die Position der beiden anderen Kontrollpunkte festlegt (Abb. 8.16a).

Für stückweise kubische Bézier-Kurven wird dies noch schwieriger. Wir wissen bereits, worauf wir achten müssen, damit benachbarte Kurvenstücke dieselbe Tangente im Verknüpfungspunkt besitzen (Abb. 8.16b). Wie müssen wir jedoch die Kontrollpunkte wählen, damit benachbarte Kurvenstücke im Verknüpfungspunkt auch dieselbe Krümmung besitzen? Um solche Einschränkungen von Bézier-Kurven und stückweisen Bézier-Kurven zu beseitigen, haben Wissenschafter B-Spline-Kurven erfunden (mit denen wir uns im nächsten Abschnitt befassen).

Abb. 8.16
Stückweise
(a) quadratische und
(b) kubische Bézier-Kurven mit stetigen Tangenten. Die quadratischen und kubischen Teilkurven sind verschiedenfärbig gekennzeichnet.

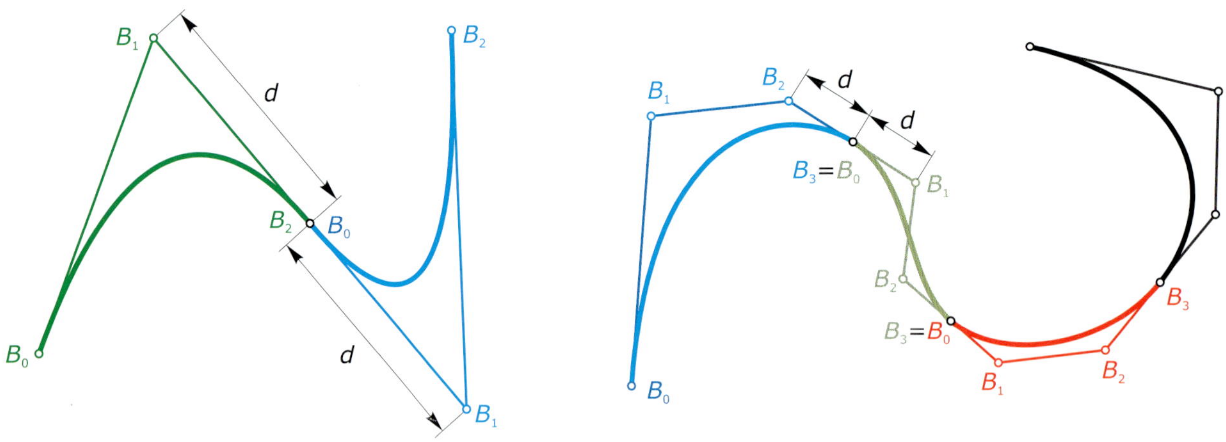

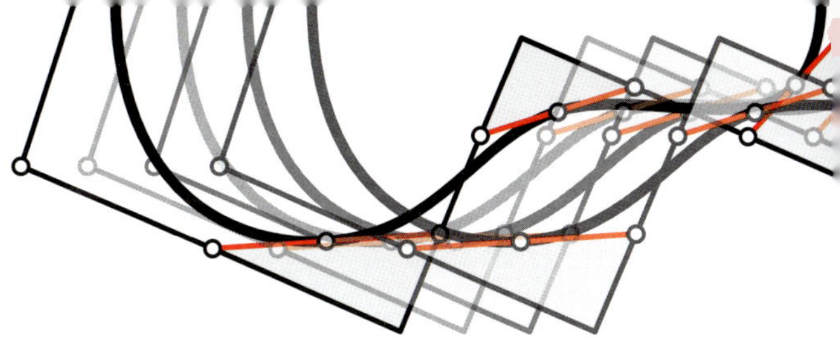

B-Spline-Kurven

B-Spline-Kurven sind Freiformkurven, welche Bézier-Kurven vom selben Grad mit größtmöglicher Glattheit an deren Endpunkten zusammenfügen (d.h., dieselbe Tangente, dieselbe Krümmung [falls möglich] und so weiter). Es ist bemerkenswert, dass B-Spline-Kurven dieses Zusammenhängen von Bézier-Kurven automatisch bewerkstelligen.

Dasselbe Zusammenknüpfen händisch zu erreichen ist viel mühsamer (Abb. 8.16), fehleranfällig und erschwert eine spätere Modifikation der Kurve. Ein weiterer Vorteil (speziell für das Design längerer B-Spline-Kurven) ist, dass B-Spline-Kurven die Form ihres Kontrollpolygons viel besser annähern als Bézier-Kurven. B-Spline-Kurven besitzen dieselben nützlichen Eigenschaften wie Bézier-Kurven, und wir können Letztere als Spezialfälle von B-Spline-Kurven auffassen.

Geschichte:

Spline. Der Begriff *Spline* kommt von einem Werkzeug, das Schiffbauer verwenden, um lange glatte Kurven auf Papier zu zeichnen (Abb. 8.2a). Dieses Werkzeug ist ein dünner, flexibler, hölzerner oder metallener Stab, der in die benötigte Freiformkurvenform gebogen wird. Im geometrischen Modellieren ist eine *Spline-Kurve* eine Kurve, die aus mehreren Kurvensegmenten besteht, die unter Berücksichtigung glatter Übergänge zusammengesetzt werden.

B-Spline. Der Begriff *B-Spline* wurde vom rumänischen Mathematiker Isaac Schoenberg zum ersten Mal verwendet. Dabei steht der Buchstabe B für „Basis." Wir können den Buchstaben B auch als Merkhilfe verwenden, dass eine *B-Spline-Kurve* aus mehreren *Bézier*-Kurven-Segmenten besteht.

Definition einer B-Spline-Kurve. Eine *B-Spline-Kurve* ist definiert durch

- $m + 1$ Kontrollpunkte,
- den Grad n und
- den Knotenvektor.

Die *Kontrollpunkte* bezeichnen wir mit den Buchstaben $D_0, \ldots, D_m$, um sie von den Bézier-Kontrollpunkten zu unterscheiden. Sie werden verwendet, um die grobe Form der Kurve festzulegen.

Der *Grad* (mit dem Symbol n) einer B-Spline-Kurve ist definiert als der Grad der beteiligten Bézier-Kurven, die – geeignet zusammengesetzt – die B-Spline-Kurve bilden. Wir bemerken, dass für eine B-Spline-Kurve alle Bézier-Kurven-Segmente denselben Grad n besitzen (Abb. 8.17).

Der Knotenvektor sammelt die „Knoten" (d.h. Parameterwerte), an denen die einzelnen Bézier-Kurven zusammentreffen. Üblicherweise werden in einer CAD-Software diese Knoten gleichförmig verteilt. B-Spline-Kurven mit gleichförmigen Knoten werden manchmal als *gleichförmige* B-Spline-Kurven bezeichnet, um sie von den *nicht-gleichförmigen* Kurven zu unterscheiden. Für das Design wesentlich sind allerdings nur die zwei intuitiven Designparameter einer B-Spline-Kurve: die Kontrollpunkte und der Grad der Kurve.

Abb. 8.17
Eine B-Spline-Kurve vom Grad $n = 3$ mit $m = 7$ Kontrollpunkten $D_0, \ldots, D_6$ besteht aus vier kubischen Bézier-Kurven-Segmenten.

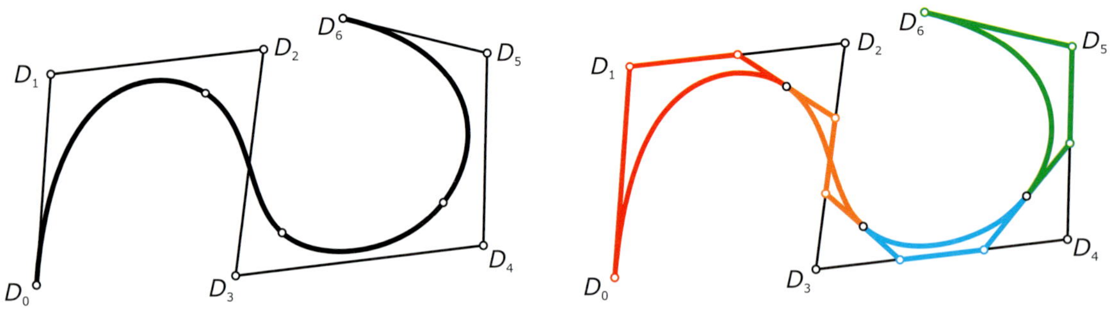

Beispiel:

Der Einfluss des Grades auf eine B-Spline-Kurve. Wir wählen ein festes Kontrollpolygon mit acht Kontrollpunkten und variieren nur den Grad der zugehörigen B-Spline-Kurve (Abb. 8.18).

- *Grad $n=1$.* Eine *lineare* B-Spline-Kurve ist genau das Kontrollpolygon.
- *Grad $n=2$.* Eine *quadratische* B-Spline-Kurve mit acht Kontrollpunkten besteht aus sechs quadratischen Bézier-Kurven-Segmenten.
- *Grad $n=3$.* Eine *kubische* B-Spline-Kurve mit acht Kontrollpunkten besteht aus fünf kubischen Bézier-Kurven-Segmenten.
- *Maximaler Grad $n=7$.* Die B-Spline-Kurve ist eine Bézier-Kurve vom Grad 7. Da wir mindestens ein Kurvensegment wollen, können wir den Grad der B-Spline-Kurve nicht weiter erhöhen.

Im Allgemeinen gilt, dass eine B-Spline-Kurve vom Grad n mit $m+1$ Kontrollpunkten $D_0, D_1, \ldots, D_m$ aus $m+1-n$ Bézier-Kurven-Segmenten vom Grad n zusammengesetzt ist. Der maximal erreichbare Grad ist $n=m$, in diesem Fall ist dann die B-Spline-Kurve genau die Bézier-Kurve zum selben Kontrollpolygon.

Beispiel:

Skizzieren von quadratischen B-Spline-Kurven zu gegebenen Kontrollpolygonen. Zu einem gegebenen Kontrollpolygon skizzieren wir eine quadratische B-Spline-Kurve wie folgt: Wir markieren einfach die Mittelpunkte der inneren Kanten des Kontrollpolygons (Abb. 8.19) und skizzieren dazu die einzelnen quadratischen Bézier-Kurven-Segmente (Parabelbögen).

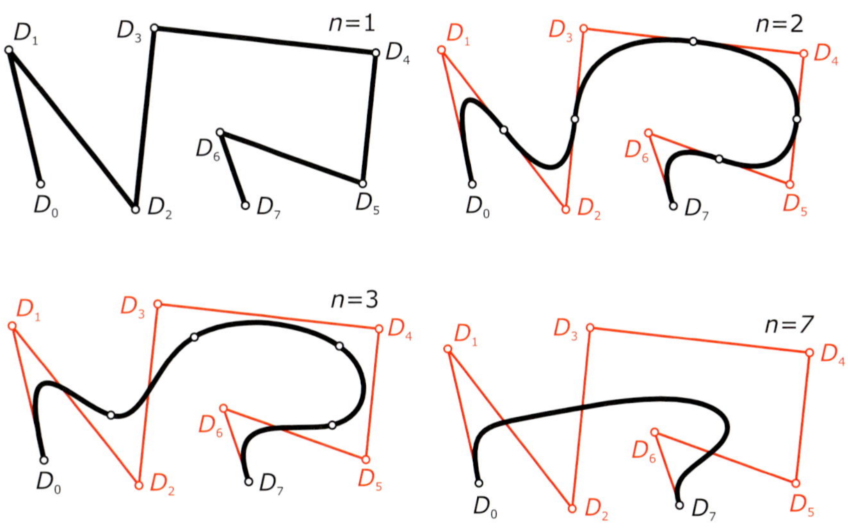

Abb. 8.18
Eine lineare, quadratische, kubische und eine B-Spline-Kurve von maximalem Grad sieben zu kongruenten Kontrollpolygonen mit acht Kontrollpunkten. Wir bemerken, dass die B-Spline-Kurve vom höchsten erreichbaren Grad eine Bézier-Kurve ist.

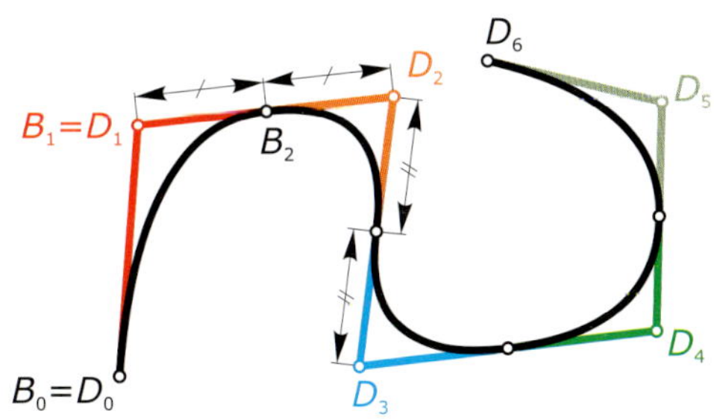

Abb. 8.19
B-Spline- und Bézier-Kontrollpunkte einer quadratischen B-Spline-Kurve.

Lokale Kontrolle von B-Spline-Kurven. B-Spline-Kurven besitzen lokale Kontrolle, d.h. Verlagern eines einzelnen Kontrollpunktes verändert die Form der Kurve nur in einem Teilbereich (Abb. 8.20). Wir erinnern daran, dass die Form einer Bézier-Kurve von allen Kontrollpunkten abhängt. Für eine B-Spline-Kurve ist dies anders: Nur die Kurvensegmente in einer gewissen Einflusszone rund um den verlagerten Kontrollpunkt verändern ihre Form. Darum sprechen wir von „lokaler Kontrolle" einer B-Spline-Kurve mittels ihrer Kontrollpunkte.

Offene und geschlossene B-Spline-Kurven. B-Spline-Kurven können in zwei verschiedenen Modi gezeichnet werden: als *offene* Kurve mit zwei Endpunkten oder als eine einzige glatte *geschlossene* Kurve (Abb. 8.21). Eine offene B-Spline-Kurve interpoliert den ersten und letzten Kontrollpunkt. Eine geschlossene B-Spline-Kurve hat ein geschlossenes Kontrollpolygon, das von der Kurve als Ganzes geglättet wird.

Es ist wichtig, den Unterschied zwischen offenem und geschlossenem Modus einer B-Spline-Kurve zu verstehen. Eine B-Spline-Kurve zu einem geschlossenen Kontrollpolygon im offenen Modus hat eine scharfe Ecke in jenem Punkt, wo die beiden Endpunkte zusammenfallen (Abb. 8.21). Eine geschlossene B-Spline-Kurve vom Grad n mit $m + 1$ Kontrollpunkten besteht immer aus $m + 1$ Bézier-Kurven, jede vom Grad n. Dies wird in Abbildung 8.22 für lineare, quadratische und kubische B-Spline-Kurven zu kongruenten Kontrollpolygonen mit vier B-Spline-Kontrollpunkten illustriert. Der maximale Grad ist $n = 3$. Im Allgemeinen gilt $n = m$.

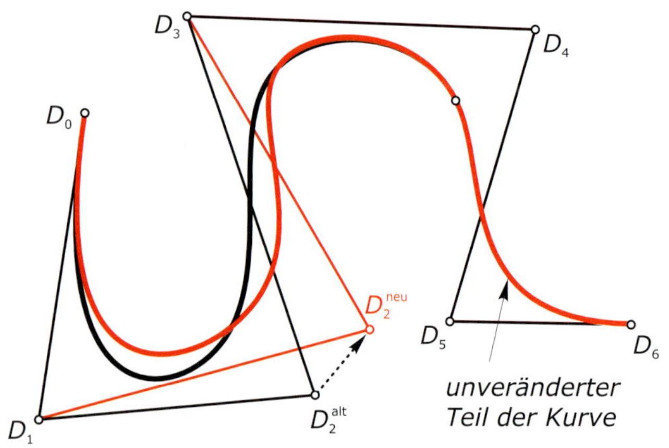

Abb. 8.20
Lokale Kontrolle von B-Spline-Kurven.

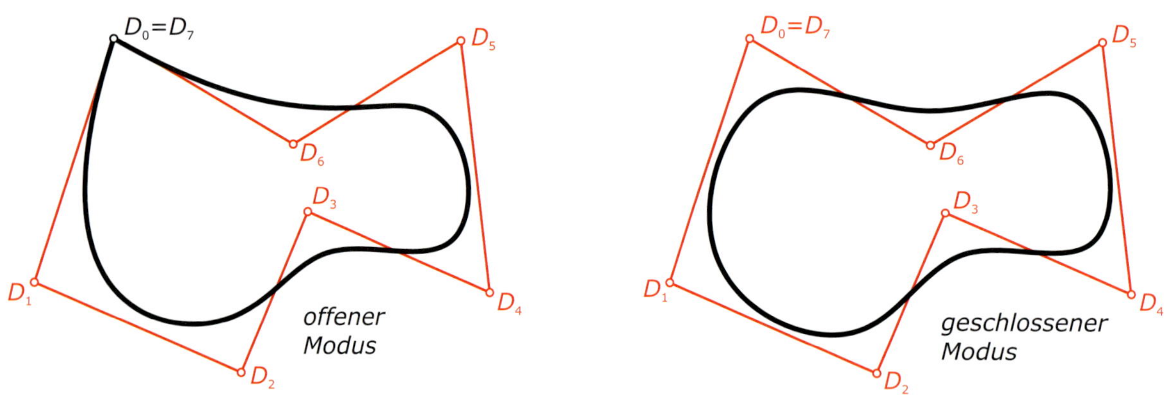

Abb. 8.21
Offene und geschlossene B-Spline-Kurven. Beachte, dass eine B-Spline-Kurve im offenen Modus zu einem geschlossenen Kontrollpolygon eine scharfe Ecke im zusammenfallenden ersten und letzten Kontrollpunkt hat.

Beispiel:

Die Bézier-Kontrollpunkte einer kubischen B-Spline-Kurve. Für eine *geschlossene* kubische B-Spline-Kurve unterteilen wir zuerst alle Kanten des Kontrollpolygons in drei gleiche Teile. Durch Verbinden dieser Punkte schneiden wir die Ecken des B-Spline-Kontrollpolygons ab. Dann fügen wir für jede abgeschnittene Ecke den Kantenmittelpunkt dieser „Polygonsehnen" ein (Abb. 8.23). Zusammen mit dem vorigen Schritt erhalten wir so die Menge der Kontrollpunkte der Bézier-Kurven- Segmente.

Die notwendigen Modifikationen für eine offene kubische B-Spline-Kurve sind folgende: Es werden auf der ersten und letzten Kante des Kontrollpolygons keine neuen Punkte eingefügt. Auf der zweiten und vorletzten Kante fügen wir die Kantenmittelpunkte ein, und alle anderen Kanten werden wieder gedrittelt (Abb. 8.23). Durch Verbinden der eingefügten Punkte schneiden wir wieder Ecken des B-Spline-Kontrollpolygons ab. Für jede abgeschnittene Ecke fügen wir noch den Kantenmittelpunkt dieser „Polygonsehnen" ein. Zusammen mit den bereits vorher eingefügten Punkten und dem ersten und letzten B-Spline-Kontrollpunkt erhalten wir so die Menge der Bézier-Kontrollpunkte einer offenen kubischen B-Spline-Kurve.

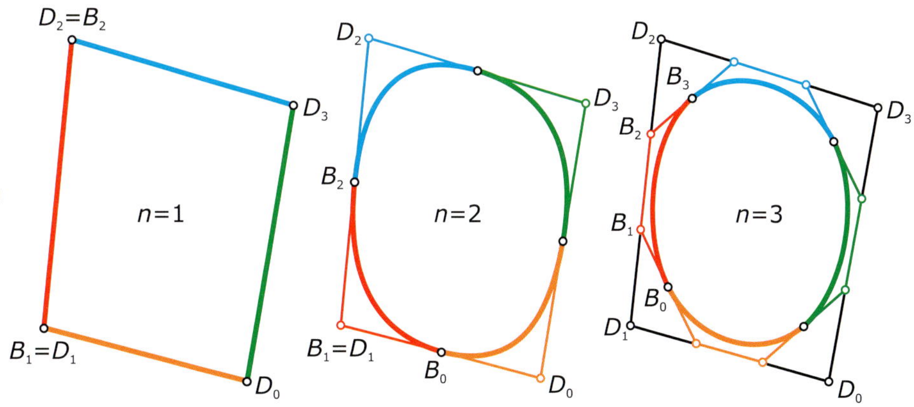

Abb. 8.22
Geschlossene B-Spline-Kurven vom Grad 1, 2 und 3 zu kongruenten Kontrollpolygonen mit vier Kontrollpunkten. Die vier Bézier-Kurven-Segmente der B-Spline-Kurven sind verschiedenfärbig markiert. Weiters sind die Bézier-Kontrollpolygone eingezeichnet.

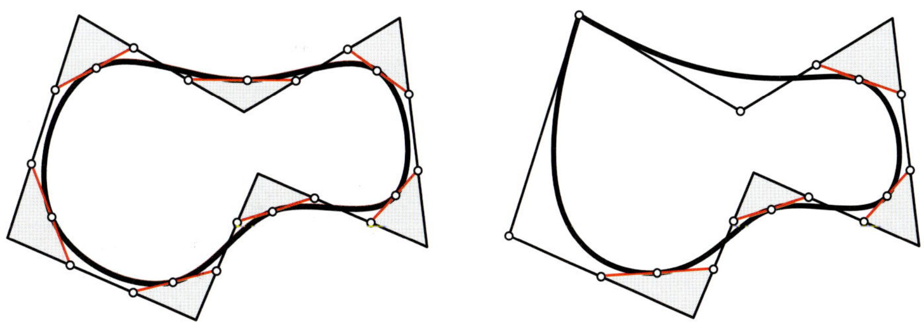

Abb. 8.23
Bézier-Kontrollpunkte von B-Spline-Kurven im offenen und geschlossenen Modus.

Warum sind kubische B-Spline-Kurven so beliebt? Wenn wir eine Splinekurve betrachten, die „manuell" aus mehreren Kurvenstücken zusammengesetzt wurde (Abb. 8.24), dann entdeckt das menschliche Auge sofort *Knicke* (dort wo die Kurventangente sich abrupt ändert) und *Krümmungsunstetigkeiten* (dort, wo sich die Krümmung plötzlich ändert). Um Splinekurven zu erhalten, die dem menschlichen Auge gefallen, sind B-Spline-Kurven so konstruiert, dass die zugrunde liegenden mathematischen Prinzipien ein möglichst glattes Zusammensetzen der einzelnen Bézier-Kurven garantieren. Für kubische B-Spline-Kurven erreichen wir bereits glatte Tangenten und stetige Krümmungsübergänge an den Knotenpunkten, wo die einzelnen Kurvensegmente verbunden werden. Das ist einer der Gründe, warum kubische B-Spline-Kurven für Designzwecke bestens geeignet sind.

Warum wollen wir trotzdem mehr? Ausgestattet mit einem tieferen Verständnis über B-Spline-Kurven und ihre Verwendung im Design stellt sich die berechtigte Frage, warum wir noch mehr wollen. Der Grund dafür ist ein einfacher: Wir haben zwar ein ausgefeiltes Werkzeug zum Zeichnen von komplizierten Freiformkurven, die eine Vielzahl nützlicher Eigenschaften (inklusive lokaler Kontrolle) aufweisen, aber B-Spline-Kurven haben auch den folgenden gravierenden Nachteil:

Klassische Kurven wie Kreis, Ellipse oder Hyperbel können wir mit B-Spline-Kurven nicht darstellen. Unter den Kegelschnitten ist nur die Parabel eine spezielle B-Spline-Kurve (genauer, sogar eine Bézier-Kurve). Weil aber Kegelschnitte oft für Designzwecke verwendet werden, besprechen wir im Folgenden eine Erweiterung von B-Spline-Kurven. Diese Freiformkurven heißen NURBS-Kurven, und sie erlauben uns mit einem einzigen Werkzeug die Konstruktion von Kreis, Ellipse und Hyperbel – und natürlich vieler weiterer Freiformkurven.

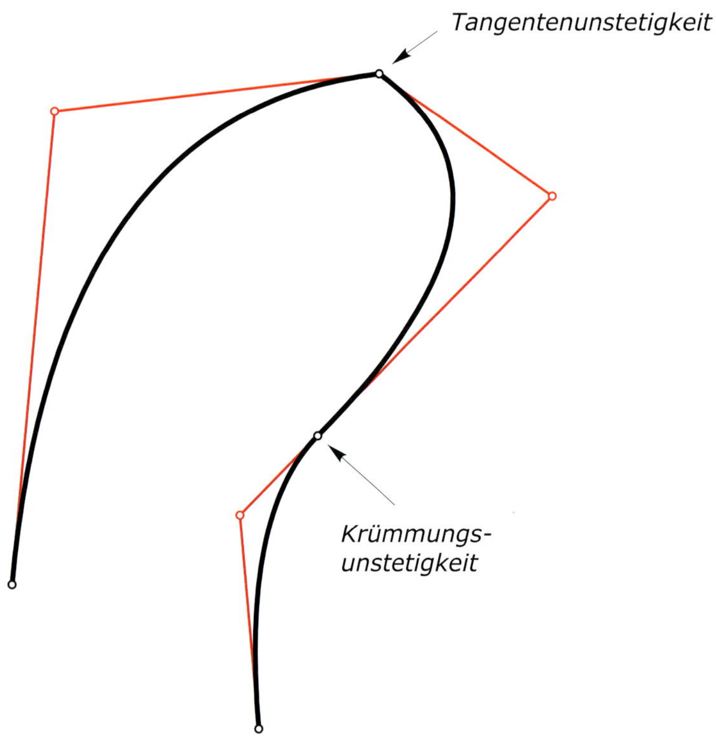

Abb. 8.24
Tangenten- und Krümmungsunstetigkeit in den Verknüpfungspunkten der einzelnen Kurvensegmente einer manuell zusammengesetzten Spline-Kurve.

NURBS-Kurven

Wie bereits zu Beginn des Kapitels erwähnt steht die Abkürzung NURBS für *Nicht-uniforme rationale B-Spline*. Wir wissen bereits, dass NURBS also B-Spline-Kurven mit einem (im Allgemeinen) nicht-gleichförmigen Knotenvektor sind. Allerdings ist das NU in NURBS ein wenig irreführend, da NURBS-Kurven durchaus einen gleichförmigen Knotenvektor haben könnten. Der Begriff „rational" ist das wirklich Neue an NURBS. Der Ausdruck *rational* kommt von der mathematischen Beschreibung dieser Kurven (vergleiche Kapitel 7); gewöhnliche B-Spline-Kurven sind polynomial – ein Spezialfall von „rational".

Die Eigenschaft von NURBS, rational zu sein, liefert einen zusätzlichen Formparameter in Gestalt der so genannten *Gewichte*. Diese Gewichte sind den Kontrollpunkten zugeordnet. Wir wollen nun eine NURBS-Kurve und ihre Gewichte geometrisch herleiten. Wir werden sehen, dass eine NURBS-Kurve in einem Raum der Dimension d nichts anderes ist als die Zentralprojektion einer regulären B-Spline-Kurve aus dem Raum mit Dimension $d + 1$.

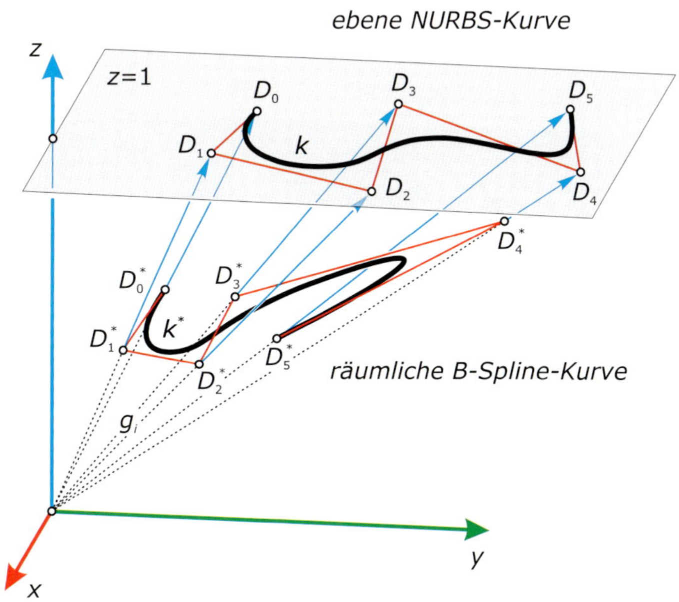

Abb. 8.25
Eine ebene NURBS-Kurve k ist der Zentralriss einer räumlichen B-Spline-Kurve k^*.

Geometrische Herleitung von NURBS-Kurven. Wir beginnen mit $m + 1$ Kontrollpunkten $D_0, D_1, ..., D_m$ in der Ebene $z = 1$ (das ist eine Ebene parallel zur xy-Ebene, eine Einheit darüber) eines räumlichen kartesischen Koordinatensystems. Dann zeichnen wir Geraden $g_0, g_1, ..., g_m$ vom Ursprung zu den Kontrollpunkten D_0, $D_1, ..., D_m$. Bewegen wir nun die Kontrollpunkte D_i entlang der Geraden g_i in neue Positionen D_i^*, dann erzeugen wir das Kontrollpolygon einer räumlichen B-Spline-Kurve k^* (Abb. 8.25).

Zum Abschluss liefert eine Zentralprojektion der Kurve k^* in die Ebene $z = 1$ (mit dem Ursprung als Projektionszentrum) eine ebene NURBS-Kurve k zu den Kontrollpunkten $D_0, D_1, ..., D_m$. Damit haben wir einen bemerkenswerten Zusammenhang zwischen B-Spline-Kurven und NURBS-Kurven: eine ebene NURBS-Kurve ist der Zentralriss einer räumlichen B-Spline-Kurve. Analog ist eine räumliche NURBS-Kurve der Zentralriss einer B-Spline-Kurve, die im 4-D-Raum liegt.

Gewichte. Nachdem wir jetzt wissen, wie NURBS-Kurven erzeugt werden, wollen wir die Rolle der Gewichte erklären. Die Gewichte w_i zu den Kontrollpunkten D_i einer ebenen NURBS-Kurve k sind nichts anderes als die z-Koordinaten der Kontrollpunkte D_i^* der zugehörigen räumlichen B-Spline-Kurve k^*. Dies gilt analog für NURBS-Kurven in Räumen höherer Dimension. Wir wollen nun den Einfluss der Gewichte auf die Kurvenform untersuchen (Abb. 8.26). Erhöhen wir das Gewicht w_i eines Kontrollpunktes D_i, so wird die Kurve zu diesem Kontrollpunkt hingezogen; vermindern wir das Gewicht, dann bewegt sich die Kurve von diesem Kontrollpunkt weg.

Dieses Verhalten ist intuitiv, und daher sind die Gewichte ein sinnvoller Designparameter. Aus der geometrischen Herleitung folgt sofort, dass die Veränderung des Gewichts eines einzigen Kontrollpunktes bloß *lokalen* Einfluss auf die Kurvenform hat (Verändern eines Gewichtes bedeutet ja Verlagern eines Kontrollpunktes der zugehörigen räumlichen B-Spline-Kurve). Und wir wissen bereits, dass Verlagern eines Kontrollpunktes einer B-Spline-Kurve nur lokalen Einfluss auf die Kurvenform hat.

Abb. 8.26
Gewichte als Formparameter.

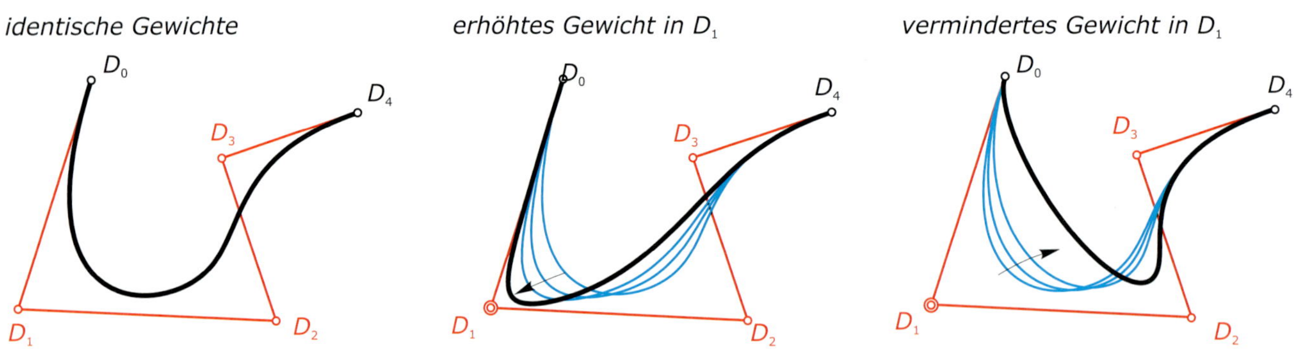

Bemerkung. Wir erlauben ausschließlich nicht-negative Gewichte, um Fernpunkte in der NURBS-Kurve zu vermeiden. Die Erklärung dafür ist die folgende: Bei negativen Gewichten würden Kontrollpunkte der räumlichen B-Spline-Kurve unterhalb der xy-Ebene ($z = 0$) liegen, und die räumliche B-Spline-Kurve würde die xy-Ebene schneiden. Die Zentralrisse von Kurvenpunkten der xy-Ebene (mit dem Ursprung als Projektionszentrum und der Ebene $z = 1$ als Bildebene) wären dann Fernpunkte.

B-Spline-Kurven sind spezielle NURBS-Kurven. Eine B-Spline-Kurve ist eine spezielle NURBS-Kurve, für die alle Gewichte den gleichen Wert haben. Im ebenen Fall geben wir die folgende geometrische Interpretation: Gleiche Gewichte bedeuten, dass die Kontrollpunkte der assoziierten räumlichen B-Spline-Kurve k^* alle dieselbe z-Koordinate haben. Daher liegen sie in einer waagrechten Ebene in Höhe $z = w$ (Abb. 8.27). In diesem Fall ist jedoch die Zentralprojektion der räumlichen B-Spline-Kurve k^* in die Ebene $z = 1$ bloß eine *Ähnlichkeit* (eine spezielle affine Abbildung) zwischen k^* und k.

Wir wissen bereits, dass B-Spline-Kurven die Eigenschaft der *affinen Invarianz* haben (da B-Spline-Kurven aus Bézier-Kurven zusammengesetzt sind), und daher ist die Kurve k wieder eine B-Spline-Kurve. Damit erhalten wir eine echte NURBS-Kurve nur dann, wenn sich der Wert von zumindest einem Gewicht von den übrigen unterscheidet.

Abb. 8.27
B-Spline-Kurven als spezielle NURBS-Kurven mit identischen Gewichten.

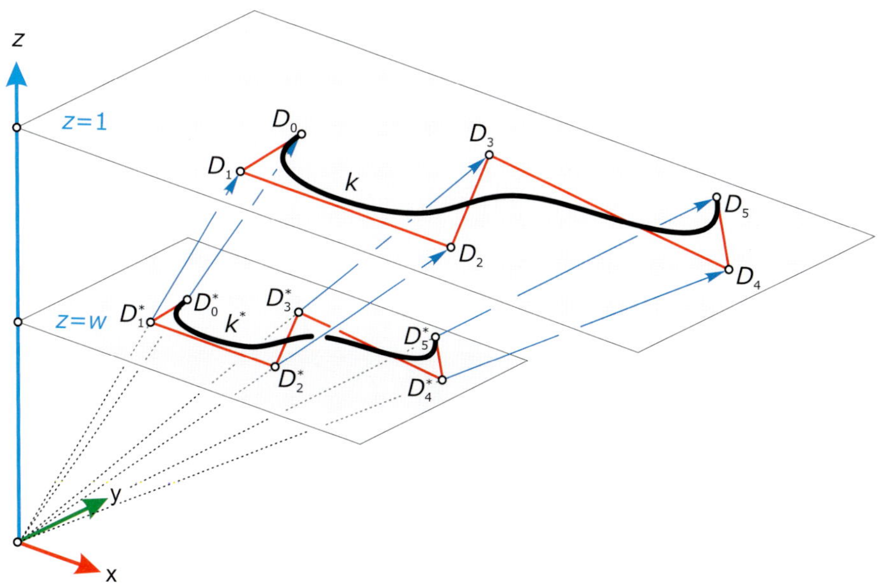

Designparameter. Aus unserer Herleitung wird bereits klar, dass jede Bézier-Kurve und jede B-Spline-Kurve eine spezielle NURBS-Kurve ist. Die folgende Tabelle fasst die Designparameter für Bézier-Kurven, B-Spline-Kurven und NURBS-Kurven zusammen.

	Kontrollpunkte	Grad	Gewichte
Bézier-Kurve	✓		
B-Spline-Kurve	✓	✓	
NURBS-Kurve	✓	✓	✓

Die Tabelle soll wie folgt gelesen werden: Das Symbol ✓ bedeutet, dass dieser Designparameter vom Benutzer verwendet werden kann. Eine Bézier-Kurve kann nur über die Kontrollpunkte gesteuert werden, der Grad folgt bereits aus der Anzahl der Kontrollpunkte, und alle Gewichte sind gleich 1. Für eine B-Spline-Kurve kann der Benutzer die Position der Kontrollpunkte und den Grad wählen, aber wieder sind alle Gewichte gleich 1. Nur für eine echte NURBS-Kurve kann der Benutzer alle drei Designparameter einsetzen. NURBS-Kurven übernehmen die nützlichen Eigenschaften von B-Spline-Kurven (wie lokale Kontrolle und die Konvexe-Hülle-Eigenschaft).

Kegelschnitte als spezielle NURBS-Kurven. Für die Darstellung von Kegelschnitten als spezielle NURBS-Kurven (Abb. 8.28), verwenden wir drei Kontrollpunkte D_0, D_1 und D_2 zusammen mit geeigneten Gewichten w_0, w_1 und w_2. Wir erhalten Parabel-, Hyperbel-, Ellipsen- und Kreisbögen zu den Gewichten aus der folgenden Tabelle.

	w_0	w_1	w_2
Parabelbogen	1	1	1
Hyperbelbogen	1	> 1	1
Ellipsenbogen	1	< 1	1
Kreisbogen	1	$\sin(\varphi/2)$	1

Damit haben wir unser Ziel erreicht, mit einer einzigen Kurvenart sowohl komplizierte Freiformkurven als auch einfache traditionelle Kurven darstellen zu können. Es überrascht daher nicht, dass NURBS-Kurven rasch der Industriestandard für die Kurvendarstellung in CAD- oder Design-Software wurden.

Abb. 8.28
Kegelschnitte als spezielle NURBS-Kurven.

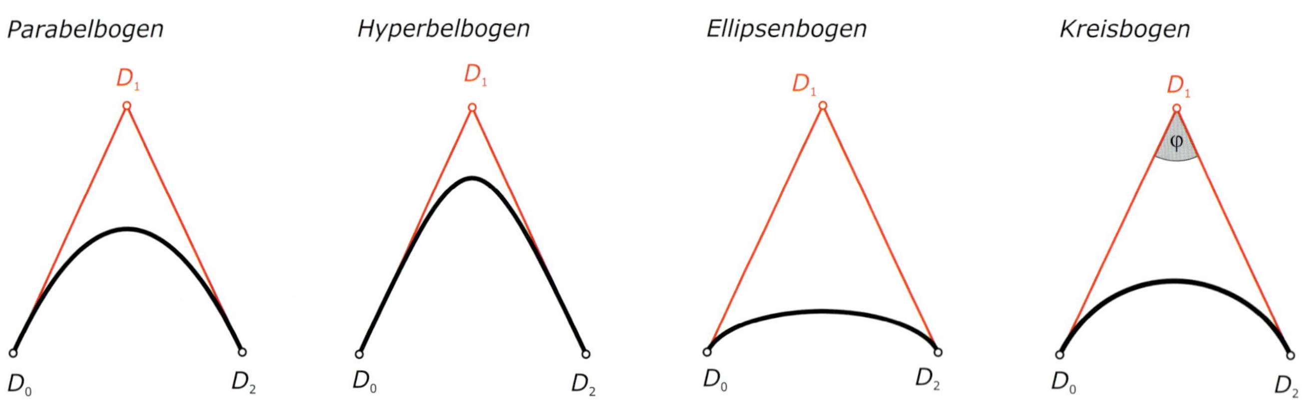

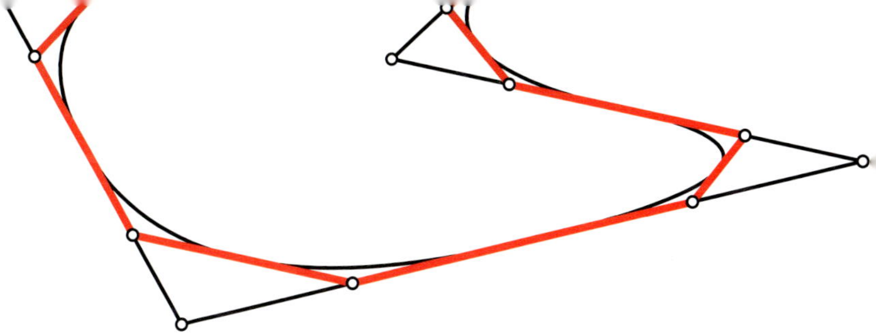

Unterteilungskurven

Unterteilungskurven werden durch wiederholtes Verfeinern eines Kontrollpolygons erzeugt, sodass schlussendlich eine glatte Kurve entsteht. Bereits beim Algorithmus von de Casteljau für die Erzeugung einer Bézier-Kurve sind wir zum ersten Mal auf das Unterteilungsprinzip gestoßen. Wir erinnern uns, dass wir durch wiederholtes Unterteilen des Kontrollpolygons einer Bézier-Kurve eine Folge von Polygonen erhalten, die sich der Kurve rasch immer besser anpassen. Dies kann auch als ein „Ecken abschneiden"-Prozess angesehen werden, da wir in jedem Schritt die Ecken des aktuellen Polygons abschneiden.

Was ist eine Unterteilungskurve? Eine Unterteilungskurve ist ein Polygon, das durch zwei Angaben definiert wird: die Kontrollpunkte und die Unterteilungstiefe. Um also eine Unterteilungskurve genau zu spezifizieren, sprechen wir von einer „Unterteilungskurve der Tiefe *k*, gegeben durch ihr Kontrollpolygon".
In diesem Abschnitt untersuchen wir approximierende und interpolierende Unterteilungsalgorithmen (Unterteilungsflächen werden in Kapitel 11 besprochen).

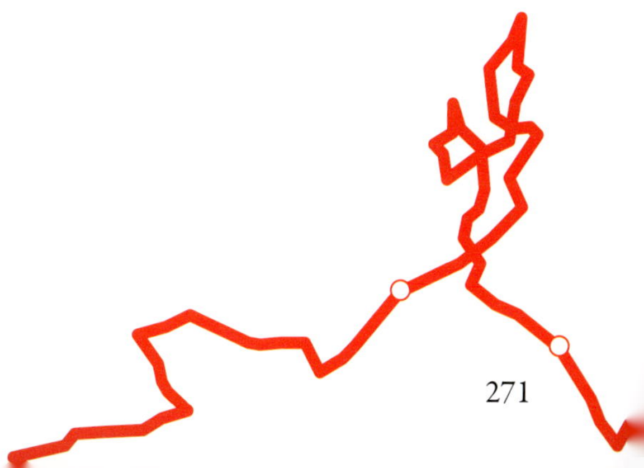

Wir beginnen mit dem Algorithmus von Chaikin für die Erzeugung von quadratischen B-Spline-Kurven. Der Algorithmus von Lane-Riesenfeld ist eine Verallgemeinerung des Algorithmus von Chaikin und erzeugt nach unendlich vielen Unterteilungsschritten eine gleichförmige B-Spline-Kurve vom Grad n. Zum Abschluss diskutieren wir dann noch das Vier-Punkte-Schema (das interpolierende Unterteilungskurven erzeugt).

Geschichte:

Ecken abschneiden. Die Idee, Ecken eines Polygons abzuschneiden, um glatte Kurven zu erzeugen, ist bereits viel älter als der Algorithmus von de Casteljau und geht auf G. de Rham zurück. Er hat 1947 den ersten „Dritteln"-Unterteilungsalgorithmus für Kurven beschrieben, der Ecken bei 1/3 und 2/3 abschneidet. Später beschrieb er einen Unterteilungsalgorithmus, der die Ecken bei 1/4 und 3/4 abschneidet (Abb. 8.29). G. de Rham hat seine Ergebnisse vor der Entwicklung der Computergrafik gefunden. Als G. Chaikin 1974 denselben Unterteilungsalgorithmus – Ecken abschneiden bei ¼ und ¾ – für das rasche Zeichnen von glatten Kurven auf Computerbildschirmen ebenfalls entwickelte (ohne de Rhams Ergebnisse zu kennen), hat der Algorithmus rasche Verbreitung gefunden und wurde nach Chaikin benannt.

Abb. 8.29
Ecken abschneiden mit dem Algorithmus von de Rham und Chaikin.

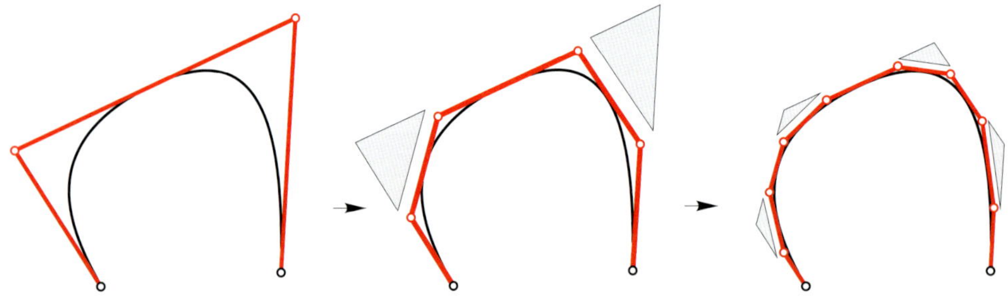

Algorithmus von Chaikin. Gegeben sei ein Kontrollpolygon wie in Abbildung 8.29 und 8.30 dargestellt. In jedem Unterteilungsschritt schneiden wir Ecken des Polygons ab. Zu diesem Zweck unterteilen wir die Kanten des aktuellen Polygons nach ¼ und ¾ ihrer Länge mit Hilfe linearer Interpolation zu den Parameterwerten $t = 1/4$ und $t = 3/4$. Diese neuen Punkte werden dann verbunden, um ein neues Polygon zu erhalten, das die Zielkurve bereits besser annähert. Für ein *offenes* Kontrollpolygon müssen wir den Algorithmus von Chaikin auf der ersten und letzten Kante des Polygons modifizieren. Anstatt diese beiden Kanten zweimal zu unterteilen, tun wir das nur einmal in den jeweiligen Kantenmittelpunkten.

Wir wiederholen diesen Vorgang und erzeugen damit eine Folge von Polygonen, die nach unendlich vielen Unterteilungsschritten eine gleichförmige B-Spline-Kurve mit dem Ausgangspolygon als Kontrollpolygon ergibt. Der Algorithmus von Chaikin erzeugt eine Unterteilungskurve, die das gegebene Polygon approximiert. Daher sprechen wir auch von einem approximierenden Unterteilungsschema.

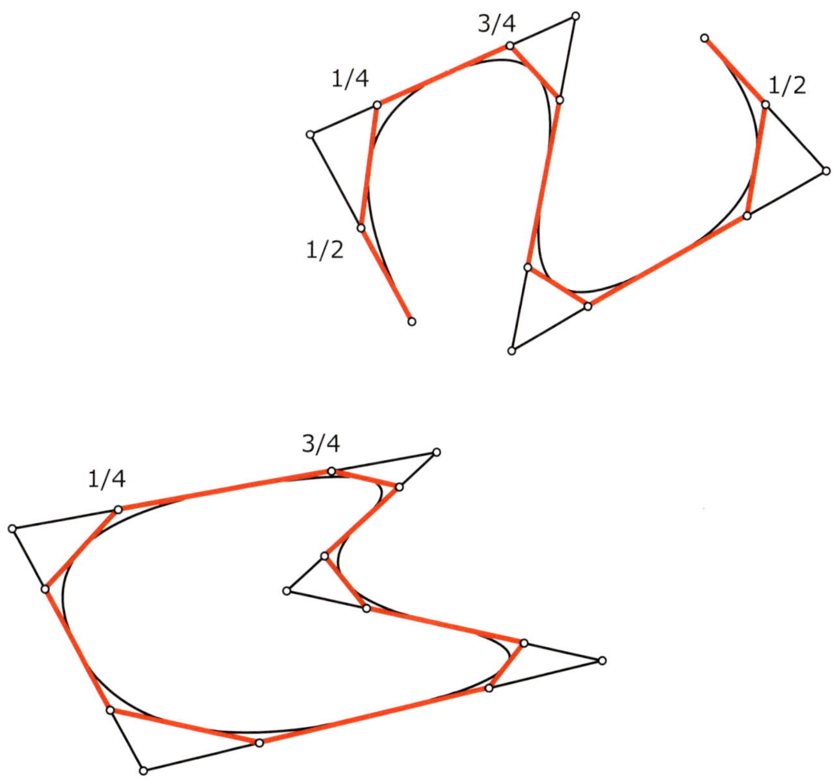

Abb. 8.30
Chaikins Unterteilungsalgorithmus für offene und geschlossene Kontrollpolygone.

Algorithmus von Lane-Riesenfeld. Der Algorithmus von Chaikin kann nicht nur als Prozess des Ecken-Abschneidens interpretiert werden, sondern auch als ein Prozess des „Teilens und Mittelns“ (Abb. 8.31). In jedem Unterteilungsschritt werden zuerst die Kanten in ihren Mittelpunkten geteilt und diese Punkte zu einem neuen Polygon verbunden. Im Mitteln-Schritt werden dann die Mittelpunkte des neuen Polygons berechnet, und diese bilden die Ecken des Polygons für den nächsten Unterteilungsschritt.

Im Jahr 1980 haben Lane und Riesenfeld erkannt, dass die Verallgemeinerung dieses Vorgangs von „Teilen und 1-mal Mitteln“ zu „Teilen und 2-mal Mitteln“ eine Unterteilungskurve erzeugt, die nach unendlichen vielen Schritten eine gleichförmige kubische B-Spline-Kurve ergibt (Abb. 8.32). Im Allgemeinen gilt, dass die Unterteilungsstrategie „Teilen und n-mal Mitteln“ nach unendlichen vielen Schritten eine gleichförmige B-Spline-Kurve vom Grad $n + 1$ ergibt (ein nützliches Ergebnis).

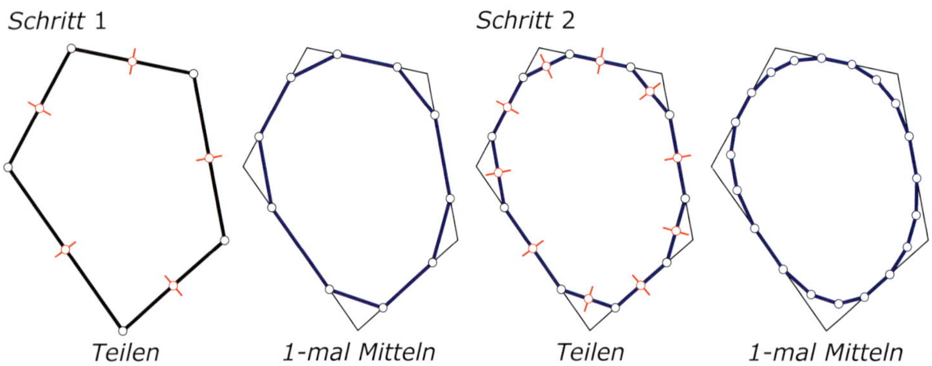

Abb. 8.31
Chaikins Unterteilungsalgorithmus als „Teilen und 1-mal Mitteln".

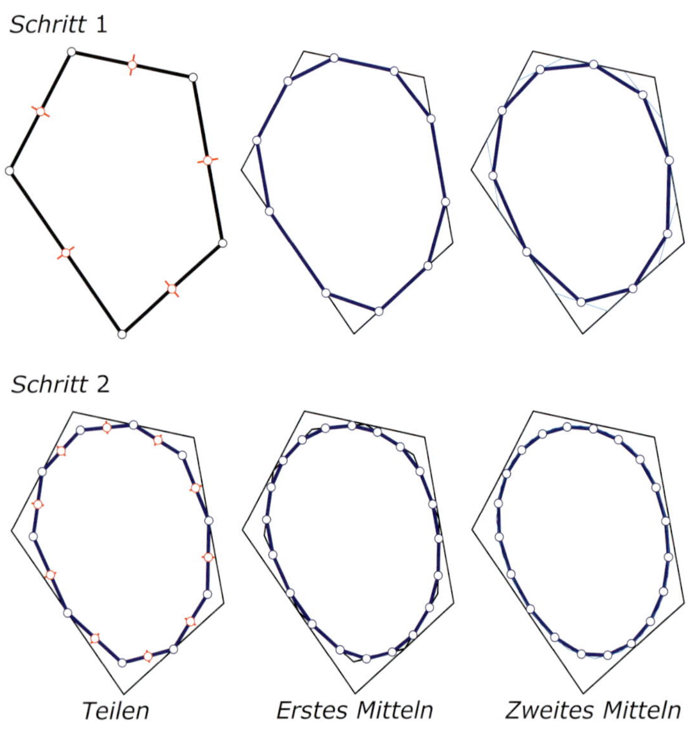

Abb. 8.32
Lane-Riesenfelds Unterteilungsalgorithmus als „Teilen und 2-mal Mitteln" erzeugt nach unendlichen vielen Unterteilungsschritten eine gleichförmige kubische B-Spline-Kurve.

Das Vier-Punkte-Schema. Gegeben ist eine Menge von Punkten, zu denen wir wieder eine Folge von Polygonen erzeugen, die nach unendlich vielen Unterteilungsschritten ein glatte Kurve ergeben. Wir fordern diesmal, dass die Kurve die gegebenen Punkte *interpoliert*. Dubuc (1986) hat als Erster gezeigt, dass die Berechnung eines neuen Kurvenpunktes P_i^{neu} aus *vier* alten Kurvenpunkten P_{i-1}, P_i, P_{i+1} und P_{i+2} schlussendlich zu einer glatten, interpolierenden Unterteilungskurve führt (Abb. 8.33).

Formal wird der neue Punkt wie folgt berechnet ($\mathbf{p}_i$ ist dabei der Ortsvektor des Punktes P_i):

$$\mathbf{p}_i^{neu} = -1/16\, \mathbf{p}_{i-1} + 9/16\, \mathbf{p}_i + 9/16\, \mathbf{p}_{i+1} - 1/16\, \mathbf{p}_{i+2}.$$

Wir bemerken, dass sich die Koeffizienten auf 1 summieren, $(-1+9+9-1)/16 = 1$, eine wichtige Eigenschaft für ein Unterteilungsschema, um geometrisch sinnvoll zu sein. Natürlich hat Dubuc die Koeffizienten nicht einfach beliebig angenommen, sondern sie mit Hilfe der eindeutigen kubischen interpolierenden Kurve durch vier Punkte mathematisch hergeleitet. Ein Jahr später haben Dyn et al. (1987) das Vier-Punkte-Schema wie folgt verallgemeinert:

$$\mathbf{p}_i^{neu} = -w\cdot\mathbf{p}_{i-1} + (1/2 + w)\cdot \mathbf{p}_i + (1/2 + w)\cdot \mathbf{p}_{i+1} - w\cdot\mathbf{p}_{i+2}.$$

Für $w = 1/16$ erhalten wir das ursprüngliche Vier-Punkte-Schema. Wir bemerken noch, dass nicht alle Werte von w schlussendlich eine glatte Kurve erzeugen (Abb. 8.34).

Abb. 8.33
Das Vier-Punkte-Schema von Dubuc.

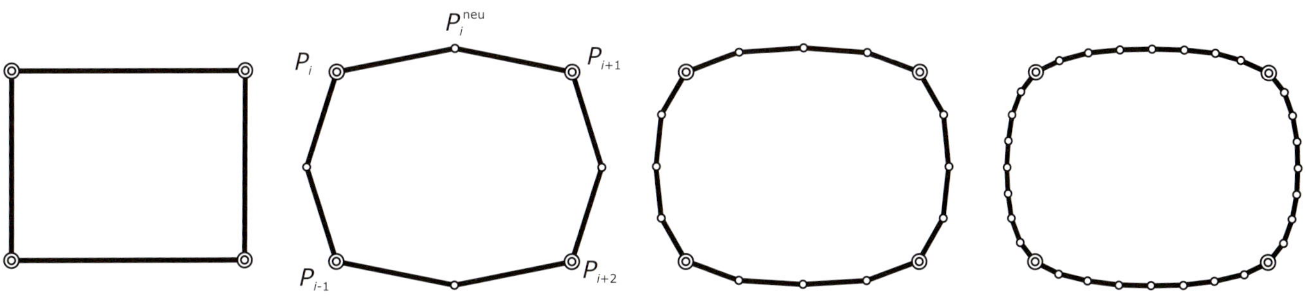

Abb. 8.34
Das verallgemeinerte Vier-Punkte-Schema von Dyn et al. Zu beachten ist, dass nicht jedes Gewicht *w* schlussendlich eine glatte Kurve erzeugt.

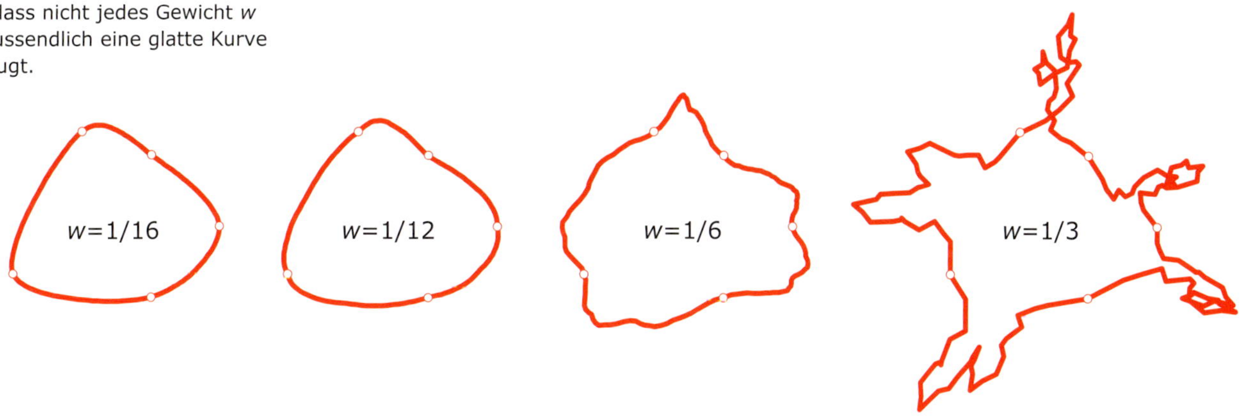

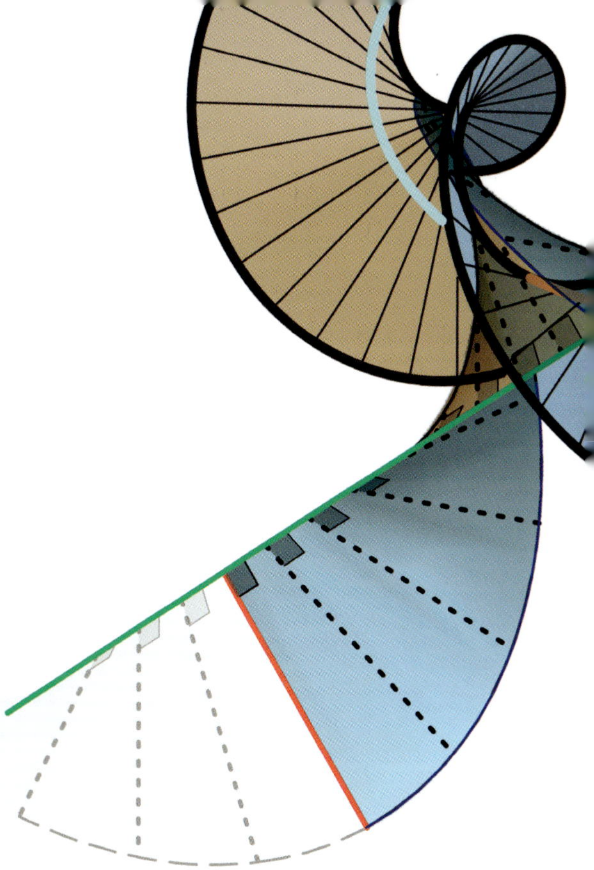

Kapitel 9
Traditionelle Flächenklassen

Traditionelle Flächenklassen

Wir befassen uns in diesem Kapitel mit jenen Typen von Flächen, die vor allem auf Grund einer „kinematischen“ Erzeugung einer konstruktiven Behandlung relativ leicht zugänglich sind. Sie werden von einer Profilkurve überstrichen, die einer räumlichen Bewegung unterworfen ist. Zum Beispiel erhalten wir Extrusionsflächen (allgemeine Zylinderflächen; siehe Kapitel 1), wenn eine Kurve längs einer Geraden verschoben wird. Drehflächen wiederum entstehen durch Drehung einer Profilkurve (z.B. einer B-Spline-Kurve; siehe Kapitel 8) um eine Achse und Schraubflächen durch Anwendung einer Schraubung auf eine Kurve (siehe Abb. 9.1).

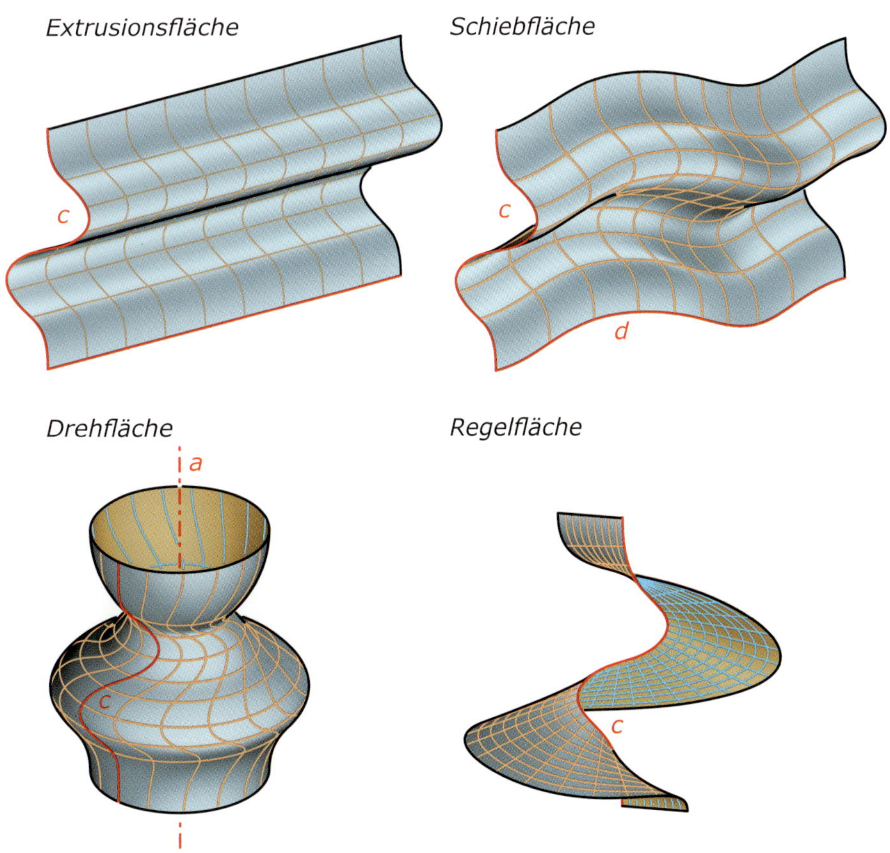

Abb. 9.1
Durch Schiebung einer Kurve *c* längs einer Geraden entsteht eine Zylinderfläche (links oben), während durch Schiebung derselben Kurve längs einer anderen Kurve *d* eine Schiebfläche entsteht (rechts oben). Eine Drehfläche wird durch Drehung von *c* um eine Achse *a* erzeugt (links unten), während eine Regelfläche durch Bewegung einer Geraden längs der Kurve *c* entsteht (rechts unten).

Schiebflächen entstehen dadurch, dass eine Kurve in geeigneter Weise längs einer anderen Kurve bewegt wird, während Regelflächen durch Bewegung einer Geraden erzeugt werden. Da Regelflächen eine Familie von Geraden tragen, werden sie gerne bei Stahlbetonkonstruktionen oder im Holzbau verwendet. Wir studieren dabei auch bemerkenswerte Sonderfälle wie Regelflächen, die zwei Scharen von Geraden tragen und Vorteile bei Schalenkonstruktionen aufweisen, oder abwickelbare Flächen, die etwa dem Werk von Frank O. Gehry zu Grunde liegen und damit auch eine Verbindung zur Freiformarchitektur herstellen.

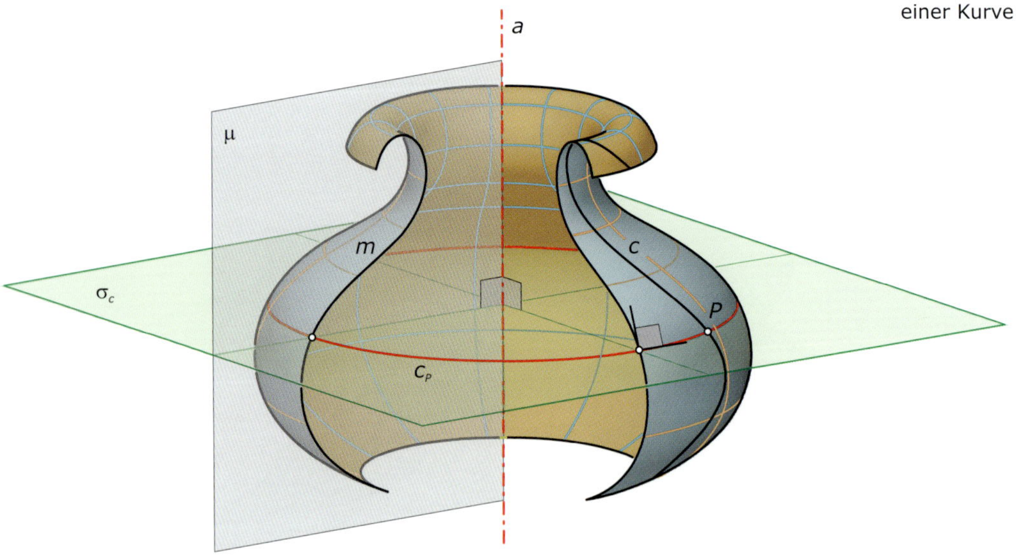

Abb. 9.2
Drehflächen werden durch Drehung einer Kurve c um eine Achse a erzeugt.

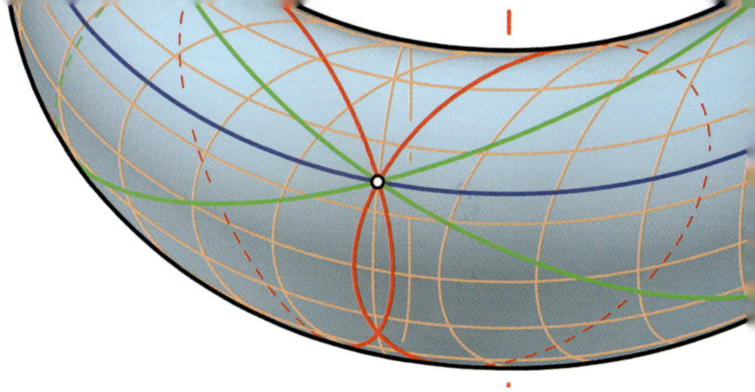

Drehflächen

Drehflächen (*Rotationsflächen*) entstehen durch Drehung einer (ebenen oder räumlichen) Kurve c um eine Achse a (Abb. 9.2). Jeder Punkt P der erzeugenden Kurve c beschreibt einen Kreis c_p, dessen Trägerebene normal zur Achse a liegt. Somit trägt jede Drehfläche eine Schar koaxialer Kreise in parallelen Ebenen, welche *Parallelkreise* genannt werden.

Durch die Achse a gehende Ebenen μ schneiden die Drehfläche in kongruenten ebenen Kurven m, den so genannten *Meridiankurven*. Die Trägerebenen σ_c der Parallelkreise c_p und die Meridianebenen μ der Meridiankurven m sind orthogonal. Ebenso schneiden einander Meridiankreise und Parallelkreise unter rechtem Winkel. Sie bilden ein orthogonales Kurvennetz auf der Fläche.

Das Erzeugungsprinzip von Drehflächen ist sehr einfach. Daher verwundert es nicht, dass diese seit Jahrtausenden in Kunsthandwerk, Design und Architektur auftreten (Abb. 9.3).

(a)

Abb. 9.3
Drehflächen treten in der Architektur häufig auf.
(a) Die Kirche der Verklärung des Heilands (1714) in Kischi, Russland.

(b)

Abb. 9.3
(b) Der Royal Pavillon (1815–1823) in Brighton, UK, von John Nash.
(c) 30 St Mary Axe (1997–2004) in London von Foster + Partners.
(d) Der Torre Agbar (2000–2005) in Barcelona von Jean Nouvel.

(c)

(d)

Die Tangentialebene τ_p in einem Punkt P einer Drehfläche wird von der Tangente t_c des Parallelkreises c_p und der Tangente t_m der Meridiankurve m aufgespannt. In jedem Punkt P steht die Flächennormale n_p orthogonal zur Kreistangente t_c. Daher liegt n_p in der Meridianebene μ und schneidet die Achse a (Abb. 9.4) oder ist zu dieser parallel. Der Schnittpunkt S_p von Flächennormale und Drehachse a ist der Mittelpunkt einer Kugel durch den Flächenpunkt P. Diese Kugel berührt die Drehfläche längs des gesamten Parallelkreises c_p.

Meridiankurven drücken die endgültige Form einer Drehfläche besser aus als allgemeine erzeugende Kurven. Daher empfehlen wir die Verwendung von Meridiankurven zur Modellierung von Drehflächen. Die Meridiankurven sind symmetrisch bezüglich der Drehachse. Jeder der beiden symmetrischen Teile, ein so genannter *Halbmeridian*, oder der gesamte Meridian können zur Erzeugung derselben Fläche verwendet werden. Bei Verwendung eines Halbmeridians rotieren wir um den vollen Winkel von 360 Grad, während bei Rotation des gesamten Meridians ein Winkel von 180 Grad ausreicht.

Wenn die Meridiankurven die Achse in einem von 90 Grad verschiedenen Winkel schneiden, so entsteht an dieser Stelle ein singulärer Punkt der Drehfläche (Abb. 9.5). Solche singulären Punkte können im Verlaufe der Modellierung diverse Probleme bereiten, sodass manche CAD-Systeme hier an ihre Grenzen stoßen.

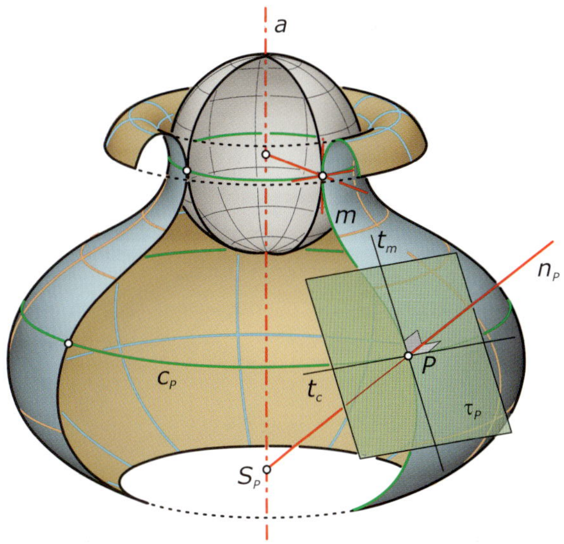

Abb. 9.4
Die Flächennormalen einer Drehfläche treffen die Drehachse.

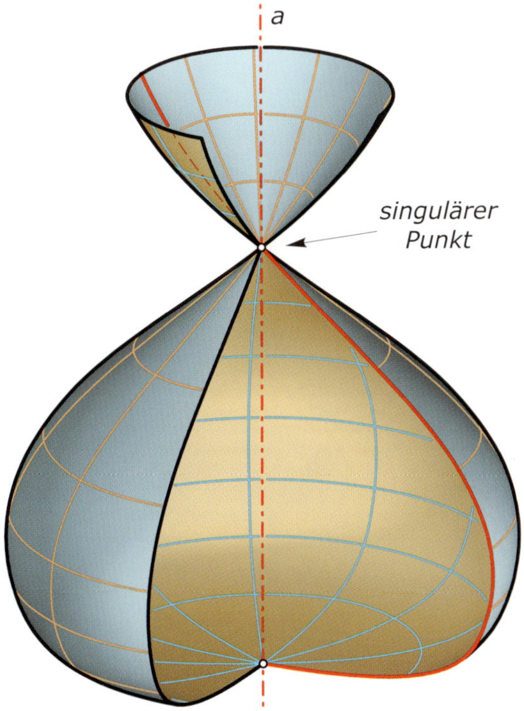

Abb. 9.5
Stellen, in denen Meridiankurven die Drehachse in einem von 90 Grad verschiedenen Winkel schneiden, sind singuläre Punkte der erzeugten Drehfläche.

Mathematische Beschreibung. Eine Parameterdarstellung einer Drehfläche ergibt sich durch Anwendung einer kontinuierlichen Drehung um eine Achse auf die erzeugende Kurve c. Nach Kapitel 6 wird eine Drehung um die z-Achse beschrieben durch

$$x_1 = x \cdot \cos u - y \cdot \sin u,$$

$$y_1 = x \cdot \sin u + y \cdot \cos u,$$

$$z_1 = z.$$

Setzen wir hierin für x, y und z die Parameterdarstellung $\mathbf{c}(v) = (x(v), y(v), z(v))$ der erzeugenden Kurve ein, so erhalten wir

$$x(u,v) = x(v) \cdot \cos u - y(v) \cdot \sin u,$$

$$y(u,v) = x(v) \cdot \sin u + y(v) \cdot \cos u,$$

$$z(u,v) = z(v).$$

Durchläuft der Drehwinkel u alle Werte im Intervall $0 \leq u \leq 2\pi$ (bei Verwendung des Bogenmaßes), so führt die erzeugende Kurve eine volle Umdrehung aus. Bei Benutzung einer in der xz-Ebene gelegenen Meridiankurve $\mathbf{m}(v) = (x(v), 0, z(v))$ als erzeugende Kurve vereinfacht sich die Parameterdarstellung zu

$$x(u,v) = x(v) \cdot \cos u,$$

$$y(u,v) = x(v) \cdot \sin u,$$

$$z(u,v) = z(v).$$

Wir nennen dies die Standarddarstellung einer Drehfläche.

Diskrete Drehflächen. Glatte Drehflächen werden im industriellen Design häufig verwendet. Hingegen können sie für die Bauausführung eines architektonischen Entwurfs ungeeignet sein. Für die eigentliche Produktion benötigen wir oft diskrete Modelle, welche die mit CAD-Software entworfenen glatten Flächen hinreichend gut annähern. Dabei ersetzen wir glatte Flächen (Abb. 9.6a) durch Paneele aus einfacheren, oft ebenen und daher leichter und billiger herstellbaren Flächen.

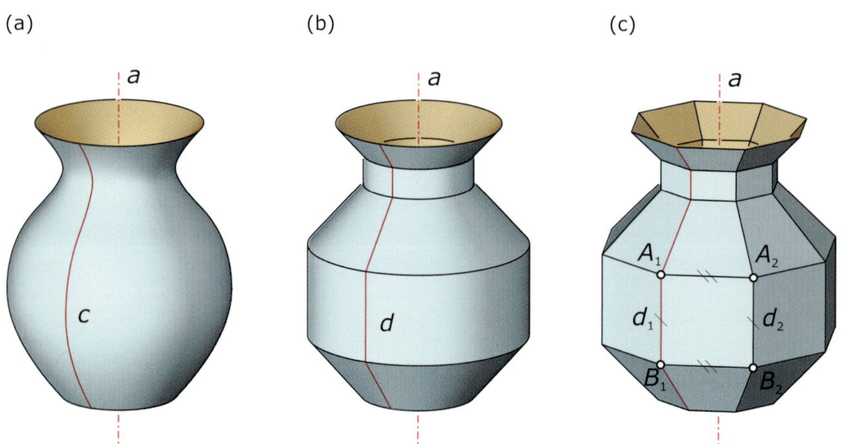

Abb. 9.6
Ersetzen wir den Meridian durch ein Polygon, so erhalten wir eine aus Kegel- und Zylinderstreifen gebildete Fläche. Wenn wir auch die Drehung selbst diskretisieren, erhalten wir eine polyedrische Fläche (diskrete Drehfläche).

Zur Herstellung einer diskreten Drehfläche starten wir mit einem Polygon d, das die erzeugende Kurve c ausreichend gut annähert. Bei Verwendung dieser Polylinie d als erzeugender Kurve erhalten wir eine Drehfläche, die aus Teilen von Drehkegeln und Drehzylindern besteht (Abb. 9.6b). Diese Fläche mag bereits einen geeigneten Ersatz für die ursprüngliche Fläche darstellen, da alle ihre Teile in die Ebene abwickelbar sind (vgl. den Abschnitt über abwickelbare Flächen in diesem Kapitel).

Zur Erzeugung einer Näherung aus ebenen Flächen (Paneelen) rotieren wir die Polyline d in diskreter Weise k-mal um die Drehachse a mit einem Drehwinkel von $360°/k$. Durch Verbindung entsprechender Punkte (z.B. A_1, A_2 und B_1, B_2) in aufeinander folgenden Lagen (d_1, d_2) der Polylinie erhalten wir ebene Flächen (Abb. 9.6c), da die Verbindungsgeraden parallel sind.

Zusammenfassend läuft der Vorgang der Diskretisierung auf den Ersatz der erzeugenden Kurve durch ein Polygon und die Anwendung einer diskreten Version der Drehbewegung hinaus. Ein ähnlicher Vorgang kann auch bei anderen durch Bewegung einer Profilkurve erzeugten Flächen eingesetzt werden.

Wir haben damit ein einfaches und mächtiges Werkzeug, um glatte Flächen durch diskrete Modelle zu ersetzen. Es sollte jedoch betont werden, dass sich hierbei nicht immer ebene Flächen im diskreten Modell ergeben. Je mehr wir das erzeugende Polygon und die diskrete Bewegung verfeinern, desto besser wird das diskrete Modell die glatte Fläche annähern (Abb. 9.7).

Spezielle Drehflächen. Spezielle Formen von Drehflächen treten in der Architektur häufig auf. Kugeln, Zylinder, Kegel und Tori sind bekannte Vertreter dieser Flächenklasse. Sie entstehen, wenn wir als Meridian einen Kreis oder eine Gerade wählen. Je nach Lage des Kreises oder der Geraden zur Drehachse erhalten wir die folgenden Flächen (Abbildungen 9.8 und 9.9). Ein Zylinder entsteht, wenn die erzeugende Gerade parallel zur Drehachse a liegt.

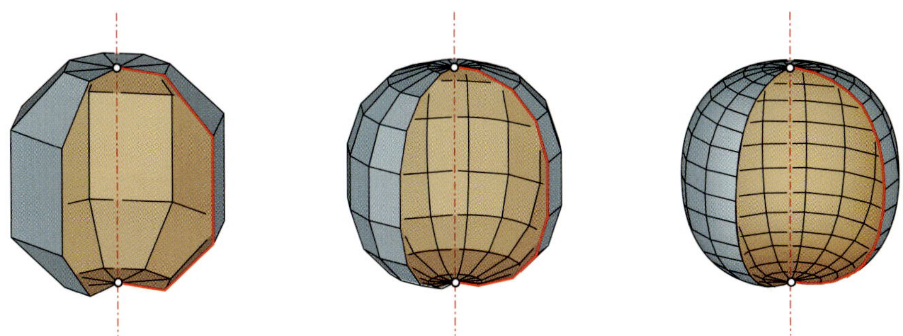

Abb. 9.7
Vergrößerung der Zahl der Ecken des Meridianpolygons und der Anzahl seiner Lagen führt uns immer näher an eine glatte Fläche heran.

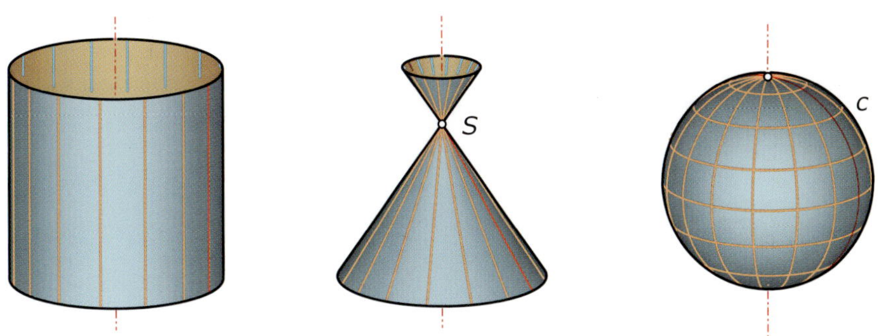

Abb. 9.8
Drehzylinder, Drehkegel und Kugel sind die einfachsten Drehflächen.

- Eine Gerade, welche die Drehachse a (nicht rechtwinklig) schneidet, erzeugt einen Drehkegel. Der Schnittpunkt wird die Spitze S des Kegels.
- Durch Drehung eines Kreises c um einen seiner Durchmesser entsteht eine Kugel.
- Wir erhalten einen Torus durch Drehung eines Kreises c um eine beliebige Gerade a. Jedoch muss die Drehachse in der Ebene des Kreises liegen. Je nach der Anzahl der Schnittpunkte von c und der Drehachse unterscheiden wir drei Typen von Torusflächen (Abb. 9.9a).

Beispiele für das Auftreten des Torus in der Architektur werden in den Abbildungen 9.9b und 9.9c gezeigt.

(a)

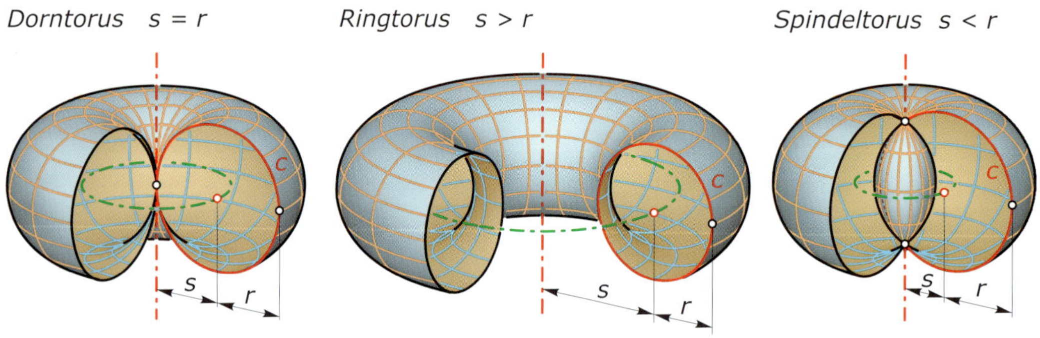

(b)

(c)

Abb. 9.9
(a) Die drei verschiedenen Typen des Torus.
(b) Die Grundform der TGV-Station (1998–2001) in Avignon entsteht durch Verschneidung zweier Ringtori (Bild: RFR).
(c) Ein Industriegebäude in Marche-en-Famenne (eröffnet 1995) von Samyn and Partners, dem ein Teil eines Torus zu Grunde liegt, zeigt das Netz aus Meridiankreisen und Parallelkreisen ganz deutlich.

Beispiel: .

Parameterdarstellung eines Torus. Ein Kreis c in der xz-Ebene mit Radius r und dem Mittelpunkt auf der x-Achse wird um die z-Achse gedreht. Bei dieser Drehung beschreibt die Mitte von c einen Kreis vom Radius s. Damit kann der Kreis c durch $c(v) = (s + r \cdot \cos v, 0, r \cdot \sin v)$ parametrisiert werden, und wir erhalten eine Parameterdarstellung des Torus in der Form

$x(u,v) = (s + r \cdot \cos v) \cdot \cos u,$
$y(u,v) = (s + r \cdot \cos v) \cdot \sin u,$
$z(u,v) = r \cdot \sin v.$

Hierbei laufen die Parameter u,v im Intervall $[0,2\pi]$. Die drei verschiedenen Typen des Torus hängen von den relativen Größen der Radien r und s ab (Abb. 9.9a).

- $s > r$ kennzeichnet einen *Ringtorus*.
- $s = r$ kennzeichnet einen *Dorntorus*.
- $s < r$ (mit $s > 0$) gehört zum *Spindeltorus*, bei dem ein innerer spindelförmiger Teil längs zweier singulärer Punkte an einen äußeren „apfelförmigen" Teil anschließt.

Beispiel:

Villarceau-Kreise auf dem Ringtorus. Unter den drei Torusarten hat der Ringtorus folgende bemerkenswerte Eigenschaft: Zusätzlich zu den Meridiankreisen und den Parallelkreisen trägt er zwei weitere Scharen von Kreisen. Jede *Doppeltangentialebene* (d.h., Ebene, die den Torus in zwei verschiedenen Punkten berührt) schneidet den Ringtorus in zwei Kreisen. Diese werden zu Ehren ihres Entdeckers, dem französischen Mathematiker und Ingenieur Yvon Villarceau (1813–1883), als *Villarceau-Kreise* bezeichnet. Somit gehen durch jeden Punkt P eines Ringtorus vier Kreise (Abb. 9.10).

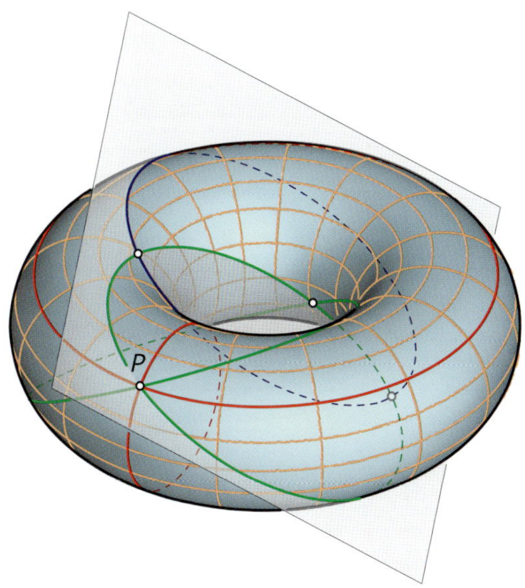

Abb. 9.10
Durch jeden Punkt P eines Ringtorus gehen vier auf dem Torus liegende Kreise; zwei von ihnen liegen in einer Doppeltangentialebene des Torus und werden Villarceau-Kreise genannt.

In allen bislang genannten Fällen war die erzeugende Gerade oder der erzeugende Kreis ein Meridian der Drehfläche. Wir studieren nun Drehflächen mit beliebigen erzeugenden Kreisen oder Geraden.

Wir beginnen mit einem Kreis *c*, dessen Achse *b* die Drehachse *a* in einem Punkt *M* schneidet. Aufgrund des rechtwinkligen Dreiecks mit Ecken *P*, *M* und *N* hat jeder Punkt des Kreises *c* vom Schnittpunkt *M* denselben Abstand $d = \operatorname{dist}(P, M) = \sqrt{r^2 + k^2}$ (Abb. 9.11a). Daher überstreicht der Kreis *c* bei der Drehung um *a* einen von zwei Kreisen berandeten Teil einer Kugel.

Bei Verwendung eines Kreises *c*, dessen Achse zur Drehachse windschief liegt, erhalten wir Drehflächen, die mindestens drei Scharen von Kreisen enthalten. Zwei dieser Scharen sind natürlich die Parallelkreise und die von *c* erzeugte Drehschar kongruenter Kreise (Abb. 9.11b). Da eine Drehfläche bezüglich jeder Meridianebene symmetrisch

(a)

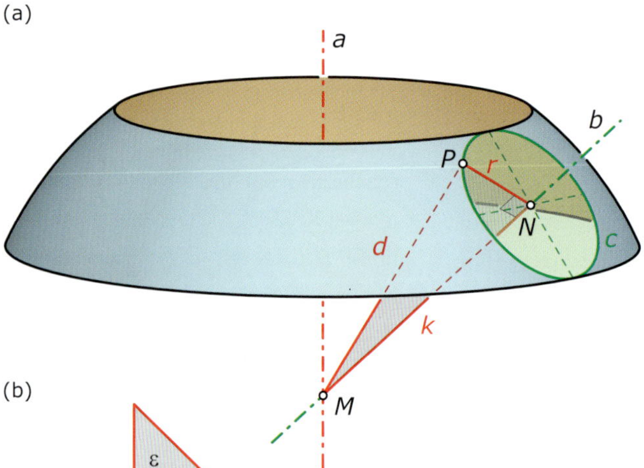

(b)

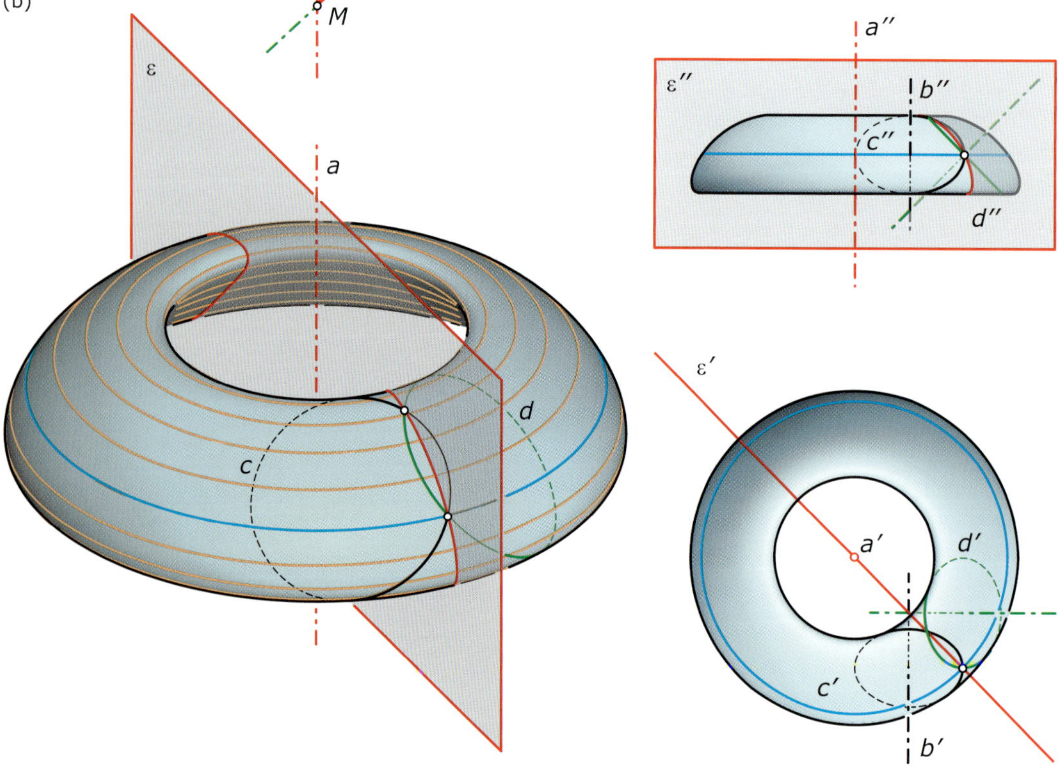

Abb. 9.11
Unter Verwendung eines Kreises in allgemeiner Lage als erzeugende Kurve erhalten wir
(a) ein Stück einer Kugel, sofern die Kreisachse *b* die Drehachse *a* schneidet oder
(b) eine allgemeine Drehfläche, falls *a* und *b* windschief sind. Auf diesen Drehflächen liegen mindestens drei Scharen von Kreisen.

ist, können wir c an einer beliebigen Meridianebene ε spiegeln und erhalten einen auf derselben Drehfläche liegenden Kreis d. Durch Rotation von d entsteht nun die dritte Kreisschar.

Viele der so erzeugten Drehflächen tragen sogar zwei weitere Scharen von Kreisen, die Analoga zu den Villarceau-Kreisen des Ringtorus darstellen. Sie liegen ebenfalls in Doppeltangentialebenen (Abb. 9.12).

Eine zur Drehachse a windschiefe (und nicht orthogonale) Gerade g erzeugt bei Drehung um a ein so genanntes *einschaliges Drehhyperboloid* (Abb. 9.13). Spiegeln wir die erzeugende Gerade g an einer Meridianebene, so erhalten wir eine ebenfalls auf dem Hyperboloid liegende Gerade h. Daraus erkennen wir, dass ein einschaliges Drehhyperboloid sogar zwei Scharen von Geraden trägt.

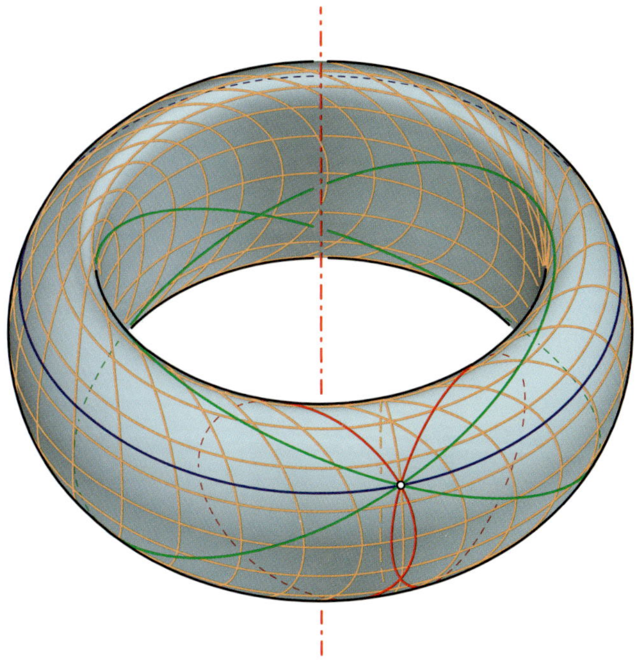

Abb. 9.12
Eine Drehfläche, die fünf Kreisscharen enthält.

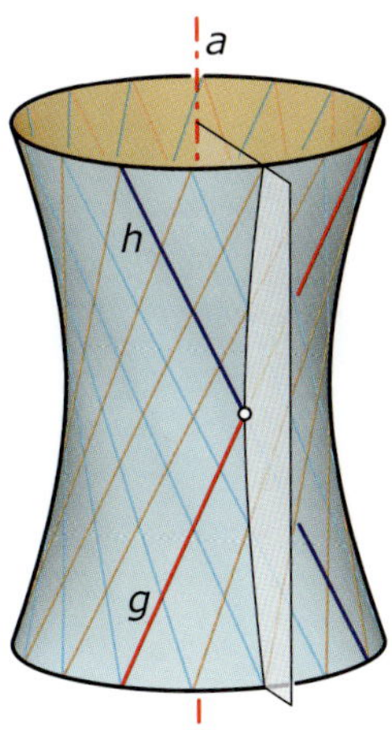

Abb. 9.13
Ein einschaliges Drehhyperboloid enthält zwei Scharen von Geraden. Die Meridiankurven sind Hyperbeln.

Das einschalige Hyperboloid ist ein Sonderfall der Regelflächen, die am Ende dieses Kapitels behandelt werden. Ohne Beweis bemerken wir, dass ein einschaliges Drehhyperboloid auch durch Drehung einer Hyperbel um ihre Nebenachse erzeugt werden kann. Teile einschaliger Hyperboloide treten an verschiedenen Stellen in Architektur und Design auf (Abb. 9.14).

(a)

(b)

Abb. 9.14
Einschalige Drehhyperboloide in Architektur und Design.
(a) Der erste als Hyperboloid ausgebildete Wasserturm der Welt wurde 1896 in Nischni Nowgorod, Russland, von Wladimir Schuchow gebaut.
(b) Der Aspire Tower (2005–2007) in Doha, Qatar, von Hadi Simaan ist ein 318 Meter hohes Gebäude (Bild mit freundlicher Genehmigung von Craig und Steph Tanner).
(c) Eine Kathedrale (eröffnet 1970) in Brasilia von Oscar Niemeyer.
(d) Der Hafenturm in Kobe, Japan.
(c) Eine Struktur in der Mediathek (1998–2001) in Sendai, Japan, von Toyo Ito.

(c)

(d)

(e)

Drehquadriken. Das einschalige Drehhyperboloid gehört zu jener Klasse von Drehflächen, die durch Drehung eines Kegelschnitts um eine seiner Achsen entstehen und als *Drehquadriken* bezeichnet werden (Abb. 9.15).

Geschichte:

Die interessante Tatsache, dass durch Drehung einer Hyperbel oder einer zur Drehachse windschiefen Geraden dieselbe Fläche erzeugt werden kann, war schon dem englischen Architekten und Mathematiker Christopher Wren (1632–1723) bekannt. Wren ist vor allem durch den Bau der St. Paul's Cathedral in London berühmt geworden.

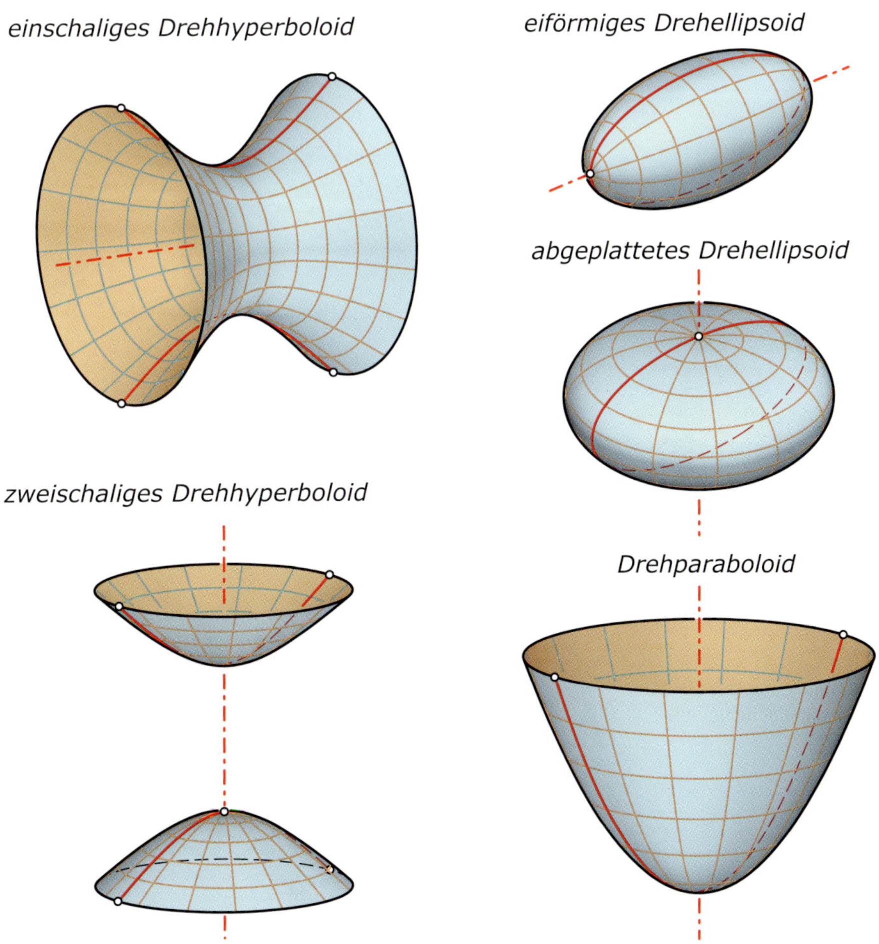

Abb. 9.15
Durch Drehung von Kegelschnitten um ihre Achsen entstehen Drehquadriken. Zusätzlich zum einschaligen Drehhyperboloid erhalten wir zweischalige Drehhyperboloide, eiförmige Drehellipsoide, abgeplattete Drehellipsoide und Drehparaboloide.

Zusätzlich zum einschaligen Drehhyperboloid erhalten wir das *zweischalige Drehhyperboloid* durch Drehung einer Hyperbel um ihre Hauptachse. Es ist aber zu beachten, dass nur das einschalige Drehhyperboloid Geraden trägt. Entsprechend der Tatsache, dass eine Ellipse zwei Achsen hat, ergeben sich auch zwei Varianten von Drehellipsoiden: das *abgeplattete Drehellipsoid* (erzeugt durch Drehung einer Ellipse um die Nebenachse) und das *eiförmige Drehellipsoid*. Letzteres entsteht durch Drehung einer Ellipse um ihre Hauptachse.

Ein *Drehparaboloid* ergibt sich durch Rotation einer Parabel um ihre Achse. Drehquadriken sind wichtige Grundformen in diversen Entwurfsprozessen. Wir wollen auch noch ihre Gleichungen (implizite Darstellungen) in geeignet angepassten kartesischen Koordinatensystemen angeben.

- Abgeplattetes Drehellipsoid:
  $x^2/a^2 + y^2/a^2 + z^2/c^2 = 1 \ (a^2 > c^2)$
- Eiförmiges Drehellipsoid:
  $x^2/a^2 + y^2/a^2 + z^2/c^2 = 1 \ (a^2 < c^2)$
- Zweischaliges Drehhyperboloid:
  $x^2/a^2 + y^2/a^2 - z^2/c^2 = -1$
- Einschaliges Drehhyperboloid:
  $x^2/a^2 + y^2/a^2 - z^2/c^2 = +1$
- Drehparaboloid:
  $z = a \cdot (x^2 + y^2)$

Die Gleichungen der verschiedenen Typen von Ellipsoiden und Hyperboloiden unterscheiden sich nur in gewissen Vorzeichen. Da alle Drehquadriken durch quadratische Gleichungen beschrieben werden, sind die Schnittkurven mit Ebenen im allgemeinen Kegelschnitte, sofern überhaupt ein Schnitt auftritt (Abb. 9.16).

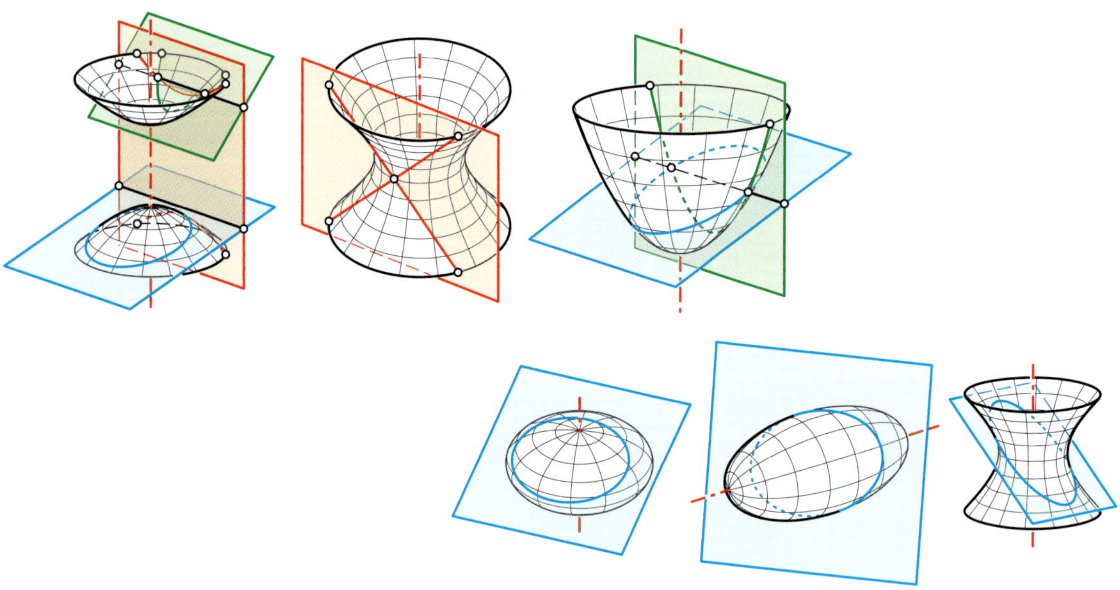

Abb. 9.16
Die ebenen Schnitte von Drehquadriken sind im Allgemeinen Kegelschnitte.

Beide Arten von Ellipsoiden werden von Ebenen nur in Ellipsen geschnitten, während Paraboloide in Ellipsen oder Parabeln geschnitten werden können. Als ebene Schnitte von Hyperboloiden können alle Arten von Kegelschnitten auftreten, Ellipsen, Hyperbeln und Parabeln. Man beachte, dass der Schnitt eines einschaligen Drehhyperboloids mit einer Tangentialebene aus zwei Geraden besteht.

Durch Anwendung unabhängiger Skalierungen ergeben sich aus Drehquadriken allgemeinere Typen von Flächen. Sie gehören zur Klasse der *regulären Quadriken* (Abb. 9.17). Zusätzlich zu den von Drehquadriken ableitbaren Quadriken gibt es eine weitere Art: das hyperbolische Paraboloid (behandelt im folgenden Abschnitt über Schiebflächen). Die durch unabhängige Skalierung aus einem Drehparaboloid entstehenden Flächen werden als *elliptische Paraboloide* (Abb. 9.17c) bezeichnet.

Jede Art von Quadriken besitzt mindestens zwei (zueinander orthogonale) Symmetrieebenen. Hyperboloide und Ellipsoide haben sogar drei paarweise orthogonale Symmetrieebenen. Ihr Schnittpunkt M ist daher ein Symmetriezentrum der Fläche und wird als *Mittelpunkt* bezeichnet. Zusätzlich zu den Symmetrien bemerken wir noch, dass die Schnittkurven mit untereinander parallelen Ebenen zueinander ähnlich sind. Daher kann man eine Quadrik mit Familien ähnlicher Kegelschnitte überziehen.

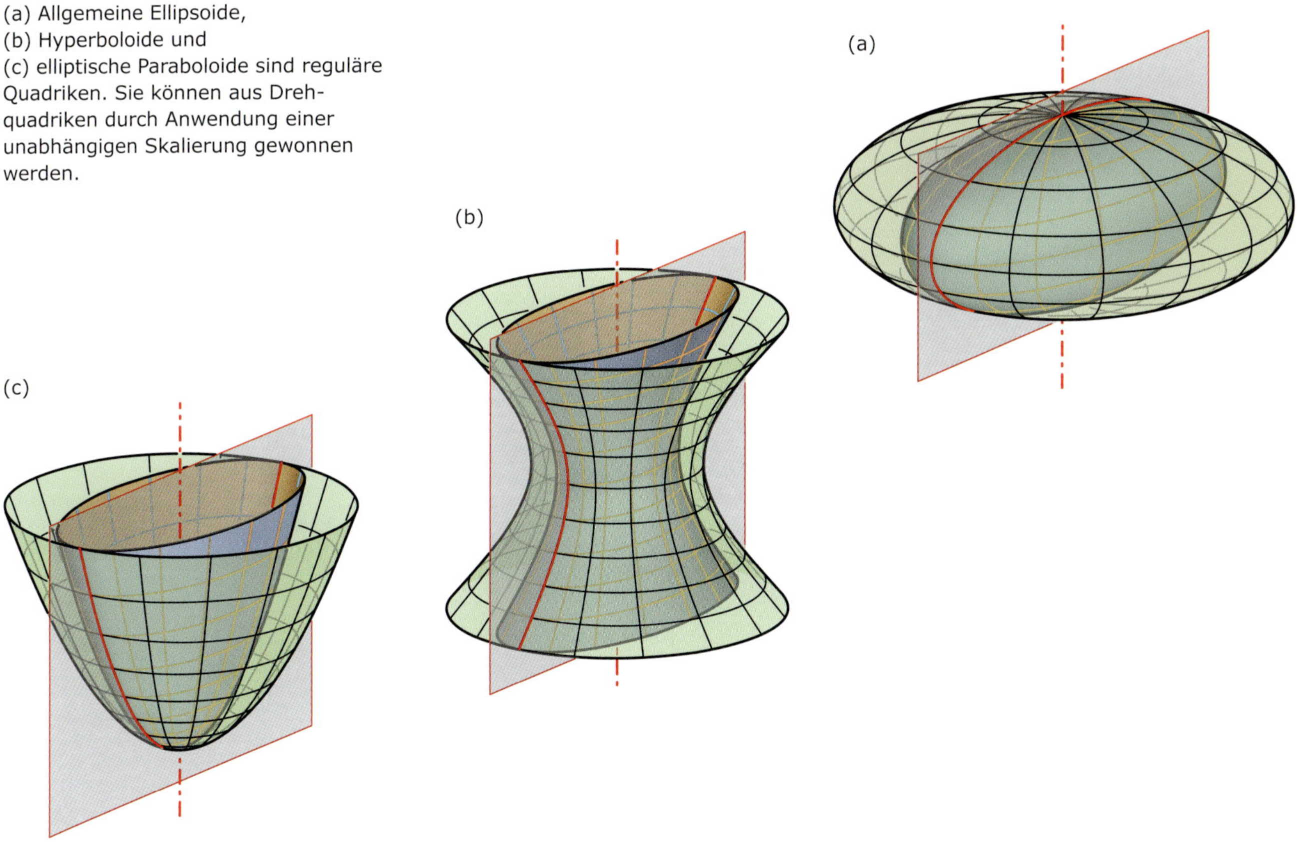

Abb. 9.17
(a) Allgemeine Ellipsoide,
(b) Hyperboloide und
(c) elliptische Paraboloide sind reguläre Quadriken. Sie können aus Drehquadriken durch Anwendung einer unabhängigen Skalierung gewonnen werden.

Spiegelt man eine solche Kegelschnittschar an einer Symmetrieebene, so ergibt sich auf der Fläche sogar ein Netz ähnlicher Kurven (Abb. 9.18). Entsprechend der weiten Verbreitung der Kegelschnitte finden sich auch Quadriken (insbesondere Drehquadriken) in der Architektur (Abb. 9.19).

Durch unabhängige Skalierung werden ebene Schnitte (Kegelschnitte) wieder auf Kegelschnitte desselben Typs abgebildet, während die Parallelkreise auf Ellipsen abgebildet werden. Daher tragen alle von Drehquadriken durch Skalierung abgeleiteten Flächen Ellipsen. Jedoch gibt es viel mehr Ellipsen auf diesen Quadriken als nur die Bilder der Drehkreise. Unter all diesen Ellipsen gibt es auch Kreise. Im Folgenden wollen wir zeigen, wie man diese Kreise finden kann.

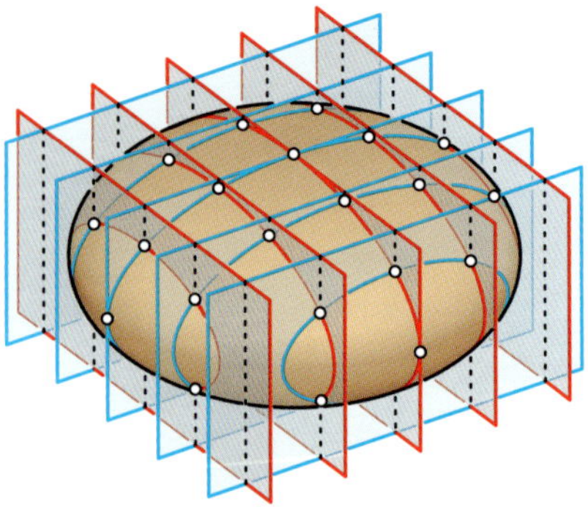

Abb. 9.18
Quadriken können mit einem Netz untereinander ähnlicher Kegelschnitte überzogen werden.

Abb. 9.19
Teile von Ellipsoiden in der Architektur. (a, b) Norman Fosters Reichstag-Kuppel (eröffnet 1999) in Berlin hat die Form eines halben Drehellipsoids (Foto mit freundlicher Genehmigung von Waagner-Biro).
(c) Das Cornell Medical College (eröffnet 2004) in Qatar von Arata Isozaki, Perkins & Will.

(a)

(b)

(c)

Schnittkurven von Quadriken. In Kapitel 7 haben wir uns mit grundlegenden Eigenschaften von Schnittkurven befasst und dabei auch Doppelpunkte von Schnittkurven diskutiert. Diese treten auf, wenn die beiden Flächen Φ und Ψ einander in einem Punkt P berühren. Abb. 9.20 illustriert dies an Hand zweier Drehquadriken. Das abgeplattete Drehellipsoid Ψ berührt das einschalige Hyperboloid Φ in zwei Punkten P_1 und P_2. Wie aus Abb. 9.20 ersichtlich ist, besteht die Schnittkurve aus zwei ebenen Kurven. Da diese Kurven auf dem Ellipsoid Ψ liegen, sind sie Ellipsen.

Für Designzwecke kann das Auffinden ebener Verschneidungen vorteilhaft sein. Der Übergang von einer Fläche zur anderen kann dann einfacher realisiert werden. Daher wollen wir das folgende Kriterium für ebene Verschneidungen zweier Quadriken formulieren, das eine Verallgemeinerung des in Abb. 9.20 gezeigten Beispiels darstellt:

Wenn zwei Quadriken einander in zwei Punkten berühren, so zerfällt ihre Schnittkurve in zwei ebene Kurven (im Allgemeinen Kegelschnitte).

Drehzylinder und Drehkegel sind spezielle (nicht-reguläre) Quadriken, und daher ist das gerade formulierte Kriterium auf sie ebenfalls anwendbar. Eine Anwendung dieses geometrischen Sachverhalts ist in Abb. 9.21 durch die Schnittkurve eines elliptischen Paraboloids und eines Drehkegels illustriert. Wenn wir dasselbe Kriterium auf eine Quadrik und eine Kugel anwenden, so erhalten wir ebenfalls zwei ebene Schnittkurven. Da diese auf der Kugel liegen müssen, sind sie Kreise. Somit haben wir einen allgemeinen Zugang zur Konstruktion von Kreisen auf Quadriken gefunden.

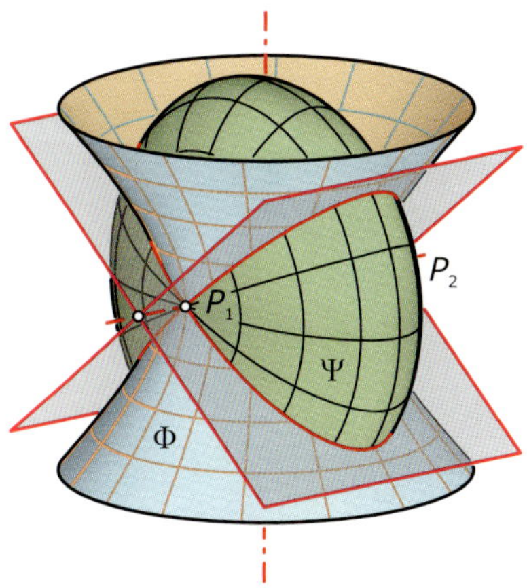

Abb. 9.20
Zwei Drehquadriken mit ebenen Schnittkurven.

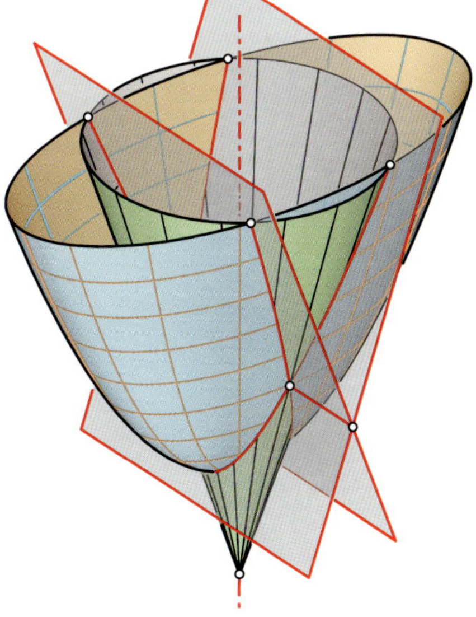

Abb. 9.21
Ein Drehkegel, der ein elliptisches Paraboloid in zwei Punkten berührt, schneidet das Paraboloid in zwei ebenen Kurven.

Im Falle eines Ellipsoids kann eine doppelt berührende Kugel im Mittelpunkt des Ellipsoids zentriert werden (Abb. 9.22). Die Berührpunkte sind Scheitel des Ellipsoids (sie liegen in zwei Symmetrieebenen). Die Schnittkurve besteht aus zwei Kreisen k_1 und k_2 in den Ebenen ε_1 bzw. ε_2.

Jede Schnittkurve des Ellipsoids mit einer zu ε_1 oder ε_2 parallelen Ebene ist zu k_1 bzw. k_2 ähnlich und daher ebenfalls ein Kreis. Daher trägt ein allgemeines Ellipsoid zwei Scharen von Kreisen, während es auf einem Drehellipsoid nur die Schar der Parallelkreise gibt. In ähnlicher Weise lassen sich Kreise auf Hyperboloiden und elliptischen Paraboloiden finden (Abb. 9.23).

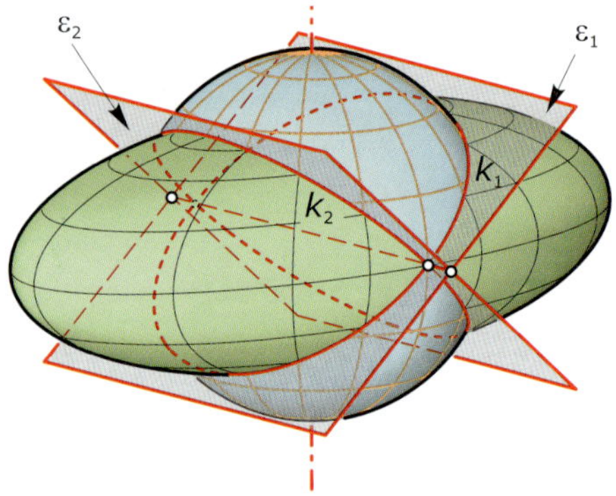

Abb. 9.22
Ein Ellipsoid und eine konzentrische Kugel, die einander in zwei Punkten berühren, haben zwei Kreise gemeinsam.

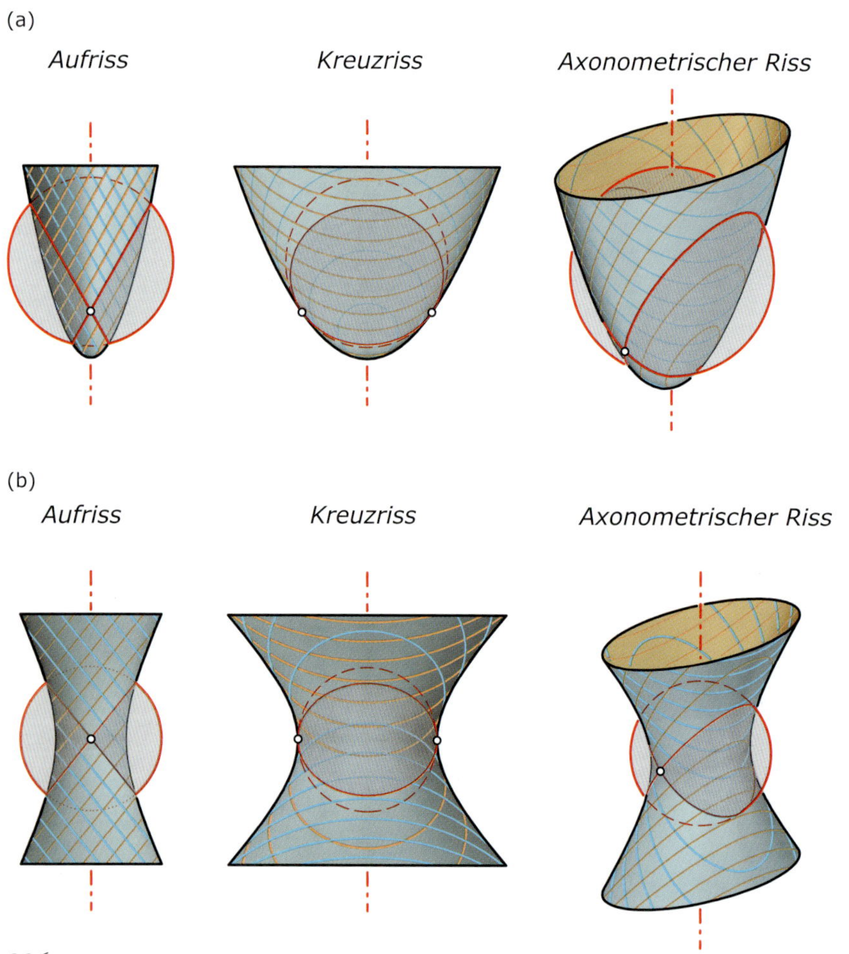

Abb. 9.23
Quadriken mit zwei Kreisscharen.
(a) Elliptisches Paraboloid.
(b) Einschaliges Hyperboloid.

Schiebflächen

Wir betrachten zwei Kurven k und l durch einen gemeinsamen Punkt O. Durch Verschiebung der Profilkurve k längs der Leitkurve l erzeugen wir eine *Schiebfläche* (Abb. 9.24a). Daher enthält eine Schiebfläche eine Schar von Kurven k_p, die zur Profilkurve k kongruent sind (aus dieser durch Schiebung hervorgehen).

Jede der Profilkurven k_p schneidet die Leitkurve l in einem Punkt P.

Wir erhalten einen allgemeinen Punkt X der Flächenkurve k_p durch Verschiebung eines Punktes Q der Profilkurve k mit dem Vektor $\mathbf{p}=\overrightarrow{OP}$. Die vier Punkte $OPXQ$ bilden die Ecken eines Parallelogramms (Abb. 9.24). Der Punkt X kann also auch durch Addition des Vektors $\mathbf{q}=\overrightarrow{OQ}$ zu P erhalten werden. Addition von $\mathbf{q}$ zu allen Punkten der Bahnkurve l bewirkt eine Verschiebung in eine zu l kongruente Flächenkurve l_q (Abb. 9.24b). Wir sehen also, dass die Rollen von Profilkurve und Leitkurve zur Erzeugung einer Schiebfläche vertauscht werden können.

Wir erhalten offenbar einen beliebigen Punkt X der Schiebfläche durch Addition von zwei Ortsvektoren $\mathbf{p}$ und $\mathbf{q}$, die Punkte auf den erzeugenden Kurven beschreiben. Dies liefert eine mathematische Beschreibung von Schiebflächen. Seien die Kurven k und l durch ihre Darstellungen $\mathbf{k}(u)$ und $\mathbf{l}(v)$ mit Parametern u bzw. v erfasst (und O der Ursprung des Koordinatensystems), so kann ein beliebiger Punkt X der Schiebfläche beschrieben werden durch

$$\mathbf{x}(u,v) = \mathbf{k}(u) + \mathbf{l}(v). \quad \text{(S)}$$

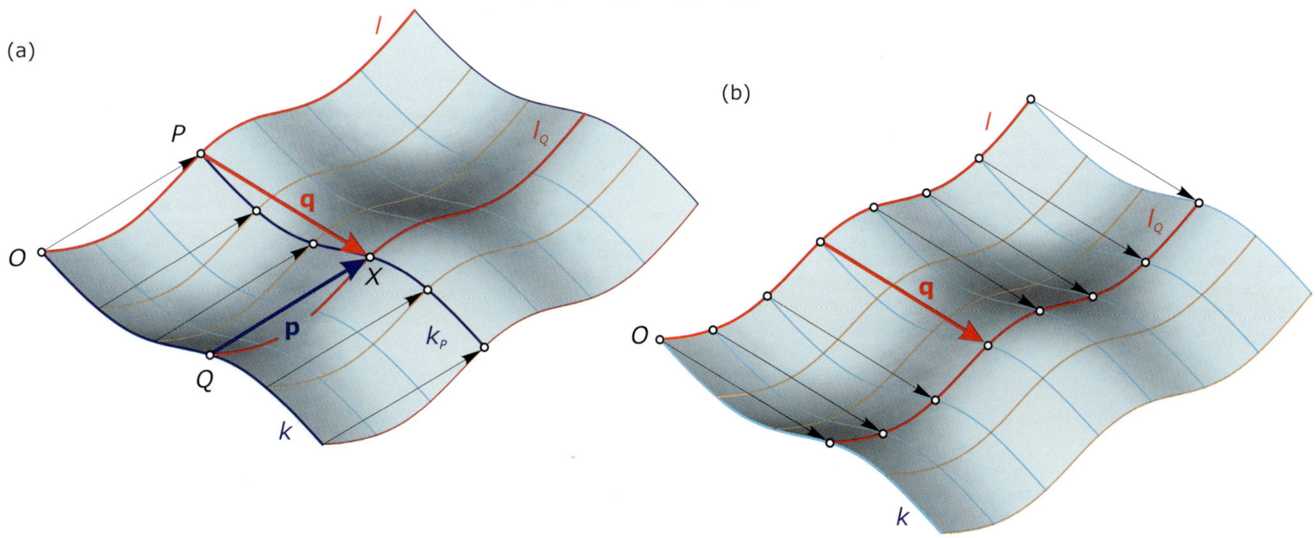

Abb. 9.24
(a) Durch Verschiebung einer Profilkurve k längs einer anderen Leitkurve l erhalten wir eine Schiebfläche.
(b) Verschiebung der Leitkurve längs der Profilkurve erzeugt dieselbe Fläche.

Die Tangentialebene im Punkt X wird von den Tangenten t_k und t_l an die beiden erzeugenden Kurven aufgespannt. Längs der Parameterkurve $k(u) = k_x$ sind die Tangenten an die andere Familie von Parameterkurven untereinander parallel. Sie bilden daher einen Zylinder mit der Profilkurve k_x. Dieser Zylinder berührt die Schiebfläche längs der Kurve k_x (siehe Abb. 9.25). Wegen der Vertauschbarkeit der Rollen von Leit- und Profilkurve gilt Analoges für die Parameterkurve l_x.

Die einfache Erzeugung von Schiebflächen und die Tatsache, dass sie zwei Scharen jeweils kongruenter Kurven tragen, machen sie für das Bauwesen interessant. Es gibt eine Reihe von Bauwerken, bei denen Schiebflächen Verwendung gefunden haben (siehe z.B. Abb. 9.26).

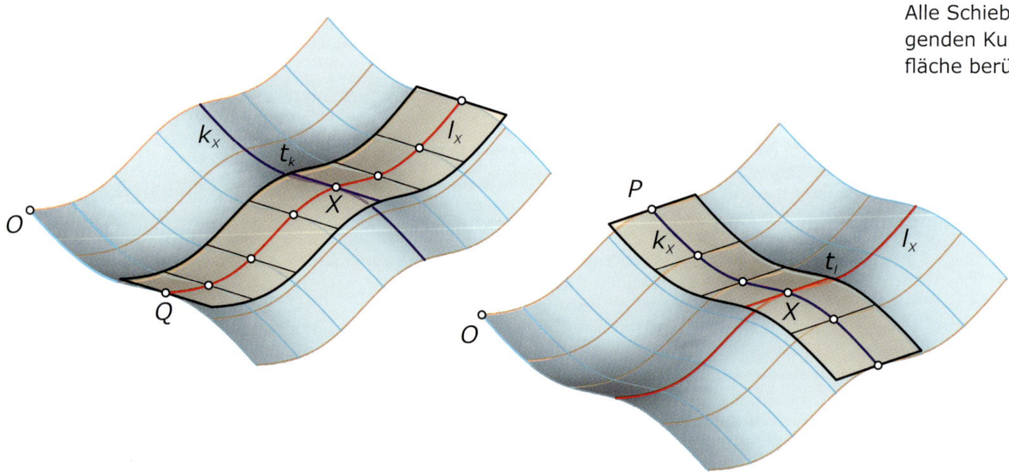

Abb. 9.25
Alle Schiebtangenten längs einer erzeugenden Kurve bilden eine die Schiebfläche berührende Zylinderfläche.

Abb. 9.26
Schiebflächen in der Architektur.
(a) Das *ESO Hotel* (1998–2002) auf dem Cerro Paranal von Auer+Weber.
(b) Der *Japanische Pavillon* bei der Expo 2000 in Hannover, Deutschland, von Shigeru Ban und Frei Otto.

(a)

(b)

Anstelle glatter Kurven kann man Polygone als erzeugende Kurven verwenden. So erhalten wir diskrete Schiebflächen mit ebenen Vierecken (Parallelogrammen) als Seitenflächen, die als Grundlage für Stahl-Glas-Konstruktionen gut geeignet sind (Abb. 9.27).

Spezielle Schiebflächen. Sehr einfache Beispiele für Schiebflächen sind die Zylinderflächen. Um diese als Schiebflächen zu erzeugen, wählt man eine der beiden erzeugenden Kurven als Gerade (vgl. Abb. 9.1). In Anwendungen verwendet man gerne ebene Kurven in zueinander orthogonalen Ebenen zur Erzeugung von Schiebflächen. Sie eröffnen einen einfachen konstruktiven Zugang zu einem relativ breiten Formenspektrum.

Abb. 9.27.
(a) Approximation einer Schiebfläche durch Verschiebung von Polygonen.
(b) Die Glashülle des Flusspferdhauses (1996) im Berliner Zoo von J. Gribl (Foto: Schlaich Bergermann & Partner).

(a)

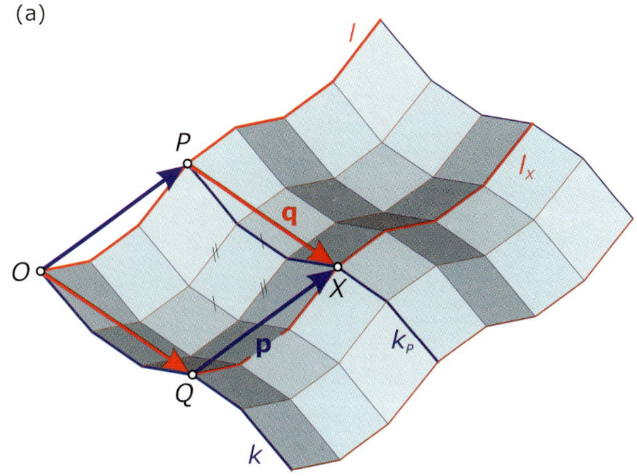

(b)

Beispiel:

Das Drehparaboloid als Schiebfläche. Im Abschnitt über Drehflächen haben wir die Gleichung eines Drehparaboloids in der Form $z = a \cdot (x^2 + y^2)$ angegeben. Die Fläche wird durch Drehung der Parabel $z = a \cdot x^2$ um die z-Achse des Koordinatensystems erzeugt. Wir führen nun Parameter $u = x$ und $v = y$ ein und erhalten folgende Parameterdarstellung des Paraboloids

$(x,y,z) = (u,v,a \cdot u^2 + a \cdot v^2) = (u,0,a \cdot u^2) + (0,v,a \cdot v^2)$.

Dies ist offenbar ein Sonderfall von Gleichung (S) und zeigt, dass die Fläche durch Verschiebung der (in der xz-Ebene liegenden) Parabel $\mathbf{k}(u) = (u,0,a \cdot u^2)$ längs der (in der yz-Ebene liegenden) Parabel $\mathbf{l}(v) = (0,v,a \cdot v^2)$ entsteht. Somit kann ein Drehparaboloid auch als Schiebfläche erzeugt werden. Als erzeugende Kurven wählt man kongruente Parabeln in orthogonalen Ebenen (Abb. 9.28). Es ist zu beachten, dass alle diese Parabeln nach derselben Seite hin geöffnet sind.

Elliptische Paraboloide. Wir haben gesehen, dass Drehparaboloide als Schiebflächen erzeugbar sind. Durch Anwendung einer unabhängigen Skalierung auf ein Drehparaboloid ergibt sich ein *elliptisches Paraboloid*. Die beiden kongruenten Profilparabeln in orthogonalen Ebenen werden auf zwei nicht mehr kongruente Parabeln transformiert. Jedoch können diese Parabeln dazu verwendet werden, das skalierte Paraboloid ebenfalls als Schiebfläche zu erzeugen. Dem liegt die Tatsache zu Grunde, dass eine unabhängige Skalierung (als spezielle Affinität) parallelentreu ist und daher ein Netz von Schiebkurven wieder auf ein Netz von Schiebkurven abbildet.

Die das skalierte Paraboloid erzeugenden Parabeln sind nach derselben Seite hin geöffnet, und sie liegen (bei geeigneter Skalierung) ebenfalls in orthogonalen Ebenen. Als interessante Eigenschaft vermerken wir, dass alle ebenen Schnitte Parabeln oder Ellipsen sind. Die gesamte Fläche trägt nur elliptische Flächenpunkte. Daher wird die Fläche als *elliptisches* Paraboloid bezeichnet. Das elliptische Paraboloid besitzt zwei Symmetrieebenen, die einander in der Achse des Paraboloids schneiden.

Abb. 9.28
Ein Drehparaboloid kann auch als Schiebfläche erzeugt werden.

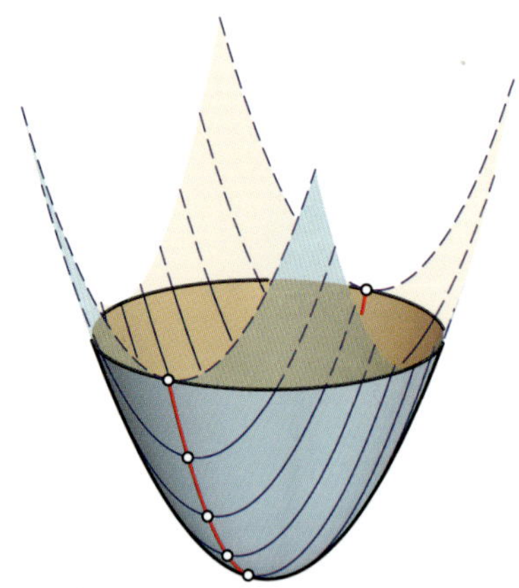

Diese Achse ist parallel zu den Trägerebenen der erzeugenden Parabeln. Der Schnittpunkt der Achse mit der Fläche heißt Scheitel S (Abb. 9.29). Die Tangentialebene des Scheitels verläuft orthogonal zur Achse, und daher ist die Achse die Flächennormale im Scheitel.

Die Schnittkurve eines elliptischen Paraboloids mit einer Ebene ist eine Parabel, sofern die Ebene parallel zur Achse liegt. Ansonsten treten als ebene Schnitte Ellipsen auf – vorausgesetzt, dass die Ebene das Paraboloid überhaupt schneidet (Abb. 9.30).

Hyperbolisches Paraboloid. Wenn wir vor der Verschiebung eine der beiden erzeugenden Parabeln an ihrer Scheiteltangente spiegeln, erhalten wir einen anderen Typ einer Schiebfläche, die ebenfalls zwei Scharen von jeweils schiebungsgleichen Parabeln trägt (Abb. 9.31). Diese Fläche wird als *hyperbolisches Paraboloid* bezeichnet. Nebenbei bemerken wir, dass beide Arten von Paraboloiden zur Klasse der Quadriken gehören, die bereits bei den Drehflächen angesprochen wurde. Während das elliptische Paraboloid durch unabhängige Skalierung aus dem Drehparaboloid gewonnen werden kann, ist dies beim hyperbolischen Paraboloid nicht der Fall.

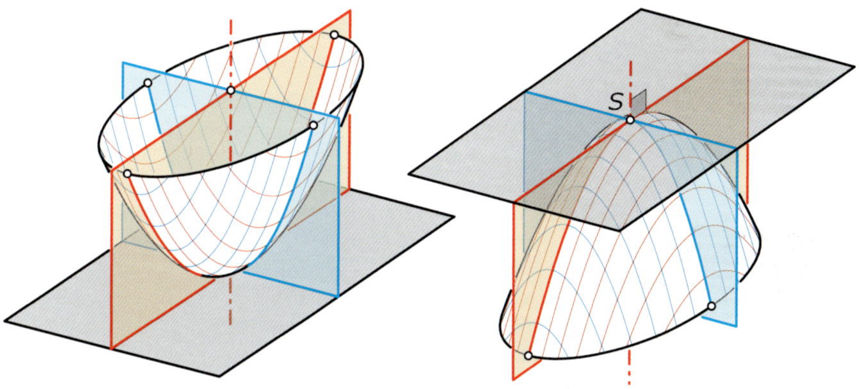

Abb. 9.29
Ein elliptisches Paraboloid entsteht durch Verschiebung einer Parabel längs einer anderen Parabel. Beide Parabeln haben parallele Achsen und sind nach derselben Seite hin geöffnet. Die Achse des elliptischen Paraboloids ist die Schnittgerade seiner beiden Symmetrieebenen.

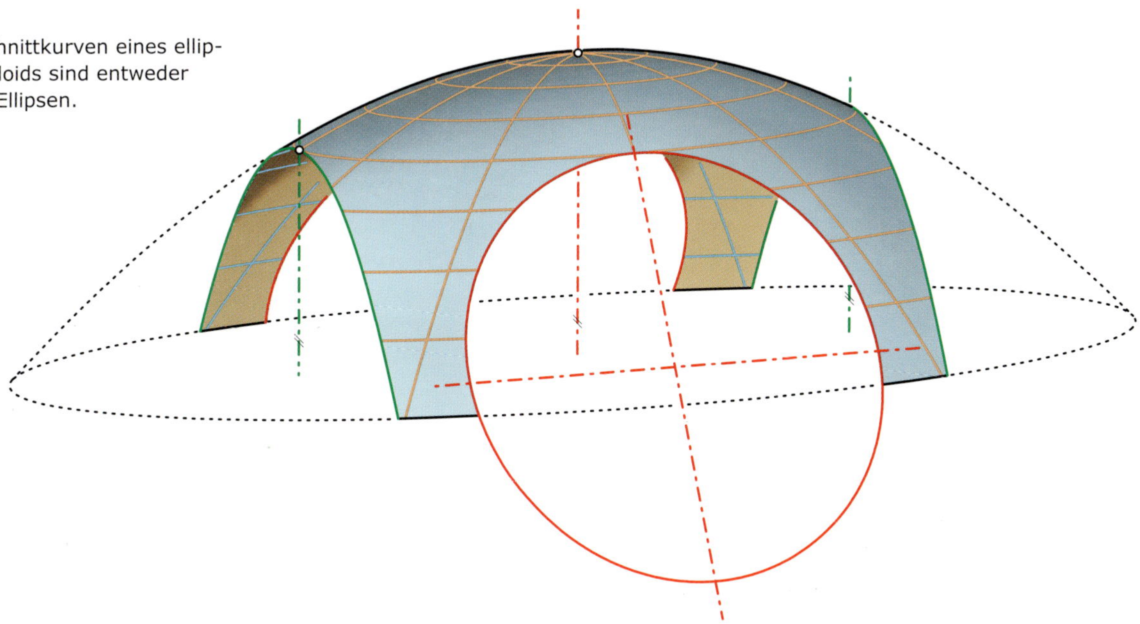

Abb. 9.30
Die ebenen Schnittkurven eines elliptischen Paraboloids sind entweder Parabeln oder Ellipsen.

Ein hyperbolisches Paraboloid enthält nur hyperbolische Flächenpunkte. Anders formuliert heißt dies, dass jeder noch so kleine Teil der Fläche sattelförmig ist. Analog zum elliptischen Paraboloid bezeichnet man die Schnittgerade der beiden Symmetrieebenen als Achse des hyperbolischen Paraboloids (Abb. 9.31). Der Scheitel ist der Schnittpunkt der Achse mit der Fläche, und die Tangentialebene im Scheitel verläuft normal zur Achse. Beim Studium der ebenen Schnitte haben wir drei verschiedene Fälle zu unterscheiden (Abb. 9.32).

- Wie beim elliptischen Paraboloid schneiden Ebenen, die parallel zur Achse liegen, die Fläche in Parabeln.
- Tangentialebenen schneiden die Fläche in zwei Geraden.
- Alle anderen Ebenen schneiden längs Hyperbeln.

Die Tatsache, dass jede Tangentialebene die Fläche in zwei Geraden schneidet, hat zur Folge, dass es auf dem hyperbolischen Paraboloid zwei Scharen von Geraden gibt. Somit ist das hyperbolische Paraboloid auch eine Regelfläche, und dies sogar auf zweifache Weise. Als Schiebfläche mit einfachen Profilkurven (die noch dazu durch Bewegung einer Geraden erzeugbar ist) war das hyperbolische Paraboloid stets eine wichtige Grundform des Bauwesens. Aufgrund seiner häufigen Verwendung findet man dort für das hyperbolische Paraboloid eigene Bezeichnungen wie Hyparschalen oder *HP-Flächen*.

Es sei noch hervorgehoben, dass die statischen Eigenschaften einer HP-Fläche besonders dann vorteilhaft sind, wenn die Achse lotrecht gewählt wird.

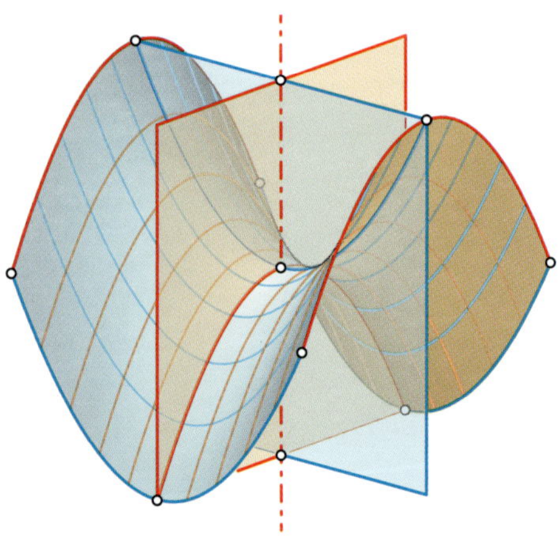

Abb. 9.31
Ein hyperbolisches Paraboloid wird durch Verschiebung zweier Parabeln mit parallelen Achsen erzeugt. Die beiden Parabeln sind nach verschiedenen Seiten hin geöffnet. Die Achse des hyperbolischen Paraboloids ist die Schnittgerade seiner beiden Symmetrieebenen.

Abb. 9.32
Hyperbolische Paraboloide werden von Ebenen in Parabeln, Hyperbeln oder Geradenpaaren geschnitten. Ein hyperbolisches Paraboloid trägt keine Ellipsen.

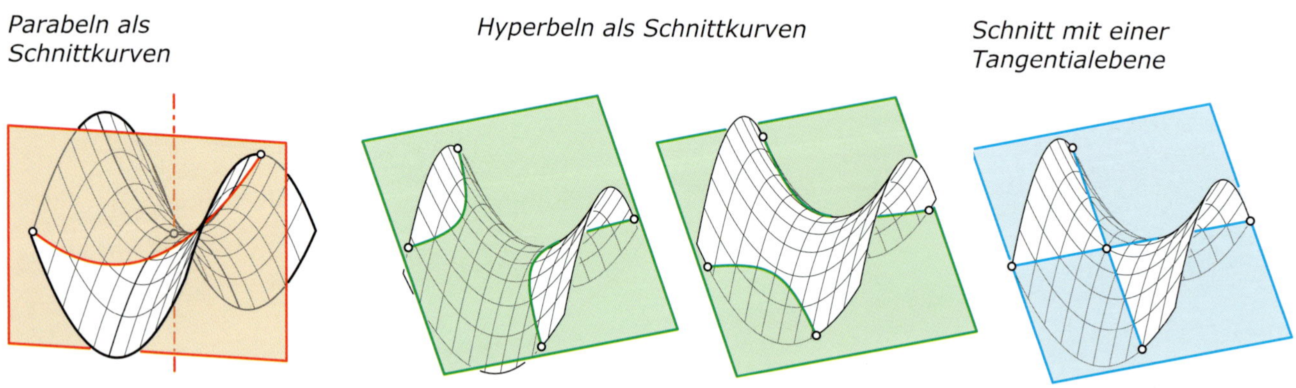

Regelflächen

Zylinder, Kegel, einschalige Hyperboloide und hyperbolische Paraboloide sind Flächen, die Scharen von Geraden tragen. Daher können sie auch durch Bewegung einer Geraden im Raum erzeugt werden. Im Folgenden studieren wir die Klasse all jener Flächen, die durch Bewegung einer Geraden erzeugbar sind. Diese Flächen werden als *Regelflächen* bezeichnet. Laut Definition tragen sie eine stetige Schar von Geraden, die man *Erzeugende* nennt (Abb. 9.33).

Wir werden verschiedene Möglichkeiten der Festlegung einer Bewegung einer Geraden kennen lernen. Jede dieser Erzeugungsweisen hat gewisse Vorteile, aber manche von ihnen schränken die Vielfalt der damit modellierbaren Regelflächen ein. Vom geometrischen Standpunkt aus erstreckt sich eine Regelfläche immer ins Unendliche, weil dies bereits für ihre Erzeugenden gilt. Aus praktischen Gründen benutzen wir oft nur geradlinige Strecken als Erzeugende, die dann endliche Ausschnitte von Regelflächen generieren.

Abb. 9.33
Regelflächen in der Architektur.
(a) Die neue Staatsgalerie in Stuttgart (1977–1983) von James Stirling.
(b) Das Planai-Skiterminal in Schladming (2006) von Hofrichter-Ritter (Foto: Hofrichter-Ritter).

(a) (b)

Erzeugung von Regelflächen durch Bewegung einer Geraden längs einer Leitkurve. Wir geben eine Kurve c_1 vor, die wir *Leitkurve* nennen, und bewegen einen Punkt einer Geraden (bzw. eines Geradensegments) e längs dieser Kurve. Ein einzelner Punkt bestimmt noch nicht die Lage einer Geraden. Wir müssen auch ihre Richtung festlegen. Die Richtung soll sich beim Durchlaufen der Leitkurve c_1 stetig verändern (Abb. 9.34).

Diese Erzeugung einer Regelfläche ist unmittelbar in eine mathematische Darstellung umsetzbar. Sei $\mathbf{c}(u)$ eine Parameterdarstellung der Leitkurve c_1 und $\mathbf{d}(u)$ der längs der Leitkurve stetig variierende (und daher auch vom Kurvenparameter u abhängige) Richtungsvektor der bewegten Geraden. Dann berechnet sich der Koordinatenvektor eines beliebigen Punktes X der erzeugten Regelfläche durch Addition der Vektoren $\mathbf{c}(u)$ und $v \cdot \mathbf{d}(u)$. Somit ergibt sich folgende Parameterdarstellung einer Regelfläche,

$$\mathbf{x}(u,v) = \mathbf{c}(u) + v \cdot \mathbf{d}(u).$$

Als Sonderfall erhalten wir Zylinder bei Wahl eines konstanten Richtungsvektors $\mathbf{d}$.

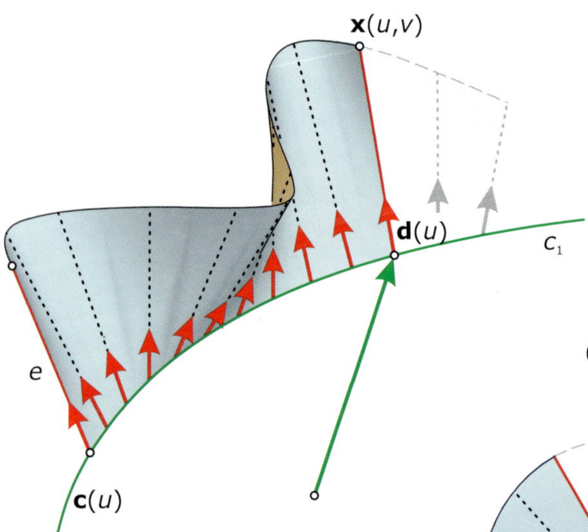

Abb. 9.34
Durch Bewegung eines Punktes einer Geraden längs einer Kurve c_1 und gleichzeitiger Veränderung ihrer Richtung entsteht eine Regelfläche.

(a)

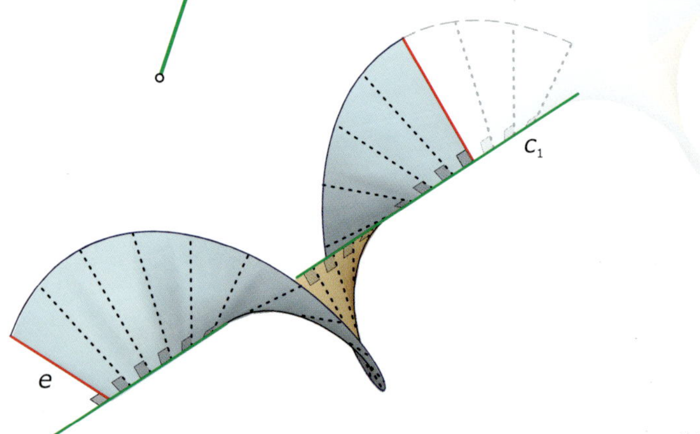

(b)

Abb. 9.35
(a) Konoide werden von Geraden gebildet, die eine Leitkurve c_1 rechtwinklig schneiden.
(b) Die Winzerei Ysios (1998–2001) in Laguardia, Spanien, von Santiago Calatrava.
(c) Das Japanische Kunst- und Technologiezentrum (eröffnet 1995) in Krakau, Polen, von Arata Isozaki.

(c)

Beispiel:

Konoid. Wir benutzen eine geradlinige Leitkurve c_1 und Erzeugenden e, die c_1 unter rechtem Winkel treffen (Abb. 9.35). Wir werden diese Definition der Konoide später etwas erweitern.

Unter Verwendung der z-Achse als Leitgerade c_1 kann ihre Parameterdarstellung als $\mathbf{c}(u) = (0,0,u)$ gewählt werden (sofern wir Fälle wie den in Abb. 9.49 dargestellten ausschließen, wo die Leitkurve mehrfach durchlaufen wird und sich Selbstschnitte längs der Leitkurve ergeben). Da die Erzeugenden orthogonal zur z-Achse sein sollen, hat ihr Richtungsvektor $\mathbf{d}(u)$ eine verschwindende z-Koordinate. Für unsere Beispiele setzen wir $\mathbf{d}(u) = (\cos(f(u)), \sin(g(u)), 0)$. Hierin sind $f(u)$ und $g(u)$ Funktionen des Parameters u (Höhe) längs der Leitgeraden. Somit lautet die Parameterdarstellung der erzeugten Regelflächen

$x(u,v) = v \cdot \cos(f(u))$,
$y(u,v) = v \cdot \sin(g(u))$,
$z(u,v) = u$.

Abbildung 9.36 illustriert einige dieser Flächen. Mit konstanten Funktionen $f(u)$ und $g(u)$ erhalten wir nur die Parameterdarstellung einer Ebene, während sich mit identischen linearen Funktionen $f(u) = g(u) = a \cdot u + b$ so genannte Wendelflächen ergeben, die wir später als besondere Schraubflächen diskutieren werden.

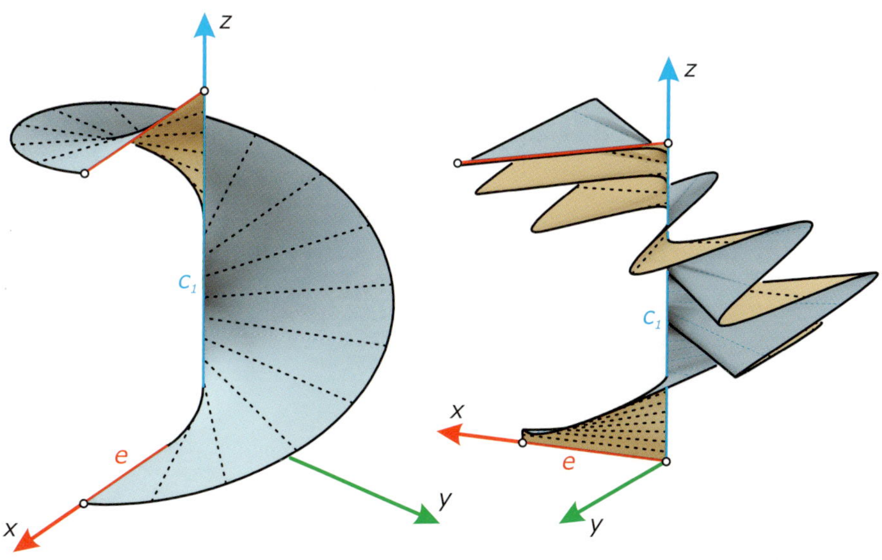

Abb. 9.36
Die Funktionen $f(u)$ und $g(u)$ steuern die Variation der Erzeugendenrichtung und bestimmen daher ganz wesentlich die Form des Konoids.
(a) $f(u) = g(u) = u$.
(b) $f(u) = u$, $g(u) = u^2$.

Beispiel:

Möbiusband. In Verallgemeinerung des vorigen Beispiels verwenden wir nun einen Kreis c_1 als Leitkurve. Wir bewegen ein Geradensegment e so längs c_1, dass es stetig um c_1 rotiert und dabei orthogonal zu c_1 bleibt. Wenn das Geradensegment nach einmaligen Umlauf des Leitkreises wieder im Anfangspunkt angelangt ist, soll es sich um 180 Grad gedreht haben. Daher fällt die Endlage der gesamten Geraden e mit der Anfangslage zusammen.
Zur Bestimmung einer Parameterdarstellung passen wir das Koordinatensystem unserer Angabe entsprechend Abb. 9.37 an. Dann kann der Leitkreis durch $\mathbf{c}(u) = (r \cdot \cos(u), r \cdot \sin(u), 0)$ erfasst werden. Die Rotation der Erzeugenden in der Normalebene des Leitkreises erfolgt mit dem Drehwinkel $u/2$. So erhalten wir mit $\mathbf{d}(u) = (\cos(u/2) \cdot \cos(u), \cos(u/2) \cdot \sin(u), \sin(u/2))$ eine Parameterdarstellung des Möbiusbandes:
$x(u,v) = r \cdot \cos(u) + v \cdot \cos(u/2) \cdot \cos(u)$,
$y(u,v) = r \cdot \sin(u) + v \cdot \cos(u/2) \cdot \sin(u)$,
$z(u,v) = v \cdot \sin(u/2)$.

Bereits aus der Farbgebung in Abb. 9.37 geht hervor, dass das Möbiusband eine einseitige Fläche ist; man kann nicht zwischen einer Außenhaut und einer Innenhaut unterscheiden.

Ähnlich zum Beispiel „Konoid" können wir den Term $u/2$ durch eine beliebige Funktion $f(u)$ ersetzen, um die Vielfalt der erfassten Flächen zu erhöhen (siehe Abb. 9.38).

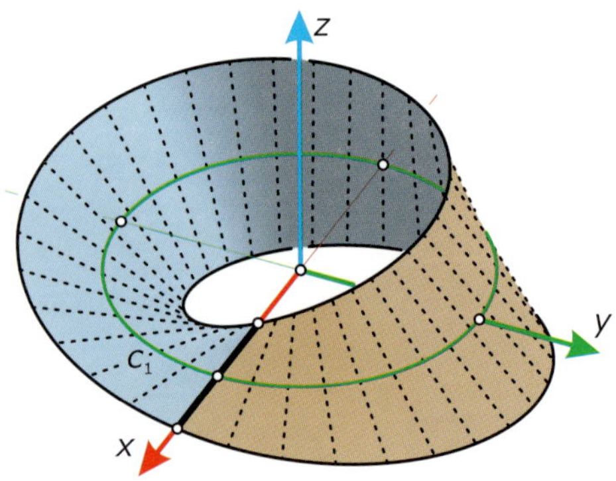

Abb. 9.37
Modellierung eines Möbiusbands durch eine Regelfläche.

(a) (b) (c)

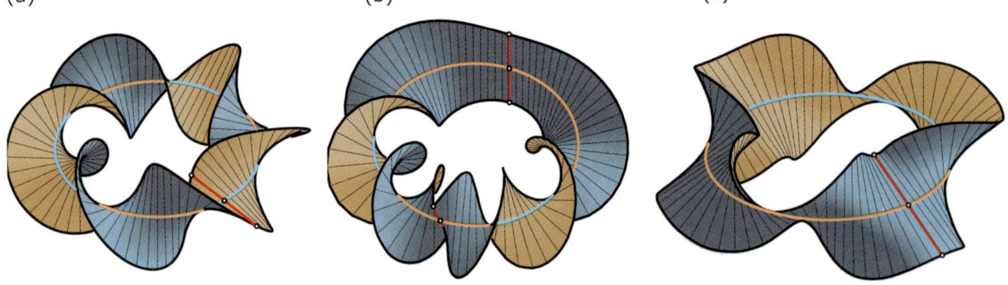

Abb. 9.38
Regelflächen mit kreisförmiger Leitkurve. Die Funktion $f(u)$ beeinflusst die Form der Regelfläche.
(a) $f(u) = 3 \cdot u$.
(b) $f(u) = u^2$.
(c) $f(u) = \sin(3 \cdot u)$.

Erzeugung von Regelflächen durch zwei korrespondierende Leitkurven. Eine Gerade ist durch zwei Punkte festgelegt, und das gilt auch für die Erzeugenden einer Regelfläche. Wir gelangen so zu einer weiteren Erzeugungsmöglichkeit von Regelflächen, die zuerst an Hand eines sehr einfachen Beispiels illustriert werden soll: Im vorigen Abschnitt haben wir das einschalige Drehhyperboloid durch Drehung einer Geraden um eine Achse erzeugt. Wir können aber die Erzeugung auf eine weitere Art interpretieren (Abb. 9.39): Die Erzeugenden ergeben sich durch Verbindung entsprechender Punkte zweier Kreise c_1 und c_2.

Diese Erzeugungsweise kann leicht verallgemeinert werden, indem man zwei beliebige Raumkurven (Leitkurven) $c_1(u)$ und $c_2(u)$ vorschreibt und jeweils die zum selben Parameterwert u gehörenden („korrespondierenden") Kurvenpunkte verbindet. Abhängig von der Parametrisierung der beiden Kurven c_1 und c_2 ergeben sich so verschiedene Regelflächen zu denselben Leitkurven c_1 und c_2 (Abb. 9.40). Ausgehend von Parameterdarstellungen $\mathbf{c}_1(u)$ und $\mathbf{c}_2(u)$ der Leitkurven, ergibt sich ein Richtungsvektor der Erzeugenden als $\mathbf{d}(u)= \mathbf{c}_2(u) - \mathbf{c}_1(u)$ und so die Parameterdarstellung der Regelfläche als

$$\mathbf{x}(u,v)= \mathbf{c}_1(u)+v\cdot[\mathbf{c}_2(u) - \mathbf{c}_1(u)]=(1\text{-}v)\cdot\mathbf{c}_1(u)+v\cdot\mathbf{c}_2(u).$$

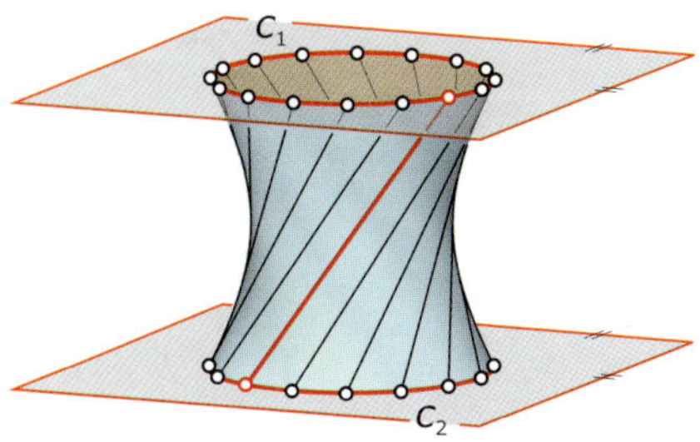

Abb. 9.39
Ein einschaliges Drehhyperboloid kann durch Verbindung entsprechender Punkte auf zwei Kreisen c_1 und c_2 erzeugt werden.

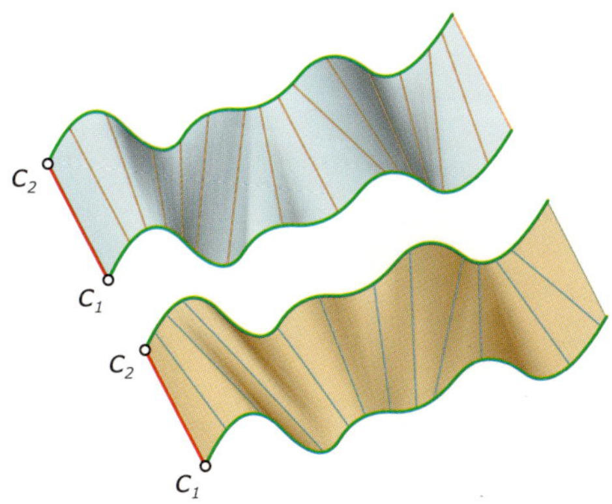

Abb. 9.40
Regelflächen können durch Verbindung von Punkten mit demselben Parameterwert auf zwei parametrisierten Kurven gewonnen werden. Verschiedene Parametrisierungen liefern im Allgemeinen unterschiedliche Regelflächen.

Da wir hier nahezu keine Einschränkungen in der Wahl der Leitkurven und ihrer Parametrisierungen haben, eröffnet dieser Zugang eine große Formenvielfalt (Abb. 9.41). Spezielle Leitkurven und Parametrisierungen führen zu bemerkenswerten Flächen, von denen im Folgenden einige vorgestellt werden sollen.

HP-Flächen. HP-Flächen (hyperbolische Paraboloide) werden im Schalenbau gerne verwendet. Besondere statische Eigenschaften (die vor allem bei lotrechter Achse der HP-Fläche auftreten) erlauben die Konstruktion von Schalen mit großen Spannweiten und vergleichsweise geringer Schalendicke. HP-Flächen sind leicht zu benutzende Grundelemente für den architektonischen Entwurf und vielfältig im Design einsetzbar (Abb. 9.42).

Zusätzlich zur Erzeugung als Schiebfläche kann eine HP-Fläche wie folgt als Regelfläche erfasst werden (Abb. 9.43): Wir beginnen mit zwei windschiefen Geradenstücken AB und DC und benutzen eine lineare Parameterdarstellung zur Definition korrespondierender Punkte $P(u)$ und $Q(u)$ auf AB bzw. DC. Durch Verbindung von $P(u)$ und $Q(u)$ erhalten wir dann eine Erzeugende $e(u)$ der HP-Fläche.

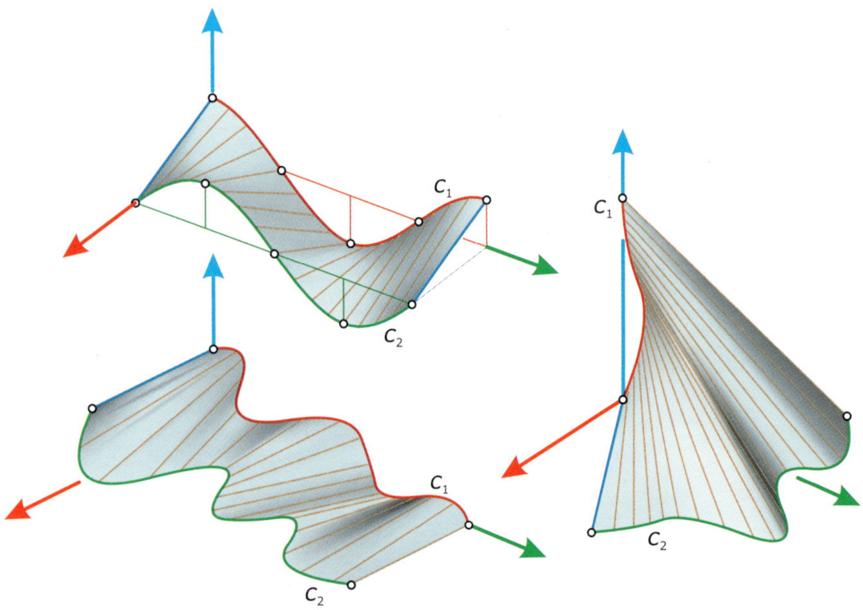

Abb. 9.41
Regelflächen, erzeugt durch Verbindung entsprechender Punkte auf parametrisierten Kurven.

Abb. 9.42
HP-Flächen im Bauwesen.
(a) Der Pengrowth Saddledome (eröffnet 1983) in Calgary von Graham McCourt gilt als HP-Betonschale mit der größten Spannweite. Die geometrische Form entsteht durch Schnitt eines hyperbolischen Paraboloids mit einer Kugel.
(b) Sporthalle einer Schule in Houston, USA.

(a)

(b)

Rein geometrisch kann man korrespondierende Punkte durch Teilung von AB und DC im selben Verhältnis $\text{dist}(A,P) : \text{dist}(P,B) = \text{dist}(D,Q) : \text{dist}(Q,C)$ erhalten. Eine Parameterdarstellung gründet sich auf die Ortsvektoren der Punkte P und Q, nämlich $\mathbf{p}(u) = \mathbf{a} + u \cdot (\mathbf{b} - \mathbf{a}) = (1 - u) \cdot \mathbf{a} + u \cdot \mathbf{b}$ und $\mathbf{q}(u) = (1 - u) \cdot \mathbf{d} + u \cdot \mathbf{c}$. Damit errechnet sich ein allgemeiner Punkt der Erzeugenden $e(u)$ als

$$\mathbf{x} = (1 - v) \cdot \mathbf{p} + v \cdot \mathbf{q} = (1 - v) \cdot [(1 - u) \cdot \mathbf{a} + u \cdot \mathbf{b}] + v \cdot [(1 - u) \cdot \mathbf{d} + u \cdot \mathbf{c}].$$

Das Resultat lautet schließlich:

$$\mathbf{x}(u,v) = (1 - v) \cdot (1 - u) \cdot \mathbf{a} + (1 - v) \cdot u \cdot \mathbf{b} + v \cdot (1 - u) \cdot \mathbf{d} + v \cdot u \cdot \mathbf{c}.$$

Wenn die Parameter v und u nur Werte zwischen 0 und 1 annehmen, erhalten wir jenes Stück der HP-Fläche, welches durch das windschiefe Viereck $ABCD$ begrenzt wird. Wenn wir auch Werte größer als 1 oder kleiner als 0 zulassen, beschreiben wir Punkte der HP-Fläche außerhalb dieses Vierecks.

Die Parameterdarstellung einer HP-Fläche ist linear in den beiden Parametern v und u. Wir können sie auch so schreiben:

$$\boldsymbol{x}(u,v) = (1 - u) \cdot [(1 - v) \cdot \mathbf{a} + v \cdot \mathbf{d}] + u \cdot [(1 - v) \cdot \mathbf{b} + v \cdot \mathbf{c}].$$

Wenn wir nun $\mathbf{r}(v) = (1 - v) \cdot \mathbf{a} + v \cdot \mathbf{d}$ und $\mathbf{s}(v) = (1 - v) \cdot \mathbf{b} + v \cdot \mathbf{c}$ als Ortsvektoren von Punkten R und S auffassen, erkennen wir, dass es auf der Fläche eine zweite Schar von Geraden $f(v)$ gibt, die durch Teilung der gegenüberliegenden Vierecksseiten AD und BC im gleichen Verhältnis und Verbindung der Teilungspunkte entstehen (Abb. 9.44).

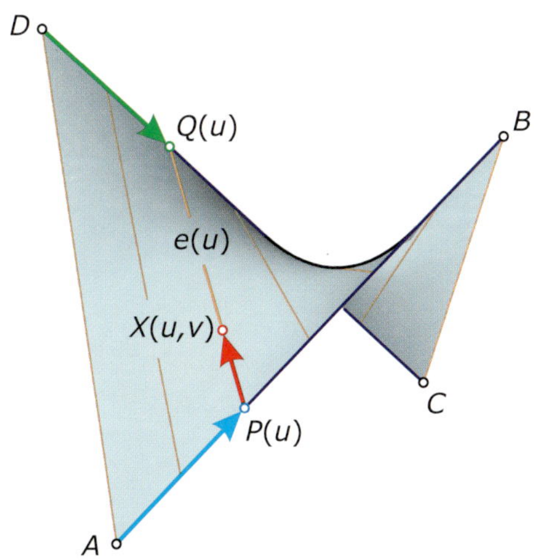

Abb. 9.43
Konstruktion von Erzeugenden einer HP-Fläche durch Verbindung entsprechender Punkte auf linear parametrisierten geradlinigen Strecken.

Abb. 9.44
Eine HP-Fläche trägt zwei Scharen von Geraden.
(a) Konstruktion der zweiten Schar.
(b) Verwendung in einem Gartenpavillon.

(a)

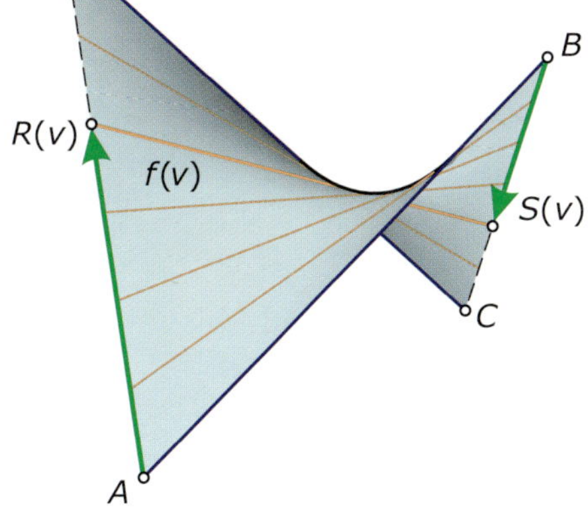

(b)

HP-Flächen und einschalige Hyperboloide tragen zwei verschieden Scharen von Erzeugenden e_x und f_x. Je zwei Geraden derselben Schar sind windschief, während Geraden verschiedener Scharen einander schneiden. Somit können HP-Flächen und einschalige Hyperboloide in zweifacher Weise als Regelflächen aufgefasst werden. Man bezeichnet sie daher gelegentlich als *doppelte Regelflächen*. Durch jeden Punkt X einer doppelten Regelfläche gehen zwei verschiedene Erzeugenden e_x und f_x. Diese Erzeugenden spannen die Tangentialebene im Punkt X auf (Abb. 9.45). Man kann beweisen, dass die HP-Flächen und die einschaligen Hyperboloide die einzigen Typen doppelter Regelflächen sind.

Im Gegensatz zum einschaligen Hyperboloid sind bei der HP-Fläche die Erzeugenden derselben Schar jeweils parallel zu einer Ebene, die *Richtebene* genannt wird. Genauer formuliert ist die Situation so: Jede Ebene ε, die zu zwei verschiedenen Erzeugenden derselben Schar parallel ist, ist auch zu allen anderen Erzeugenden dieser Schar parallel; ε gehört einer Menge paralleler Ebenen an, von denen jede als Richtebene anzusehen ist.

Es gibt genau eine Tangentialebene der HP-Fläche, die orthogonal zu den Richtebenen beider Scharen ist. Ihr Berührpunkt S ist der *Scheitel* der HP-Fläche und die (zu beiden Richtebenen parallele) Flächennormale im Scheitel ist die Achse (Abb. 9.46).

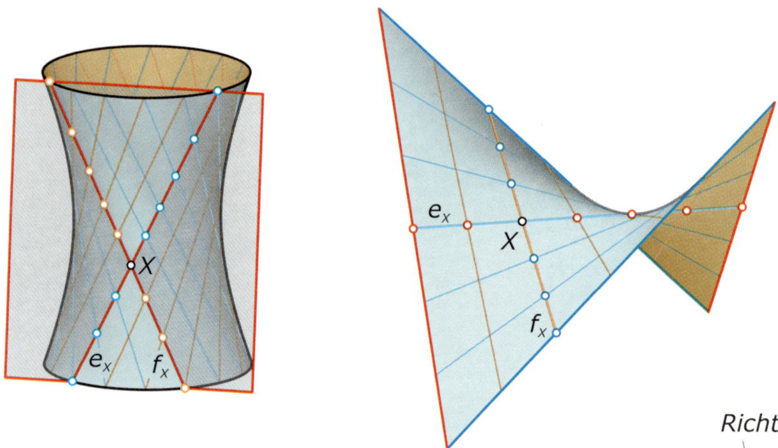

Abb. 9.45
HP-Flächen und einschalige Hyperboloide tragen zwei verschiedene Scharen von Erzeugenden.

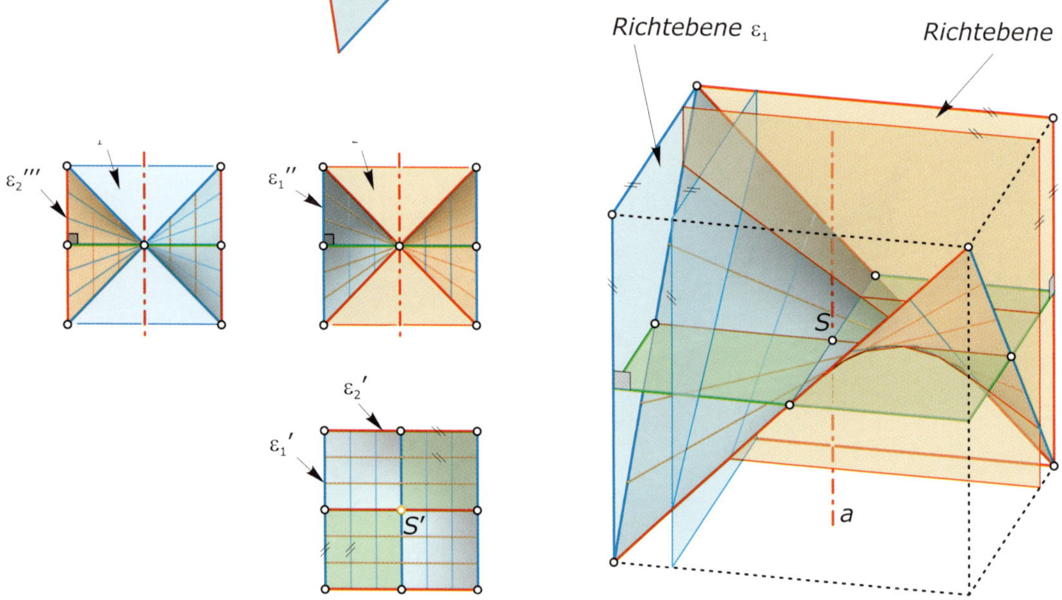

Abb. 9.46
Die Richtebenen der beiden Erzeugendenscharen einer HP-Fläche sind parallel zur Achse. Daher bildet eine Parallelprojektion in Richtung der Achse die beiden Scharen auf zwei Mengen paralleler Geraden ab.

Ebenen parallel zur Achse, die keine Richtebenen sind, schneiden die HP-Fläche in Parabeln; sie können zur Erzeugung der Fläche als Schiebfläche verwendet werden. Abbildung 9.47 illustriert beide Erzeugungsweisen – einerseits als Regelfläche und andererseits als Schiebfläche.

Konoide. Wir betrachten nun eine Verallgemeinerung der HP-Flächen, nämlich Regelflächen, deren Erzeugende zu einer Richtebene ε parallel sind und eine Gerade c_1 treffen (Abb. 9.48). Teile solcher Konoide werden gerne zum Entwurf von Schalen oder Sheddächern verwendet (Abb. 9.35). Obwohl die Form der zweiten Leitkurve c_2 beliebig wählbar ist, haben wir auf die richtige Parametrisierung zu achten, damit die Erzeugenden auch parallel zur Richtebene sind.

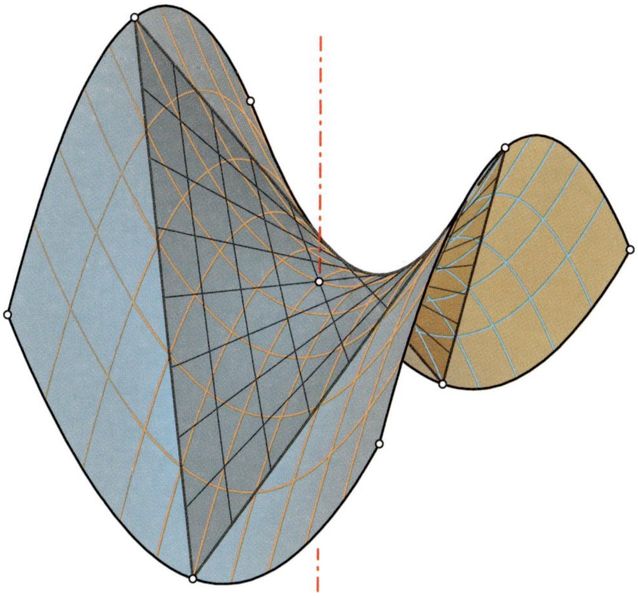

Abb. 9.47
Eine HP-Fläche kann als Regelfläche oder als Schiebfläche erzeugt werden.

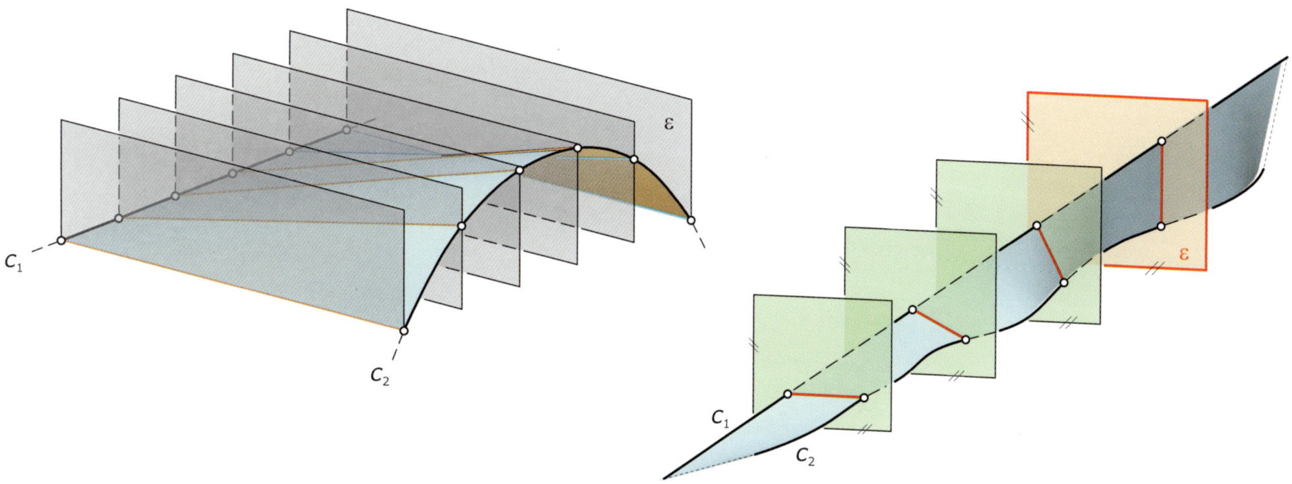

Abb. 9.48
Alle Erzeugenden eines Konoids sind zu einer Richtebene ε parallel und treffen eine Leitgerade c_1.

Beispiel:

Plücker-Konoid. Abbildung 9.49 zeigt ein Beispiel mit der *xy*-Ebene als Richtebene und der *z*-Achse als Leitgerade. Die zweite Leitkurve c_2 wurde als Ellipse gewählt; sie liegt auf einem Drehzylinder durch die *z*-Achse und ist symmetrisch zur *yz*-Ebene; ein Hauptscheitel *A* liegt also auf der *z*-Achse. In Abb. 9.49 ist das so erzeugte *Plücker-Konoid* durch die Schnittkurve mit einem koaxialen Drehzylinder berandet. Es sei hier noch erwähnt, dass jeder Drehzylinder durch die *z*-Achse das Plücker-Konoid in einer Ellipse schneidet.

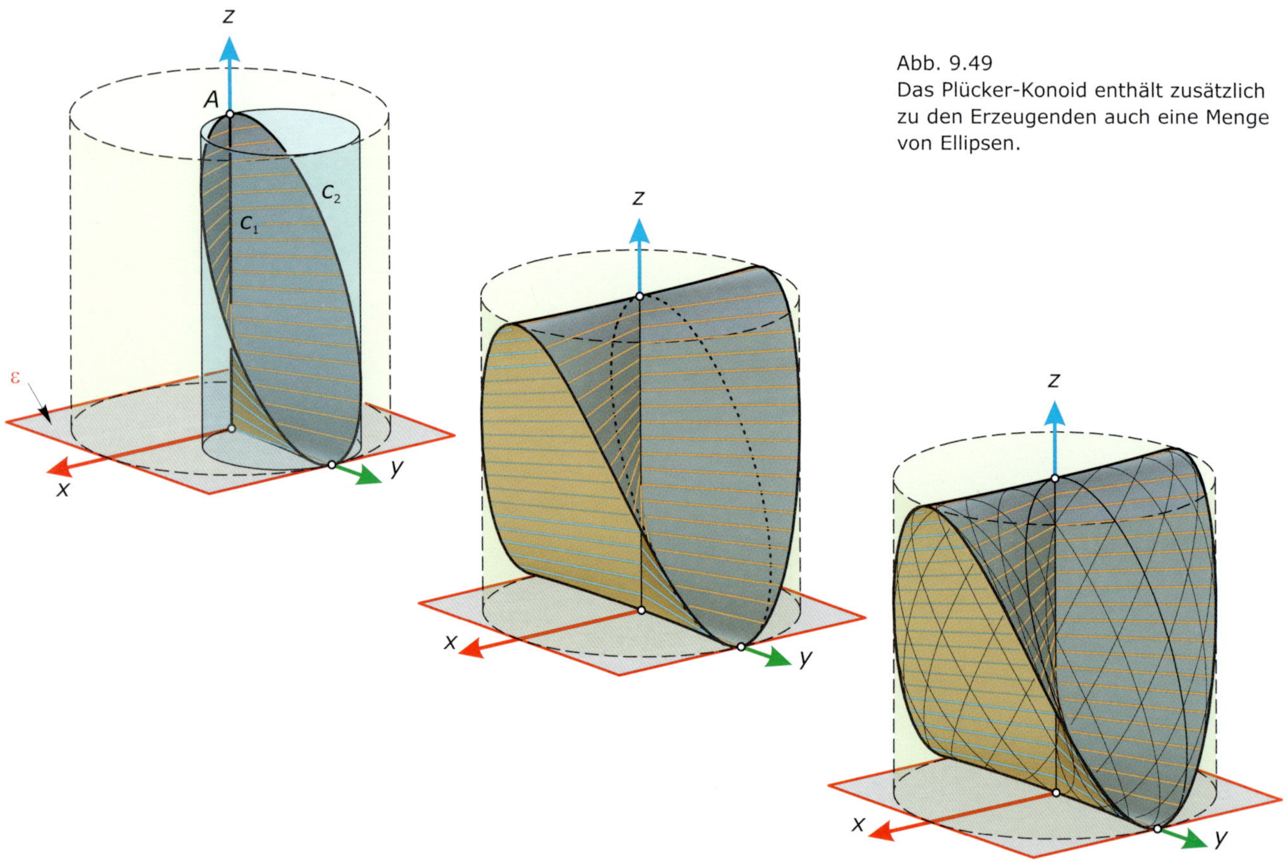

Abb. 9.49
Das Plücker-Konoid enthält zusätzlich zu den Erzeugenden auch eine Menge von Ellipsen.

Tangentialebenen von Regelflächen. Die Tangentialebene in einem beliebigen Punkt *P* einer Regelfläche enthält die durch *P* gehende Erzeugende *e*. Wie in Abb. 9.50 dargestellt, berührt diese Ebene die Regelfläche in einem einzigen Punkt *P*. Wenn der Punkt *P* eine Erzeugende *e* durchläuft, dreht sich dabei seine Tangentialebene um *e*. Wir haben dieses Verhalten der Tangentialebene bereits bei der HP-Fläche kennen gelernt.

Andererseits können Regelflächen (wie etwa Zylinder oder Kegel) Erzeugenden enthalten, längs denen die Tangentialebene längs der gesamten Erzeugenden berührt. Solche Erzeugenden heißen *torsale Erzeugenden,* im Unterschied zum allgemeinen Fall der *nicht-torsalen Erzeugenden* (Abb. 9.50). Alle in den Abbildungen 9.48, 9.49, und 9.51 dargestellten Konoide tragen zumindest eine torsale Erzeugende. In diesen Beispielen liegen die torsalen Erzeugenden in Symmetrieebenen der jeweiligen Fläche.

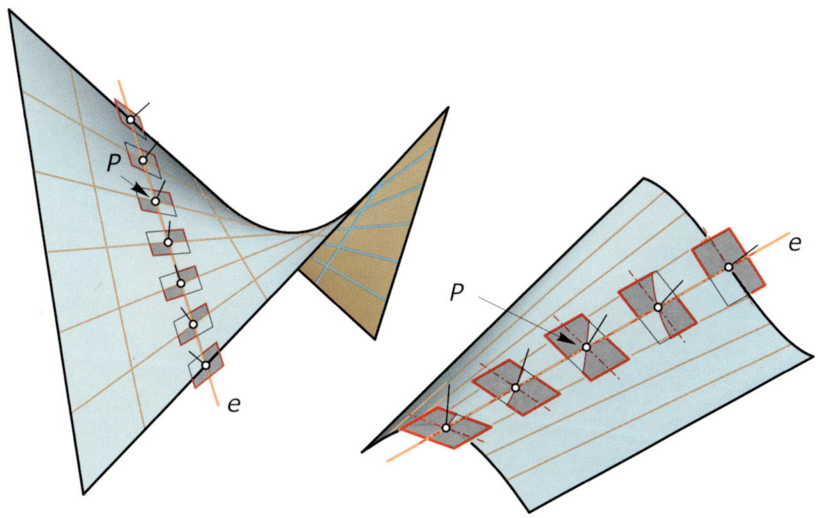

Abb. 9.50
Die Tangentialebene in einem Punkt *P* einer nicht-torsalen Erzeugenden *e* berührt die Regelfläche nur in *P*. Verschiedene Punkte derselben Erzeugenden haben verschiedene Tangentialebenen.

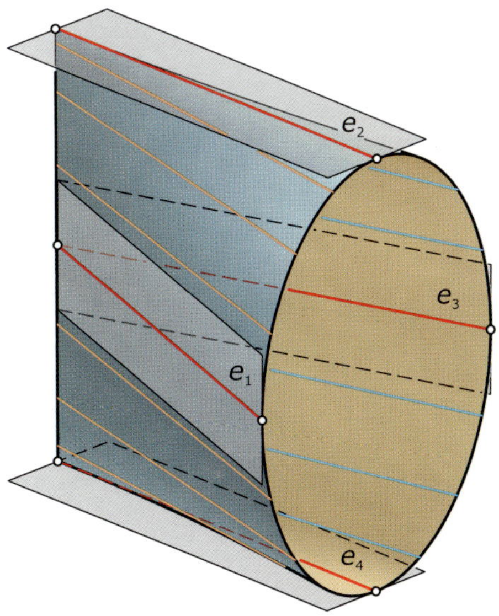

Abb. 9.51
Eine windschiefe Regefläche mit vier torsalen Erzeugenden $e_1, \ldots, e_4$.

Regelflächen, die nur torsale Erzeugenden enthalten, werden *abwickelbare Regelflächen* genannt, während Regelflächen, die – abgesehen von einzelnen torsalen Erzeugenden – vorwiegend nicht-torsale Erzeugenden tragen, als *windschiefe Regelflächen* bezeichnet werden. Zylinder, Kegel und Tangentenflächen von Raumkurven (Abb. 9.52) sind abwickelbare Regelflächen, ja in gewisser Weise sogar die einzigen, wie wir noch genauer ausführen werden. Abwickelbare Regelflächen sind Bestandteile der allgemeinen abwickelbaren Flächen, die verzerrungsfrei in die Ebene ausgebreitet (abgewickelt) werden können und in der Folge genauer betrachtet werden sollen.

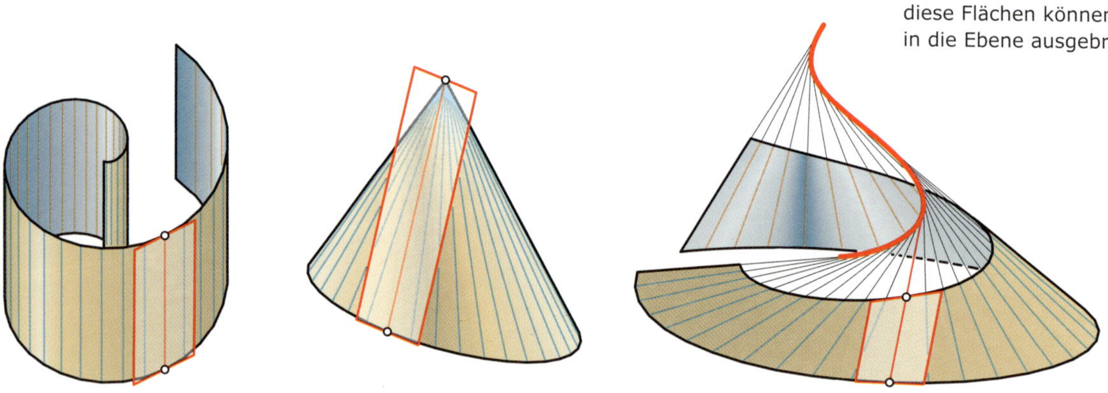

Abb. 9.52
Bei einer abwickelbaren Regelfläche berührt jede Tangentialebene jeweils längs einer ganzen Erzeugenden. Flächen dieser Art sind die Zylinder, die Kegel und die von den Tangenten einer Raumkurve gebildeten Flächen. Alle diese Flächen können verzerrungsfrei in die Ebene ausgebreitet werden.

Abwickelbare Flächen

Die Bedeutung der abwickelbaren Flächen in der Architektur hat verschiedene Ursachen: Im Modellbau kommt man zwangsläufig zu diesen Flächen, da sie die einzigen sind, die man aus einem Stück Papier oder Karton leicht herstellen kann. Dies liegt an der Existenz der Abwicklung, einer verzerrungsfreien Abbildung einer solchen Fläche in die Ebene. Aus demselben Grund lassen sich abwickelbare Flächen leicht mit Blech oder anderen Materialien mit einem ähnlichen Biegeverhalten verkleiden. Die Existenz von geradlinigen Erzeugenden erleichtert ebenso den Bau dieser Flächen.

Im Hinblick auf die vielen Vorteile im Zusammenhang mit der Fertigung ist es nicht überraschend, dass man abwickelbare Flächen in einer Reihe wichtiger Architektur-Projekte findet. Insbesondere Frank O. Gehry hat diese Flächen immer wieder verwendet (Abb. 9.53; siehe [Shelden 2002]).

Abb. 9.53
Walt Disney Concert Hall, Los Angeles, 1999–2003 von Frank O. Gehry.

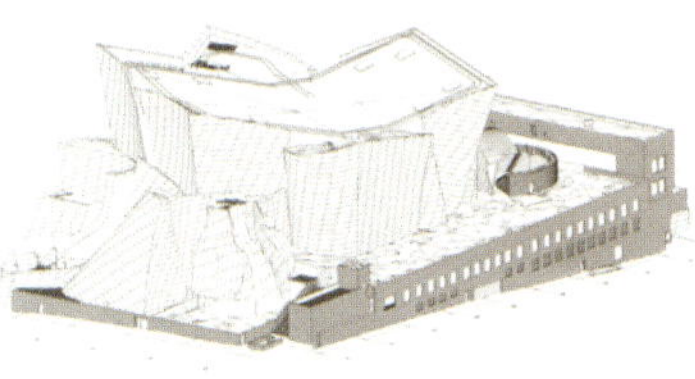

Flächen, die aus Papier geformt werden können. Ein Blatt Papier nimmt bei Verbiegung eine Form an, die eine abwickelbare Fläche darstellt. Denn die ebene Ausgangslage und die erzielte Form stehen offenbar in einer Korrespondenz, bei der entsprechende Kurven gleich lang sind; ferner haben entsprechende Bereiche gleichen Flächeninhalt und die Schnittwinkel entsprechender Kurven stimmen überein. Eine solche Korrespondenz wird als *Isometrie* (*isometrische Abbildung*) bezeichnet.

Abwickelbare Flächen S sind dadurch gekennzeichnet, dass sie isometrisch, also verzerrungsfrei, in die Ebene abgebildet werden können.

Das ebene isometrische Bild S^a wird als *Abwicklung* (oder *Verebnung*) von S bezeichnet. In der Abwicklung sind die Längen von Kurven, die Schnittwinkel von Kurven und Flächeninhalte von Bereichen jeweils unverzerrt, also identisch mit den entsprechenden Größen auf der Originalfläche. Die Isometrie zur Ebene hat ein spezielles Krümmungsverhalten von S zur Folge, und damit kann man beweisen, dass es nur drei Grundtypen von abwickelbaren Flächen gibt. Diese sind spezielle Regelflächen (Abb. 9.52), die nur torsale Erzeugenden tragen und nun genauer betrachtet werden sollen.

Zylinder. Eine Zylinderfläche Z wird von einer Schar paralleler Geraden gebildet. Zur Modellierung eines Zylinders kann man von einer Profilkurve p ausgehen und diese einer *parallelen Extrusion* unterwerfen. Falls die Profilkurve normal zur Extrusionsrichtung r verläuft, heißt sie *Normalschnitt.* Alle Erzeugenden sind natürlich parallel zu r.

Zum besseren Verständnis der Abwicklung betrachten wir zuerst ein diskretes Modell, nämlich ein *Prisma*. Wir erhalten das Prisma durch Wahl eines Polygons als Normalschnitt (Abb.9.54).

Abb. 9.54
Ein Prisma und seine Abwicklung: Ein Normalschnitt des Prismas wird auf eine geradlinige Strecke abgebildet. Die parallelen Prismenkanten erscheinen auch in der Abwicklung als parallele Geraden.

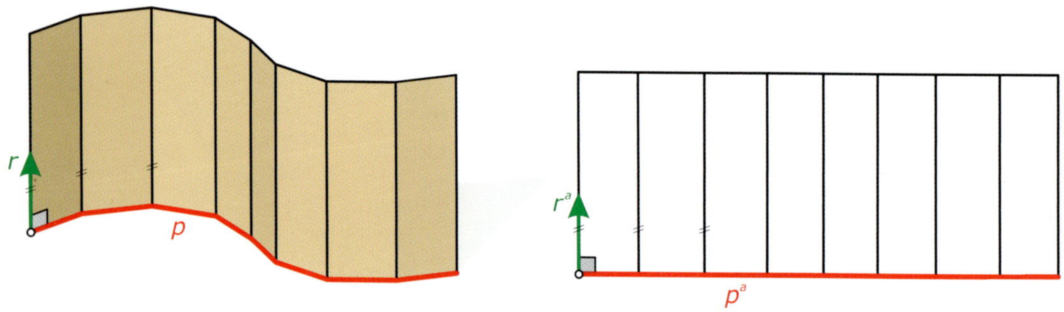

Wenn das Normalschnittpolygon p zu einer glatten Kurve verfeinert wird, erhalten wir in der Grenze einen Zylinder Z mit p als Normalschnittkurve. Die Abwicklung des Prismas wird in der Grenze zur Abwicklung des Zylinders. Die Abwicklung p^a der Profilkurve p ist ein Geradenstück. Alle Erzeugenden von Z sind untereinander parallel. Sie erscheinen auch in der Abwicklung als Geraden, wobei natürlich der rechte Winkel zum Normalschnitt auch in der Abwicklung auftritt (Abb. 9.55).

Beispiel:

Drehzylinder und Schraublinien. Abbildung 9.56 zeigt die Abwicklung eines Drehzylinders Z. Der Basiskreis p des Zylinders hat den Radius R und daher die Länge $L = 2\pi R$. Seine Abwicklung p^a ist somit ein Geradenstück der Länge L. Da der Zylinder geschlossen ist, schneiden wir ihn zuerst längs einer Erzeugenden auf und breiten ihn dann in die Ebene aus.

Abb. 9.55
Eine Zylinderfläche Z und ihre Abwicklung: Ein Normalschnitt p von Z wird auf ein Geradenstück p^a abgebildet. Die Erzeugenden von Z werden auf parallele Geraden in der Abwicklung transformiert.

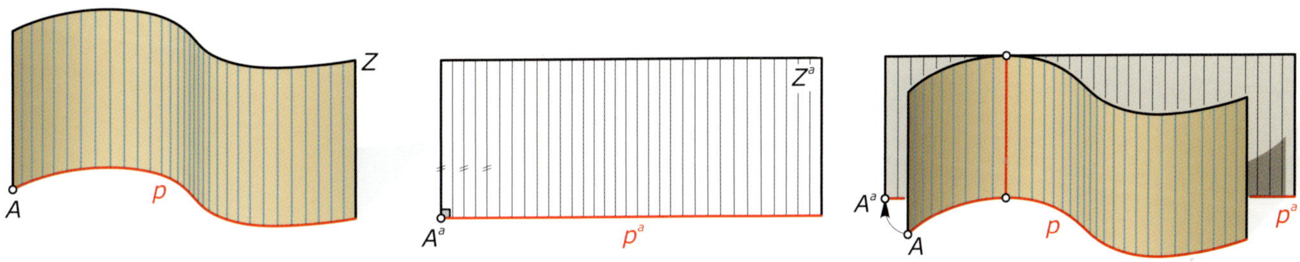

Abb. 9.56
Abwicklung eines Drehzylinders Z: Geraden s^a der Abwicklung, die nicht parallel oder normal zu den verebneten Erzeugenden sind, rühren von Schraublinien s auf Z her. Umgekehrt hat jede Schraublinie auf dem Zylinder eine geradlinige Abwicklung. Daher verlaufen kürzeste Wege auf dem Drehzylinder entlang von Schraublinien, Kreisen oder Erzeugenden.

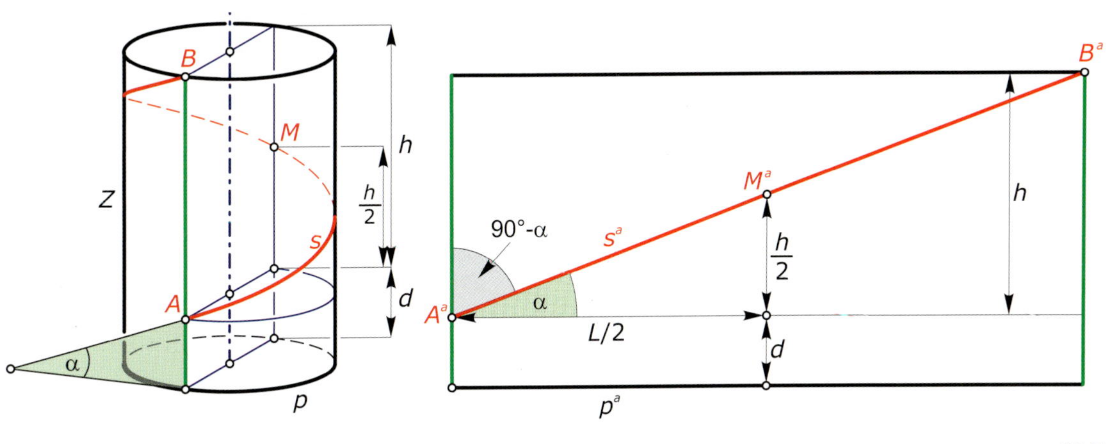

In der Abwicklung betrachten wir nun eine Gerade s^a. Sie sei gegenüber der Basislinie p^a unter dem Winkel α geneigt; α soll nicht Null und auch kein rechter Winkel sein. Wir wollen uns die Aufwicklung näher ansehen (d.h., die Originalkurve s auf dem Zylinder Z): Die Gerade s^a schneidet die erste und letzte Erzeugende der Abwicklung (die zur selben Erzeugenden von Z gehört) in Punkten A^a und B^a. A^a hat einen gewissen Abstand d von der Basislinie p^a und B^a liegt in der Höhe $d + h$ über p^a.

Auf Z liegen die Punkte A und B auf derselben Erzeugenden, und zwar im Abstand h. Wir betrachten nun den Mittelpunkt M^a von A^a und B^a. Seine Höhe ist $d + h/2$, und dies ist auch die Höhe von M über dem Basiskreis p. M entsteht aus A durch Drehung um die Zylinderachse durch den Winkel von 180 Grad und durch Schiebung parallel zur Achse um die Streckenlänge $h/2$.

Wenn wir allgemeiner A um einen Bruchteil $360/N$ des vollen Winkels drehen und in die Höhe $d + h/N$ verschieben, so erhalten wir einen Punkt X, der auf s liegt (da der entsprechende Punkt X^a auf s^a liegt). Dies lässt uns die Kurve s als *Schraublinie* erkennen. Viele ihrer Eigenschaften folgen unmittelbar aus der Abwicklung: s^a bildet den konstanten Winkel $90° - \alpha$ mit den verebneten Erzeugenden und wegen der Winkeltreue der Abwicklung schneidet auch die Schraublinie s die Erzeugenden des Zylinders Z unter dem festen Winkel $90° - \alpha$. Daher bilden die Tangenten der Schraublinie den festen Winkel α mit der Ebene des Basiskreises.

Alle Tangenten der Schraublinie haben einen festen Neigungswinkel bzw. eine feste Steigung. Daher ist die Schraublinie ein Beispiel einer *Kurve konstanter Steigung* (Böschungslinie). Kürzeste Wege (so genannte *Geodätische*) auf dem Zylinder Z entsprechen kürzesten Wegen in der Abwicklung. Da Letztere geradlinig sind, verlaufen die kürzesten Wege auf dem Drehzylinder auf Schraublinien, Kreisen oder Erzeugenden.

Abbildung 9.57 zeigt die Abwicklung e^a einer Ellipse e auf einem Drehzylinder Z. Die Kurve e^a auf Z^a ist keine Ellipse! Man beachte, dass der Schnittwinkel zwischen der Ellipse und den Erzeugenden des Zylinders variiert. Wegen der Erhaltung von Winkeln bei einer Abwicklung haben wir dieselbe Variation des Winkels in der Verebnung. Auch die Wendepunkte der Abwicklung können damit erklärt werden. Das in Abbildung 9.57 dargestellte Objekt enthält neben dem Zylinderstück auch zwei ebene Flächen (begrenzt von der Ellipse bzw. dem Basiskreis). In der mit einem CAD-System erstellten Abwicklung (*Unfold*-Operation) des Objekts finden sich auch die unverzerrten Kopien dieser ebenen Flächen.

Abb. 9.57
Ellipsen e eines Drehzylinders werden bei dessen Abwicklung nicht auf Ellipsen abgebildet. Die Abwicklung e^a einer Ellipse e ist eine Sinuslinie mit Wendepunkten C^a, D^a, die von jenen Punkten C und D auf e herrühren, in denen die Tangentialebene des Zylinders normal auf die Ebene der Ellipse steht.

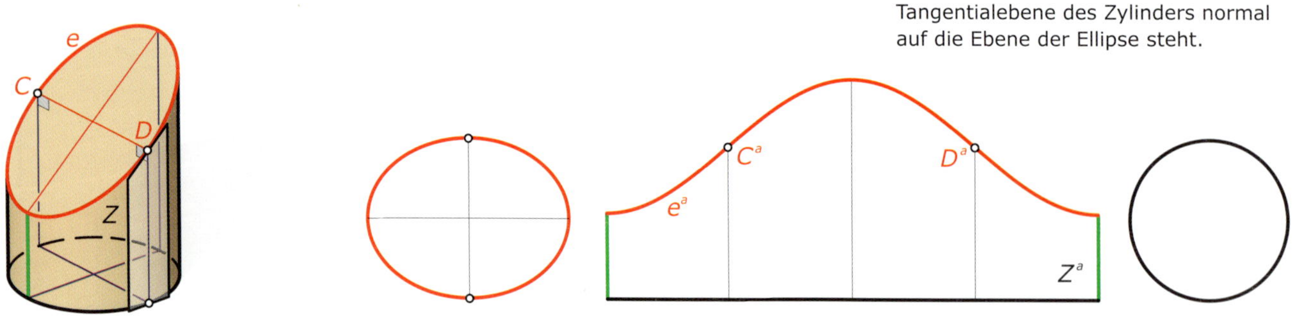

Beispiel:

Abwicklung eines schiefen Kreiszylinders. Wir betrachten eine Zylinderfläche Z mit Basiskreis p, deren Erzeugenden *nicht* orthogonal zur Ebene des Basiskreises p sind. Ein solcher Zylinder wird als *schiefer Kreiszylinder* bezeichnet. Hier wird der Basiskreis nicht auf ein Geradenstück abgebildet, da p kein Normalschnitt des Zylinders ist. Wir können leicht die Variation des Schnittwinkels zwischen p und den Erzeugenden feststellen, die auch in der Abwicklung ersichtlich wird (Abb. 9.58). Die Normalschnitte von Z sind Ellipsen. Diese Ellipsen werden bei Abwicklung zu Geradenstücken. Wieder erkennen wir: Jene Punkte C, D von p, in denen die Tangentialebene von Z normal zur Ebene von p steht, werden zu Wendepunkten C^a und D^a der Abwicklung p^a. Abbildung 9.58 zeigt eigentlich die Abwicklung einer Näherung des Zylinders durch ein Prisma, das durch Approximation des Basiskreises mit einem Polygon entsteht. Eine solche Abwicklung kann von einem CAD-System sehr einfach mittels der Unfold-Operation erstellt werden.

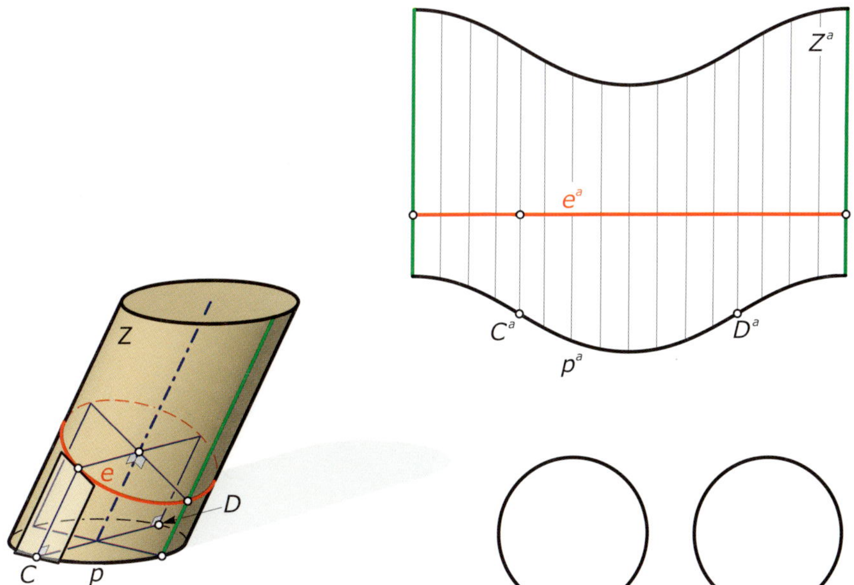

Abb. 9.58
Abwicklung eines schiefen Kreiszylinders: Dem Basiskreis p entspricht die Kurve p^a in der Abwicklung. Jedem Normalschnitt des Zylinders (Ellipse) entspricht eine geradlinige Strecke in der Abwicklung.

Kegel. Rufen wir uns die Definition eines allgemeinen Kegels in Erinnerung: Gegeben sind eine Profilkurve p und ein Punkt S; dann besteht der Kegel aus allen Verbindungsgeraden von S mit Punkten von p. Wir können diese Fläche auch durch *zentrale Extrusion* erzeugen. Mit einem Polygon p als Profil erhalten wir eine *Pyramidenfläche*. Pyramiden sind als diskrete Modelle glatter Kegel aufzufassen, so wie Prismen diskrete Modelle von Zylindern darstellen.

Das Verständnis der Abwicklung eines Kegels wird erleichtert, wenn wir zuerst die Abwicklung einer Pyramide betrachten (Abb. 9.59). Die einfachsten Referenzpolygone q auf einer Pyramide im Zusammenhang mit deren Abwicklung sind jene, deren Ecken im konstanten Abstand r zur Spitze S liegen. Sie sind die Gegenstücke zu den Normalschnitten eines Prismas. Natürlich liegen die Ecken der Abwicklung q^a von q auf einem in S^a zentrierten Kreis vom Radius r.

Wir führen nun den Übergang zu glatten Kegeln durch. Dazu stellen wir uns vor, dass das Profilpolygon p verfeinert wird und in der Grenze zu einer glatten Kurve wird (Abb. 9.60). Aus der Pyramide wird dadurch ein Kegel K. Das Polygon q im konstanten Abstand r von S wird in der Grenze die Schnittkurve von K mit einer in S zentrierten Kugel vom Radius r. Die Abwicklung dieser Kurve ist ein Kreisbogen q^a mit Mittelpunkt S^a und Radius r. Die Kurven q und q^a sind selbstverständlich gleich lang.

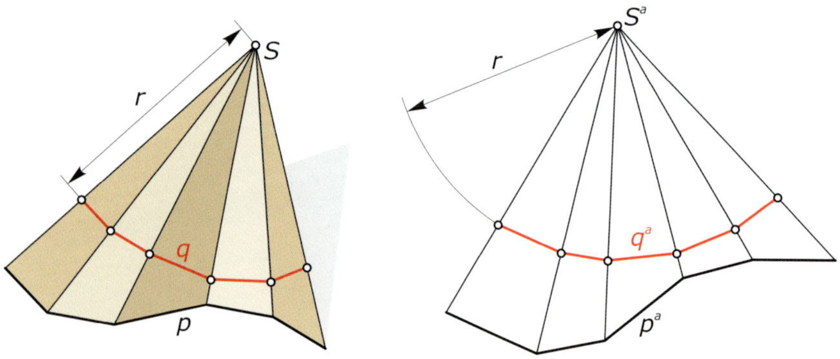

Abb. 9.59
Pyramidenfläche und ihre Abwicklung: Einem Polygon q auf der Pyramide, dessen Ecken einen konstantem Abstand r von der Spitze S haben, entspricht in der Abwicklung ein Polygon, dessen Ecken auf einem Kreis mit Mitte S^a und Radius r liegen.

Abb. 9.60
Abwicklung eines Kegels: Die Schnittkurve q des Kegels mit einer in der Spitze S zentrierten Kugel vom Radius r schneidet die Erzeugenden des Kegels unter rechtem Winkel. Ihre Abwicklung q^a ist Teil eines Kreises mit Mitte S^a und Radius r.

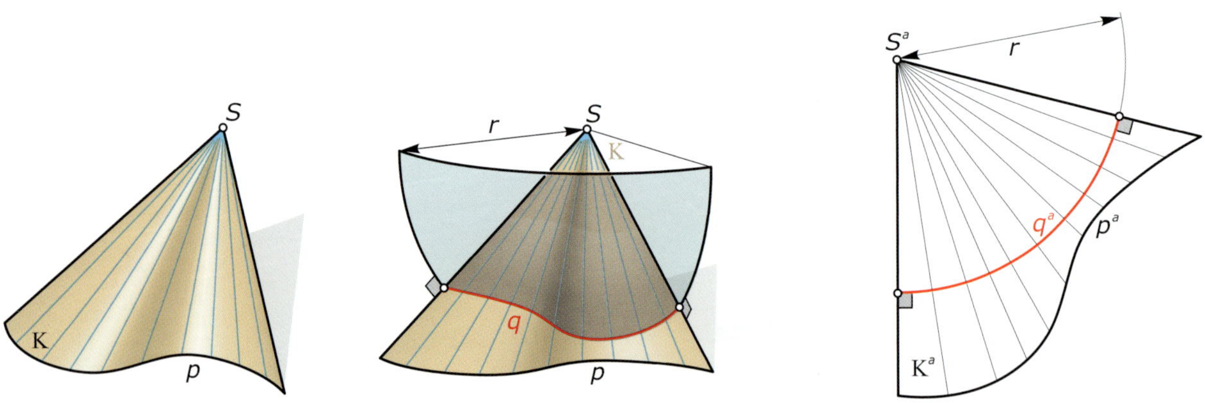

Als Beispiel zeigt Abbildung 9.61 die Abwicklung eines Drehkegelstumpfes. Wie bei den Zylindern erfolgt die Abwicklung mit der Unfold-Operation.

Streifen aus ebenen Vierecken. Die in den Abbildungen 9.57 und 9.58 dargestellten Zylinder sind eigentlich Näherungsflächen in Form von Prismen, und analog ist der Kegel in Abbildung 9.61 eigentlich eine Pyramide. In allen Fällen ist die abwickelbare Fläche aus (schmalen) ebenen viereckigen Seitenflächen aufgebaut. Jedoch sind diese Streifen von ebenen Vierecken insofern speziell, als die Kanten, längs denen die Vierecke zusammenhängen, entweder parallel sind oder durch einen festen Punkt S gehen.

Wir wollen nun den allgemeinen Typ von *Streifen aus ebenen Vierecken* studieren und nennen diese Objekte *ebene Vierecksstreifen* oder kurz *EV-Streifen* (Abb. 9.62). Die zwei Randpolygone des Streifens seien $P_1, P_2, \ldots$ und Q_1, Q_2 und so fort. Als Kanten des Streifens bezeichnen wir die Verbindungsstrecken $P_1Q_1, P_2Q_2, \ldots$, längs denen aufeinander folgende Vierecke zusammenhängen.

Aufeinander folgende Kantengeraden sind koplanar und schneiden daher in Punkten R_1, R_2 und so weiter. Diese Punkte bilden die Ecken eines Polygons, das als *singuläres Polygon* des Streifenmodells bezeichnet wird. Wir können das singuläre Polygon als diskrete Raumkurve auffassen. Die Kanten dieses Polygons sind die diskreten Gegenstücke zu den Tangenten einer Raumkurve. Daher haben wir eine diskrete Version der Menge der Tangenten einer Raumkurve (*Tangentenfläche einer Raumkurve*).

Abb. 9.61
Ein von einem Kreis und einer Ellipse berandeter Drehkegelstumpf und seine Abwicklung.

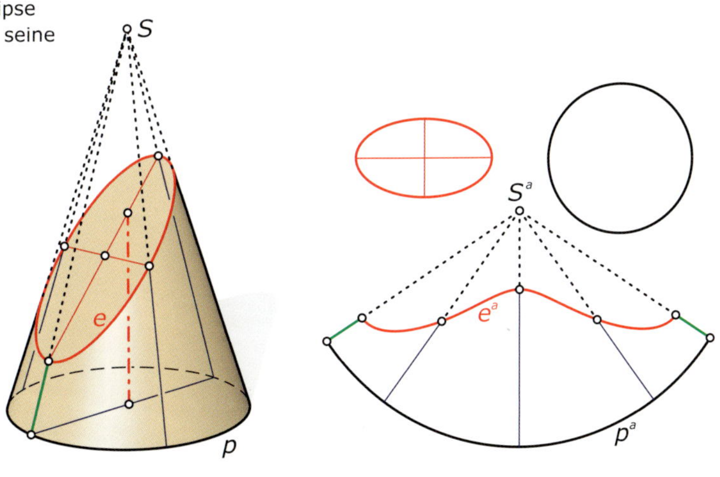

Abb. 9.62
Ein von ebenen Vierecken gebildeter Streifen (EV-Streifen) ist ein diskretes Modell einer abwickelbaren Fläche. Die Vierecke hängen längs einer Folge von Kanten zusammen. Aufeinanderfolgende Kanten sind koplanar und schneiden daher in Punkten R_1, R_2 und so fort. Diese Punkte bilden die Ecken des so genannten singulären Polygons des Streifenmodells.

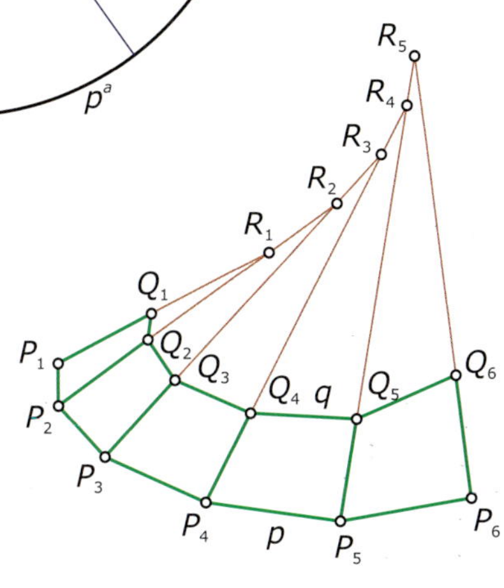

Wir müssen hier etwas präziser sein: Unser EV-Streifen entspricht nicht der gesamten diskreten Tangentenfläche, sondern ist bloß jener Teil, der von den Polygonen p und q begrenzt wird. Daher erhalten wir bei Verfeinerung eines EV-Streifens in der Grenze ein Stück einer Tangentenfläche einer Raumkurve (Abb. 9.63).

EV-Streifen mit einem singulären Polygon sind die allgemeine Form von EV-Streifen. Streifen auf Pyramiden haben nur einen singulären Punkt (die Spitze S), und Prismen haben keinen singulären Punkt. Diese Beobachtung deutet schon an, dass die Tangentenflächen von Raumkurven die allgemeinste Form abwickelbarer Regelflächen sind. Wir werden sie daher genauer studieren und können dabei auf die Streifenmodelle zurückgreifen.

Unterteilungsalgorithmus zur Verfeinerung eines EV-Streifens. Es ist sehr einfach, die Verfeinerung eines EV-Streifens im Gedanken vorzunehmen. In der Praxis ist dies nicht so. Man muss nämlich bei der Verfeinerung dafür Sorge tragen, dass die Vierecke *eben* bleiben. Genau das ist der subtile Teil. Liu et al. (2006) haben einen Algorithmus entwickelt, der folgendermaßen abläuft: Ein gegebener EV-Streifen wird einmal mittels eines gängigen Unterteilungsalgorithmus wie etwa dem von Chaikin oder Lane-Riesenfeld (Kapitel 8) verfeinert. Unterteilung heißt hier Anwendung auf die beiden Randpolygone und Verbinden entsprechender Ecken. Leider wird bei einem Unterteilungsschritt die Planarität einer Reihe von Flächen zerstört. Dies wird durch einen nachfolgenden Optimierungsschritt korrigiert. Dann unterteilt man erneut, optimiert (d.h. planarisiert) wieder, und so fort. Hieraus ergibt sich ein sehr nützliches Modellierungswerkzeug für abwickelbare Flächenstreifen (siehe Abb. 9.63 und 9.64).

Abb. 9.63
Verfeinerung eines EV-Streifens (links oben) mit dem kubischen Unterteilungsalgorithmus von Lane-Riesenfeld, wobei auf jeden Unterteilungsschritt ein Planarisierungsschritt erfolgt. Dieser ist notwendig, weil die reine Unterteilung die Ebenheit einiger Vierecke zerstört. Wir zeigen hier das Ergebnis nach ein, zwei und drei Schritten von Unterteilung und Planarisierung.

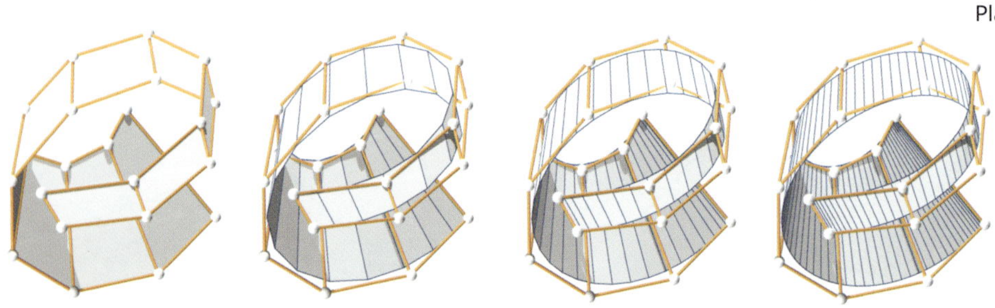

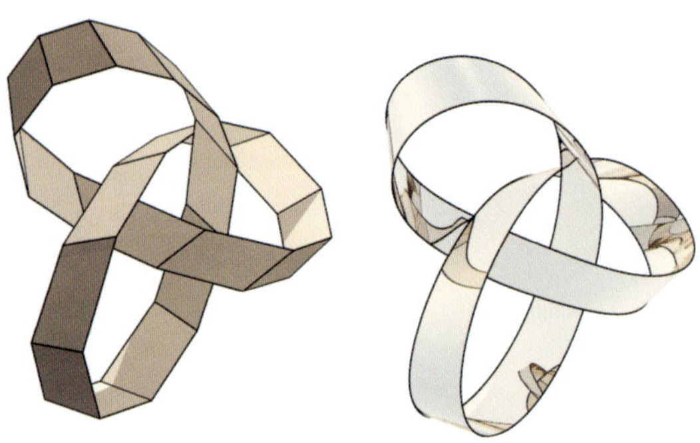

Abb. 9.64
Abwickelbares Möbiusband in der Form eines Knotens, konstruiert mittels der in Abb. 9.63 erklärten Kombination von Unterteilung und Planarisierung.

Tangentenflächen von Raumkurven. Sei p_r ein Polygon mit Ecken R_1, R_2, R_3 und so fort (Abb. 9.65). Aus diesem Polygon erhalten wir (wie oben beschrieben) ein diskretes Modell einer Tangentenfläche. Je zwei aufeinander folgende Ecken R_1R_2, R_2R_3,..., bestimmen eine Kante des Modells, und je drei aufeinander folgende Ecken $R_1R_2R_3$, $R_2R_3R_4$,..., bestimmen eine Seitenflächenebene des Modells.

Wenn wir die gesamten Kantengeraden und die von diesen in den Seitenflächen begrenzten doppelkeilförmigen Bereiche betrachten, so ergibt sich eine polyedrische Fläche Δ_r, die das Polygon p_r als singuläres Polygon in folgendem Sinn enthält: Schnitt der Fläche Δ_r mit einer allgemeinen Ebene ε liefert ein Polygon, das im Schnittpunkt von ε mit dem singulären Polygon p_r einen scharfen Rückkehrpunkt besitzt.

Wenn aus p_r bei Verfeinerung in der Grenze eine glatte Kurve r wird, werden die Kanten R_1R_2, R_2R_3, ... des Modells Δ_r die Tangenten von r, und daher entsteht aus dem diskreten Modell in der Grenze die Tangentenfläche T_r von r (Abb. 9.66). Die Seitenflächenebenen von Δ_r werden in der Grenze zu Tangentialebenen von T_r. Als Grenzlagen der Verbindungsebenen von drei aufeinander folgenden Polygonecken erkennen wir die Tangentialebenen als Schmiegebenen von r. Wir sehen auch, dass eine Tangentenfläche T_r eine spezielle Regelfläche ist, da sie von ihren Tangentialebenen jeweils längs der gesamten Erzeugenden berührt wird. In der oben eingeführten Terminologie ist somit T_r eine torsale Regelfläche. Die Kurve r ist auf der Tangentenfläche eine scharfe Rückkehrkante und wird daher auch als *Gratlinie* bezeichnet. In vielen Anwendungen wird man nur solche Stücke von Tangentenflächen verwenden, die keine Teile der Gratlinie enthalten.

Die Abwickelbarkeit von T_r folgt aus der offensichtlichen Abwicklung des diskreten Modells Δ_r.

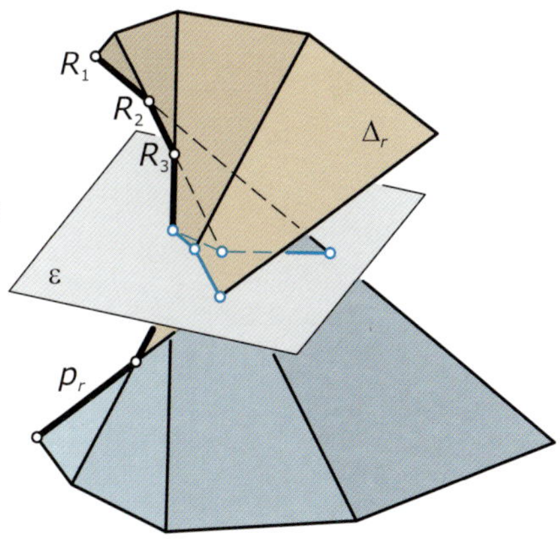

Abb. 9.65
Diskretes Modell Δ_r einer abwickelbaren Fläche, definiert durch ein Polygon p_r: Eine allgemeine Ebene ε schneidet diese polyedrische Fläche Δ_r in einem Polygon, das einen scharfen Rückkehrpunkt (von der Art einer Spitze) im Schnittpunkt von p_r und ε aufweist. Daher wird p_r als singuläres Polygon von Δ_r bezeichnet.

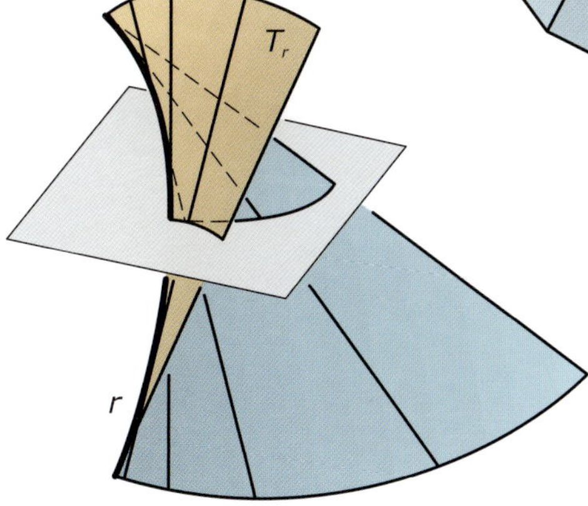

Abb. 9.66
Verfeinerung des diskreten Modells Δ_r (wie in Abb. 9.65) liefert in der Grenze die Tangentenfläche T_r einer Raumkurve r. Tangentenflächen von Raumkurven sind abwickelbare Regelflächen. Die Kurve r ist eine singuläre Kurve auf der Fläche und wird als Gratlinie bezeichnet. Die Gratlinie ist eine scharfe Rückkehrkante, was man etwa im Schnitt mit einer Ebene erkennt, der im Schnittpunkt mit der Gratlinie eine Spitze aufweist.

Dies sind alle abwickelbaren Flächen. Alle drei oben diskutierten elementaren Typen von abwickelbaren Flächen (Zylinder, Kegel, Tangentenflächen von Raumkurven) haben folgende Eigenschaften gemeinsam: Sie sind spezielle Regelflächen, die nur torsale Erzeugenden tragen. Dies bedeutet, dass die Tangentialebene jeweils längs der gesamten Erzeugenden berührt. Überdies tragen diese Flächen nur parabolische Punkte oder Flachpunkte (vgl. Kapitel 7).

Man kann zeigen, dass wir damit eigentlich alle abwickelbaren Flächen im folgenden Sinn beschrieben haben: Jede abwickelbare Fläche ist aus Flächen dieses Typs und ebenen Stücken zusammengesetzt. Man beachte, dass ebene Flächen als Sonderfall jedes Grundtyps aufgefasst werden können: als Kegel oder Zylinder mit geradlinigem Profil und als Tangentenflächen ebener Kurven. Abbildung 9.67a zeigt als Beispiel ein Modell eines Blatt Papiers, das aus einem ebenen Stück und vier abwickelbaren Regelflächen modelliert ist. Die Schrift (Textur) kann auf einer abwickelbaren Fläche verzerrungsfrei aufgebracht werden. Ebenso können abwickelbare Flächen einfach mit Blechbahnen oder Paneelen eingedeckt werden (Abb. 9.67b).

(a)

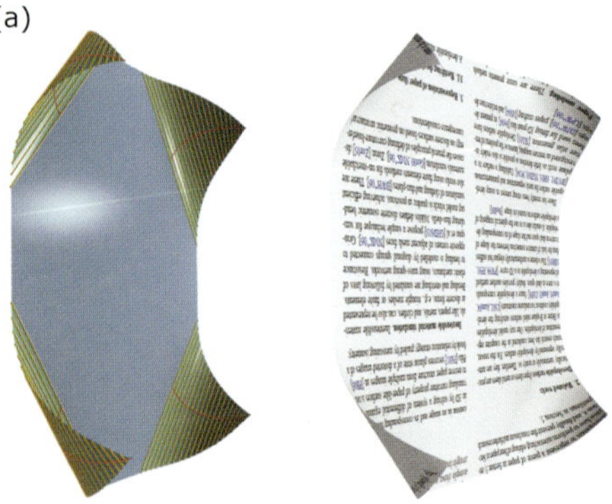

(b)

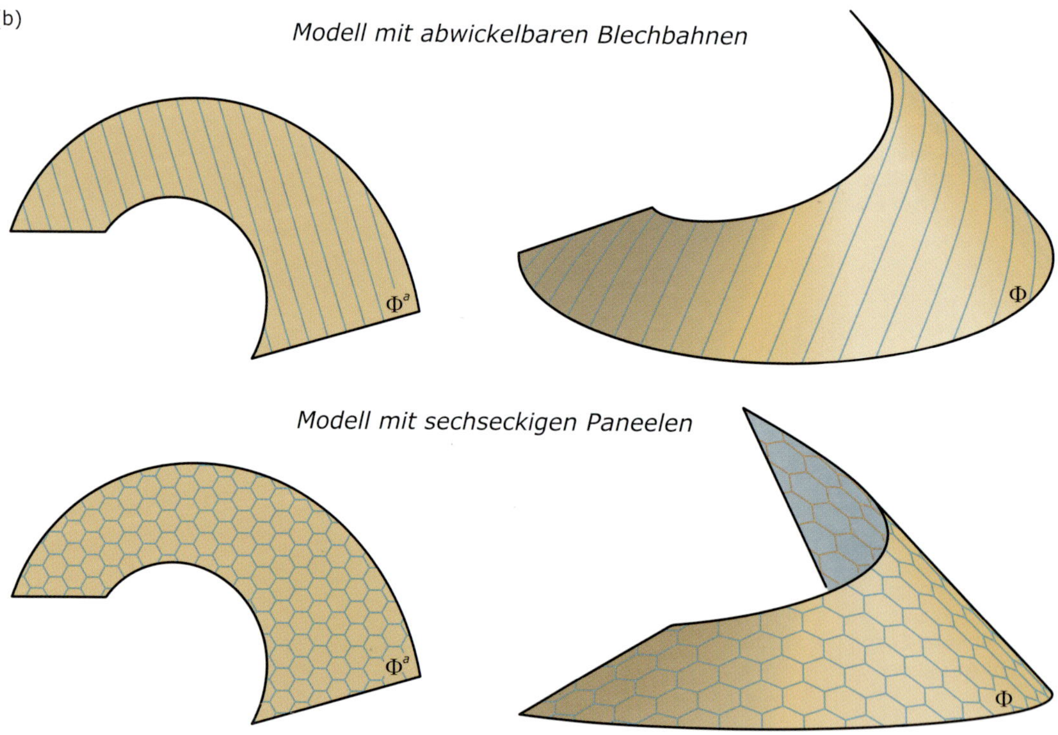

Abb. 9.67
(a) Mittels der Abbildung von der Abwicklung auf die Originalfläche kann man eine Textur verzerrungsfrei auf eine abwickelbare Fläche aufbringen (Bilder: P. Bo und W. Wang).
(b) Man kann so auch sehr einfach die Bedeckung einer abwickelbaren Fläche Φ mit Blechbahnen oder Paneelen entwerfen.

Bemerkungen zur Unfold-Operation. Da wir bei der konstruktiven Durchführung der Abwicklung mit Hilfe eines CAD-Systems mehrmals auf die Unfold-Operation verwiesen haben, seien hier noch kurz einige wichtige Effekte und Tatsachen über diese Operation beschrieben, auch wenn dies den Fluss des vorliegenden Kapitels in gewisser Weise kurz unterbricht.

Jede Fläche kann mit beliebiger Genauigkeit durch ein Polyeder, also eine aus ebenen Flächenstücken aufgebaute Fläche angenähert werden. Auf solche polyedrische Flächen kann die Unfold-Operation angewendet werden. Das Ergebnis dieser Operation wird gelegentlich als *Netz* oder sogar auch als Abwicklung des Polyeders bezeichnet; es liegt in der Ebene und zeigt jede einzelne Seitenfläche des Polyeders in der wahren Größe und Form. Jede Fläche des Netzes ist kongruent zur entsprechenden Fläche des Polyeders, was beim Bau eines Modells verwendbar ist.

Es erhebt sich nun die Frage, warum nicht jede Fläche abwickelbar im ursprünglichen Sinn ist, wenn man doch stets ein ebenes Netz eines Näherungspolyeders herstellen kann. Die Antwort ist aus dem in Abb. 9.68 gezeigten Beispiel unmittelbar ersichtlich. Unfold erzeugt einen stark zerklüfteten ebenen Bereich, der zahlreiche Lücken („Spalten") aufweist. Je feiner die polyedrische Näherung ausgebildet wird, desto mehr Spalten entstehen. Wegen des mangelnden Zusammenhangs des ebenen Netzes kann es nicht als Abwicklung gesehen werden; zusammenhängende Polygone auf dem Original werden in viele Teilstrecken des Netzes zerlegt, und daher kann man nicht von Längentreue sprechen. Man vergleiche Abb. 9.68 mit den vorhin besprochenen Abwicklungen, wo derartige Spalten nicht auftreten. Es sei noch hervorgehoben, dass das Netz nicht eindeutig bestimmt ist, weil es zahlreiche Freiheitsgrade für die Zusammenfügung der Seitenflächen in der Ebene gibt (siehe Kapitel 3).

Abb. 9.68
Das Netz eines Polyeders weist bei jeder elliptischen Ecke eine Spalte auf. Da die Summe der Eckenwinkel kleiner als 360 Grad ist, kann das Netz jedes Eckensterns zusammenhängend ausgeführt werden.

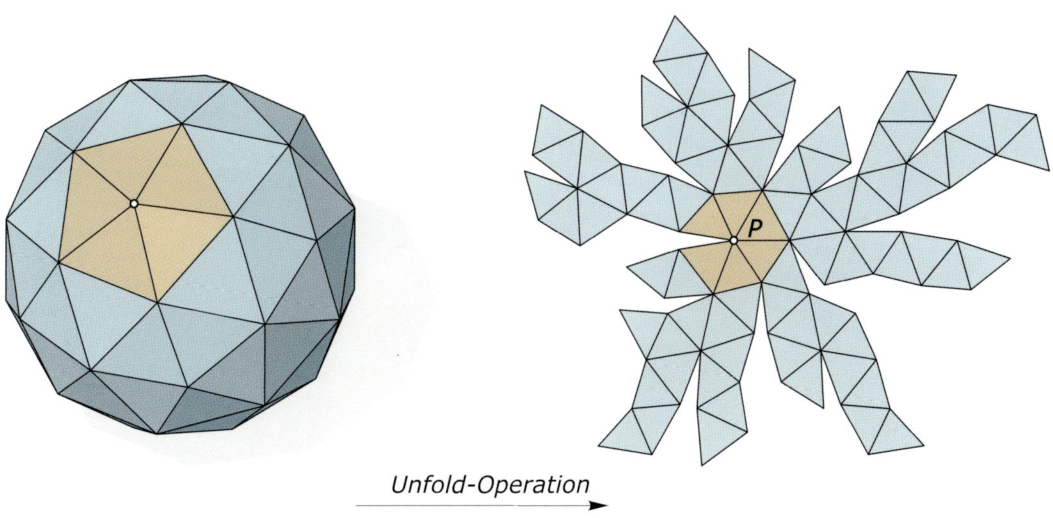

Bei etwas genauerer Betrachtung oder beim Spielen mit der Unfold-Operation wird man schnell feststellen, dass die Spalten nicht der schlimmste Effekt sind. Es wird auch vorkommen, dass das Netz gar nicht zusammenhängend ist (siehe Abb. 9.69). Wir wollen noch versuchen, diesen Effekt etwas besser zu verstehen.

Wir betrachten zuerst eine *elliptische Ecke P* eines Polyeders (Abb. 9.68). Dies ist ein Eckpunkt, in dem die Summe der bei Umlauf der Ecke gemessenen Winkel aufeinander folgender Kanten kleiner als 360 Grad ist. Um den „Stern" von Seitenflächen, die in *P* zusammenlaufen, in die Ebene auszubreiten, müssen wir längs (mindestens) einer der Kanten aufschneiden; dies führt zu einer der oben angesprochenen Spalten.

Die Situation ist in einer *hyperbolischen Ecke* viel schlimmer: Hier ist die Eckenwinkelsumme größer als 360 Grad (Abb. 9.69). Zur Vermeidung von Überlappungen in der Abwicklung brauchen wir nun zwei Schnitte längs Kanten des Eckensterns um *P*, und daher zerfällt sein Netz in zwei Teile. Da dies für jeden hyperbolischen Eckenstern gilt, kann das Netz in sehr viele Teile zerfallen.

Elliptische und hyperbolische Ecken sind Gegenstücke zu den in Kapitel 7 angesprochenen elliptischen und hyperbolischen Flächenpunkten einer glatten Fläche. Wenn wir also die Unfold-Operation auf ein Näherungspolyeder einer Fläche anwenden, die hyperbolische (sattelförmige) Bereiche enthält, bewirkt dies einen Zerfall des Netzes in womöglich sehr viele Teile (siehe Abb. 9.69). Glücklicherweise gibt es heute gute Techniken, die es uns erlauben, 3-D-Modelle herzustellen, ohne dass wir auf Netze und Modelle aus Karton oder Papier zurückgreifen müssen (siehe Kapitel 12).

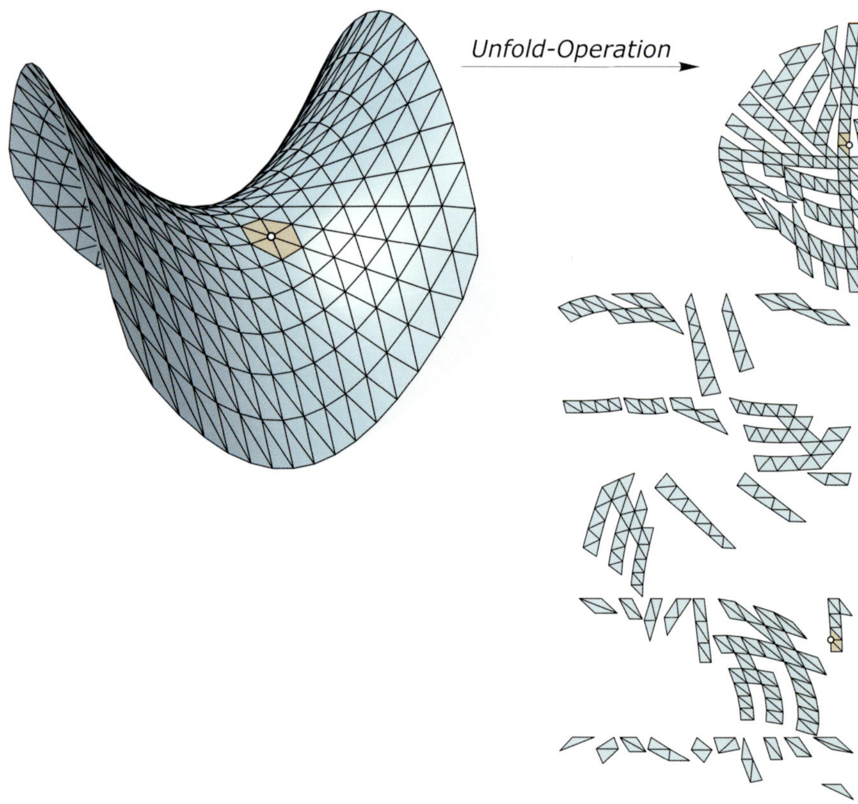

Abb. 9.69
Die Anwendung einer Unfold-Operation auf ein Polyeder birgt bei einer hyperbolischen Ecke Probleme. Da die Winkelsumme in einer solchen Ecke größer als 360 Grad ist, muss ein überlappungsfreies Netz des Eckensterns in zwei Teile zerlegt werden. Daher zerfällt das Netz einer polyedrischen Fläche, die eine Fläche mit hyperbolischen (lokal sattelförmigen) Bereichen annähert, in viele Teile.

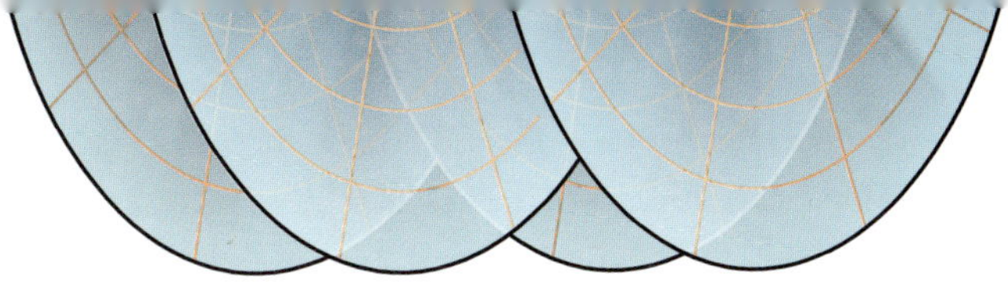

Schraubflächen

Wenn wir eine Raumkurve c einer stetigen Schraubung unterwerfen, so überstreicht sie dabei eine *Schraubfläche* (Abb. 9.70). Im Laufe der Schraubung durchläuft ein Punkt P der erzeugenden Kurve c eine Schraublinie b_P (Bahnschraublinie). Daher wird die Schraubfläche von einem Netz aus Schraublinien und einer Schar zu c kongruenter Kurven überzogen. Die Tangentialebene in einem beliebigen Flächenpunkt Q wird durch die Profiltangente t_c und die Tangente t_b an die Bahnschraublinie aufgespannt. Analog zu den Drehflächen werden Schnitte mit Ebenen durch die Schraubachse als Meridiane m bezeichnet.

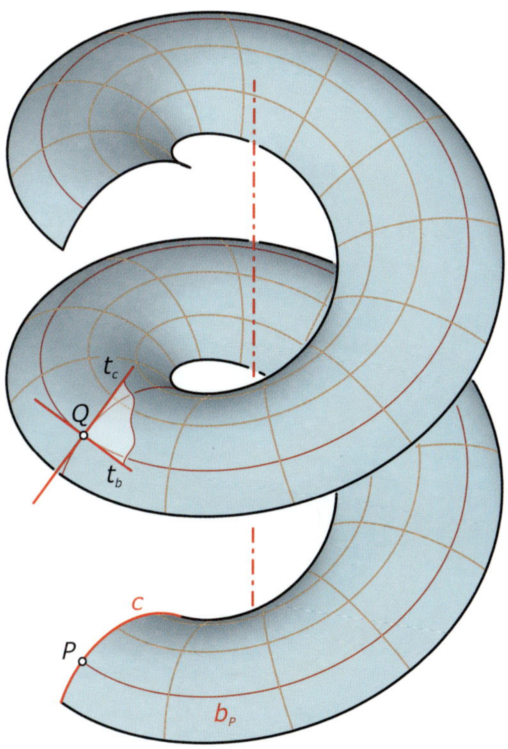

Abb. 9.70
Eine Schraubfläche wird durch Anwendung einer stetigen Schraubung auf eine Kurve c erzeugt.

Meridiane oder Querschnitte in Ebenen normal zur Schraubachse werden gerne zur Festlegung von Schraubflächen herangezogen (Abb. 9.71). Es ist wichtig, zu erkennen, dass eine Schraubfläche bei Anwendung der erzeugenden Schraubung (als Ganzes) in sich transformiert wird. Daher kann die Schraubfläche auch durch Verschraubung eines Meridians oder eines Querschnitts erzeugt werden.

Mathematische Beschreibung. Bei Kenntnis der Parameterdarstellung $\mathbf{c}(v) = (x(v), y(v), z(v))$ des erzeugenden Profils setzen wir diese in die Gleichungen einer stetigen Schraubung mit dem Parameter p (vgl. Kapitel 6),

$$x_1 = x \cdot \cos u - y \cdot \sin u,$$

$$y_1 = x \cdot \sin u + y \cdot \cos u,$$

$$z_1 = z + p \cdot u,$$

ein und erhalten eine Parameterdarstellung der Schraubfläche in der Form

$$x(u,v) = x(v) \cdot \cos u - y(v) \cdot \sin u,$$

$$y(u,v) = x(v) \cdot \sin u + y(v) \cdot \cos u,$$

$$z(u,v) = z(v) + p \cdot u.$$

Unter Verwendung einer Meridiankurve $\mathbf{m}(v) = (x(v), 0, z(v))$ in der xz-Ebene als erzeugende Kurve vereinfacht sich die Parameterdarstellung zu

$$x(u,v) = x(v) \cdot \cos u,$$

$$y(u,v) = x(v) \cdot \sin u,$$

$$z(u,v) = z(v) + p \cdot u.$$

Abb. 9.71
Schraubflächen können auch durch Verschraubung eines Meridians oder eines Querschnitts erzeugt werden.

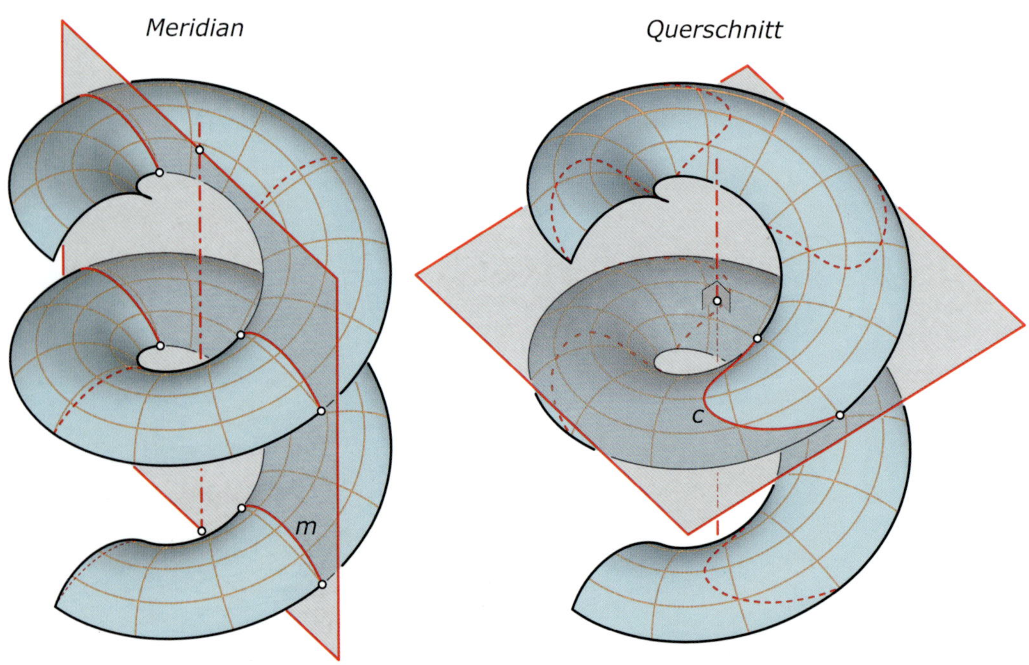

Spezielle Schraubflächen. Einfache und häufig verwendete Sonderfälle von Schraubflächen sind jene, bei denen ein geradliniges oder kreisförmiges Profil verschraubt wird. Man kann schlauchartige Schraubflächen durch Wahl eines Kreises als Meridian oder Querschnitt erzeugen. Wählt man als erzeugende Kurve einen Kreis *c* so, dass seine Ebene normal auf die Tangente an die Schraubbahn seines Mittelpunkts steht, dann erzeugt *c* eine Schraubrohrfläche (Abb. 9.72). Die letztgenannte Fläche gehört der Klasse der Rohrflächen an, mit der wir uns am Ende dieses Kapitels noch genauer befassen werden.

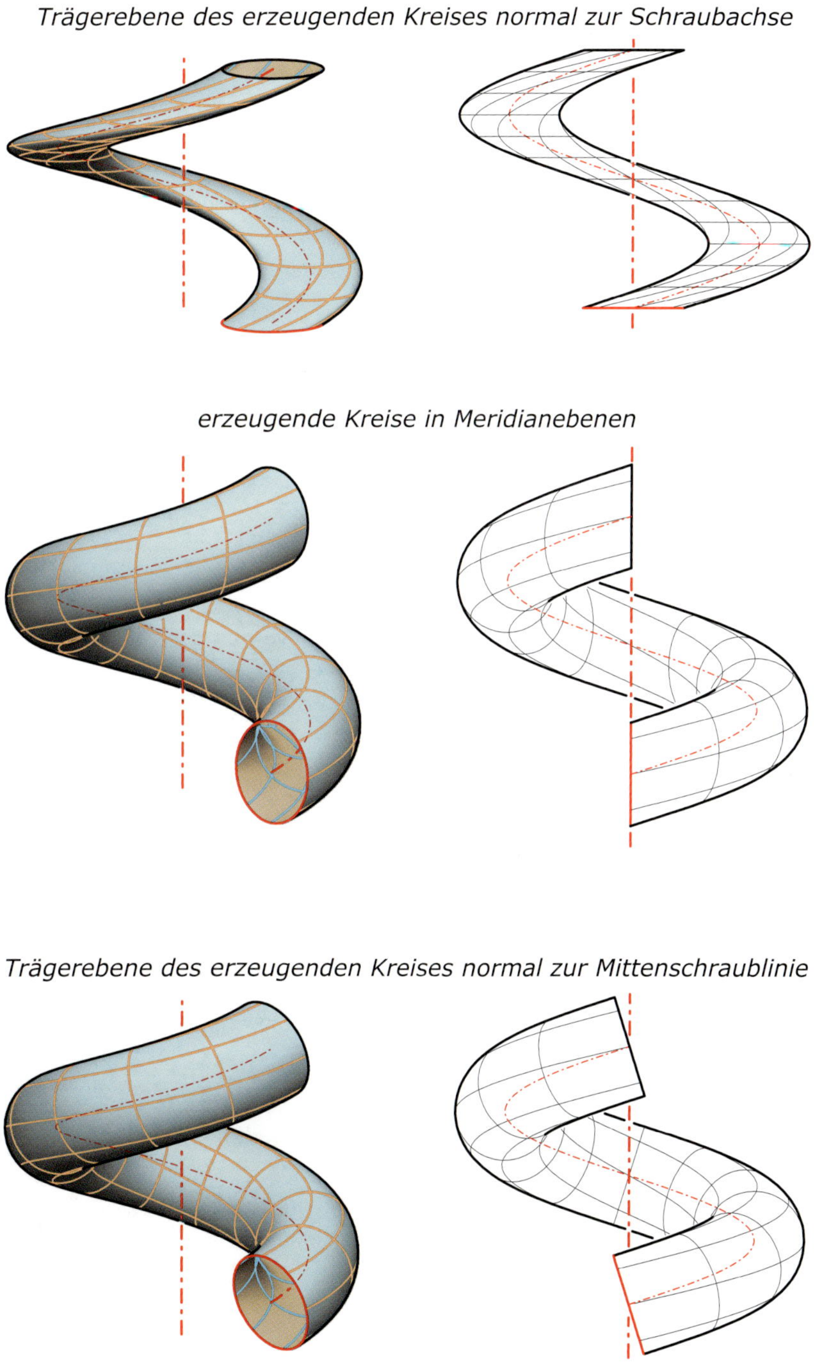

Abb. 9.72
Schraubflächen mit Kreisen als erzeugende Kurven.

Anwendung einer Schraubung auf ein geradliniges Profil erzeugt eine Schraubregelfläche. Der einfachste und wichtigste Fall ist jener der *Schraubwendelfläche* (oft auch nur als *Wendelfläche* bezeichnet) (Abb. 9.73). Diese Fläche wird von einer Geraden überstrichen, welche die Schraubachse rechtwinklig trifft. Die geradlinigen Erzeugenden sind normal zur Schraubachse und besitzen daher eine Richtebene; natürlich ist jede zur Schraubachse normale Ebene als Richtebene verwendbar.

Damit erkennen wir die Wendelfläche als Konoid mit der Schraubachse *a* als Leitgerade und einer Bahnschraublinie *s* als weitere Leitkurve (Abb. 9.74). Wendelflächen treten im Architekturbereich häufig in Zusammenhang mit Wendeltreppen auf (Abb. 9.75).

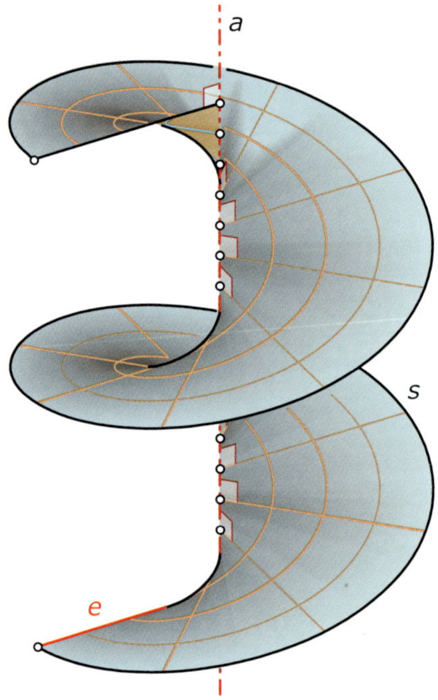

Abb. 9.73
Die Wendelfläche ist eine Schraubfläche, deren geradlinige Erzeugenden die Schraubachse rechtwinklig schneiden.

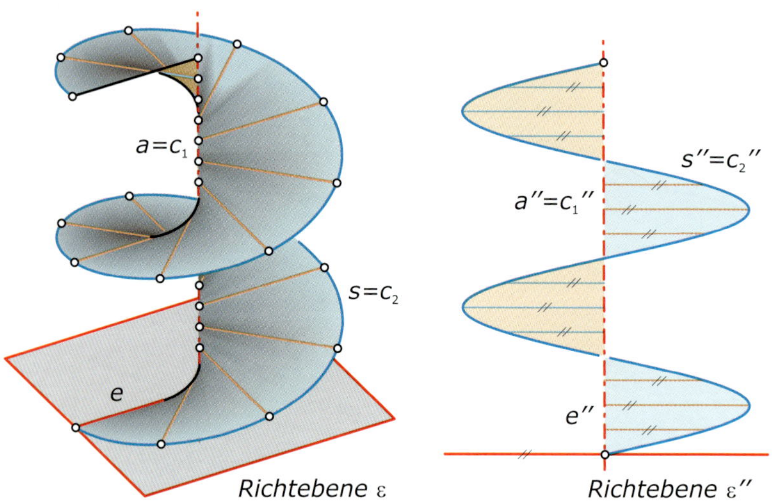

Abb. 9.74
Eine Wendelfläche kann auch als Konoid erzeugt werden.

Die Frage nach den *abwickelbaren Schraubflächen* ist leicht geklärt: Schließt man den Fall eines Schraubzylinders (d.h., eines mit der Schraubachse koaxialen Drehzylinders) aus, so bleibt nur noch eine Tangentenfläche übrig. Da eine Schraubfläche bei Anwendung der erzeugenden Schraubung in sich übergehen muss, gilt dies auch für die singuläre Kurve (Gratlinie) der Tangentenfläche. Also muss die Gratlinie eine Schraublinie sein, und daher sind die abwickelbaren Schraubflächen die *Tangentenflächen von Schraublinien* (Abb. 9.76).

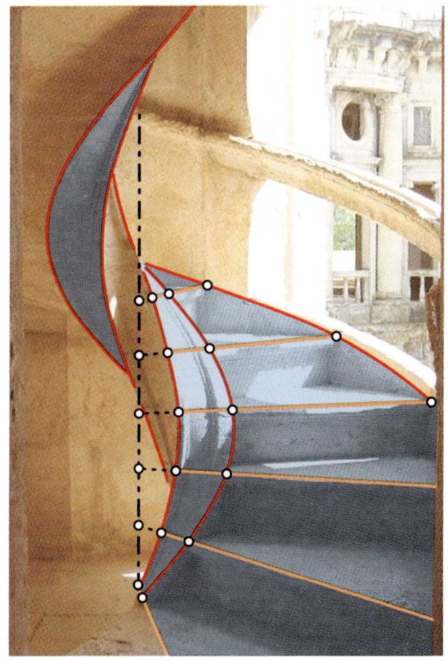

Abb. 9.75
Wendelflächen bei einer Wendeltreppe.

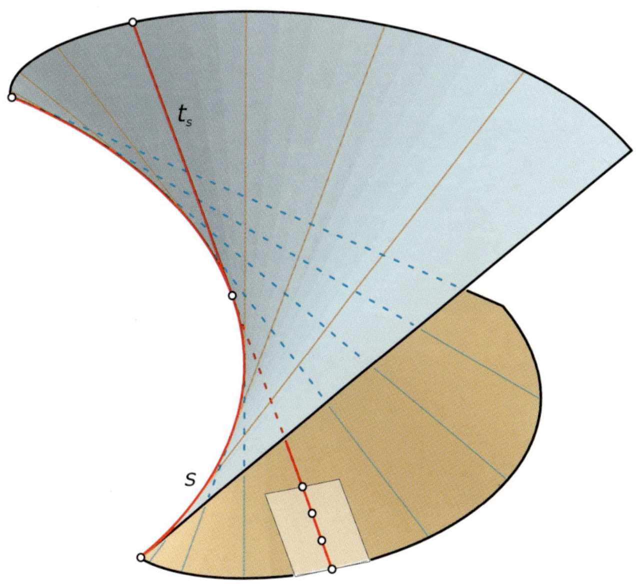

Abb. 9.76
Bei Verschraubung der Tangente einer Schraublinie entsteht eine abwickelbare Schraubfläche.

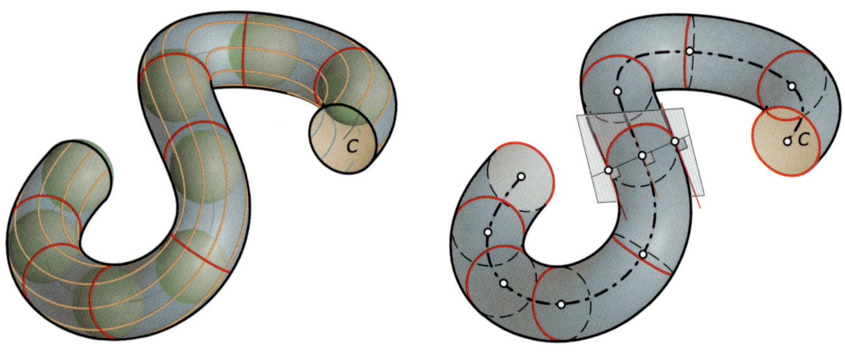

Abb. 9.77
Eine Rohrfläche kann als Hüllfläche kongruenter Kugeln mit Mitten auf einer gegebenen Kurve *c* (links) oder auch als Menge kongruenter, in den Normalebenen von *c* liegender und auf *c* zentrierter Kreise (rechts) erzeugt werden.

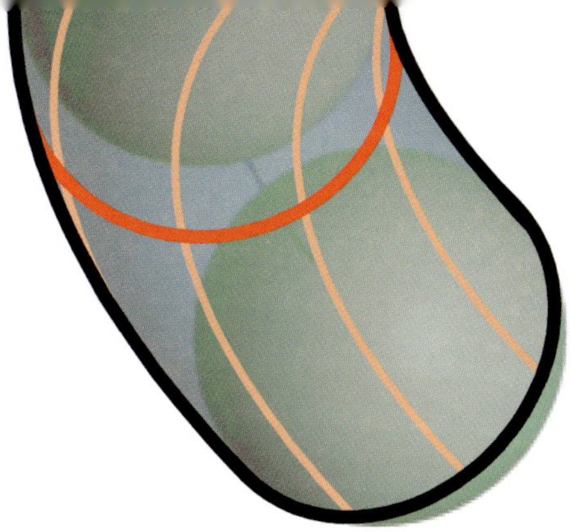

Rohrflächen

Eine Rohrfläche ist die Hüllfläche einer Schar von Kugeln, deren Mitten auf einer Kurve c, der so genannten *Mittenlinie*, liegen und die einen festen Radius r haben (Abb. 9.77). Einfache Sonderfälle sind der Drehzylinder (mit geradliniger Mittenlinie) und der Torus, der als Rohrfläche mit einem Kreis als Mittenline aufgefasst werden kann. Eine Rohrfläche ist durch ihre Mittenlinie und den Radius r festgelegt. Sie wird auch von einer Schar von Kreisen vom Radius r gebildet, die in den Normalebenen von c liegen und ihre Mitte auf c haben.

Um kurvenartige Strukturen in einem Design zu realisieren, muss man ihnen eine Dicke geben. Die halbe Dicke kann dabei als Radius einer Rohrfläche aufgefasst werden. In der Praxis kann man Metallrohre in eine geeignete Form biegen (Abb. 9.78), wobei die präzise Fertigung solcher Rohre eine Herausforderung darstellt.

Abb. 9.78
Die „Shoal fly-by"-Skulptur von SIAL, installiert in den Hafenanlagen von Melbourne.

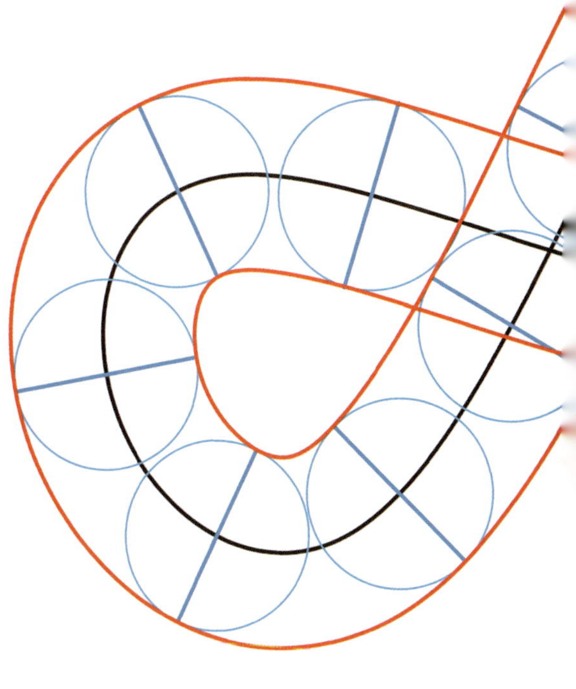

Kapitel 10
Offsets

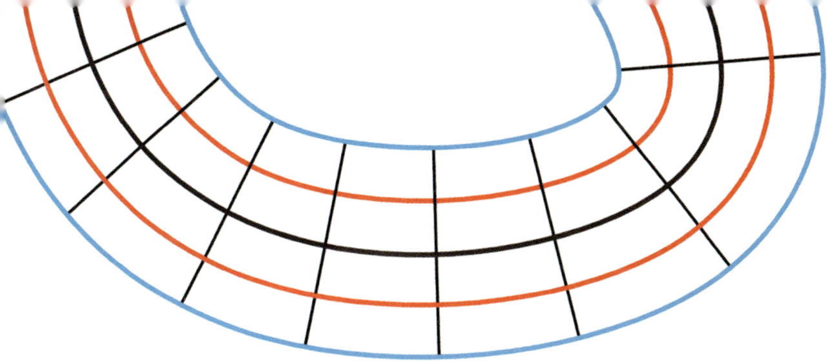

Offsets

Das englische Wort *Offset* hat viele verschiedene Bedeutungen: Abstand, Ausgleich, Verschiebung, Versatz sind nur einige Übersetzungsmöglichkeiten. Im geometrischen Zusammenhang meinen wir damit Parallelkurven und Parallelflächen. Beim Modellieren mit CAD-Software werden neben den Volumenmodellen oft auch Flächenmodelle geometrischer Objekte verwendet. Da ein Flächenmodell keine Dicke hat, muss dieses in der Architektur und im Bauwesen durch eine Schale ersetzt werden (Abb. 10.1). Um dies bereits beim virtuellen Modell durchführen zu können, gibt es in CAD-Systemen die Offset-Funktion. Damit kann meist ein Schalenmodell konstanter Dicke automatisch hergestellt werden (und im Kurvenfall ein Streifen konstanter Breite).

Abb. 10.1
Das Dach des Konferenzzentrums der DG Bank (1995–2001) in Berlin von Frank O. Gehry.

Bei der Diskussion von Offsets sehen wir rasch, dass die Offset-Funktion möglicherweise Selbstschnitte erzeugt. Weiters können Teile des Offsets näher beim Originalobjekt liegen als es die Offsetdistanz erlaubt. Diese unerwünschten Teile von Parallelkurven und Parallelflächen entfernen wir durch Wegtrimmen. Wir werden uns mit den Offsets von ebenen Kurven und gekrümmten Flächen beschäftigen. Wir beschließen das Kapitel mit verschiedenen Anwendungen von Offsets, wie zum Beispiel deren Einsatz für die Erzeugung von Ausrundungsflächen oder für die Konstruktion von Dachausmittlungen.

Abb. 10.2
Eine glatte ebene Kurve hat in jedem Kurvenpunkt eine eindeutige Tangente und eine eindeutige Normale. Der Abstand zur Kurve wird längs der Kurvennormalen gemessen.

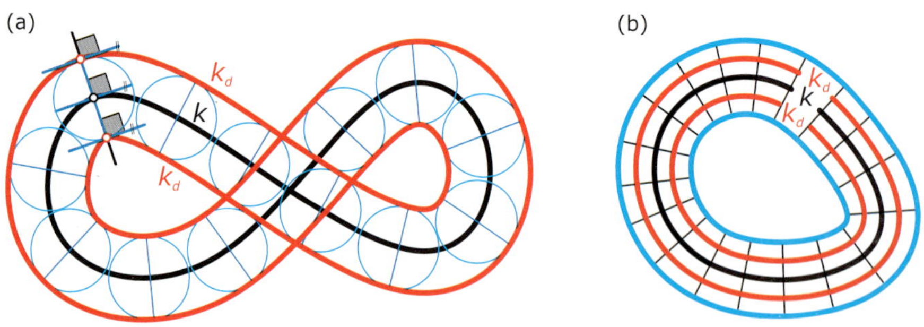

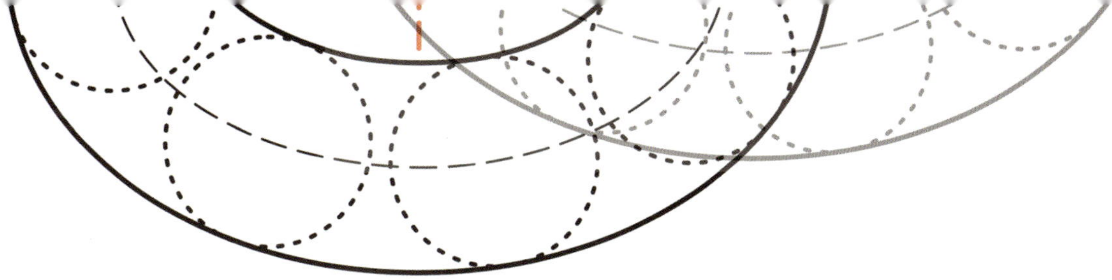

Offsetkurven

In jedem Punkt P einer glatten ebenen Kurve k gibt es eine eindeutige Tangente t und eine eindeutige Kurvennormale n (Kapitel 7). Die zur Tangente t orthogonale Kurvennormale wird verwendet, um den Normalabstand eines Punktes von der Kurve zu messen. Auf jeder Kurvennormalen n gibt es genau zwei Punkte Q_1 und Q_2 die zum Kurvenpunkt P die Entfernung d besitzen. Wir finden diese Punkte zum Beispiel als Schnittpunkte eines Kreises (Mitte P und Radius d) mit der Kurvennormalen (Abb. 10.2).

Offsets von glatten ebenen Kurven. Für eine glatte ebene Kurve k definieren wir die *Offsetkurve* k_d *im Abstand* d (der Kürze wegen oft auch bloß als *Offset* bezeichnet) wie folgt: Auf jeder Kurvennormalen markieren wir die beiden Punkte, die den Abstand d zur Kurve k besitzen. Die Menge dieser Punkte bildet das Offset k_d (Abb. 10.3a).

Wir sehen, dass Offsetkurven dieselben Kurvennormalen aufweisen wie die Ausgangskurve. Damit sind aber auch die Tangenten der Kurven k and k_d in zugeordneten Punkten zueinander parallel. Dies erklärt, warum Offsetkurven oft auch als *Parallelkurven* bezeichnet werden. Abbildung 10.3 illustriert, wie Offsetkurven auch als Einhüllende einer Menge von Kreisen mit Radius d und Mitten auf der Kurve k erzeugt werden können.

Durch Variieren des Abstandes d erhalten wir rasch eine Familie von Offsetkurven. Für eine geschlossene konvexe Kurve besteht das Offset aus genau zwei Kurvenzweigen, einem auf jeder Seite der Ausgangskurve k (Abb. 10.3b). Im Falle einer offenen Kurve (d.h., einer Kurve mit Anfangs- und Endpunkt) gibt es zumindest zwei verschiedene Möglichkeiten, das Offset in den beiden Endpunkten A und B zu definieren. Einerseits können wir zwei nicht zusammenhängende Zweige konstruieren (Abb. 10.3c). Andererseits kann das Offset zusammenhängend sein, wobei jeder der beiden Endpunkte einen Halbkreis zum Offset beiträgt (Abb. 10.3d).

Abb. 10.3
Offsets von glatten ebenen Kurven.

(c) (d)

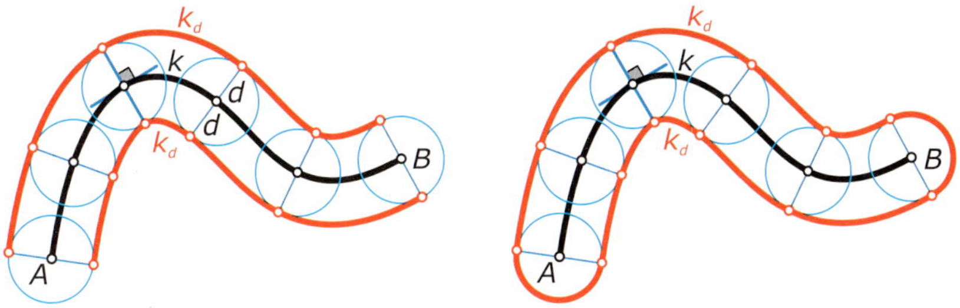

Mathematik:

Berechnung einer Offsetkurve. Wir berechnen eine Offsetkurve wie folgt. Wir verwenden

$$\mathbf{k}(t) = (x(t), y(t))$$

als Parameterdarstellung einer ebenen Kurve. Diese Kurve soll nach zunehmenden Werten des Parameters t orientiert sein. Wir berechnen zunächst die Einheitsnormalvektoren $\mathbf{n}(t)$. Die Vektoren $\mathbf{n}(t)$ erhalten wir durch eine Drehung der orientierten Tangentenvektoren $\mathbf{k}'(t) = (x'(t), y'(t))$ um 90 Grad gegen den Uhrzeigersinn. Anschließend normieren wir die gedrehten Vektoren, indem wir jede Koordinate durch die Länge von $\mathbf{k}'(t)$ dividieren,

$$\mathbf{n}(t) = \frac{(-y'(t), x'(t))}{\sqrt{x'(t)^2 + y'(t)^2}}$$

Für die Offsetkurve $\mathbf{k}_d(t)$ im Abstand d zur Kurve $\mathbf{k}(t)$ erhalten wir damit die Parameterdarstellung

$$\mathbf{k}_d(t) = \mathbf{k}(t) \pm d \cdot \mathbf{n}(t).$$

Beispiel:

Offsets eines Kreises und einer Ellipse. Für einen Kreis mit Mitte M und Radius r erzeugen wir die Offsetkurve im Abstand d. Das Offset besteht aus einem Paar von Kreisen mit demselben Zentrum M und Radien $r + d$ bzw $r - d$ (Abb. 10.4a). Bei einem Kreis sind alle Offsets wieder Kreise. Alle diese Kreise haben dieselben Kurvennormalen und parallele Tangenten in einander entsprechenden Punkten. Im Allgemeinen gilt allerdings, dass das Offset einer ebenen Kurve nicht vom selben Typ ist.

Das gilt bereits für den Fall der Ellipse. Das Offset k_d einer Ellipse k ist kein Paar von Ellipsen. Auf den ersten Blick erscheint das überraschend zu sein, denn für eine kleine Offsetdistanz d schaut das Offset einer Ellipse noch immer ellipsenähnlich aus. Vergrößern wir jedoch den Abstand d, so sehen wir sehr rasch, dass die Parallelkurven keine Ellipsen sind, da der innere Teil Selbstschnitte aufweist (Abb. 10.4b).

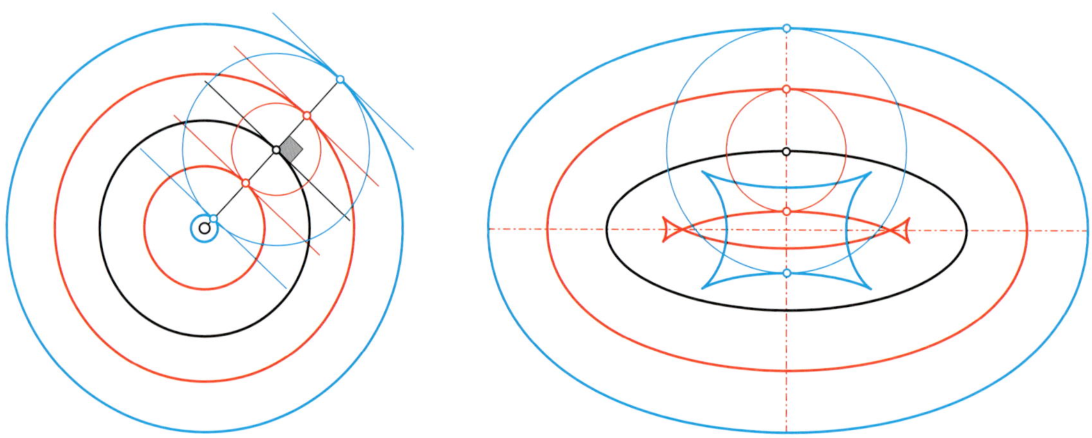

Abb. 10.4
(a) Die Offsets eines Kreises sind konzentrische Kreise.
(b) Die Offsets einer Ellipse sind von allgemeinerer Natur und keine Ellipsen mehr.

Kurve, Offset und Evolute. Wir erinnern uns an Kapitel 7, wo wir die Evolute e einer ebenen Kurve k als die Ortslinie der Mitten aller Krümmungskreise von k erklärt haben. Die Evolute ist auch die Einhüllende aller Kurvennormalen. Wir nehmen an: $\kappa(t)$ ist die Krümmung und $r(t) = |1/\kappa(t)|$ der Krümmungsradius im Kurvenpunkt $P = \mathbf{k}(t)$. Den kleinsten Wert und den größten Wert des Krümmungsradius bezeichnen wir mit $r_{\min} = |1/\kappa_{\min}|$ beziehungsweise mit $r_{\max} = |1/\kappa_{\max}|$. Die gemeinsamen Kurvennormalen von k und k_d sind die Tangenten der Evolute e. Eine Parameterdarstellung der Evolute berechnet sich als

$$\mathbf{e}(t) = \mathbf{k}(t) + 1/\kappa\,(t) \cdot \mathbf{n}(t).$$

Ein Zweig des Offsets k_d im Abstand $r_{\min} \leq d \leq r_{\max}$ hat Spitzen auf der Evolute e (Abb. 10.5a). Die Spitzen sind jene Kurvenpunkte $\mathbf{k}_d(t)$ mit $d = r(t)$, d.h., die konstante Offsetdistanz d stimmt mit dem variierenden Krümmungsradius $r(t)$ überein. In einer Spitze setzt die Offsetkurve normal auf der Evolute auf.

Beispiel:

Spitzen im Offset einer Ellipse. Wir beachten, dass das innere Offset einer Ellipse Spitzen hat, falls die Distanz d größer ist als der minimale Krümmungsradius $r_{\min}$ und kleiner als der maximale Krümmungsradius $r_{\max}$. Für eine Ellipse sind $r_{\min}$ und $r_{\max}$ die Krümmungsradien in den Haupt- und Nebenscheiteln. Wegen der Symmetrie hat das innere Offset entweder zwei oder vier Spitzen, die jeweils auf der Evolute e liegen (Abb. 10.5b und Abb. 10.5c). Wir erhalten zwei Spitzen höherer Ordnung für $d = r_{\min}$ oder $d = r_{\max}$ und vier Spitzen für $r_{\min} < d < r_{\max}$.

Abb. 10.5
(a) Ein Zweig des Offsets $\mathbf{k}_d(t)$ hat Spitzen auf der Evolute $\mathbf{e}(t)$ der ebenen Kurve $\mathbf{k}(t)$, falls der Krümmungsradius $r(t)$ von $\mathbf{k}(t)$ denselben Wert hat wie die konstante Offsetdistanz d.
(b) Der innere Teil des Offsets k_1 einer Ellipse im Abstand $d_1 = r_{\min}$ hat zwei Spitzen höherer Ordnung.
(c) Das Offset $\mathbf{k}_d$ im Abstand $r_{\min} < d < r_{\max}$ hat vier Spitzen, die auf der Evolute e von k liegen.

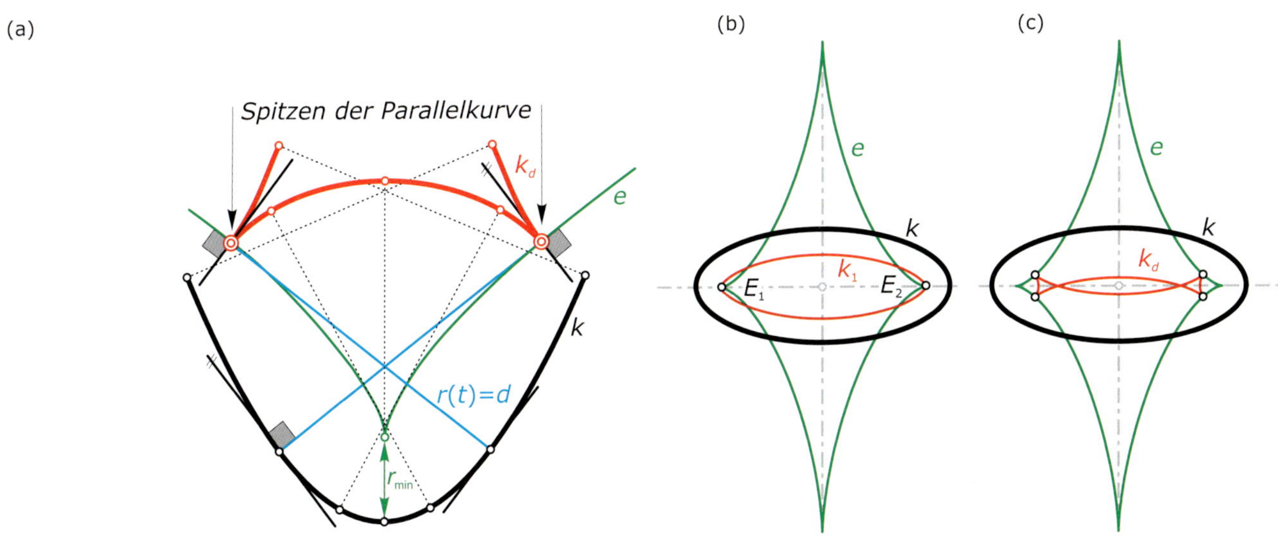

Beispiel:

Umriss eines Torus bei Normalprojektion. Die Offsets einer Ellipse treten zum Beispiel als Umriss eines Torus bei Normalprojektion auf. Ein Torus ist die Hüllfläche einer Kugel K von konstantem Radius $r = d$, deren Mittelpunkt entlang eines Kreises k bewegt wird. Der Normalriss des Mittenkreises k des Torus ist im Allgemeinen eine Ellipse k^n. Der Umriss der Kugel K unter einer Normalprojektion ist ein Kreis K^n mit Radius d und Mitte auf k^n. Daher finden wir den Torusumriss bei Normalprojektion als Hüllkurve einer Familie von Kreisen mit Radius d und Mittelpunkten auf k^n. Der Umriss ist daher das Offset der Ellipse k^n (Abb. 10.6).

Wir geben eine weitere geometrische Interpretation der obigen Tatsache. Entlang jedes Meridiankreises mit Mitte M wird der Torus von einem Drehzylinder Z berührt. Z hat den Radius d, und seine Achse a ist die Tangente des Mittenkreises k im Punkt M. Der Umriss von Z besteht aus zwei Geraden parallel zur Projektion a^n der Achse a (die tangential zur Ellipse k^n liegt). Dieses Paar von Geraden hüllt ebenfalls den Umriss des Torus ein. Weil diese Geraden zu den Tangenten von k^n parallel sind (mit konstantem Abstand d), erkennen wir, dass der Umriss des Torus tatsächlich eine Parallelkurve zur Ellipse k^n im Abstand d ist.

Die Umrisspunkte liegen auf den Kurvennormalen von k^n. Der äußere Teil des Umrisses ist immer eine ovale Kurve. Die Gestalt der inneren Parallelkurve hängt vom Neigungswinkel der Torusachse zur Bildebene ab. Diese Kurve kann von ovaler Gestalt, eine Kurve mit zwei Spitzen höherer Ordnung oder eine Kurve mit vier Spitzen sein (siehe Abb. 10.5b und Abb. 10.5c).

Abb. 10.6
Der Umriss eines Torus bei Normalprojektion ist das Offset jener Ellipse, die als Bild des Mittenkreises auftritt.

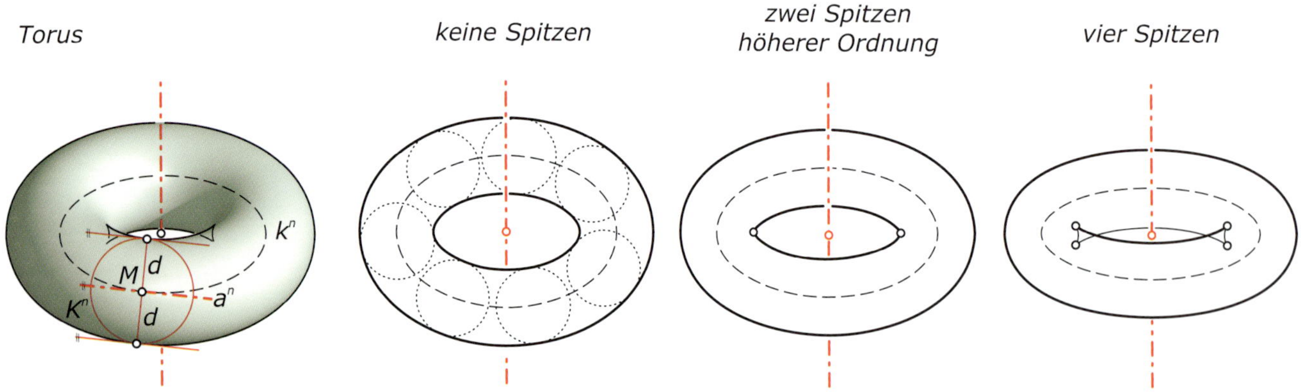

Offsets ebener Polygone. Wir betrachten nun Offsets p_d von ebenen Polygonen p. Während jede Kante (d.h. geradlinige Strecke) eines Polygons eine einzige Normale hat, gehört zu jeder Ecke ein ganzer Fächer von Normalen (Abb. 10.7). Damit besteht das Offset p_d im konstanten Abstand d aus Strecken (zu den Kanten von p gehörend) und Kreisbögen (zu den Ecken von p gehörend).

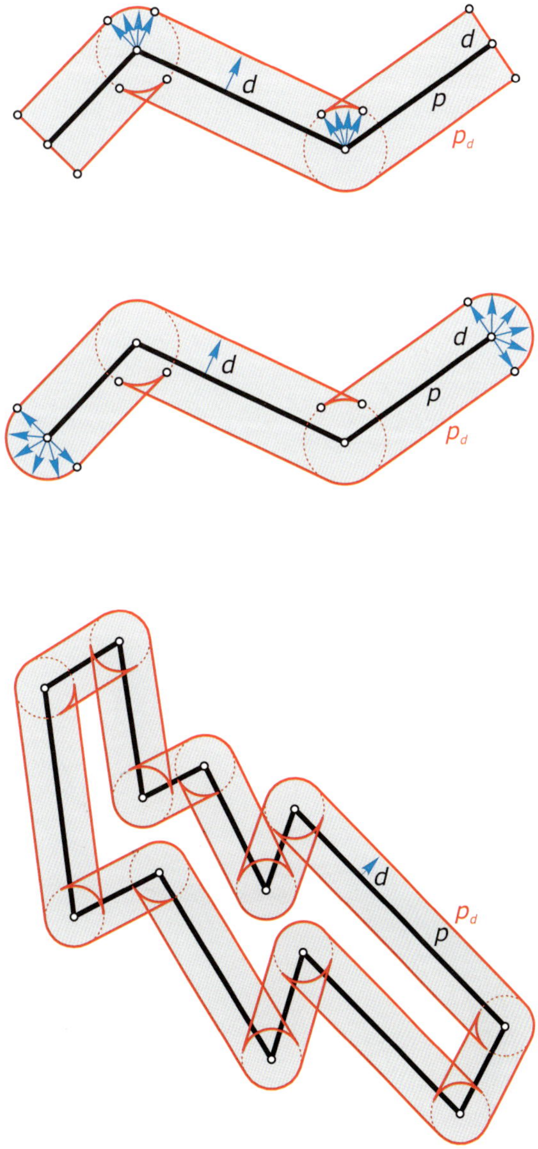

Abb. 10.7
Offsets ebener Polygone. Für jede Ecke enthält das Offset einen Kreisbogen.

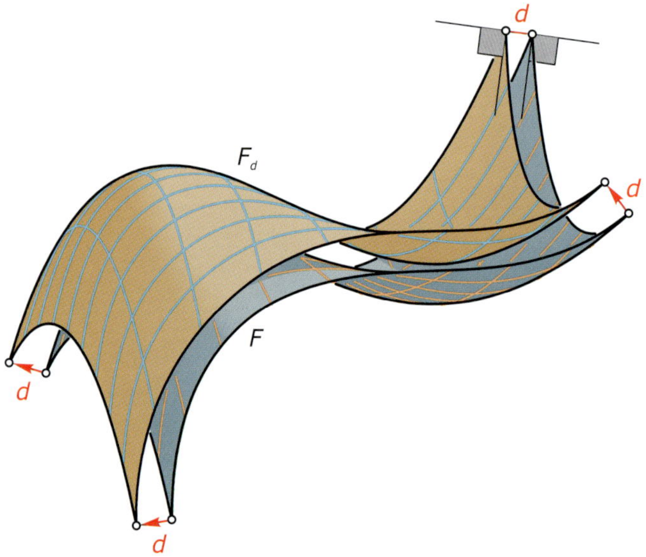

Abb. 10.8
Eine Offsetfläche F_d einer glatten Fläche F hat den konstanten Abstand d zu F.

Offsetflächen

Die Definition einer Offsetfläche ist analog zur Definition von Offsetkurven. Den Abstand von einer Fläche messen wir nun längs der Flächennormalen. Für eine glatte Fläche F definieren wir daher die *Offsetfläche* F_d *im Abstand* d (kurz *Offset*) wie folgt (Abb. 10.8). Auf jeder Flächennormalen markieren wir die beiden Punkte im konstanten Abstand d zur Fläche F. Die Menge all dieser so erhaltenen Punkte bildet die Offsetfläche F_d. Analog zu den Offsetkurven kann man zeigen, dass die Fläche F und alle ihre Offsetflächen F_d in korrespondierenden Punkten dieselbe Flächennormale besitzen.

Damit sind auch die Tangentialebenen von F und F_d in zugeordneten Punkten parallel. Offsetflächen werden deshalb oft auch als Parallelflächen bezeichnet. Wie bei den Offsets ebener Kurven können wir auch das Offset von Flächen als Einhüllende von Kugeln vom festen Radius d mit Mitten auf der Fläche F erhalten. In den folgenden Abbildungen zeigen wir jeweils nur einen Teil der Parallelfläche, um die Lesbarkeit der Abbildungen zu erhöhen.

Mathematik:

Berechnung einer Offsetfläche. Wir berechnen eine Offsetfläche wie folgt: Wir verwenden

$$\mathbf{F}(u,v) = (x(u,v), y(u,v), z(u,v))$$

als Parameterdarstellung einer glatten Fläche im dreidimensionalen Raum. Wir berechnen zunächst die Normalvektoren der Fläche mit Hilfe des Kreuzproduktes der partiellen Ableitungsvektoren $\mathbf{F}_u(u,v)$ und $\mathbf{F}_v(u,v)$. Diese normieren wir dann zu Einheitsnormalvektoren $\mathbf{n}(u,v)$. Anschließend orientieren wir diese Vektoren so, dass sie alle auf dieselbe Seite der Fläche zeigen. Damit erhalten wir eine Parameterdarstellung der Offsetfläche $\mathbf{F}_d(u,v)$ im Abstand d zur Fläche $\mathbf{F}(u,v)$ mit

$$\mathbf{F}_d(u,v) = \mathbf{F}(u,v) \pm d \cdot \mathbf{n}(u,v).$$

Nur wenige, spezielle Flächen haben die Eigenschaft, dass ihre Offsets wieder vom selben Typ sind. Dies gilt zum Beispiel für Zylinder- und Drehflächen. Für praktische Anwendungen ist diese Eigenschaft nützlich, da sie eine einfache Erzeugung von Parallelflächen erlaubt (wie in den folgenden Beispielen illustriert wird).

Beispiel:

Offsets von Kugelflächen und Drehflächen. Alle Flächennormalen einer Kugelfläche schneiden einander im Mittelpunkt M der Kugelfläche. Tragen wir daher auf diesen Flächennormalen (nach innen und außen) jeweils den konstanten Abstand d ab, so liegen die so erhaltenen Punkte wieder gleich weit vom Mittelpunkt M entfernt. Das Offset einer Kugelfläche besteht daher aus zwei konzentrischen Kugelflächen mit Radien $r + d$ bzw. $r - d$ (Abb. 10.9a).

Für einen Drehzylinder Z mit Achse a und Radius r (Abb. 10.9b) besteht das Offset aus zwei Drehzylindern Z_d mit Radien $r + d$ beziehungsweise $r - d$ und derselben Achse wie Z. Die Flächen Z und Z_d besitzen dieselben Flächennormalen, welche die Drehachse a rechtwinkelig schneiden.

Allgemein gilt, dass die Offsets F_d von Drehflächen F wieder Drehflächen sind. Eine Drehfläche kann durch Drehung einer ebenen Profilkurve k um eine Achse a, die in der Trägerebene von k liegt, erzeugt werden (Kapitel 9). Die Kurvennormalen der Profilkurve sind auch die Flächennormalen der Drehfläche (alle Flächennormalen schneiden die Drehachse a). Somit erhalten wir die Parallelfläche F_d wie folgt. Zuerst erzeugen wir eine ebene Offsetkurve k_d der Profilkurve k. Anschließend drehen wir k_d um die Achse a und erhalten die Offsetfläche F_d als koaxiale Drehfläche (Abb. 10.9c).

Ein Torus ist eine spezielle Drehfläche, die von einer Kugel, deren Mittelpunkt entlang eines Kreises läuft, eingehüllt wird. Die Offsets der Kugel sind wieder Kugeln, daher sind die Offsets eines Torus ebenfalls *Tori* mit derselben Achse und demselben Mittenkreis (Abb. 10.9d). Abbildung 10.10 illustriert Offsets spezieller Flächen in der Architektur.

(a)

konzentrische Kugeln

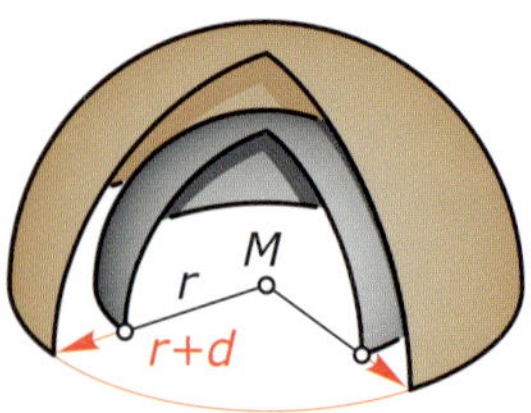

Abb. 10.9
(a) Die Offsetflächen einer Kugel sind konzentrische Kugeln.
(b) Die Offsetflächen von Drehzylindern sind koaxiale Drehzylinder.
(c) Die Offsetflächen von Drehflächen sind koaxiale Drehflächen.
(d) Die Offsetflächen eines Torus sind Tori mit derselben Achse und demselben Mittenkreis.

(b)

koaxiale Drehzylinder

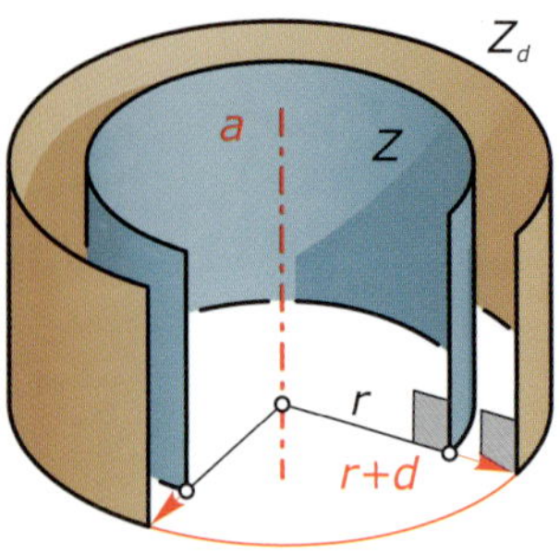

(c)

koaxiale Drehflächen

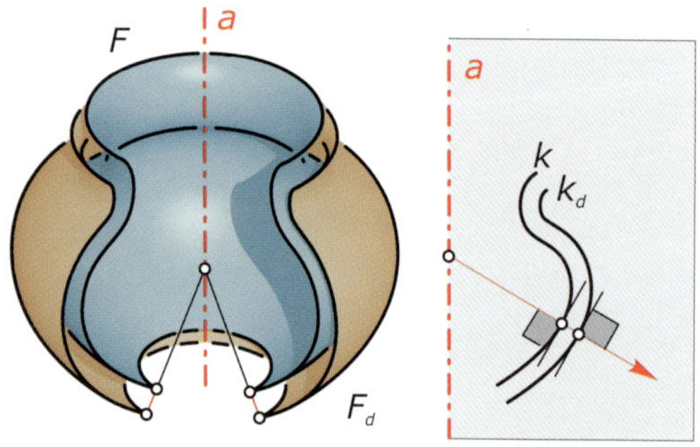

(d)

Tori

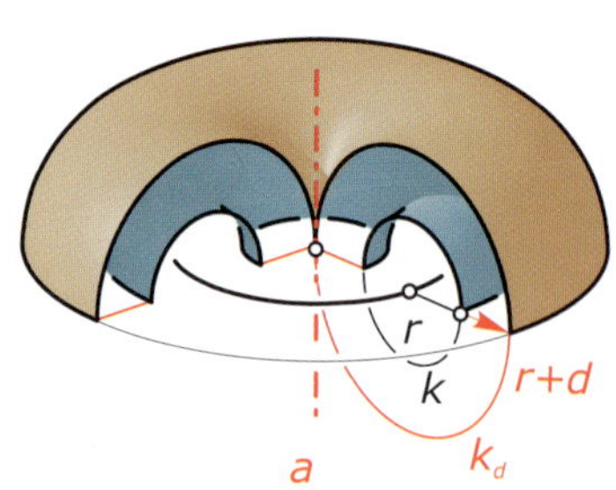

(a)

Abb. 10.10
Offsetflächen von Kugelteilen in der Architektur.
(a) Teile konzentrischer Kugelschalen finden wir in der Jubilee Church (1996–2003) in Rom von Richard Meier.
(b) Das Imperial War Museum North (2000–2002) in Manchester, England, von Daniel Libeskind.

(b)

Beispiel:

Offsets von Zylinderflächen. Eine Zylinderfläche Z kann durch Extrusion einer glatten ebenen Kurve k (in der Ebene E) in einer zu E normalen Richtung erzeugt werden. Jede zu E parallele Ebene schneidet Z längs einer zu k kongruenten Kurve. Beachte, dass alle Flächennormalen von Z parallel zur Ebene E liegen. Die Parallelfläche Z_d des Zylinders Z erhalten wir daher wie folgt: Zunächst erzeugen wir die Parallelkurve k_d von k im Abstand d in der Ebene E. Dann extrudieren wir k_d. Somit ist das Offset einer Zylinderfläche wieder eine Zylinderfläche. Offsets von Zylindern kommen in der Architektur häufig vor (Abb. 10.11).

Abb. 10.11
(a) Das Offset einer Zylinderfläche ist ebenfalls eine Zylinderfläche.
(b) Die beiden lotrechten Teile der Holzstiege von Sevil Peach entstehen geometrisch als Offset einer Zylinderfläche. Der Stiegenaufgang befindet sich im Novartis-Pharma-Hauptquartier (2003–2005) von Diener & Diener in Basel, Schweiz.
(c) Triad (2000–2002) in Hodaka von Fumihiko Maki.
(d) Serpentine Gallery Pavilion (2003) in London von Oscar Niemeyer.

(a)

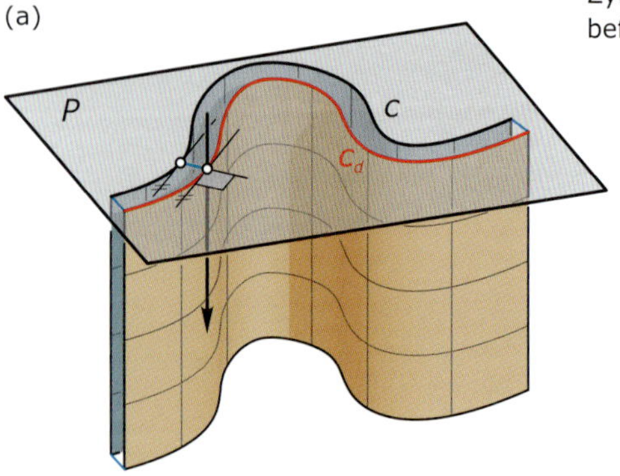

(b)

(c)

(d)

Die Offsetflächen der obigen Beispiele sind alle vom selben Typ wie die Ausgangsflächen. Diese Eigenschaft gilt auch für Rohrflächen, denn diese Flächen können durch Bewegung einer Kugel längs der Mittenkurve erzeugt werden (Abb. 10.12). Ändern wir den Radius der bewegten Kugel von r auf $r + d$, so ändert sich der Flächentyp nicht. Daher sind die Offsets von Rohrflächen wieder Rohrflächen.

Wir bemerken, dass eine Rohrfläche immer als Offset ihrer Mittenkurve angesehen werden kann. Trotzdem gilt nicht für alle klassischen Flächen, dass ihr Offset wieder vom selben Typ ist. Für eine allgemeine Kegelfläche – kein Drehkegel – gehören die Offsets bereits zu einer anderen Flächenklasse (wie im folgenden Beispiel illustriert wird).

Beispiel:

Offsets von Kegelflächen. Eine Kegelfläche F entsteht, indem wir eine ebene Kurve k durch Geraden (genannt Erzeugende) mit der Spitze S verbinden. Da F in der Spitze S nicht glatt ist, gibt es dort keine eindeutige Flächennormale. Stattdessen stellen wir uns ein ganzes Bündel von Flächennormalen in S vor. Damit ist das Offset S_d der Spitze S in einer Kugelfläche K enthalten (Abb. 10.13a). Wie verhält sich das Offset der Kegelfläche selbst? Die Flächennormalen längs einer Erzeugenden e der Kegelfläche sind zueinander parallel. Deshalb ist auch das Offset e_d jeder Erzeugenden wieder eine Gerade.
Diese Geraden e_d bilden die Offsetfläche und berühren die Kugelfläche K entlang einer Kurve s_d. Im Allgemeinen schneiden einander die Geraden e_d jedoch nicht mehr in einem einzigen Punkt. Somit ist das Offset keine Kegelfläche. Die Ausnahme bilden hier Drehkegel, deren Offset wieder Drehkegel sind – wobei die Spitze extra behandelt werden muss (Abb. 10.13b). Bemerkenswert ist jedoch, dass auch im allgemeinen Fall die Flächennormalen von F_d entlang jeder Erzeugenden e_d zueinander parallel sind. Daher (vgl. Kapitel 9) sind die Offsets von Kegelflächen *abwickelbare Flächen*.

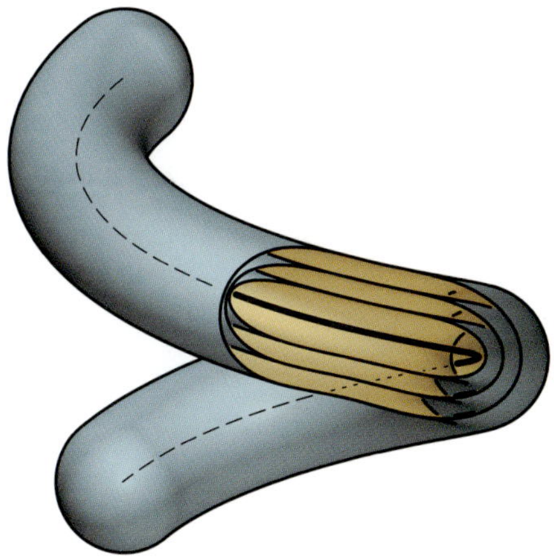

Abb. 10.12
Die Offsets einer Rohrfläche sind wieder Rohrflächen.

Abb. 10.13
(a) Das Offset einer Kegelfläche F besteht aus einem Kugelteil K und einer abwickelbaren Fläche F_d.

(b) Das Offset eines Drehkegels ist wieder ein Drehkegel, mit einem Kugelteil für die Spitze.

(a)

Offset F_d einer Kegelfläche F ist eine abwickelbare Fläche

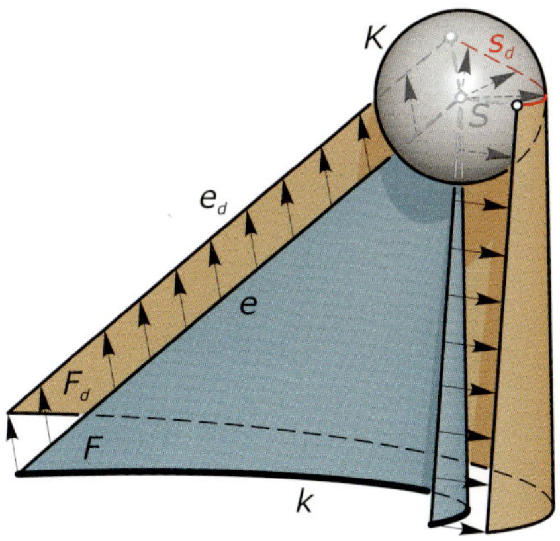

(b)

Offset eines Drehkegels

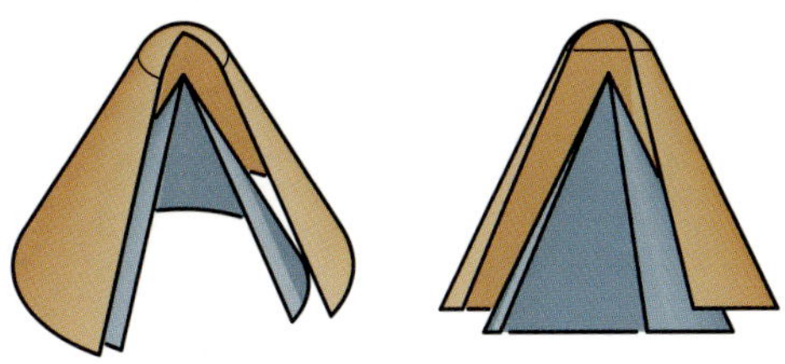

Beispiel:

Offsets von hyperbolischen Paraboloiden. Aus Kapitel 9 wissen wir, dass ein hyperbolisches Paraboloid F (HP-Fläche) eine spezielle Regelfläche ist, die zwei Familien von Erzeugenden trägt. Um ein Offset F_d im konstanten Abstand d zu erzeugen, prüfen wir zunächst, was mit den Erzeugenden passiert. Bewegen wir uns entlang einer Erzeugenden der HP-Fläche, so ändert die Flächennormale ständig ihre Richtung. Somit ist der Teil von F_d, der von einer Erzeugenden e stammt, eine Raumkurve auf F_d und keine Gerade mehr (Abb. 10.14). Das weist bereits darauf hin, dass das Offset einer HP-Fläche keine HP-Fläche mehr ist.

Offsets von polyedrischen Flächen. Bis jetzt haben wir glatte Flächen als Grundobjekte für die Offset-Operation genommen. Nun wollen wir uns den polyedrischen Flächen widmen. Aus Kapitel 3 wissen wir, dass eine polyedrische Fläche F aus ebenen Facetten, geraden Kanten und Ecken besteht. Jede ebene Facette hat eine eindeutige Normale und daher ein wohldefiniertes Offset. Aber für Kanten und Ecken ist das nicht der Fall.

Jede Kante besitzt einen Fächer von Normalen, und jede Ecke besitzt sogar ein Bündel von Normalen. Daher besteht das Offset F_d einer polyedrischen Fläche F im konstanten Abstand d aus ebenen Facetten, Teilen von Drehzylindern (zu den Kanten von F gehörend) und Teilen von Kugeln (zu den Ecken von F gehörend). Abbildung 10.15 illustriert Offsets von konvexen polyedrischen Flächen.

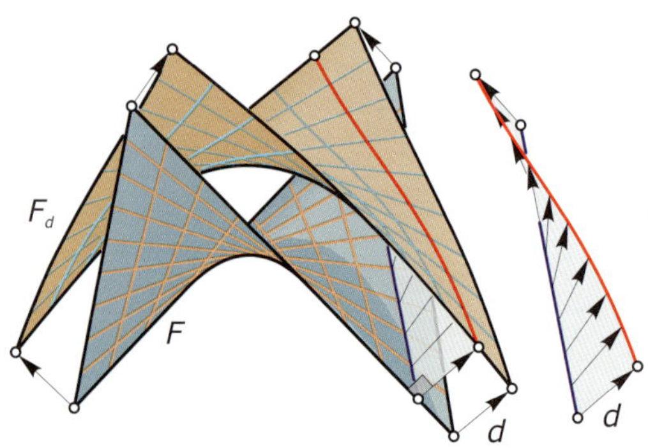

Abb. 10.14
Die Offsetfläche einer HP-Fläche ist keine HP-Fläche.

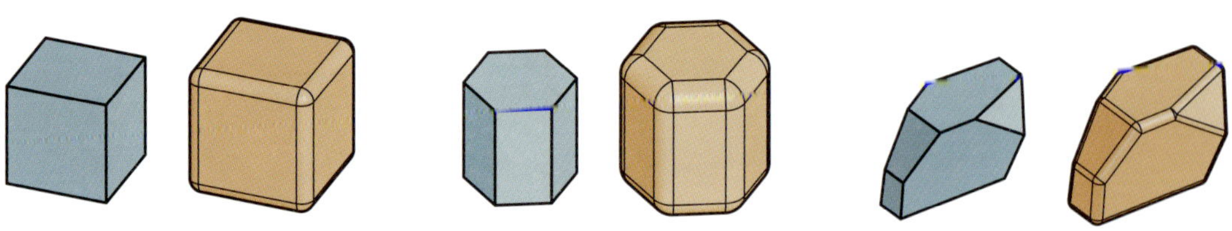

Abb. 10.15
Das Offset eines Polyeders besteht aus ebenen Facetten, Teilen von Drehzylindern und Kugelteilen.

Trimmen von Offsets

In einigen Anwendungen werden nur bestimmte Teile von Offsets tatsächlich benötigt. Wir erinnern an das Beispiel „Spitzen im Offset einer Ellipse“ und daran, dass der innere Teil des Offsets einer Ellipse Selbstschnitte aufweisen kann. Treten Selbstschnitte auf, dann gibt es im Offset Punkte, die näher bei der Ellipse liegen als die Offsetdistanz *d*. Daher besteht in praktischen Anwendungen manchmal die Notwendigkeit, diese unerwünschten Teile des Offsets zu entfernen. Die Operation dafür heißt *Trimmen*.

In vielen CAD-Paketen folgt auf die Offset-Operation ein Trimmen, das automatisch die überlappenden Teile entfernt. Abbildung 10.16 zeigt die Offsetkurve zu einer glatten Kurve vor und nach dem Trimmen. Wir bemerken, dass sowohl lokales als auch globales Trimmen notwendig ist.

Beim *lokalen Trimmen* werden jene Teile des Offsets entfernt, die sich überlappen, weil das Offset die Evolute der Ausgangskurve schneidet. *Globales Trimmen* ist notwendig, um jene Teile des Offsets zu entfernen, welche sich überlappen, aber von ursprünglich nicht benachbarten Teilen der Ausgangskurve stammen (Abb. 10.16).

Abb. 10.16
Das Offset einer glatten ebenen Kurve vor und nach dem Trimmen. Wir illustrieren lokales und globales Trimmen.

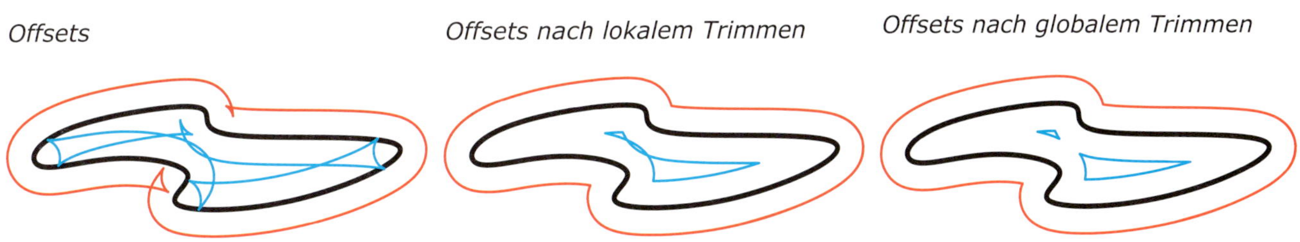

Trimmen von Offsetflächen. Das Trimmen von Offsetflächen ist eine schwierige Operation, da das Offset sehr kompliziert sein kann. Möglicherweise besteht die Offsetfläche aus vielen überlappenden und sich gegenseitig schneidenden Teilen. Daher ist sowohl lokales als auch globales Trimmen notwendig (Abb. 10.17).

Trimmen wird anhand von numerischen Berechnungen durchgeführt. Falls ein CAD-Paket eine getrimmte Offsetfläche nicht erzeugen kann, ist die durchzuführende Operation möglicherweise für die im CAD-Paket implementierten Methoden zu komplex und scheitert daher. Für spezielle Flächen haben wir oben gelernt, dass das Offset wieder zur selben Flächenklasse gehört. Um unnötiges Trimmen zu vermeiden, sollten wir dieses geometrische Wissen einsetzen. Wir illustrieren diesen Zugang anhand einer Zylinderfläche mit Profilkurve *k*. Anstatt die Offsetfläche zu trimmen, ist es deutlich einfacher, zuerst die Offsetkurve k_d zu trimmen und anschließend die getrimmte Kurve zu extrudieren, um die getrimmte Offsetfläche zu erhalten (Abb. 10.18).

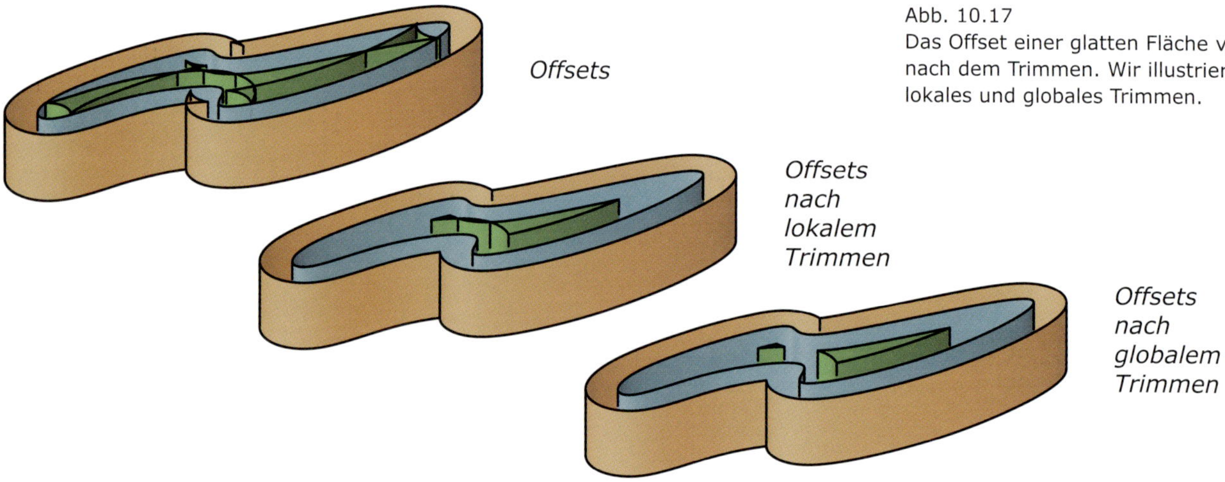

Abb. 10.17
Das Offset einer glatten Fläche vor und nach dem Trimmen. Wir illustrieren lokales und globales Trimmen.

Abb. 10.18
Intelligente Erzeugung von getrimmten Offsets von Zylinderflächen.

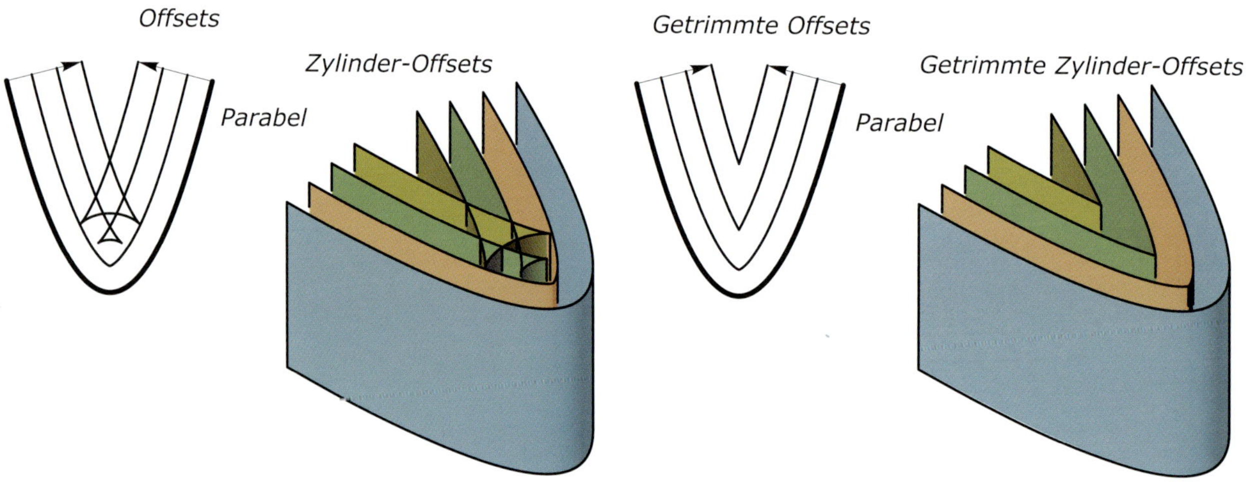

Diskrete Offsets von ebenen Polygonen. Einige CAD-Pakete bieten für die Erzeugung von Offsets ebener Polygone mehrere Alternativen an. Anstatt eine Ecke des Polygons p im Offset durch einen Kreisbogen zu ersetzen, kann das Offset an dieser Stelle eine Ecke besitzen. Bei dieser Alternative ist also das Offset p_d eines Polygons p wieder ein Polygon. Allerdings sind nun einige Punkte von p_d weiter entfernt von p als die Offsetdistanz d.

Wir erzeugen ein solches *diskretes Offset* wie folgt: Wir zeichnen Geraden parallel zu den Kanten von p im Abstand d ein und verlängern benachbarte Paare von Geraden jeweils bis zu ihren Schnittpunkten (Abb. 10.19a). Verfeinern wir das Polygon p (z.B. mit einem Unterteilungsalgorithmus aus Kapitel 8), dann erhalten wir in der Grenze eine glatte Kurve.

Durch so einen Verfeinerungsprozess konvergiert das diskrete Offset dann gegen das glatte (getrimmte) Offset (Abb. 10.19b). Die unterschiedlichen Alternativen für Offsets ebener Polygone werden bei Vektorgrafiken besonders gut ersichtlich, wenn verschiedene Optionen für Ecken und Endpunkte zur Auswahl stehen (Abb. 10.19c).

(a)

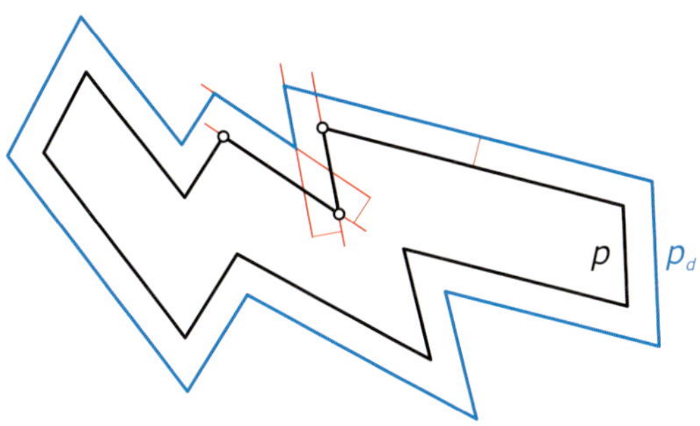

(b)

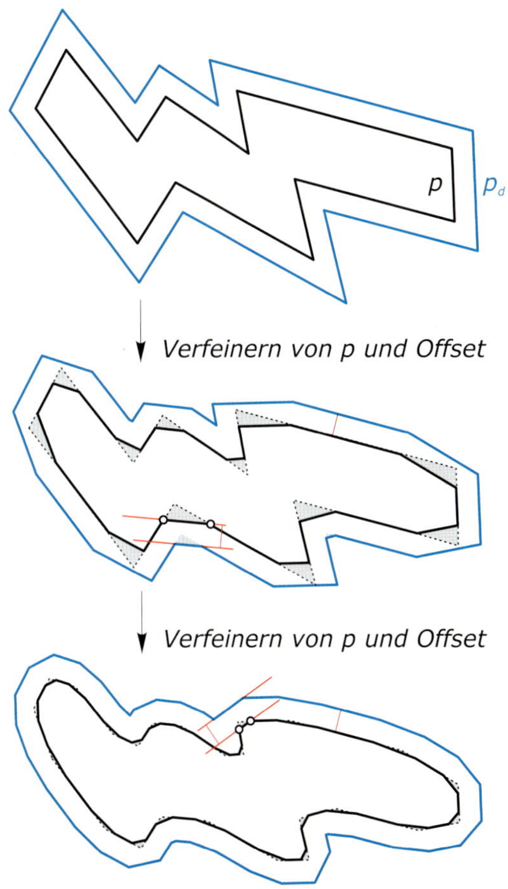

Abb. 10.19
(a) Alternatives Offset eines Polygonzugs.
(b) Unterteilung und Offset eines Polygons.
(c) Vektorgrafiken von Linien mit verschiedenen Optionen für Ecken und Endpunkte.

(c)

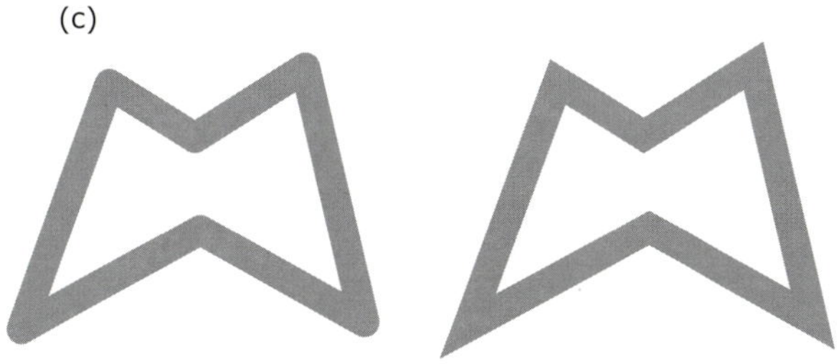

Diskrete Offsets von polyedrischen Flächen. Das *diskrete Flächenoffset* eines Polyeders P ist wieder ein Polyeder P_d. Wir konstruieren das diskrete Flächenoffset P_d wie folgt: Zuerst werden Offsetebenen im Abstand d für jede ebene Facette berechnet, und anschließend werden benachbarte Offsetebenen miteinander passend verschnitten (Abb. 10.20).

Wir beachten, dass dann manche Punkte des Offset P_d weiter von P entfernt liegen als die Offsetdistanz d. Dafür ist das Offset wieder ein Polyeder. Dies ist manchmal praktikabler als die Erzeugung des zwar geometrisch richtigen, dafür aber komplizierteren Offsets. Falls wir ein „echtes" geometrisches Offset benötigen und das verwendete CAD-Paket eine solche Operation nicht zur Verfügung stellt, gehen wir wie folgt vor: Wir erzeugen zunächst ein Polyederoffset P_d wie oben beschrieben und verrunden dann die Ecken und Kanten mit geeigneten Werkzeugen.

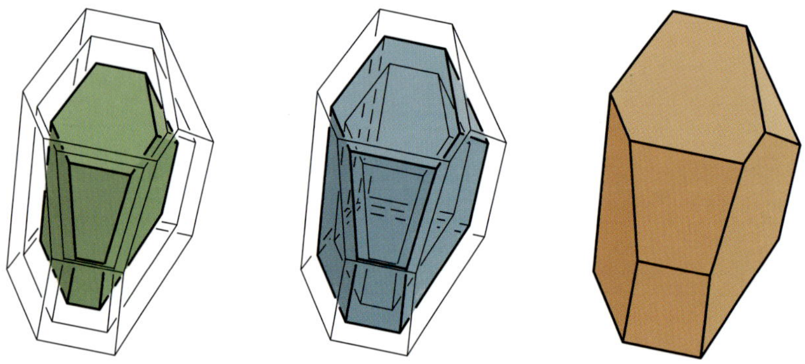

Abb. 10.20
Diskretes Flächenoffset eines Polyeders.

Anwendungen von Offsets

Neben den bisher erwähnten Anwendungen kommen Offsets unter anderem auch bei der Erzeugung von Ausrundungsflächen und bei Dachausmittlungen vor.

Ausrundungsflächen. Zur Vermeidung scharfer Kanten ersetzen wir diese durch abgerundete Kanten. Entsteht eine scharfe Kante durch den Schnitt zweier Flächen, so wird diese scharfe Kante oft durch eine Ausrundungsfläche ersetzt (Kapitel 4). Für diese Ausrundungsflächen werden gerne Teile von Rohrflächen verwendet (Kapitel 9).

Die Rohrfläche wird dabei durch Rollen einer Kugel vom Radius r „entlang der Schnittkante“ erzeugt – dabei berührt die Kugel immer beide Flächen. Die Mittenkurve k dieser Rohrfläche erhalten wird als Schnittkurve zweier Offsetflächen F_1^r und F_2^r im konstanten Abstand r (Abb. 10.21a). Für die Ausrundungsfläche verwenden wir den zwischen den Berührkurven k_1 und k_2 liegenden Teil der Rohrfläche (Abb. 10.21b).

Abb. 10.21
Ausrundungsfläche vom Radius r entlang einer scharfen Kante.
(a) Die Mittenkurve k der Rohrfläche ist die Schnittkurve der beiden Offsetflächen F_1^r und F_2^r.
(b) Nur ein kleiner Teil der Rohrfläche wird für die Ausrundung verwendet.

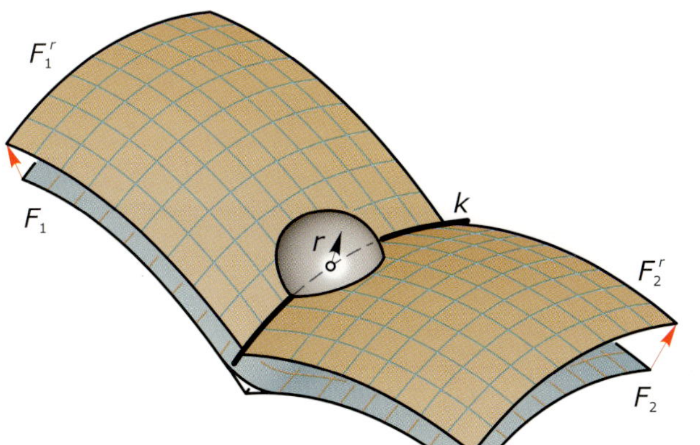

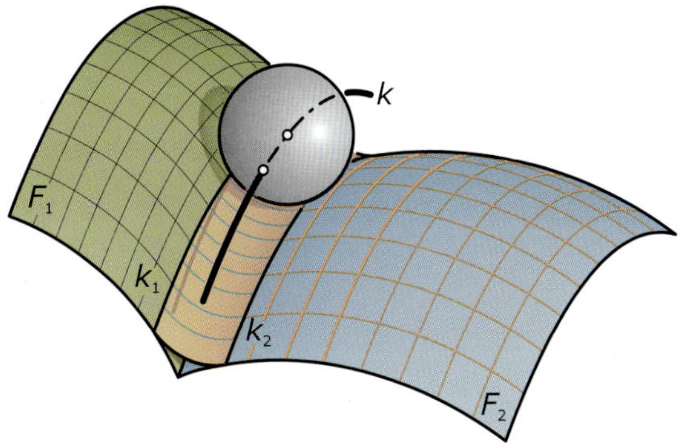

Dachausmittlung. Die geometrische Form von Dächern wird unter anderem durch Abflussbedingungen für das Regenwasser, durch den Grundriss des Hauses und durch stilistische Überlegungen beeinflusst. Diese Überlegungen führten zu einer Reihe von traditionellen Dachformen (Abb. 10.22), sie werden aber auch auf neue – möglicherweise weniger reguläre – Formen von Dächern angewandt. Hier illustrieren wir, wie Offsets in der Dachausmittlung eingesetzt werden können.

Zu Beginn erklären wir noch fundamentale Begriffe im Zusammenhang mit der Dachausmittlung. Der Hauptzweck eines Dachs ist es, den darunter liegenden Gebäudeteil zu schützen (z.B. vor Regen oder um Wasseransammlungen zu vermeiden). Die Neigung der Dachflächen zu den nächstliegenden Gebäudeoberkanten hin bewirkt dabei das Abrinnen des Wassers. Da die meisten Dächer aus mehreren ebenen Flächen bestehen, sind viele Gebäude vom geometrischen Standpunkt aus betrachtet im Wesentlichen Polyeder. Zimmerer verwenden für die Kanten und Flächen von Dächern folgende Namen (Abb. 10.23):

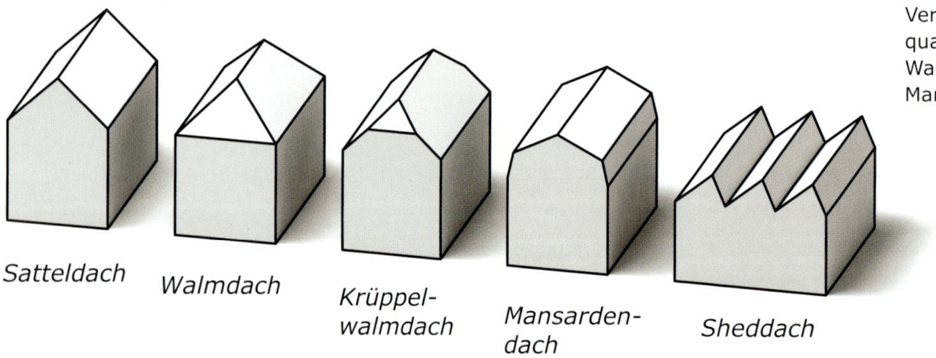

Abb. 10.22
Verschiedene Dachformen für ein quaderförmiges Gebäude: Satteldach, Walmdach, Krüppelwalmdach, Mansardendach und Sheddach.

Abb. 10.23
Bezeichnungen für die Kanten und Flächen eines Daches.

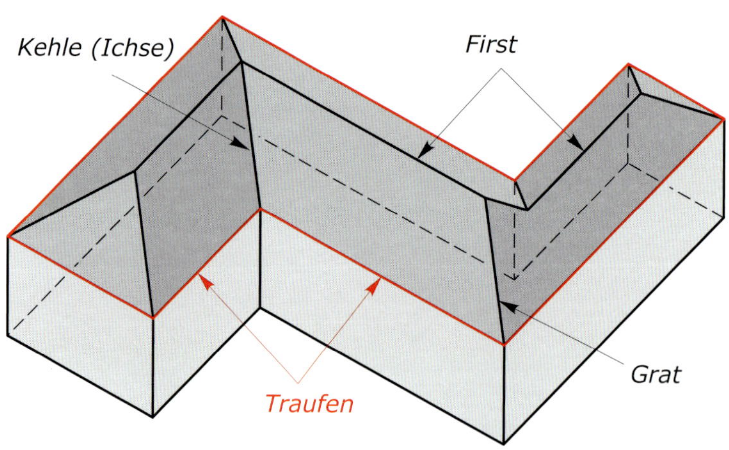

- Ein *First* ist eine obere (üblicherweise horizontale) Randkante einer geneigten Dachebene.
- Eine *Traufe* ist eine untere (immer horizontale) Randkante einer geneigten Dachebene.
- Ein *Grat* ist eine Schnittgerade zweier Dachebenen, bei denen der Grat und die beiden beteiligten Traufen einander in einer konvexen Ecke treffen (ausspringende Ecke im Traufenpolygon).
- Eine *Ichse* oder *Kehle* ist eine Schnittgerade von zwei Dachebenen, bei denen die Ichse und die beiden Traufen einander in einer nichtkonvexen Ecke treffen (einspringende Ecke im Traufenpolygon).

Die Komplexität einer Dachausmittlung hängt auch vom Gebäudegrundriss ab. Abbildung 10.24 zeigt als Beispiel ein Gebäude mit etwa einhundert Zimmern und vielen verschachtelten Dachstrukturen. Für die Erzeugung von Dächern gibt es daher spezielle Software, die Architekten beim Entwerfen von Dächern unterstützt. Nichtsdestotrotz erlauben uns bereits wenige geometrische Ideen und Grundkenntnisse über Offsets das Design von sinnvollen Dächern.

Abb. 10.24
Das Winchesterhaus in Kalifornien hat ungefähr einhundert Zimmer und viele verschachtelte Dächer.

Entwurf von Dächern konstanter Neigung. Wir nehmen zunächst alle Dachebenen gleich geneigt an. Die grundlegende geometrische Idee ist nun, dass die Offsetpolygone des Traufenpolygons (gebildet von den Traufen) genau die Grundrisse der Höhenschichtenlinien des Dachs sind (Abb. 10.25a). Die Höhenschichtenlinien erhalten wir durch Schnitt des Dachs mit horizontalen Ebenen.

Da wir zu Beginn nur den Gebäudegrundriss zur Verfügung haben – und nicht das fertige Dach –, müssen wir die Vorgangsweise umkehren. Wir beginnen daher mit der Konstruktion der Grundrisse der Höhenschichtenlinien. Wir erzeugen sie mit Hilfe der Offset-Operation und geeigneten Abständen zum Traufenpolygon. Mit Hilfe dieser Offsetpolygone ermitteln wir dann die Grundrisse der Grate, Kehlen und Firste des Dachs. Abschließend konstruieren wir das Dach selbst, indem wir die – sich aus der Dachneigung ergebende – Höheninformation hinzufügen.

Wir beschäftigen uns zuerst mit jenem Fall, in welchem alle Traufen in derselben Höhe liegen. Mit Hilfe von Offsets finden wir zunächst die Grundrisse der Grate, Kehlen und Firste. Dazu arbeiten wir in der Trägerebene der Traufen. Wir erzeugen getrimmte Offsets p_d in wachsendem Abstand d zum Traufenpolygon p so lange, bis der Bereich innerhalb von p komplett ausgefüllt ist. Dabei führen wir Buch, wann Kanten von p_d verschwinden oder zusammenfallen. Mit Hilfe der so erhaltenen Grundrisse der Höhenschichtenlinien des Daches finden wir die Grundrisse der Schnittgeraden von je zwei benachbarten Dachebenen und die Schnittpunkte von je drei, in einer Ecke zusammentreffenden, Dachebenen. Diese Erkenntnisse verwenden wir nun wie folgt:

(a)

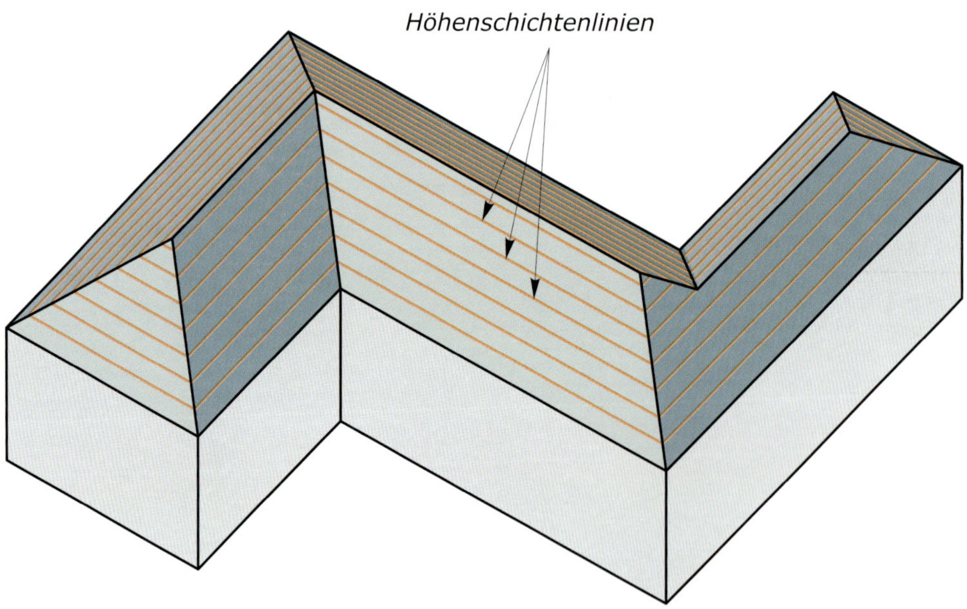

Die Strecken durch korrespondierende Ecken der Familie von Offsetpolygonen sind Grundrisse der Grate und Kehlen des Dachs (Abb. 10.25b). Da alle Dachebenen gleiche Neigung haben, müssen die Grundrisse der Grate und Kehlen die Winkelsymmetralen der benachbarten Traufenkanten sein. Falls zwei Kanten des Offsetpolygons zusammenfallen, stammen sie von parallelen Traufen, und wir haben den Grundriss eines Firsts gefunden. Falls eine Kante des Offsetpolygons verschwindet, werden die beiden angrenzenden Kanten zu neuen Nachbarn. So ein Ereignis markiert einen Punkt, in dem drei verschiedene Dachebenen einander treffen. Sobald wir den Grundriss des Dachs ermittelt haben, können wir das Dach selbst konstruieren.

Die Höhen jener Punkte, in denen die einzelnen Grate, Kehlen und Firste zusammentreffen, können wir von einem einfachen Diagramm ablesen (Abb. 10.25c). Abhängig vom Neigungswinkel α der Dachebene führt eine Offsetdistanz d zu einer Höhe h_α in der Dachebene. Zur selben Offsetdistanz d resultiert aus einem anderen Neigungswinkel β eine andere Höhe h_β.

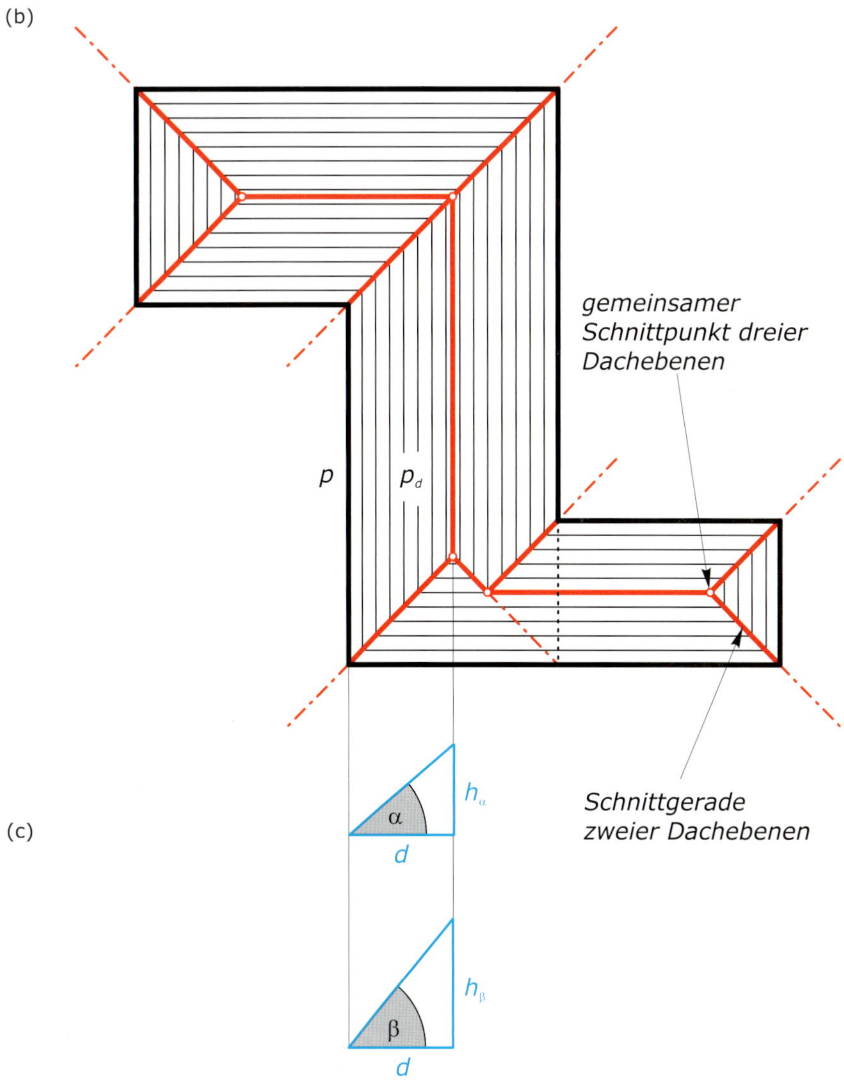

Abb. 10.25
Dachausmittlung mit gleich geneigten Dachebenen, bei der alle Traufen in derselben Höhe liegen.
(a) Die Höhenschichtenlinien eines Daches.
(b) Die Grundrisse der Höhenschichtenlinien sind die diskreten Offsets p_d des Traufenpolygons p.
(c) Dieselbe Offsetdistanz d aber unterschiedliche Neigungswinkel α, β der Dachebenen verursachen verschiedene Höhen h_α, h_β.

Natürlich können wir auch Dächer konstanter Neigung zu krummlinigen Traufen konstruieren. Dann ist das Dach Teil einer abwickelbaren Fläche konstanter Neigung (Kapitel 9). Abbildung 10.26 zeigt ein Beispiel mit ellipsenförmiger Traufe. In diesem Fall konstruieren wir die Grundrisse der Höhenschichtenlinien als Offsets einer Ellipse.

Den Grundriss des gekrümmten Firsts finden wir als Strecke zwischen den Krümmungskreismittelpunkten E_1 und E_2 der Hauptscheitel der Ellipse. Wir beachten, dass die Normalen des Offsets die Ellipse rechtwinklig schneiden. Daher rinnt das Wasser vom Dach entlang der Erzeugenden der abwickelbaren Fläche ab. Baugruben können analog zu Dächern konstruiert werden. Dazu muss bloß ein Dach an einer horizontalen Ebene gespiegelt werden – und schon erhalten wir eine Baugrube.

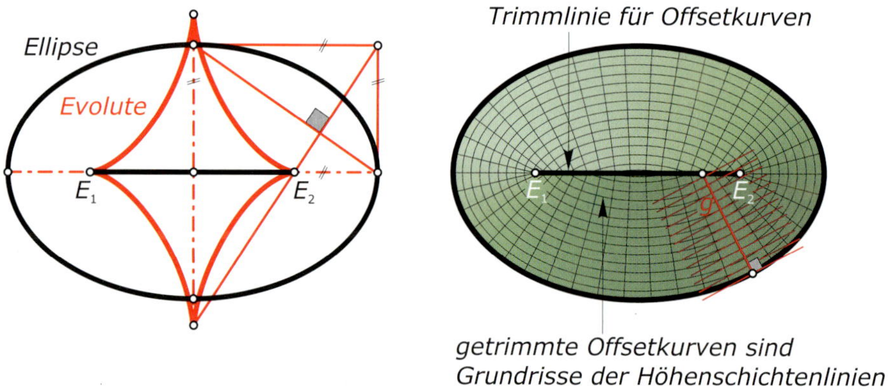

Abb. 10.26
Dachausmittlung für eine ellipsenförmige Traufenkurve.

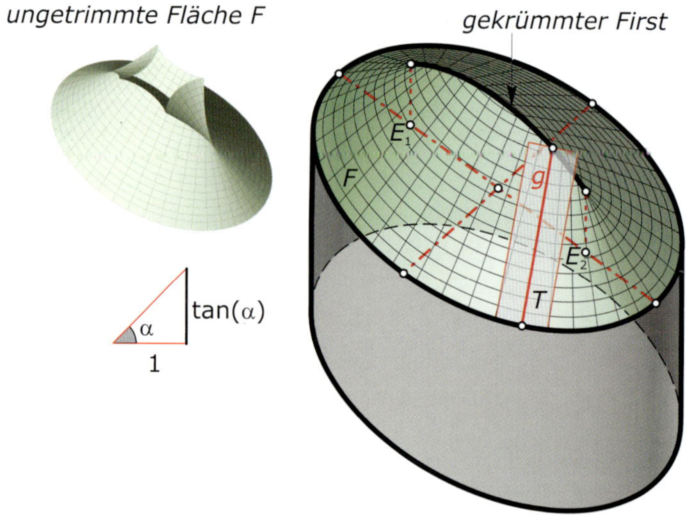

Design von Dächern nicht-konstanter Neigung. Analog zu oben konstruieren wir nun Dächer, deren einzelne Dachebenen verschiedene Neigung aufweisen. Wieder nehmen wir an, dass alle Traufen in derselben Höhe liegen. Wäre dies nicht der Fall, würden wir mit einem Hilfspolygon arbeiten, in dem alle Hilfstraufen in derselben Höhe liegen. Für jede Traufe kennen wir die Neigung α, β oder γ der die Traufe enthaltenden Dachebene.

Aus dem Diagramm in Abbildung 10.27 lesen wir die Offsetdistanzen d_α, d_β und d_γ ab, die zu einer konstanter Höhe h und verschiedenen Neigungen α, β und γ gehören. So erhalten wir wieder die Grundrisse der Höhenschichtenlinien des Dachs, das wir konstruieren wollen. Wir beachten, dass die Grundrisse jetzt nur als Offsets von Strecken und nicht als Offset des gesamten Traufenpolygons erzeugt werden können. Die weiteren Schritte zur Konstruktion des Daches verlaufen dann wie oben beschrieben.

Abb. 10.27
Dachausmittlung für Dachebenen mit unterschiedlichen Neigungen.

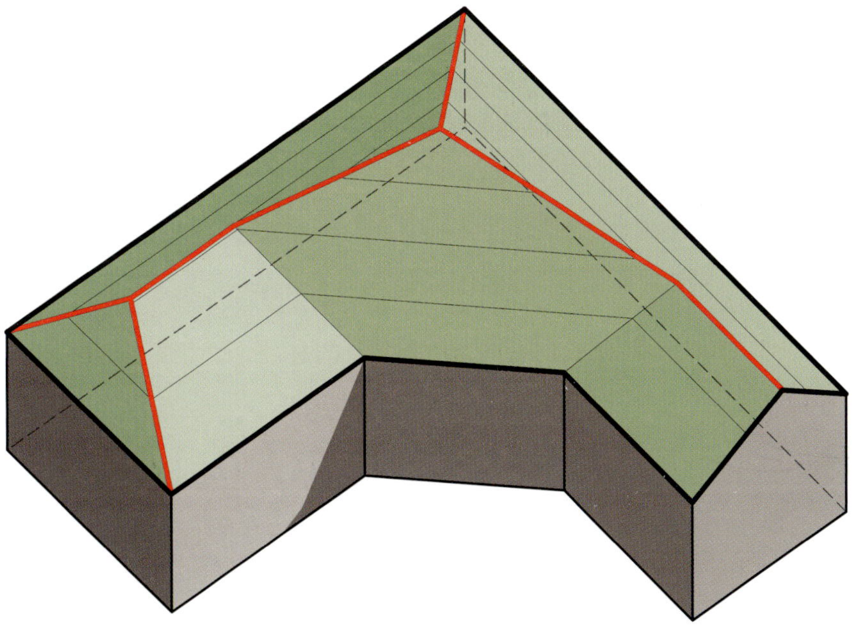

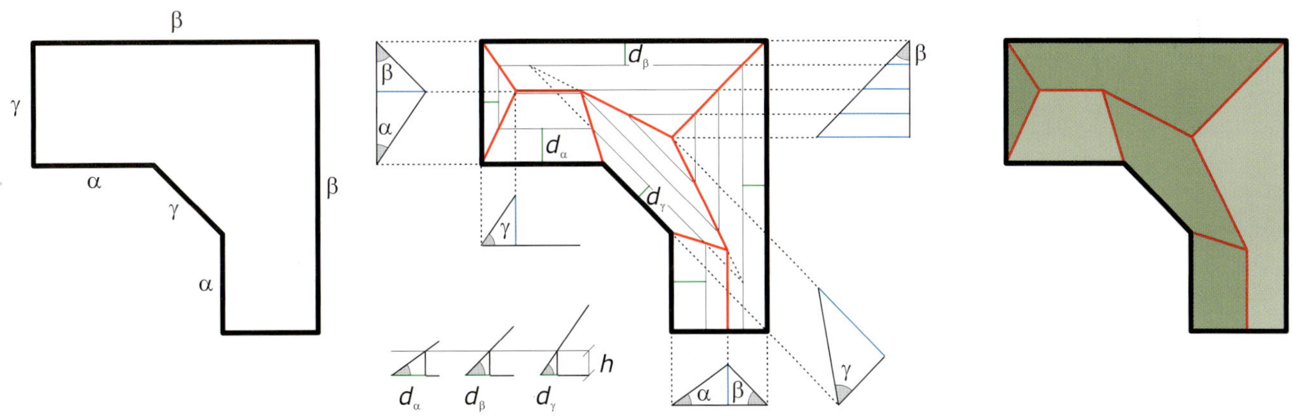

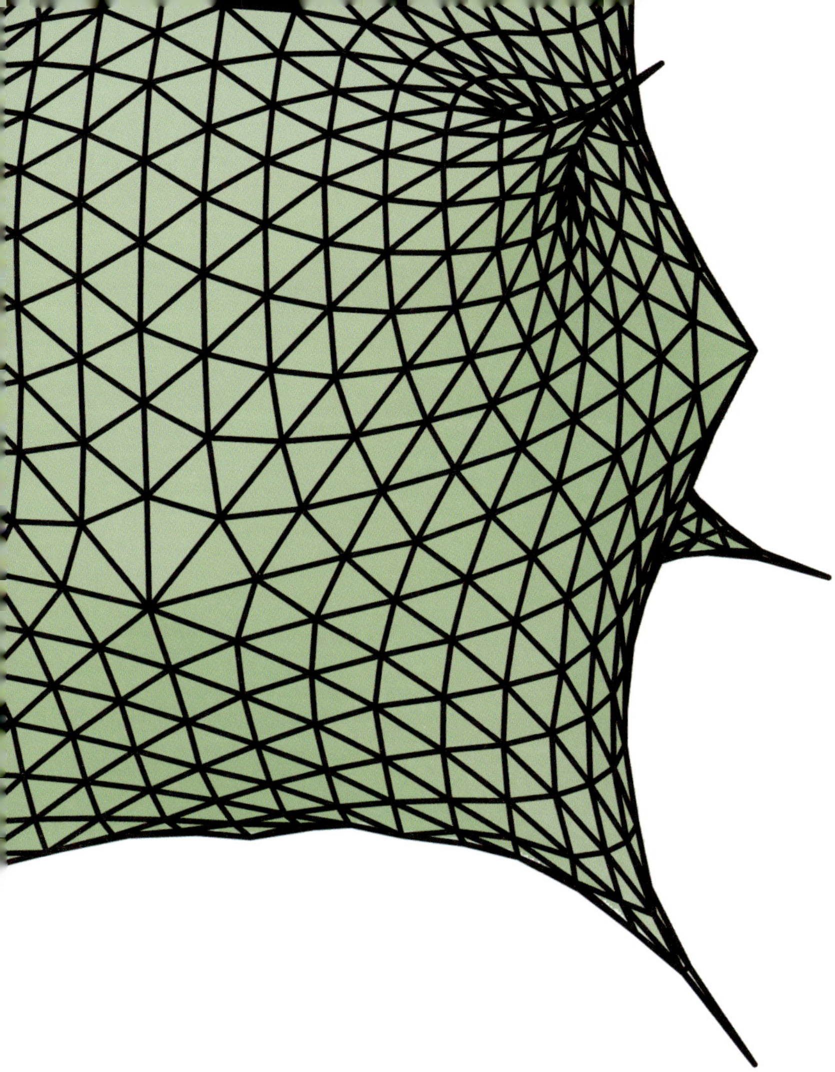

Kapitel 11

Freiformflächen

Freiformflächen

Die klassischen Flächen wie Zylinder, Kegel, Kugel, Drehflächen und Regelflächen weisen oft keine ausreichende Flexibilität beim Entwurf von 3-D-Formen auf. Freiformflächen besitzen wesentlich mehr Freiheitsgrade und daher auch viel mehr Gestaltungsmöglichkeiten beim Flächenentwurf. In diesem Kapitel stellen wir zuerst *Bézier-Flächen* und *B-Spline-Flächen* als natürliche und leicht verständliche Verallgemeinerung der entsprechenden Freiformkurven (Kapitel 8) vor.

Die Bézier- und die B-Spline-Methode weisen starke Einschränkungen hinsichtlich der erzeugbaren topologischen Typen von Flächen auf. Dieses Problem wird von den *Unterteilungsflächen* in einfacher und eleganter Weise umgangen (Abb. 11.1). Ihr Einsatz begann in der Animationsindustrie, während heute Unterteilungsflächen in einer Reihe von Design- und Architekturanwendungen Verwendung finden.

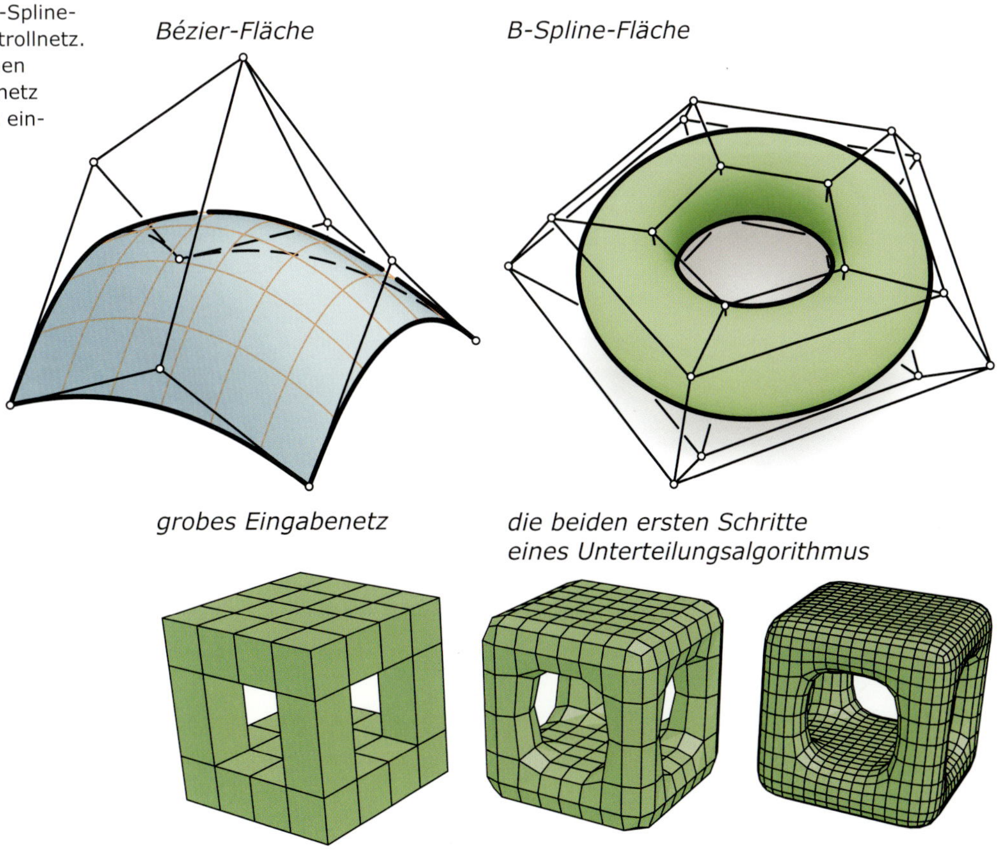

Abb. 11.1
Bézier-, B-Spline- und Unterteilungsflächen sind eng verwandte Konzepte zum Entwurf von Freiformflächen. Im Grunde sind Bézier- und B-Spline-Flächen spezielle Unterteilungsflächen. Oben: eine Bézier- und eine B-Splinefläche mit dem jeweiligen Kontrollnetz. Unten: Unterteilungsalgorithmen verfeinern ein grobes Eingabenetz durch wiederholte Anwendung einfacher Verfeinerungsregeln.

2 (a,b)

3 (a,b)

Geschichte der Freiformflächen in der Architektur. Komplexe geometrische Formen und Freiformflächen finden sich schon sehr früh in der Architektur, etwa in kuppelartigen Behausungen, die schon vor 400.000 Jahren aus Holz und Lehm gefertigt wurden. Doppelt gekrümmte Flächen in Kuppeln und skulpturalen Elementen von Gebäuden gab es zu allen Zeiten.

Im 19. Jahrhundert gaben Industrialisierung und verbesserte Baumaterialien wie Eisen, Stahl und Stahlbeton den Architekten neue Freiheiten in ihren Gestaltungsmöglichkeiten und ihrer Formensprache (vgl. François Coignet, *Béton Aggloméré*, 1855).

Antoni Gaudí (1852–1926) erreichte ein tiefes Verständnis von Statik und Geometrie von Freiformflächen durch die Entwicklung von Formfindungstechniken anhand physischer Modelle. Seine *Sagrada Familia* (1882–heute) und das *Casa Milà* (1905–1907) sind die prominentesten Beispiele aus seinem Werk (Abb. 11.2).

Hermann Finsterlin (1887–1973) schuf zwischen 1918 und 1924 Hunderte von Zeichnungen, Aquarellen und 3-D-Modellen einer phantastischen plastischen Architektur (Abb. 11.3a). Leider konnte er aber kein größeres Projekt umsetzen. Zur selben Zeit baute Erich Mendelsohn (Abb. 11.3b) den relativ kleinen aber skulptural beeindruckenden *Einstein Turm* (1920–1921) in Potsdam.

Abb. 11.2
Früher Einsatz von Freiformflächen durch Antoni Gaudí in den berühmten Werken *Casa Milà* (1905–07) und *La Sagrada Familia* (1882–heute).

4 (a)

Der Einsatz von Stahlbeton, als gute Lösung für den Bau skulpturaler Formen und die Erzielung großer Spannweiten, erreichte seinen Höhepunkt in den 1960ern. Berühmte Beispiele sind u.a. *Notre Dame du Haut* (1950–1955) von Le Corbusier und das *TWA Terminal* (1956–1962) am JFK International Airport von Eero Saarinen (Abb. 11.4). Man erkannte jedoch bald die Grenzen des Stahlbetons hinsichtlich Gewicht, Kosten und Arbeitsaufwand. Frühe Versuche zur Gewichtsreduktion beinhalten die Zerlegung der gewünschten Fläche in strukturelle Teile und Verkleidungselemente.

4 (b)

Abb. 11.3
(a) Nicht gebautes Architekturmodell (1920) von Hermann Finsterlin.
(b) Der *Einstein Turm* (1920–21) von Erich Mendelsohn (Foto: mit freundlicher Genehmigung des astrophysikalischen Instituts Potsdam).

Abb.11.4
Einsatz von Stahlbeton zum Bau freier Formen: *Notre Dame du Haut* (1950–55) von Le Corbusier, und das *TWA Terminal* (1956–62) von Eero Saarinen.

Abb. 11.5
Das *Opernhaus von Sydney* (1957–73) von Jørn Utzen.

Ein erfolgreiches Beispiel von Vorfertigung sind die sphärischen Schalen, die das Dach des *Opernhauses von Sydney* (1957–1973, von Jørn Utzen) bilden (Abb. 11.5). Anhand von Projekten wie der Oper von Sydney wurde klar, dass komplexe Freiformgeometrien ausgefeilte Techniken zur geometrischen Beschreibung benötigen und dass die bauliche Umsetzung auch die Integration struktureller Prinzipien und der Fertigungstechnik notwendig macht.

Als einer der ersten Architekten setzte Frank O. Gehry Methoden des Computer-aided Geometric Design (CAGD) zum Bau von Freiformflächen ein. Er ist bekannt für die Verwendung nahezu abwickelbarer Flächen (vgl. Kapitel 9) in seinen Entwürfen (Abb. 11.6a). Das Kunsthaus Graz (2002–2003) wurde von Peter Cook und Colin Fournier als biomorphe Freiform entworfen (Abb. 11.6b).

Geschichte der Freiformflächen im CAGD. Die Entwicklung mathematischer Methoden zur Beschreibung von Freiformgeometrien entstand in den 1940ern und 1950ern aus praktischen Anforderungen in der Automobil- und Flugzeugindustrie. Zur Lösung von Problemen wie der digitalen Speicherung von Flächenentwürfen oder der Kommunikation einer entworfenen Fläche an eine computergesteuerte Fräsmaschine benötigte man geeignete mathematische Algorithmen, die in den Computer eingegeben werden können.

R. Liming und J. Ferguson von Boeing, S. Coons am MIT, M. Sabin von der British Aircraft Corporation, P. de Casteljau von Citroën und P. Bézier von Renault entwickelten Lösungen dieser Probleme. Im Fall des CAGD trieben die Anforderungen in der Fertigung die Mathematik voran und dies führte zur Entwicklung von mathematischen Kalkülen, die Formen beschreiben können, die wir heute in zahlreichen Produkten vorfinden.

Abb. 11.6
(a) Das *Guggenheim Museum* in Bilbao (1991–97) von Frank O. Gehry.
(b) Das *Kunsthaus Graz* (2002–03) von Peter Cook und Colin Fournier.

(a)

(b)

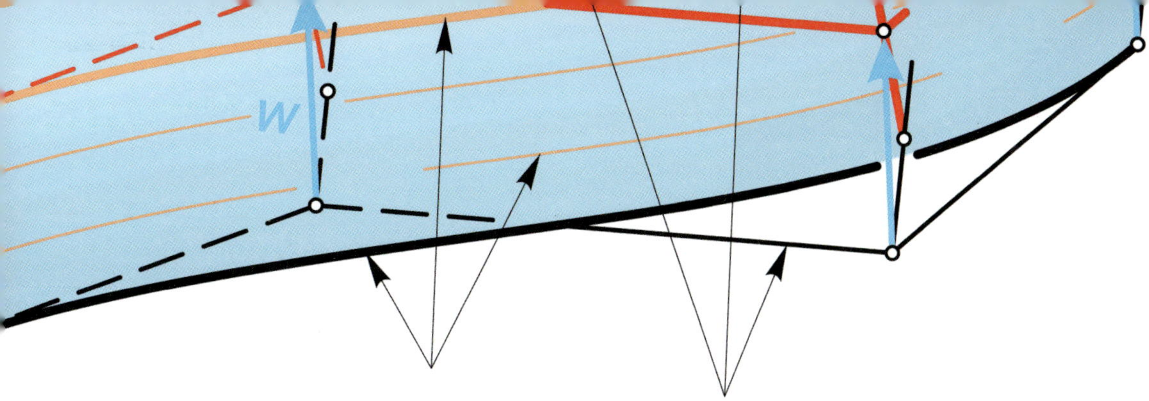

Bézier-Flächen

Bézier-Schiebflächen. Wie können wir Bézier-Flächen aus Bézier-Kurven erzeugen? Um dies besser verständlich zu machen, beginnen wir mit einem sehr einfachen Beispiel (Abb. 11.7). Wir betrachten zwei Bézier-Kurven: eine vom Grad 2 und eine andere vom Grad 3. Um auch gleich mit der Doppelindex-Notation, die für die allgemeine Theorie zweckmäßig ist, vertraut zu werden, bezeichnen wir die drei Kontrollpunkte der quadratischen Bézier-Kurve b^2 mit B_{00}, B_{10}, B_{20} und die vier Kontrollpunkte der kubischen Kurve b^3 mit B_{00}, B_{01}, B_{02}, und B_{03}.

Wir beachten, dass die beiden Kurven einen gemeinsamen Endpunkt B_{00} haben und somit als Profilkurven zur Erzeugung einer *Schiebfläche* geeignet sind. Diese Fläche trägt eine Schar quadratischer Bézier-Kurven (jede dieser quadratischen Bézier-Kurven geht aus b^2 durch eine geeignete Schiebung hervor). Die Fläche trägt auch eine Schar kubischer Kurven, die aus b^3 durch Schiebung hervorgehen. Es ist wichtig, zwischen den Parametern der beiden Bézier-Kurven zu unterscheiden, und daher bezeichnen wir den Kurvenparameter auf b^2 mit u und den Parameter längs b^3 mit v.

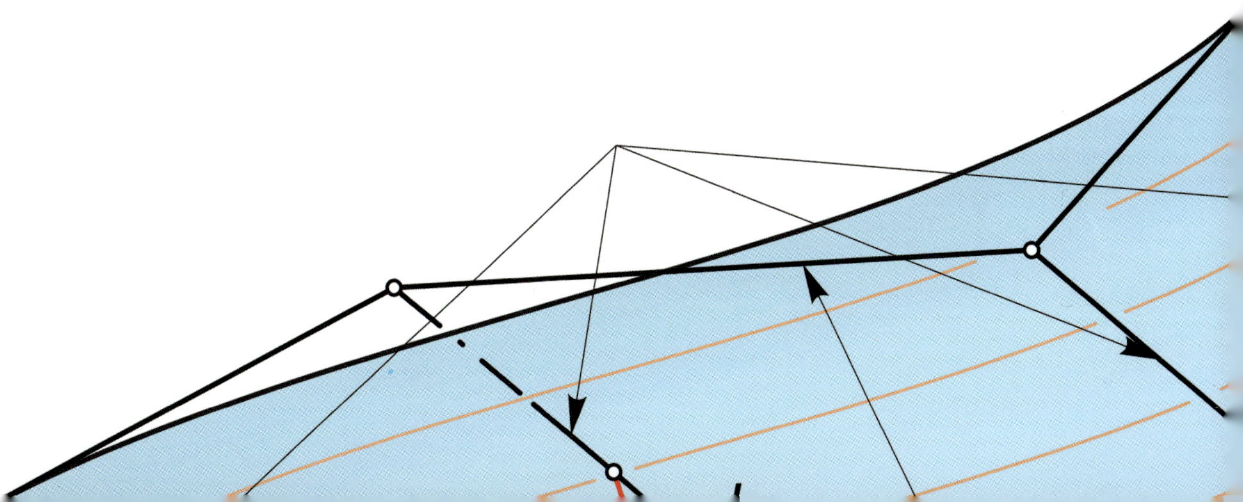

Um das kubische Profil b^3 in eine neue Lage zu bringen, berechnen wir zuerst einen Punkt $\mathbf{b}^2(u)$ auf der quadratischen Kurve – unter Verwendung des Algorithmus von de Casteljau. Dann verlagern wir b^3 mittels jener Schiebung, welche den Punkt B_{00} nach $\mathbf{b}^2(u)$ bringt. Der Schiebvektor ist $\mathbf{w} = \mathbf{b}^2(u) - \mathbf{b}_{00}$. Die Kontrollpunkte der resultierenden Kurve sind $\mathbf{b}^2(u) = \mathbf{b}_{00} + \mathbf{w}$, $\mathbf{b}_{01} + \mathbf{w}$, $\mathbf{b}_{02} + \mathbf{w}$ und $\mathbf{b}_{03} + \mathbf{w}$. Hier und im Folgenden unterscheiden wir der einfachen Sprechweise halber nicht immer zwischen einem Punkt (z.B. B_{00}) und seinem Ortsvektor ($\mathbf{b}_{00}$).

Wir können diese Punkte auch auf einem anderen Weg erhalten. Wir verschieben die Kontrollpunkte der quadratischen Kurve b^2 so, dass B_{00} nach B_{01} gelangt. Das resultierende Polygon nennen wir B_{01}, B_{11}, B_{21}. Wir nennen ein solches Polygon ein *Spaltenpolygon*, genauer jenes mit dem Spaltenindex (zweiten Index) 1. Dementsprechend ist das gegebene Kontrollpolygon von b^2 das Spaltenpolygon mit Index 0. In derselben Weise konstruieren wir die Spaltenpolygone vom Index 2 und 3.

Insgesamt haben wir nun vier Spaltenpolygone – jedes mit drei Kontrollpunkten. Nun sehen wir jedes Spaltenpolygon als Kontrollpolygon einer quadratischen Bézier-Kurve an und berechnen den Kurvenpunkt zum selben Parameterwert u. Nachdem wir dies für alle Spalten durchgeführt haben, liegen genau die Kontrollpunkte $\mathbf{b}_{00} + \mathbf{w}$, $\mathbf{b}_{01} + \mathbf{w}$, $\mathbf{b}_{02} + \mathbf{w}$, und $\mathbf{b}_{03} + \mathbf{w}$ der oben beschriebenen kubischen Bézier-Kurve vor. Wir nennen eine solche kubische Kurve eine *v-Kurve*, da v der Kurvenparameter längs ihr ist (vgl. die mathematische Beschreibung von Flächen im Kapitel 7). Die gegebene

Abb. 11.7
Bézier-Schiebfläche, erzeugt durch Schiebung einer Bézier-Kurve vom Grad 3 längs einer Bézier-Kurve vom Grad 2. Die Kontrollpunkte einer Lage der kubischen Bézier-Kurve, einer sogenannten v-Kurve, können mit dem Algorithmus von de Casteljau erzeugt werden: Er muss dazu auf jedes der vier Spaltenpolygone zum selben Parameter u angewendet werden.

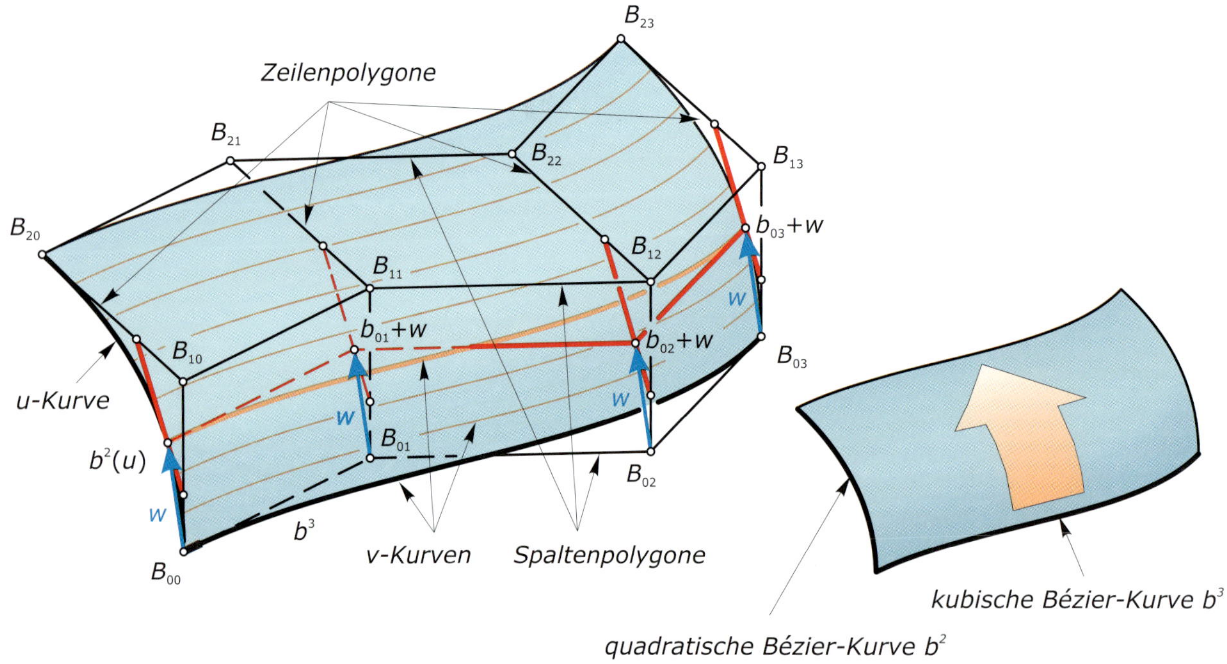

Kurve b^3 ist ebenfalls eine v-Kurve; nämlich jene zu $u = 0$. Ihr Kontrollpolygon ist das *Zeilenpolygon* mit Zeilenindex (erstem Index) 0. Das Zeilenpolygon $B_{20}, \ldots, B_{23}$ mit Zeilenindex 2 bestimmt auch eine v-Kurve.

Hingegen bestimmt das Zeilenpolygon $B_{10},\ldots, B_{13}$ keine v-Kurve. Die entsprechende Kurve liegt nicht auf der Schiebfläche. Analog definieren auch nur zwei Spaltenpolygone (nämlich jene mit Spaltenindex 0 und 3) Bézier-Kurven auf der Fläche. Die Spaltenpolygone B_{01}, B_{11}, B_{21} sowie B_{02}, B_{12}, B_{22} bestimmen keine Flächenkurven!

Bislang haben wir die Schiebfläche durch Bewegung der kubischen Kurve längs der quadratischen Kurve erzeugt. Dies lieferte die Schar der v-Kurven. Ihre Kontrollpunkte liegen auf den vier quadratischen Hilfs-Bézier-Kurven, die durch die Spaltenpolygone bestimmt werden.

Analog können wir die quadratische Kurve b^2 längs der kubischen Kurve b^3 verschieben (vgl. die doppelte Erzeugung von Schiebflächen im Kapitel 9 und Abb. 11.8). Eine Lage einer solchen Kurve ist durch einen Punkt $\mathbf{b}^3(v)$ auf b^3 bestimmt und ihr Kurvenparameter ist u. Daher wird sie als eine *u-Kurve* bezeichnet. Die Kontrollpunkte einer u-Kurve sind Punkte auf jenen Bézier-Kurven, die durch die Zeilenpolygone definiert und zum selben Parameter v konstruiert werden.

Abb. 11.8
Die Schiebfläche aus Abbildung 11.7 kann auch durch Schiebung einer Bézier-Kurve vom Grad 2 längs einer Bézier-Kurve vom Grad 3 erzeugt werden. Die Kontrollpunkte einer Lage der quadratischen Bézier-Kurve, einer u-Kurve, können mit dem Algorithmus von de Casteljau berechnet werden, indem dieser auf die drei Zeilenpolygone mit demselben Parameter v angewendet wird.

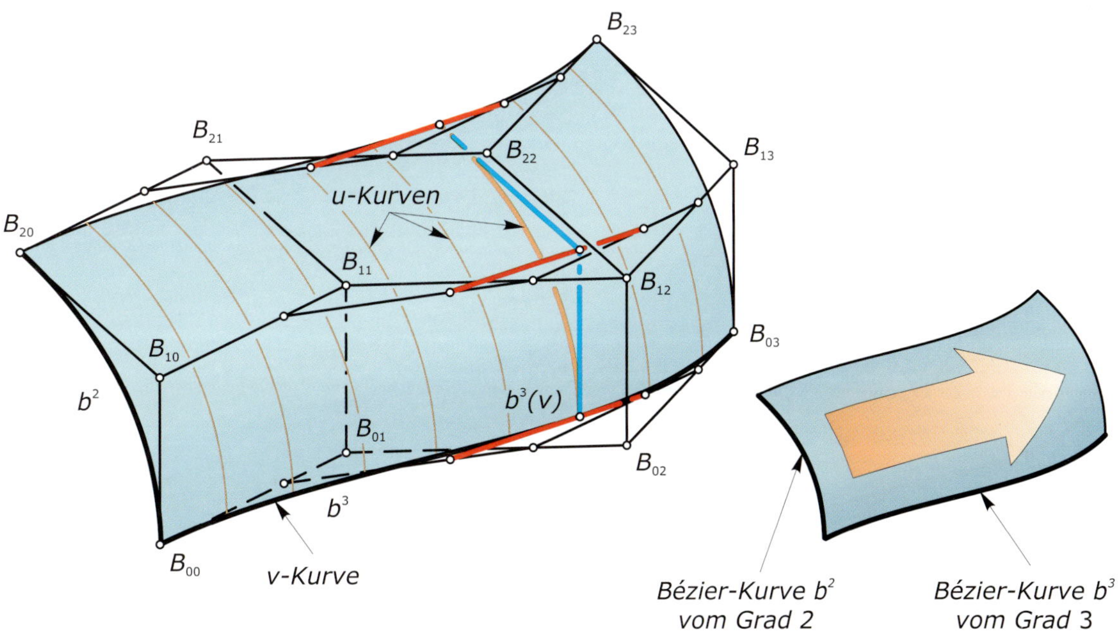

Allgemeine Bézier-Flächen. Die Erweiterung unseres Beispiels auf den allgemeinen Fall erscheint nun ganz einfach. Die Angabe einer Bézier-Fläche ist ihr *Kontrollnetz*. Es besteht aus einer gitterartigen Anordnung von Punkten, visualisiert als Vierecksnetz mit Zeilenpolygonen und Spaltenpolygonen.

Wir verwenden zwei Indizes für jeden Kontrollpunkt. Der erste Index nimmt die Werte $0,1,\dots,m$ an und gibt die Zeile an. Der zweite Index hat die Werte $0,1,\dots,n$ und legt die Spalte fest. Daher gibt es $(m+1)(n+1)$ Kontrollpunkte.

Die Fläche trägt zwei Scharen von Bézier-Kurven: eine Schar von u-Kurven vom Grad m und eine Schar von v-Kurven vom Grad n. Man spricht daher von einer *Bézier-Fläche vom Grad* (m, n). Analog zum Fall einer Schiebfläche wird eine *u-Kurve* wie folgt konstruiert (siehe auch Abb. 11.9).

- Wende den Algorithmus von de Casteljau auf jedes Zeilenpolygon zum selben Parameterwert v an. Dies liefert $m+1$ Punkte $R_0,\dots,R_m$.
- Die Bézier-Kurve mit Kontrollpunkten $R_0,\dots,R_m$ ist die gewünschte u-Kurve.

Analog wird eine v-Kurve mittels der Spaltenpolygone konstruiert. Es ist einfach zu erkennen, dass die Scharen der u-Kurven und v-Kurven tatsächlich auf derselben Fläche liegen.

Im vorigen Beispiel einer Bézier-Schiebfläche waren alle Vierecke des Kontrollnetzes Parallelogramme und daher eben. Bei allgemeinen Bézier-Flächen brauchen jedoch die Maschen des Kontrollnetzes nicht eben zu sein.

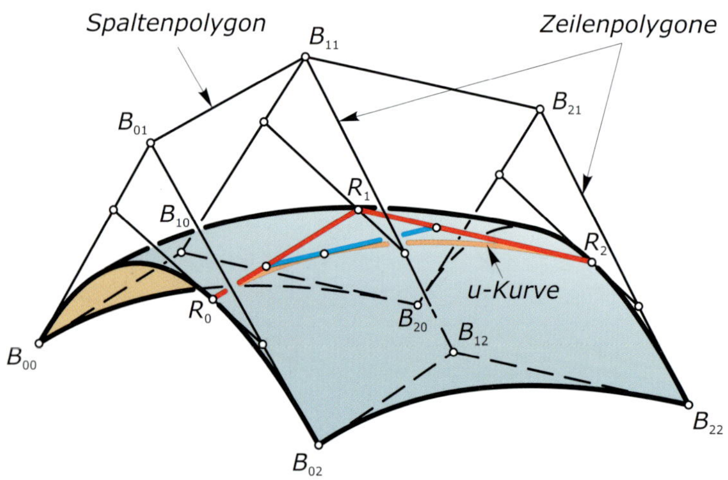

Abb. 11.9
Bézier-Fläche vom Grad (2,2) und die Konstruktion einer u-Kurve mit Hilfe ihrer Kontrollpunkte. Diese liegen auf den durch die Zeilenpolygone bestimmten Bézier-Kurven.

Eigenschaften von Bézier-Flächen. Jedes *Randpolygon des Kontrollnetzes* definiert eine Bézier-Kurve, die eine *Randkurve des entworfenen Bézier-Flächenstücks* ist (Abb. 11.10). Die Randpolygone sind die einzigen Zeilen- und Spaltenpolygone, die Flächenkurven bestimmen. Aufgrund der oben beschriebenen Konstruktion, die ganz innerhalb der konvexen Hülle des Kontrollnetzes abläuft, *liegt das gesamte Bézier-Flächenstück in der konvexen Hülle seines Kontrollnetzes* (Abb. 11.11).

Die Beziehung zwischen dem Kontrollnetz und der Fläche ist für das Design gut geeignet – vorausgesetzt, wir verwenden hinreichend niedrige Grade m und n. Dies wird durch die Tatsache nahe gelegt, dass wir die Konstruktion für Bézier-Kurven in u- und v-Richtung anwenden.

Daher ist es ist lohnend, einige Bézier-Flächen niedrigen Grades genauer zu betrachten. Sie erscheinen für den Einsatz in der Architektur gut geeignet. Außerdem werden wir dabei interessante Verbindungen mit den im Kapitel 9 studierten Flächenklassen herstellen können.

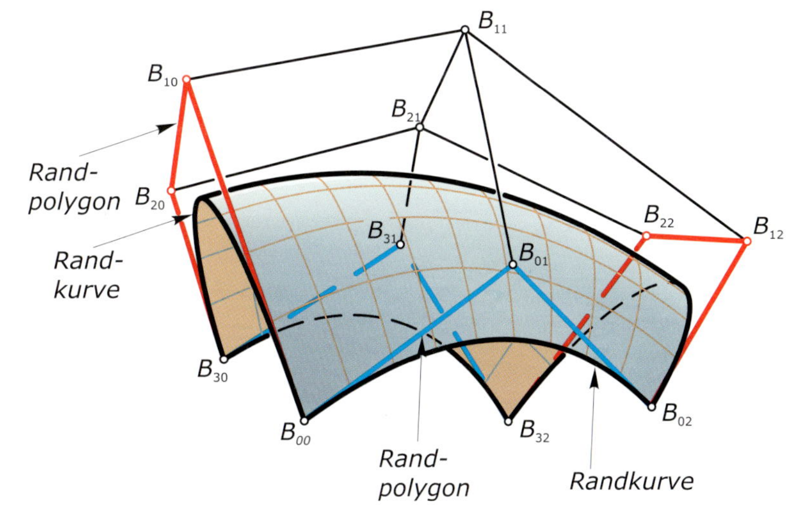

Abb. 11.10
Die Randpolygone des Kontrollnetzes sind die Bézier-Polygone der Randkurven der Bézier-Fläche.

Abb. 11.11
Eine Bézier-Fläche liegt zur Gänze innerhalb der konvexen Hülle ihres Kontrollnetzes.

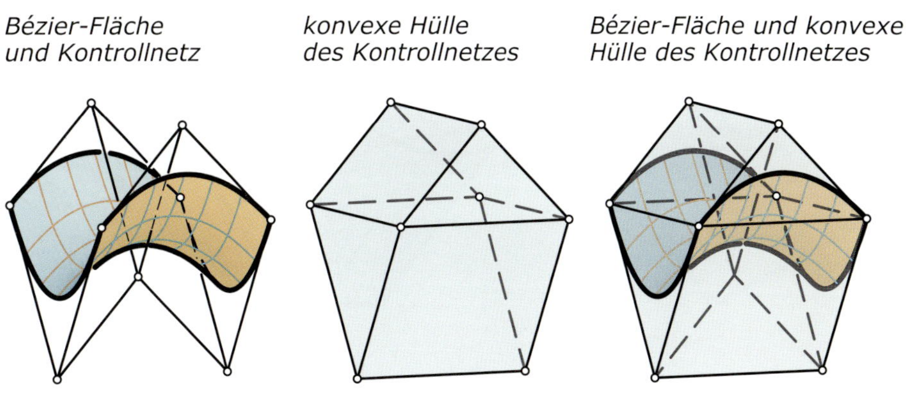

Bézier-Flächen vom Grad (1,1). Ein Bézier-Flächenstück vom Grad (1,1) hat nur ein Viereck als Kontrollnetz (Abb. 11.12). Die Fläche trägt zwei Scharen von Bézier-Kurven vom Grad 1, d.h. Geradenstücke. Konstruieren wir eines dieser Geradenstücke (z.B. eine u-Kurve): Dazu berechnen wir zuerst mit demselben Parameterwert v die Punkte $\mathbf{r}_0$, $\mathbf{r}_1$ auf den Zeilenpolygonen. Dies sind die Punkte $\mathbf{r}_0 = (1 - v)\mathbf{b}_{00} + v\mathbf{b}_{01}$ und $\mathbf{r}_1 = (1 - v)\mathbf{b}_{10} + v\mathbf{b}_{11}$, die gegenüberliegende Seiten $B_{00}B_{01}$ und $B_{10}B_{11}$ des Kontrollvierecks im selben Verhältnis $(1 - v):v$ teilen. Die u-Kurve ist das Geradenstück R_0R_1. Dies zeigt, dass die Fläche Teil eines hyperbolischen Paraboloids ist (oder Teil einer Ebene, sofern das Kontrollviereck eben ist). Um die Berechnung fortzuführen, wird das Geradensegment R_0R_1 mittels u als $(1 - u)\mathbf{r}_0 + u\mathbf{r}_1$ parametrisiert. Einsetzen der Darstellungen für R_0, R_1 liefert schließlich den Flächenpunkt $B(u,v)$ mit

$$\mathbf{b}(u,v) = (1 - u)(1 - v)\mathbf{b}_{00} + (1 - u)v\mathbf{b}_{01} + u(1 - v)\mathbf{b}_{10} + uv\mathbf{b}_{11}.$$

Wenn u und v jeweils im Intervall [0,1] variieren, liefert diese Formel alle Punkte der Fläche. Wir haben damit eine Parameterdarstellung der HP-Fläche (vgl. Kapitel 7). Als Übung kann man leicht verifizieren, dass die v-Kurven, die ebenfalls geradlinig sind, dieselbe Fläche bestimmen (siehe auch Kapitel 9). Auswertung der mathematischen Beschreibung $\mathbf{b}(u,v)$ für beliebige Werte u und v, nicht nur für jene zwischen 0 und 1, liefert das gesamte hyperbolische Paraboloid. Es sei hier vermerkt, dass wir Bézier-Flächen, wenn nichts anderes vermerkt ist, nur für Werte u,v aus [0,1] auswerten.

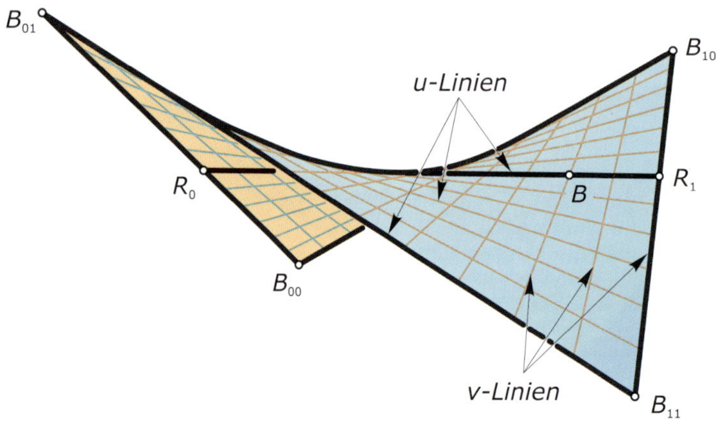

Abb. 11.12
Ein Bézier-Flächenstück vom Grad (1,1) ist Teil eines hyperbolischen Paraboloids. Die u-Kurven und v-Kurven sind geradlinige Strecken.

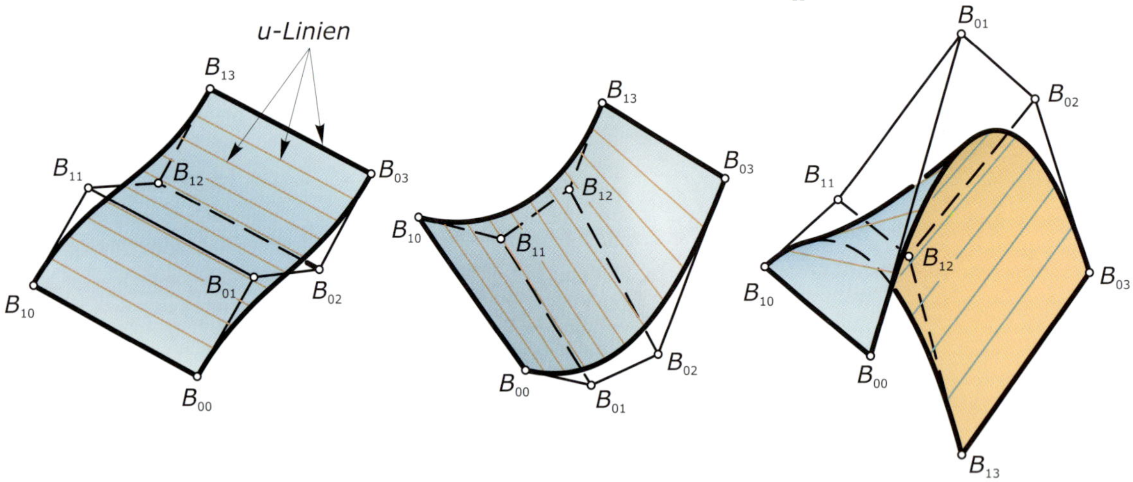

Abb. 11.13
Bézier-Flächen, bei denen ein Grad gleich 1 ist, sind Regelflächen.

Bézier-Regelflächen. Wir betrachten nun eine Bézier-Fläche vom Grad $(1,n)$. Ihre u-Linien sind Bézier-Kurven vom Grad 1 und daher Geradenstücke. Somit ist eine solche Fläche eine *Regelfläche* – eingespannt zwischen zwei Bézier-Kurven vom Grad n (Abb. 11.13).

Diese Tatsache zeigt einen sehr guten Zugang zur Konstruktion von Regelflächen mittels CAD-Systemen auf. Wir fügen noch zwei Sonderfälle hinzu. Wenn alle Spaltenstrecken des Kontrollnetzes parallel sind (Abb. 11.14), so erhalten wir eine allgemeine *Zylinderfläche*. Die Modellierung allgemeiner Zylinder als Bézier-Flächen vom Grad $(1,n)$ bietet viele Freiheiten beim Entwurf der Randkurven, die in diesem Fall nicht kongruent sein müssen. Dies steht im Gegensatz zur Erzeugung von Zylindern durch Parallelextrusion (vgl. Kapitel 1) einer Bézier-Kurve.

Kontrollpunkte dürfen auch zusammenfallen. Wenn alle Kontrollpunkte einer Zeile in denselben Punkt $S = B_{00} = \ldots = B_{0n}$ fallen, ergibt sich ein Stück einer *Kegelfläche* mit Spitze S (Abb. 11.15).

Abb. 11.14
Ein Stück einer allgemeinen Zylinderfläche kann als Bézier-Fläche mit einem Grad gleich 1 entworfen werden. Dabei haben wir mehr Freiheiten bei der Gestaltung der Randkurven als bei Verwendung einer Parallelextrusion.

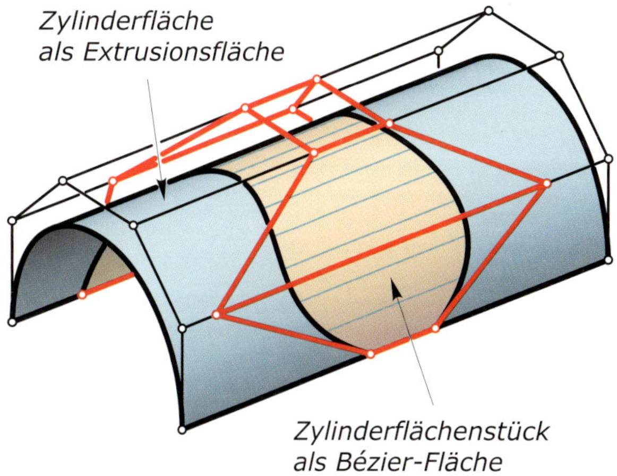

Abb. 11.15
Allgemeine Kegelflächen können ebenfalls als Bézier-Flächen erzeugt werden.

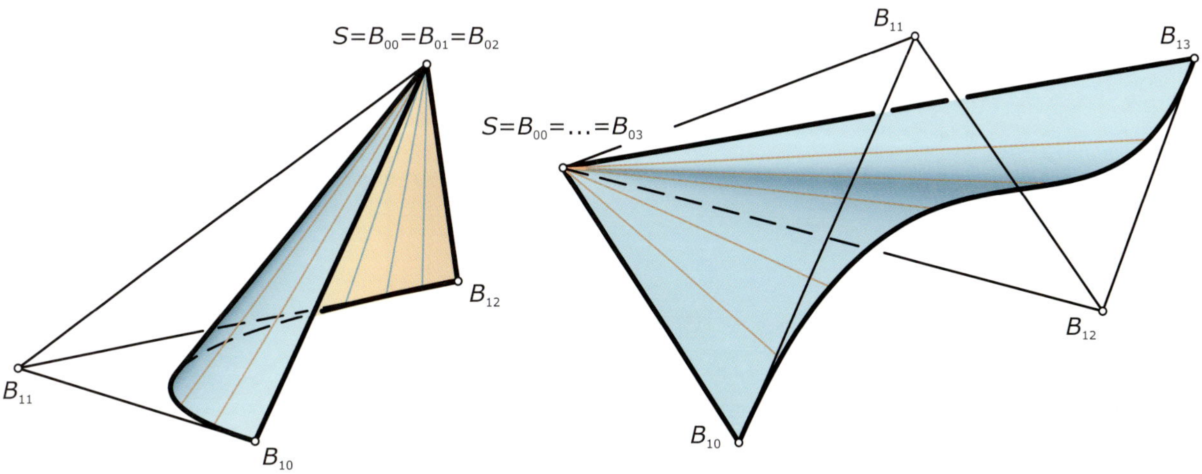

Beispiel:

Flächen aus Parabeln mit lotrechten Achsen. Aufgrund ihrer strukturellen Effizienz werden Bögen von Kettenlinien und ihre Approximationen durch Parabelbögen gerne im Bauwesen eingesetzt. Zur Ausschöpfung des strukturellen Potenzials muss dabei die Parabelachse lotrecht gewählt werden.

Als Beispiel für die Modellierung mittels Bézier-Flächen zeigen wir nun, wie man eine *Bézier-Fläche aus Parabelbögen* erzeugen kann. Zur Erzielung statischer Vorteile wollen wir alle u-Kurven der Fläche als Parabeln mit lotrechter Achse ausbilden. Als Vereinfachung verwenden wir ein Koordinatensystem mit lotrechter z-Achse.

Es erhebt sich zuerst die Frage, wie man die drei Kontrollpunkte einer Bézier-Kurve 2. Grades (Parabelbogen) wählen muss, damit die Achse lotrecht ist. Abbildung 11.16 zeigt die Lösung. Wir betrachten den Grundriss in der xy-Ebene und stellen sicher, dass der Grundriss des inneren Kontrollpunktes der Mittelpunkt der Grundrisse der Endpunkte ist.

Dies liefert eine erste Lösung unseres Flächenproblems: Wir verwenden ein Kontrollnetz einer Bézier-Fläche vom Grad $(2,n)$, dessen Grundriss ein rechteckiges Gitter ist (Abb. 11.17). Für $n = 2$ erhalten wir eine Fläche, deren v-Linien ebenfalls Parabeln sind. Im Allgemeinen ist eine solche Fläche kein Paraboloid (Letzteres ergibt sich, wenn alle Maschen des Kontrollnetzes Parallelogramme sind).

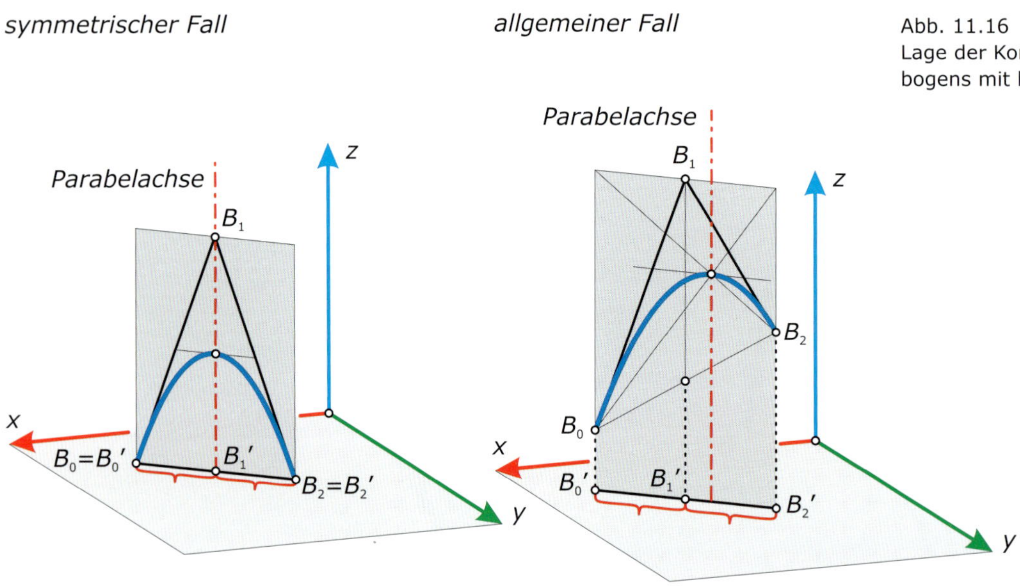

Abb. 11.16
Lage der Kontrollpunkte eines Parabelbogens mit lotrechter Achse.

Abb. 11.17
Flächen, die eine Schar von Parabeln mit lotrechter Achse tragen, können über einem Gitter in einer horizontalen Ebene aufgebaut werden. Die Flächen auf der rechten Seite haben Parallelogramme als Seitenflächen des Kontrollnetzes; es sind dies spezielle Bézier-Schiebflächen, und zwar ein elliptisches und ein hyperbolisches Paraboloid.

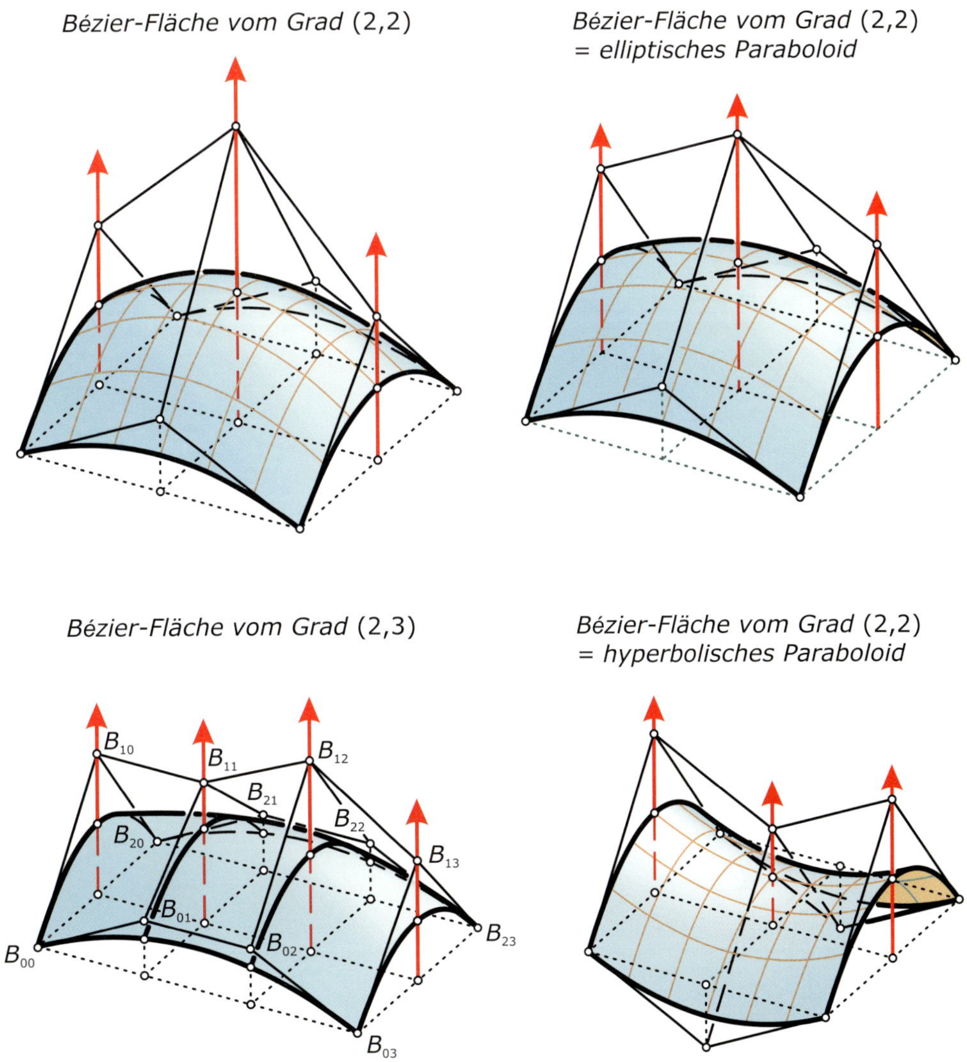

Der Beweis dieser Konstruktion nützt die Tatsache, dass wir die Grundrisse der Kontrollpunkte einer *u*-Kurve direkt im Grundriss durch Anwendung des Algorithmus von de Casteljau konstruieren können (affine Invarianz von Bézier-Kurven; vlg. Kapitel 8). Derselbe Beweis kann auch auf eine viel allgemeinere Situation angewendet werden (Abb. 11.18). Wir stellen sicher, dass der Grundriss des Kontrollnetzes unserer Bézier-Fläche vom Grad (2,n) Spaltenpolygone hat, die das Kriterium in Abbildung 11.16 erfüllen (drei kollineare Punkte gleichen Abstands im Grundriss).

Die Essenz des Beweises ist bereits für $n = 1$ vorhanden und in Abbildung 11.18 (untere Reihe) illustriert: Für ein festes v konstruieren wir die drei Kontrollpunkte einer *u*-Kurve und erkennen, dass sie ebenfalls das Kriterium aus Abbildung 11.16 erfüllen und damit einen Parabelbogen mit lotrechter Achse darstellen.

Abb. 11.18
Bézier-Flächen, die eine Schar von Parabeln mit lotrechter Achse tragen. Die Einschränkungen auf den Grundriss des Kontrollnetzes (links) stellen sicher, dass jede *u*-Kurve eine Parabel mit lotrechter Achse ist.

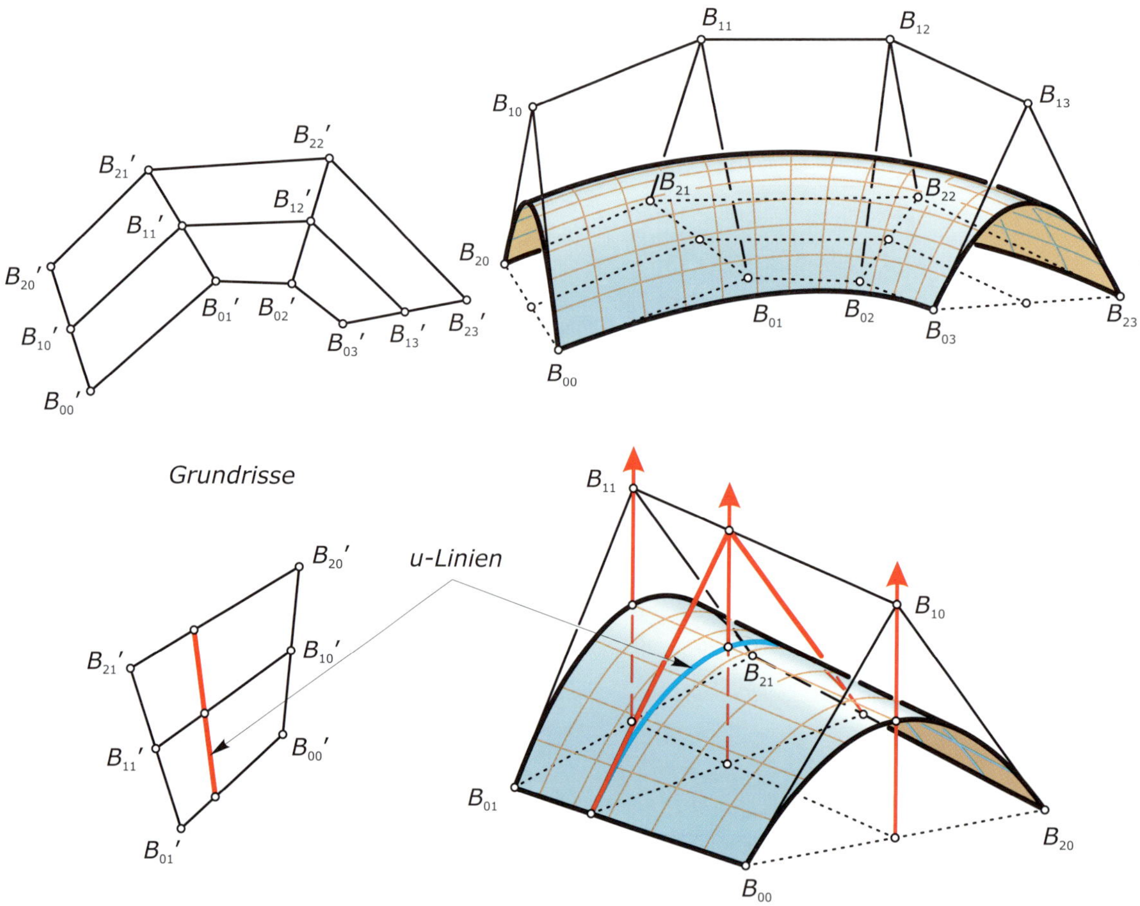

Bézier-Flächen glatt aneinandergefügt. Glatte Verbindungen zwischen Flächenstücken sind wesentlich schwerer zu erreichen als glatte Verbindungen von Kurvenstücken. Es gibt jedoch eine Konstruktion für einen glatten Übergang zweier Bézier-Flächenstücke, der leicht verständlich und in der Praxis recht nützlich ist.

Abbildung 11.19 zeigt eine Bézier-Fläche F vom Grad (3,3), bei der ein Randpolygon sowie das benachbarte Polygon des Kontrollnetzes hervorgehoben sind.

Diese beiden Zeilenpolygone bilden das Kontrollnetz einer Bézier-Regelfläche R vom Grad (1,3). Der allgemeine Algorithmus für die Konstruktion von u-Linien zeigt, dass die Erzeugenden von R die Endtangenten der u-Linien sind. Daher berührt R die Fläche F längs einer Randkurve.

Wir betrachten nun zwei Bézier-Flächen F_1 und F_2, deren Kontrollnetze ein gemeinsames Randpolygon (Zeilenpolygon) haben. Dieses Polygon definiert eine Bézier-Kurve (v-Kurve) b. Die Flächen F_1 und F_2 hängen längs b zusammen, aber die beiden Flächen werden im Allgemeinen verschiedene Tangentialebenen in den Punkten von b aufweisen. Die zusammengesetzte Fläche hat also eine eventuell unerwünschte scharfe Kante längs b.

Abb. 11.19
Das Kontrollnetz einer Bézier-Fläche F enthält Kontrollnetze von Regelflächen R, die F längs der Randkurven berühren.

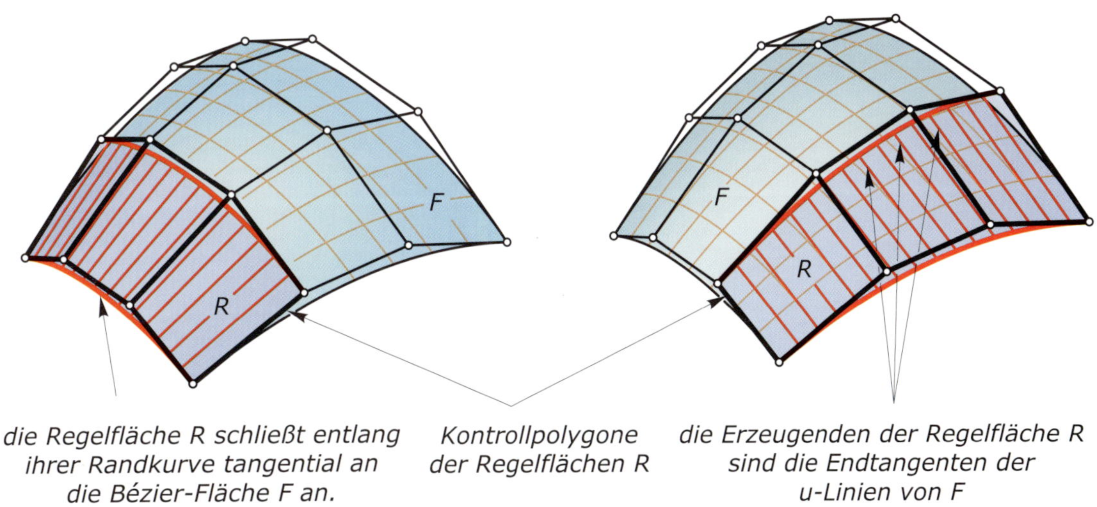

Wir erreichen einen glatten Übergang, wenn die beiden berührenden Regelflächenstreifen R_1 und R_2 längs b auf derselben Regelfläche R liegen. Da drei v-Kurven einer Bézier-Regelfläche R vom Grad $(1,n)$ Kontrollpunkte haben, die dasselbe Teilverhältnis auf den Spaltenstrecken des Kontrollnetzes bestimmen, erhalten wir die in Abbildung 11.20 dargestellte Konstruktion mittels gleicher Streckenverhältnisse $\alpha : \beta$.

Abb. 11.20
(links) Konstruktion eines glatten Übergangs zwischen zwei Bézier-Flächen. Der Beweis wird auf der rechten Seite illustriert: Drei v-Kurven längs derselben Bézier-Regelfläche R vom Grad (1,3) bestimmen dasselbe Teilverhältnis auf den Spaltenstrecken.

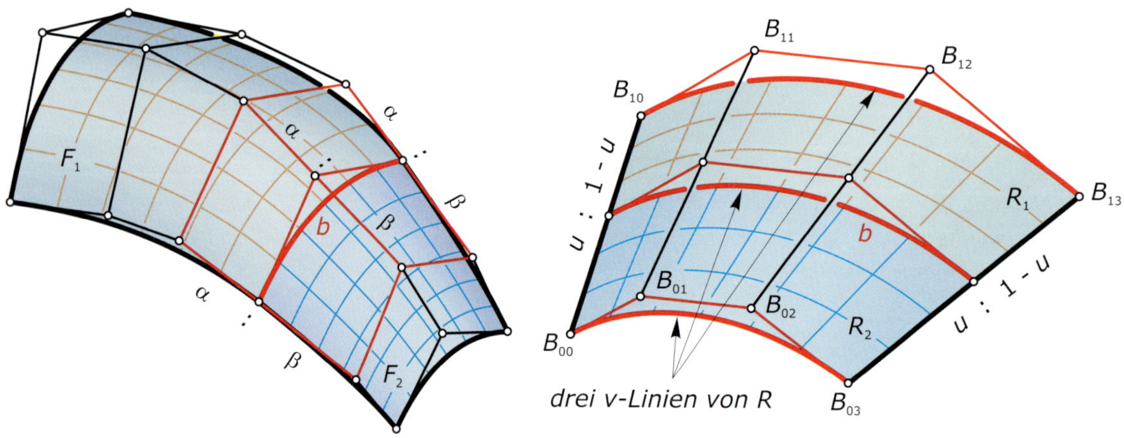

Beispiel:

Glatter Übergang zwischen einem parabolischen Zylinder und einer Ebene. Als Anwendung dieser Konstruktion besprechen wir den Entwurf einer glatten Übergangsfläche zwischen einem parabolischen Zylinder Z und einer Ebene ε (Abb. 11.21). Als Übergangsfläche wählen wir eine Bézier-Fläche B vom Grad (2,3), die eine Randparabel p_1 von Z mit einer in ε liegenden Parabel p_2 verbindet.

Die Spaltenpolygone mit Index 0 und 3 aus dem Kontrollnetz von B sind mit den Kontrollpolygonen der Parabeln p_1 und p_2 identisch. Die Spalte mit Index 1 kann vermöge der Konstruktion mit gleichen Teilverhältnissen (wie in Abb. 11.20) ermittelt werden. Das Spaltenpolygon mit Index 2 muss ganz in der Ebene ε liegen, denn dadurch liegt die längs p_2 berührende Regelfläche ganz in ε und es ergibt sich ein glatter Übergang von B und ε. Dies lässt sogar noch Gestaltungsmöglichkeiten für die Übergangsfläche offen.

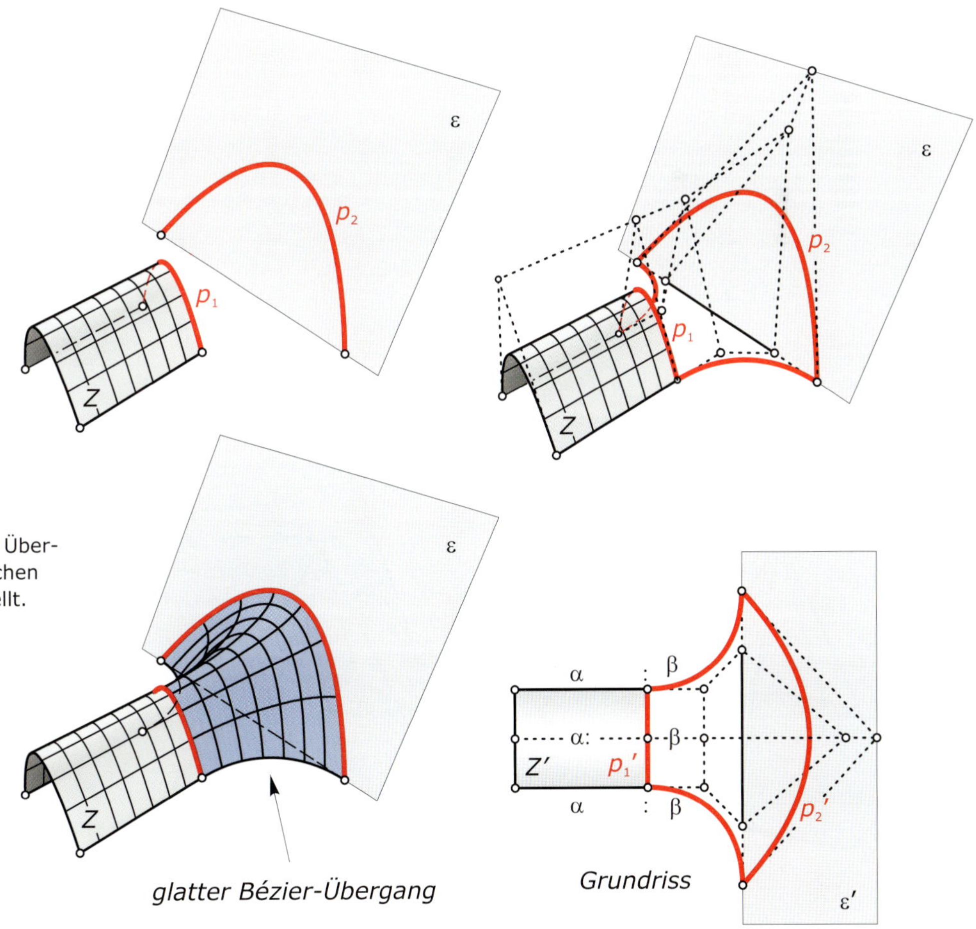

Abb. 11.21
Bézier-Fläche, die einen glatten Übergang zwischen einem parabolischen Zylinder und einer Ebene herstellt.

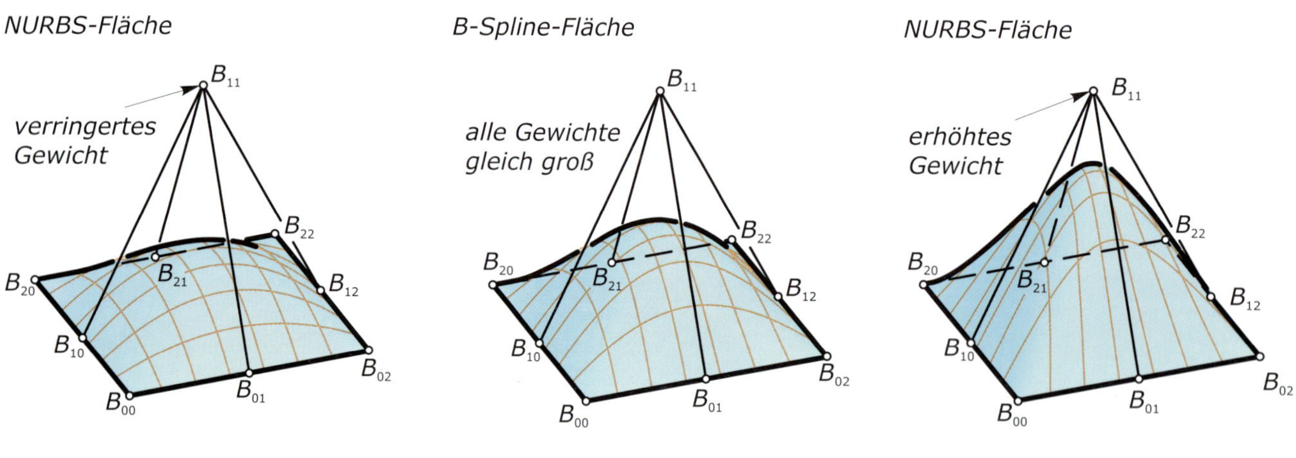
NURBS-Fläche
verringertes Gewicht
B-Spline-Fläche
alle Gewichte gleich groß
NURBS-Fläche
erhöhtes Gewicht
B_{11}
B_{22}
B_{21}
B_{20}
B_{12}
B_{10}
B_{02}
B_{01}
B_{00}

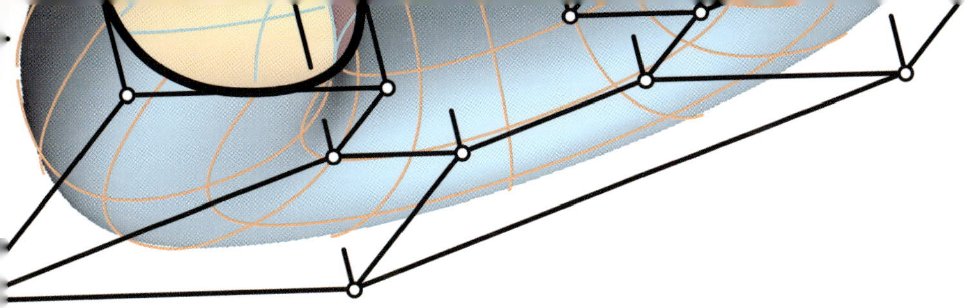

B-Spline-Flächen und NURBS-Flächen

Da Bézier-Flächen aus Scharen von Bézier-Kurven aufgebaut sind, haben sie auch die gleichen Nachteile wie die Bézier-Kurven: Sobald ein Grad zu hoch ist, folgen sie der Form des Kontrollnetzes nur schwach; das Netz wird zu sehr geglättet. Überdies hat die Veränderung eines einzigen Kontrollpunktes eine globale Auswirkung, was den Entwurfsprozess erschwert.

Zur Vermeidung dieser Probleme kann man B-Splines zur Flächendefinition verwenden. Eine solche *B-Spline-Fläche* ist ebenfalls mittels eines viereckigen Kontrollnetzes definiert. Jedoch kann man zusätzlich den Grad der u- und v-Kurven vorschreiben. Die Auswirkungen des Grades auf die Glattheit der Fläche sind völlig analog zu dem, was wir schon von den B-Spline-Kurven wissen (Kapitel 8).

Eine weitere direkte Verallgemeinerung ist die Verwendung von *NURBS-Flächen,* die ein Gewicht mit ihren Kontrollpunkten verbunden haben. Die Auswirkungen der Veränderung eines Gewichts sind die gleichen wie bei den NURBS-Kurven (Abb. 11.22).

Abb. 11.22
Gewichte als Formparameter von NURBS-Flächen: Erhöhung eines Gewichts zieht die Fläche zum entsprechenden Kontrollpunkt. Verringerung des Gewichts schiebt die Fläche vom Kontrollpunkt weg.

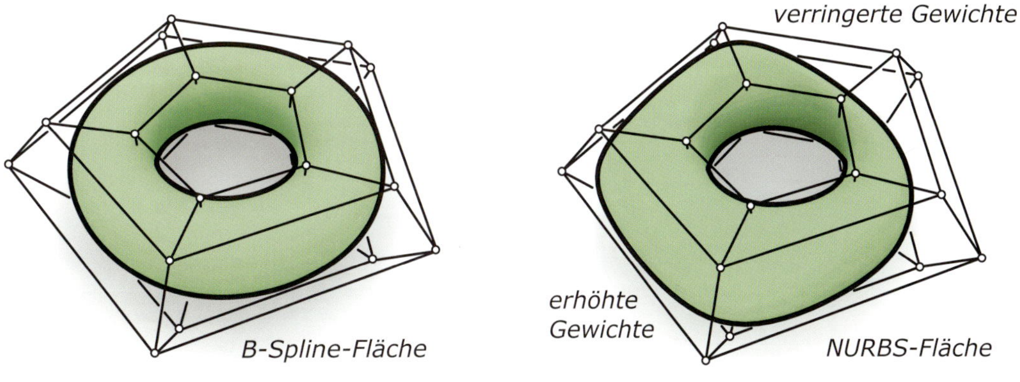

Wir werfen noch einen Blick auf einige Beispiele (Abb. 11.23). Die Fläche F_1 hat den Grad (1,3) und ein Kontrollnetz aus 2-mal 6 Punkten. Daher sind die u-Kurven geradlinig und die Fläche ist eine Regelfläche. Die Fläche F_2 hat ebenfalls den Grad (1,3), aber 4-mal 6 Kontrollpunkte. Daher wird die Fläche von drei Regelflächenstreifen gebildet, die längs scharfer Kanten zusammenhängen.

Die Fläche F_3 ist vom Grad (3,3), wodurch die Stetigkeit der Krümmung bewirkt wird. Eine tiefere Diskussion der Flächenkrümmung findet sich in *Architectural Geometry, Chapter 14.* Dort wird auch auf einen wichtigen optischen Effekt hingewiesen: Glatte (glänzend polierte) Flächen zeigen nur dann glatte Reflexionslinien, wenn sie sogar krümmungsstetig sind. Auf den ersten Blick mag es überraschend erscheinen, dass dies nicht auch für eine Fläche gilt, die überall eine eindeutig bestimmte Tangentialebene aufweist (keine scharfen Kanten besitzt).

Offener und geschlossener Modus. B-Spline-Kurven und NURBS-Kurven können im offenen und im geschlossenen Modus konstruiert werden. Im letztgenannten Fall muss das Kontrollpolygon geschlossen sein. Eine B-Spline-Fläche trägt zwei Scharen von B-Spline-Kurven: die u-Kurven und die v-Kurven, die im offenen oder geschlossenen Modus vorliegen können. Dies liefert drei wesentlich verschiedene Arten des Zusammenhangs der Fläche (Abb. 11.24).

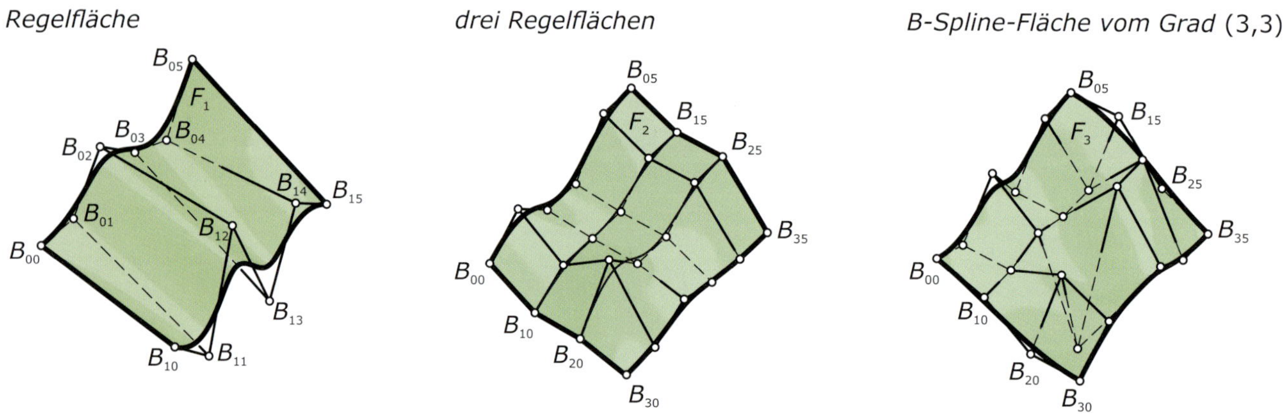

Abb. 11.23
Einige B-Spline-Flächen, die den Einfluss des Grades illustrieren.

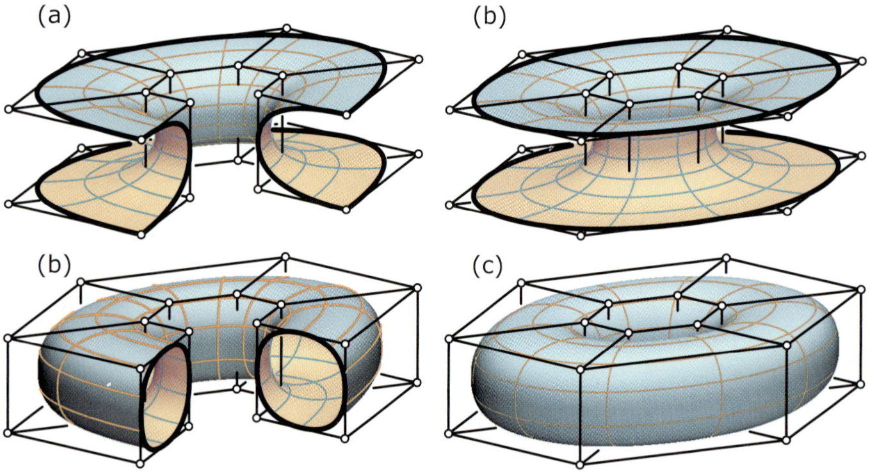

Abb. 11.24
Drei verschiedene Arten des Zusammenhangs einer NURBS-Fläche, je nach dem Modus (offen oder geschlossen) ihrer u- und v-Kurven.

- Offener Modus für *u*- und *v*-Kurven liefert ein von vier Kurven berandetes Flächenstück.
- Geschlossener Modus in einer Richtung (*u* oder *v*), offener Modus in der anderen Richtung: eine solche Fläche sieht wie ein (eventuell sehr stark) deformiertes Stück eines Rohres aus.
- Geschlossener Modus in beiden Richtungen: Die Fläche hat die Form eines deformierten Torus.

Diese drei Typen sind Vertreter verschiedener topologischer Arten. Mittels Kontrollnetzen, bei denen ein oder mehrere Randpolygone in einzelne Punkte entarten (Abb. 11.25), können wir auch Flächenstücke mit weniger als vier Randkurven modellieren. Wir können auch die Topologie einer (deformierten) Kugel erreichen. Hingegen sind kompliziertere topologische Arten – wie etwa die geschlossene Fläche in Abbildung 11.1 (unten) – durch eine einzige B-Spline-Fläche nicht darstellbar. Die Zusammenfügung mehrerer B-Spline-Flächen zu einer komplizierteren glatten Fläche ist schwer und unpraktisch. Dieses topologische Dilemma wird von den Unterteilungsflächen gelöst. Bevor wir diese besprechen, wollen wir noch einige andere nützliche Flächenbeschreibungen der geometrischen Modellierung vorstellen.

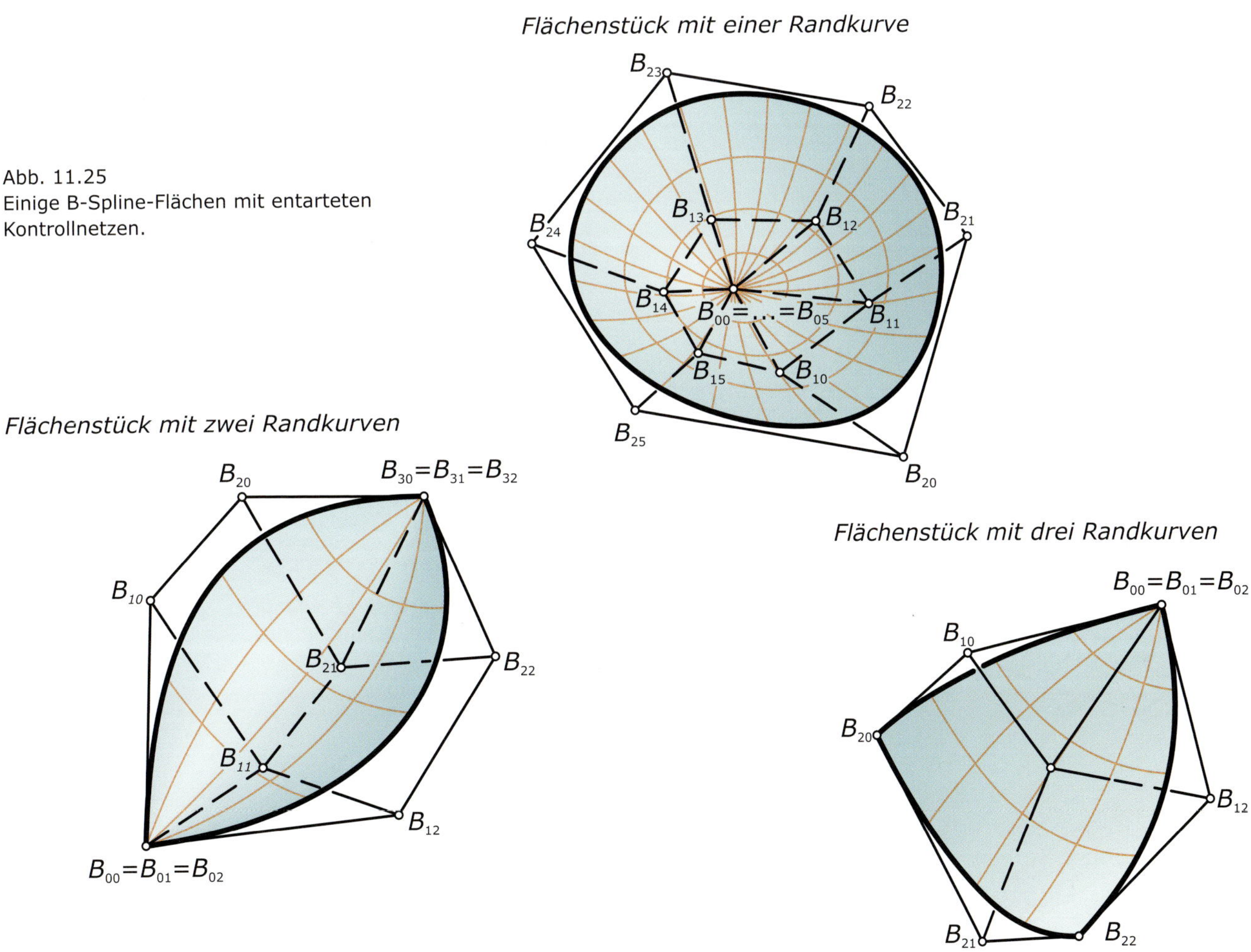

Abb. 11.25
Einige B-Spline-Flächen mit entarteten Kontrollnetzen.

Interpolierende Spline-Flächen. Bézier- und B-Spline-Flächen besitzen eine große Vielfalt möglicher Formen. Sie können interaktiv durch Editieren des Kontrollnetzes entworfen werden. Es gibt aber auch andere Methoden, diese Flächen zu definieren und einzusetzen. Zum Beispiel kann man verlangen, dass die Fläche durch eine gegebene Menge von Punkten hindurchgeht.

Dieses *Interpolationsproblem* ist in seiner allgemeinsten Form schwierig. Hingegen ist die Lösung der folgenden Aufgabe einfach und in fast jeder 3-D-Modellierungssoftware implementiert: Wir legen eine B-Spline-Fläche durch eine Menge von Punkten, die in einem Vierecksnetz (wie in einem Kontrollnetz) angeordnet sind (Abb. 11.26).

In Architectural Geometry, Chapter 17, wird die Annäherung von Messdaten aus 3-D-Scannern mittels Spline-Flächen diskutiert. Diese „Flächenrückführung“ wird in der Praxis vielfach verwendet und ist auch bestens geeignet, ein architektonisches Modell einer komplizierten Form in eine digitale Darstellung zu bringen.

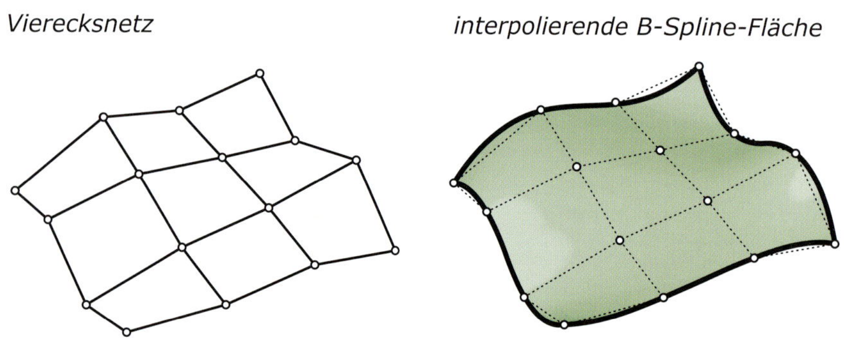

Abb. 11.26
B-Spline-Flächen können auch zur Interpolation der Ecken eines Vierecksnetzes verwendet werden. Dieses Netz ist aber nicht das Kontrollnetz.

Netze

Wir haben bereits viele Arten glatter Flächen kennen gelernt. Abgesehen von einigen sehr einfachen Typen, wie etwa den Zylindern oder Kegeln, sprengt die Verwendung solcher Flächen in der Architektur oft die finanziellen Möglichkeiten. Es erhebt sich also die Frage, wie man einen auf einer freien Form beruhenden Entwurf umsetzen kann. Eine mögliche Antwort kann die Verwendung von Netzen sein. Es gibt eine Reihe verschiedener Arten von Netzen und einige von ihnen sind vielversprechende Kandidaten für den Einsatz in der Architektur.

Grob gesprochen ist ein Netz eine Menge von Punkten (*Ecken*), die in Grundelemente, so genannte *Maschen* (oder *Flächen*) gegliedert sind. Die Maschen sind von Polygonen begrenzt. Meist dominiert eine Art von Maschen (z.B. Dreieck, Viereck, Sechseck). Sie hängen entlang von Kanten zusammen und beschreiben grob die Form einer glatten Fläche (die allerdings nicht-glatte Merkmale wie scharfe Kanten oder Ecken aufweisen kann).

Fast alle scheinbar glatten Flächen in Animationen oder Computerspielen sind nur geeignet gerenderte Netze (vgl. die Rendering-Methoden in Kapitel 2). Netze sind in der Computergraphik allgegenwärtig und werden auch für Simulationen in Naturwissenschaft und Technik häufig verwendet. Abbildung 11.27 zeigt einige Beispiele von Netzen. Ihr Einsatz in der Architektur erfreut sich zunehmender Beliebtheit, was die Abbildungen 28 d–f anhand einiger Beispiele aus jüngerer Zeit illustrieren.

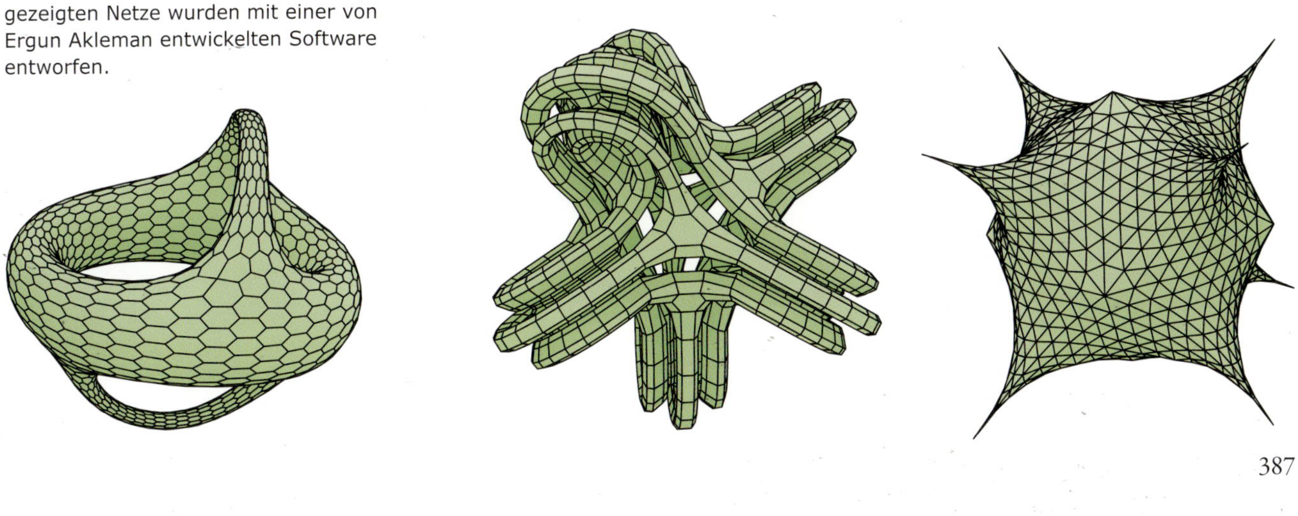

Abb. 11.27
Es gibt verschiedene Typen von Netzen: Dreiecksnetze, Vierecksnetze oder auch Sechsecksnetze. Abgesehen von den Dreiecksnetzen haben diese Netze im Allgemeinen keine ebenen Maschen. Die Maschen sind längs geradliniger Kanten aneinandergefügt. Die hier gezeigten Netze wurden mit einer von Ergun Akleman entwickelten Software entworfen.

Geschichte der Netze in der Architektur. Die Produktionsmethoden für Glaspaneele, die im frühen 20. Jahrhundert entwickelt wurden, bedeuteten einen Meilenstein für die Realisierung freier Formen in der Architektur (Irving Colburn, 1905; Emile Fourcault, 1913; Max Bicheroux, 1919). Im Jahr 1914 verwendete der deutsche Architekt Bruno Taut (1880–1938) Stahlbetonträger als Tragstruktur für seinen Glas-Pavillon (Abb. 11.28a), und Glasbausteine der Firma Luxfer zur Verglasung.

Der Übergang von Eisen zu Stahl eröffnete neue Möglichkeiten der Vorfertigung und des Zusammenbaus sowie neuartige Materialkompositionen zur Herstellung komplexer, jedoch leichter Tragstrukturen. Pioniere waren Buckminister Fuller (berühmt für seine geodätischen Kuppeln), V. G. Suchov und Frei Otto (bekannt für ihre Hängekonstruktionen, Abb. 11.28b) sowie H. Schober und J. Schlaich mit ihren Kabelnetzen und Gitterschalen. (Abb. 11.28c).

Allgemein eröffnet geometrisches Wissen, kombiniert mit neuen Methoden der strukturellen Berechnung, neue Zugänge zum Bau von Freiformflächen. Ein Beispiel ist das *Sage Gateshead* (1994–2004) von Foster und Partnern (Abb. 11.28d), ein Gebäude, dessen Dach aus geometrischer Sicht ein Vierecksnetz ist.

Dreiecksnetze wurden in der Architektur verwendet, wenn keine andere Auflösung in ebene Paneele möglich schien. Jüngere Beispiele sind etwa die relativ kleine *Murinsel* (2003) in Graz von Vito Acconci (Abb. 11.28e) und Teile des riesigen Glasdachs der Mailänder Messe (2002–2005) von Massimiliano Fuksas (Abb. 11.28f).

(b)

(a)

(c)

(d)

(e)

(f)

Abb. 11.28
(a) Der *Glas-Pavillon* (1914) von Bruno Taut.
(b) Das *Münchner Olympia-Stadion* (1972) von Frei Otto.
(c) Das Glasdach des *Flusspferdhauses* im Berliner Zoo (1996) von Schlaich Bergermann und Partnern ist ein Vierecksnetz mit ebenen Maschen.
(d) Das *Sage Gateshead* (1994–2004) von Foster und Partnern hat ein als Vierecksnetz ausgebildetes Dach.
(e) Die *Murinsel* (2003) von Vito Acconci beruht auf einem Dreiecksnetz.
(f) Das Dach der *Mailänder Messe* (2002–05) von Massimiliano Fuksas ist ein riesiges, aus Dreiecken und ebenen Vierecken aufgebautes Netz.

Geometrie und Konnektivität. Wenn wir uns mit Netzen befassen, sollten wir vorerst ihre *Konnektivität* diskutieren, die gelegentlich auch als „Netztopologie" bezeichnet wird. Grob gesprochen bedeutet Konnektivität, dass wir die Ecken mit Marken (Nummern) versehen und wissen, wie sie miteinander verbunden werden, um Kanten und Maschen zu bilden. Eine präzisere Beschreibung wird noch angegeben.

Netze mit identischer Konnektivität können sehr verschiedene Formen darstellen. Wir brauchen nur die Koordinaten der Ecken (innerhalb sinnvoller Grenzen) zu verändern und die Konnektivitätsinformation beizubehalten (Abb. 11.29).

Je größer die Anzahl der Flächen, desto mehr Freiheitsgrade haben wir in unserem Entwurf. Dies kann jedoch auch zu einer Belastung ausarten, und daher brauchen wir geeignete Methoden zur Erzeugung von Netzen. Bei unserer Suche nach geeigneten Strategien spielt die Ästhetik eine zentrale Rolle. Abbildung 11.30 zeigt zwei Netze, welche dieselbe Form beschreiben, aber ein Netz ist offensichtlich ausgeglichener als das andere.

Um dieselbe Form mit einem ästhetischeren Netz zu beschreiben, muss man gelegentlich die Konnektivität ändern. Viele Algorithmen des Netzentwurfes sind im Wesentlichen ein geschicktes Wechselspiel zwischen dem Entwerfen bzw. Ändern von Konnektivität und Geometrie.

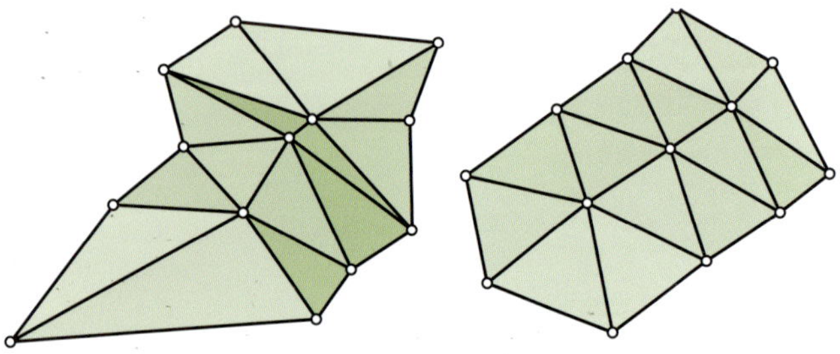

Abb. 11.29
Diese beiden Dreiecksnetze haben dieselbe Konnektivität, beschreiben aber verschiedene Formen.

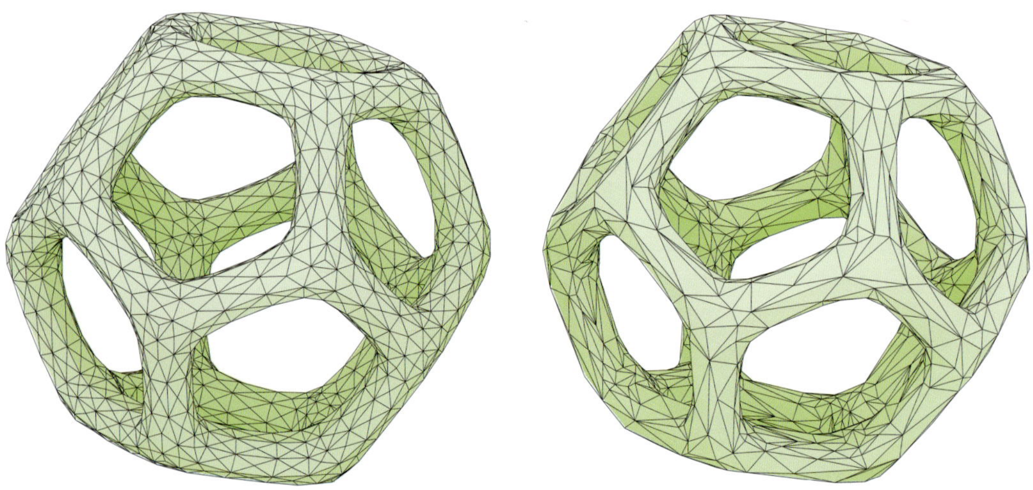

Abb. 11.30
Zwei Dreiecksnetze können dieselbe Form annähern und doch sehr verschiedene Konnektivität haben. Dies hat einen Einfluss auf die optische Wirkung des Netzes.

Um Geometrie und Konnektivität sauber behandeln zu können, brauchen wir eine Art der digitalen Speicherung der wesentlichen Informationen. Unter den vorhandenen Datei-Formaten wird das häufig verwendete OBJ-Format diesem Anspruch gerecht.

- Der erste Teil dieses Formats besteht aus einer Liste von Koordinatentripeln (x, y, z). Diese Liste ist eine geordnete Folge, und die Koordinaten beschreiben die *Ecken* des Netzes. Die Koordinaten tragen wesentlich zur Geometrie bei. Es steckt jedoch mehr Information darin – nämlich die Reihenfolge in der Liste. Das an erster Stelle vorkommende Tripel (Ecke) können wir uns mit der Nummer 1 versehen vorstellen, das nächste Tripel hat die Nummer 2, und so fort. Die tatsächliche Reihenfolge mag weder mit der Geometrie noch mit der Konnektivität in Zusammenhang stehen. Die einzige wesentliche Einsicht ist, dass jede Ecke durch die geordnete Liste mit einer *Nummer* versehen wird.

- Die nächste Information in einer OBJ-Datei sind die *Maschenanweisungen*. Sie legen Polygone fest, welche die Maschen (Flächen) des Netzes bilden. Sehen wir uns dazu ein Beispiel an (Abb. 11.31): (f 1 3 6 4) bedeutet, dass die Ecken mit den Nummern 1, 3, 6 und 4 eine viereckige Masche bilden; (f 2 4 6) wiederum definiert eine Dreiecksfläche mit den Ecken 2, 4 und 6. Erneut ist mehr Information in diesen Anweisungen integriert. Die Reihenfolge der Ecken (wie etwa 1 3 6 4) definiert alle Kanten der Fläche: eine Verbindungskante von 1 und 3, die Kante 36, die Kante 64 und die Kante 41. Wir schließen jeweils ein Maschenpolygon. Natürlich kann dieselbe Fläche mit der Anweisung (f 3 6 4 1) erfasst werden. Allerdings macht (f 4 6 3 1) einen Unterschied: Man nimmt nämlich an, dass die zugrunde liegende Fläche eine Innenseite und eine Außenseite hat und dass (wenn wir von der Außenseite auf die Fläche blicken) der Durchlaufsinn gegen den Uhrzeigersinn verläuft. Werfen wir noch einen Blick auf zwei Flächen, die längs einer Kante zusammenhängen, wie etwa 46 und 64 in unserem Beispiel. Wegen der Annahme über die Orientierung wird die Kante für die beiden Flächen in entgegengesetzten Richtungen durchlaufen. Bei der Vierecksmasche durchlaufen wir sie als 64 (gehe von 6 nach 4), und beim Dreieck durchlaufen wir sie als 46. Lediglich die Kanten am Rand des Netzes werden nur einmal durchlaufen; innere Kanten treten zweimal auf, und zwar mit entgegengesetzten Orientierungen. Andernfalls ist die Darstellung nicht konsistent.

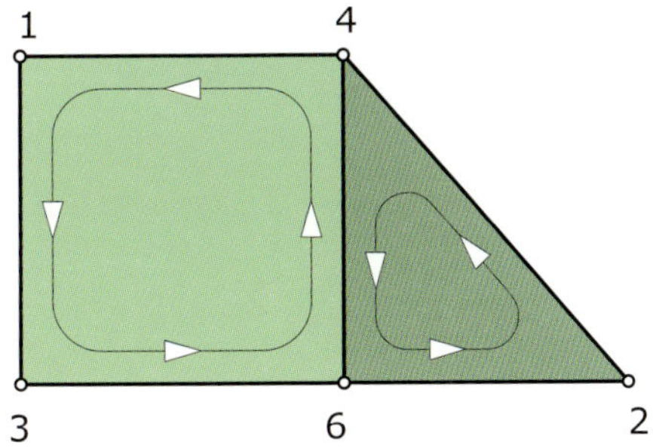

Abb. 11.31
Die Maschenanweisungen (f 1 3 6 4) und (f 2 4 6) sagen uns: Eine Vierecksmasche, durchlaufen gegen den Uhrzeigersinn bei Betrachtung von der Außenseite, hat Ecken mit den Nummern 1, 3, 6 und 4. Sie schließt längs einer gemeinsamen Kante mit Ecken 4 und 6 an eine Dreiecksfläche mit Eckennummern 2, 4 und 6 an.

Das ist alles, was man zur Beschreibung von Konnektivität und Geometrie benötigt. Eine nützliche Einschränkung ist gelegentlich von Vorteil, nämlich der Ausschluss von *T-Ecken* (hängenden Knoten), wo zwei Flächen dieselbe Kante einer anderen Fläche treffen (siehe Abb. 11.32).

Ebenso wollen wir *entartete Dreiecke* (d.h., Dreiecke, deren Ecken auf derselben Geraden liegen und damit T-Ecken erzeugen) vermeiden. Entartete Dreiecke bestimmen keine Ebene und sind daher eine potenzielle Ursache für das Fehlschlagen anderer Programme, die das Netz als Eingabe verwenden.

Wir haben hier nur die Grundlagen besprochen. Programme können auch weitere Informationen speichern (z.B. Flächennormalvektoren, Texturinformation, Materialeigenschaften usw.), die für gewisse Anwendungen, wie etwa das Rendering, benötigt werden.

Netze sind so genannte *diskrete Flächendarstellungen.* Sie verallgemeinern die Tatsache, dass ein Polygon als diskrete Darstellung einer Kurve angesehen werden kann. Der Schritt von Kurven zu Flächen ist aber ein großer. Daher ist es nicht der Fall, dass man leicht alle wesentlichen Eigenschaften von Flächen (wie etwa das Krümmungsverhalten) mittels Netzen herleiten kann.

Bei den Kurven war dies sehr einfach. Hingegen verwendet man bei Flächen andere Werkzeuge. Im Folgenden werden wir die grundlegenden Netztypen und Arten zur Erzeugung optisch ansprechender Netze kennen lernen.

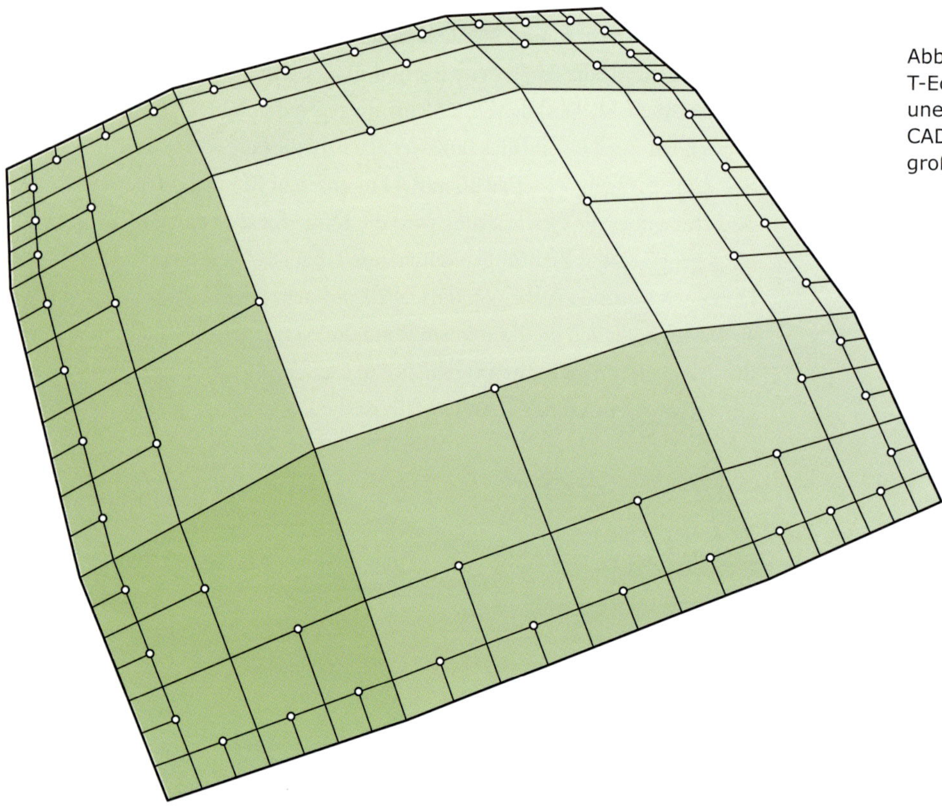

Abb. 11.32
T-Ecken (hängende Knoten) sind oft unerwünscht, werden aber von CAD-Programmen gelegentlich in großer Zahl generiert.

Vierecksnetze. Um ästhetische Netze zur Flächenbeschreibung zu erhalten, wollen wir zuerst ebene Netze betrachten. Die einfachste Art, die Ebene mit Vierecken zu pflastern (vgl. Kapitel 5), ist die regelmäßige Anordnung von Quadraten (oder Rechtecken). Hierbei treffen vier Maschen (Quadrate) in einer gemeinsamen Ecke zusammen (Abb. 11.33, links).

Ein wohlgeformtes Vierecksnetz hat dieselbe Konnektivität wie dieses spezielle ebene Netz. In einer inneren Ecke (d.h., einer Ecke, die nicht auf dem Rand des Netzes liegt) treffen einander genau vier Maschen (und vier Kanten). Wir sprechen von einer *Ecke mit der Valenz 4*. Im Allgemeinen bezeichnet die *Valenz* einer inneren Ecke die *Zahl der einmündenden Kanten* (diese ist gleich der Zahl der Maschen durch diese Ecke).

In einem Vierecksnetz heißt eine innere Ecke der Valenz 4 eine *reguläre Ecke*. Falls die Valenz von 4 verschieden ist, sprechen wir von einer *irregulären Ecke*. Betrachten wir einmal ein sehr einfaches Vierecksnetz, den Würfel. Jede seiner Ecken hat die Valenz 3. Daher sind alle Ecken irregulär – was zuerst überraschen mag. Dies ist aber dadurch leicht erklärbar, dass der Würfel keine gute Approximation einer glatten Fläche ist.

Abbildung 11.34 zeigt Vierecksnetze mit nur regulären Ecken. Diese Typen erinnern an die möglichen Topologien von B-Spline-Flächen. Ist ein vollständig reguläres Vierecksnetz, das eine Kugel annähert, vorstellbar? Die Antwort fällt negativ aus (siehe *Architectural Geometry, Chapter 14*).

Um die topologischen Einschränkungen zu reduzieren, können wir irreguläre Ecken einführen oder auch einige nicht-viereckige Flächen in das Netz einbauen (im letztgenannten Fall spricht man dann von einem *viereckdominanten* Netz).

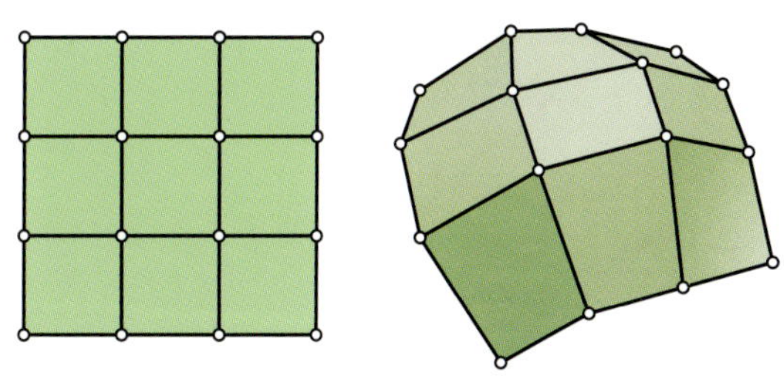

Abb. 11.33
In einer regulären Pflasterung der Ebene mit Quadraten treffen genau vier Maschen in einer gemeinsamen Ecke zusammen (links). Eine reguläre Ecke eines Vierecksnetzes hat dieselbe Eigenschaft (rechts).

Abb. 11.34
Vierecksnetze mit durchwegs regulären Ecken zeigen Einschränkungen hinsichtlich ihrer Topologie.

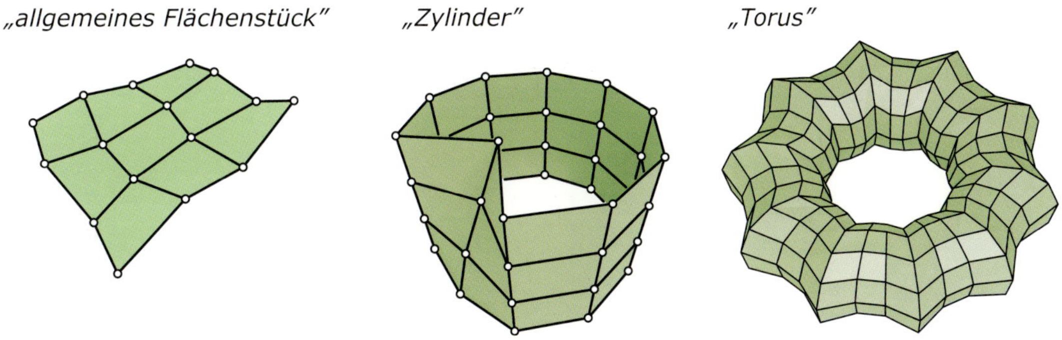

Ehe wir uns anderen Netzen zuwenden, sollten wir noch beachten, dass die Vierecke in einem Vierecksnetz nicht eben zu sein brauchen (obwohl ebene Maschen für die Architektur sehr nützlich wären). Wir haben bereits einige spezielle Vierecksnetze mit ebenen Maschen im Zusammenhang mit diskreten Drehflächen oder Schiebflächen kennen gelernt. Die interessante Thematik allgemeiner Vierecksnetze mit ebenen Flächen wird in *Architectural Geometry, Chapter 19*, ausführlich diskutiert und ist auch noch Gegenstand aktueller Forschungen.

Dreiecksnetze. Ein Dreiecksnetz besteht ausschließlich aus Dreiecken. Wieder betrachten wir zuerst ein ebenes Dreiecksnetz, und zwar eine Pflasterung der Ebene mit gleichseitigen Dreiecken (Abb. 11.35).

Offensichtlich lassen sich genau sechs Dreiecke um einen Eckpunkt anordnen. Dieselbe Konnektivität erhalten wir, wenn wir in eine ebene Quadratpflasterung eine Schar paralleler Diagonalen einfügen (Abb. 11.36).

Umgekehrt erhalten wir eine Pflasterung mittels Parallelogrammen durch Entfernung einer Schar paralleler Geraden aus einem regulären ebenen Dreiecksnetz. Eine reguläre innere Ecke eines Dreiecksnetzes hat die Valenz 6 (Abb. 11.35), und die anderen inneren Ecken werden irregulär genannt.

Dreiecksnetze sind u.a. wegen der Ebenheit ihrer Maschen für die Architektur interessant. Andererseits werden wir ungefähr doppelt so viele Dreiecke wie Vierecke zur Darstellung derselben Form benötigen (vgl. Abb. 11.36).

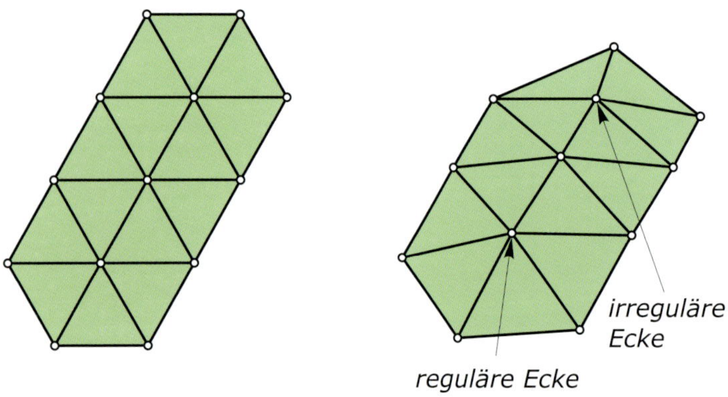

Abb. 11.35
In einer Pflasterung der Ebene mit gleichseitigen Dreiecken (links) stoßen sechs Dreiecke in einer gemeinsamen Ecke zusammen. Gleiches gilt für eine reguläre Ecke eines allgemeinen Dreiecksnetzes (rechts).

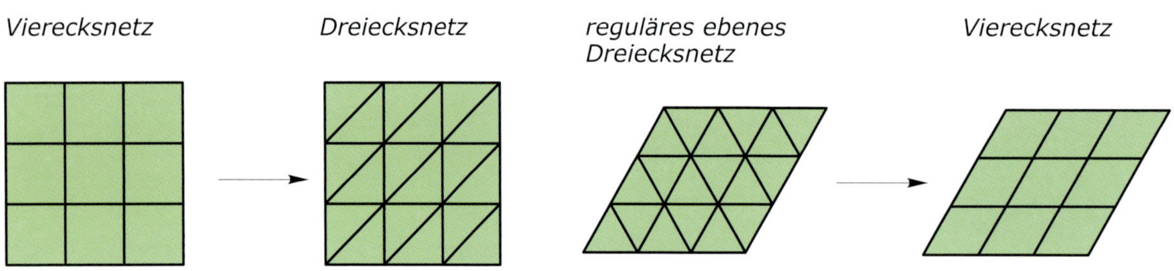

Abb. 11.36
Die Konversion eines Vierecksnetzes in ein Dreiecksnetz und umgekehrt wird hier in der Ebene illustriert, funktioniert aber analog in regulären Abschnitten von Netzen, die gekrümmte Flächen beschreiben

Sechsecksnetze. Lässt sich die Ebene mit anderen regelmäßigen Polygonen als mit Quadraten oder Dreiecken pflastern? Da die Eckenwinkel der in einer Ecke aneinanderstoßenden Polygone einander zu 360 Grad addieren müssen, bleibt nur noch ein weiterer Fall: Sechsecke (Abb. 11.37). Natürlich treffen drei Sechsecke einer solchen „Bienenwabenpflasterung" in einer Ecke zusammen, dies wird daher bei Secksecksnetzen als der reguläre Fall angesehen (Abb. 11.38).

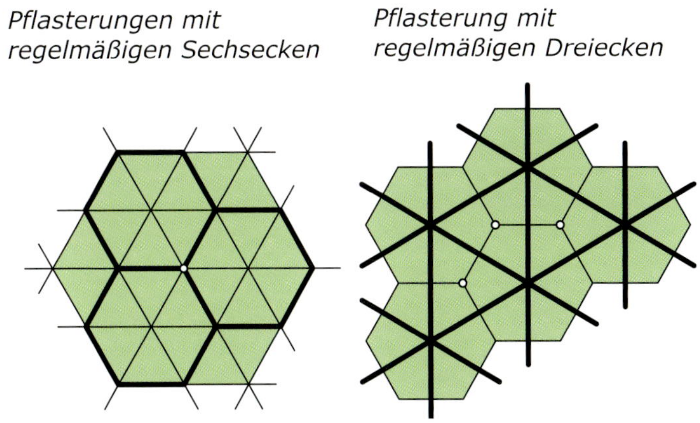

Abb. 11.37
Pflasterungen der Ebene mit regelmäßigen Sechsecken hängen eng mit regelmäßigen Dreieckspflasterungen zusammen; man beachte die analoge Dualität zwischen platonischen Körpern.

Abb. 11.38
Sechsecknetze in der Architektur (Nicholas Grimshaw, Eden Projekt).

Netzverfeinerung. Gelegentlich ist es vorteilhaft, ein Netz zuerst grob auszulegen und dann durch geeignete Verfeinerungsmethoden die endgültige Form und Maschengröße zu erreichen. Die später diskutierten Unterteilungsflächen gehen diesen Weg. Wir wollen aber noch vor der Behandlung von Unterteilungsflächen einige grundsätzliche Fakten zur Unterteilung ansprechen. Es ist nützlich, die Verfeinerung als zweistufige Prozedur zu betrachten: verändere die Konnektivität (Zahl der Ecken sowie die Art ihrer Verbindung) und verändere dann die Geometrie (die Ortsvektoren der Ecken). An dieser Stelle erscheint es nützlich, sich die Erzeugung geodätischer Kuppeln in Erinnerung zu rufen (Kapitel 3).

Untersuchen wir zuerst die Dreiecksnetze: Wenn wir alle Kantenmitten einfügen und wie in Abbildung 11.39 verbinden, erhalten wir ein feineres Netz, das genau viermal so viele Dreiecke hat wie das grobe Netz. Jede Fläche wird in vier Teilflächen aufgeteilt. An dieser Stelle ist die Geometrie noch dieselbe.

Nun aber ändern wir auch noch die Ecken so, dass sie der Entwurfsidee folgen. Dies mag sehr viel manuellen Arbeitsaufwand bedeuten, und daher werden wir später in diesem Kapitel geeignete Algorithmen zur automatischen Verlagerung diskutieren. Natürlich geht mit der erhöhten Zahl der Ecken auch eine Erhöhung der Flexibilität einher, und wir haben mehr Chancen, ein Netz zu generieren, das eine glatte Fläche annähert.

Abb. 11.39
Verfeinerung eines Dreiecksnetzes durch Einfügen der Kantenmitten vervierfacht die Anzahl der Maschen.

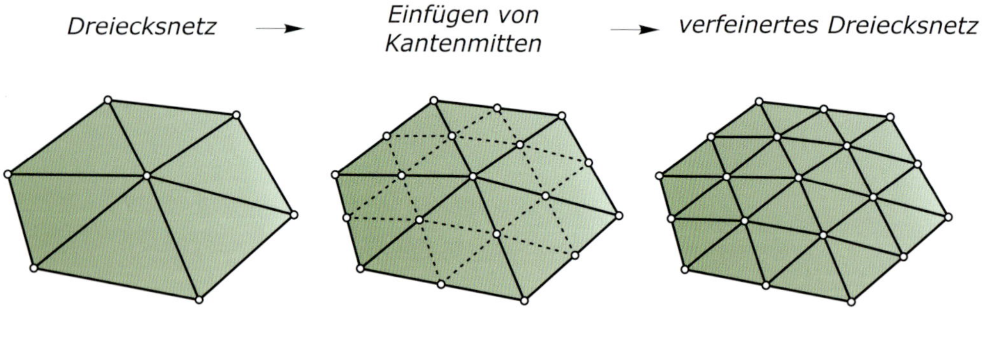

Das Einfügen von Kantenmitten ist nicht die einzige Art der Verfeinerung, aber sie hat den großen Vorteil, dass dadurch keine neuen irregulären Ecken erzeugt werden. Hätten wir in jedes Dreieck den Schwerpunkt eingefügt und mit den drei Ecken verbunden (Abb. 11.40), so wäre dadurch die Regularität überall zerstört worden. Nur im Ausnahmefall, wenn das Design genau diesen ornamentalen Charakter aufweisen soll, wird man derartige Netze verwenden. Man kann durch Verbindung der Schwerpunkte mit Kantenmitten aus einem Dreiecksnetz auch leicht ein Vierecksnetz erzeugen (Abb. 11.40).

Bei der Verfeinerung von Vierecksnetzen kann man einen analogen Weg gehen. Wie in Abbildung 11.41 illustriert, können wir die Mitten gegenüberliegender Seiten einer Masche miteinander verbinden. Diese Verbindungen schneiden einander im Eckenschwerpunkt der Masche. Dadurch wird jedes Viereck in vier Teilvierecke zerlegt, deren Seiten auf demselben hyperbolischen Paraboloid liegen (vergleiche auch mit der Besprechung von Bézier-Flächen vom Grad (1,1) [Abb. 11.12]). Diese Konstruktion erhält die Regularität von Ecken und kann als Ausgangspunkt für weitere Editier-Operationen der Ecken dienen.

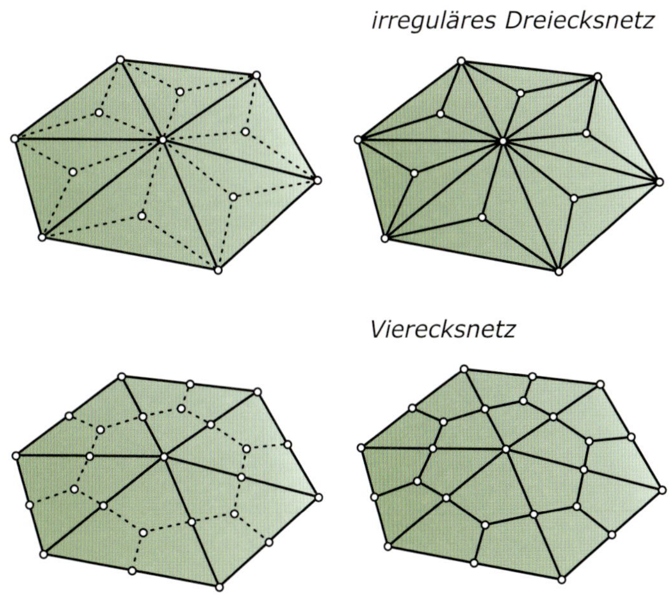

Abb. 11.40
Einfügen der Schwerpunkte in die Dreiecksflächen und Verbindung mit den Ecken zerstört alle regulären Ecken, mag aber einen optisch interessanten Effekt erzielen. Durch Verbindung der Schwerpunkte mit den Kantenmitten lässt sich ein Vierecksnetz erzeugen.

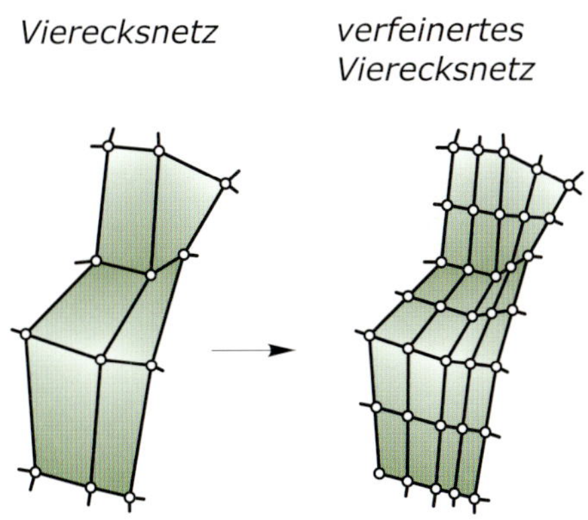

Abb. 11.41
Ein Viereck kann durch Einfügen der Seitenmitten und des Schwerpunkts unterteilt werden. Dabei wird jedes windschiefe Viereck in vier Teilvierecke zerlegt, deren Kanten auf demselben hyperbolischen Paraboloid liegen.

Es gibt eine weitere auf den Kantenmitten beruhende Verfeinerung eines Vierecksnetzes (Abb. 11.42). In diesem Fall verbinden wir einfach die Kantenmitten zu einem neuen Viereck. Es ist leicht zu beweisen, dass dieses Viereck stets ein Parallelogramm ist (der Beweis ist in der unteren Reihe von Abbildung 11.42 illustriert). Wir haben jedoch noch vier Dreiecke in den Ecken jeder alten Masche übrig.

Wir fassen alle um eine Ecke entstehenden Dreiecke zu einem einzigen Polygon zusammen. Wenn die Ecke regulär ist, so entsteht dadurch ein Viereck. Leider ist dieses im Allgemeinen nicht eben. Abgesehen von einzelnen am Rande stehen bleibenden Dreiecken wird durch das Mitteneinfügeschema die Zahl der Vierecke ungefähr verdoppelt. Wenn wir dieselbe Konstruktion mit einem regulären Quadratnetz in der Ebene durchführen, erhalten wir wieder ein reguläres Quadratnetz. Dabei werden alle Flächen mit dem Faktor $1/\sqrt{2}$ skaliert und um 45 Grad gedreht.

Abb. 11.42
Ein Vierecksnetz kann auch durch Einfügen der Kantenmitten verfeinert werden. Beachte, dass die in den einzelnen Maschen entstehenden Mittenvierecke stets Parallelogramme sind, unabhängig von der Ebenheit der Ausgangsmasche. Die obere Reihe liefert eine geometrische Erklärung dafür: Gegenüberliegende Seiten des Mittenvierecks sind jeweils zu einer Diagonale des Ausgangsvierecks parallel.

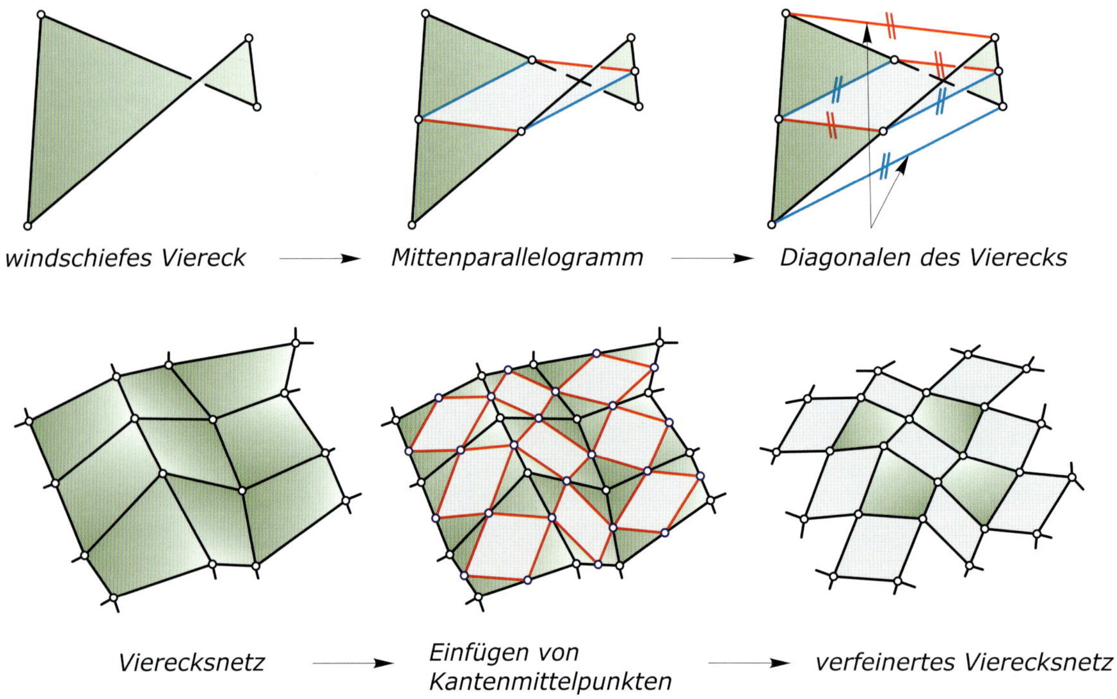

Es ist auch interessant, das Mitteneinfügen der zweiten Art ein zweites Mal anzuwenden (Abb. 11.43). Wir können die Regel aus Abbildung 11.42 aber auch mehrfach anwenden und erhalten in der Grenze eine glatte Fläche. Dies ist wohl das einfachste Beispiel eines Unterteilungsalgorithmus zur Erzeugung glatter Flächen; es wurde von J. Peters und U. Reif studiert und ist auch schon bei den archimedischen Körpern in Kapitel 3 vorgekommen.

Verfeinerungsmethoden für Sechsecksnetze können über die Verbindung zu Dreiecksnetzen hergestellt werden.

Netzdezimierung. Obwohl auf den ersten Blick nicht unmittelbar klar, ist die umgekehrte Operation zur Verfeinerung (die *Netzdezimierung)* ebenfalls wichtig. Zum Beispiel kann ein einfacher Algorithmus zur Netzdezimierung „geeignete“ Ecken (bestimmt vom Algorithmus aufgrund der lokalen Geometrie) entfernen und die übrigen Ecken in konsistenter Weise verbinden. Dieses Thema ist jenseits der Ziele unserer Diskussion.

Abb. 11.43
Verfeinerung gemäß Abb. 11.42 zweimal, dreimal und viermal angewendet. So fortfahrend, erhalten wir in der Grenze eine glatte Fläche.

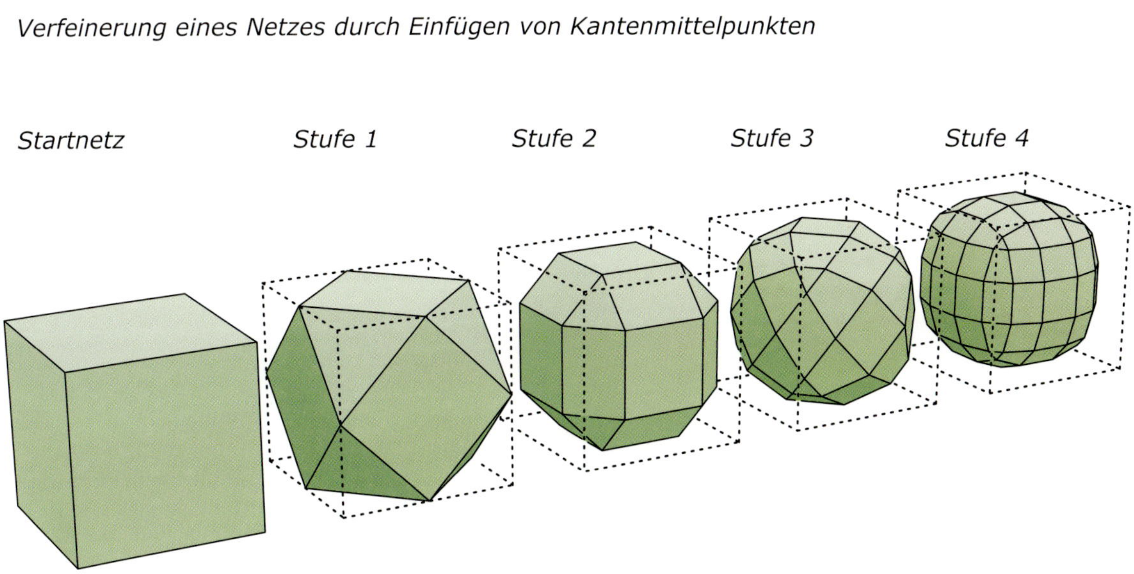

Ein recht nützlicher Aspekt ist in Abbildung 11.44 illustriert. Diese zeigt drei Dreiecksnetze, eines mit einer deutlich größeren Anzahl von Dreiecken als die anderen beiden. Sie beschreiben jedoch alle drei die geometrische Form sehr gut. Die dezimierten Netze wird man aber kaum in einer Architektur-Anwendung haben wollen, in der die Kanten als sichtbare Stahlträger ausgeführt sind. Jedoch ist die in Abbildung 11.44 dargestellte Prozedur ein wichtiger Schritt zur Datenreduktion, die eine Beschleunigung nachfolgender Berechnungen (Simulationen, schnelles Rendering usw.) bewirken kann.

Abb. 11.44
Netzdezimierung auf einem Dreiecksnetz. Die reduzierten Netze können die Geometrie immer noch so gut beschreiben, dass der Unterschied in den schattierten Bildern gar nicht besonders stark auffällt.

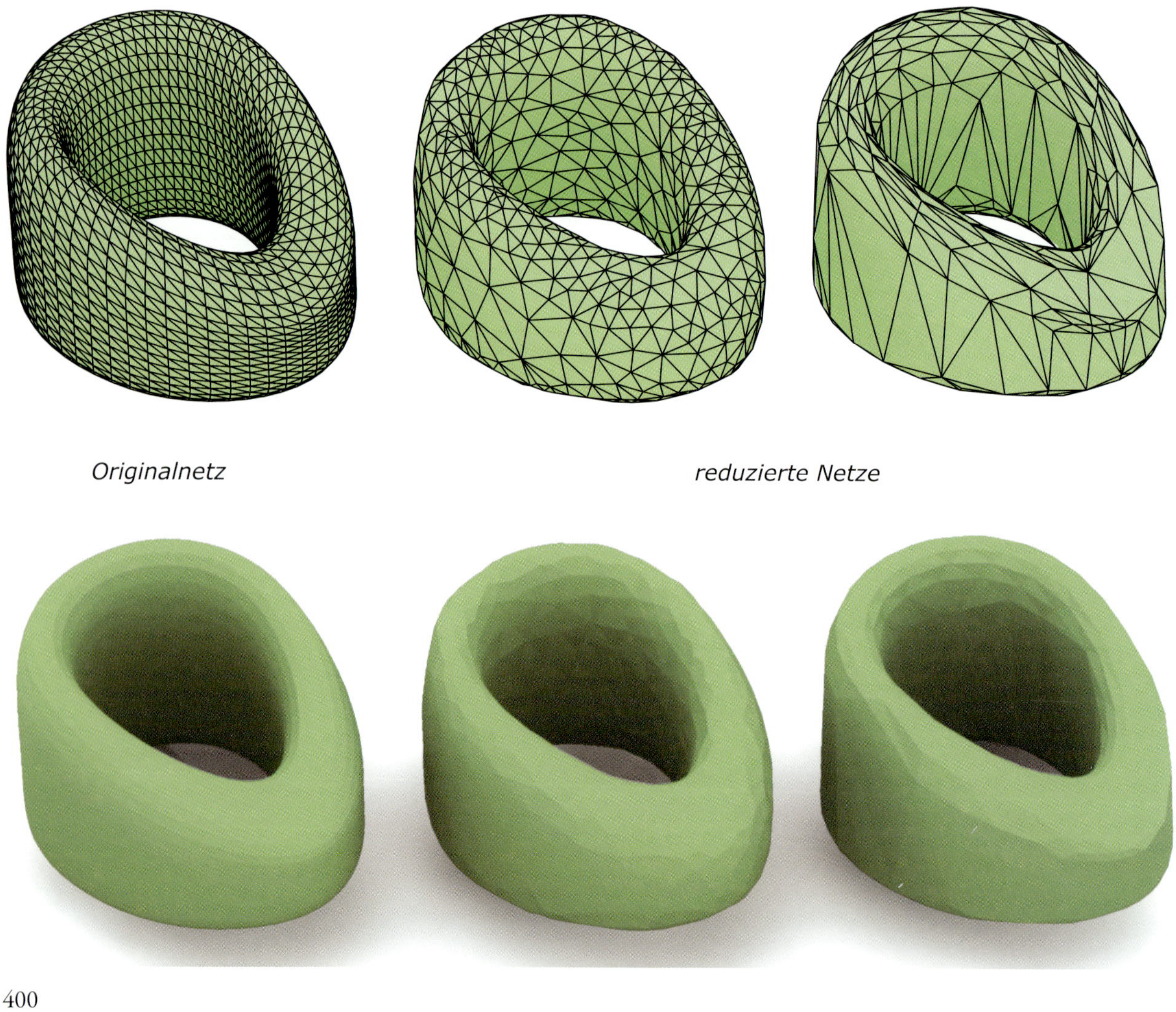

„Schlechte" Netze. Ob ein Netz „gut" oder „schlecht" ist, hängt von dessen Verwendung ab. Die visuelle Wirkung mag ein Aspekt sein. Zu viele irreguläre Ecken in unregelmäßiger Anordnung könnten die ästhetische Wirkung stark beeinträchtigen. Es ist aber noch ein anderer Aspekt zu beachten, insbesondere wenn das Netz für eine Simulation (z.B. Verhalten unter verschiedenen Belastungen) mittels der Methode der finiten Elemente (FEM) dienen soll. Man kann zeigen, dass numerische Algorithmen für FEM-Berechnungen eventuell nicht die erforderliche Genauigkeit erzielen, wenn das Netz zu schmale Dreiecke aufweist. Ein schmales Dreieck hat mindestens einen sehr kleinen Winkel. Anders ausgedrückt hat der Inkreis einen viel kleineren Radius als der Umkreis. CAD-Software produziert gelegentlich solche Dreiecke in großer Zahl (siehe Abb. 11.45). Ein weiteres häufig auftretendes Problem bei nachfolgenden Berechnungen sind Löcher in Netzen, die zum Beispiel gerne in der Nähe von Verschneidungen auftreten.

Ästhetik von Netzen und Relaxation. Ein lohnenderes Thema ist es, über gute Methoden zur Verbesserung der ästhetischen Wirkung eines Netzes nachzudenken. Obwohl die Beurteilung eines Netzes subjektive Komponenten enthält, können wir doch einige Hinweise zur Erzielung einer ausgeglichenen Eckenverteilung geben.

Eine grundlegende Idee ist es, alle Ecken des Netzes so zu positionieren, dass das resultierende Netz nahezu regelmäßige Polygone als Maschen hat. Exakte reguläre Flächen (z.B. gleichseitige Dreiecke) sind im Allgemeinen nicht erzielbar.

Abb. 45
Beispiel einer Triangulierung einer Fläche, wie sie von gewissen CAD-Systemen automatisch generiert wird. Dieses Netz weist selbst an solchen Stellen (kreisförmige Grund- und Deckfläche) lange schmale Dreiecke auf, wo sie aus geometrischer Sicht nicht notwendig erscheinen. Diese langen schmalen Dreiecke können die Ursache für ungenaue Berechnungen in Simulationen sein.

Eine verwandte Idee ist eine physikalische Interpretation, die ein System von Massepunkten (Ecken) und Federn (Kanten) benutzt. Dabei fixiert man einige Ecken (z.B. jene auf dem Rand) und lässt die anderen Ecken frei bewegen, bis das System eine Gleichgewichtslage einnimmt.

Diese Technik heißt *Relaxation*. Man kann damit interessante membranartige Formen erzielen. Wenn man nahe an einer gegebenen Fläche verbleiben will, so projiziert man die Ecken nach jedem Relaxationsschritt auf die gegebene Fläche zurück. Damit bewegen sich die Ecken eigentlich nur auf der Referenzfläche und erzielen darauf eine Gleichgewichtslage.

Bei Angabe eines Dreiecksnetzes verlagert eine einfache Variante der Relaxation jede Ecke P in den Schwerpunkt der Menge der direkten (d.h. mit P durch eine Kante verbundenen) Nachbarecken. Auch hier kann man eine Rückprojektion auf die Fläche durchführen. Dies wird immer wieder durchgeführt, bis schließlich die Verlagerungen unter einer vorgegebenen Schranke liegen. Relaxation wurde von Chris Williams bei der Optimierung des Dreiecksnetzes für Norman Fosters Gestaltung der Innenhof-Überdachung des Britischen Museums in London verwendet (Abb. 11.46).

Netz vor der Relaxation

Netz nach der Relaxation

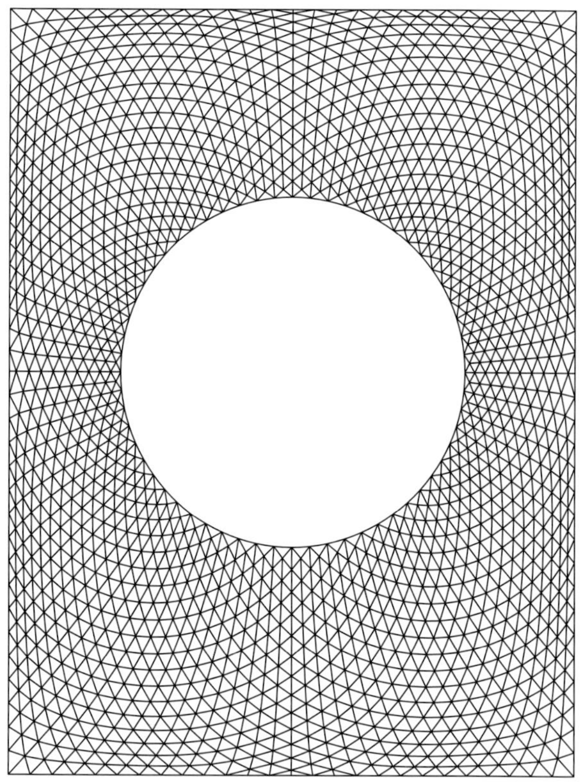

Abb. 11.46
Wir vergleichen zwei Ansichten des Netzes vor und nach der Relaxation und illustrieren dadurch, welch großen Einfluss kleine Verlagerungen der Ecken auf die optische Wirkung des Netzes haben können. Foto (unten) und Rendering (oben) des Glasdachs des Britischen Museums (dankenswerterweise von Chris Williams zur Verfügung gestellt).

Abb. 11.47
Unterteilungsflächen verwenden einfache Verfeinerungsregeln für Netze und wenden diese wiederholt an. Dies liefert eine glatte Grenzfläche, aber unser Interesse konzentriert sich auf geeignete Zwischenergebnisse dieses Verfeinerungsprozesses. Es gibt eine große Vielfalt von Verfeinerungsschemen, von denen einige hier illustriert sind: Doo-Sabin, Catmull-Clark und Loop.

Verfeinerung nach Doo-Sabin

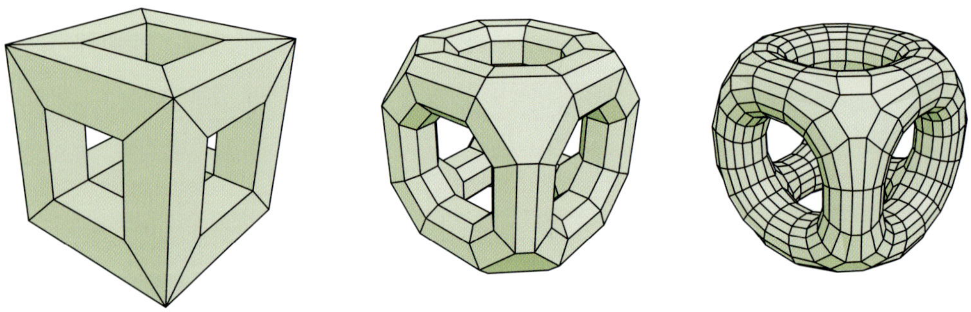

Verfeinerung nach Catmull-Clark

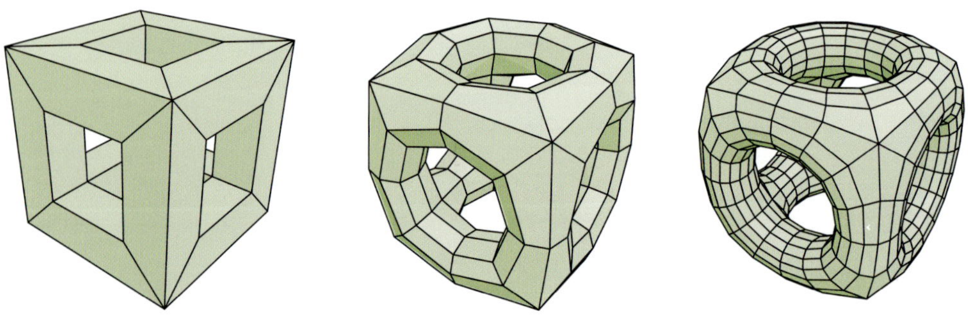

Verfeinerung nach Loop

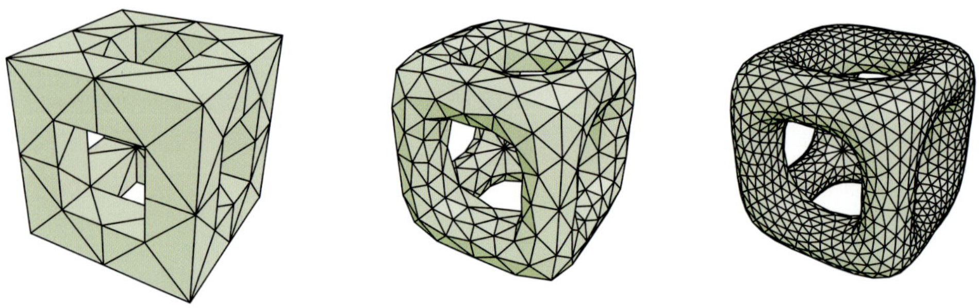

Unterteilungsflächen

Motivation. Wir sind bislang in unserem Studium von B-Spline-Flächen und bei der Diskussion von Vierecksnetzen mit nur regulären Ecken (d.h., Ecken der Valenz 4) an mindestens zwei Stellen topologischen Einschränkungen begegnet: Es besteht natürlich ein enger Zusammenhang zwischen den beiden geometrischen Objekten, da die Kontrollnetze von B-Spline-Flächen Vierecksnetze sind. Wenn wir mehrfache Kontrollpunkte (wie etwa in Abbildung 11.25) ausschließen, so sind die Kontrollnetze regulär (Abb. 11.24 und Abb. 11.34).

Wir werden im Folgenden sehen, dass eine B-Spline-Fläche als Ergebnis eines Verfeinerungsprozesses (Unterteilungsalgorithmus) aufgefasst werden kann, welche die Regularität von Vierecksnetzen erhält. Der Verfeinerungsprozess erzeugt immer feinere Netze, wobei wir in der Grenze die glatte B-Spline-Fläche erhalten.

Dieser Vorgang ändert die Topologie nicht. Wenn wir also Flächen mit allgemeinerer Topologie modellieren wollen (wie etwa jene in Abbildung 11.1, unten), müssen wir Kontrollnetze verwenden, die auch irreguläre Ecken aufweissen. Wir müssen auch wissen, wie wir sie verfeinern können (genau das machen Unterteilungsflächen). Die untere Reihe von Abbildung 11.1 und Abbildung 11.47 zeigen einige Schritte der Verfeinerung.

Der Schwerpunkt unserer Aufmerksamkeit liegt nicht nur auf den glatten Flächen, die wir durch wiederholte Verfeinerung als Grenzformen erhalten. Eigentlich wird man in der Architektur viel eher an geeignet verfeinerten Netzen mit Maschen der gewünschten Größe interessiert sein.

Daher sollte man Unterteilungsalgorithmen als eine *effiziente Methode zur Erzeugung visuell ansprechender Netze* sehen. Zum Glück ist dieses großartige Werkzeug bereits in einigen 3-D-Modellierungssystemen implementiert. Ein erschöpfender Überblick ist weit jenseits des Ziels dieses Buches, aber wir sollten mit den grundlegenden Eigenschaften und einigen besonders wichtigen Unterteilungsalgorithmen vertraut werden. Der „Zoo der Unterteilungsschemen" ist ebenso dicht bevölkert wie der „Zoo der Splines". Abbildung 11.47 zeigt einige Arten.

Geschichte der Unterteilungsflächen. Im Jahr 1978 veröffentlichten D. Doo und M. Sabin einen Unterteilungsalgorithmus für Flächen, der, ausgehend von regulären Netzen, B-Spline-Flächen vom Grad (2,2) liefert. Zur selben Zeit erweiterten E. Catmull und J. Clark B-Spline-Flächen vom Grad (3,3) zu Unterteilungsflächen. Beide Algorithmen verallgemeinern also die „rechteckigen" B-Spline-Flächen und arbeiten auf vierecksdominanten Netzen.

1987 entwickelte C. Loop den ersten auf Dreiecksnetzen operierenden Unterteilungsalgorithmus. Bei all diesen Schemen *approximiert* das verfeinerte Netz das ursprüngliche Netz. Zur selben Zeit wurde ein *interpolierendes* Unterteilungsschema (bei dem das verfeinerte Netz jeweils alle Ecken des groben Netzes enthält) von N. Dyn, J. Gregory und D. Levin veröffentlicht.

Aufgrund von Problemen mit der Glattheit (Krümmungsverhalten) in der Umgebung von irregulären Ecken des Eingabenetzes war der Einsatz von Unterteilungsflächen in der Automobil- und Flugzeugindustrie sehr begrenzt. In den 1990ern leistete Pixar Pionierarbeit für die Verwendung von Unterteilungsflächen in der Animationsindustrie (siehe Abb. 11.48).

Abb. 11.48
M. Sabin, E. Catmull, C. Loop und T. de Rose gehören zu den Pionieren der Entwicklung von Unterteilungsflächen.

Pixar™ leistete Pionierarbeit beim Einsatz von Unterteilungsflächen in 3-D-computeranimierten Filmen.

Tony de Rose

Malcom Sabin

Edwin Catmull

Charles Loop

Quadratische B-Spline-Flächen mittels Unterteilung. Wir rufen uns den Unterteilungsalgorithmus von Chaikin (Kapitel 8) zur Erzeugung von quadratischen B-Spline-Kurven in Erinnerung (Abb. 11.49, oben). Hier fügt man auf jeder Seite zwei neue Punkte ein, welche die Seite im Verhältnis 1 : 3 bzw. 3 : 1 teilen. Dann werden diese neuen Punkte verbunden. Dies ist insgesamt ein Unterteilungsschritt, der danach iteriert wird. Man beachte, dass wir bei der Unterteilung stets von diesem einen grundlegenden Verfeinerungsschritt sprechen: Wie gelangt man von der aktuellen Version zur nächstfeineren Auflösung? Um dieselbe Idee auf B-Spline-Fläche zu übertragen, müssen wir die Verfeinerung auf ein reguläres Vierecksnetz anstelle eines einzigen Polygons anzuwenden (Abb. 11.49, unten).

Wie bei der Diskussion von Bézier-Flächen funktioniert der Übergang von Kurven zu Flächen wie folgt: Zuerst wird die Unterteilung nach Chaikin auf die Zeilenpolygone des Kontrollnetzes angewendet. Dann werden die neuen Punkte verbunden. Danach wenden wir Chaikin auf die bereits erhöhte Zahl der Zeilenpolygone an. Die Rolle von Zeilen und Spalten kann dabei vertauscht werden. Dies liefert schließlich ein Vierecksnetz mit ungefähr viermal so vielen Maschen wie das ursprüngliche Netz.

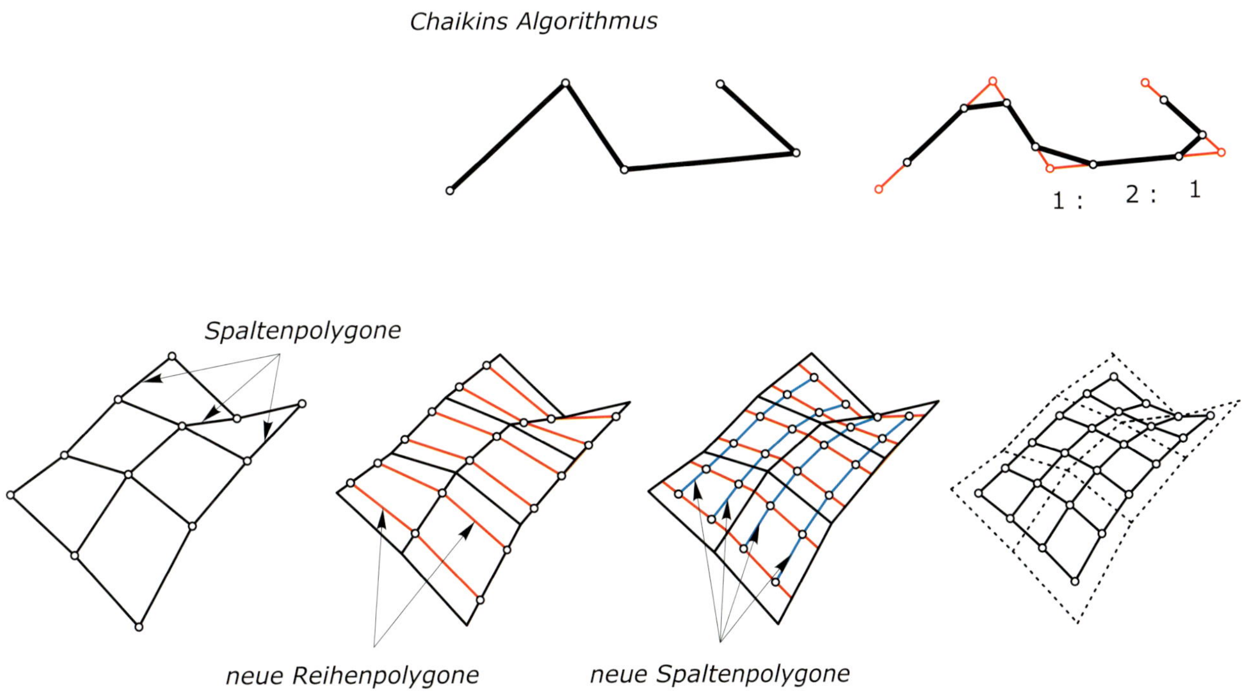

Abb. 11.49
Ein Schritt des Algorithmus von Chaikin (oben). Anwendung dieser Unterteilung auf die Spaltenpolygone verfeinert die Spaltenpolygone und fügt neue Zeilenpolygone ein (links unten). Danach wenden wir Chaikin auf die Zeilenpolygone an, wodurch diese ebenfalls verfeinert werden und neue Spalten entstehen (rechts unten). Dies ist insgesamt als ein Schritt eines Unterteilungsalgorithmus zu sehen. Das verfeinerte Vierecksnetz hat ungefähr viermal so viele Maschen wie das ursprüngliche Netz (die genaue Zahl der Maschen hängt vom Rand ab).

Die Aufspaltung des Übergangs von einem Netz zur nächstfeineren Version ist unschön. Wir wollen daher den Übergang in einem einzigen Schritt formulieren, was sich als sehr einfach erweist. Um dies zu verstehen, betrachten wir ein einziges Viereck mit Ecken *A*, *B*, *C*, *D* und verfolgen seine Veränderung (Abb. 11.50).

Wir teilen die Strecke *AB* im Verhältnis 1 : 3 bzw. 3 : 1, machen dasselbe mit der Strecke *DC* und verbinden entsprechende Punkte. Nun teilen wir noch diese Verbindungsstrecken im Verhältnis 1 : 3 bzw. 3 : 1 – das ist auch schon alles. Wenn das Viereck windschief ist, bestimmt es ein hyperbolisches Paraboloid (eine Bézier-Fläche vom Grad (1,1)). Alle Geraden in dieser Konstruktion (und natürlich alle auftretenden Punkte) liegen auf diesem hyperbolischen Paraboloid.

Dies ist auch einfach zu programmieren, wie die folgenden Formeln zeigen werden. Seien **a**, **b**, **c**, **d** die Ortsvektoren der Ecken des großen Vierecks. Teilung von *AB* im Verhältnis 1 : 3 liefert $\mathbf{a}' = (3/4)\mathbf{a} + (1/4)\mathbf{b}$. Wir machen das Gleiche mit der Strecke *DC* und erhalten $\mathbf{d}' = (3/4)\mathbf{d} + (1/4)\mathbf{c}$. Teilung von $A'D'$ im Verhältnis 1 : 3 liefert schließlich die neue Ecke

$$\mathbf{a}_1 = (3/4)\mathbf{a}' + (1/4)\mathbf{d}' = (9/16)\mathbf{a} + (3/16)\mathbf{b} + (3/16)\mathbf{d} + (1/16)\mathbf{c}.$$

Wir müssen also nur die Koordinatenvektoren der alten Ecken mit den Koeffizienten 9/16, 3/16 und 1/16 multiplizieren und dann die entstehenden Vektoren addieren. Nur die Koeffizienten sind wichtig, und daher werden Unterteilungsalgorithmen oft grafisch durch Hinzuschreiben der Koeffizienten zu jenen alten Ecken illustriert, die eine neue Ecke liefern (siehe Abb. 11.50, rechts).

Zusammenfassend berechnen wir mit der Regel aus Abbildung 11.50 pro Viereck vier neue Punkte, die Ecken des verfeinerten Netzes sind. Dies hat noch immer einen Nachteil: Wir können nur spezielle Topologien modellieren. Dafür gibt es aber einen überraschend einfachen Ausweg, nämlich die Unterteilung nach Doo-Sabin.

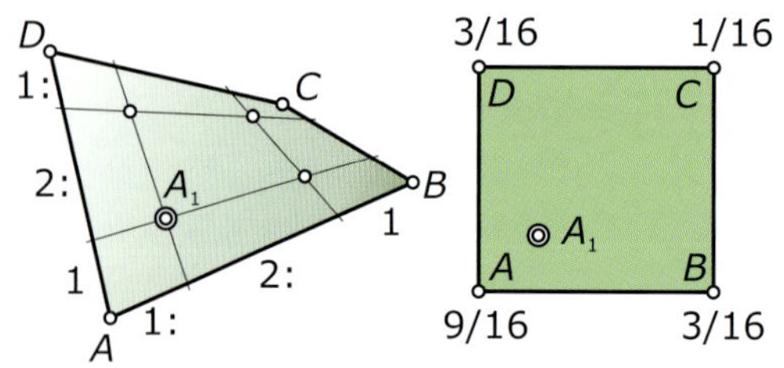

$$\mathbf{a}_1 = (9/16)\mathbf{a} + (3/16)\mathbf{b} + (3/16)\mathbf{d} + (1/16)\mathbf{c}$$

Abb. 11.50
Die Konstruktion der neuen Ecken in einer Vierecksmasche beim Unterteilungsalgorithmus für quadratische B-Spline-Flächen (links). Die Berechnung multipliziert die Koordinatenvektoren der Ecken des alten Vierecks mit gewissen Koeffizienten und addiert dann die resultierenden Vektoren; das Diagramm auf der rechten Seite zeigt, welche Koeffizienten mit den jeweiligen Ecken verknüpft werden, um die hervorgehobene neue Ecke A_1 zu erhalten.

Unterteilung nach Doo-Sabin. Dieser Algorithmus geht in jedem Viereck genau wie soeben beschrieben vor. Wenn wir also annehmen, dass unser Eingabenetz nur Vierecke enthält – warum wenden wir dann nicht einfach dieses Schema an? Die Doo-Sabin-Unterteilung tut dies. Man hat jedoch zu beachten, dass eine Ecke der Valenz 3 ein Dreieck des verfeinerten Netzes generiert, oder eine Ecke der Valenz 5 ein Fünfeck erzeugt usw. (siehe Abb. 11.51). Daher müssen wir noch klären, wie solche außergewöhnliche Maschen im darauf folgenden Schritt behandelt werden sollen.

Wie in einem Viereck besteht auch hier die Regel aus der Multiplikation der Koordinatenvektoren der Ecken mit geeigneten Koeffizienten und anschließender Addition der resultierenden Vektoren. Die Koeffizienten sind hier etwas komplizierter, aber der Vollständigkeit halber stellen wir für den mathematisch interessierten Leser die Berechnung in Abbildung 11.52 grafisch dar. Wenn die außergewöhnliche Masche ein regelmäßiges ebenes Polygon mit k Ecken und Mitte M ist, so ist das neue Polygon ebenfalls ein regelmäßiges k-Eck mit Mitte M. Es ist jedoch mit dem Faktor 1/2 verkleinert.

Operationen, die für eine erfolgreiche Implementierung ebenfalls nötig sind (hier aber nicht behandelt werden), schließen eine geeignete Behandlung von Rändern und die Erzeugung scharfer Kanten ein.

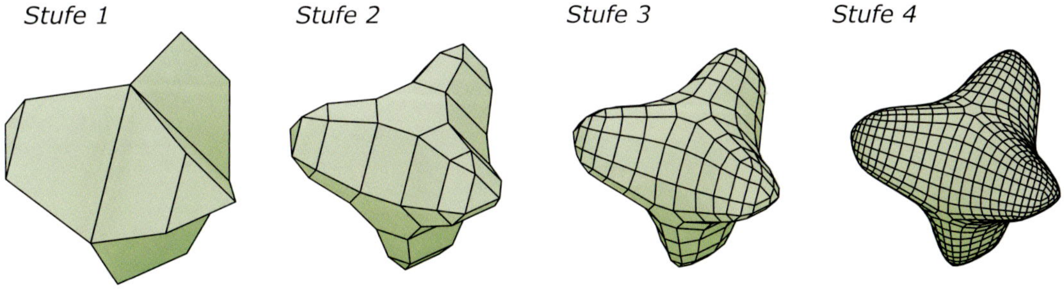

Abb. 11.51
Die Unterteilung nach Doo-Sabin ist eine Erweiterung der Unterteilung für quadratische B-Splines, behandelt aber auch die Tatsache, dass irreguläre Ecken (Valenz ungleich 4) außergewöhnliche Maschen erzeugen, die keine Vierecke sind. Diese Maschen werden gemäß Abb. 11.52 unterteilt.

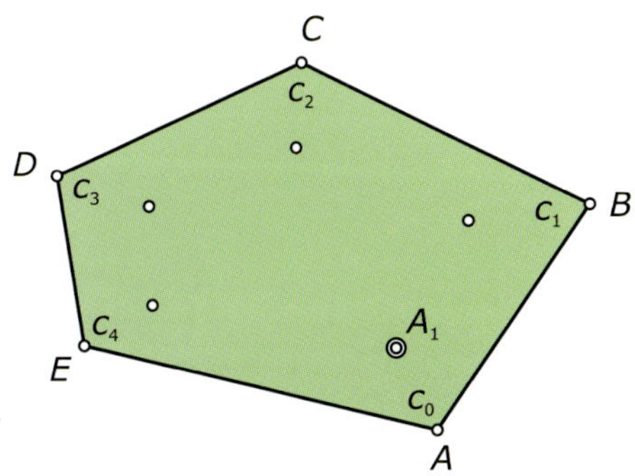

Abb. 11.52
Regel zur Unterteilung einer außergewöhnlichen Masche nach dem Algorithmus von Doo-Sabin: das Diagramm gibt jene Gewichte der Ecken an, die zur Berechnung des hervorgehobenen Punktes benötigt werden. Die Figur zeigt eine Fläche mit 5 Kanten (k=5), aber die Formel gilt für beliebige Anzahlen von Kanten k.

$$\mathbf{a}_1 = c_0\mathbf{a} + c_1\mathbf{b} + c_2\mathbf{c} + c_3\mathbf{d} + c_4\mathbf{e}$$

$$c_0 = 1/4 + 5/(4k)$$

$$c_i = (3 + 2\cos(2\pi i/k))/(4k), \; i=1,\dots,k-1$$

Bislang haben wir nur einen einzigen Unterteilungsschritt behandelt. Um eine *Unterteilungsfläche* zu erhalten, haben wir diesen Verfeinerungsschritt immer wieder anzuwenden (unendlich oft). Es liegt jenseits des Ziels unseres Buches, einen Beweis für die Glattheit der als Grenzformen entstehenden Flächen anzugeben. Da die Unterteilung nach Doo-Sabin quadratische B-Splines verallgemeinert, ist es nicht zu erwarten, dass die entstehenden Flächen bessere Glattheitseigenschaften haben als die quadratischen B-Spline-Kurven. Sie sind glatt im Sinne eindeutig definierter Tangentialebenen, haben aber keinen stetigen Krümmungsverlauf.

Die Unterteilungsfläche gibt die Form des ursprünglichen Eingabenetzes sehr gut wieder. Ein Indikator dafür ist die folgende Tatsache: Wenn wir ein Viereck Q immer wieder unterteilen, so verbleiben wir dabei auf demselben hyperbolischen Paraboloid P (oder in derselben Ebene P im Fall eines ebenen Vierecks), aber das Viereck zieht sich dabei zum Eckenschwerpunkt das Ausgangsvierecks hin zusammen (Abb. 11.53).

Jedes dieser Vierecke liegt auf einer Verfeinerungsstufe der Folge von Netzen, die durch die Unterteilung nach Doo-Sabin erzeugt wird. Da die Viereckseiten zu Tangenten der Grenzfläche konvergieren, berührt die in der Grenze entstehende Unterteilungsfläche das Paraboloid (oder die Ebene) P im Eckenschwerpunkt des Ausgangsvierecks (Abb. 11.54). Dies zeigt auch, dass das Eingabenetz im Laufe der Unterteilung nicht stark schrumpft.

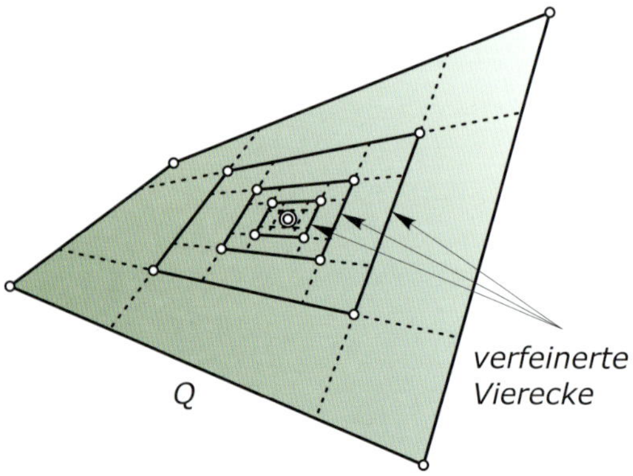

Abb. 11.53
Wiederholte Doo-Sabin-Verfeinerung eines Vierecks Q liefert in der Grenze den Schwerpunkt von Q. Wenn Q windschief ist, bestimmt es ein hyperbolisches Paraboloid, das ebenfalls alle durch Unterteilung entstehenden Vierecke trägt. Wenn das Ausgangsviereck in einer Ebene liegt, so gilt dies auch für die bei Unterteilung entstehenden Vierecke.

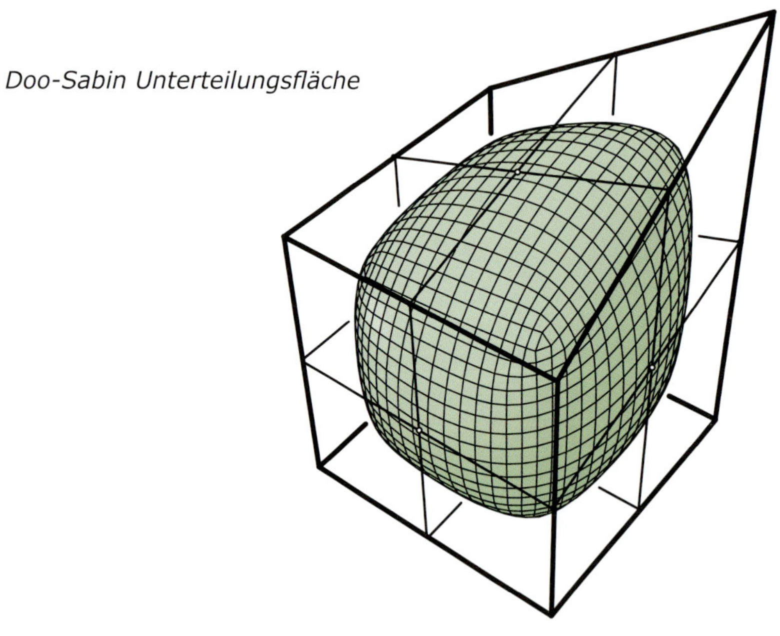

Abb. 11.54
Eine Doo-Sabin-Fläche geht durch die Eckenschwerpunkte jeder Masche des Kontrollnetzes und berührt dort das durch die Masche bestimmte hyperbolische Paraboloid (oder die Ebene der Masche).

Von kubischen B-Splines zur Unterteilung nach Catmull-Clark. Die vorhin angewandte Strategie zur Herleitung eines Unterteilungsalgorithmus aus der Unterteilungsregel für quadratische B-Spline-Kurven (Chaikin-Algorithmus) funktioniert auch für kubische B-Splines. Die Erzeugung kubischer B-Spline-Kurven mittels Unterteilung beruht auf dem Algorithmus von Lane-Riesenfeld (Kapitel 8): Füge die Seitenmitten in das aktuelle Polygon ein und führe danach zwei Mittelungsrunden durch (siehe Abb. 11.55).

In gewisser Weise haben wir zwei Arten neuer Punkte: die Seitenmitten und jene Punkte, die als verlagerte Ecken des groben Polygons angesehen werden können. Wir konzentrieren uns nun auf die zuletzt genannten Punkte und bezeichnen die neue Lage der Ecke B mit B_n. Die linken und rechten Nachbarecken von B sollen B_l und B_r heißen (Abb. 11.55). Offensichtlich ist B_n der Mittelpunkt von zwei Chaikin-Punkten C_l, C_r mit Koordinatenvektoren $\mathbf{c}_l = 1/4\,\mathbf{b}_l + 3/4\,\mathbf{b}$, $\mathbf{c}_r = 3/4\,\mathbf{b} + 1/4\,\mathbf{b}_r$. Er hat daher den Koordinatenvektor

$$\mathbf{b}_n = 1/2\,\mathbf{c}_l + 1/2\,\mathbf{c}_r = 1/8\,\mathbf{b}_l + 3/4\,\mathbf{b} + 1/8\,\mathbf{b}_r.$$

Wir betrachten nun ein reguläres Vierecksnetz (d.h., die Unterteilung für kubische B-Spline-Flächen). Dies wird uns zu den Unterteilungsregeln von Catmull-Clark im regulären Bereich eines Netzes führen. Zur Herleitung dieser Regeln wenden wir die Unterteilung nach Lane-Riesenfeld zuerst auf die Spalten und dann auf die Zeilen (oder umgekehrt) an.

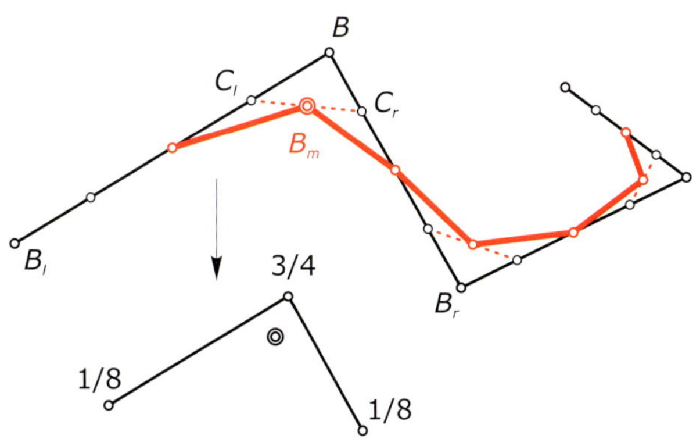

Abb. 11.55
Ein Schritt der Unterteilung für kubische B-Splines nach Lane-Riesenfeld erfordert das Einfügen der Seitenmitten und zwei anschließende Runden der Mittelbildung (die erste Runde erzeugt die Punkte der Unterteilung nach Chaikin). Die Abbildung zeigt auch die Koeffizienten der Ecken für die Berechnung der hervorgehobenen Ecke des verfeinerten Polygons.

Ausgedrückt in einer einzigen Unterteilungsregel ergeben sich die in Abbildung 11.56 (samt Koeffizienten) illustrierten Fälle. Die Koeffizienten hängen davon ab, wie Seitenmitten (abhängig von zwei alten Ecken) mit verlagerten Ecken (abhängig von drei alten Ecken) kombiniert werden. Kombination der Seitenmitten liefert den Eckenschwerpunkt des betroffenen Vierecks.

Wenn eine Seitenmitte mit einer verlagerten Ecke kombiniert wird, erhalten wir eine neue Ecke, die als verlagerte Kantenmitte des groben Netzes angesehen werden kann (die Berechnung erfordert 2×3 = 6 alte Ecken). Die Koeffizienten sind die Produkte 1/2·3/4 und 1/2·1/8, also 3/8 bzw. 1/16. Schließlich erfordert die Kombination zweier verlagerter Ecken (Koeffizienten 3/4 und 1/8) die Einbeziehung von 3×3 = 9 Ecken. Ihre Koeffizienten sind 3/4·3/4 = 9/16, 3/4·1/8 = 3/32, und 1/8·1/8 = 1/64.

Abb. 11.56
Die Regeln zur Unterteilung nach Catmull-Clark (= Unterteilungsregeln für kubische B-Spline-Flächen) im regulären Bereich eines Netzes. Es gibt drei Fälle: Flächenschwerpunkte werden eingefügt (links), Kantenmitten werden verlagert (Mitte), und jede Ecke des alten Netzes wird in eine neue Lage gebracht (rechts). Die Abbildungen zeigen auch die Koeffizienten für die Berechnung.

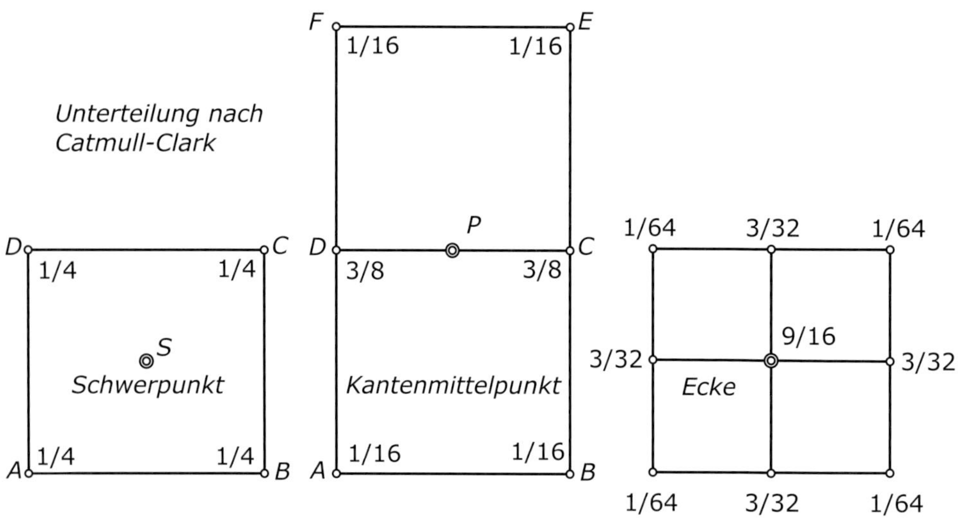

Die Berechnung einer verlagerten Ecke gilt nur bei Valenz 4. Für irreguläre Ecken (Valenz k ungleich 4) ist die spezielle, in Abbildung 11.57 illustrierte Regel zu verwenden.

Die Glattheit von Catmull-Clark-Unterteilungsflächen ist außerhalb der irregulären Ecken höher als die der Doo-Sabin-Flächen (auch die Reflexionslinien sind glatt). Jedoch ist das Verhalten in der Nähe der irregulären Stellen nicht so glatt wie in manchen Anwendungen erforderlich (z.B. beim Design von Automobilkarosserien).

Wie bereits erwähnt, wird die Glattheit in der Architektur wegen der Umsetzung auf einer sehr großen Skala (und der Verwendung einer Zwischenstufe der Unterteilung, also eines Netzes) eventuell keine so bedeutende Rolle spielen. Da bei der Unterteilung nach Catmull-Clark mehr Mittelbildungen verwendet werden als bei der Methode von Doo-Sabin, sind die Catmull-Clark-Flächen weiter von ihrem Kontrollnetz entfernt als die Doo-Sabin-Flächen (Abb. 11.58).

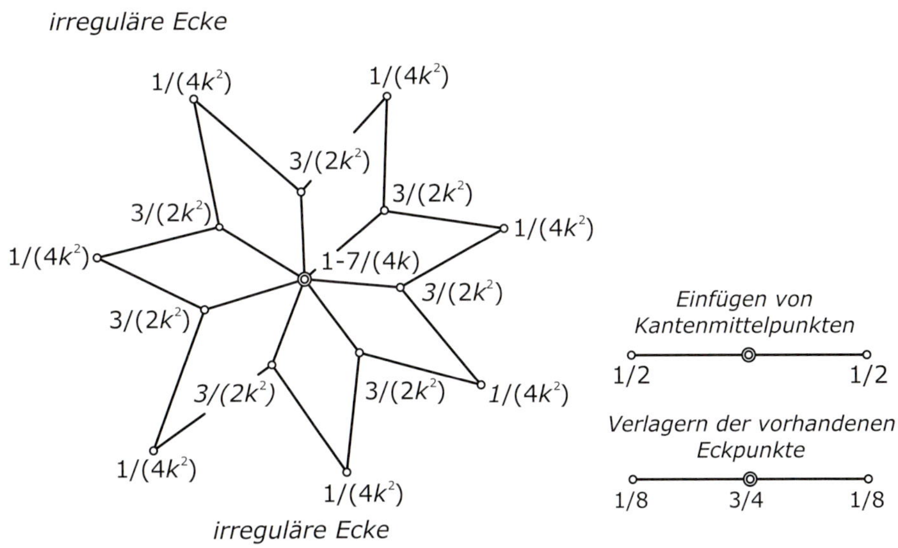

Abb. 11.57
Regel zur Behandlung irregulärer Ecken in der Unterteilung nach Catmull-Clark: die angegebenen Zahlen sind die Koeffizienten zur Berechnung der neuen Ecke. Dabei ist k die Valenz der Ecke (k=7 in der Abbildung).

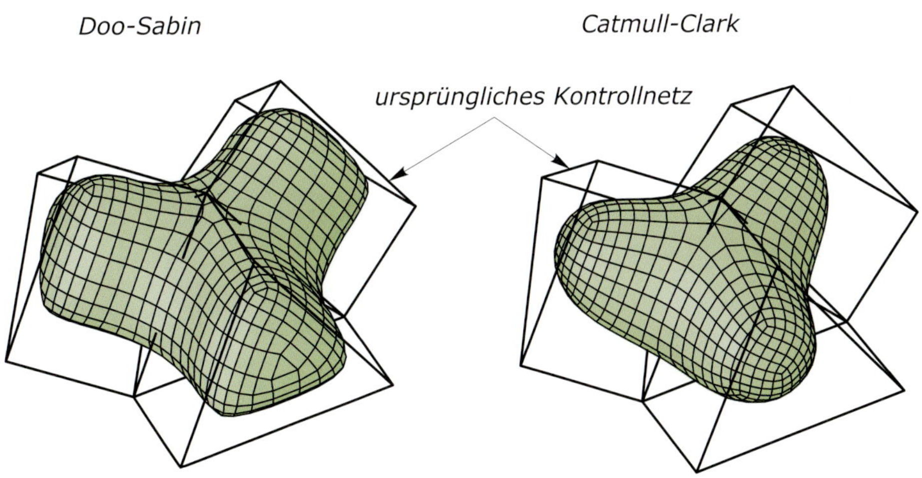

Abb. 11.58
Vergleich der Unterteilungsfläche von Doo-Sabin (links) mit der von Catmull-Clark (rechts). Letztere ist glatter, da mehr Mittelbildungen in der Berechnung auftreten; genau deswegen ist die Catmull-Clark-Fläche auch weiter vom Ausgangsnetz entfernt als die Doo-Sabin-Fläche.

Warnung vor windschiefen Vierecken. Selbst wenn wir mit einem Netz starten, das nur ebene Vierecke als Maschen besitzt, wird die Unterteilung windschiefe Vierecke erzeugen. Keiner der auf Vierecken arbeitenden Unterteilungsalgorithmen, die auf einfachen Linearkombinationen beruhen (wie die oben beschriebenen Verfahren), erhält die Ebenheit aller Vierecke eines Netzes.

Es gibt jedoch „Planarisierungsalgorithmen", die mit der Unterteilung verbunden werden können, um die Ebenheit der Maschen zu gewährleisten (siehe Liu et al., 2006). Ein Beispiel für die Auswirkung eines solchen Algorithmus ist in Abbildung 11.59 illustriert. Diese für die Architektur interessante Thematik wird ausführlicher in *Architectural Geometry, Chapter 19*, behandelt.

Abb. 11.59
Standard-Algorithmen zur Unterteilung erzeugen viele nicht-ebene Vierecke, selbst wenn man mit einem Netz startet, das nur ebene Vierecke als Maschen aufweist (z.B. der Doo-Sabin-Algorithmus, obere Reihe). Man kann jedoch nach jedem Unterteilungsschritt eine Optimierungsprozedur anschließen, welche die Ebenheit der Maschen wieder herstellt.

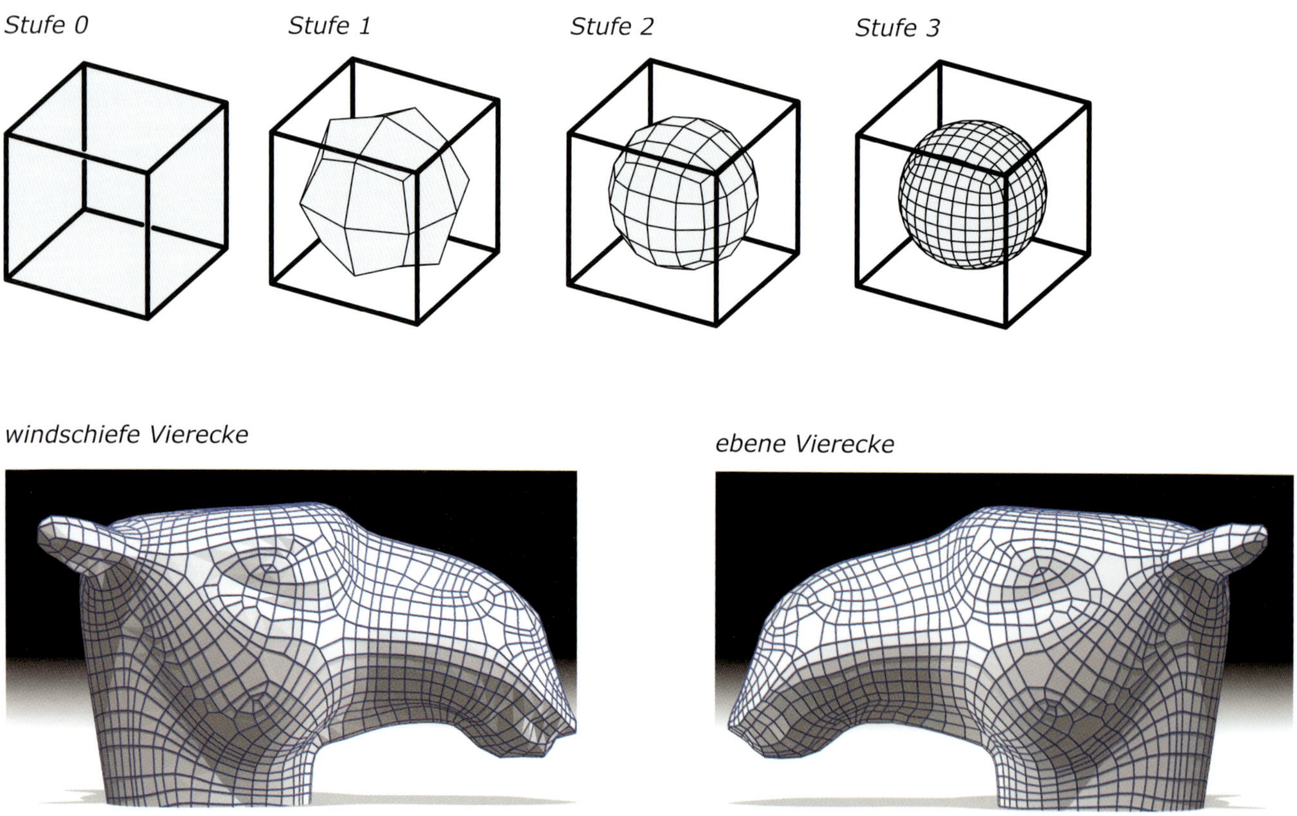

Unterteilungsflächen zu Dreiecksnetzen. Selbst wenn ein Dreiecksnetz ungefähr doppelt so viele Flächen wie ein Vierecksnetz benötigt, um eine glatte Fläche mit vergleichbarer Qualität anzunähern, hat es den großen Vorteil, dass die einzelnen Maschen eben sind.

Leider können wir auf Dreiecksnetzen beruhende Unterteilungsalgorithmen nicht so einfach aus Unterteilungsverfahren für Kurven ableiten, wie dies oben für Vierecksnetze geschehen ist. Daher sehen wir von jeder Herleitung ab und weisen direkt auf das prominenteste Beispiel hin, die Unterteilung nach Loop. Deren Regeln sind in Abbildung 11.60 illustriert, und Abbildung 11.61 zeigt einige damit erzielte Ergebnisse. Die Glattheit der damit erhaltenen Flächen ist mit jener der Catmull-Clark-Flächen vergleichbar.

Abb. 11.60
Regeln zur Unterteilung eines Dreiecksnetzes nach C. Loop.

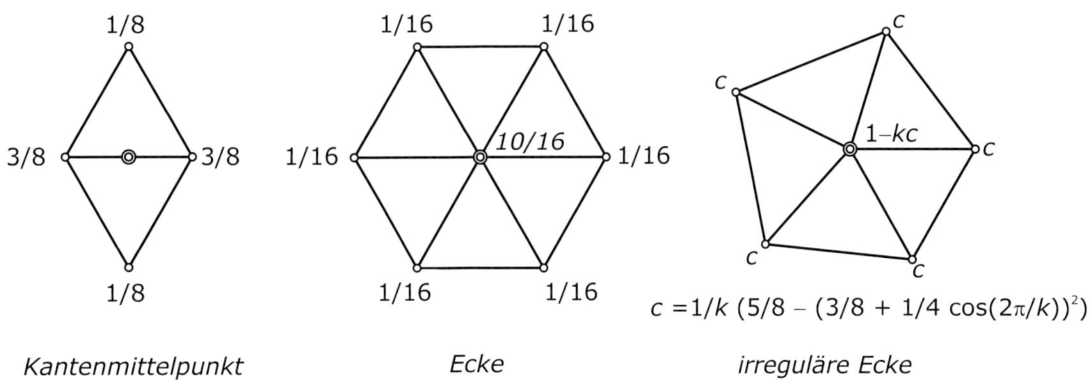

Alle hier vorgestellten Unterteilungsverfahren beruhen auf der Netzglättung. Die resultierenden Flächen gehen nicht durch die Ecken des Eingabenetzes. Es gibt aber Methoden der Unterteilung, die Flächen durch die Ecken des Startnetzes erzeugen, hinsichtlich deren Beschreibung verweisen wir allerdings auf die Literatur.

Multiskalenmodellierung. Man mag bislang den Eindruck gewonnen haben, dass die Unterteilung eine Maschinerie ist, die durch ein Eingabenetz aktiviert wird und danach völlig automatisch und ohne Einfluss des Designers ablaufen muss – dies wäre allerdings eine völlig falsche Interpretation!

Wir können in jeder Zwischenstufe Editier-Operationen auf das aktuelle Netz anwenden. Die resultierende Grenzfläche ist auch dann noch glatt: Wir brauchen ja nur das letzte editierte Netz als Startnetz für eine dann automatisch nach den Regeln des jeweiligen Schemas ablaufende Unterteilung zu deuten.

Abb. 11.61
Netze, die mit dem Unterteilungsalgorithmus von Loop erzeugt wurden.

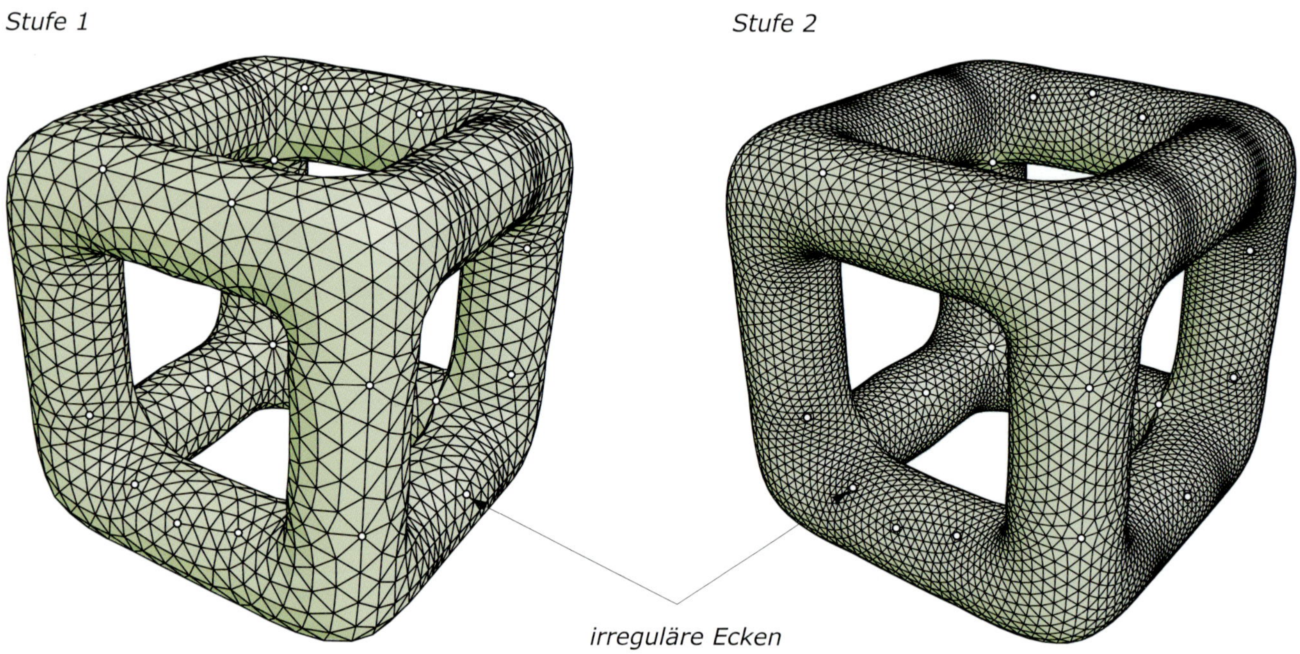

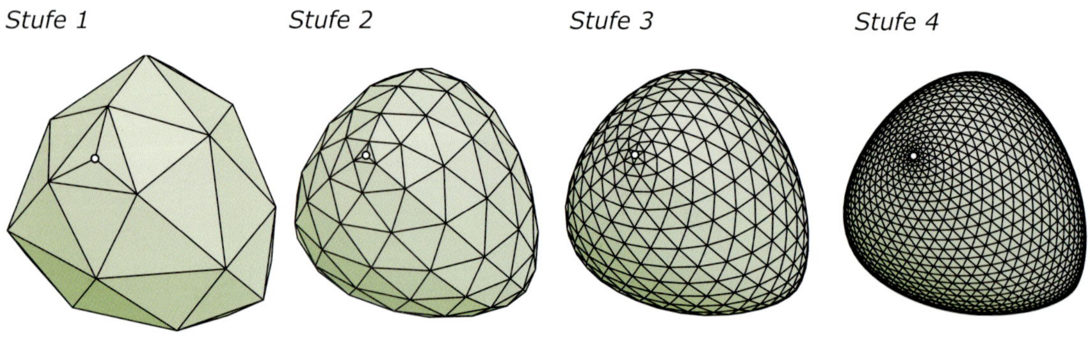

Es mag vorteilhaft sein, einige grundlegende Fakten über Netze in verschiedenen Auflösungsstufen (Skalen) zu sammeln. Wenn wir mit einem groben Netz starten und einen Unterteilungsalgorithmus (irgendeine Verfeinerungsregel) anwenden, erhalten wir dadurch eine ganze Hierarchie von Netzen, von einer groben Variante hin zu immer feineren. Auf jeder Stufe dieser Hierarchie können wir Editier-Operationen anwenden, bevor wir zur nächstfeineren Stufe weitergehen.

Warum hat dies einen Sinn, und warum ist es nicht gleichgültig, in welcher Stufe wir eine Veränderung vornehmen? Um dies zu klären, werfen wir einen Blick auf die Abbildung 11.62, welche zeigt, dass Änderungen in der Anfangsphase einen viel größeren Einflussbereich haben als Änderungen auf feineren Stufen. Um diese Behauptung zu beweisen, müssen wir nur an die Nachbarpunkte denken, die zur Berechnung der Ecken des verfeinerten Netzes herangezogen werden (Abbildungen 11.52, 11.56 und 11.60).

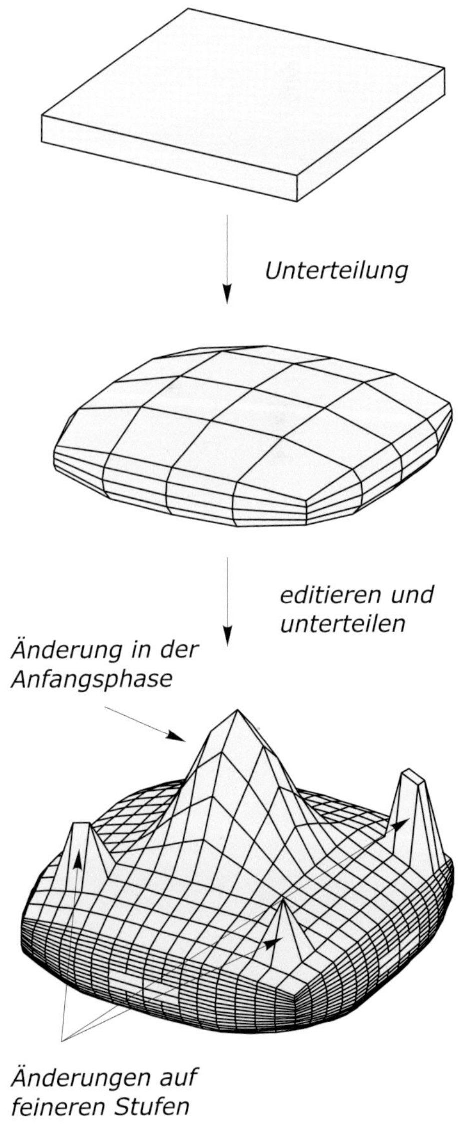

Abb. 11.62
Unterteilungsalgorithmen können mit Editier-Operationen verbunden werden: Die auf einer groben Stufe gemachten Änderungen beeinflussen einen größeren Bereich als Änderungen auf feineren Stufen. Dies ist das Prinzip der Multiskalenmodellierung.

Daher sollte man die grundlegenden Tendenzen der Form einer Fläche bereits im Startnetz modellieren. Großflächige Veränderungen sind in groben Stufen vorzunehmen, während feinere Details erst in entsprechend feine Stufen des Netzes eingebaut werden sollten. Diese Technik nennt man *Multiskalenmodellierung*. Sie ist ein mächtiges Werkzeug für das Design komplexer geometrischer Formen (Abb. 11.63).

Rationalisierung freier Formen. Die in CAD-Systemen implementierten Methoden zur Erzeugung von Freiformflächen stellen zwar eine Fülle von Entwurfsmöglichkeiten für die Architektur bereit, es ist aber zu bedenken, dass diese Werkzeuge für ganz andere Anwendungsbereiche entwickelt wurden (Automobil- und Flugzeugindustrie, Computergrafik, Animation). Man kann viel Zeit und Geld in den Bau eines Formwerkzeugs für ein Karosserieteil eines Automobils investieren, weil damit Tausende von Teilen gefertigt werden können. Es ist aber kaum finanzierbar, für jedes Paneel einer als Unikat anzusehenden freigeformten Hülle eines Bauwerks ein eigenes Formwerkzeug zu fräsen.

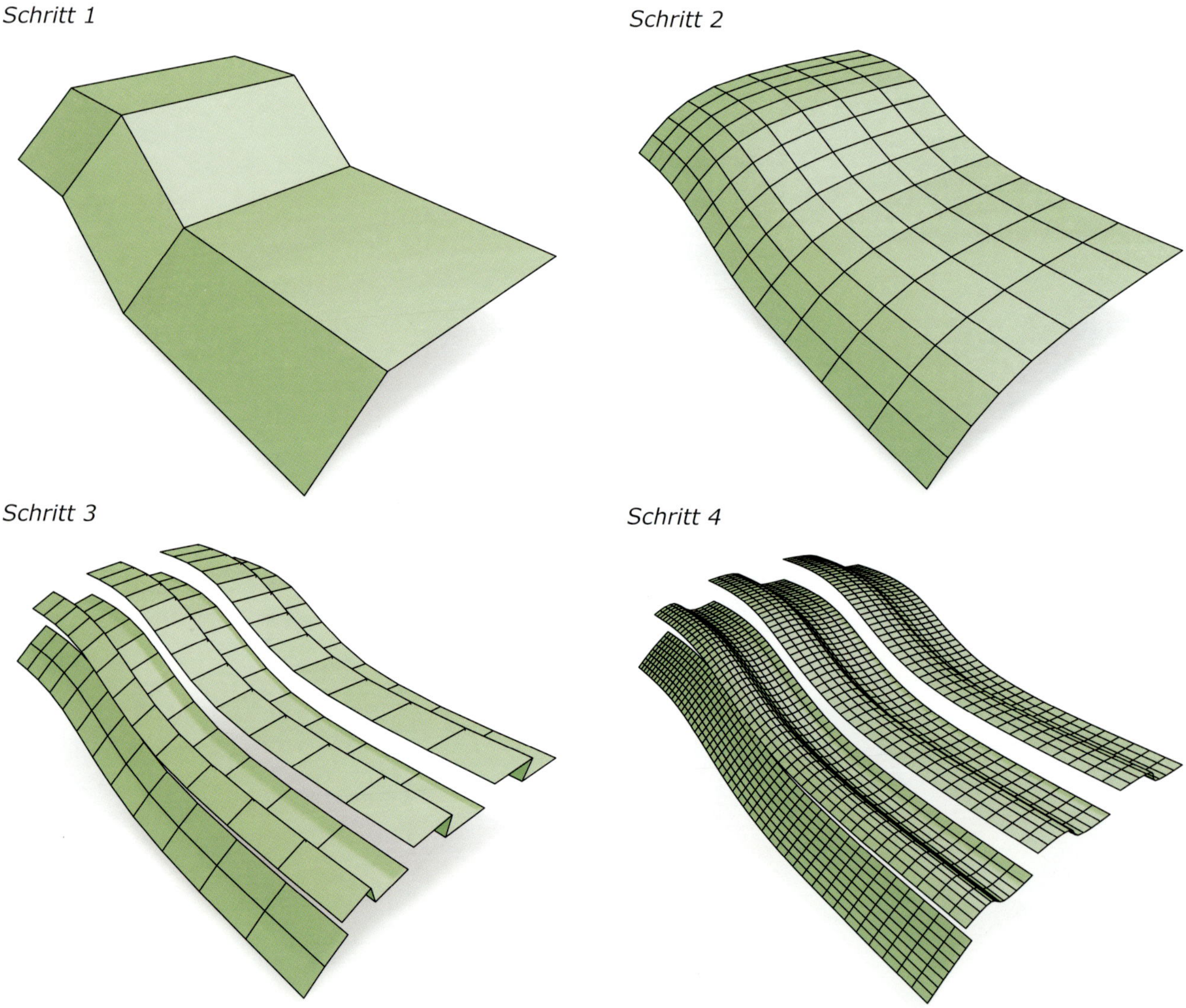

Abb. 11.63
Die Multiskalenmodellierung erweist sich als effektives Werkzeug für das Design geometrischer Formen.

Ideal wäre die Entwicklung neuer, auf die Anforderungen in der Architektur abgestimmter Methoden zum Entwurf freier Formen. Diese müssten mit einer Aufteilung in Paneele einhergehen, einer Auslegung der Unterkonstruktion und so fort. Sie sind auch sehr stark vom verwendeten Material und der Technologie zur Fertigung der einzelnen Paneele abhängig. Hier befinden wir uns mitten in der aktuellen Forschung. Derartige Werkzeuge sind erst in Ansätzen vorhanden. Als Beispiel kann die bereits angesprochene Erzeugung von Vierecksnetzen mit ebenen Maschen (Paneelen) mittels einer Kombination eines Unterteilungsalgorithmus und einer Optimierung (Planarisierung der Maschen) dienen (siehe Abb. 11.64). Für derartige Netze wurden auch Methoden zur Auslegung einer Tragstruktur mit so genannten *torsionsfreien Knoten* entwickelt (siehe Abb. 11.64 sowie Liu et al., 2006 und Pottmann et al., 2007).

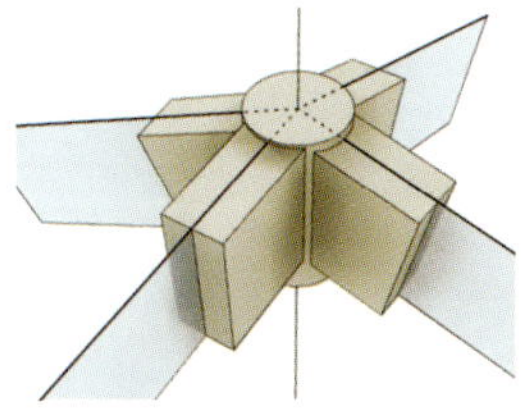

Abb. 11.64
Rationalisierung einer freien Form durch viereckige ebene Paneele. Diese Figur zeigt auch eine Anordnung der Träger mit geometrisch optimierten Knoten; in jedem Knoten gehen die Mittenebenen der prismatischen Träger durch eine Gerade, die so genannte Knotenachse (siehe Detail).

Solange es keine speziell für die Architektur entwickelte Modellierungssoftware gibt, die auch noch die zum Einsatz kommenden Materialien und Technologien berücksichtigt, kommt der so genannten *Rationalisierung* einer mit heutigen Methoden modellierten Freiformfläche besondere Bedeutung zu. Unter Rationalisierung versteht man eine Annäherung einer vorhandenen Form durch eine einfacher und kostengünstiger herstellbare Form. Rationalisierung bedeutet sehr oft eine Aufteilung in kleinere Elemente (Paneele), die mit der vorhandenen Technologie aus dem gewünschten Material (bei Außenhüllen z.B. Glas, glasfaserverstärkter Beton, Metall; im Innenausbau u.a. auch glasfaserverstärkte Gips-Paneele oder Holz) möglichst kostengünstig herstellbar sind.

Natürlich sind ebene Paneele in allen Materialien am einfachsten herzustellen. Zylindrische oder allgemeinere abwickelbare (= einfach gekrümmte) Paneele weisen meist Vorteile gegenüber doppelt gekrümmten (d.h. nicht abwickelbaren) Paneelen auf. Daher ist eine erste Variante der Rationalisierung eine Aufteilung in Paneele, von denen möglichst viele eben, weniger einfach gekrümmt und noch weniger zweifach gekrümmt sind (Abb. 11.65).

Abb. 11.65
Unten: Dongdaemun Design Plaza und Park in Seoul von Zaha Hadid Architects (Bild: ZHA).

Oben: Aufteilung in ebene Paneele (grün), einfach gekrümmte Paneele (blau) und andere doppelt gekrümmte Paneele (grau) sowie Detailansicht der Paneel-Aufteilung
(Bilder: Evolute).

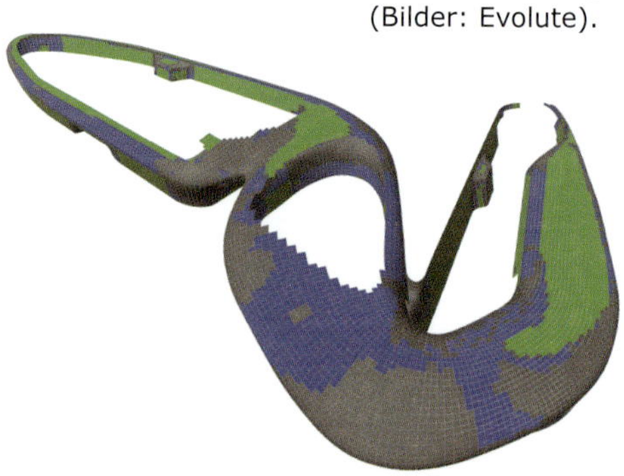

Zum Bau von gekrümmten Paneelen aus glasfaserverstärktem Beton werden Styropor-Formen benutzt, die vorzugsweise durch eine Heißdrahtschneidemaschine aus einem Block Styropor geschnitten werden (vgl. Kap. 12). Aufgrund dieser Herstellung der Formen sind Regelflächen die idealen gekrümmten Paneele; sie brauchen nicht unbedingt einfach gekrümmt zu sein. Regelflächen sind auch für die Unterkonstruktion vorteilhaft einsetzbar. Eine teilweise großflächige Rationalisierung einer freien Form durch Regelflächen ist in Abbildung 11.66 illustriert.

Für ein tiefergehendes Verständnis der Rationalisierung sind bessere Kenntnisse über Flächen nötig. Diese werden – zusammen mit weiteren Anwendungen wie etwa der digitalen Rekonstruktion, der Formoptimierung und der Konstruktion von Netzen aus ebenen Paneelen – in der englischen Originalausgabe dieses Buches diskutiert. Die Rationalisierung komplizierter Formen (wie etwa der in den Abbildungen 11.65 und 11.66 gezeigten) ist eine Aufgabe für Spezialisten (Geometrie-Konsulenten).

Als weiterführende Literatur zum Thema „Rationalisierung von Freiformflächen" seien noch genannt: AAG 2008; Pottmann et al. 2008; Shelden 2002.

Abb. 11.66
Oben: Entwurf eines Zentrums für zeitgenössische Kunst in Cagliari (Zaha Hadid Architects).
Unten: Rationalisierung großer Teile der Fassade durch Regelflächen (Bild: Evolute).

Kapitel 12

Die Erstellung von Modellen im Kontext der Architektur

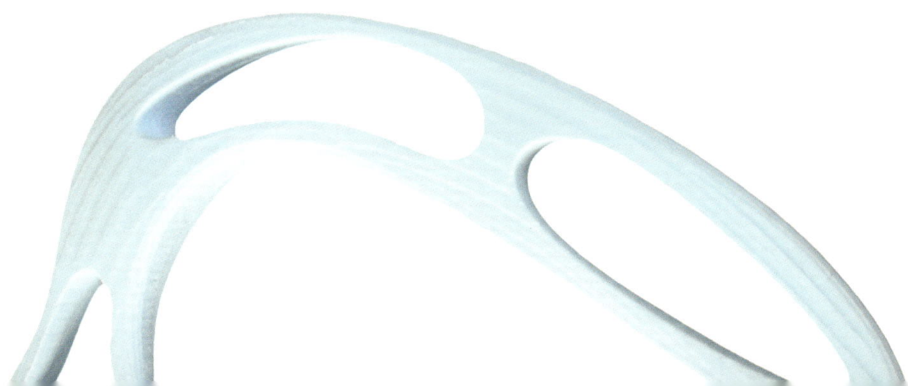

Die Erstellung von Modellen im Kontext der Architektur

Das Architekturmodell ist ein integraler Bestandteil der architektonischen Entwurfsentwicklung. Modelle spielen sowohl in der Entwicklung des Entwurfs als auch in der Repräsentation des vollendeten Entwurfs in unterschiedlichen Maßstäben eine Rolle. Die digitale Fabrikation kommt eng verbunden mit dem digitalen Modellieren zum Einsatz. Während wir uns in den ersten elf Kapiteln mit der Erzeugung digitaler Modelle beschäftigt haben, widmen wir uns nun der Herstellung physischer Modelle aus digitalen Daten.

Für Freiformgeometrien sind die digitale Fabrikation und das Rapid Prototyping besonders wichtig, weil die Erstellung eines präzisen Artefakts aus der digitalen Information sehr viel schwieriger ist als bei rechtwinkligen Geometrien. Dies hängt mit den traditionell verwendeten Werkzeugen zusammen und dem damit verbundenen Registrieren und Messen der Bauteile. Um ein ebenes Viereck im Raum zu beschreiben, bedarf es nur der vier Eckpunkte. Für eine frei geformte Fläche sind für denselben Zweck leicht mehrere Hundert Punkte notwendig.

In einem manuellen Prozess ist dies nicht effizient und auch nicht verlässlich wiederholbar. Bei den digitalen Alternativen kann man generell unterscheiden zwischen Rapid Prototyping (bei dem digitale Techniken benutzt werden, um schnell funktionale Prototypen einer Idee zu erstellen; oft nicht in Originalgröße), der digitalen Fabrikation (Produktion von Unikaten oder kleinen Stückzahlen in Originalgröße), und der digitalen Fertigung im industriellen Maßstab.

Die digital unterstützten Techniken können wiederum grob in zwei Gruppen unterteilt werden: Einerseits gibt es die subtraktiven Techniken wie das Computer-numerically-controlled-Fräsen (CNC Milling), bei dem Material von einem soliden Materialblock mit Werkzeugen entfernt wird, um das gewünschte Objekt zu erzeugen. Und andererseits die additiven Techniken, wie zum Beispiel das Fuse Deposition Modeling (FDM), bei der Material schichtweise auf einer Plattform aufgebaut wird, um das gewünschte Objekt zu erzeugen.

Bei einer Abhandlung über Modellbau muss auch das Thema des Maßstabs zur Sprache kommen. In der Renaissance ließ Michelangelo während der Entwurfsphase für den Petersdom in Rom ein enormes, über fünf Meter hohes Schnittmodell in Holz erstellen, um daran den Entwurf zu studieren und die Konstruktionsgeometrien zu testen. Ein Modell dieser Größe war notwendigerweise aus Einzelteilen zusammengesetzt – handgefertigt und zum Ganzen zusammengefügt (Abb. 12.1). Der Maßstab eines Modells ist, bis hin zur 1:1-Umsetzung, wiederum das Hauptkriterium für die Wahl seines Abstraktionsniveaus. Die gleiche Grundgeometrie kann als Ausgangspunkt für die Entwicklung von Modellen in allen Maßstäben dienen (Abb. 12.2).

Geschichte.

Die Wurzeln der digitalen Fabrikation reichen zurück in die 1950er-Jahre, als mit der Erfindung von Numerically-controlled-Maschinen Alternativen zur manuellen Dateneingabe benötigt wurden. Die ersten Versuche, Formen in numerischen Daten für diese Maschinen umzuwandeln, basierten auf dem Nachziehen von physischen Zeichnungen. Es wurde bald klar, dass eine mathematische Form, Geometrie zu beschreiben, notwendig war, um wirkliche Forschritte zu erzielen. Die Entwicklung von mathematischen Beschreibungen von Freiformkurven und Freiformflächen (zum Beispiel Bézier-Kurven, siehe Kapitel 8) erlaubte es, CNC-Maschinen sowohl für den Modellbau als auch für die Fabrikation effizienter einzusetzen. Es dauerte trotzdem noch einige Jahrzehnte, bis diese Prozesse im Architekturalltag Fuß gefasst hatten. Der Modellbau wird heute zunehmend von digital produzierten Bauteilen dominiert (ermöglicht durch den allmählichen Preisrückgang für Maschinenanschaffung und -laufzeiten), und gebaute Architektur ist zunehmend auf digitale Fabrikation für die Umsetzung komplexer Geometrien angewiesen.

Abb. 12.1
Ein über fünf Meter hohes hölzernes Modell des Petersdoms in Rom ist ein Beispiel eines frühen, beeindruckenden Architekturmodells. Es demonstriert die Rolle des Modells sowohl zur Repräsentation einer Entwurfsidee als auch als Prototyp, um die Konstruktion des Gebäudes zu testen. Von Michelangelo (1475–1564) in Auftrag gegeben, wurde die Modellstudie des Petersdoms von 1558–1561 in Holz erstellt (Bild Fabbrica di San Pietro des Vatikan, Rom).

Durch digitale Fabrikationsprozesse verwischt sich die Grenze zwischen Modellbau und gebauter Architektur. Dieselbe Information, die für den Modellbau verwendet wird, kann auch die Basis für die Erstellung des Gebäudes sein. In den meisten Fällen übersteigt die Größe architektonischer Bauteile im vollen Maßstab bei weitem die Dimensionen der Fabrikationsmaschinen – was die Unterteilung der Geometrie zur Herstellung und den darauf folgenden Zusammenbau zu einem essenziellen Prozessschritt macht (Abb. 12.2e). Dies bedingt zusätzliche geometrische Herausforderungen und Schwierigkeiten bei der Prozessentwicklung für die Zerlegung und Komposition der Teile. In diesem Kapitel werden wir die Vor- und Nachteile der verschiedenen erwähnten Techniken und Methoden erörtern.

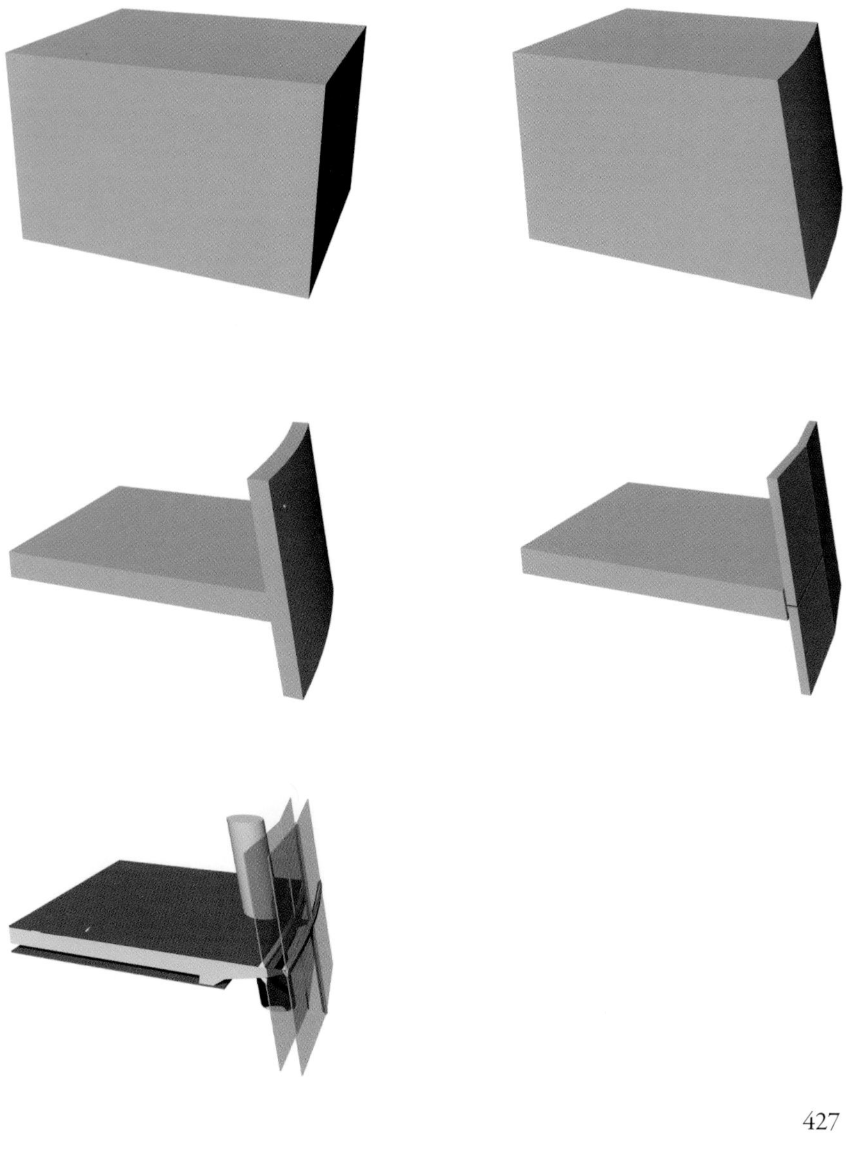

Abb. 12.2
Das Verhältnis zwischen Maßstab und Geometrie in Architekturmodellen wird durch das gewählte Niveau der Abstraktion bestimmt. Es gibt viele Formen der Abstraktion im Entwurf. Ein schematisches Beispiel zeigt verschiedene Abstraktionsgrade einer Entwurfsgeometrie. Die gleiche zu Grunde liegende Geometrie kann zur Erstellung von verschiedenen Detaillierungsgraden eines Massenmodells (a), einer Form-Studie (b), eines Geschossmodells (c), eines Oberflächenpaneelenmodells (d) und eines voll detaillierten Fassadenmodells (e) verwendet werden.

Vom Standpunkt des architektonischen Entwurfs spielen die Wahl der Herstellungstechnik und der Materialien eine wichtige Rolle im Entwurfsprozess und für die Ästhetik des Endprodukts. Die Wahl des Herstellungsprozesses und der dafür notwendigen geometrischen Übersetzung des Entwurfs kann zu einer besonderen Ästhetik des Erscheinungsbilds führen (Abb. 12.3). Dieser Übersetzungsprozess kann sich komplex gestalten.

Die Wahl des Herstellungsprozesses beeinflusst auch die Darstellung des Entwurfs, und die verschiedenen Herangehensweisen erfordern verschiedene Abstraktionsprozesse der Grundentwurfsidee. Es stellen sich besondere Herausforderungen an das Geometrieverständnis, da die Lösung über die Erstellung von Bildsimulationen auch robust genug sein muss, um Fabrikationsinformationen zu extrahieren und um die Entwurfsgeometrie mit CNC-basierten Maschinen baubar zu machen.

Es lassen sich grob drei Fälle definieren: (1) Repräsentationsmodelle, die den Entwurf geometrisch maßstababhängig abstrahieren, (2) Rapid-Prototyping-Modelle, die zur Überprüfung der materiellen Umsetzung des Gesamtentwurfs benutzt werden und dabei die tatsächlichen Materialien verwenden und eins zu eins oder nahe am vollen Maßstab erstellt werden, und (3) die digitale Fabrikation, in der ein ganzes Gebäude mit Hilfe von CNC-basierten Maschinen eins zu eins hergestellt wird. Alle drei Ansätze bedürfen ähnlicher geometrischer Techniken und CNC-Maschinen, haben

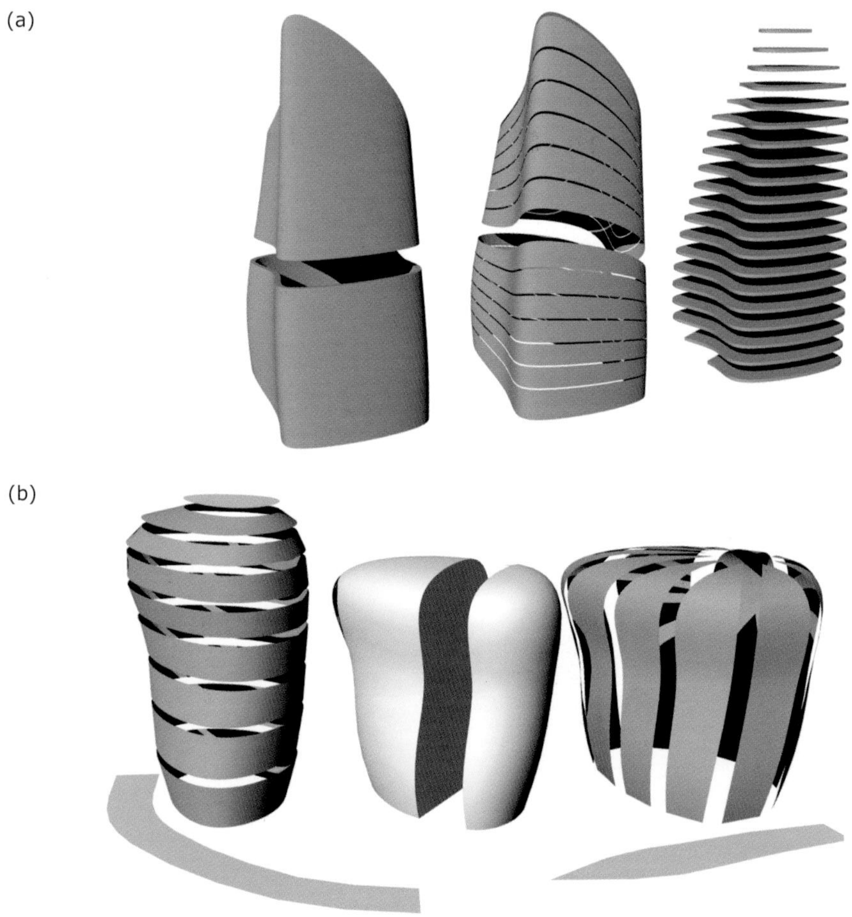

Abb. 12.3
(a) Die Entwurfsgeometrie kann geometrisch unterschiedlich interpretiert werden. Ein Schalenmodell bedingt eine andere Leseart im Vergleich zu einem parameterlinienbasierten Streifenmodell oder einem horizontal geschnittenen Schichtenmodell. Jede der geometrischen Abstraktionen betont andere Eigenschaften der zu Grunde liegenden Geometrie.
(b) Die Orientierung der geometrischen Elemente betont unterschiedliche Aspekte der Form. In diesem Fall wurde eine Annäherung an eine doppelt gekrümmte Oberfläche mit einfach gekrümmten, abwickelbaren, den *u*- und *v*-Parameterlinien folgenden Streifen erstellt.

aber jeweils verschiedene Zielsetzungen. Eine weitere wichtige Modellvariante, die hier nicht weiter im Detail erläutert wird, ist das Entwurfsprozessmodell, das am Anfang des Entwurfsprozesses der Formulierung der ersten Ideen dient.

In den folgenden Abschnitten präsentieren wir die oben erwähnten drei Fälle in ihrem Bezug zur Architektur (Repräsentationsmodelle, Rapid-Prototyping-Modelle und digitale Fabrikationsmodelle).

Repräsentationsmodelle. Die Architektur blickt auf eine lange Geschichte des Modellbaues für repräsentative Zwecke zurück. Die maßstäblichen Modelle betonen sowohl den Konzeptcharakter als auch die Proportionen und die Einbindung in den Gesamtkontext in den verschiedenen Maßstäben. Modelle fungieren traditionell auch als Testplattformen für komplexe Formen und als Referenz für alle Beteiligten im Bauprozess. Auf Grund der großen Dimensionen der gebauten Architektur werden Repräsentationsmodelle im kleinen Maßstab erstellt, was die Anzahl der Details reduziert.

Die Abstraktion der Details und der Materialien spielt damit eine wichtige Rolle im Architekturmodellbau. Die Wahl der Abstraktion wird von den Hauptaspekten beeinflusst, die im Modell dargestellt werden sollen. Geometrische Eigenschaften der Materialien wie z.B. ihre Abwickelbarkeit sind dabei im Kontext der Erstellung der Geometrie mitunter wichtiger als eine realitätsnahe Erscheinung. Zum Beispiel wird Karton häufig für die Darstellung abwickelbarer Flächen in maßstäblichen Modellen verwendet.

Die Materialwahl im Modellbau wird stärker vom Modellkonzept beeinflusst als von eventuellen wirklichen Materialien, die sie repräsentieren. 3-D-Drucker bieten die Präzision und Detailgenauigkeit für detaillierte Architekturmodelle (Abb. 12.4). Auf Grund des Druckprozesses muss in klein-maßstäblichen Modellen die Geometrie an die Druckeranforderungen angepasst werden.

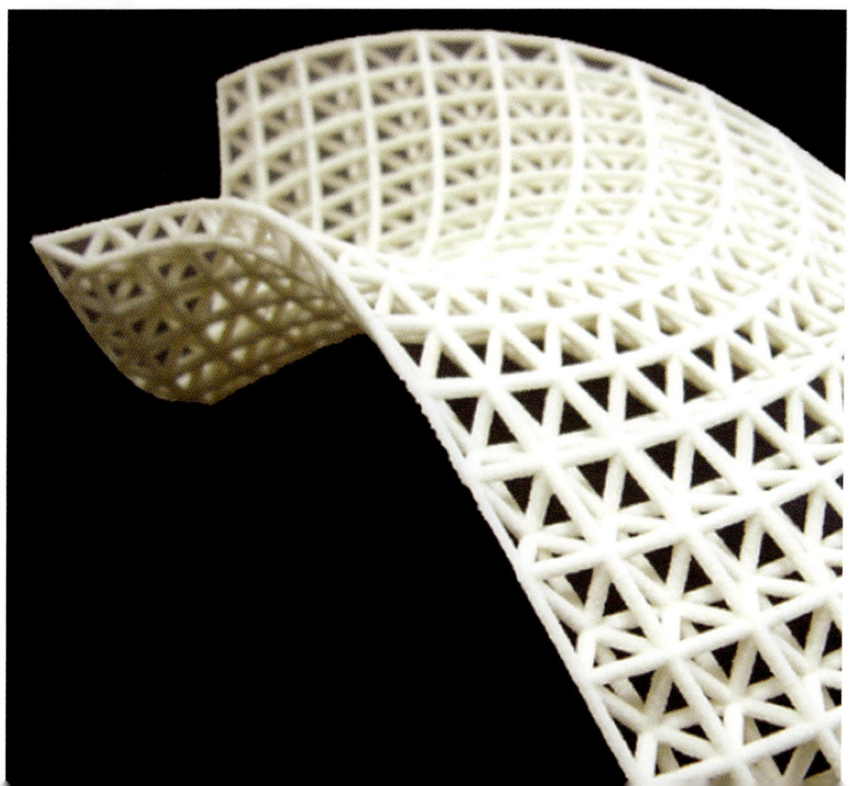

Abb. 12.4
3-D-Drucker sind in der Lage, räumlich komplexe, kleinmaßstäbliche Modelle meistens aus einem Material herzustellen. Die meisten dieser gedruckten Modelle sind repräsentativ, aber mit der richtigen Behandlung können daraus auch widerstandsfähige Prototypen werden. Als rein repräsentative Modelle helfen sie wenig im Verständnis des Konstruktionsprozesses (scriptgeneriertes Raumfachwerk).

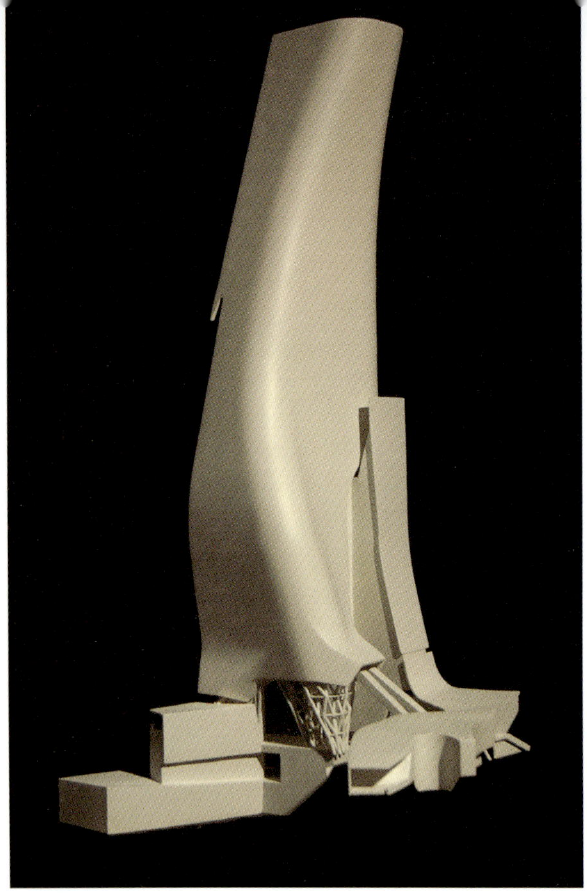

(b)

(c)

(a)

Abb. 12.5
Das Architekturbüro Morphosis macht während des Entwurfsprozesses intensiven Gebrauch von 3-D-Druckern, sowohl für Repräsentationsmodelle als auch zur Entwurfsentwicklung.
(a) das Phare-Turm-Projekt im La-Défense-Viertel, Paris (Foto: Unibail – Morphosis);
(b) ein 1:500-Modell des Phare-Turms hat sehr viel weniger Details als
(c) ein großmaßstäbliches 1:200-Modell (1:500-Modell, Foto mit freundlicher Genehmigung von John Carpenter; 1:200-Modell (Foto mit freundlicher Genehmigung von Nicolas Buisson, Morphosis).

Daher bedarf es auch bei Modellbautechniken, die bei der Produktion keine geometrischen Limitationen haben, einer maßstababhängigen Anpassung der Geometrie. Das Architekturbüro Morphosis in Los Angeles hat große Erfahrungen im Einsatz von 3-D-Druckern in allen Phasen des Entwurfsprozesses gesammelt und passt Modellgeometrien maßstababhängig an die Entwurfsentwicklung und das Modelldrucken an (Abb. 12.5). Andere, sehr viel größere Büros wie zum Beispiel Foster + Partners haben die Technik inzwischen ebenfalls büroweit integriert.

Rapid Prototyping. Der Begriff Rapid Prototyping steht für die nächste Stufe im Einsatz von CNC-Maschinen. Ein schnell erstellter Prototyp ist ein teilweise oder voll funktionsfähiger Prototyp im Maßstab 1 : 1, der mit CNC-Maschinen erstellt wird. Dabei müssen die Modelle höhere Standards in Bezug auf physische Robustheit und Toleranzen erfüllen. Sie kommen zum Großteil im Bereich von Maschinenbau und Industriedesign zur Anwendung, um komplexe Geometrien zu visualisieren und zu beurteilen. In der Architektur kommt diese Anwendung für Detailentwürfe beispielsweise bei Fassadenverbindungen zum Einsatz. Zunehmend halten diese Techniken jedoch auch Einzug in die Produktion von fertigen Produkten wie im Fall von ZipShape von der designtoproduction GmbH (Abb. 12.6).

Abb. 12.6
Die Projekte von designtoproduction sind gute Beispiele für die Aussagekraft des intelligenten, entwurfskohärenten Einsatzes von Fabrikationstechniken. ZipShape ist ein Produkt, das einfach gekrümmte Flächen aus zwei reißverschlussähnlichen, verzahnten, speziell gefrästen Flächen erstellt (Abbildung: designtoproduction, Konzept: designtoproduction GmbH, CNC-Produktion: Bach Heiden AG (Patent pending), Verwendung der Abbildung mit freundlicher Genehmigung).

Rapid Manufacturing ist eine erweiterte Form von Rapid Prototyping, in der die Teile, die mit Hilfe von CNC-Maschinen hergestellt werden, direkt als funktionierende Bauteile zum Einsatz kommen und die Massenproduktion ersetzen. In der Architektur gibt es zur Zeit nur sehr wenige Beispiele von Rapid Manufacturing, da digitale Fabrikationstechniken in Bezug auf Teilgröße, Bauzeit und Kosten für Gebäude immer noch zu begrenzt sind. Architektur ist darüber hinaus ein Sonderfall, da die meisten Gebäude nur einmal gebaut werden.

Man könnte behaupten, dass jedes Konstrukt auch gleichzeitig ein Prototyp im Vergleich zu anderen Industriezweigen ist. Mit frei geformter Geometrie wird dies zu einer noch größeren Herausforderung, da sogar die Bauteile innerhalb eines Gebäudes sich nicht wiederholen und einer gesonderter Herstellung bedürfen. Dies ist in der Architektur immer häufiger der Fall mit vielen Beispielen von CNC-gefrästen Fassadenknotenpunkten, in denen jedes Teil direkt an Hand von CAD-Daten erstellt wird. Ein experimenteller Einsatz einer gefrästen Struktur ist der Swissbau-Pavillon, entwickelt vom caad.designtoproduction Team an der ETH Zürich (Abb. 12.7) und die Futurepolis-Installation von Studio Daniel Libeskind an der Universität St. Gallen (Abb. 12.8).

Abb. 12.7
Die Firma designtoproduction war an einer Anzahl von Projekten beteiligt, in denen algorithmisch generierte und verwaltete Entwürfe direkt benutzt wurden, um Fabrikationsinformation für CNC-Maschinen zu erstellen. Die Kugel des Swissbau-Pavillon ist eine algorithmisch generierte Geometrie, bestehend aus einem Netz von Balken, die im Wechselspiel mit durch vorbestimmte Öffnungen gegebenen Randbedingungen (sowie der Schnitt-Geometrie) und direkt über eine 5-Achsen-Fräse hergestellt wurde (Abbildung: Contect AG, Geometrie, Beratung und Engineering: ETH Zürich, caad.designtoproduction, CNC-Produktion: Bach Heiden AG, Verwendung der Abbildung mit freundlicher Genehmigung).

Abb. 12.8
Futuropolis ist eine komplexe Skulptur für die Hochschule von St. Gallen (HSG), entworfen vom Studio Daniel Libeskind. Sie besteht aus tausenden, mit Hilfe eines für die 5-Achsen-Fräse entwickelten Details präzise ineinander verschränkter Teile (Abbildung: caad.designtoproduction, Geometrie, Beratung und Engineering: ETH Zürich, caad.designtoproduction, CNC-Produktion: Bach Heiden AG, Verwendung der Abbildung mit freundlicher Genehmigung).

Digitale Fabrikation und Zusammenbau. Die digitale Herstellung der einzelnen Bauteile ist natürlich nur ein Aspekt des Gesamtergebnisses. In der Architektur spielt der Zusammenbau der vorfabrizierten Bauteile eine ebenso bedeutende Rolle. Im Vergleich zur Autoproduktion, bei der die Montage der Fahrzeuge in einem kontrollierten Umfeld passiert, wird Architektur zum Großteil auf der Baustelle zusammengefügt und ist dem Wetter und anderen unvorhersehbaren Veränderungen ausgesetzt. Laser-Messgeräte helfen bei der präzisen Positionierung von Bauteilen im Zusammenhang mit einem digitalen Modell auch unter widrigen Bedingungen und bei unterschiedlichen Bautoleranzen der Gewerke.

Das Stata Center von Frank Gehry ist ein gutes Beispiel der Kombination von digital fabrizierten Bauteilen. In diesem Fall wurden die frei geformten Fassadenteile in der Zahner-Fabrik in Kansas City hergestellt und dann per Lastwagen zur Baustelle transportiert. Der Zusammenbau der Elemente orientierte sich an Koordinatenpunkten (basierend auf einem lokalen Koordinatensystem), die mit Laser-Messgeräten eingemessen wurden.

Durch die Verwendung von anpassbaren Befestigungspunkten war es trotz des relativ ungenauen Betonrohbaus möglich, einen hohen Präzisionsgrad in der Positionierung der Paneele zu erreichen. Sowohl die Daten für die digitale Fabrikation der Paneele als auch die Positionierungsdaten wurden einem zentralen CATIA-Mastermodell (CATIA ist eine parametrisches CAD-Programm), das von den Architekten erstellt wurde, entnommen (Abb. 12.9).

Abb. 12.9
Digital unterstützte Zusammensetzung von vorfabrizierten Fassadenelementen auf der Baustelle unter Zuhilfenahme von dreidimensionalen Datenpunkten direkt aus einem digitalen Master-Model. Auf diese Weise können Unterschiede zwischen den Herstellungstoleranzen der verschiedenen Herstellungsbedingungen ausgeglichen werden.

Experimenteller ist die Anwendung von Robotern beim Zusammenbau von Bauteilen. Zum Beispiel wurden in einem Projekt von Fabio Gramazio und Matthias Kohler an der ETH Zürich Backsteine von einem Roboterarm in genau vorausbestimmte Positionen gesetzt (Abb. 12.10). Der Einsatz einer CNC-Machine für den Zusammenbau eröffnet interessante neue Szenarien für den Gebrauch von traditionellen Baukomponenten. Contour Crafting von Dr. Behrokh Khoshnevis ist ein weiteres Beispiel, hier in der Kombination von Beton und CNC-Technik. Zähflüssiger Beton wird dabei Schicht für Schicht zum Aufbau einer Betonwand aufgetragen, ohne Schalungselemente (Abb. 12.11).

Abb. 12.10
Robotergestützter Zusammenbau von Normziegeln. Gramazio & Kohler von der ETH Zürich entwickelten die Anwendung eines Roboterarms für den algorithmisch generierten Ziegelverband im Maßstab 1 : 1. Die Eleganz des Ansatzes liegt in der Generierung eines neuartigen, programmierten Ziegelverbands aus Normteilen allein durch die Umsetzung des algorithmischen Prozesses (Abbildung: Gramazio & Kohler, Architektur und digitale Fabrikation, ETH Zürich, Verwendung der Abbildung mit freundlicher Genehmigung).

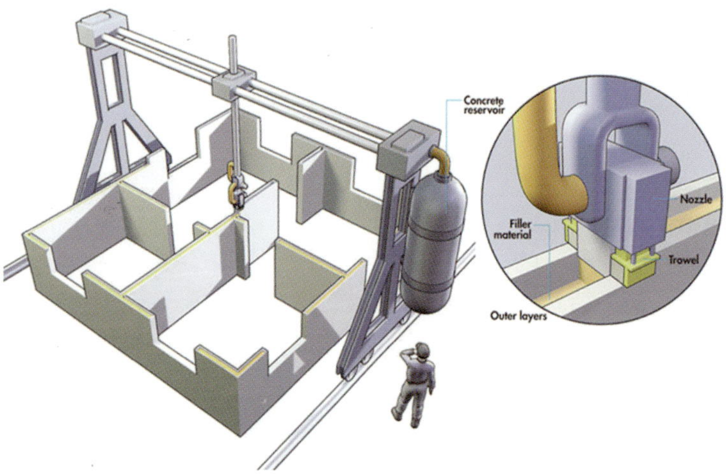

Abb. 12.11
Contour Crafting ist eine Technik, bei der Beton aus digital gesteuerten Düsen aufgebracht wird, um 3-D-Beton-Strukturen ohne zusätzliche Schalungselemente herzustellen. Contour Crafting wurde von Dr. Behrokh Khoshnevis von der University of Southern California entwickelt.

Fabrikationstechniken

Überblick. Es gibt eine Anzahl an Fabrikationsmethoden, die heute bei der digitalen Herstellung zum Einsatz kommen. Sie können grob auf Basis der zu Grunde liegenden Prinzipien kategorisiert werden. Zum Teil basieren die Prozesse auf der Art von Materialien, die verarbeitet werden (z.B. flache Materialplatten im Gegensatz zu volumetrischen Blöcken). Ein weiteres Kriterium ist, ob Material hinzugefügt oder entfernt wird, um das Werkstück zu formen. Aus geometrischer Sicht ist ein weiterer Aspekt von Bedeutung: Es gibt viele Herstellungsprozesse, in denen die Modellgeometrie annäherungsweise aus Voxeln aufgebaut wird. Andere Prozesse basieren auf der Übersetzung der Oberflächengeometrie in räumliche Werkzeugpfade, die von Maschinen mit einer hohen Anzahl von Freiheitsgraden abgefahren werden. Die verschiedenen Ansätze beeinflussen sowohl die Ästhetik als auch die Qualität und Produktionszeit der Bauteile. Für Gesamtgebäude im Maßstab 1 : 1 gibt es nur einige wenige experimentelle Fabrikationsmethoden.

Die meisten Fabrikationsprozesse in der Architektur beruhen auf dem Zusammensetzen von Teilen, die separat hergestellt werden. Die Maschinen, die in der CNC-Fabrikation zum Einsatz kommen, können anhand der Freiheitsgrade klassifiziert werden. Ein Freiheitsgrad (FHG) ist hier bezogen auf die geometrische Definition der möglichen Bewegungen entweder entlang einer Achse im Raum oder einer Rotation um eine Achse im Raum. Im dreidimensionalen Raum gibt es sechs Freiheitsgrade: drei Translationsfreiheitsgrade (in *x*-, *y*- und *z*-Richtung) und drei Rotationsfreiheitsgrade (um die *x*-, *y*- und *z*- Achse). Damit wäre eine Maschine mit drei Freiheitsgraden bereits ausreichend, um jeden möglichen Koordinatenpunkt im Raum zu erreichen. Jedoch wäre eine Maschine mit mindestens sechs Freiheitsgraden erforderlich, um ein Werkzeug zusätzlich auch im Raum zu orientieren.

Viele CNC-Maschinen haben zwei bis fünf Freiheitsgrade, da mit der Anzahl der Freiheitsgrade auch die Kosten der Maschine und die Komplexität ihrer Kontrolle steigen. Zusätzlich addieren sich die Toleranzen der Gelenke auf – was bei gleicher Maschinenteilqualität mit jedem Freiheitsgrad zu niedrigerer Präzision beim Einsatz führt. Die einfachste Maschine im Bezug auf Freiheitsgrade ist eine Standbohrmaschine mit einer einzigen Bewegungsachse in *z*-Richtung.

Der Gebrauch von Schneidemaschinen mit zwei Freiheitsgraden ist sehr verbreitet. Beispiele sind Lasercutter, Wasserjetcutter und Fräsen, die alle mit Bewegungen in Richtung der *x*- und *y*-Achse arbeiten, um den Werkzeugkopf im Raum zu positionieren. Die Schemen in Abb. 12.12 geben eine detailliertere Übersicht über die verschiedenen Bearbeitungsansätze und ihre jeweiligen Maschinengeometrien und Freiheitsgrade. Die mechanische Umsetzung der Freiheitsgrade bringt gewisse Limitationen in den möglichen Bewegungen mit sich. Die Summe der tatsächlich ansteuerbaren Punkte beim Einsatz aller Freiheitsgrade wird in der Robotertechnik als maximal erreichbarer Bereich bezeichnet.

Im Modellbau bestehen zusätzliche Zwänge. Zum Beispiel kann ein dreiachsiger, pulverbasierter 3-D-Drucker jede beliebige Form additiv kreieren – sogar vollkommen ineinandergeschachtelte, geschlossene Formen. Ein sehr viel komplexerer Fräsroboter mit sechs Freiheitsgraden wäre dazu – auf Grund der Kollisionen des Werkzeugs mit den äußeren Modellteilen beim Bearbeiten der inneren Teile – nicht in der Lage. Daher sind die Freiheitsgrade nicht das einzige entscheidende Kriterium, das die Vielseitigkeit eines Prozesses bestimmt. Es ist die Kombination von Fabrikationstechniken und Freiheitsgraden, welche die Umsetzung von Geometrie in physische Form ermöglicht. Im folgenden Abschnitt betrachten wir verschiedene Techniken in der Fabrikation und die damit verbundenen geometrischen Herausforderungen.

Abb. 12.12
Diagrammartiger Überblick über unterschiedliche Fabrikationsmaschinen im Zusammenhang mit der Zahl der Freiheitsgrade (FHG). Die unterschiedlichen Farben stellen die verschiedenen Bewegungs- und Rotationsachsen dar.

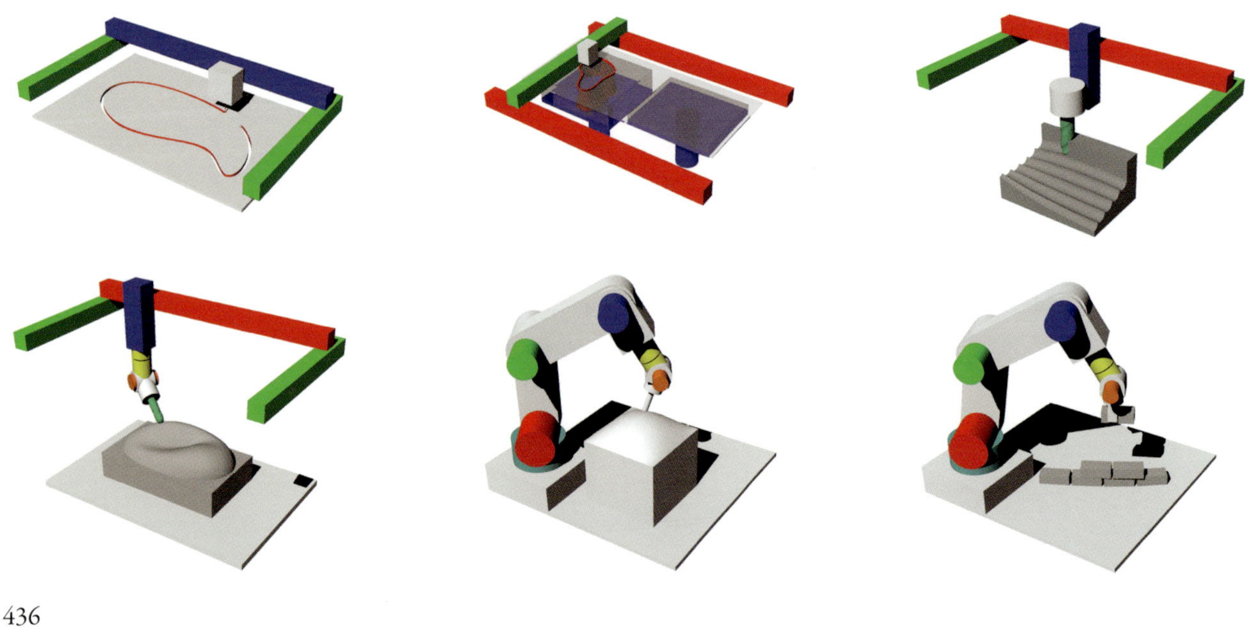

Schneidebasierte Prozesse

Plattenbasierte Schneidetechniken. Plattenbasierte 2-D-Schneideprozesse gehören zu den einfachsten CNC-Fabrikationsprozessen, wenn man vom Lochbohren absieht. Einfache Modelle können durch das Stapeln von Schnittmustern erstellt werden (Abb. 12.13). Es sind schnelle und verlässliche Prozesse, und sie verwenden billiges, in großen Mengen erhältliches Material. Plattenbasierte Herstellungsprozesse passen in ihren Eigenschaften auch zu vielen oberflächenbasierten Geometrien.

Facettierte Modelle können aus Dreiecken oder anderen *ebenen* Polygonen aus Materialplatten hergestellt werden (Abb. 12.13b). Sogar einfach gekrümmte, abwickelbare Formen können aus Teilen gebaut werden, die mit plattenbasierten Schneidetechniken hergestellt wurden (Abb. 12.13f). Vor allem für die Fabrikation von Gebäuden im Maßstab 1 : 1 spielen die Wirtschaftlichkeit und die Materialkosten eine wichtige Rolle. Die Arbeit mit plattenbasierten Schneidetechniken ist relativ üblich. Entwerfer sind auch relativ vertraut mit Facettierungsprozessen und können diese in den Arbeitsablauf eingliedern. Der Modellbau wechselt langsam auf 3-D-Druckprozesse, doch bisher spielen plattenbasierte Techniken weiterhin eine wichtige Rolle in der Erstellung von Repräsentationsmodellen.

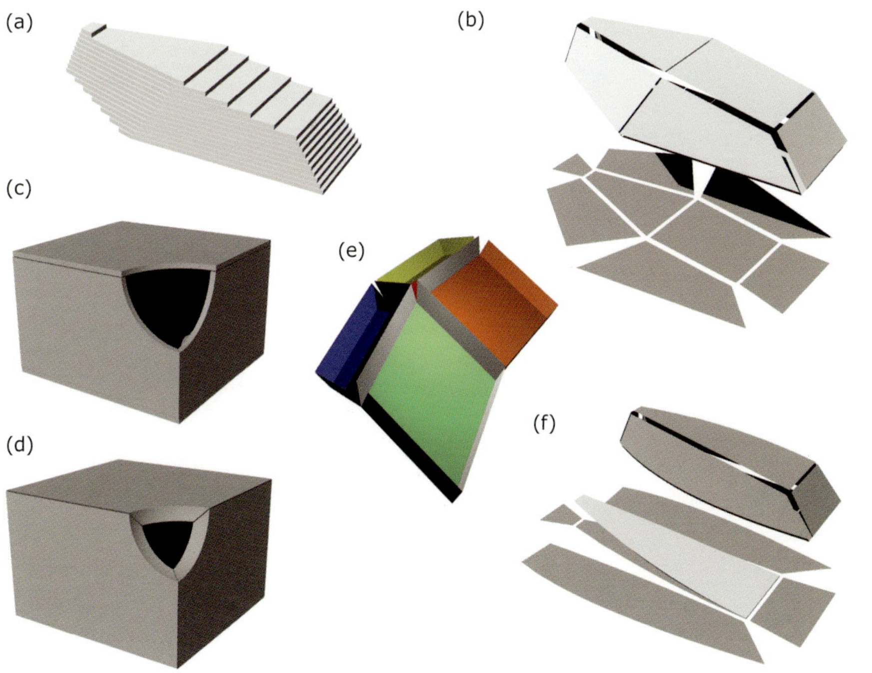

Abb. 12.13
(a) Ein diagrammatisches Beispiel eines Schichtenaufbaus zur Annäherung von Freiformgeometrie. Abhängig von der Schichtdicke und der Lage der Schichten zueinander variiert die Auflösung des Modells.
(b) Die Facettierung einer Form ist eine weitere Standardoption.
(c) Zur Verdickung der Paneele bedarf es einer Strategie für den Versatz der Flächen oder
(d) gekantete Verbindungen.
(e) Wenn man von einer frei geformten Paneel-Geometrie ausgeht, stellt die Verdickung der Paneele auf die Materialdicke eine Herausforderung dar, weil die Topologie des versetzten Netzwerks nicht zwangsläufig identisch mit derjenigen des Ausgangsnetzwerks ist. In dem hier gezeigten Fall erzeugt die überall gleichmäßg versetzte Geometrie eine H-förmige Schnittstelle anstelle der X-förmigen Kreuzung des Original-Netzes. Dies ist durch die verschiedenen Winkel der Facetten zueinander bedingt und führt zu mehreren Schnittpunkten anstelle des einzelnen Schnittpunktes (hier mit dem roten Keil verdeutlicht).
(f) Die Verwendung von einfach gekrümmten Oberflächen anstelle von planaren Flächen erlaubt eine genauere Annäherung an die gekrümmte Geometrie und trotzdem noch die Verwendung von planaren Schnittmethoden bei der Herstellung.

Laser- und Plasmaschneider. Laserschneider sind Teil der am meisten verbreiteten Rapid-Prototyping-Maschinen. Sie basieren auf den üblichen *x*- und *y*-Translationsachsen für den Schneidkopf, der mit einem Spiegelsatz ausgerüstet ist, der den Laserstrahl vom hinteren Bereich der Maschine vertikal auf das Schnittmaterial richtet. Die Hitze des Strahls brennt das Material weg und hinterlässt einen Schnittpfad oder eine Brandmarkierung im Material, je nach der Materialbeschaffenheit und -dicke und Strahlstärke.

Zusätzlich zum Schneiden sind begrenzt Tiefenschichtmodelle möglich, in denen mehrere Schnitte nacheinander gesetzt werden, um Materialschichten zu entfernen. Die Schnitttiefe ist jedoch durch die limitierte Tiefenschärfe des Laserstrahls begrenzt. Ähnliche Maschinen existieren in der Stahlindustrie mit sehr starken Lasern für den Stahlzuschnitt. Für Stahlplatten kann der Laser auch durch einen Plasmaschneider ersetzt werden, der auch mehrere Zentimeter Stahl durchtrennen kann. Kostengünstige Plasmaschneider machen diese Technik relativ preisgünstig.

Wasserschneider. Wasserschneider arbeiten mit Wasserabrasivstrahlen, bei dem ein Hochdruckwasserstrahl durch eine sehr kleine Düse schießt, mit einem abrasiven Additiv versetzt wird und dann praktisch jedes Material durchtrennen kann, so z.B. mehrere Zentimeter starken Stahl, Holz, Plastik oder Glas. Der Schnittprozess passiert, während die Teile mit Wasser bedeckt sind, um übermäßige Gischt zu vermeiden. Der Prozess ist auf Grund des laufenden Verbrauchs an Additiven und der notwendigen schweren Konstruktion des Geräts relativ teuer (Abb. 12.14).

Folienschneider. Eine der einfachsten Schnitttechniken benützt Schneidemesser auf Papier oder dünnen Folien. Diese Technik wird überwiegend für die Schilderherstellung oder einfache Papierschnitte verwendet. Experimentelle Anwender benutzten sie zum Schneiden von dünnen Kupferbögen für flexible Schaltkreise. Einige Großformatdrucker haben Papierschneider integriert.

Abb. 12.14
(a) Schneiden mit einem Wasserjetschneider. Das ballistische Prinzip entfernt Material durch das Beschießen des Materials mit einem Hochdruck-Wasserstrahl vermengt mit Schleifsand. Wasserjetschneider benötigen zusätzliche Geometrieverarbeitung des Schnittpfads, um den Materialverlust durch den Pfadversatz zu kompensieren und um Anfangs- und Endpunkte und Materialdurchstöße zu generieren. Diese Prozesse sind in den meisten Softwaretreibern integriert.
(b) Ein Entwurf, hergestellt als Prototyp in Aluminium, durch einen Wasserschneider (Model Axel Kilian, Concept Car Design mit der Smart Cities Group, MIT Media Lab).

Additive Verfahren: schichtbasierte Fabrikation

Die schichtbasierte Herstellungstechnik bietet eine weite Bandbreite an Materialien und Prozessen. Sie sind prinzipiell traditionellen, handwerklichen Aufbautechniken ähnlich (z.B. Tongefäße). Eine Form wird durch aufeinander liegende Materialschichten aufgebaut.

Weil das Gewicht jeder Schicht von der vorausgehenden getragen werden muss und sich daher zumindest in einen Teil des „Fußabdrucks" des Vorgängers überschneiden muss, können nicht alle Formen direkt erstellt werden. Es gibt mehrere Prozesse, die auf spezielles Material als Tragstruktur zurückgreifen. Andere wiederum verfestigen Pulver oder Flüssigkeiten innerhalb eines Materialvolumens, aus dem das fertige Werkstück dann entnommen wird.

Eine Hauptlimitation der schichtbasierten Techniken ist die fehlende Flexibilität in der lokalen Adjustierung der Schichtorientierung in Bezug auf die Geometrie des Bauteils. Manche Techniken sind anfällig für Schichtseparierung entlang der Schichtgrenzen, welche die Stärke und Erscheinung des Werkstücks negativ beeinflussen.

Fuse Deposition Modeling (FDM). Beim FDM werden Plastikstränge aus Acrylonitrile-Butadiene-Styrene-Plastik (ABS) bis kurz vor dem Schmelzpunkt erhitzt, durch eine Düse gepresst und entlang vorher berechneter Kurven so übereinander aufgetragen, dass schlussendlich der gewünschte Bauteil entsteht. Auf Grund der Hitze verschmelzen die neu hinzugefügten Plastikstränge mit jenen der darunter liegenden Schicht (Abb. 12.15). Der Werkzeugkopf wird während des Aufbaus der jeweiligen Schicht längs der x- und y-Achse bewegt, und die Bauteilplattform entlang der z-Achse, um die nächste Schicht zu erreichen – womit die Maschine drei Freiheitsgrade besitzt.

ABS-Plastik-Drucker benützen besonderes Stützmaterial, um das Problem von auskragenden Bauteilen zu lösen. Das Stützmaterial kommt aus einer zweiten Düse parallel zum Aufbau des eigentlichen Materials, um weiter oben auskragende Teile nach unten abzustützen und wird später entfernt. Dadurch ruhen diese Überstände auf Stützmaterial, und das Auftreten von Verformungen oder gar das Kollabieren des Bauteils wird verhindert. Das Stützmaterial wird meist in einer aufgelösten, brüchigen Form aufgebaut, um das spätere Entfernen zu erleichtern, ohne das Bauteil zu beschädigen. Es gibt auch Varianten, in denen sich das Stützmaterial in einem Ultraschallbad auflösen lässt.

Dieser Druckprozess ist generell robust und bietet einen relativ preiswerten Weg, ABS-Plastik-basierte Modelle zu erstellen, die ca. 80 % der Stärke von Spritzgussteilen erreichen und für funktionstüchtige Prototypen mit mechanischen Eigenschaften verwendet werden können. Der größte Nachteil ist der relative hohe Anschaffungspreis der Maschinen und die lange Dauer des Druckvorgangs.

Abb. 12.15
(a) Additive Prozesse wie Fuse Deposition Modeling (FDM) erstellen ABS-Plastik-Bauteile direkt von digitalen Geometriedaten in einem Schichtaufbau aus Plastiksträngen. Um die Formen, die hier gezeigt sind, zu erstellen, wird Stützmaterial benötigt (das später entfernt wird), um die überhängenden Teile zu unterstützen. (b) Eine Skulptur von Carlo H. Séquin als Beispiel von feinteiligen, ineinander verschachtelten, durch mathematische Formeln bestimmte Geometrien. Solche Formen wären anderweitig sehr schwer baubar (Foto mit freundlicher Genehmigung von Carlo H. Séquin).

Pulverbasierte Prozesse. Eine weitere Gruppe an Prozessen benützt gipsartige Pulver, wie z.B. das Verfahren, das von der Firma Zcorp entwickelt wurde (Abb. 12.16). Im Vergleich zu den durch die Plastikstränge verursachten Rippen bei FDM ermöglicht das Pulver ein homogeneres, weniger texturiertes Erscheinungsbild. Das feine Pulver verfestigt sich durch das Aufbringen eines flüssigen Binders auf die entsprechenden Bereiche. Der Einsatz von Tintenstrahldruckertechnik für die Applikation des Binders ermöglicht auch farbige Drucke.

Der Prozess benützt zwei parallele Pulverreservoirs mit einem Kolben unter jeder der Pulversäulen, mit der die Pulverhöhe adjustiert wird. In einem Reservoir befindet sich das zum Einsatz kommende Pulver, in dem anderen wird das Modell, eingebettet im nicht benutzten Pulver, aufgebaut. Am Anfang wird der Kolben, der das Modell trägt, ganz nach oben gefahren, und das Reservoir enthält nur die Plattform. Mit jeder Bewegung des Druckkopfs wird etwas Pulver von einem Rechen von der obersten Schicht des Pulverreservoirs auf das Modellreservoir umgeschichtet.

Diese neue Pulverschicht ist die Druckschicht. Auf dem Weg zurück wird der entsprechende Schnitt des Bauteils in das Pulver gedruckt. Wenn die Schicht komplett ist, wiederholt sich der Prozess mit der nächsten Schicht. Mit jedem Durchlauf des Druckkopfs schiebt sich der Kolben des Pulverreservoirs hoch, um die nächste Schicht bereitzustellen. Gleichzeitig schiebt sich der Modellträger nach unten, um Platz für die nächste Modellschicht zu schaffen.

Abb. 12.16
(a) Ein Zcorp 3-D-Drucker mit automatisiertem Pulverlader und Recycling (Abbildung von Zcorp, Gebrauch mit freundlicher Genehmigung).
(b) Pulverbasierte, additive Prozesse arbeiten mit einer gipsartigen Substanz, um das Modell aufzubauen. Es erübrigt sich der Einsatz von Stützmaterial, da das Modell vollständig von Pulver eingeschlossen ist und davon unterstützt wird. Ähnliche Geometrien wie im FDM sind möglich, es stehen aber eine breitere Spanne an Oberflächenbehandlungen zur Verfügung, die dem Endprodukt unterschiedliche Eigenschaften verleihen. Eine weitere errechnete Skulptur von Carlo H. Séquin, gedruckt in einem pulverbasierten Verfahren (Foto mit freundlicher Genehmigung von Carlo H. Séquin).

Am Ende des Prozesses ist das fertige Modell in Pulver eingebettet im Modellfach. Es wird entfernt, überschüssiges Pulver wird abgesaugt (und kann wiederverwendet werden), und das endgültige Modell erscheint. Pulverbasierte Modelle sind zerbrechlich und bedürfen einer Nachbehandlung mit Wachs oder Epoxy, um die äußerste Schale zu härten.

Stereolithografie. Eines der frühesten 3-D-Druckverfahren ist die Stereolithografie (Abb. 12.17). Hierbei wird ein flüssiges Material in einem Bad selektiv durch einen Laserstrahl gehärtet. Dabei wird die eine Schnittschicht des zu erstellenden Modells an der Oberfläche abgefahren. Eine abgetauchte Plattform trägt die gehärteten Teile, und mit jedem Schritt versinkt sie weiter in der Flüssigkeit, um Platz für die nächste Schicht zu schaffen. Dieser Prozess produziert die derzeit am höchsten detaillierten Modelle, ist aber auch sehr zeitaufwendig und teuer.

Abb. 12.17
Stereolithografie war eines der ersten 3-D-Druckverfahren. Sie benützt ein flüssiges Materialbad, in dem ein Laser die Flüssigkeit Schicht für Schicht erhärtet. Das entstehende Bauteil wird von einer Plattform getragen, die mit jeder Schicht weiter im Bad versenkt wird. Dieser Prozess produziert sehr detaillierte Modelle (Abbildung: 3-D-System-Printer, Gebrauch mit Erlaubnis).

Subtraktive Verfahren

Das Fräsen von Modellen. Subtraktive Verfahren erstellen Modelle durch das Entfernen von Material von einem soliden Werkblock oder einer Platte. Schichten von Material werden entfernt, bis die Zieloberfläche erreicht ist. Diese Technik hat den Vorteil, dass eine große Bandbreite an fräsbaren Materialien (wie Holz oder Stein) in ihrer natürlichen Form bearbeitet werden kann. Gefräste Bauteile sind meist widerstandsfähiger als solche, die mit additiven Verfahren erstellt wurden. Jedoch stellen sich auch besondere Herausforderungen beim Fräsen des Materialblocks dar.

Die Kräfte, die durch die Führung des Werkzeugs entstehen, können sehr hoch sein, und daher muss das Gerät verwindungssteif sein. Damit werden Fräsmaschinen aber auch sehr teuer. Der Fräskopf muss mit hoher Genauigkeit der Zielgeometrie des Werkstücks folgen können. Dafür sind in den meisten Fällen mindestens drei, für komplexe Bauteile bis zu fünf Freiheitsgrade notwendig. Die Kombination von hohen Kräften und vielen Freiheitsgraden macht solche Maschinen sehr schwer, und es bedarf teurer Komponenten, die selbst mit hoher Präzision gefertigt werden müssen.

In den meisten Fällen lässt sich ein komplexes Modell nicht aus einem einzelnen Materialblock fräsen. Selbst bei kleinen Modellen lassen sich innen liegende Oberflächen oft nicht erreichen, ohne dass es zu Kollisionen des Werkzeugs mit dem Werkstück kommen würde. Dann ist die Unterteilung des Modells in fräsbare Teile ein wichtiger Schritt, der parallel mit der Wahl des Verfahrens erfolgt.

Fräsmaschinen mit 2,5 Achsen (2,5, weil die z-Achse nur oberhalb des Bauteils befahren werden kann) können keine Unterschneidungen fräsen. Soll ein Modell mit so einer Maschine gefräst werden, dann muss es so aufgeteilt werden, dass alle Flächen von oben erreichbar sind, ohne dass der Fräskopf mit dem Restmodell kollidiert. Selbst mit Fünf-Achsen-Fräsen sind nicht alle Oberflächen fräsbar. Zusätzlich muss das Werkstück auch fixiert werden. Wenn ein Modell gewendet wird, um die Rückseite zu bearbeiten, empfiehlt es sich, eine Negativform zu erstellen, in der das gewendete Model dann verankert wird.

Fräsen. Es gibt eine weite Bandbreite von Fräsmaschinen, variierend sowohl in der Größe als auch in der Anzahl der Achsen. Die einfachsten Geräte benutzten 2,5 Achsen, um den Werkzeugkopf zu bewegen. Maschinen mit 2 bis 3 Achsen benützen Schneidetische, um das Material zu fixieren, und werden hauptsächlich für die Bearbeitung von Plattenmaterial oder Blöcken von geringer Tiefe eingesetzt. Der Werkzeugkopf wird mit einem schnell rotierenden Fräswerkzeug für seitlichen Vorschub ausgestattet (Abb. 12.18).

Fräswerkzeuge kommen zum Einsatz, wenn Werkstücke in mehr als zwei Dimensionen bearbeitet werden. Fräsen mit mehr als 2,5 Achsen werden mechanisch sehr aufwendig, und die zusätzlichen Freiheitsgrade erhöhen die Komplexität der Werkzeugpfad-Generierung. Die Werkzeugspitze entlang der Zieloberfläche zu führen ist nur ein Teil des Problems. Die Fräse muss dem Werkzeugpfad folgen, ohne in Berührung mit dem Werkstück oder sich selbst zu kommen. Zusätzlich wird das Fräsen in harten Materialien wie Aluminium oder Stahl durch die hohen Kräfte und Vibrationen erschwert.

Diese Kräfte müssen bei der Sicherung des Werkstücks berücksichtigt werden, was die erreichbaren Bereiche des Werkstücks weiter verringert. Sehr große Fräsen existieren für die Anwendung in der Automobilindustrie, um Schaumstoffmodelle für Konzeptautos im vollen Maßstab anzufertigen. Diese Fräsen können weniger massiv ausfallen, da sie geringeren Kräften ausgesetzt sind als Metallfräsen, und ihr Arbeitsbereich kann daher relativ einfach vergrößert werden.

Abb. 12.18
(a) Subtraktive Verfahren entfernen Material von einem soliden Materialblock wie Schaumstoff, Holz oder Metall.
(b) Die Werkzeugpfade hinterlassen ein besonderes Muster, das die Lesbarkeit der Geometrie unterstützt.

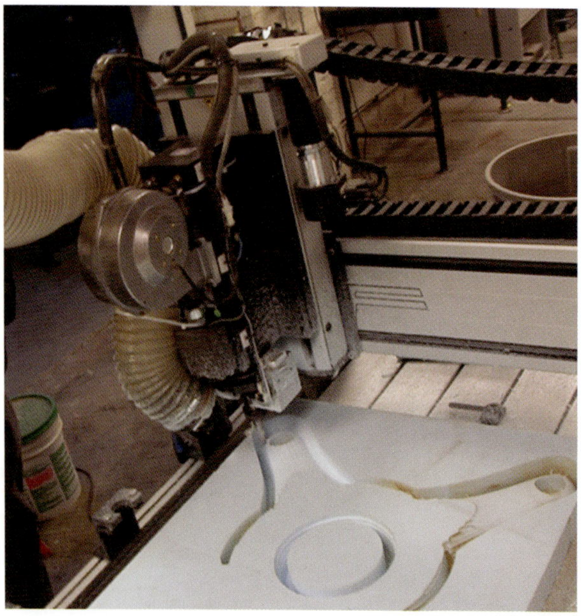

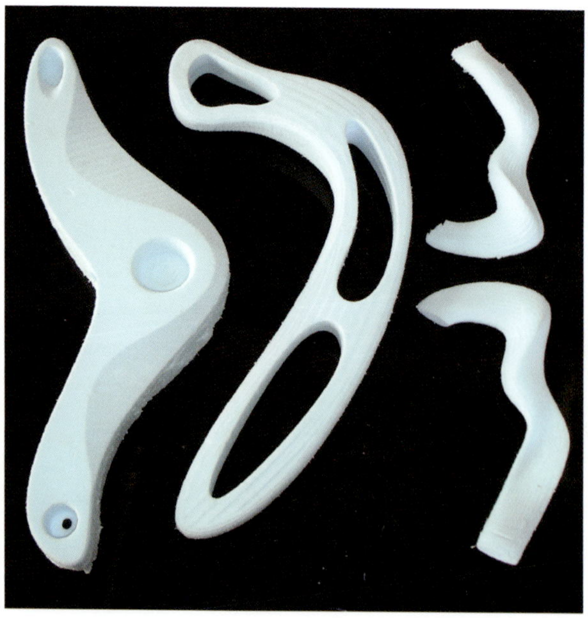

Schaumstoffschneider. Schaumstoffschneider benützen aufgeheizten Draht, um durch extrudierten Polystyrenschaum zu schneiden. Sie sind sehr schnell. Es gibt Maschinen mit mehreren Freiheitsgraden, die das Erstellen von 3-D-Formen erlauben. Der Einsatz von gekrümmten Schnittdrähten ist möglich, bedarf aber der Herstellung eines neuen Drahtes für jede Form und beschränkt die möglichen Formen auf Extrusionsflächen. Die von einem geradlinigen Draht herausgeschnittenen Flächen sind Regelflächen (siehe Kapitel 9).

Roboterfräsen. Ein neuer Trend ist die Kombination von Roboterarmen und Fräsen. Wie in anderen Fällen zuvor, hat die Automobilindustrie hier Pionierarbeit geleistet und Roboterarme für die Nachbearbeitung zur Gratentfernung von Spritzgussformen entwickelt.

Roboterfräsen nutzen die hochentwickelte Mechanik und Steuerungssoftware von Roboterarmen aus dem Automobilbau mit sechs Freiheitsgraden und mehr. Die Roboterarme bieten einen größeren Aktionsradius als ihre eigene Größe und überwinden damit eine der größten Beschränkungen anderer Fabrikationsmaschinen. Durch das Hinzufügen einer Verschiebeplattform wird der Aktionsradius zusätzlich vergrößert (Abb. 12.19). Normalerweise ist die Werkstückgröße gleich wie oder kleiner als die Maschine, die zum Einsatz kommt, weil die Maschine das Werkstück umschließen muss, um alle Punkte zu erreichen.

Solche Roboterarme haben ein großes Maß an Bewegungsmöglichkeiten und einen hohen Grad an Flexibilität in der Art, wie sie Punkte im Raum ansteuern können. Wenn sie mit einem Fräskopf ausgerüstet sind, können solche Arme zur Bearbeitung von Schaumstoff, aber auch von härteren Materialien benützt werden.

Abb. 12.19
Fräsen können dank eines Roboterarms mit einer hohen Anzahl an FHG eine bessere Oberflächenqualität mit weniger Werkzeug-Passagen erzielen. Mit den höheren FHG können auch Überstände gefräst werden, die mit einer 3-Achsen-Fräse nicht möglich wären.
(a) Ein Roboterarm im Fräseinsatz an der TU Wien.
(b) Eine gefräste Oberfläche erstellt mit dem Roboterarm (3-D-Modell entworfen von Norman Hack).

Abb. 12.20
Architekten wie Greg Lynn haben Fräsoberflächeneffekte als ästhetisches Ausdrucksmittel in ihrer Entwurfsarbeit benützt. Die Geometrie der Oberfläche wird durch die Schnittpfade betont und verbindet das Endprodukt mit dem Herstellungsverfahren. Gezeigt ist hier die Alessi Coffee and Tea Towers Series, entworfen von Greg Lynn FORM. Jede Kaffeekanne ist einmalig in ihrer Form, und für jedes Set wird eine eigene Form erstellt. Die Spuren des Fräsprozesses werden bewusst erhalten (Abbildung: Carlo Lavatori, Gebrauch mit Erlaubnis).

Herausforderungen beim Fräsen und Rapid Prototyping

Geometrische Herausforderungen in Verbindung mit Fräsen und Rapid Prototyping gibt es viele. CNC-Maschinen benötigen Daten, die von digitalen Modellen generiert werden, um die Fräsbewegungen zu kontrollieren. Die Randbedingungen der Maschinen beschränken die möglichen Operationen. Dabei kann es sich um einen Werkzeugpfad für die Schnittkante eines Werkstücks handeln oder um das räumliche Nachfahren einer Objektoberfläche. Die räumliche Ausrichtung des Werkzeugs an der Zielgeometrie ist auf Grund der höheren Anzahl an Freiheitsgraden komplexer. Des Weiteren müssen bei der Pfadplanung Kollisionen zwischen den zu fräsenden Teilen und dem Werkzeug sowie mögliche Selbstkollisionen der Maschine erkannt und vermieden werden. Während dem Fräsvorgang verändert sich die Situation auf Grund des Entfernens von Material ständig. Die Orientierung des Werkzeugs beinflusst die erreichbare Oberflächenqualität und die Bearbeitungszeit.

Die Größe der Werkstücke wird für die meisten Maschinen durch die Dimensionen des Bearbeitungsbetts bestimmt, das normalerweise kleiner als die Maschine ist. Mobile Roboterarme ermöglichen größere Bearbeitungsdimensionen, dies aber auch auf Kosten von Präzision und Geschwindigkeit. Letztendlich ist in der Architektur der Zusammenbau von Teilen meist unvermeidlich. Der Zusammenbau von mehreren gefrästen Teilen für großmaßstäbliche Teile ist unter Baustellenbedingungen schwierig.

Eine weitere Herausforderung ist die Aufteilung der ursprünglichen Geometrie in sinnvolle Teile und das Sicherstellen, dass diese Teile mit dem gegebenen Verfahren hergestellt werden können. Eine weitere geometrische Schwierigkeit ist die Schachtelung von komplexen Schnittmustern auf den Schnittbögen, um den Materialbedarf zu minimieren. 3-D-Schachtelung von Bauteilen in einem Volumen ist noch wesentlich komplexer.

Die Ästhetik von digital fabrizierter Geometrie. In der Architektur hat die Verwendung von Rapid-Prototyping-Verfahren Entwerfern die ästhetischen Möglichkeiten von CNC-Fabrikation deutlicher vor Augen geführt. Zum Beispiel integrierte Greg Lynn die Schnittspuren auf den Schaumstoffformen für die Erstellung der Titaniumbleche in die Ästhetik seiner Coffee and Tea Towers Serie für Alessi (Abb. 12.20). Die Unvollendetheit des Schnittmusters betont die Einmaligkeit jedes Sets durch das Fräsen eines nur einmal verwendeten Formwerkzeugs. Diese Schaumstoffform geht im Verformungsprozess des Bleches durch eine kontrollierte Explosion verloren. Um die Fräszeiten zu verringern – und aus ästhetischen Gründen –, bleibt der unvollendete Charakter der Oberfläche erhalten. Es gibt viele Möglichkeiten, Werkzeugpfade für eine gegebene Geometrie zu erstellen. Ähnlich dem Texturieren beim Rendern erzeugt ein Werkzeugpfad eine in diesem Fall physisch spürbare Textur, die eingesetzt werden kann, um geometrische Eigenschaften in einem Objekt zu betonen. Besonders Maschinen mit einer höheren Anzahl von Freiheitsgraden erlauben hier unterschiedliche Gestaltungsmöglichkeiten.

Abb. 12.21
Beziehung zwischen geometrischen Eigenschaften von abwickelbaren Flächen, die mit digitalen und physischen Modellen entworfen und verfeinert wurden, und der gebauten Architektur. Frank O. Gehrys Walt Disney Concert Hall zeigt die Richtung der Oberflächenkrümmung in den Fassadenplattenrändern der Metallfassade.

In ähnlicher Weise werden die Erzeugenden der abwickelbaren Flächen genutzt, um einfach gekrümmte Flächen zu strukturieren. Frank O. Gehrys Walt Disney Concert Hall zeigt meisterhaft, wie die gesamtheitliche geometrische Perfektion in der Kontrolle der Fabrikations- und Entwurfsgeometrie die skulpturale Lesbarkeit unterstützt (Abb. 12.21). Ein integraler Bestandteil dieser Lesbarkeit ist der Maßstab der benutzten Komponenten und die Reflexionseigenschaften des Materials. Die Metallbleche helfen beim Ablesen der Geometrie und strukturieren die großen Fassaden in kleinere, erfassbare Teile auf.

Die Wahl des Materials im Zusammenhang mit den geometrischen Eigenschaften. Wie bereits in vorherigen Kapiteln diskutiert, bietet der Gebrauch von abwickelbaren Flächen eine direkte Art, einfach gekrümmte, papierbasierte Modelle zu erstellen. Einige Architekturbüros (z.B. Gehry Partners LLP) benützen diesen Ansatz ausgiebig bei der Entwicklung von Entwürfen und beim Testen und Anpassen von digitalen Geometrien in physischer Form sowie für die Entwicklung der physischen Modelle als Startpunkt für digitale Modelle. Der Einsatz von Papier dient auch als Test für die Baubarkeit mit blechartigen Materialien im wirklichen Gebäude.

Zusätzliche Materialzwänge sind mit Holz verbunden, bei dem die Maserungsrichtung in Verbindung mit der Krümmung berücksichtigt werden muss. Für doppelt gekrümmte Oberflächen kann entweder das Material aus einem Block gefräst oder Metallbleche können in negativ und positiv gefrästen Stahlpressen geformt werden. Glasscheiben können über gekrümmte Formen mit Hitze verformt werden.

Im Schiffsbau werden Stahlplatten in einfach gekrümmte Oberflächen gerollt und partiell erhitzt, um doppelt gekrümmte Oberflächen zu produzieren. Die meisten Herstellungsverfahren im Gebäudemaßstab bedürfen immer noch manueller Unterstützung, weil es keine Universalmaschinen zur Glas- und Stahlformung gibt. Jedoch kommt digitale Information auch in den Hybridlösungen zur Anwendung. Werkzeuge für die Formpresse werden digital errechnet und CNC-gefräst, und sogar manuelle Prozesse bedienen sich digitaler Daten als Anleitung und zur Überprüfung der Ergebnisse.

Implikationen für die Standardisierung. Mit dem Einsatz digitaler Fabrikation verschiebt sich das Konzept der Standardisierung. An die Stelle des Verständnisses von Standards als Vereinbarungen basierend auf Dimensionen, die durch Fabrikationsmethoden seit der industriellen Revolution entwickelt wurden, treten Standards, basierend auf sich anpassenden Verbindungen von Bauteilen. Da Bauteile auf Bedarf fabriziert werden, können Dimensionen und Geometrien an den Einsatzkontext angepasst werden.

Dies ermöglicht das Ersetzen von dimensionsbasierten Standards durch die Standardisierung der Regeln in ihren Dimensionen variabler, jedoch zueinander passender Bauteile (Abb. 12.22). Solange ein Bauteil mit seinem Nachbarn zusammenpasst, können Dimensionen frei adjustiert werden, basierend auf anderen Faktoren wie Kraftverlauf, Materialeigenschaften und geometrischem Kontext.

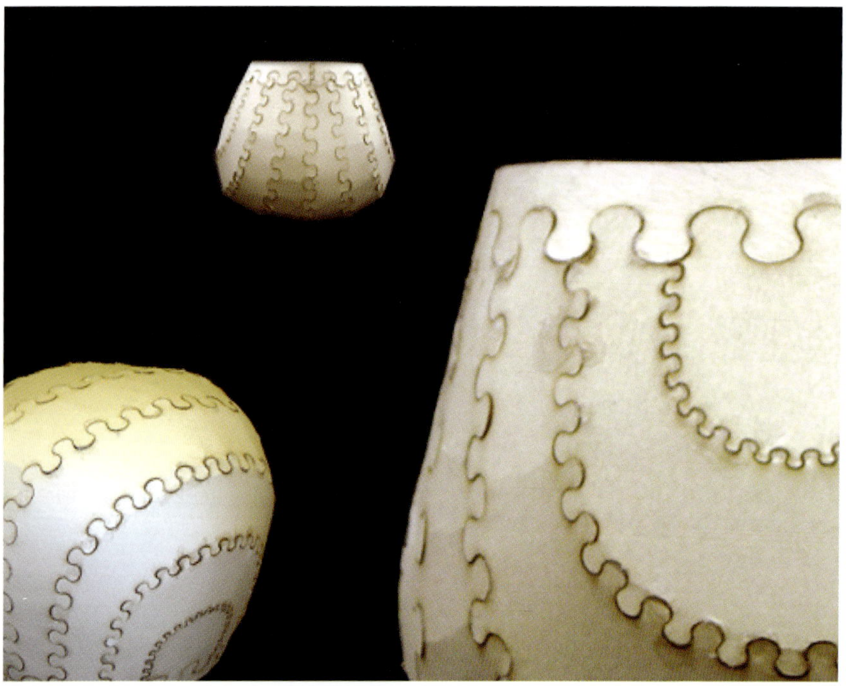

Abb. 12.22
Das Erzeugen von Verbindungsdetails basierend auf dem geometrischen Kontext für lasergeschnittene Kartonstreifen (Projekt: Axel Kilian, 1999, in AutoLISP programmiert und per Laser aus Karton geschnitten).

Zusammenbau

Zusammenbau mit Verbindungen. Der Gebrauch von Verbindungselementen für den Zusammenbau hat eine lange Tradition, wie z.B. beim Gebrauch von Holz und Metallnägeln und auch Schrauben. Obwohl die Standardisierung von Verbindungselementen und von Präzisionsfräsen zur Rationalisierung und besseren statischen Berechenbarkeit von Bauteilgruppen geführt hat, führte diese Standardisierung auch zu einer übermäßigen Simplifizierung vieler Details.

Digitale Fabrikation erhöht die Präzision des Zusammenbaus, und oft ist keinerlei Anpassung der Bauteile notwendig. Dies gilt sowohl für Metalle als auch für Holz. Sowohl die Bauteilgeometrie als auch die Bohrungen für Verbindungselemente können präzise direkt von CAD-Daten gefräst werden. Mit dem Gebrauch von Freiformgeometrien gibt es weitere Möglichkeiten, traditionelle Verbindungstechniken aus dem Holzbau wiederzubeleben, zum Beispiel durch die Verwendung von räumlich verzahnten Teilen.

Zusammenbau durch Bauteilgeometrie. Der Gebrauch von geometrischen Konfigurationen ohne Verbindungselemente hat eine noch längere Tradition. Sie spannt sich von Web- und Flechttechniken bis zu Tischlereiverbindungen und Steinmetzarbeiten, bei denen die aufeinander abgestimmte Geometrie Teile zusammenhält. Auf lange Sicht scheinen geometrische Gefüge eine längere Lebensdauer zu haben als Gefüge, die auf zusätzliche Verbindungen oder Füllmaterialien angewiesen sind.

Beispiele von Holzverbindungen lassen sich in japanischen und chinesischen Tempeln finden, und einige Inkas bauten mit individuell ineinander gepassten Steinquadern, die über Jahrhunderte Erdbeben widerstanden (Abb. 12.23). Die Standardisierung von Bauteilen, vorangetrieben durch die industrielle Revolution, hat zur Vereinfachung der Konstruktionsgeometrien zu Gunsten von preiswerten, sich wiederholenden Bauteilen beigetragen und handwerklich angefertigte komplexe Einzelteile verdrängt.

In frei geformten Geometrien haben standardisierte Bauteile dagegen wenig Vorteile, weil standardisierte Bauteile hier aufwendig angepasst werden müssen. Damit reduziert sich der Vorteil von Standardisierung über komplett neu gefertigte Bauteile, unter anderem auch durch die Verfügbarkeit von schnelleren und effektiveren Maschinen (Abb. 12.6). Parallel dazu muss Wissen über die Entwicklung von komplexen Gefügen gelehrt werden. Es handelt sich hierbei nicht um das Beschwören der Rückkehr des traditionellen Handwerks, sondern vielmehr um die Wertschätzung der Erfahrung, die in vielen traditionellen Verbindungstechniken steckt (z.B. japanisches Schreinerhandwerk).

Entwürfe reagieren auf viele Anforderungen wie Langlebigkeit, Ästhetik und Widerstandsfähigkeit. Mit der Einführung von fortgeschrittenen Fabrikationstechniken könnten einige der traditionellen Techniken in angepasster Form in der manuellen Arbeit durch diese ersetzt werden (Abb. 12.24).

Abb. 12.23
Komplexe Geometrien haben schon lange eine Rolle im Bauwesen gespielt, sogar schon bei den Steinquaderwänden der Inka. Unregelmäßig geformte Felsblöcke minimal anzupassen, so dass sie mit ihren Nachbarn zusammenpassen, schaffte insgesamt einen stabilen Verband, der es vermochte, Erdbeben und den Elementen für Jahrhunderte zu widerstehen.

Roboterunterstützter Zusammenbau. In einem vorher bereits erwähntes Projekt von Fabio Gramazio und Matthias Kohler an der ETH Zürich wurde der Einsatz von Robotern studiert, um Standardbauteile in computergenerierten Mustern zu arrangieren. Dies ist eine interessante Kombination von Basis- und Hochtechnologie. Das besondere Erscheinungsbild wird ohne Fräsaufwand allein durch das präzise Setzen der Bauteile erreicht.

Mehr kreative Varianten des Einsatzes von Robotertechnik werden wohl mit der Zeit geschaffen werden. Frühere Anstrengungen fokussierten auf das Automatisieren von standardisierten Bauprozessen, um die Kosteneffizienz zu steigern. Nun ist es das Ziel, diese Technologie auf kreative Art einzusetzen, um architektonische Entwürfe zu realisieren, die vorher ohne diese Technologie undenkbar waren. Obwohl momentan die Betonung auf formalen Aspekten liegt, werden performative Aspekte zunehmend wichtig werden. Geometrie kann auch hier einen wichtigen Beitrag leisten.

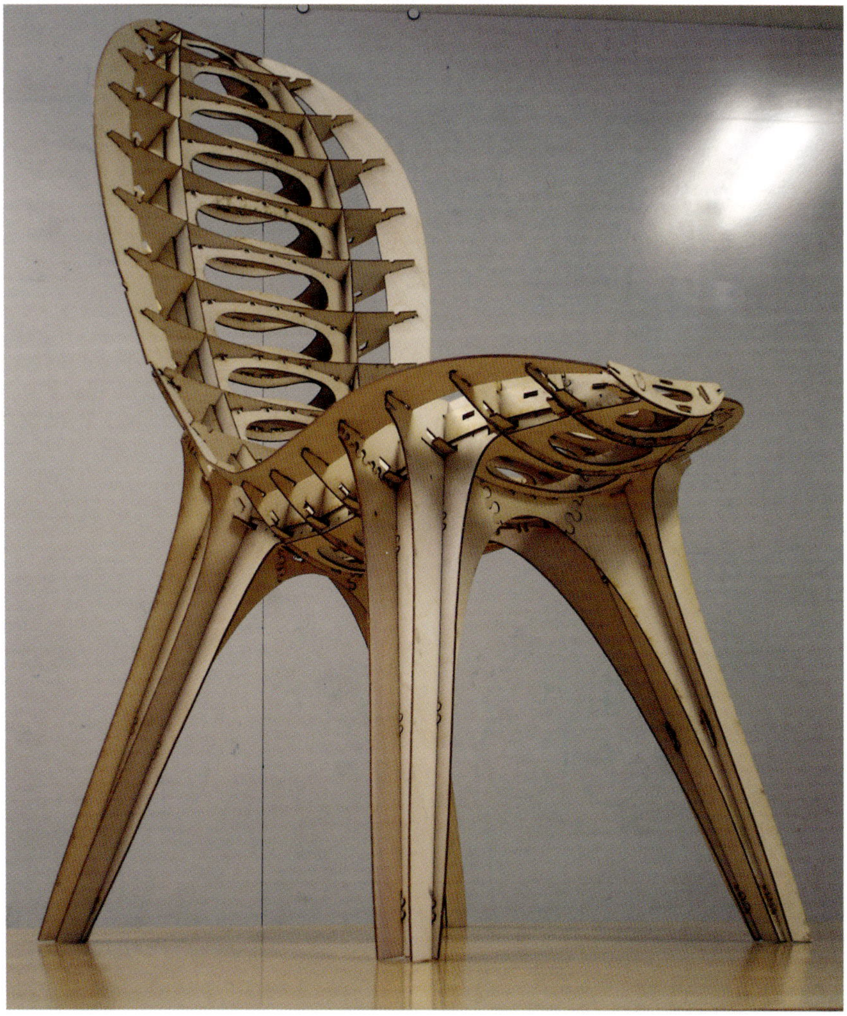

Abb. 12.24
Ein Stuhl, zusammengesetzt aus ungefähr 150 Teilen, geschnitten aus planaren Sperrholzplatten. Form und Stabilität werden allein durch Verzahnung und ohne Klebemittel erreicht. Alle Bauteile werden allein durch die Verzahnung beim Zusammenbau gekrümmt gehalten, was durch den Materialwiderstand der Gesamtsteifigkeit hilft und ein kontinuierliches Erscheinungsbild erzeugt (Abbildung: Bildrechte FRAC Center Marseille, Stuhlentwurfexperiment Axel Kilian).

Anhang – Geometrische Grundlagen

In diesem Anhang geben wir sowohl kurze und prägnante Beschreibungen einiger grundlegender geometrischer Konzepte als auch Erläuterungen zur im Buch verwendeten mathematischen Notation.

Nomenklatur

Wir bezeichnen *Punkte* mit kursiv geschriebenen, lateinischen Großbuchstaben, *Geraden* und *Kurven* mit kursiv geschriebenen, lateinischen Kleinbuchstaben. Dabei verwenden wir in den meisten Fällen den ersten Buchstaben des beschreibenden Namens. Zum Beispiel bezeichnen wir einen Punkt mit dem Buchstaben *P*, eine Gerade mit *g*, eine Tangente mit *t* und eine Achse mit *a*.

Im dreidimensionalen Raum haben wir auch *Ebenen* und allgemeine, krumme *Flächen*. Diese werden mit lateinischen Großbuchstaben (*kursiv gesetzt*) oder griechischen Kleinbuchstaben bezeichnet. Zum Beispiel wird eine Ebene mit *E* oder ε und eine Zylinderfläche mit *Z* bezeichnet.

In Kapitel 7 (über Kurven und Flächen) und in Kapitel 8 (über Freiformkurven) bezeichnet der Buchstabe *t* den Parameter. Um in diesen Kapiteln Verwechslungen zwischen Parameter und Tangente zu vermeiden, bezeichnen wir dort eine Tangente mit dem Großbuchstaben *T*.

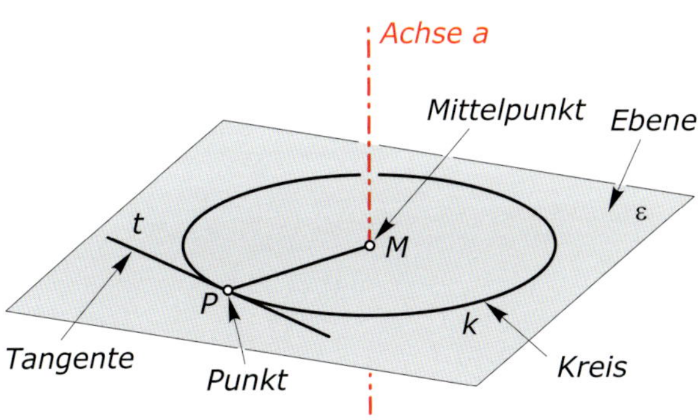

Als Bezeichnung für eine Menge von Punkten, die zu ein und demselben geometrischen Objekt gehören, verwenden wir den Buchstaben *P* zusammen mit einem *Zählindex i*, den wir jeweils als Index hinzufügen. Anstelle also Punkte mit verschiedenen Buchstaben *P*, *Q*, *R* zu bezeichnen, schreiben wir P_0, P_1, P_2 und so weiter. In der Notation P_i steht *P* für „Punkt“ und die kleine, tiefer gestellte Zahl *i* ist der „Index“.

Bogenmaß

Ein Winkel α zwischen zwei Strecken, die einander in einem Punkt P treffen, kann auch wie folgt gemessen werden: Betrachten wir den Kreis k mit Mittelpunkt P und einem beliebigen Radius r. Der Winkel α bestimmt dann einen Bogen auf dem Kreis k, dessen Länge wir s nennen. Dann ist das Verhältnis $\alpha = s:r$ ein Maß für den Winkel (das so genannte *Bogenmaß*). Wir bemerken, dass dieses Verhältnis nicht vom Radius des Kreises abhängt. Ein Kreis vom Radius r besitzt die Länge $2\pi r$ und daher hat ein Winkel von 360 Grad das Bogenmaß 2π, ein Winkel von 90 Grad entspricht einem Bogenmaß von $\pi/2$, und so weiter. Die Formel, die das Bogenmaß α eines Winkels mit dem Wert $\alpha°$ in Grad in Verbindung setzt ist $\alpha = \pi \cdot (\alpha°/180)$. Arbeiten wir mit orientierten Winkeln, dann hat das Bogenmaß dasselbe Vorzeichen wie für die ↑**positive und negative Drehung** erklärt.

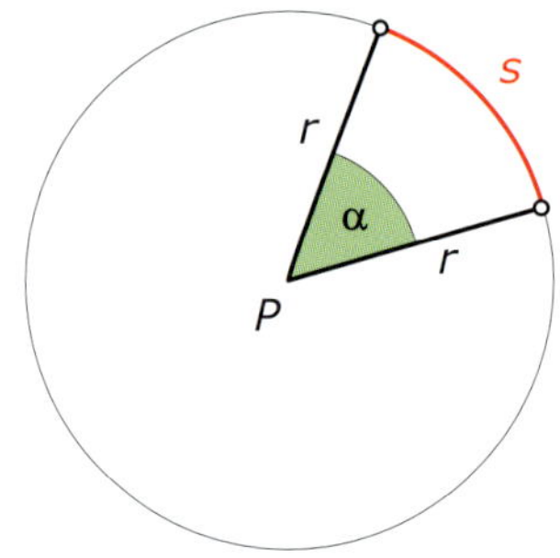

Ebenen

Die analytische Darstellung von Ebenen im dreidimensionalen Raum hat eine gewisse Ähnlichkeit zur Darstellung von ↑**Geraden,** und daher empfehlen wir, die beiden Darstellungen gemeinsam zu studieren. Eine Ebene ε kann durch drei Punkte P, Q, R aufgespannt werden, wenn diese ein Dreieck bilden. Wir verwenden die Richtungsvektoren $\mathbf{a} = \mathbf{q} - \mathbf{p}$ und $\mathbf{b} = \mathbf{r} - \mathbf{p}$. Vielfache dieser Vektoren $u \cdot \mathbf{a}$ und $v \cdot \mathbf{b}$ sind parallel zur selben Ebene, und daher ist $\mathbf{x} = \mathbf{p} + u \cdot \mathbf{a} + v \cdot \mathbf{b}$ der Ortsvektor eines Punktes X der Ebene. Damit erhalten wir eine *Parameterdarstellung* der Ebene. Die Parameter u und v sind reelle Zahlen, die beliebig gewählt werden können. Unterschiedliche Parameter führen zu unterschiedlichen Punkten der Ebene.

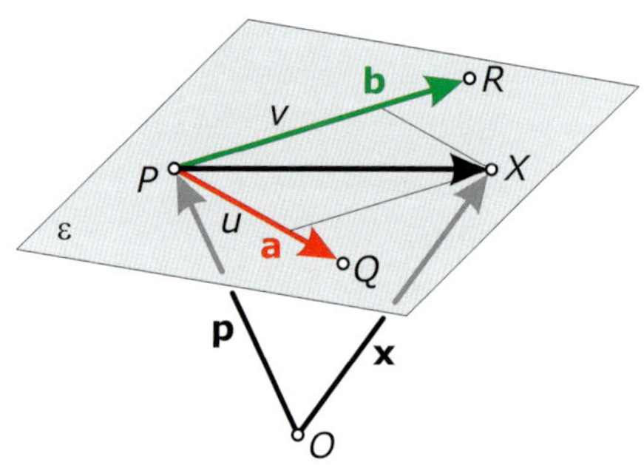

$\mathbf{x}=\mathbf{p}+u\cdot\mathbf{a}+v\cdot\mathbf{b}$

Ein zur Ebene ε normaler Vektor $\mathbf{n}$ kann mit Hilfe des Kreuzprodukts von $\mathbf{a}$ und $\mathbf{b}$ als $\mathbf{n} = \mathbf{a} \times \mathbf{b}$ berechnet werden. Ein Ortsvektor $\mathbf{x}$ beschreibt genau dann einen Punkt der Ebene ε, wenn der Vektor $\mathbf{x} - \mathbf{p}$ normal zu $\mathbf{n}$ liegt (d.h., das Skalarprodukt der beiden Vektoren ist Null, $\mathbf{n} \cdot (\mathbf{x} - \mathbf{p}) = 0$). Damit erhalten wir neben der obigen Parameterdarstellung auch eine *implizite Gleichung,* welche die Ebene ε beschreibt. Als Beispiel betrachten wir eine Ebene mit dem Normalvektor $\mathbf{n} = (2\,, -1, 3)$, die den Punkt

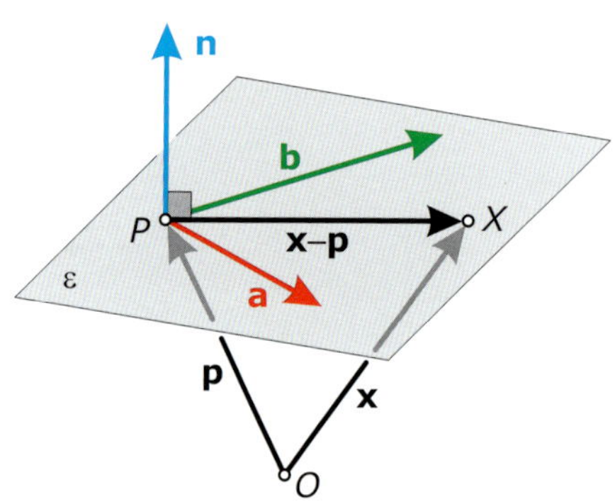

$\mathbf{n}\cdot(\mathbf{x}-\mathbf{p})=0$

$\mathbf{p} = (1, 0, 2)$ enthält. Die implizite Gleichung erhalten wir dann mit $(2, -1, 3) \cdot (x - 1, y, z - 2) = 0$, d.h., $2x - y + 3z - 8 = 0$. Alle Punkte, deren Koordinaten (x,y,z) diese Gleichung erfüllen, liegen in der Ebene ε.

Gegenseitige Lage von Geraden

Im zweidimensionalen Raum sind Geraden entweder zueinander *parallel* oder einander *schneidend*. Im dreidimensionalen Raum liegen zwei Geraden entweder in derselben Ebene (also schneidend oder parallel) oder sie sind zueinander *windschief*. Im letzteren (allgemeinen) Fall liegen die beiden Geraden nicht in einer gemeinsamen Ebene und bilden daher eine echte räumliche Konfiguration.

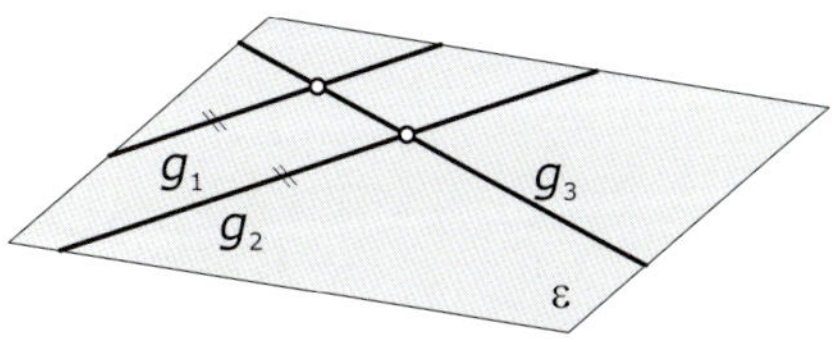

g_1 und g_2 sind parallel
g_1 schneidet g_2 und g_3

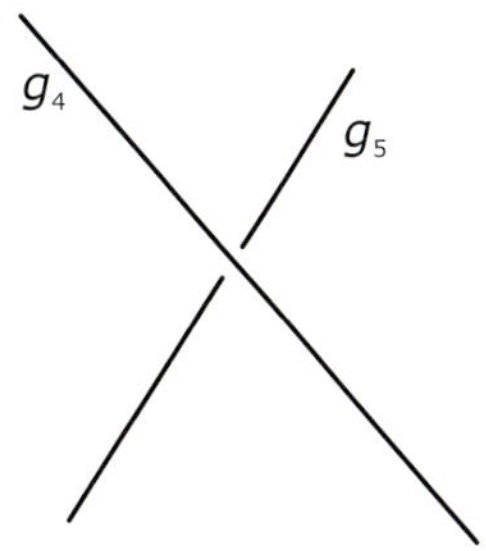

Geraden

Eine Gerade g kann mit Hilfe von zwei Punkten P und Q definiert werden. Es seien $\mathbf{p}$ und $\mathbf{q}$ die Ortsvektoren dieser Punkte. Dann ist $\mathbf{v} = \mathbf{q} - \mathbf{p}$ ein Richtungsvektor dieser Geraden. Addieren wir ein Vielfaches $t \cdot (\mathbf{q} - \mathbf{p})$ zu $\mathbf{p}$, dann erhalten wir immer den Ortsvektor $\mathbf{x}$ eines Punktes X von g mit $\mathbf{x} = \mathbf{p} + t \cdot (\mathbf{q} - \mathbf{p})$. Wir nennen $\mathbf{x} = \mathbf{p} + t \cdot (\mathbf{q} - \mathbf{p})$ oder $\mathbf{x} = \mathbf{p} + t \cdot \mathbf{v}$ eine *Parameterdarstellung* der Geraden g und t einen Parameter. Verschiedene Werte von t führen zu verschiedenen Punkten auf der Geraden. Falls t alle reellen Zahlen durchläuft, dann erhalten wir die gesamte Gerade. Wir weisen auf den engen Zusammenhang zur ↑**linearen Interpolation** hin, denn es gilt: $\mathbf{x} = \mathbf{p} + t \cdot (\mathbf{q} - \mathbf{p}) = (1 - t) \cdot \mathbf{p} + t \cdot \mathbf{q}$. Diese Darstellung gilt im zwei- und im dreidimensionalen Raum.

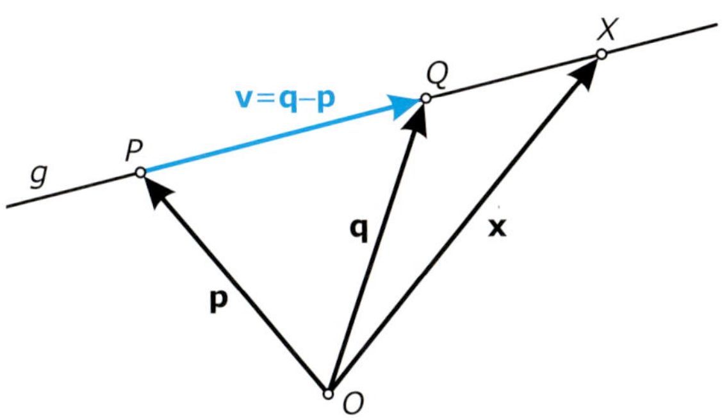

$\mathbf{x}=\mathbf{p}+t\cdot(\mathbf{q}-\mathbf{p})$

Im zweidimensionalen Raum gibt es noch eine weitere Möglichkeit, eine Gerade mathematisch darzustellen. Gegeben ist $\mathbf{n} = (n_1,n_2)$ als ein Normalvektor zum Richtungsvektor $\mathbf{v} = (v_1,v_2)$. Eine nahe liegende Wahl für $\mathbf{n}$ ist z.B. $\mathbf{n} = (-v_2,v_1)$. Nun zeigt der Ortsvektor $\mathbf{x}$ auf einen Punkt X der Geraden g, wenn der Vektor $\mathbf{x} - \mathbf{p}$ ein Richtungsvektor von g ist (d.h., er ist normal zu $\mathbf{n}$). Diese Tatsache kann mit Hilfe des Skalarprodukts formuliert werden: $\mathbf{n} \cdot (\mathbf{x} - \mathbf{p}) = 0$.

Damit erhalten wir eine *implizite Gleichung* einer Geraden. Zum Beispiel sei $\mathbf{x} = (x,y)$, $\mathbf{p} = (1,2)$ und $\mathbf{n} = (3,-1)$. Dann lautet die implizite Gleichung der Geraden $(3,-1) \cdot (x - 1, y - 2) = 0$, oder gleichbedeutend $3 \cdot (x-1) + (-1) \cdot (y-2) = 0$. Letztere Gleichung kann noch zu $3x - y - 1 = 0$ vereinfacht werden. Wir erinnern daran, dass die Gerade g aus jenen Punkten (x,y) besteht, welche diese Gleichung erfüllen.

Grundlegende Operationen mit Vektoren

Die *Addition* zweier ↑**Vektoren a** und **b** ergibt einen weiteren Vektor $\mathbf{c} = \mathbf{a} + \mathbf{b}$. Dieser entsteht, indem wir einen Vektor mit seinem Anfangspunkt an den Endpunkt des anderen Vektors anhängen (Parallelogrammregel). Sind die Koordinaten der beiden Vektoren $\mathbf{a} = (a_1, a_2, a_3)$ und $\mathbf{b} = (b_1, b_2, b_3)$, dann hat der Summenvektor die Koordinaten $\mathbf{c} = (a_1 + b_1, a_2 + b_2, a_3 + b_3)$. Die *Multiplikation* eines Vektors $\mathbf{a} = (a_1, a_2, a_3)$ mit einer reellen Zahl t ergibt wieder einen Vektor $t \cdot \mathbf{a} = (t \cdot a_1, t \cdot a_2, t \cdot a_3)$. Das heißt, der ursprüngliche Vektor wird mit dem Faktor t skaliert. Multiplikation mit einer negativen Zahl t ändert die Orientierung des Vektors. Nachdem die Addition zweier Vektoren und die Multiplikation eines Vektors mit einer Zahl der gewöhnlichen Addition und Multiplikation der einzelnen Koordinaten entsprechen, gelten auch bekannte Regeln wie $t \cdot (\mathbf{a} + \mathbf{b}) = t \cdot \mathbf{a} + t \cdot \mathbf{b}$ und $(s + t) \cdot \mathbf{a} = s \cdot \mathbf{a} + t \cdot \mathbf{a}$.

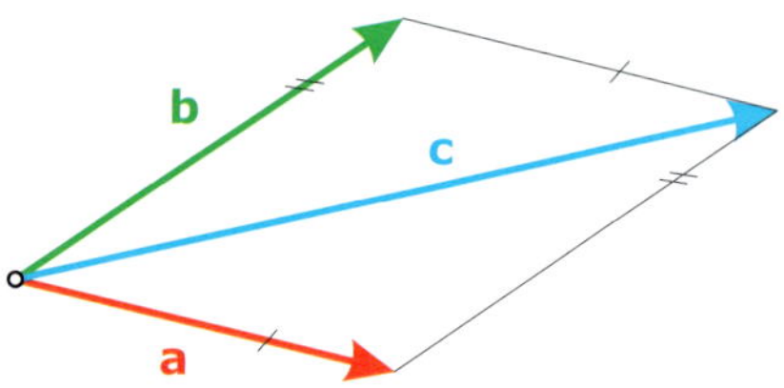

Interpolation

Gegeben sei eine Folge von Punkten. Das Ziel der Interpolation ist es, eine Kurve zu finden, die alle gegebenen Punkte enthält. Im Allgemeinen gibt es für dieses Problem viele verschiedene Lösungen, und wir müssen eine geeignete auswählen. Ein Spezialfall der Interpolation ist die ↑**lineare Interpolation**, die zwei Punkte mit Hilfe einer Geraden verbindet.

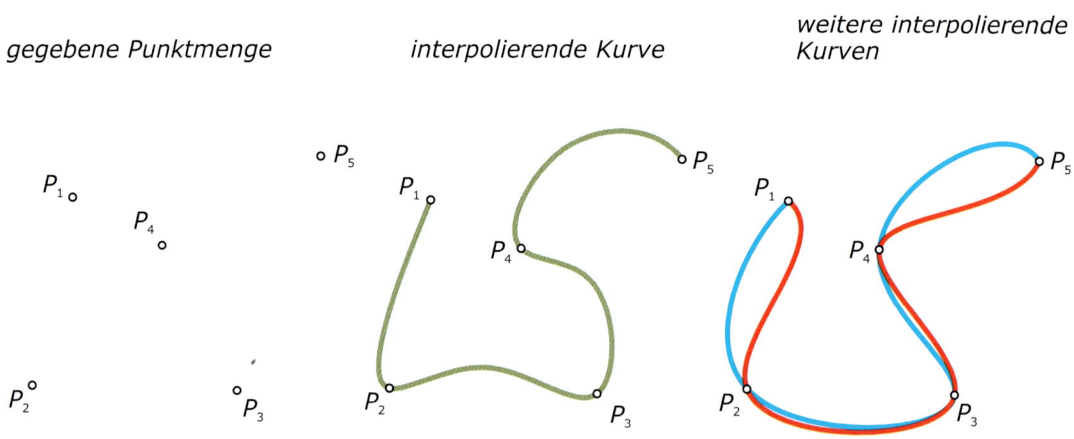

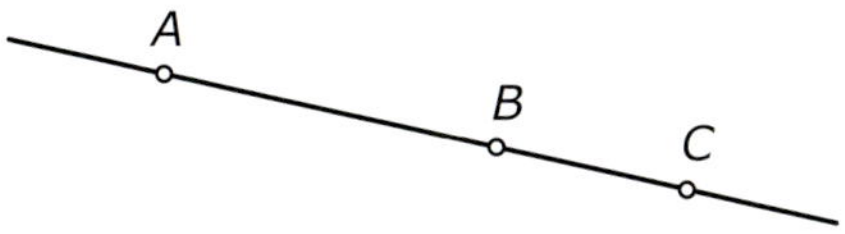

Kollinear

Punkte heißen *kollinear*, wenn sie alle auf ein und derselben Geraden liegen.

Komplexe Zahlen

Eine komplexe Zahl ist ein Ausdruck der Form $a + b \cdot i$. Dabei ist i die imaginäre Einheit, welche die Regel $i^2 = -1$ erfüllt. a und b sind reelle Zahlen. Wir nennen a den *Realteil* und b den *Imaginärteil* der komplexen Zahl. Komplexe Zahlen, deren Imaginärteil gleich Null ist, sind reelle Zahlen. Wir können komplexe Zahlen wie gewöhnliche Terme addieren und multiplizieren, müssen dabei aber die Regel $i^2 = -1$ beachten. Zum Beispiel: $(3 + 2i) \cdot (1 - i) = 3 + 2i - 3i - 2i^2 = 3 + 2i - 3i - 2 \cdot (-1) = 5 - i$.

Komplexe Zahlen können als ↑**Ortsvektoren** von Punkten der Ebene (dann *Gaußsche Ebene* genannt) angesehen werden. Dabei werden auf der x-Achse der Realteil und auf der y-Achse der Imaginärteil als Koordinaten aufgetragen. Der *Betrag* einer komplexen Zahl z ist als die Länge des zugehörigen Ortsvektors definiert. Der Betrag wird mit Hilfe des ↑**Satzes von Pythagoras** als $|z| = \sqrt{a^2 + b^2}$ berechnet.

Das *Argument* von $z = \arctan(b/a)$ ist der Winkel zwischen der orientierten x-Achse und dem Ortsvektor. Die *konjugiert komplexe Zahl* der komplexen Zahl $z = a + b \cdot i$ ist als $\overline{z} = a - b \cdot i$ definiert. Die beiden Punkte z und $\overline{z}$ liegen symmetrisch zur x-Achse.

Beispiel: Die komplexe Zahl $z_1 = 3 + 4i$ hat den Realteil 3 und den Imaginärteil 4. Der Betrag ist $5 = \sqrt{3^2 + 4^2}$ und das Argument ist arctan(4/3), also ungefähr 53,13°.

Die konjugiert komplexe Zahl von z_1 ist $\overline{z}_1 = 3 - 4i$.

Koordinaten eines Vektors

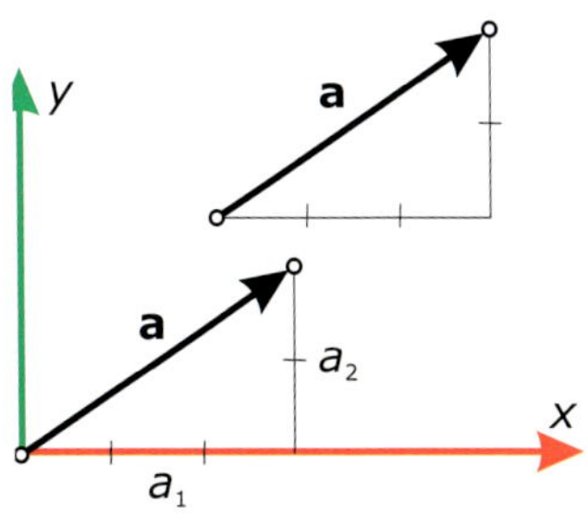

Ein ↑**Vektor a**, aufgefasst als *Ortsvektor*, zeigt vom Ursprung auf einen Punkt mit gewissen Koordinaten (a_1, a_2, a_3). Das sind dann auch die Koordinaten des Vektors **a**. Ein *Richtungsvektor* kann seinen Anfangspunkt in einem beliebigen Punkt (verschieden vom Ursprung) haben. Zur Bestimmung seiner Koordinaten verschieben wir den Richtungsvektor so, dass sein Anfangspunkt im Ursprung zu liegen kommt. Damit können seine Koordinaten wieder als Koordinaten der neuen Endpunktposition abgelesen werden (gleich wie beim Ortsvektor). Klarerweise hat ein Vektor im zweidimensionalen Raum nur zwei Koordinaten.

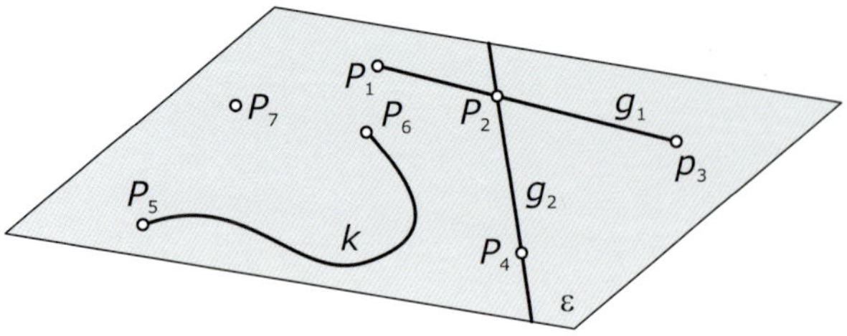

Koplanar
Geometrische Objekte wie Punkte, Geraden und Kurven heißen *koplanar*, falls sie in derselben Ebene liegen.

Kreuzprodukt zweier Vektoren
Im dreidimensionalen Raum ist das Kreuzprodukt zweier ↑**Vektoren a** und **b** wieder ein Vektor $\mathbf{c} = \mathbf{a} \times \mathbf{b}$. Dieser steht auf beide Vektoren **a** und **b** normal. Das Kreuzprodukt von $\mathbf{a} = (a_1, a_2, a_3)$ und $\mathbf{b} = (b_1, b_2, b_3)$ kann wie folgt berechnet werden:

$$\begin{aligned}\mathbf{c} &= (c_1, c_2, c_3)\\ &= (a_2 \cdot b_3 - a_3 \cdot b_2, a_3 \cdot b_1 - a_1 \cdot b_3, a_1 \cdot b_2 - a_2 \cdot b_1).\end{aligned}$$

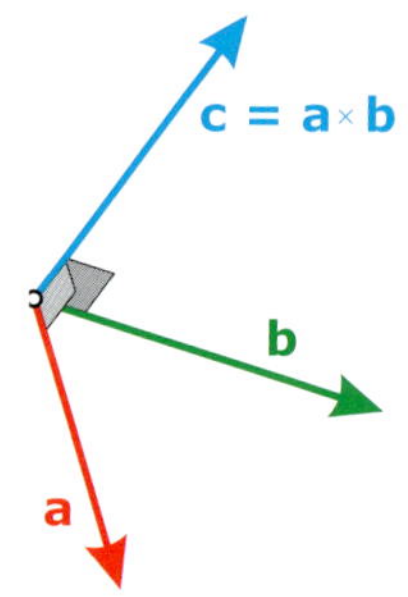

Wir bemerken, dass das Kreuzprodukt zweier Vektoren wieder einen Vektor ergibt, während das ↑**Skalarprodukt** zweier Vektoren eine reelle Zahl als Ergebnis liefert.

Länge (Norm) eines Vektors
Betrachten wir einen Vektor als Pfeil, dann ist die Länge dieses Pfeils die *Länge* (oder *Norm*) des zugehörigen Vektors. Ein Vektor $\mathbf{a} = (a_1, a_2, a_3)$ hat die Länge $\|\mathbf{a}\| = \sqrt{a_1^2 + a_2^2 + a_3^2}$.

Lineare Interpolation
Gegeben sind zwei Punkte P und Q. Wir wollen einen Punkt R bestimmen, der P und Q interpoliert und dabei die Strecke PQ in einem gewissen Teilverhältnis $\text{dist}(P,R){:}\text{dist}(R,Q) = a:b$ teilt. Damit gilt auch $\text{dist}(P,R) : \text{dist}(P,Q) = a : (a + b)$ und wir finden die ↑**Ortsvektoren p**, **q** und **r** der beteiligten Punkte als

$$\begin{aligned}\mathbf{r} &= \mathbf{p} + a/(a+b) \cdot (\mathbf{q} - \mathbf{p})\\ &= (1 - a/(a+b)) \cdot \mathbf{p} + a/(a+b) \cdot \mathbf{q}.\end{aligned}$$

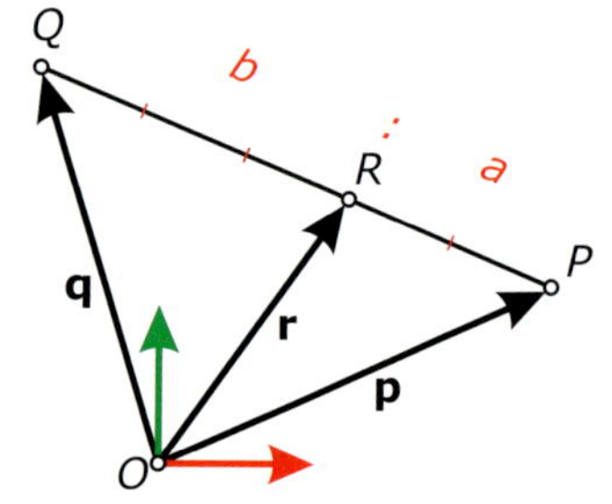

Bezeichnen wir den Bruch $a/(a + b)$ mit dem Buchstaben t, dann können wir die obigen Gleichung auch wie folgt schreiben:

$$\mathbf{r} = (1 - t) \cdot \mathbf{p} + t \cdot \mathbf{q}.$$

Um anzudeuten, dass der Punkt R vom Parameter t abhängt, schreiben wir oft $R(t)$ statt R. Daher erhalten wir

$$\mathbf{r}(t) = (1-t)\cdot\mathbf{p} + t\cdot\mathbf{q}. \tag{1}$$

Nimmt der Parameter t alle reellen Zahlen an, dann beschreibt $R(t)$ die gesamte Gerade durch die beiden Punkte P und Q. Die Gleichung (1) enthält nur lineare Funktionen von t, und daher bezeichnen wir diese Interpolation als lineare Interpolation. Wir bemerken, dass für Parameterwerte t im Intervall $[0,1]$ genau die Strecke zwischen $P\ (t=0)$ und $Q\ (t=1)$ beschrieben wird.

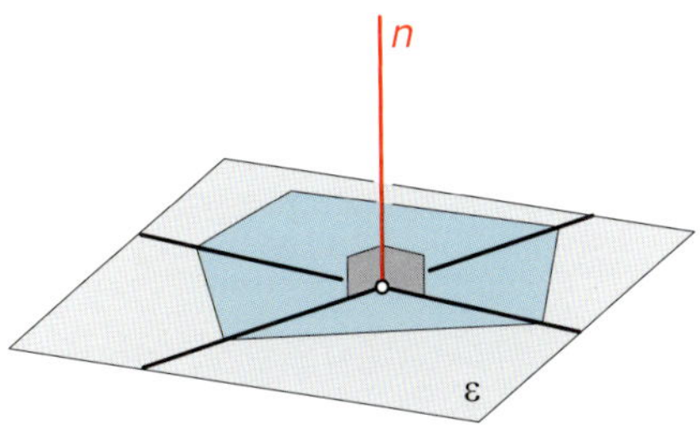

Normale einer Ebene

Die Normale einer Ebene ε (oder einer ebenen polygonalen Facette) ist jene Gerade, welche orthogonal auf alle Geraden der Ebene ε steht. Die Richtung der Normalen n kann mit Hilfe des ↑**Kreuzprodukts** zweier, zu ε paralleler Vektoren berechnet werden.

Nullvektor

Der *Nullvektor* ist der eindeutige Vektor, dessen Koordinaten alle gleich 0 sind (Anfangs- und Endpunkt fallen zusammen). Der Nullvektor im dreidimensionalen Raum ist $\mathbf{o} = (0, 0, 0)$. Als ↑**Ortsvektor** stellt er den Ursprung O dar.

Ortsvektor

Ein Ortsvektor $\mathbf{p}$ ist ein ↑**Vektor**, der die Position eines Punktes P relativ zum Ursprung beschreibt. Sein Anfangspunkt ist der Ursprung und sein Endpunkt der Punkt P. Die Koordinaten des Ortsvektors $\mathbf{p}$ sind dieselben wie jene des Punktes P.

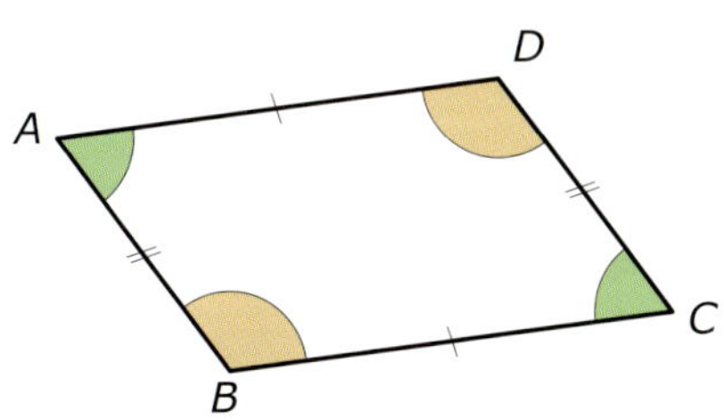

Parallelogramm

Ein Parallelogramm ist ein ebenes Viereck, bei dem gegenüberliegende Seiten zueinander parallel sind. Daher sind gegenüberliegende Seiten auch gleich lang und gegenüberliegende Winkel gleich groß.

Polygon und Polylinie

Ein *Polygon* (oder eine *Polylinie*) ist eine Figur, die aus lauter zusammenhängenden Strecken besteht, die *Kanten* genannt werden. Benachbarte Kanten treffen sich in Punkten, die *Ecken* heißen. Wir verwenden den Begriff *Polygon* für eine geschlossene Figur und ansonsten den Begriff *Polylinie*. Allerdings können wir diese Regel nicht völlig konsequent anwenden, denn ein *Kontrollpolygon* (ein Standardbegriff im geometrischen Design) muss nicht geschlossen sein.

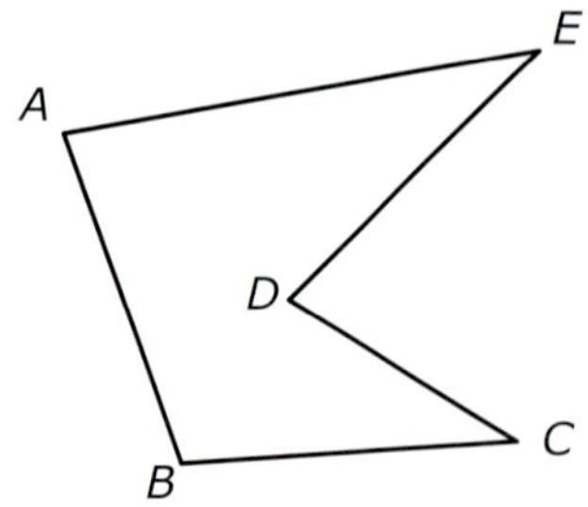

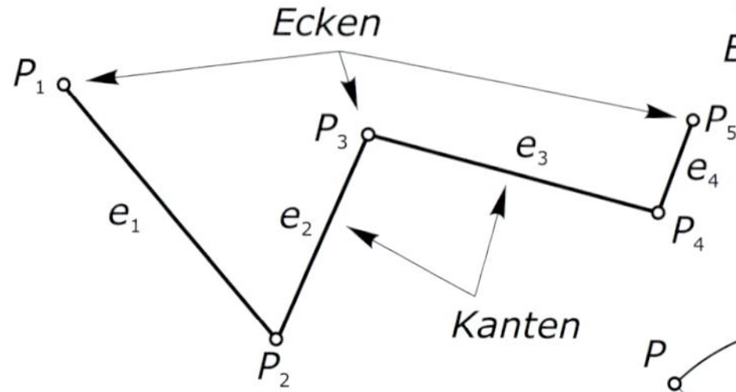

Positive und negative Drehung

In zwei Dimensionen erfolgt eine *mathematisch positive* Drehung gegen den Uhrzeigersinn – und eine *mathematisch negative* Drehung im Uhrzeigersinn.

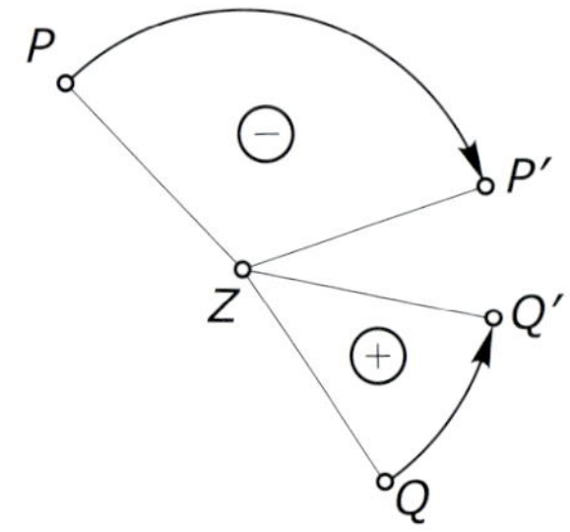

Reguläres oder regelmäßiges Polygon

Eine geschlossenes Polygon ist regulär (d.h., ein reguläres n-Eck), falls alle n Ecken auf einem Kreis liegen und benachbarte Ecken vom Kreismittelpunkt aus jeweils unter einem Winkel von $360/n$ Grad gesehen werden. Daher sind alle n Kanten gleich lang. Der *Innenwinkel* eines regulären n-Ecks beträgt $180 \cdot (n-2)/n$ Grad.

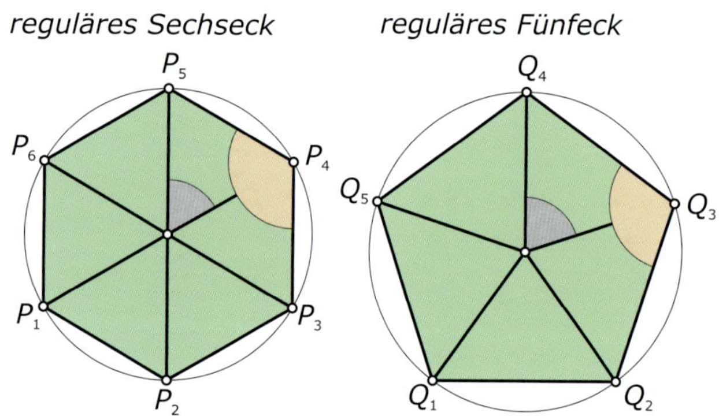

Richtungsvektor

Ein Richtungsvektor kann als Pfeil veranschaulicht werden, der in beliebige andere Positionen verschoben werden kann (lauter parallele, gleich lange und gleich orientierte Pfeile). Sein Anfangspunkt kann ein beliebiger Punkt sein. Aus dem Zusammenhang wird immer sofort klar sein, ob ein Vektor als ↑**Ortsvektor** (eines Punktes) oder als Richtungsvektor (einer Geraden) verwendet wird. Der Richtungsvektor $\mathbf{v}$, der die Punkte mit den Ortsvektoren $\mathbf{a} = (a_1, a_2, a_3)$ und $\mathbf{b} = (b_1, b_2, b_3)$ verbindet, ist der Vektor $\mathbf{v} = \mathbf{b} - \mathbf{a} = (b_1 - a_1, b_2 - a_2, b_3 - a_3)$.

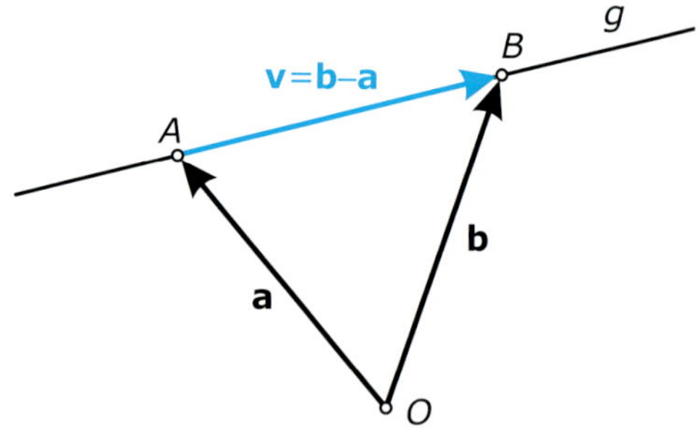

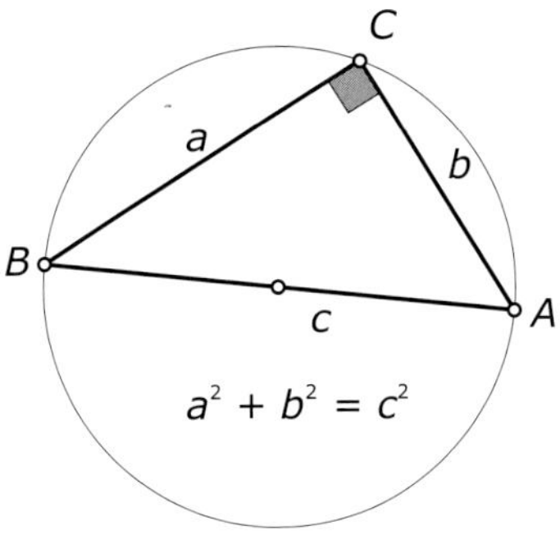

Satz von Pythagoras

Der Satz von Pythagoras beschreibt einen Zusammenhang zwischen den drei Seiten eines rechtwinkeligen Dreiecks. Wir bezeichnen mit c die Länge der längsten Seite (der so genannten Hypotenuse, die dem rechten Winkel gegenüberliegt), und wir bezeichnen mit a und b die Längen der beiden anderen Seiten (der so genannten Katheten, die den rechten Winkel einschließen). Dann gilt für diese drei Längen

$$a^2 + b^2 = c^2.$$

Satz von Thales

Verbinden wir die beiden Durchmesserendpunkte R und S eines Kreises mit einem beliebigen weiteren Punkt P des Kreises, dann erhalten wir zwei zueinander orthogonal liegende Geraden. Umgekehrt ist die Menge aller Punkte P, deren Verbindungslinien mit zwei festen Punkten R und S zueinander orthogonal stehen, einen Kreis. Sein Mittelpunkt ist der Mittelpunkt der Strecke RS.

Skalarprodukt zweier Vektoren

Das Skalarprodukt (innere Produkt) zweier ↑**Vektoren** $\mathbf{a} = (a_1, a_2, a_3)$ und $\mathbf{b} = (b_1, b_2, b_3)$ ist eine Zahl, die wie folgt berechnet wird:

$$\mathbf{a} \cdot \mathbf{b} = a_1 \cdot b_1 + a_2 \cdot b_2 + a_3 \cdot b_3.$$

Schließen zwei Vektoren **a** und **b** mit den ↑**Längen** $||\mathbf{a}||$ bzw. $||\mathbf{b}||$ einen Winkel α ein, dann erfüllt das Skalarprodukt

$$\mathbf{a} \cdot \mathbf{b} = ||\mathbf{a}|| \cdot ||\mathbf{b}|| \cdot \cos(\alpha).$$

Der Winkel zwischen zwei orthogonalen Vektoren **a** und **b** ist $\alpha = 90°$. Weil $\cos(90°) = 0$ gilt, folgt, dass das Skalarprodukt zweier orthogonaler Vektoren gleich Null ist.

Vektor

Wir veranschaulichen einen Vektor als Pfeil von einem Anfangspunkt zu einem Endpunkt. Fällt der Anfangspunkt mit dem Ursprung des zugrunde liegenden Koordinatensystems zusammen, dann können wir den Vektor auch verwenden, um den Endpunkt P zu beschreiben. Wir sprechen dann von einem Ortsvektor $\mathbf{p}$ (siehe auch ↑**Koordinaten eines Vektors** und ↑**Richtungsvektor**). Im Buch werden Vektoren mit fetter Schrift hervorgehoben.

Liste von Symbolen

$\in$	Element von
$\notin$	kein Element von
$\cap$	Durchschnitt
$\cup$	Vereinigung
$\setminus$	Differenz von Mengen: $A\setminus B$ enthält alle Elemente von A, die nicht in B enthalten sind
$<$	kleiner als
$>$	größer als
$\leq$	kleiner oder gleich
$\geq$	größer oder gleich
∞	unendlich
$[a,b]$	abgeschlossenes Intervall: die Menge aller reellen Zahlen x zwischen a und b, inklusive a und b
(a,b)	offenes Intervall: die Menge aller reellen Zahlen x zwischen a und b, ohne a und b
$[a,b)$	halboffenes Intervall: die Menge aller reellen Zahlen x, die $a \leq x < b$ erfüllen
$\lvert x \rvert$	Absolutbetrag einer reellen Zahl x (entfernt ein möglicherweise vorhandenes Minuszeichen)
$\sqrt{}$	Quadratwurzel
$\mathbf{a} \cdot \mathbf{b}$	Kreuzprodukt zweier Vektoren **a** und **b**
$\lVert \mathbf{v} \rVert$	Länge eines Vektors **v**
f', f'',	erste und zweite Ableitung einer Funktion f
$\int$	Integral

Literatur

Bücher

Elam, K. 2001. *Geometry of Design*. Princeton Architectural Press.

Ernst, B. 1994. *Der Zauberspiegel des M.C. Escher*. Taschen Verlag.

Farin, G. 1994. *Kurven und Flächen im Computer Aided Geometric Design - Eine praktische Einführung.* Vieweg, 2. Auflage.

Gray, A. 1994. *Differentialgeometrie - Klassische Theorie in moderner Darstellung.* Spektrum Akademischer Verlag.

Hilbert, D. und Cohn-Vossen, S. 1996. *Anschauliche Geometrie*. Springer, 2. Auflage.

Hofstaedter, D. R. 1995. *Gödel, Escher, Bach - ein Endloses Geflochtenes Band*. Klett-Cotta, 14. Auflage.

Jodidio, P., editor, 2001-2009. *Architecture Now*, Volumes 1-6, Taschen.

Klein, R. 2005. *Algorithmische Geometrie - Grundlagen, Methoden, Anwendungen.* Springer, 2. Auflage.

Mitchell, D. 1999. *Mathematical Origami - Geometrical shapes by paper folding.* Tarquin Publications.

Naredi-Rainer, P. 1995. *Architektur & Harmonie - Zahl, Maß und Proportion in der abendländischen Baukunst*. Dumont Buchverlag Köln, 4., überarbeitete Auflage.

Pillwein, G., Asperl, A., Wischounig, M. und Müllner, R. 2006. *Raumgeometrie – Konstruieren und Visualisieren*. ÖBV-Verlag

Pottmann, H., Asperl, A., Hofer, M. and Kilian, A. 2007. *Architectural Geometry*. Bentley Institute Press.

Prina, F. and Demartini, E. 2006. *1000 Years of World Architecture - An Illustrated Guide*. Thames & Hudson.

Spuybroek, L. 2004. *NOX: Machining Architecture*. Thames & Hudson.

Weyl, H. 1981. *Symmetrie*. Birkhäuser, 2. Auflage.

Sonstige Publikationen

Botsch, M., Pauly, M., Kobbelt, L., Alliez, P., Levy, B., Bischoff, S. and Roessl, C. 2008. *Geometric Modeling Based on Polygonal Meshes.* Eurographics Tutorial Notes, Eurographics 2008, Crete, Greece.

Liu, Y., Pottmann, H., Wallner, H., Yang, Y.-L. and Wang, W. 2006. *Geometric modeling with conical meshes and developable surfaces.* ACM Transactions on Graphics, Vol. 25, No. 3, 681-689.

Pottmann, H., Liu, Y., Wallner, J., Bobenko, A. and Wang, W. 2007. *Geometry of multi-layer freeform structures for architecture.* ACM Transactions on Graphics, Vol. 26, No. 3, Article 65.

Pottmann, H., Kilian, A. and Hofer, M., editors, 2008. *Advances in Architectural Geometry.* Conference Proceedings, Vienna.

Pottmann, H., Schiftner, A., Bo, P., Schmiedhofer, H., Wang, W., Baldassini, N. and Wallner, J. 2008. Freeform surfaces from single curved panels. *ACM Transactions on Graphics,* Vol. 27, No. 3, Article 76.

Shelden, D. 2002. *Digital surface representation and the constructability of Gehry's architecture.* PhD thesis, M.I.T.

Index

Bildnachweis

Seite 3-4 / Abb. 1.1 - mit freundlicher Genehmigung von Gehry Partners, LLP; **Seite 19 / Abb. 1.22** - mit freundlicher Genehmigung von Google Earth™ Mapping Service; **Seite 20 / Abb. 1.25** - mit freundlicher Genehmigung von Tamara Weikel/Life as Art; **Seite 21 / Abb. 1.26a** - mit freundlicher Genehmigung von Marcus Tschaut; **Seite 21 / Abb. 1.26b** - mit freundlicher Genehmigung von Jens Shaumann; **Seite 21 / Abb. 1.26c** - mit freundlicher Genehmigung von Sebastian Schubanz; **Seite 25 / Abb. 2.1** - mit freundlicher Genehmigung von The Trustees of the British Museum; **Seite 28 / Abb. 2.5** - mit freundlicher Genehmigung von Chia-yao Tsao; **Seite 29 / Abb. 2.6** - M.C. Escher's "Ascending and Descending" © 2007 The M.C. Escher Company-Holland. All Rights Reserved. www.mcescher.com; **Seite 30 / Abb. 2.9 verließ** - mit freundlicher Genehmigung von Gustav Peichl und © VBK Wien, 2010; **Seite 30 / Abb. 2.9 richtig** - mit freundlicher Genehmigung von Max Risselada and Dick van Gameren, originally published in "Raumplan Versus Plan Libre" by Delft University Press, 1988; **Seite 34 / Abb. 2.14 Spitze** - mit freundlicher Genehmigung von Paul Moody; **Seite 34 / Abb. 2.14 Boden** - mit freundlicher Genehmigung von Matthew Buckley; **Seite 44 / Abb. 2.24a** - mit freundlicher Genehmigung von Graeme Parker www.digi-studio.co.uk; **Seite 45 / Abb. 2.24c** - mit freundlicher Genehmigung von Lars Kristensen; **Seite 56 / Abb. 2.37** - mit freundlicher Genehmigung von Alexander Wilkie und Andreas Wieland; **Seite 64 / Abb. 2.46** - mit freundlicher Genehmigung von Daniel von Charmier; **Seite 66 / Abb. 2.48** - mit freundlicher Genehmigung von Daniel von Charmier; **Seite 71 / Abb. 2.54** - mit freundlicher Genehmigung von FotoStudio Ulrich Ghezzi, Oberalm © 2007 Residenzgalerie Salzburg; **Seite 71 / Abb. 2.54b** - mit freundlicher Genehmigung von Georg Glaeser, Wien; **Seite 75 / Abb. 3.1 links** - mit freundlicher Genehmigung von Bart van den Berg; **Seite 75 / Abb. 3.1 rechts** - mit freundlicher Genehmigung von Waagner-Biro Stahlbau AG; **Seite 76 / Abb. 3.2c** - mit freundlicher Genehmigung von Bruno Klomfar; **Seite 76 / Abb. 3.2d** - mit freundlicher Genehmigung von Jeroen Musch; **Seite 79 / Abb. 3.5a** - mit freundlicher Genehmigung von Samuel Tamayo; **Seite 79 / Abb. 3.5b** - mit freundlicher Genehmigung von Sheila Thomson; **Seite 79 / Abb. 3.5c** - mit freundlicher Genehmigung von Stefan Reiss; **Seite 79 / Abb. 3.5d** - mit freundlicher Genehmigung von Calvin Kuo; **Seite 80 / Abb. 3.6a** - mit freundlicher Genehmigung von Alberto Bizzini; **Seite 80 / Abb. 3.6b** - mit freundlicher Genehmigung von Gunter Schneider; **Seite 85 / Abb. 3.11** - mit freundlicher Genehmigung von Pierre Alliez; **Seite 90 / Abb. 3.16** - mit freundlicher Genehmigung von Ciro Miguel; **Seite 92 / Abb. 3.19a** - mit freundlicher Genehmigung von Dr. Jano van Hemert; **Seite 92 / Abb. 3.19b** - mit freundlicher Genehmigung von Nanao Wagatsuma; **Seite 98 / Abb. 3.25a** - mit freundlicher Genehmigung von Colin Murtaugh; **Seite 98 / Abb. 3.25b** - mit freundlicher Genehmigung von Ian McHugh; **Seite 98 / Abb. 3.25c** - mit freundlicher Genehmigung von Asten Rathburn; **Seite 103 / Abb. 3.32** - mit freundlicher Genehmigung von Martin Reis; **Seite 104 / Abb. 3.33 oben links** - mit freundlicher Genehmigung von Xia Ming; **Seite 104 / Abb. 3.33 Oben rechts und unten drei** - mit freundlicher Genehmigung von PTW Architects/arup/cscec; **Seite 104 / Abb. 3.34** - mit freundlicher Genehmigung von Benjamin Schneider; **Seite 105 / Abb. 3.35c** - mit freundlicher Genehmigung von Lyndon Maher; **Seite 106 / Abb. 3.36a** - mit freundlicher Genehmigung von EU2005.lu/ccrn/Menn_Bodson; **Seite 108 / Abb. 3.37** - mit freundlicher Genehmigung von Waagner-Biro Stahlbau AG; **Seite 109 / Abb. 3.38** - mit freundlicher Genehmigung von Pierre Alliez; **Seite 126 / Abb. 4.12d** - mit freundlicher Genehmigung von Luke M. van Grieken; **Seite 126 / Abb. 4.12e** - mit freundlicher Genehmigung von Jan Bitter; **Seite 134**

/ **Abb. 4.17a** - mit freundlicher Genehmigung von Martin Reis; **Seite 135 / Abb. 4.17b** - mit freundlicher Genehmigung von Martin Reis; **Seite 135 / Abb. 4.17d** - mit freundlicher Genehmigung von Hiepler Brunier; **Seite 144 / Abb. 5.1b** - mit freundlicher Genehmigung von Martin Reis; **Seite 144 / Abb. 5.1c** - mit freundlicher Genehmigung von Delta G Photo, wwwdeltagphoto.com; **Seite 144 / Abb. 5.1d** - mit freundlicher Genehmigung von Kevan Davis; **Seite 155 / Abb. 5.16a** - mit freundlicher Genehmigung von Lenora Genovese; **Seite 155 / Abb. 5.16b** - mit freundlicher Genehmigung von Monica Shaw; **Seite 155 / Abb. 5.16c** - mit freundlicher Genehmigung von Robin Kimball; **Seite 155 / Abb. 5.16d** - mit freundlicher Genehmigung von Martin Reis; **Seite 159 / Abb. 5.21** - M.C. Escher's "Symmetry Drawing E21" © 2007 The M.C. Escher Company-Holland. All Rights Reserved. www.mcescher.com; **Seite 160 / Abb. 5.22** - M.C. Escher's "Symmetry Drawing E73" © 2007 The M.C. Escher Company-Holland. All Rights Reserved. www.mcescher.com; **Seite 161 / Abb. 5.23** - M.C. Escher's "Symmetry Drawing E70" © 2007 The M.C. Escher Company-Holland. All Rights Reserved. www.mcescher.com; **Seite 162 / Abb. 5.24a** - M.C. Escher's "Symmetry Drawing E41" © 2007 The M.C. Escher Company-Holland. All Rights Reserved. www.mcescher.com; **Seite 162 / Abb. 5.24b** - M.C. Escher's "Symmetry Drawing E35" © 2007 The M.C. Escher Company-Holland. All Rights Reserved. www.mcescher.com; **Seite 163 / Abb. 5.24c** - M.C. Escher's "Symmetry Drawing E25" © 2007 The M.C. Escher Company-Holland. All Rights Reserved. www.mcescher.com; **Seite 174 / Abb. 6.8a** - mit freundlicher Genehmigung von Artur Images; **Seite 174 / Abb. 6.8b** - mit freundlicher Genehmigung von Artur Images; **Seite 174 / Abb. 6.8c** - mit freundlicher Genehmigung von Godefroy Le Guisquet; **Seite 184 / Abb. 6.17a** - mit freundlicher Genehmigung von Mevr. J. Zweistra; **Seite 185 / Abb. 6.17b** - mit freundlicher Genehmigung von Ricky Rew, www.easyrew.com; **Seite 185 / Abb. 6.17c** - mit freundlicher Genehmigung von Andreas Tille; **Seite 192 / Abb. 6.24** - mit freundlicher Genehmigung von Red Rover Studios; **Seite 195 / Abb. 6.27c** - mit freundlicher Genehmigung von Charlotte Claeson; **Seite 195 / Abb. 6.27d** - mit freundlicher Genehmigung von Keith Stenhouse, www.flickr.com/photos/ksten; **Seite 196 / Abb. 6.29** - mit freundlicher Genehmigung von Ramon Duran; **Seite 198 / Abb. 6.31a** - mit freundlicher Genehmigung von Hofrat Fischer und DI Obleser; **Seite 199 / Abb. 6.31b** - mit freundlicher Genehmigung von Phil Palmer kcmo; **Seite 203 / Abb. 7.1a** - mit freundlicher Genehmigung von Richard Mayer; **Seite 204 / Abb. 7.1b** - mit freundlicher Genehmigung von Unto This Last; **Seite 204 / Abb. 7.1c** - mit freundlicher Genehmigung von Andy Stagg/VIEW; **Seite 204 / Abb. 7.1d** - mit freundlicher Genehmigung von Dennis Gilbert/VIEW (ECA-DG); **Seite 207 / Abb. 7.3a** - mit freundlicher Genehmigung von Bildarchiv Monheim; **Seite 207 / Abb. 7.3b** - mit freundlicher Genehmigung von Bildarchiv Monheim; **Seite 225 / Abb. 7.27a** - mit freundlicher Genehmigung von Waagner-Biro Stahlbau AG; **Seite 225 / Abb. 7.27b** - mit freundlicher Genehmigung von Nils Jakob Darger; **Seite 226 / Abb. 7.29a** - mit freundlicher Genehmigung von Walter Obermayer; **Seite 226 / Abb. 7.29b** - mit freundlicher Genehmigung von Walter Obermayer; **Seite 226 / Abb. 7.29c** - mit freundlicher Genehmigung von Peter Kaminsky; **Seite 230 / Abb. 7.33b** - mit freundlicher Genehmigung von Erich Leissing/Art Resource, NY; **Seite 231 / Abb. 7.34** - mit freundlicher Genehmigung von Ernst Mrazek; **Seite 234 / Abb. 7.40** - mit freundlicher Genehmigung von Oliver Labs; **Seite 239 / Abb. 7.48a** - mit freundlicher Genehmigung von Jost Schilgen/AKG London; **Seite 242 / Abb. 7.50** - mit freundlicher Genehmigung von Martin Reis; **Seite 248 / Abb. 8.2** - mit freundlicher Genehmigung von H. Nowaki; **Seite**

248 / Abb. 8.2a - mit freundlicher Genehmigung von Edson International, New Bedford, MA USA; **Seite 281 / Abb. 9.3a** - mit freundlicher Genehmigung von Montse Gerones Lucea, Barcelona, Spain; **Seite 282 / Abb. 9.3b** - mit freundlicher Genehmigung von John-Paul Rowe; **Seite 282 / Abb. 9.3c** - mit freundlicher Genehmigung von Waagner-Biro Stahlbau AG; **Seite 282 / Abb. 9.3d** - mit freundlicher Genehmigung von Federico Dosil; **Seite 286 / Abb. 9.9b** - mit freundlicher Genehmigung von RFR; **Seite 286 / Abb. 9.9c** - mit freundlicher Genehmigung von Dominique Poncin; **Seite 290 / Abb. 9.14a** - mit freundlicher Genehmigung von Wikipedia.Org; **Seite 290 / Abb. 9.14b** - mit freundlicher Genehmigung von Craig Tanner; **Seite 290 / Abb. 9.14c** - mit freundlicher Genehmigung von Stephen D Harper Photography; **Seite 290 / Abb. 9.14d** - mit freundlicher Genehmigung von Tetsuya Kawamura, k13a.com; **Seite 290 / Abb. 9.14e** - mit freundlicher Genehmigung von Marcus Trimble; **Seite 294 / Abb. 9.19a** - mit freundlicher Genehmigung von Waagner-Biro Stahlbau AG; **Seite 294 / Abb. 9.19b** - mit freundlicher Genehmigung von Mark Kirchner; **Seite 298 / Abb. 9.26a** - mit freundlicher Genehmigung von Roland Halbe/Artur/VIEW; **Seite 298 / Abb. 9.26b** - mit freundlicher Genehmigung von Roland Halbe/Artur/VIEW; **Seite 299 / Abb. 9.27b** - mit freundlicher Genehmigung von Schlaich Bergermann & Partner; **Seite 303 / Abb. 9.33a** - mit freundlicher Genehmigung von Dirk Heuer, Verden; **Seite 303 / Abb. 9.33b** - mit freundlicher Genehmigung von Hofrichter-Ritter Architekten; **Seite 304 / Abb. 9.35b** - mit freundlicher Genehmigung von Roland Halbe/Artur/VIEW; **Seite 305 / Abb. 9.35c** - mit freundlicher Genehmigung von Ronan McCann; **Seite 308 / Abb. 9.42a** - mit freundlicher Genehmigung von Ullrich Welling; **Seite 308 / Abb. 9.42b** - mit freundlicher Genehmigung von Andrew Schile; **Seite 337 / Abb. 10.1** - mit freundlicher Genehmigung von Mike Gregory; **Seite 347 / Abb. 10.10a** - mit freundlicher Genehmigung von Alan Karchmer/ESTO; **Seite 347 / Abb. 10.10b** - mit freundlicher Genehmigung von Hufton+Crow/VIEW; **Seite 348 / Abb. 10.11b** - mit freundlicher Genehmigung von Christian Richters; **Seite 348/ Abb. 10.11c** - mit freundlicher Genehmigung von Toshiharu Kitajima; **Seite 348 / Abb. 10.11d** - mit freundlicher Genehmigung von Raf Makda/VIEW; **Seite 357 / Abb. 10.24** - mit freundlicher Genehmigung von Winchester Mystery House, San Jose California; **Seite 366 / Abb. 11.2a** - mit freundlicher Genehmigung von Javier Novo Rodriguez; **Seite 366 / Abb. 11.2b** - mit freundlicher Genehmigung von Pawel Jagiello; **Seite 366 / Abb. 11.3c** - mit freundlicher Genehmigung von Astrophysikalisches Institut Potsdam; **Seite 367 / Abb. 11.4a** - mit freundlicher Genehmigung von D. Reynolds/A.Ganz/Typeoff.de; **Seite 367 / Abb. 11.4b** - mit freundlicher Genehmigung von Ian A. Duncan; **Seite 367 / Abb. 11.5** - mit freundlicher Genehmigung von Bjarte Sorensen; **Seite 368 / Abb. 11.6a** - mit freundlicher Genehmigung von Hug Sargatal; **Seite 368 / Abb. 11.6b** - mit freundlicher Genehmigung von Laurent Massoptier, www.loloieg.free.fr; **Seite 389 / Abb. 11.28a** - mit freundlicher Genehmigung von Wikipedia.org; **Seite 388 / Abb. 11.28b** - mit freundlicher Genehmigung von Chung-Chi Lo, www.flickr.com/photos/linolo/; **Seite 389 / Abb. 11.28c** - mit freundlicher Genehmigung von Schlaich Bergermann & Partner; **Seite 389 / Abb. 11.28e** - mit freundlicher Genehmigung von Marlene Monschein; **Seite 389 / Abb. 11.28f** - mit freundlicher Genehmigung von Stefani Diego; **Seite 395 / Abb. 11.38** - mit freundlicher Genehmigung von Doreen G. Denton; **Seite 403 / Abb. 11.46** - mit freundlicher Genehmigung von Chris Williams; **Seite 406 / Abb. 11.48 verließ** - mit freundlicher Genehmigung von Deborah Coleman/Pixar; **Seite 406 / Abb. 11.48 Mitte links** - mit freundlicher Genehmigung von Malcolm Sabin; **Seite 406 / Abb. 11.48 Mitte rechts** - mit freundlicher Genehmigung von

Deborah Coleman/Pixar; **Seite 406 / Abb. 11.48 richtig** - mit freundlicher Genehmigung von Charles Loop; **Seite 406 / Abb. 11.48 gegenüberliegenden Seite links** - © 2003 Disney Enterprises, Inc. and Pixar; **Seite 406 / Abb. 11.48 gegenüberliegenden Seite rechts** - © 2006 Disney Enterprises, Inc. and Pixar; **Seite 426 / Abb. 12.1** - mit freundlicher Genehmigung von Scala/Art Resource, NY and Archivio Fotografico; **Seite 430 / Abb. 12.5a** - mit freundlicher Genehmigung von Morphosis; **Seite 430 / Abb. 12.5b** - mit freundlicher Genehmigung von Morphosis; **Seite 430 / Abb. 12.5c** - mit freundlicher Genehmigung von Morphosis; **Seite 431 / Abb. 12.6** - mit freundlicher Genehmigung von Design to Production; **Seite 576 / Abb. 12.7** - mit freundlicher Genehmigung von Design to Production; **Seite 432 / Abb. 12.8** - mit freundlicher Genehmigung von Design to Production; **Seite 433 / Abb. 12.9** - mit freundlicher Genehmigung von Peter Schmitt; **Seite 434 / Abb. 12.10** - mit freundlicher Genehmigung von Gramazio & Kohler, Zurich; **Seite 434 / Abb. 12.11** - mit freundlicher Genehmigung von Dr. Behrokh Khoshnevis; **Seite 440 / Abb. 12.15b** - mit freundlicher Genehmigung von Carlos Sequin; **Seite 441 / Abb. 12.16a** - mit freundlicher Genehmigung von ZCorp; **Seite 441 / Abb. 12.16b** - mit freundlicher Genehmigung von Carlos Sequin; **Seite 442 / Abb. 12.17** - mit freundlicher Genehmigung von 3D Systems Corporation; **Seite 446 / Abb. 12.20** - mit freundlicher Genehmigung von Greg Lynn/FORM, Photo by Carlo Lavatori; **Seite 452 / Abb. 12.23** - mit freundlicher Genehmigung von Tom Coulson; **Seite 453 / Abb. 12.24** - mit freundlicher Genehmigung von Axel Kilian und FRAC centre, Marseille;

Alle übrigen Abbildungen mit freundlicher Genehmigung der Autoren. Die Autoren und der Verlag haben größtmögliche Bemühungen bei der Abklärung der Urheberrechte für die enthaltenen Abbildungen (und Tabellen) angestrebt und bitten um Verständnis, sollten diese in Einzelfällen ohne Ergebnis geblieben sein. Gegebenenfalls bitten wir den Leser, sich mit dem Verlag in Verbindung zu setzen: Bentley Institute Press, 685 Stockton Drive, Exton PA 19341, USA.